아키텍트와 엔지니어를 위한
IoT 가이드

아키텍트와 엔지니어를 위한 IoT 가이드

센서부터 에지 컴퓨팅, 클라우드까지 IoT 구축의 모든 것

페리 레아 지음 구동언 · 박지연 옮김

i!i
에이콘

에이콘출판의 기틀을 마련하신 故 정완재 선생님 (1935-2004)

| 지은이 소개 |

페리 레아 Perry Lea

휴렛팩커드Hewlett Packard에서 21년 간 탁월한 기술자이자 수석 아키텍트였으며, 마이크론 테크놀로지Micron Technologies에서 고급 컴퓨팅 장치를 연구하는 팀을 이끄는 기술 스태프 중한 명이자 전략 디렉터로 근무했다. 현재는 크래들포인트Cradlepoint의 기술 디렉터로서 IoT와 포그 컴퓨팅의 연구 및 발전을 이끌고 있다.

컬럼비아 대학에서 컴퓨터 공학, 컴퓨터 엔지니어링 및 EE 학위를 취득했다. IEEE의 시니어 멤버이자 ACM의 시니어 멤버 겸 주요 연사로 활동 중이다. 8건의 특허를 등록했으며, 40건은 출원 중에 있다.

이 책을 완성할 수 있도록 지지해 준 아내 던(Dawn)과 가족, 친구들의 성원에 감사합니다.

센서와 근거리 통신에 중요한 검토와 코멘트를 제공해 준 앰비언트 센서스(Ambient Sensors)의 산드라 카프리(Sandra Capri), 장거리 연결 및 셀룰러 시스템과 관련해 조언을 준 크래들포인트(Cradlepoint)의 데이비드 러시(David Rush)에게도 감사 드립니다.

마지막으로 IEEE나 ACM과 같은 수많은 컨소시엄과 기술 커뮤니티에도 감사의 마음을 전합니다.

| 기술 감수자 소개 |

파카시 카키|Parkash Karki

수석 아키텍트이자 IT 분야에서 20년 이상의 경험을 가진 제품 개발 관리자다. 델리 대학교에서 물리학 학사 학위를, BIAS에서 컴퓨터 응용 석사 학위를 취득했고 PMP 인증을 받았으며, 마이크로소프트Microsoft 기술 관련 다른 인증도 보유하고 있다. 데브옵스DevOps 및 애저 클라우드Azure Cloud의 방대한 경험을 바탕으로 다양한 마이크로소프트 및 오픈 소스 기술을 주로 다뤘으며, 데브옵스 및 클라우드 아키텍트로서 고객들의 원활한 도입을 지원하고 있다. IoT, 인공 지능, 자동화 기술의 관심도 매우 높은 편이다.

| 옮긴이 소개 |

구동언(d.goo@achasan.com)

친구들과 함께 빅데이터 분석/시각화 회사 '이디엄'을 창업해 7년째 운영 중이다. 이전에 보안 스타트업 '엔초비'를 창업해 사회의 쓴 맛을 봤다.

박지연(j.park@achasan.com)

대학에서 사회과학을 전공했다. 대학 졸업 후, 인생의 경로에 우연과 필연이 겹쳐 꽤 오랜 기간 IT 마케팅 분야의 전문 번역가로 회사생활을 했다. 현재는 길었던 회사생활을 잠시 접어두고, 세계적인 IT 기업의 로컬라이징 프로젝트에 프리랜서 번역가로 참여하고 있다.

| 옮긴이의 말 |

IoT, 한국어로 '사물인터넷'이라고 부르는 이것은 근래 IT 업계에서 가장 관심을 많이 받는 키워드 중 하나입니다. IT 업계의 신생 분야들이 그랬던 것처럼 IoT 또한 실체가 없는 버즈워드^{buzzword}라 비난받았지만, 반도체 기술과 통신 기술의 발달로 생활과 비즈니스의 한 구석을 차지하게 됐습니다. 컴퓨터는 작고 빨라졌으며, 통신은 저렴해졌고 빨라졌기 때문입니다.

이제 누구나 IoT를 이야기합니다. 그러나 대체로 IoT를 활용한 서비스와 비즈니스에만 집중돼 있습니다. 이 책은 좀 더 바닥으로 내려가 에지 디바이스부터, 통신 방식, 클라우드 인프라까지 데이터가 오가는 전체 과정과 개념 하나하나를 꼼꼼하게 다룹니다.

기술의 발전, 비즈니스의 변화로 인해 더 많은 분야에서 생각지도 못한 방식으로 IoT를 활용하게 될 텐데, 이 책에서 다루는 개념을 이해하고 변주할 수 있다면 정말 멋진 일을 해낼 수 있을 것이라 생각합니다.

구동언

이 책을 번역하는 동안, 그 자체로는 의미를 파악하기 어려운 작은 점들이 모여 큰 그림을 완성하는 점묘화를 보는 것 같은 느낌을 받았습니다. 각 분야에서 개발된 다양한 기술이 모여 IoT 생태계를 차근차근 이뤄 가는 과정이 점묘화와 꽤 닮아 있다고 생각했기 때문입니다. 이미 인간의 생활 곳곳에 깊숙하게 자리하고 있고, 앞으로 그 존재감이 두터워질 사물 인터넷과 그 기반 기술을 많은 분께 소개하는 이 책에 힘을 보탤 수 있어서 기쁩니다. 하지만 저 또한 배우는 중이기에 부족한 점이 많으리라 생각합니다. 보태실 말씀이 있다면 언제든 이메일로 기탄 없이 전해주시면 감사히 듣겠습니다.

오랜 시간에 걸친 작업 과정에 묵묵히 지지를 보내 주신 에이콘 출판사 관계자분들과 이 책의 역자로 함께 이름을 올리게 된 이디엄의 구동언 이사님께 감사의 말씀을 드립니다. 맨날 컴퓨터 앞에 앉아서 글자와 씨름하느라 잘 놀아 주지 못해도 늘 곁을 지키며 지친 마음을 달래주는 반려견 차산이(2016년생, 진도 믹스, @chasanee)가 있어서 버틸 수 있었습니다. 끝으로 저의 부족하고 미약한 노력이나마 누군가에게 도움이 될 수 있다면 더할 나위 없을 것입니다. 감사합니다.

박지연

차례

| 들어가며 |

많은 사람들이 일상생활과 업무 중에 매일같이 사물인터넷IoT, Internet of Things을 경험하고 있을 것이다. IoT를 보는 대중의 인상은 핏빗Fitbit 피트니스 트래커나 아마존 에코Amazon Echo 어시스턴트, 구글Google 서모스탯과의 개인적인 인터랙션을 통해 형성되는 경우가 대부분이다.

2017년 링크드인LinkedIn에서 IoT를 검색한 결과, 7,189건의 IoT 관련 구인 공고가 검색됐다. 글래스도어Glassdoor에도 5,440건, 몬스터Monster(http://monster.com/)에서도 1,000건 이상의 공고가 올라왔다. IoT 시장은 솔루션뿐만 아니라 인재도 넘쳐난다. 기술자라면 으레 그렇듯, 가장 저항이 적은 방식으로 기존에 인터넷에 연결돼 있지 않던 사물을 인터넷에 연결할 것이다. 이런 방법이 확실히 효과는 있겠지만, 아키텍트의 역할은 이와는 다소 다르다. IoT가 제대로 작동하는 데 그치지 않고 기업과 소비자, 주주들에게 가치를 제공할 수 있는 IoT 솔루션을 구축하려면 아키텍트가 개별 기술과 구성 요소의 규모 조정, 보안, 에너지 등이 포함된 큰 그림을 이해할 수 있어야 한다.

수많은 IoT 프로젝트가 실패로 돌아가거나 R&D 단계에서 막히는 이유는 두 가지가 있다. 첫 번째는 보안과 견고함의 측면에서 봤을 때, 견고한 시스템은 구축하기 어렵기 때문이다. 두 번째는 IoT 솔루션이 기술적으로 작동하지만, IT 관리자가 구매하기에는 적절하지 않은 경우가 종종 있기 때문이다. 인터넷에 연결되는 사물이 많아질수록 아키텍트는 기업 및 산업용 IT 분야가 50년된 성숙한 분야라는 사실을 고려해야 한다. 전구에 IP 주소를 넣을 수 있지만, 소비자 입장에서는 관리하기 어려울 수 있다. 이 책은 단순한 취미가 아닌 기업/산업/상업적 측면에서 IoT를 다루고자 한다.

이 책에서는 IoT를 센서에서 클라우드까지, 이 둘 사이의 모든 물리적 전송과 변환을 구조적이고 총체적인 관점에서 살펴본다. 이 책은 아키텍처 가이드이므로 독자가 다른 아키텍트에게 기반 시스템의 제약과 원리를 알려줄 수 있을 정도의 충분한 깊이를 유지하고자 노력할 것이다. MQTT 프로토콜, 클라우드 설계, 데브옵스, 전력 및 배터리 설계, RF 신호 분석 등 IoT의 특정 부문을 다룬 책이나 튜토리얼은 수도 없이 많다. 이 모든 것은 IoT 시스템을 이루는 중요한 구성 요소이며, 실력 있는 아키텍트라면 견고한 시스템의 설계까지 아우를 수 있어야 한다. 그뿐만 아니라 아키텍트는 자신의 가치를 지속적으로 제공하려면 세부 설계를 중단할 시기 등을 반드시 파악하고 있어야 한다.

이 책을 접하는 독자가 모든 엔지니어링 부문의 지식을 갖추고 있지는 않을 것이다. 이 책은 라디오 주파수 시그널링, 전력 및 에너지, 회로 이론 등을 다루는 한편, 인터넷 프로토콜 프로그래밍과 클라우드 프로비저닝도 살펴본다. 마지막으로, 합성곱 신경망과 같은 머신 러닝 응용 분야도 깊이 있게 파고든다. 이러한 기술들을 접목하는 데 필요한 모든 능력을 갖추는 것이 아키텍트의 자질이다. 이 책은 독자가 앞서 말한 자질을 갖출 수 있도록 도와주므로, 각각의 분야의 지식을 미리 배우지 않아도 된다.

IoT가 제조, 의료, 정부, 기업 부문의 차세대 대규모 혁신에 도입되면 이를 통해 할 수 있는 일은 실로 어마어마할 것이며, 전 세계 GDP, 고용, 시장에 거대하고도 불가피한 영향을 미칠 것이다. 이러한 변화로 인해 보안 측면에서도 사상 유례 없는 도전 과제와 위험이 생길 것이다.

수천 건의 채용 공고 중 많은 공고가 위젯보다는 IoT 솔루션을 구축할 IoT 아키텍트나 기술자, 책임자 등을 찾고 있다. 이러한 유형의 프로젝트에 필요한 기술을 습득하고 적용하는 데 이 책이 도움이 될 것이다.

그리고 IoT는 재미있다. 지구 반대편 또는 비행기 안에서 집 안 조명을 모니터링하거나 한 도시의 가로등 수천 개를 제어할 수 있는 장치를 설계하는 일은 매우 강력한 기술이며, 얼리 어답터뿐 아니라 아키텍트를 위한 것이기도 하다.

▌ 이 책의 대상 독자

이 책은 IoT 생태계와 다양한 기술, 상충 관계 등을 이해하고 방대한 IoT 아키텍처를 개발하고자 하는 아키텍트, 시스템 설계자, 기술자, 기술 관리자 등을 대상으로 한다.

▌ 이 책에서 다루는 내용

1장, IoT 이야기   IoT의 성장, 중요성, 영향을 이야기와 역사의 관점에서 소개한다. 산업용 IoT, 스마트 시티, 운송 및 의료 등 다양한 분야의 사례도 알아볼 것이다.

2장, IoT 아키텍처 및 핵심 IoT 모듈   이 책에서 다루는 기술의 조합에 관한 전체적인 그림을 소개한다. 각 부문은 저마다의 목적이 있으며 모르는 사이에 서로 영향을 미칠 수 있다. 상호 관련 기술들의 '큰 그림'을 이해하고자 하는 아키텍트에게 중요한 장으로, IoT에 가치를 더하는 방법도 알아본다.

3장, 센서, 엔드포인트 및 전원 시스템   인터넷에 연결될 수십 억 개의 에지 엔드포인트와 센서 기술을 살펴볼 것이다. 센서 설계, 아키텍처, 전력 시스템의 기초를 배울 수 있다.

4장, 통신 및 정보 이론   주요 자료를 검토해 IoT에 중요한 통신 시스템을 정의하는 다이내믹스dynamics와 수리적 모델을 알아본다. 적절한 통신 형식을 선택하기 위한 아키텍처를 고르는 데 바탕이 될 이론을 이해할 수 있게 된다.

5장, 비IP 기반 WPAN   IoT 에지에 사용되는 주요 비IP 기반 프로토콜과 기술을 논의한다. 새로운 Bluetooth 5 아키텍처와 지그비Zigbee, Z-웨이브Z-Wave 및 센서 네트워크용 메시 토폴로지를 깊이 있게 검토한다.

6장, IP 기반 WPAN 및 WLAN   6LoWPAN, 스레드, IEEE 802.11 표준 등 IP 기반 통신을 살펴봄으로써 근거리 통신을 다룬다. 또한 차량 통신용 802.11p이나 IoT용 802.11ah와 같은 새로운 802.11 프로토콜도 자세히 살펴본다.

7장, 장거리 통신 시스템 및 프로토콜(WAN)   사물에서 클라우드까지 데이터를 전송하는 광대역 통신망과 장거리 통신을 다룬다. 새로운 LTE 협대역 및 5G 아키텍처와 더불어, 셀룰러 LTE 표준, LoRaWAN, Sigfox 등도 모두 상세하게 다룬다.

8장, 라우터와 게이트웨이   에지 라우팅과 게이트웨이 기능의 중요성에 관해 논의한다. 라우팅 시스템, 게이트웨이 기능, VPN, VLAN 및 트래픽 셰이핑을 알아보며, 소프트웨어 정의 네트워킹도 다룬다.

9장, IoT 에지-클라우드 프로토콜   MQTT, MQTT-SN, CoAP, AMQP, STOMP 등 널리 사용되는 IoT - 클라우드 프로토콜을 소개하고 사용 방법과 더불어 어떤 프로토콜을 사용할지 중요하게 다룬다.

10장, 클라우드 및 포그 토폴로지   오픈스택^{OpenStack}을 사용한 클라우드 아키텍처의 펀더멘탈을 참고로 알아본다. 이를 통해 클라우드의 제약과 (오픈포그^{OpenFog} 표준과 같은 프레임워크를 사용한) 포그 컴퓨팅으로 이러한 문제를 해결하는 방법을 알 수 있다.

11장, 클라우드와 포그의 데이터 분석 및 머신 러닝   규칙 엔진, 복합 이벤트 처리, 람다^{Lambda} 등의 도구를 효율적으로 사용해 방대한 양의 IoT 데이터를 분석하는 기술과 사례를 다룬다. 또한, IoT 데이터의 머신 러닝 응용 분야를 알아보고 적합한 사용처도 살펴볼 예정이다.

12장, IoT 보안   앞서 다룬 모든 IoT 구성 요소의 총체적인 관점에서 보안을 다룬다. 이를 통해 프로토콜, 하드웨어, 소프트웨어 정의 페리미터, 블록체인 보안 등의 이론과 아키텍처를 이해할 수 있다.

13장, 컨소시엄과 커뮤니티   사물인터넷을 둘러싼 표준과 규칙 등을 규정하는 다양한 산업, 학술 및 정부 컨소시엄을 상세히 알아본다.

▌ 준비 사항

이 책에는 다양한 하드웨어 설계와 코딩의 예시가 소개돼 있다. 코딩 예시의 대부분은 파이썬Python 신택스에 기반한 유사 코드다. 실제 예시도 맥Mac OS X, 리눅스Linux, 마이크로소프트에서 사용 가능한 Python 3.4.3을 기준으로 하고 있다. 9장, 'IoT 에지-클라우드 프로토콜' 같은 분야의 경우 MQTT(예: Paho) 같은 라이브러리를 파이썬에서 자유롭게 사용할 수 있다.

기본적인 미적분학, 정보 이론, 전기적 속성, 컴퓨터 공학에 익숙하면 아키텍처의 관점에서 IoT의 더욱 깊은 인사이트를 얻는 데 도움이 될 것이다.

10장, '클라우드 및 포그 토폴로지'에 제시된 일부 스크립트 예시에는 오픈스택OpenStack 또는 아마존 AWS/Greengrass가 사용되었다. 클라우드 계정을 확보해 놓으면 도움이 되지만 아키텍처를 이해하는 데 반드시 필요한 사항은 아니다.

▌ 이 책의 컬러 이미지 다운로드

이 책에 사용된 스크린샷/다이어그램의 컬러 이미지가 담긴 PDF 파일도 제공된다. 다음 주소에서 다운로드할 수 있다. https://www.packtpub.com/sites/default/files/downloads/InternetofThingsforArchitects_ColorImages.pdf

또한 에이콘출판사의 도서정보 페이지인 http://www.acornpub.co.kr/book/iot-architects에서도 다운로드할 수 있다.

▌ 편집 규약

이 책에서는 여러 종류의 정보를 구별하는 서식이 있다. 다음은 이러한 서식의 예와 그 의미에 관한 설명이다.

코드 내 텍스트^{CodeInText}: 텍스트, 데이터베이스 표 이름, 폴더 이름, 파일 이름, 파일 확장자, 경로 이름, 더미 URL, 사용자 입력 등에 있는 코드 워드를 뜻한다. 예를 들면, "insert 작업은 작업 메모리를 수정한다"의 형태로 사용할 수 있다.

코드 블록은 다음과 같이 나타낸다.

```
rule "Furnace_On"
when
Smoke_Sensor(value > 0) && Heat_Sensor(value > 0)
then
insert(Furnace_On())
end
```

코드 블록의 특정 부분에 주의를 기울여야 할 때 해당 행이나 항목을 굵게 표시한다.

```
rule "Furnace_On"
when
Smoke_Sensor(value > 0) && Heat_Sensor(value > 0) then
insert(Furnace_On())
end
```

명령행 입력이나 출력은 다음과 같이 나타난다.

```
aws greengrass create-function-definition --name "sensorDefinition"
```

새로운 용어, 중요한 단어는 굵게 표시한다. 메뉴나 대화 상자 속의 단어를 예로 들 수 있는데, "인터넷 키 교환(IKE)은 IPsec의 보안 프로토콜이다"와 같은 형태로 사용된다.

 경고나 중요한 메모는 이와 같이 표시한다.

 팁과 요령은 이렇게 표시한다.

질문

독자 의견은 언제든 환영한다.

오탈자: 콘텐츠의 정확성을 위해 모든 노력을 기울였음에도 실수가 있을 수 있다. 이 책의 오류를 발견하고 전달해 준다면 매우 감사할 것이다. www.packtpub.com/submit-errata에서 해당하는 도서명을 선택한 다음 정오표 제출 양식 링크를 클릭해 상세 정보를 입력하면 된다.

저작권 침해: 인터넷상에서 어떤 형태로든 당사 저작물의 불법적 사본을 발견한 경우, 위치 주소 또는 웹 사이트 이름을 제공해 주면 감사하겠다. 해당 자료의 링크를 포함해 copyright@packtpub.com으로 이메일을 보내 주기 바란다.

질문: 이책과 관련해 질문이 있다면 questions@packtpub.com으로 문의하길 바란다. 한국어판에 관한 질문은 에이콘출판사 편집 팀(editor@acornpub.co.kr)이나 옮긴이의 이메일로 문의하길 바란다.

01

IoT 이야기

2022년 5월 17일 화요일 태평양 표준시 기준 오전 6시 30분, 언제나처럼 잠에서 깨어난다. 나로 말할 것 같으면, 일종의 심리적 시계를 갖고 있는 사람이기 때문에 알람 시계가 따로 필요했던 적이 없다. 잠에서 깨자마자 외기 섭씨 20도인 환상적인 아침 햇살에 눈이 번쩍 뜨인다. 나의 하루는 2017년 3월 17일 수요일과는 전혀 다른 모습일 것이다. 하루 일과에 관한 모든 것, 라이프스타일, 건강, 금융 활동, 통근, 주차장까지도 달라져 있다. 에너지, 의료, 농사와 제조, 물류부터 대중 교통, 환경, 보안, 쇼핑, 의류에 이르기까지, 내가 사는 세계를 둘러싼 모든 것이 말이다. 이것이 바로 인터넷에 연결된 일상 사물 즉, **사물인터넷**IoT, Internet of Things의 영향이다. 모든 사물의 인터넷Internet of Everything이라는 표현이 더 낫다고 생각하는 사람도 있지만.

잠에서 깨어나기도 전에, 주변의 IoT에서는 많은 일이 일어난다. 수면 시 행태는 수면 센서나 스마트 베개로 모니터링되고 이 데이터는 IoT 게이트웨이로 보내진 다음, 내가 무료로 사용하고 있는 클라우드 서비스로 스트리밍돼 휴대폰의 대시보드에 보고된다. 내가 알람 시계가 따로 필요 없는 사람이긴 하지만, 오전 5시 비행이 예정돼 있다면 이번에는 IFTTT^{if this, then that} 프로토콜을 사용하는 클라우드 에이전트가 나설 차례다. 이 용광로 같은 애플리케이션은 화재 경보기, 초인종, 관개 시스템, 차고 문, 감시 카메라, 방범 시스템과 마찬가지로 클라우드 공급업체와 우리 집의 802.11 와이파이^{Wi-Fi}에 연결돼 있다. 우리 강아지에게는 에너지 수확 소스를 활용하는 근접 센서가 삽입돼 있어, 강아지가 전용 출입문을 열고 나가도 어디에 있는지를 알 수 있다.

더 이상 PC를 소유할 필요도 없다. 태블릿형 컴퓨터나 스마트폰을 메인 기기로 사용하긴 하지만, VR/AR 고글의 화면이 더 크고 좋기 때문에 일상생활의 많은 부분에 고글을 사용한다. 옷장에는 포그^{fog} 컴퓨팅 게이트웨이가 있다. 인터넷과 WAN을 활용할 수 있도록 5G 서비스 공급자에 연결돼 있는데, 나의 라이프스타일에는 유선 연결이 어울리지 않기 때문이다. 어디서든 모바일로 연결된 온라인 상태가 유지되고, 5G와 이용하는 이동 통신사를 통해 마이애미의 호텔 객실에서든 아이다호^{Idaho} 보이시^{Boise}의 집 안에서든 훌륭한 사용 경험이 제공될 것이다. 집 안에서도 게이트웨이는 낙하 또는 사고 여부를 감지하는 웹캠의 비디오 스트림 처리와 같이 다양한 역할을 수행한다. 이상 감지(수상한 소음이나 누수, 켜져 있는 전등, 또 가구를 씹어 먹고 있는 강아지 등)를 위해 보안 시스템이 스캔 중이다. 휴대폰이 망가질 때를 대비해 매일 백업을 해두므로 이 에지 노드^{edge node}는 홈 허브의 역할을 담당할 뿐만 아니라, 정작 사용하는 사람은 클라우드 서비스를 전혀 모르더라도 프라이빗 클라우드로 기능하기도 한다.

이제 자전거를 타고 사무실로 향한다. 입고 있는 자전거복에는 프린터블 센서가 내장돼 있어 심박과 체온을 모니터링한다. Bluetooth 이어폰을 통해 휴대폰에서 오디오가 스트리밍되는 한편, 이러한 모니터링 데이터가 BLE^{Bluetooth Low Energy}를 통해 휴대폰으로 스트리밍된다. 가는 길에는 동영상과 실시간 광고가 뜨는 각종 간판을 지나친다. 동네 커피숍에 들르면 내 이름을 불러 주는 디지털 사이니지 디스플레이$^{digital\ signage\ display}$가 어제 주문했던 '크림 넣을 공간을 남긴 350ml 아메리카노'를 주문할 건지 물어 본다. 이러한 일은 내가 디스플레이에서 150cm 이내로 다가오면 이를 인식하는 비콘^{beacon}과 게이트웨이^{gateway}가 있기에 가능하다. 어김없이 전과 같은 메뉴를 주문한다. 차로 출근하는 대부분의 사람들은 각각의 주차 공간에 있는 스마트 센서를 통해 최적의 주차 위치로 직행한다. 나는 물론 다른 자전거 통근자과 마찬가지로 바로 앞에 마련된 최적의 주차 위치에 자전거를 댄다.

나의 사무실은 그린 에너지 프로그램에 참가 중이다. 무공해 사무실을 위해 기업을 대상으로 시행되는 정책이다. 방마다 근접 센서가 있어서 공실 여부뿐만 아니라 사용 중인 사람까지 감지할 수 있다. 사무실에 갖고 들어간 명찰은 10년 수명의 배터리로 작동하는 비코닝^{beaconing} 장치다. 내가 문을 여는 순간, 인식이 되고 조명, 공조 시스템, 자동 블라인드, 천장 팬, 심지어 디지털 사이니지까지 연결된다. 중앙의 포그 노드$^{fog\ node}$는 빌딩의 모든 정보를 모니터링하고 이를 클라우드 호스트에 동기화한다. 내외기 온도를 비롯해 이용 여부, 하루 중 시간대, 계절 등을 바탕으로 실시간 의사 결정을 내릴 수 있도록 규칙 엔진이 구축돼 있다. 에너지 효율의 극대화를 위해 환경 조건도 적절하게 조절된다. 센서는 주차단기에도 심겨져 있는데, 이를 통해 에너지의 패턴을 지켜보다가 검사가 필요한 에너지 사용 이상 패턴이 감지될 경우 포그 노드에서 관련된 의사 결정을 내린다.

이러한 일들은 클라우드에서 학습하고 에지로 푸시하는 각종 실시간 스트리밍 에지 분석과 머신 러닝 알고리즘을 통해 이뤄진다. 사무실에서는 업스트림 캐리어로의 외부 통신을 위해 5G 스몰 셀$^{small\ cell}$을 호스팅하는 한편, 빌딩 내 개별 공간 안에서 신호를 내부적으로 집중시키고자 다수의 스몰 셀 게이트웨이도 호스팅한다. 이러한 내부 5G는 또한 LAN의 역할도 수행한다.

휴대폰과 태블릿에서 5G 신호를 잡으면 소프트웨어 정의 네트워크 오버레이가 켜지고 즉시 기업 LAN에 연결된다. 스마트폰은 나를 위해 다양한 일을 수행하고 있는데, 무엇보다도 나를 둘러싼 개인 통신망의 개별 게이트웨이$^{personal\ gateway}$로서의 역할이 중요하다. 이제 다음으로, 오늘 잡힌 첫 미팅에 참석하려 하는데 동료가 몇 분 늦게 도착한다. 그는 사과를 하며 오늘 차를 몰고 출근하는 길이 파란만장했다고 설명한다. 새로 산 차가 제조사에 컴프레서와 터보차저의 이상 패턴을 알린 것이다. 즉각적으로 이러한 정보를 받은 제조사에서는 차량 소유자에게 전화를 해, 이틀 내에 70퍼센트의 확률로 해당 차량의 터보에 문제가 발생할 수 있다는 사실을 알렸다. 그래서 차량을 판매한 대리점에 예약하고 컴프레서 수리에 필요한 새 부품을 주문했다는 것이다. 덕분에 그 동료는 터보의 교체에 드는 상당한 비용과 스트레스를 피할 수 있게 됐다.

점심이 되자 나는 팀원들과 함께 시내에 생긴 새로운 피시 타코 가게에 가기로 한다. 네 명인 우리 일행은 넷보다는 둘이 타기에 편한 쿠페에 구겨 타고 길을 나선다. 그런데 다소 비싼 주차장에 주차를 해야 하는 상황에 놓이게 된다. 주차 요금은 수요와 공급에 따라 유동적으로 결정된다. 주위에서 열린 행사와 주차장이 차 있는 정도 때문에 화요일 낮인데도 요금이 두 배로 오른 것이다. 그래도 다행인 것은, 요금을 올린 데 적용된 것과 동일한 시스템에서 제공되는 주차장과 공석 정보를 스마트폰과 차량으로 보내 준다는 점이다. 피시 타코 가게의 주소를 입력하면 주차장과 수용 가능 대수가 표시되고, 우리는 도착하기 전에 자리를 예약할 수 있다. 차가 게이트에 다가가면 휴대폰의 서명을 인식해서 문을 열어 준다. 지정된 자리로 가면 센서가 올바른 위치에 왔음을 감지하고 애플리케이션을 통해 주차 클라우드에 등록한다.

그날 오후, 도시 반대편에 있는 제조 현장에 가야 할 일이 생긴다. 현장은 여러 대의 사출 성형 기계와 이송 및 분류 장치, 포장 기계, 그 밖의 지원 인프라가 갖춰져 있는 일반적인 공장이다. 최근 제품의 품질이 저하되고 있는데, 최종 제품의 조인트 연결에도 문제가 있으며 지난 달 생산분에 비해 외관상으로도 떨어지는 상황이다. 현장에 도착한 후 관리자와 대화를 나누며 현장을 돌아본다. 모든 것이 정상인 듯 보이지만, 품질은 분명 정상의 범주를 벗어나 있다. 우리는 공장 작업 현장의 대시보드를 살펴보기로 한다.

작업 현장을 모니터링하고자 시스템에는 수많은 센서(진동, 온도, 속도, 시야 및 추적 비콘)가 사용된다. 데이터는 실시간으로 축적되고 시각화된다. 마모와 오류의 징후를 포착하기 위해 다수의 예지 보전preventative maintenance 알고리즘으로 다양한 장치를 지켜본다. 이러한 정보는 장비 제조업체와 우리 팀으로 스트리밍된다. 최고의 전문가가 학습시킨 이 로그와 추세 분석에서는 어떤 이상 행위도 감지되지 않았다. 몇 시간이면 될 일에 몇 주가 걸리게 만들고, 회사에서 가장 일을 잘하고 똑똑한 사람들이 매일 긴급 팀 회의에 소집돼 시간을 낭비하게 되는 그런 유형의 문제가 발생한 듯하다. 하지만 나에게는 방대한 양의 데이터가 있다. 작업 현장의 모든 데이터는 장기 보관 데이터베이스에 보존된다. 이러한 서비스에는 비용이 따르고, 처음에는 이를 정당화하는 일이 쉽지 않지만, 나는 이 비용이 나중에 몇 천 배의 보상으로 돌아올 것이라 믿는다. 복합 이벤트 처리CEP, Complex Event Processor 기술과 분석 패키지에 역대 모든 데이터를 집어넣어서, 문제가 발생한 부품의 품질을 모델링하는 일련의 규칙을 개발해 낸다. 문제를 일으키게 된 사건으로 거슬러 올라가다가, 나는 이것이 단일 지점의 문제가 아니라 다음과 같은 여러 가지 양상이 작용한 결과라는 사실을 알게 된다.

- 여름 동안 에너지를 절약하고자 작업 공간의 내부 온도를 섭씨 2도 올림
- 공급 문제로 인해 조립 공정의 산출 속도가 1.5퍼센트 감소함
- 몰딩 머신 중 하나는 예측 유지 보수 기간에 가까워졌고, 온도와 조립 속도가 예측 값을 초과해 문제 상황에 이르렀음

문제를 발견했으니 향후 이러한 문제를 포착할 수 있도록 새로운 매개 변수로 예측 유지 보수 모델을 다시 학습시켰다. 업무에서는 전반적으로 나쁘지 않은 하루였다.

이 가상의 사례는 사실일 수도 아닐 수도 있지만, 그 자체는 오늘날의 현실과 상당히 가깝다. 위키피디아(https://en.wikipedia.org/wiki/Internet_of_things)에서는 IoT를 이렇게 정의한다.

"사물인터넷IoT, Internet of Things이란, 물리적 장치, 매개체('커넥티드 장치', '스마트 기기'라고도 함), 빌딩 및 가전, 소프트웨어, 센서, 액추에이터, 네트워크 연결 등과 연동된 기타 항목 간 데이터의 수집과 교환이 이뤄질 수 있도록 지원하는 상호 네트워킹을 의미한다."

IoT의 역사

IoT라는 용어의 기원은 1997년 프록터 앤드 갬블P&G, Proctor and Gamble의 케빈 에쉬튼Kevin Ashton이 진행했던 RFIDRadio Frequency Identification 태그를 사용한 공급 체인의 관리에 관한 연구에서 따왔다는 설이 가장 유력하다. 이 연구 덕분에 그는 1999년에 MIT로 자리를 옮겼고, 이곳에서 마음이 맞는 몇몇과 의기투합해 오토 ID 센터 연구 컨소시엄(자세한 정보는 http://www.smithsonianmag.com/innovation/kevin-ashton-describes-the-internet-of-things-180953749/ 참고)을 출범했다. 이후, IoT는 단순한 RFID 태그에서 2020년까지 글로벌 GDP 100조 달러 중 5조 달러, 세계 GDP의 6%를 잠식, 창출 또는 대체할 것으로 예상되는 에코시스템ecosystem과 산업으로 성장했다. 2012년 당시까지 인터넷에 연결된 사물이라는 개념은 대개 연결된 스마트폰, 태블릿, PC, 노트북을 의미했다. 초기의 사물은 모든 측면에서 컴퓨터로 기능하는 것이었다. 1969년 인터넷이 아르파넷ARPANET으로 미약하게 시작된 이후로도 오랫동안 IoT와 관련된 대부분의 기술은 존재하지 않았다. 또한 2000년까지 인터넷에 연결된 대부분의 장치는 크기만 다른 각종 컴퓨터들이었다. 다음 연표는 인터넷에 마술을 연결하기까지 느리게 이어져 온 진보의 과정을 보여 준다.

연도	장치	참고 자료
1973	마리오 카둘로(Mario W. Cardullo), 최초의 RFID 태그로 특허를 받음	US Patent US 3713148 A
1982	카네기 멜론, 인터넷 연결 탄산 음료 기계 개발	https://www.cs.cmu.edu/~coke/history_long.txt
1989	Interop '89에서 인터넷 연결 토스터가 첫선을 보임	IEEE Consumer Electronics Magazine (Volume: 6, Issue: 1, Jan. 2017)
1991	HP, 최초의 이더넷 연결 네트워크 프린터인 HP LaserJet IIISi 출시	http://hpmuseum.net/display_item.php?hw=350
1993	케임브리지 대학, 인터넷 연결 커피 포트(최초의 인터넷 연결 카메라) 개발	https://www.cl.cam.ac.uk/coffee/qsf/coffee.html
1996	제너럴 모터스의 OnStar (2001 원격 진단)	https://en.wikipedia.org/wiki/OnStar
1998	Bluetooth SIG 창립	https://www.bluetooth.com/about-us/our-history

연도	장치	참고 자료
1999	LG 인터넷 디지털 DIOS 냉장고	https://www.telecompaper.com/news/lg-unveils-internetready-refrigerator--221266
2000	퍼베이시브 컴퓨팅 쿨타운 개념의 첫 사례: HP Labs, 컴퓨팅 시스템과 통신 기술을 결합해 사람과 장소, 사물을 위한 웹 연결 환경 조성	https://www.youtube.com/watch?v=U2AkkuIVV-I
2001	최초의 Bluetooth 제품인 KDDI Bluetooth 지원 휴대폰 출시	http://edition.cnn.com/2001/BUSINESS/asia/04/17/tokyo.kddibluetooth/index.html
2005	UN의 국제전기통신연합, IoT의 부상 예측을 최초로 보고함	http://www.itu.int/osg/spu/publications/internetofthings/InternetofThings_summary.pdf
2008	사물의 IP 사용을 촉진하고자 최초의 IoT 중심 얼라이언스인 IPSO 얼라이언스 창립	https://www.ipso-alliance.org
2010	솔리드 스테이트 LED 전구의 개발에 성공한 후 스마트 조명의 개념이 형성됨	https://www.bu.edu/smartlighting/files/2010/01/BobK.pdf
2014	애플(Apple), 비콘을 위한 iBeacon 프로토콜 개발	https://support.apple.com/en-us/HT202880

IoT라는 용어가 수많은 관심과 화제를 불러일으킨 것은 분명한 사실이다. 2010년 이후 기하급수적으로 증가한 특허 발행 건수(https://www.uspto.gov)가 이러한 사실을 방증한다. 구글Google 검색 수(https://trends.google.com/trends/)와 IEEE 피어 리뷰 논문 발행 건수도 2013년부터 상승 가도를 타기 시작했다.

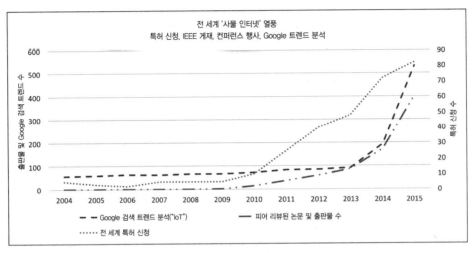

전 세계 '사물 인터넷' 열풍
특허 신청, IEEE 게재, 컨퍼런스 행사, Google 트렌드 분석

IoT, 특허, 기술 간행물 관련 키워드 검색 분석

▌ IoT의 잠재력

IoT는 산업, 기업, 의료, 소비자 제품 등의 거의 모든 부문을 다루게 될 것이다. 이와 같이 다양한 산업에서 제품을 만들고 서비스를 제공하는 방식을 바꾸게 될 수밖에 없는 이유와 영향력을 이해하는 것이 중요하다. 아키텍트의 역할을 맡게 되면 특정 부문에 집중할 수밖에 없겠지만, 다양한 사용 사례가 서로 겹치는 부분을 알아둘 수 있다면 유용할 것이다.

앞서 언급한 바와 같이 IoT 관련 산업, 서비스, 거래가 2020년까지 글로벌 GDP의 3퍼센트(The route to a trillion devices, ARM Ltd 2017: https://community.arm.com/cfs-file/_ _key/ telligent-evolution-components-attachments/01-1996-00-00-00-01-30-09/ARM-_2D00_-The-route-to-a-trillion-devices-_2D00_-June-2017.pdf)에서 4퍼센트(The Internet of Things: Mapping Value Beyond the Hype, McKinsey and Company 2015: https://www.mckinsey.com/~/media/McKinsey/Business%20Functions/McKinsey%20Digital/Our%20Insights/The%20Internet%20of%20Things%20The%20value%20of%20digitizing%20 the%20physical%20world/Unlocking_the_potential_of_the_Internet_of_Things_Executive_summary.ashx)에 영향을 미칠 거라 보는 견해가 있다(추론치). 2016년 글로벌 GDP는 75조 6천 4백만 달러로, 2020년이면 이 값은 81조 5천만 달러까지 증가할 것으로 추산된다. 즉, IoT 솔루션의 가치는 2조 4천억 달러에서 약 4조 9천억 달러에 이를 것이다.

연결된 사물은 사상 유례 없는 규모를 자랑하지만, 산업 성장 전망은 위험으로 인해 위축되기도 한다. 영향을 표준화하는 데 도움을 얻고자, 2020년 존재할 연결된 사물의 수를 예측하는 여러 리서치 펌과 보고서를 살펴봤다. 비록 그 범위는 다양하지만 규모가 가리키는 방향은 동일하다. 이들 10개 분석 예측의 평균에 따르면 2020년~2021년까지 연결된 사물의 수는 약 330억 4천 개에 달할 것으로 보인다. ARM에서 최근 수행한 연구에서는 2035년이면 1조 개의 연결된 장치를 사용할 수 있게 될 것이라고 예측한다. 어떻게 봐도 당분간 그 성장세는 내년 약 20퍼센트에 이를 것으로 전망된다.

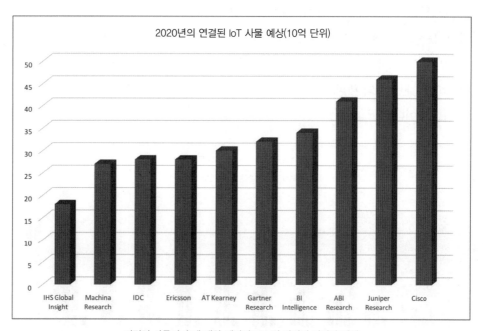

연결된 사물의 수에 대한 애널리스트 및 산업의 다양한 견해

독자 여러분은 이러한 수치에 놀라움을 금치 못했을 것이다. 예를 들어, 매우 보수적인 태도를 취해 새로 연결돼 배포되는 장치의 수가 200억 대에 불과할 것이라고 예측했더라도 (기존의 컴퓨팅 및 모바일 제품 제외), 매초 211대의 사물이 새롭게 인터넷에 연결돼 온라인 상태가 된다고 말할 수 있을 정도다.

이러한 사실이 기술 산업과 IT 부문에 중요한 이유는 현재 세계 인구의 증가율은 연간 약 0.9~1.09퍼센트에 불과하기 때문이다(https://esa.un.org/unpd/wpp/). 세계 인구 증가율은 1962년 2.6퍼센트로 정점에 달했으며, 다양한 요인으로 인해 해를 거듭할수록 꾸준히 감소했다. 일단 세계 GDP가 증가하고 경제가 발전하면 출생률이 감소하는 경향이 있다. 다른 요인으로는 전쟁과 기아가 있다. 이러한 성장은 인간에 연결된 사물은 답보 상태를 보일 것이며, 머신 대 머신과 연결된 사물이 인터넷에 연결된 기기의 대부분을 이룰 것임을 시사한다. 이 점이 중요한 이유는 IT 산업에서 데이터의 소비량보다는 연결의 수로 네트워크의 가치를 매기기 때문이다. 이것이 흔히 말하는 메칼프의 법칙Metcalf's law이며, 이는 이 책의 뒷부분에서 다룰 것이다. 1990년 CERN에서 최초의 공개 웹사이트를 선보인 이후, 인터넷에 접속하는 지구상의 인구가 10억 명을 돌파할 때까지 15년이 걸렸다. IoT는 매년 60억 대의 연결된 장치를 추가할 것으로 전망되며, 이 또한 산업에 영향을 미칠 것이다.

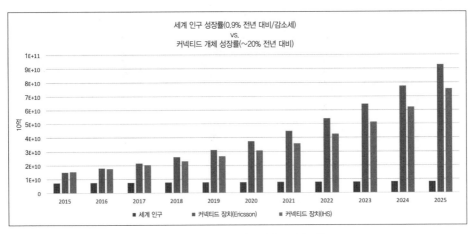

인구 증가율과 커넥티드 사물 성장률 간의 격차.
이 추세에 따르면 커넥티드 개체는 20%의 성장세를 보이는 반면 인구 증가율은 0.9%로 거의 보합세에 가깝다.
인구는 더 이상 네트워크와 IT 용량 증가를 이끌어 내는 요인이 아닌 것이다.

경제에 미치는 영향은 단순히 수입 창출에만 그치지 않는다. IoT를 비롯한 기술의 영향은 다음과 같은 형태로 나타난다.

- 새로운 수익 흐름(친환경 에너지 솔루션)
- 비용 절감(가정 내 헬스케어)
- 시장 출시 기간 단축(공장 자동화)
- 공급 체인 물류 개선(자산 추적)
- 생산 손실 감소(도난, 부패성 상품의 손상)
- 생산성 향상(머신 러닝 및 데이터 분석)
- 자기 잠식(기존의 서모스탯thermostat을 대체하는 Nest)

이 책 전반에서 논의를 진행하는 동안 IoT 솔루션이 갖다줄 가치를 늘 염두에 두고 있어야 한다. IoT가 새로운 가젯gadget에 불과하다면 시장의 범위는 한정적일 것이다. 예측 가능한 이득이 비용을 초과할 때에야 비로소 산업이 번성한다. 일반적으로 사용되는 목표치는 기존 기술 대비 5배의 성장이다. IT 산업에 몸 담고 있던 시절 필자의 목표이기도 했다. 변화와 교육, 습득, 지원 등을 고려하면 5배 차이는 꽤 타당한 경험 법칙이다.

이제 각 산업 부문과 IoT가 해당 산업에 어떻게 영향을 미치는지 자세히 알아보도록 하자.

산업 및 제조

산업 IoTIIoT는 연결된 사물의 수와 해당 서비스가 제조 및 공장 자동화에 가져다줄 가치로 봤을 때, 전체 IoT 분야에서 가장 빠르게 발전하고 규모가 큰 부문 중 하나다. 이 부문은 전통적으로 운영 기술OT, Operational Technology의 영역이었다. 여기에는 물리적 장치를 모니터링하는 하드웨어와 소프트웨어 도구가 포함된다. 기존의 정보 기술 역할이 관리되는 방식은 OT 역할과는 달랐다. OT는 산출 지표, 가동 시간, 실시간 데이터 수집 및 반응, 시스템 안전 등과 관계될 것이고, IT 역할은 보안, 그루핑grouping, 데이터 전송 및 서비스에 집중할 것이다. 산업과 제조에 IoT가 많이 사용됨에 따라 이 분야는 특히 수많은 공장과 제조 기계의 예측 유지 관리와 결합돼 사상 유례 없는 양의 데이터를 프라이빗 및 퍼블릭 클라우드 인프라로 전송하게 될 것이다.

이 부문의 특징 중 하나로는 OT에 실시간에 가깝거나 실시간으로 의사 결정을 공급할 필요가 있다는 점을 꼽을 수 있다. 다시 말해, 레이턴시Latency는 공장 작업 현장의 IoT가 직면한 주요 이슈다. 가동 중단 시간과 보안 또한 중요한 문제다. 이는 곧 리던던시Redundancy에 더해 프라이빗 클라우드 네트워크와 데이터 스토리지가 필요함을 시사한다. 산업 부문은 가장 빠르게 성장하는 시장 중 하나다. 이 산업의 특징 중 하나는 브라운필드 기술 의존도이며, 다시 말해 하드웨어와 소프트웨어 인터페이스가 현재 널리 사용되는 인터페이스는 아니라는 말이다. 30년 된 생산 설비에는 현대적인 무선 메시 패브릭mesh fabric이 아닌 RS485 시리얼 인터페이스가 사용되고 있는 경우가 많은 것이 현실이다.

산업 및 제조 IoT 사용 사례 및 영향

산업 및 제조 IoT의 사용 사례와 이로 인한 영향은 다음과 같다.

- 신규 및 기존 공장 기계의 예측 유지 관리
- 실시간 수요를 통한 생산량 증가
- 에너지 절감
- 열 감지, 압력 감지, 가스 누출 등의 안전 시스템
- 생산 현장 전문 시스템

소비자

소비자 기반 장치는 인터넷에 연결된 사물을 도입한 최초의 부문 중 하나였다. 소비자 IoT는 1990년대 한 대학에서 커넥티드 커피 포트의 형태로 등장했으며, 2000년대 초 소비자용 Bluetooth의 도입 덕분에 널리 이용되기 시작했다. 이제는 수백만 가정에서 Nest 서모

스탯, Hue 전구, Alexa 어시스턴트, Roku 셋톱 박스 등을 이용한다. 사람들 또한 Fitbit 등의 웨어러블 기술을 통해 연결돼 있다. 소비자 시장이 이와 같은 새로운 기술을 최초로 도입하는 경우가 종종 있다. 일례로 흔히 사용하는 가젯을 생각해 볼 수 있는데, 모든 것이 정갈하게 담긴 패키지에 들어 있어서 기본적으로 꽂아서 쓰기만 하면 되는 장치라고 할 수 있다.

소비자 시장의 제약 중 하나는 분산된 표준이다. 이는 여러 WPAN 프로토콜이 Zigbee, Z-wave(이들 모두 상호 비호환적임) 등의 확고한 기반을 갖고 있다는 점을 통해 확인할 수 있다.

이 부문은 웨어러블 장치와 가정용 의료 모니터 등을 통해 의료 시장과 공통점을 공유한다. 이 논의에서는 이들을 분리해 다룰 것인데, 헬스케어 시장은 단순한 커넥티드 가정 의료 기기 이상으로 성장할 것이기 때문이다(예: Fitbit 기능 등).

소비자 IoT 사용 사례

소비자 IoT의 일부 사용 사례는 다음과 같다.

- **스마트 홈 가젯**: 스마트 관개, 스마트 차고 문, 스마트 잠금 장치, 스마트 조명, 스마트 서모스탯, 스마트 보안 장치 등
- **웨어러블**: 건강 상태 및 움직임 추적기(트래커tracker), 스마트 의류/웨어러블
- **반려 동물**: 반려 동물 위치 시스템, 스마트 강아지 출입문

유통, 금융 및 마케팅

이 카테고리는 소비자 상거래가 발생하는 모든 공간에 해당한다. 물리적인 매장이나 팝업 키오스크를 들 수 있다. 또한 이 카테고리는 금융 기관과 마케팅 분야가 이 영역에 포함돼 있는 이유와도 관계가 있다. 여기에는 전통적인 뱅킹 서비스와 보험업뿐만 아니라 레저, 간호 서비스까지 포함된다. 유통 IoT의 경우 판매 비용 절감과 고객 경험 향상이라

는 목표 아래 이미 그 영향력을 발휘하고 있다. 이러한 일은 무수한 IoT 툴 덕분에 가능한 것이다. 이 책의 논의를 보다 간결하게 하고자 광고 및 마케팅도 이 카테고리에 포함시키도록 한다.

이 부문에서는 즉각적인 금융 거래의 가치가 측정된다. IoT 솔루션을 통해 이러한 반응을 얻을 수 없는 경우, 해당 투자는 철저하게 검토해 봐야 한다. 이로 인해 비용을 절감하거나 수익을 이끌어 내는 새로운 방식을 찾는 데 제약이 생기기 때문이다. 소비자의 효율성이 높아지면 유통업체와 서비스 산업은 소비자를 빠르게 움직이도록 만들 수 있으며, 그 결과, 인력 자원을 절감할 수 있게 된다.

유통 IoT 사용 사례

유통 IoT의 사용 사례에는 다음과 같은 것이 있다.

- 근접성을 이용해 알려진 고객 또는 잠재 고객의 위치를 파악하고 판매 정보를 제공하는 타깃 광고
- 마케팅 분석을 위한 고객, 트래픽 패턴, 도착 시간 간격 근접 센싱과 같은 비콘
- 재고 관리, 손실 관리, 공급 체인 최적화 등의 자산 추적
- 부패성 재고의 냉장 보관 상태 분석 등의 냉장 보관 모니터링
- 식료품 공급의 예측 분석 적용
- 자산 보험 추적
- 운전자의 보험 위험 측정
- 유통업 또는 접객업에 사용되거나 도시 전반에 설치된 디지털 사이니지
- 엔터테인먼트나 컨퍼런스, 콘서트, 놀이 공원, 박물관 내에 사용되는 비콘 시스템

의료

의료 산업은 수입과 IoT의 영향 측면에서 산업 및 물류 부문과 선두 자리를 다투는 부문이다. 삶의 질을 높이고 의료 비용을 줄일 수 있는 시스템은 거의 모든 선진국의 주요 관심사다. IoT를 이용하면 환자가 어디에 있든 융통성 있게 원격으로 환자를 모니터링할 수 있게 된다. 고급 분석과 머신 러닝 도구를 통해 환자를 진찰하고 진단과 처방을 내릴 수도 있다. 이러한 시스템은 매우 중대한 치료가 필요한 상황이 발생할 경우를 감지해 내는 역할을 담당하기도 한다. 현재, 웨어러블 건강 모니터의 수는 약 5억 대에 이르며, 앞으로 두 자릿수의 성장세가 전망된다.

의료 시스템이 직면한 제약은 만만치 않다. 미국 건강보험 양도 및 책임에 관한 법^{HIPAA} 규정 준수부터 데이터 보안까지, IoT 시스템은 의료 기관급 도구와 장비 수준을 갖춰야 한다. 환자가 집에서 모니터링되고 있는 경우라면 현장 시스템은 의료 센터와 항시 안정적으로 중단 없이 통신해야 한다. 또한 시스템은 응급 차량 내에서 환자가 모니터링되고 있는 중에도 병원 네트워크에 연결돼 있을 필요도 있다.

의료 IoT 사용 사례
의료 IoT의 사용 사례에는 다음과 같은 것이 있다.

- 가정 내 환자 케어
- 예측 및 예방 의료 학습 모델
- 치매 환자 및 노인의 케어와 추적
- 의료 기관 장비 및 공급 자산 추적
- 약제 추적 및 보안
- 원격 현장 의료
- 약물 연구
- 환자 추락 감지기

수송 및 물류

수송 및 물류 부문은 IoT를 주도하는 역할까지는 아니더라도, 매우 중요한 위치를 차지한다. 사용 사례에는 트럭, 철도, 항공, 선박 등으로 배달, 운반, 배송 중 장치를 통한 자산의 추적이 포함된다. 또한 운전자를 보조하거나 운전자 대신 예지 보전을 수행하고자 통신하는 커넥티드 차량이 속한 분야이기도 하다. 현재 새로 판매되는 차량에는 평균적으로 약 100개의 센서가 탑재된다. 앞으로 차량 간 통신, 차량과 도로 간 통신, 자동 주행 등이 안전과 편안함을 위한 필수 기능이 되면서 이 숫자는 두 배로 뛸 전망이다. 센서의 중요한 역할은 소비자용 차량을 넘어, 잠시의 다운타임downtime(작동하지 않는 시간)도 용납할 수 없는 철도나 선박으로 확장될 것이다. 또한 머지 않아 서비스 차량 내의 자산을 추적할 수 있는 서비스 트럭도 만나 보게 될 것이다. 매우 간단한 사용 사례가 있는 반면, 재고 배송 중인 서비스 트럭의 위치 모니터링과 같이 많은 비용이 드는 경우도 있다. 시스템에서는 트럭과 서비스 인력을 정해진 규칙이 아닌 필요에 따라 자동으로 보낼 수 있어야 한다.

이와 같은 모바일 형태의 카테고리에는 지리 위치 인식이 필요하다. 이 정보는 대부분 GPS 내비게이션에서 가져온다. IoT의 관점에서 봤을 때, 분석된 데이터에는 공간 좌표뿐만 아니라 자산과 시간이 포함된다.

수송 및 물류 IoT 사용 사례

다음은 수송 및 물류 IoT의 일부 사용 사례다.

- 화물 차량 추적 및 위치 인식
- 철도 차량 식별 및 추적
- 여러 화물 차량 내의 자산 및 품목 추적
- 주행 중인 차량의 예지 보전

46

농업 및 환경

농업 및 환경 IoT 분야에는 가축의 건강, 토지 및 토양 분석, 미세 기후 예측, 효율적인 물 사용, 심지어는 지질 및 기후 관련 재난 예측까지 포함된다. 세계 인구 성장이 둔화되고 있음에도 세계 경제는 더욱 번창하고 있다. 기아로 인한 위기는 많이 줄었다. 그러나 2035년까지 식량 생산 수요는 두 배로 뛸 전망이다. 물론 IoT를 통해 상당한 농업 효율성이 달성될 수 있다. 스마트 조명을 사용해 가금류의 연령에 따라 빛 파장을 조정하면 성장률은 높이고 사육장 내 스트레스로 인한 폐사율은 낮출 수 있다. 뿐만 아니라 스마트 조명을 사용하면 현재 사용되고 있는 일반 형광등 대비 연간 1조 달러의 에너지 절감 효과를 거둘 수 있다. 다른 용례로는 센서의 움직임과 자세를 바탕으로 한 가축의 건강 상태 감지가 있다. 이를 이용하면 소 농장에서 박테리아 또는 바이러스성 감염이 퍼지기 전에 질병의 징후가 보이는 개체를 찾아낼 수 있다. 에지 분석 시스템에 데이터 분석이나 머신 러닝 접근법을 활용하면 실시간으로 개체를 찾아서 특정한 후 격리하는 것이 가능하다.

이 부문의 또 다른 특징은 산간 벽지(화산) 또는 인구 분포가 분산된 곳(옥수수 농장)에 있다는 점이다. 이 점은 우리가 나중에 5장, '비IP 기반 WPAN'과 7장, '장거리 통신 시스템 및 프로토콜(WAN)'에서 살펴볼 데이터 통신 시스템에 영향을 미친다.

농업 및 환경 IoT 사용 사례

농업 및 환경 IoT 사용 사례에는 다음과 같은 것이 있다.

- 산출량 증가를 위한 스마트 관개 및 비료 기술
- 산출량 증가를 위한 둥지 및 가금류 축사의 스마트 조명
- 가축 건강 및 자산 추적
- 제조업체를 통한 원격 농업 장비의 예측 유지 관리
- 드론 기반 토지 조사
- 자산 추적을 통한 직출하 공급망 효율성 개선

- 로봇을 사용한 농사
- 재난 예측을 위한 화산 및 단층선 모니터링

에너지

에너지 부문은 소스^{source} 측의 에너지 생산 모니터링과 고객 측의 에너지 사용 모니터링을 아우른다. 상당수의 연구 개발이 실시간 에너지 사용량 파악을 위해 저전력 장거리 프로토콜을 통해 통신하는 스마트 전력계 등의 소비자 및 상업용 에너지 모니터에 집중돼 왔다.

에너지 생산 시설은 사막 지역의 태양광 시설이나 가파른 언덕 지대의 풍력 발전, 유해한 원자로 시설과 같이 외지고 험한 환경인 경우가 많다. 더군다나 데이터는 에너지 생산 제어 시스템의 중요 대응을 위해 (제조 시스템과 상당히 유사하게) 실시간 또는 실시간에 가까운 반응성을 필요로 한다. 이러한 요인은 이 카테고리에서 IoT 시스템이 배포되는 방식에 영향이 미칠 수 있다. 실시간 반응성에 관한 문제는 이 책에서 나중에 다룰 예정이다.

에너지 IoT 사용 사례

에너지 IoT 사용 사례에는 다음과 같은 것이 있다.

- 효율성 향상을 위한 석유 굴착 장비 센서와 데이터 포인트 분석
- 원격 태양 전지판 모니터링 및 유지 관리
- 핵 시설 위험 분석
- 에너지 사용량 및 수요 모니터링을 위해 도시 전반에 배포된 스마트 전력계
- 날씨 함수로 원격 풍력 터빈의 실시간 날개 조정

스마트 시티

스마트 시티smart city란 기존에 연결돼 있지 않던 세계의 인텔리전스 연결을 뜻할 때 사용하는 문구다. 스마트 시티는 가장 빠르게 성장하는 부문 중 하나로, 특히 세금 수입을 고려했을 때, 상당한 비용/이익 비율을 보인다. 스마트 시티는 치안, 보안, 사용 편의성을 통해 시민의 생활과 관계를 맺기도 한다. 일례로 바르셀로나같이 완전히 연결된 도시에서는 현재 용량과 최근 수거 이후 경과 시간을 바탕으로 쓰레기를 수거할 수 있도록 쓰레기통을 모니터링한다. 이렇게 하면 도시에서는 쓰레기 운반에 들어가는 자원과 세금은 줄이면서 쓰레기 수거의 효율성은 높일 수 있을 뿐만 아니라 유기물의 부패로 인해 발생하는 악취도 없앨 수 있다. 이 또한 나중에 살펴보겠지만, 스마트 시티는 정부의 명령과 규제에도 영향을 받으므로 정부 부문과도 관련이 있다.

스마트 시티 구축의 특징 중 하나는 아마도 사용되는 센서의 수일 것이다. 예컨대 뉴욕의 길목마다 스마트 카메라를 한 대씩 설치할 경우 3천 대 이상의 카메라가 필요하다. 다른 예로 바르셀로나 같은 도시에서는 전기 사용량, 기온, 주변 조건, 대기질, 소음 수준, 주차 공간 등을 모니터링하고자 1백만 대 가량의 환경 센서를 배포할 예정이다. 환경 센서를 배포한다면 비디오 스트리밍 카메라에 비해 대역폭 요구 사항이 낮지만, 전송되는 데이터의 총량은 뉴욕의 감시 카메라와 거의 맞먹는 수준이다. 이와 같은 양과 대역폭의 특성은 올바른 IoT 아키텍처 구축 시 반드시 고려돼야 한다.

스마트 시티 IoT 사용 사례

스마트 시티 IoT의 사용 사례에는 다음과 같은 것이 포함된다.

- 환경 센서를 통한 오염 관리 및 규제 분석
- 도시 전역의 센서 네트워크를 활용한 미세 기후 일기 예측
- 온디맨드on demand 폐기물 관리 서비스를 통한 효율 향상 및 비용 개선
- 스마트 신호등 제어 및 정형화를 통한 교통 흐름 및 연비 개선

- 에너지 효율을 위한 온디맨드 도시 조명 제어
- 실시간 도로 상황, 기상 조건, 인접 제설기 정보에 기반한 스마트 제설 작업
- 날씨와 사용량에 따른 공원 및 공공 장소의 스마트 관개
- 범죄 감시용 스마트 카메라 및 자동화된 실시간 유괴 방지 시스템
- 필요에 따라 최적의 주차 공간을 자동으로 찾아 주는 스마트 주차장
- 수명과 서비스 개선을 위한 교량, 도로, 인프라 웨어 및 사용 현황 모니터

정부 및 군사

군과 시, 주, 연방 정부에게 IoT 구축은 초미의 관심사다. 캘리포니아 행정 명령 B-30-15(https://www.gov.ca.gov/news.php?id=18938)는 지구 온난화에 영향을 미치는 온실 가스 배출량을 2030년까지 1990년의 40% 수준으로 감축할 것을 규정하고 있다. 이와 같이 공격적인 목표를 달성하려면 환경 모니터, 에너지 센싱 시스템, 머신 인텔리전스를 활용해 캘리포니아 경제의 숨통은 계속 틔워 놓은 상태에서 수요에 따라 에너지 패턴을 바꿀 수 있어야 한다. 다른 사례로는 IOBT^{Internet of Battlefield Things}가 있는데, 적에 익숙하면서도 개별적인 반격을 효율적으로 수행하는 것을 목적으로 한다. 이 부문은 고속도로나 교량 같은 정부 인프라의 모니터링을 고려하면 스마트 시티 카테고리와 엮이기도 한다.

IoT에서 정부는 표준화, 주파수 대역 할당, 규제 등의 역할을 담당한다. 주파수 대역을 분할, 보호하고 여러 공급업체에 분배하는 방식을 예로 들 수 있다. 이 책에서는 특정 기술이 연방 규제를 어떻게 받게 되는지도 살펴볼 것이다.

정부 및 군사 IoT 사용 사례

정부 및 군사 IoT 사용 사례에는 다음과 같은 것이 있다.

- IoT 장치 패턴 분석 및 비콘을 통한 테러 위협 분석
- 드론을 이용한 군중 센서

- 위협 감지 센서 네트워크를 형성하고자 전장에 배치되는 센서 폭탄
- 정부 자산 추적 시스템
- 실시간 군인 추적 및 위치 서비스
- 위협 환경 모니터링을 위한 통합 센서
- 댐과 홍수 방지 측정을 위한 수위 모니터링

▌ 요약

IoT의 세계에 발을 들인 여러분에게 환영의 말씀을 전한다. 이 새로운 분야의 아키텍트는 소비자가 구축할 것이 무엇이고 어떤 사용 사례가 필요한지를 반드시 이해할 수 있어야 한다. IoT 시스템은 구축해 놓으면 알아서 굴러가는 유형의 시스템이 아니다. IoT라는 달리는 기차에 올라타는 소비자는 여러 가지를 기대하기 마련이다.

일단 긍정적인 보상이 있어야 한다. 구체적인 내용은 비즈니스와 고객의 의도에 따라 다르다. 필자의 경험에 따르면, 기존 산업에 새로운 기술을 도입하는 경우에는 5배의 이득 gain을 목표로 잡는 것이 효과적이었다. 둘째, IoT 설계는 태생적으로 수많은 장치를 포함한다. IoT의 가치는 데이터를 서버로 보내는 단일한 장치 또는 단일한 위치에 있는 것이 아니다. IoT는 정보를 송신하는 일련의 사물이며, 총체적인 정보에서 도출되는 것을 이해할 수 있어야 한다. 무엇을 설계하든 스케일링은 필수 불가결하므로 업프론트upfront 디자인에도 주목할 필요가 있다.

먼저, IoT 시스템의 토폴로지를 전반적으로 살펴본 다음, 개별 요소로 자세하게 들어가보자.

데이터는 새로운 석유라는 사실을 잊지 마시길 바란다.

02

IoT 아키텍처 및
핵심 IoT 모듈

IoT 생태계는 지구상 가장 외진 곳에 있는 가장 단순한 센서에서 시작되며, 이곳에서 아날로그 물리 현상은 인터넷의 언어인 디지털 신호로 바뀌게 된다. 그런 다음, 데이터는 유무선 신호와 다양한 프로토콜, 자연적 간섭, 전자기적 충돌 등의 복잡한 여정을 거쳐 인터넷의 공간에 도달한다. 여기에서 패킷화된 데이터는 여러 채널을 건너 클라우드나 대규모 데이터 센터에 이른다. IoT의 강점은 하나의 센서에서 나오는 하나의 신호뿐만 아니라 수백, 수천, 수백만에 이르는 센서와 이벤트, 기기의 결합에 있다.

2장은 IoT와 머신 대 머신 아키텍처의 정의로 문을 연다. 확장 가능하고 안전한 기업 IoT 아키텍처를 구축하는 데 있어 아키텍트가 담당하는 역할도 다룬다. 아키텍처의 구축을 위해 아키텍트는 고객에게 설계의 가치를 설명할 수 있어야 한다. 또한 아키텍트는 선택할 수 있는 다양한 설계 중 균형을 잡는 엔지니어링과 프로덕트 역할도 수행할 수 있어야 한다.

이 책에서는 물리적 센싱의 디지털 변환에서부터 파워 시스템, 에너지 저장에 이르기까지 수십억 대의 장치를 관리하는 모든 것을 다루며, 이는 미터, 킬로미터 거리 및 초장거리 통신 시스템과 프로토콜, 네트워크 및 정보 이론, IoT용 인터넷 프로토콜, 에지 라우팅과 게이트웨이의 역할 등을 아우른다. 그런 다음, 클라우드와 포그 컴퓨팅, 고급 머신 러닝과 복합 이벤트 처리 등을 통한 데이터의 활용으로 눈을 돌리며, 마지막으로 세상에서 가장 큰 공격 표면의 보안과 취약점을 살펴본다.

▌ IoT 에코시스템

이 산업은 IT 산업의 대부분을 통해 제공되는 하드웨어, 소프트웨어, 서비스에 바탕을 두게 될 것이다. 거의 모든 주요 기술 기업은 IoT에 막대한 투자를 해왔고, 새로운 시장과 기술은 이미 형성돼 있다(일부는 무너지거나 인수 합병되었다). 다양한 정보 기술이 모두 IoT에서 저마다의 역할을 담당하고 있기 때문에 이 책에서는 정보 기술의 거의 모든 부문을 다루게 될 것이다.

- **센서**: 임베디드 시스템, 실시간 운영 체제RTOS, 에너지 수확 소스, **미세 전자 기계 시스템**MEM, Micro-Electro-Mechanical System.
- **센서 통신 시스템**: 0cm ~ 100m 범위의 무선 개인 통신망. 종종 비IP 기반으로, 센서 통신에 존재하는 저속, 저전력 통신 채널.
- **근거리 통신망**: 일반적으로 고속 무선 통신에 사용되며, 보통 P2P 또는 스타 토폴로지star topology로 구성되는 802.11 와이파이와 같은 IP 기반 통신 시스템.
- **애그리게이터, 라우터, 게이트웨이**: 임베디드 시스템 공급업체, 칩 벤더(프로세서, DRAM 및 스토리지), 모듈 벤더, 수동 소자 제조업체, 신thin 클라이언트 제조업체, 셀룰러 및 무선 통신 장비 제조업체, 미들웨어 공급업체, 포그 프레임워크 공급업체, 에지 분석 패키지, 에지 보안 공급업체, 인증 관리 시스템.

- **WAN**: 셀룰러 네트워크 공급업체, 위성 네트워크 공급업체, **저전력 광역 통신망**LPWAN, Low-Power Wide-Area Network 공급업체. 일반적으로 IoT와 제한된 장치를 대상으로 하는 MQTT, CoAP, HTTP 등의 인터넷 전송 프로토콜을 사용한다.
- **클라우드**: 서비스로서의 인프라IaaS 공급업체, 서비스로서의 플랫폼PaaS 공급업체, 데이터베이스 제조업체, 스트리밍 및 배치 프로세싱 제조업체, 데이터 분석 패키지, 서비스로서의 소프트웨어SaaS 공급업체, 데이터 레이크 공급업체, 소프트웨어 정의 네트워킹SDN, Software-Defined Network/소프트웨어 정의 경계SDP,Software-Defined Perimeter 공급업체, 머신 러닝 서비스.
- **데이터 분석**: 정보가 한꺼번에 클라우드로 전파됨에 따라 이 대량의 데이터를 처리하고 가치를 뽑아 내는 것이 복합 이벤트 처리, 데이터 분석, 머신 러닝 기술의 목적이다.
- **보안**: 아키텍처 전체를 한데 묶는 것이 바로 보안이다. 보안은 물리적 센서부터 CPU, 디지털 하드웨어, 무선 통신 시스템, 통신 프로토콜 그 자체에 이르기까지 모든 구성 요소와 관련이 있다. 각 수준마다 보안과 확실성, 무결성을 보장할 수 있어야 한다. IoT는 현존하는 가장 넓은 공격 표면을 형성하게 될 것이므로 체인에 어느 것 하나 약한 연결 고리가 있어서는 안 된다.

이 에코시스템에는 다양한 엔지니어링 부문의 여러 사람이 가진 능력이 필요하다. 새로운 센서 기술이나 수년 간 지속되는 배터리 등을 개발하는 장치 물리 과학자, 에지의 구동 센서에 관여하는 임베디드 시스템 엔지니어, 소프트웨어 정의 네트워킹과 개인 통신망 또는 광역 통신망에서 일하는 네트워크 엔지니어, 에지와 클라우드에서 사용될 새로운 머신 러닝 기법을 개발하는 데이터 과학자, 포그 솔루션과 확장형 클라우드 솔루션의 성공적 배포를 위한 DevOps 엔지니어 등이 여기에 해당한다. 또한, IoT에는 솔루션 배포업체 시스템 통합업체, 부가가치 재판매 업체, OEM 등의 서비스 벤더도 필요하다.

IoT vs. 사물 통신

IoT와 관련해서 흔히 혼동이 발생하는 분야가 바로 **사물 통신**M2M, Machine to Machine 기술이다. IoT가 널리 통용되는 업계 용어가 되기 전까지는 M2M이 화두였다. M2M과 IoT는 매우 유사한 기술이지만 상당한 차이가 있다.

- **M2M**: 다른 자율 장치와 직접 통신하는 자율 장치를 일컫는 일반적인 개념이다. 자율이란 인간의 개입 없이 정보를 인스턴스화하고 다른 노드와 통신할 수 있는 노드의 능력을 말한다. 통신의 형식은 애플리케이션마다 다르다. 이는 아마도 M2M 장치에서 사용하는 서비스나 통신용 토폴로지가 정해져 있지 않기 때문일 것이다. 여기에서 클라우드 서비스와 스토리지에 어김없이 사용되는 일반적인 인터넷 어플라이언스appliance는 배제된다. M2M 시스템은 시리얼 포트나 커스텀 프로토콜 등의 비IP 기반 채널을 통해서도 통신할 수 있다.

- **IoT**: IoT 시스템이 일부 M2M 노드(예: 비IP 통신을 사용한 Bluetooth 메시mesh)를 포함하는 경우도 있으나, IoT 시스템은 에지 라우터 또는 게이트웨이에서 데이터를 집계한다. 에지 어플라이언스가 게이트웨이나 라우터와 같이 인터넷으로 통하는 입구의 역할을 한다. 상당한 컴퓨팅 파워를 갖춘 센서의 경우에는 인터넷 네트워크 계층이 센서 자체에 구현될 수도 있다. 인터넷으로 통하는 입구가 어디에 있든 인터넷 망에 연결되는 나름의 방식이 있다는 점이 IoT를 정의한다.

센서, 에지 프로세서, 스마트 장치의 데이터가 인터넷에 연결됨에 따라 기존의 클라우드 서비스는 가장 단순한 장치에도 적용될 수 있게 되었다. 클라우드 기술과 모바일 통신이 주류가 되고 관련 비용이 낮아지기 전까지 단순한 센서와 임베디드 컴퓨팅 장치에는 몇 초 만에 전 세계적으로 데이터 통신을 수행하고, 정보를 영구적으로 보관하며, 추세와 패턴을 찾기 위해 데이터를 분석할 수 있는 마땅한 방법이 없었다. 클라우드 기술이 발전함에 따라 무선 통신 시스템이 널리 이용되기 시작했으며 리튬 이온 등의 새로운 에너지 장치의 비용 효율성도 개선됐다. 그리고 머신 러닝 모델은 쓸 만한 가치를 생산해 낼 수 있을 정도로 진화했다. 덕분에 IoT가 제안하는 가치도 대폭 높아졌다. 이러한 기술이 없었더라면 우리는 여전히 M2M의 세상에 살고 있었을 것이다.

네트워크의 가치와 메칼프, 벡스트롬의 법칙

네트워크의 가치가 메칼프의 법칙에 따라 결정된다는 주장이 있다. 1980년 로버트 메칼프Robert Metcalfe는 네트워크의 가치가 시스템에 연결된 사용자 수의 제곱에 비례한다는 개념을 공식화했다. 이를 IoT에 대입하면 사용자는 센서 또는 에지 장치라고 할 수 있다. 보통 메칼프의 법칙은 아래와 같은 공식으로 나타낸다.

$$V \propto N^2$$

- V = 네트워크의 가치
- N = 네트워크 내 노드의 수

그래픽 모델을 통해 **교차점**Crossover Point과 수식의 해석을 이해할 수 있으며, 여기에서는 양의 투자 수익ROI, Return on Investment을 기대할 수 있다.

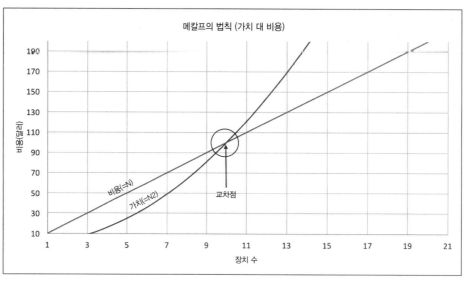

메칼프의 법칙 (가치 대 비용)

메칼프의 법칙. 네트워크의 가치는 N2에 비례한다. 각 노드의 비용은 kN으로 나타내며 k는 임의의 상수다. 이 경우에는 k가 IoT 에지 센서당 10달러의 상수를 나타낸다. 여기에 핵심은 가치가 확대됨에 따라 교차점이 빠르게 나타난다는 점이며, 이는 곧 이 IoT 배포가 양의 ROI를 달성할 것이라는 사실을 의미한다.

메칼프의 법칙 검증은 최근 블록체인의 가치와 암호 화폐 트렌드를 통해 이뤄진 바 있다. 블록체인은 보안 관련 장에서 더욱 자세히 살펴볼 것이다.

 켄 알라비(Ken Alabi)의 최근 백서에 의하면 블록 체인 네트워크도 메칼프의 법칙을 따르는 것으로 나타났다(Electronic Commerce Research and Applications, 24호, C(2017년 7월), 23~29페이지).

메칼프의 법칙은 사용자 수 및/또는 데이터 소비량은 증가하지만 네트워크 대역폭은 증가하지 않는 상황에서 서비스의 질적 저하가 발생할 경우, 이러한 현상은 설명하지 않는다. 또한 이 법칙은 다양한 수준의 네트워크 서비스와 불안정한 인프라(예: 움직이는 차량 내의 4G LTE), 네트워크에 영향을 미치는 불안 요소(예: 서비스 거부DoS 공격) 등도 설명하지 못한다.

이러한 상황을 설명하기 위해 여기에서는 벡스트롬의 법칙Beckstrom's law을 사용한다.

$$\sum_{i=1}^{n} V_{i,j} = \sum_{i=1}^{n} \sum_{k=1}^{m} \frac{B_{i,j,k} - C_{i,j,k}}{(1 + r_k)^{t_k}}$$

- $V_{i,j}$: 네트워크 j상의 장치 i에 대한 네트워크의 현재 가치
- i: 네트워크상의 개별 사용자 또는 장치
- j: 네트워크 자체
- k: 단일 트랜잭션
- $B_{i,j,k}$: 네트워크 j상의 장치 i에서 값 k로 실현될 이득의 크기
- $C_{i,j,k}$: 네트워크 j상의 장치 i에 대한 트랜잭션 k의 비용
- r_k: 트랜잭션 k의 시간에 대한 할인율
- t_k: 트랜잭션 k에 대한 경과 시간(연 단위)
- n: 개인의 수
- m: 트랜잭션의 수

벡스트롬의 법칙을 통해 네트워크(예: IoT 솔루션)의 가치를 파악하려면 모든 장치의 모든 트랜잭션과 그 값의 합을 알아야 한다는 사실을 알 수 있다. 어떤 이유로든 네트워크 j 값이 작아지면, 사용자의 비용 값은 어떻게 되는가? 이것이 IoT 네트워크가 미치는 영향이며, 현실 세계를 보다 잘 반영하는 값이다. 이 방정식에서 가장 모델링하기 어려운 변수는 트랜잭션의 이득 B 값이다. 각각의 IoT 센서를 보면 이 값은 매우 작거나 미미할 수 있다 (예: 일부 기기의 온도 센서가 1시간 동안 소실되는 경우). 한편으로는 그 값이 매우 큰 경우도 있을 수 있다(예: 수도 센서 배터리가 방전돼 유통 매장이 침수된 결과 상당한 규모의 재고 피해가 발생하고 보험료 조정으로 이어지는 경우).

IoT 솔루션 구축에 있어 아키텍트가 거치게 되는 첫 단계는 자신의 설계에 어떤 값을 대입할지를 파악하는 것이다. 최악의 경우 IoT 배포가 오히려 장애물이 되고, 실제로 고객에게 부정적인 결과를 낳기도 한다.

IoT 아키텍처

IoT 아키텍처는 다양한 기술을 아우른다. 특정 설계를 선택했을 때 아키텍트는 이것이 시스템의 확장성과 다른 부분에 미칠 영향을 반드시 이해하고 있어야 한다. IoT의 복합도와의 관계는 스케일과 다양한 유형의 아키텍처 때문에 기존 기술보다 훨씬 복잡하며 설계의 선택지 또한 무척 많다. 일례로 이 책을 집필하는 시점에 클라우드 기반 스토리지, SaaS 컴포넌트, IoT 관리 시스템, IoT 보안 시스템 및 상상할 수 있는 모든 형태의 데이터 분석을 공급하는 IoT 서비스 공급업체만 700곳이 넘는 것으로 집계된다. 여기에 더해 여러 PAN, LAN, WAN 프로토콜도 지역에 따라 끊임없이 변화하며 다양해지고 있다. 잘못된 PAN 네트워크를 선택하면 열악한 통신 환경으로 이어지고 신호 품질이 심각하게 저하되므로 이를 해결하기 위해서는 더 많은 노드를 추가해 메시를 만드는 수밖에 없다. 아키텍트는 LAN과 WAN의 간섭 효과, 데이터가 에지와 인터넷에서 전송되는 방식도 고려해야 한다. 복원력과 데이터 손실의 비용이 얼마나 되는지도 염두에 두어야 한다. 복원력은 스택의 하위 계층에서 관리돼야 하는가? 아니면 프로토콜 자체에서 관리돼야 하는가? 아키텍트는 또한 MQTT와 CoAP, AMQP 등의 인터넷 프로토콜과 다른 클라우드 벤더로 마이그레이션하기로 할 경우 이 프로토콜이 어떻게 작동할 것인지도 선택해야 한다. 선택을 위해서는 프로세싱이 이뤄지는 위치도 고려가 필요하다. 바로 여기에서, 지연 문제를 해결하고 보다 중요하게는 WAN과 클라우드를 통해 데이터를 옮기는 데 소요되는 대역폭과 비용을 줄이기 위해 데이터를 소스 가까이에서 처리하는 포그 컴퓨팅 개념이 시작된다. 다음으로는 수집된 데이터의 분석과 관련된 모든 선택 사항을 살펴볼 것이다. 잘못된 분석 엔진을 사용하면 불필요한 노이즈가 발생하거나 리소스가 지나치게 많이 사용돼 알고리즘을 에지 노드에서 실행할 수 없게 될 수 있다. 다음으로, 클라우드에서 센서로 다시 쿼리를 하는 것이 센서 장치 자체의 배터리 수명에는 어떤 영향을 미치는가? 이와 같이 수많은 선택 사항에 더해, IoT 배포가 구축되고 나면 이제 도시의 가장 큰 공격 표면이 될 것이므로 보안을 튼튼하게 하는 것 또한 빼놓을 수 없는 사항이다. 보시다시피 선택지는 다양하고 서로 긴밀한 관계를 맺고 있다.

현재 선택할 수 있는 아키텍처의 조합은 150만 가지 이상에 달한다.

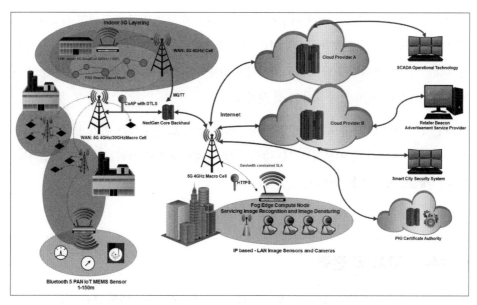

IoT 설계 선택. 센서부터 클라우드까지,
클라우드에서 센서까지 다양한 수준의 IoT 아키텍처를 나타내는 전체 스펙트럼

아키텍트의 역할

아키텍트architect 라는 용어는 기술 분야에서 자주 쓰인다. 소프트웨어 아키텍트, 시스템 아키텍트, 솔루션 아키텍트 등의 예가 있다. 컴퓨터 공학이나 소프트웨어 엔지니어링과 같은 특정 영역 내에서도 SaaS 아키텍트, 클라우드 아키텍트, 데이터 사이언스 아키텍트 등의 직함을 가진 사람도 있으며, 이들은 특정 분야의 구체적인 기술과 경험을 가진 것으로 인정받는 사람들이다. 이 특정 수직 분야의 유형은 수많은 수평 기술에 걸쳐 존재한다. 이 책에서는 IoT 아키텍트에 초점을 맞출 것이다. 이는 다양한 분야를 다루고 한데 모아서 유용하고 안전하면서도 확장 가능한 시스템을 만드는 수직적 역할이다.

이 책에서 우리는 IoT의 구성을 이해하는 데 필요한 만큼 깊이 들어갈 것이다. 이따금은 정보 및 통신 이론과 같은 순수 이론을 들여다보고, IoT 시스템의 주변부에 있거나 다른 기술에 기반을 둔 주제를 가볍게 다루기도 할 것이다. 이 책을 읽고 참고하면 시스템을 성공적으로 구축하는 데 필요한 IoT의 여러 측면에 관해 유용한 지침을 얻을 수 있다. 전문 분야가 EE 또는 CS이거나 클라우드 아키텍처 전문가인 경우에도, 아키텍트의 본분인 전체 시스템의 이해에 이 책이 도움이 될 것이다.

이 책은 전 세계적인 대규모 스케일링을 대상으로 한다. 모든 주제는 취미나 메이커 활동에도 사용할 수 있지만, 기본적으로는 수백억 대의 에지 장치로 이뤄진 글로벌 기업 시스템을 스케일링하기 위한 것이다.

▌ 1부 – 감지 및 전력

인터넷은 이벤트로 시작하고 이벤트로 끝난다. 간단한 모션, 온도 변화 혹은 잠금 장치 액추에이터의 움직임 등이 이러한 이벤트에 해당한다. 실재하는 수많은 IT 장치와 달리, IoT는 물리적 행동이나 이벤트에 반응하는 것이 대부분을 차지하며 이 반응은 현실에 영향을 미친다. 여기에는 기계의 예지보전을 위한 청각 감지와 같이 단일 센서에서 생성되는 상당한 데이터가 포함되는 경우가 있는가 하면, 단 하나의 데이터가 환자의 바이탈 상태 데이터를 나타내는 경우도 있다. 어떤 경우든 감지 시스템은 무어의 법칙Moore's law에 따라 발전하며 나노미터 미만의 단위로 공정을 줄이고 큰폭으로 비용을 절감해왔다. 만약 누군가가 수십억 대의 IoT 장치를 언급한다면, 이러한 사실을 염두에 둔 것이며 이것이 실제로 장치가 수십억 대에 이르게 될 수 있는 이유다. 3장에서는 MEM, 감지 및 기타 다양한 형태의 저비용 에지 장치를 물리적, 전자적 관점에서 깊이 있게 알아본다. 뿐만 아니라 이러한 에지 머신을 구동하는 데 필요한 전력 및 에너지 시스템도 자세히 살펴본다. 에지에 필요한 전력을 대수롭지 않게 여겨서는 안 된다. 수십억 대의 소형 장치가 모이면 엄청난 양의 에너지가 필요하다. 따라서 우리는 이 책 전반에 걸쳐 전력의 문제와 더불어 클라우드의 사소한 변화가 시스템 전력 아키텍처 전반에 어떻게 심각한 영향을 미칠 수 있는지도 들여다볼 것이다.

▌ 2부 – 데이터 통신

이 책은 상당 부분을 연결과 네트워킹에 할애한다. 애플리케이션 개발, 예측 분석, 머신 러닝을 깊이 다루는 다른 분야도 많이 있다. 이 책에서는 이러한 분야뿐만 아니라 데이터 통신도 살펴본다. 가장 멀고 험한 환경에서 데이터를 구글Google, 아마존Amazon, 마이크로소 프트Microsoft 및 IBM의 대규모 데이터 센터로 옮기는 이 중요한 기술이 없었다면 IoT는 존 재하지 않았을 것이다. IoT라는 줄임말에는 인터넷이라는 단어가 포함돼 있고, 그렇기에 네트워킹과 통신, 신호 이론까지도 살펴볼 필요가 있다. 이 책 전반에서 확인할 수 있듯이 IoT의 출발점은 센서나 애플리케이션이 아닌 연결이다. 유능한 아키텍트라면 센서에서 WAN로, WAN에서 센서로의 상호 네트워킹에 존재하는 제약을 이해할 수 있어야 한다.

이 통신 및 네트워킹을 다루는 부분은 통신과 정보의 이론과 수학적 기반으로 시작된다. 특정 프로토콜이 강제/제약되는 이유를 설명할 뿐만 아니라 향후 IoT 수준에서 성공적으 로 스케일링될 시스템의 설계를 위해 아키텍트에게 필요한 툴과 모델을 소개한다. 이러 한 도구에는 범위 및 전력 분석, 경로 손실, 간섭과 같은 무선 역학이 있다. 또한 4장에서 는 전체적인 능력capacity과 데이터의 품질에 영향을 미치는 정보 이론의 기반과 제약도 상 세히 살펴볼 것이며, 샤넌의 법칙Shannon's law의 기초도 알아본다. 또한 무선 스펙트럼은 유 한하고 공유되므로 대규모 IoT 시스템을 배포하는 아키텍트는 스펙트럼이 할당되고 관 리되는 방식을 이해해야 한다. 4장에서 살펴보는 이론과 모델은 이 책의 다른 부분에서 도 사용될 것이다.

데이터 통신 및 네트워킹은 일반적으로 비인터넷 프로토콜 메시지에 사용되며 **개인 통신 망**PAN, Personal Area Network으로 알려진 근거리 통신 시스템부터 차근차근 살펴보도록 한다. PAN을 다루는 장에서는 Zigbee와 Z-Wave뿐만 아니라, 새로운 Bluetooth 5 프로토콜 과 메시도 깊이 있게 다룬다. 이들은 무수히 많은 모든 IoT 무선 통신 시스템을 대표한다. 다음으로, 광범위한 IEEE 802.11 와이파이 시스템, 스레드 및 6LoWPAN 등의 무선 근 거리 통신망과 IP 기반 통신 시스템을 살펴본다. 6장에서는 차량 내 통신을 위한 802.11p 등의 새로운 와이파이 표준도 들여다볼 것이다.

4~7장은 셀룰러(4G LTE) 표준을 사용한 장거리 통신으로 끝을 맺으며, 4G LTE를 비롯해 Cat-1, Cat- NB 등의 IoT 및 M2M 통신 전용 새 표준을 지원하는 인프라를 살펴본다. 7장에서는 아키텍트가 향후 모든 장치가 특정 역량으로 연결돼 있는 경우의 장거리 전송에 대비할 수 있도록 설계돼 인증 중에 있는 새로운 5G 표준의 가장 유망한 기능도 알아보고, 아키텍처 간 차이를 이해할 수 있도록 LoRaWAN, Sigfox 같은 주변 프로토콜도 함께 살펴볼 것이다.

▌ 3부 – 인터넷 라우팅 및 프로토콜

센서 데이터를 인터넷에 연결하기 위해서는 게이트웨이와 효율적으로 설계된 지원 IP 기반 프로토콜이라는 두 가지 기술이 필요하다. 8~9장에서는 PAN 네트워크의 센서를 인터넷에 연결하는 에지 라우터 기술의 역할을 알아본다. 라우터는 데이터의 보안, 관리, 운용에 있어 특히 중요한 역할을 담당한다. 에지 라우터는 기반 메시 네트워크를 오케스트레이션 및 모니터링함으로써 균형 잡히고 일정한 데이터 품질을 유지한다. 데이터의 사유화 및 보안 또한 중요한 문제다. 8장에서는 가상 사설망과 가상 LAN, 소프트웨어 정의 광역통신망을 구축하는 데 있어, 라우터가 담당하는 역할을 알아볼 것이다. 단일 에지 라우터에서 서비스를 제공받는 노드는 말 그대로 수천 개가 있으며, 이는 어떤 의미에서 10장, '클라우드 및 포그 토폴로지'에서 볼 수 있듯이 클라우드로의 확장으로써 역할을 수행한다.

8~9장의 내용은 노드, 라우터, 클라우드 간 IoT 통신에 사용된 프로토콜로 이어진다. IoT에는 지난 수십 년간 사용돼 온 기존의 HTTP 및 SNMP 메시징 유형 대신 새로운 프로토콜이 채택됐다. IoT 데이터에는 클라우드 안팎에서 간편하게 운용하고 보안 가능한 효율적인 전원 인식 저지연 프로토콜이 필요하다. 9장에서는 AMPQ와 CoAP를 비롯해 퍼베이시브 MQTT 등의 프로토콜을 알아본다. 이들의 용도와 효율성을 보여 주는 예시도 함께 제공될 것이다.

▌ 4부 – 포그 및 에지 컴퓨팅, 분석과 머신 러닝

이 지점에 이르러서는 이제 에지 노드에서 클라우드 서비스로 스트리밍되는 데이터로 무엇을 할 것인지를 생각해 봐야 한다. 먼저, SaaS, IaaS, PaaS 시스템과 같은 클라우드 아키텍처의 양상을 논의한다. 아키텍트는 데이터 흐름과 클라우드 서비스의 일반적인 설계(정의와 사용 방식)를 이해하고 있어야 한다. 여기에서 클라우드 설계의 모델로는 오픈스택을 사용하며 인제스트^{ingestor} 엔진부터 데이터 레이크, 분석 엔진에 이르기까지 다양한 구성 요소를 살펴본다. 시스템의 배포 및 스케일링 방법에 관해 제대로 판단하기 위해서는 클라우드 아키텍처의 제약을 이해하는 것 또한 중요하다. 뿐만 아니라 아키텍트는 레이턴시^{latency}가 IoT 시스템에 어떻게 영향을 미칠 수 있는지도 파악하고 있어야 한다. 그렇지 않으면 모든 것이 클라우드에 올라가진 않게 된다. 모든 IoT 데이터를 클라우드로 옮기는 것과 이러한 데이터를 에지에서 처리하는 것(에지 프로세싱) 또는 클라우드 서비스를 에지 라우터로 확장하는 것(포그 컴퓨팅)에 드는 비용은 측정이 가능하다. 10~11장에서는 OpenFog 아키텍처와 같이 새로운 포그 컴퓨팅 표준에 관해서도 들여다볼 것이다.

물리적인 아날로그 이벤트에서 디지털 신호로 변환된 데이터에는 실행 가능한 결과가 있을 수 있다. 이제는 IoT의 분석 및 규칙 엔진이 나설 차례다. IoT 배포가 얼마나 정교한지는 구축되는 솔루션에 달려 있다. 어떤 경우에는 온도의 비정상적인 변화를 감지하는 간단한 규칙 엔진이 여러 센서를 모니터링하는 에지 라우터로 간단하게 배포될 수 있는 한편, 또 다른 경우에는 방대한 양의 정형, 비정형 데이터가 클라우드 기반 데이터 레이크에 실시간으로 스트리밍돼 예측 분석을 위한 빠른 프로세싱을 비롯해, 시간 상관 신호 분석 패키지의 순환 신경망^{RNN, Recurrent Neural Networks} 등의 고급 머신 러닝 모델을 사용한 장기 예측이 모두 필요할 수도 있다. 11장에서는 복합 이벤트 처리부터 베이지안 네트워크, 신경망의 추론과 훈련까지, 분석의 활용과 제약을 상세하게 들여다본다.

▎ 5부 – IoT의 위협과 보안

이 책은 IoT의 취약안과 공격을 개괄적으로 살펴보며 마무리한다. IoT 시스템은 집에서나 기업에서나 보안되지 않는 경우가 많다. 공개돼 있거나 원격지, 움직이는 차량 내, 심지어는 인간의 내부에도 IoT가 있게 될 것이다. IoT는 어떤 사이버 공격이든 가장 큰 규모의 단일 공격 표면을 이룬다. IoT 장치를 목표로 삼은 학문적 목적의 해킹과 정교하게 조직된 사이버 공격, 국가 규모의 보안 침해 등은 무수히 많았다. 12장에서는 이와 같은 침해의 여러 양상과 소비자 및 기업 IoT 배포가 인터넷을 구성하는 바람직한 구성원이 되기 위해 모든 아키텍트가 고려해야 하는 구제책의 유형을 자세히 살펴본다. IoT 보안을 위해 제안돼 있는 의회 법안을 살펴보고, 그와 같은 정부의 조치가 나오게 된 동기와 영향을 알아볼 것이다.

12장에서는 IoT에 필요한 일반적인 보안 조치를 확인한다. 블록체인이나 소프트웨어 정의 경계와 같은 신기술 또한 자세히 살펴보며, IoT 보안에 필요한 미래 기술의 인사이트를 제공할 것이다.

▎ 요약

이 책에서는 IoT를 구성하는 다양한 기술을 서로 이어보고자 한다. 지금까지는 2장에서 다룬 분야와 주제를 간략하게 살펴봤다. 아키텍트는 서로 다른 엔지니어링 분야 간의 상호 작용을 알고 있어야 확장 가능하면서도 견고하고 최적화된 시스템을 구축할 수 있다. 또한, 아키텍트는 IoT 시스템이 최종 사용자 또는 소비자에게 가치를 제공한다는 사실을 증명할 수 있어야 한다. 여기에서는 IoT 배포를 뒷받침하는 도구로 메칼프 법칙과 벡스트롬 법칙의 응용을 알아보았다.

이어지는 3장에서 센서부터 클라우드까지의 IoT 아키텍처, 그 사이의 모든 것을 자세히 들여다보자.

03

센서, 엔드포인트 및 전원 시스템

사물인터넷^{IoT}은 데이터 소스나 동작을 수행하는 장치에서 시작된다. 이러한 장치는 흔히 **엔드포인트**^{endpoint}라 불리며, 인터넷에 연결된 사물이다. IoT를 논할 때 보통 데이터의 실제 소스는 간과되곤 한다. 안전하게 전송돼 가능하면 분석과 저장을 거쳐야 하는 시간 상관 데이터 스트림의 출력 센서가 이러한 소스에 해당한다. IoT의 가치는 집계된 데이터에 있다. 따라서 센서가 제공하는 데이터는 매우 중요하다. 하지만 아키텍트에게는 데이터 그 자체뿐만 아니라 데이터가 해석되는 방식을 이해하는 것도 중요하다. 방대한 IoT 구축 속에서 어떤 데이터가, 어떻게 수집되는지를 이해하는 것 외에도 무엇이 감지되고 다양한 센서에 어떤 제약이 존재하는지를 아는 것 또한 유용하다. 일례로 시스템은 유실된 장치와 잘못된 데이터의 원인을 파악해야 한다. 마찬가지로 아키텍트는 왜 센서의 데이터를 신뢰할 수 없는지, 어떻게 센서가 현실에서 제대로 동작하지 않을 수 있는지를 반드시 이해해야 한다. 기본적으로 우리는 아날로그 세계를 디지털에 연결하는 작업을 하고 있다. 연결된 사물의 다수가 센서이며, 따라서 센서의 역할을 이해하는 것이 무엇보다 중요하다.

지금까지 IoT를 간략하게 살펴봤다. 연결된 사물 중 가장 크게 성장하는 것은 센서와 액추에이터일 것이므로 아키텍처 속에서 이 둘이 맺고 있는 관계를 이해하고 있어야 한다. 3장에서는 전자 및 시스템 관점에서 센서 장치를 집중 조명할 것이다. 또한, 무엇이, 왜 측정되는지의 원칙을 파악하는 것 또한 중요하다. 혹자는 이런 질문을 던질 수 있다. "내가 당면한 문제를 풀려면 어떤 유형의 센서나 에지 장치를 살펴봐야 하는가?" 하지만 아키텍트라면 IoT 솔루션을 구축할 때 비용, 기능, 크기, 사용 연한, 정확성의 양상을 모두 고려해야 한다. 한편 에지 장치의 전원과 에너지는 IoT의 맥락에서 거의 다뤄지지 않는 경향이 있지만 믿을 수 있으면서도 오래 가는 기술을 구축하는 데 꼭 필요한 요소들이다. 3장을 마칠 때쯤이면 독자 여러분은 센서 기술과 그 제약에 관한 상당한 수준의 지식을 갖출 수 있게 될 것이다.

3장에서는 다음과 같은 주제를 다룬다.

- 열전대부터 MEMS 센서, 비전 시스템에 이르는 감지 장치
- 에너지 생성 시스템
- 에너지 저장 시스템

▌ 감지 장치

우리는 감지 또는 입력 장치에 초점을 맞추며 3장을 시작했다. 여러 가지 형태와 복잡성을 지닌 이 장치들은 간단한 열전대thermocouple에서부터 고급 비디오 시스템에 이르기까지 다양하다. '수십억 대의 IoT 사물'이라고 했을 때 3장에서는 넓은 범위의 감지 사물을 의미한다. IoT가 큰 폭으로 성장하는 분야인 이유 중 하나는 바로 반도체 제조와 마이크로머신의 발전 덕분에 이러한 감지 시스템의 크기와 비용이 대폭 줄었기 때문이다.

열전대와 열 감지

열 센서는 가장 흔한 형태의 센서 제품으로, 거의 모든 곳에 존재한다. 스마트 서모스탯부터 IoT 냉장 보관 유통까지, 냉장고부터 산업 장비까지, 널리 사용되는 만큼 IoT 솔루션에서 가장 흔히 접할 수 있는 감지 장치다.

열전대

열전대^{TC, thermocouple}는 온도 감지 장치의 한 형태로, 작동에 가진 신호^{excitation signal}를 이용하지 않는다. 따라서 매우 작은 신호(마이크로볼트 단위의 진폭)를 생성한다. 두 가지 소재로 만들어진 두 개의 전선이 온도 측정치가 샘플링되는 위치에서 만나면 각 금속의 전위차는 서로 독립적으로 발달하는데, 이 효과는 **제벡 열기전 효과**^{Seebeck electromotive effect}로 알려져 있다. 이에 따르면 두 금속의 전위차는 온도와 비선형 관계를 갖는다.

전압의 크기는 선택한 금속 소재에 따라 달라진다. 전선의 끝이 시스템에서 열적으로 분리돼 있는 것이 중요하다(또한 두 전선은 동일하게 제어되는 온도에 있어야 함). 다음 도식에서 센서를 통해 제어되는 열 블록을 확인할 수 있다. 이는 흔히 **냉 접점 보상**^{cold junction compensation}이라는 기술을 통해 제어되는데, 이 경우 온도가 다르더라도 블록 센서에 의해 정확하게 측정된다.

전압 차등을 샘플링할 경우 소프트웨어는 보통 룩업^{look-up} 테이블을 통해 선택된 금속 간의 비선형 관계를 바탕으로 온도를 도출한다.

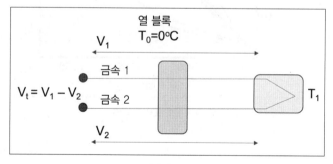

열전대 도식

열전대는 단일 측정에 사용돼야 한다. 약간의 불순물로 인해 전선의 구성이 영향을 받고 룩업 테이블의 불일치를 일으킬 수 있으므로 시스템의 정확도 또한 달라질 수 있다. 정확도를 높인 열전대가 필요할 수 있으나, 이러면 비용이 높아진다. 다른 효과로는 노화가 있다. 열전대는 대개 산업 환경에서 사용되는데 고열의 사용 환경으로 인해 시간의 흐름에 따라 센서의 정확성이 저하될 수 있다. 그러므로 IoT 솔루션에는 센서의 수명에 따른 변화가 고려돼야 한다.

넓은 열 범위에 적합한 열전대는 다양한 금속 조합이 색상으로 구분되고 유형별로 라벨링된다(예: E, M, PT–PD 등). 일반적으로 이러한 센서는 긴 리드lead를 활용한 장거리 측정에 적합하고, 산업 및 고온 환경에서 사용되는 경우가 많다.

다음 그림에는 여러 가지 열전대 금속 유형과 다양한 온도에 걸친 각 금속의 에너지 선형성이 나타나 있다.

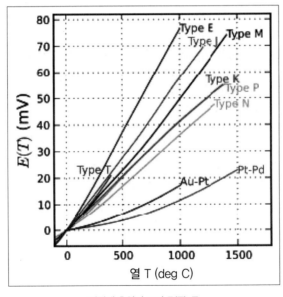

열전대 유형의 묘사 E(T):T

저항 온도 감지기

저항 온도 감지기^{RTD, Resistance Temperature Detector}는 좁은 온도 범위에서 작동하지만 열전대에 비해 훨씬 정확하다(섭씨 600도 미만). RTD는 매우 순도가 높은 백금 전선을 세라믹이나 유리에 단단하게 감아서 만듦으로써 온도 저항 관계가 만들어진다. 저항 기반 측정이기 때문에 RTD를 작동하는 데는 여고 전류가 필요하다(1mA).

RTD의 저항은 사전 정의된 기울기를 따르며, RTD의 기본 저항은 지정된다. 200 PT100 RTD는 섭씨 0~100도에서 0.00200Ω/℃의 기울기를 갖는데, 이 범위 내(섭씨 0~100도)에서는 선형으로 나타난다. RTD는 2, 3 또는 4선 패키지로 제공되며 고정밀 보정 시스템의 경우 5선 모델이 사용되기도 한다. RTD는 보통 브리지 회로를 사용해 분해능을 높이며 소프트웨어를 통해 결과를 선형화한다.

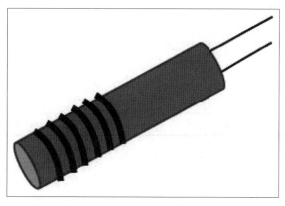

전선이 감긴 RTD

RTD는 섭씨 600도 이상에서는 거의 사용되지 않는데, 이 이상의 온도에서는 산업 내 활용도가 제한되기 때문이다. 고온에서 플래티늄은 오염될 수 있기 때문에 잘못된 결과가 도출될 수 있다. 그러나 가용한 특정 범위 내에서 측정할 경우 RTD는 상당히 안정적이고 정확하다.

서미스터

마지막으로 살펴볼 온도 감지 장치는 **서미스터**^{thermistor}다. RTD와 마찬가지로 저항 기반 관계 센서인 서미스터는 RTD보다 주어진 온도에 더 높은 변화도를 보인다. 기본적으로 이러한 센서들은 온도에 따라 달라지는 저항이다. 돌입 전류를 완화하기 위해 회로에 사용하기도 한다. RTD는 온도 변화에 선형 관계를 갖는 반면 서미스터는 매우 비선형적인 관계를 가지며, 좁은 온도 범위에 고감도가 필요한 경우에 적합하다. 서미스터에는 온도가 상승하면 저항이 감소하는 NTC와 온도 상승과 함께 저항도 높아지는 PTC의 두 종류가 있다. RTD는 금속을 소재로 사용하는 한편, 서미스터는 세라믹이나 폴리머를 사용한다는 점이 RTD와의 가장 큰 차이점이다.

서미스터는 의료 장치, 과학 장비, 식품 처리 장비, 인큐베이터나 서모스탯 등의 가전 제품에서 찾아볼 수 있다.

온도 센서 요약

다음의 표에 각 온도 센서의 용도와 장점이 요약돼 있다.

범주	열전대	저항 온도 감지기	서미스터
온도 범위(섭씨)	−180 ~ 2,320	−200 ~ 500	−90 ~ 130
반응 속도	빠름(1/100만 초 단위)	느림(초 단위)	느림(초 단위)
크기	큼(~1mm)	작음(5mm)	작음(5mm)
정확도	낮음	중간	매우 높음

홀 효과 센서 및 전류 센서

홀^{hall} 효과 센서는 전류가 흐르는 금속 막대로 이뤄져 있다. 하전 입자의 흐름이 자기장을 통과하면 빔이 직선에서 반사된다. 전류에 직각인 자기장 속에 도체가 놓여 있으면 대전 입자가 모이고 금속 막대의 양극과 음극 사이에 전위차가 발생한다. 이렇게 발생한 전위차는 측정이 가능하며, 이를 **홀 전압**Hall voltage이라고 하는데 이로 인해 **홀 효과**Hall effect라 알려진 현상이 발생한다. 이는 다음 이미지에 도식화돼 있다. 자기장 안에 있는 금속 막대에 전류가 가해지면(그림 참조) 전자는 막대 한쪽 끝으로 몰리게 되고 정공은 반대쪽 끝으로 몰리게 된다(곡선). 이로 인해 전계가 유도되며 측정할 수 있다. 전계가 충분히 강할 경우, 자력을 상쇄하며 전자는 직선을 따라가게 된다.

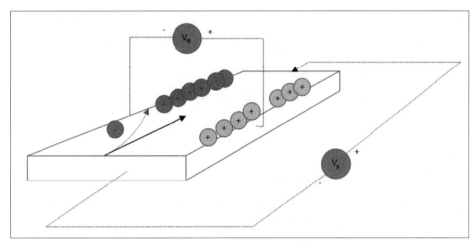

홀 효과의 예

전류 센서는 홀 효과를 사용해 시스템의 직류 및 교류 전류를 측정한다. 전류 센서에는 개방 루프와 폐쇄 루프의 두 가지가 있다. 개방 루프 센서에 비해 비용이 많이 드는 폐쇄 루프는 보통 배터리 전원을 사용하는 회로에 사용된다.

홀 센서는 일반적으로 위치 감지, 자기계, 비접촉식 스위치, 수위 감지 등에 사용된다. 다양한 기계와 모터의 회선 속도를 측정하는 산업용 센서에 사용되기도 한다. 뿐만 아니라 이러한 장치는 매우 저렴한 비용으로 만들 수 있고, 험한 환경 조건에도 충분히 견딜 수 있다.

광전 센서

빛과 광두익 감지는 보안 시스템, 스마트 스위치, 스마트 가로등과 같이 다양한 IoT 센서 장치에 사용된다. 그 이름에서 알 수 있듯 포토레지스터photoresistor는 광도에 따라 저항이 달라지는 한편 포토다이오드photodiode는 빛을 전류로 바꿔 준다.

포토레지스터는 고저항 반도체를 사용해 만든다. 빛이 많이 흡수될수록 저항은 줄어든다. 어둠 속에서 포토레지스터는 상당히 높은 저항을 갖게 된다(메가옴 단위). 반도체에 흡수된 광자로 인해 전자가 전도대로 이동하게 되고 전기가 전도된다. 포토레지스터는 유형과 제조사에 따라 파장에 민감한 한편, 포토다이오드는 p-n 접합을 갖는 진짜 반도체다. 이 장치는 전자-정공 쌍을 만들어 빛에 반응한다. 정공이 양극 쪽으로 움직이면 전자가 음극 쪽으로 이동하고 그 결과 전류가 발생한다. 전형적인 태양광 전지가 이와 같은 광전지 방식으로 작동해 전기를 만들어 낸다. 반면 역방향 바이어스를 음극에 걸면 필요에 따라 레이턴시와 응답 시간을 개선할 수도 있다.

카테고리	포토레지스터	포토다이오드
광민감도	낮음	높음
능동/수동(반도체)	수동	능동
온도 민감도	매우 높음	낮음
빛 변화에 대한 레이턴시	김(10밀리초 켜짐, 1초 꺼짐)	짧음

PIR 센서

초전형 적외선PIR, Pyroelectric Infrared 센서에는 적외선 방사와 열에 반응하는 소재로 채워진 두 개의 슬롯이 포함돼 있다. 이러한 센서는 일반적으로 보안이나 체온의 움직임 탐지에 사용된다. 가장 단순한 형태로는 PIR 센서 상단에 프레넬Fresnel 렌즈가 달린 것이 있는데, 두 개의 슬롯이 밖으로 넓은 반원을 이룬다. 가장 단순한 형태의 프레넬 렌즈는 PIR 센서 상단에 위치하며, 두 개의 슬롯을 이용해 밖으로 휘어진 넓은 반원을 형성한다. 이 두 개의 반원으로 탐지 영역이 만들어지는데, 체온을 가진 존재가 반원 안으로 들어오거나 반원 밖으로 나가면 샘플링된 신호가 생성된다. PIR 센서에는 적외선에 노출됐을 때 전류를 생성하는 투명한 소재가 사용된다. **장효과 트랜지스터**FET, Field Effect Transistor는 전류의 변화를 감지해 신호를 증폭 장치로 전송한다. PIR 센서는 일반적인 신체에 해당하는 8~14um 범위에서 반응성이 좋다.

다음 그림은 두 개의 구역을 감지하는 두 개의 IR 영역을 나타낸다. 이렇게 활용해도 괜찮은 경우가 있는 반면, 일반적으로는 공간이나 영역 전체의 움직임이나 활동을 탐지할 수 있어야 한다.

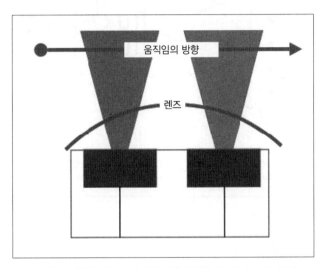

PIR 센서. 두 개의 구성 요소가 시야 내에서 움직이는 IR 소스에 반응한다.

하나의 센서로 보다 넓은 구역을 스캔하려면 방의 여러 구역에서 빛을 집중시켜 PIR 어레이에 특정 구역을 생성할 수 있도록 여러 개의 프레넬 렌즈가 필요하다. 이는 또한 적외선 에너지를 개별 FET 영역에 집중시키는 효과도 있다. 일반적으로 이러한 장치를 통해 아키텍처에서는 대기 시간과 민감도(범위)를 통제할 수 있다.

대기 시간에 따라 PIR 경로를 따라 움직이는 사물이 감지된 후 모션 이벤트가 출력되기까지의 시간이 결정된다. 대기 시간이 짧을수록 더 많은 이벤트가 출력될 것이다. 다음은 프레넬 렌즈가 포함된 일반적인 PIR 센서의 그림으로, 고정 초점 거리로 기판에 초점을 맞추고 있다.

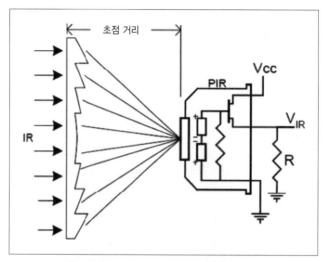

왼쪽: IR 영역을 PIR 센서에 집중시키는 프레넬 렌즈.
Cypress Microsystems Application Note AN2105.

LiDAR 및 능동 감지 시스템

이 절에서는 능동 감지 시스템active sensing systems을 다룬다. 지금까지는 환경적 변화에 단순히 반응하기만 하는 다양한 수동 센서를 살펴봤다. 능동 감지의 경우, 환경의 공간 또는 감각적 측정을 위해 참조된 신호의 송출이 이뤄진다. 이 부문은 광범위하지만 여기에서는 능동 탐지 시스템의 기초인 LiDAR을 집중적으로 다루도록 한다.

LiDAR는 빛 탐지 및 범위 측정Light Detecting and Ranging의 줄임말이다. 이 유형의 센서는 대상에서 반사되는 레이저 파장을 측정해 대상까지의 거리를 측정한다. PIR 센서가 범위 내의 움직임을 감지한다면, LiDAR는 범위를 측정할 수 있다. 이 과정이 최초로 시연된 것은 1960년대의 일이며, 현재는 농업, 자동 및 자율 주행 차량, 로봇, 감시 및 환경 연구 등에 널리 사용된다. 이러한 유형의 능동 탐지 머신으로는 경로를 지나는 모든 것을 분석할 수 도 있으며, 이는 기체, 공기, 구름의 구성 및 성분, 미립자, 움직이는 물체의 속도 등을 분 석하는 데도 사용된다.

LiDAR는 능동 센서 기술로, 레이저 에너지를 송출한다. 레이저가 물체에 부딪히면 에너 지의 일부는 LiDAR 방출기 쪽으로 반사돼 돌아온다. 여기에 사용되는 레이저는 일반적 으로 600~1000nm의 파장이며, 상대적으로 그 비용이 저렴하다. 눈의 손상 방지라는 안 전상의 목적으로 출력에는 제한이 있다. 1550nm 범위에서 작동하는 LiDAR 장치도 일부 있는데, 이는 파장이 눈에 집중되지 않고, 고에너지에서도 무해하도록 렌더링했기 때문 에 가능하다. LiDAR 시스템은 위성과 같은 매우 장거리의 범위 측정과 스캐닝도 가능하 다. 레이저는 초당 최대 15만 회 진동하며 사물에서 포토다이오드 어레이로 다시 반사될 수 있다. 레이저 장비는 회전하는 거울을 통해 한 장소를 휩쓸 수도 있는데, 이를 활용하 면 해당 환경의 총체적인 3D 이미지를 구축하는 것도 가능하다. 송출되는 각 광선은 저마 다의 각도와 **비행 시간**TOF, Time of Flight 측정치, GPS 위치를 나타내게 되며, 이로 인해 광선 은 전형적인 장면을 만들 수 있다.

물체까지의 거리를 계산하는 방정식은 비교적 간단하다.

$$\text{거리} = \frac{(\text{빛의 속도} \times \text{비행 시간})}{2}$$

LiDAR와 다른 능동 센서는 비슷한 방식으로 작동한다. 각자 대표적인 송출 신호를 가지 고 있으며, 이 신호가 센서로 돌아와 이미지를 구축하거나 이벤트가 발생했음을 알린다. 이러한 센서는 단순한 수동 센서에 비해 훨씬 복잡하고 더 많은 에너지와 비용, 공간이 필 요하다.

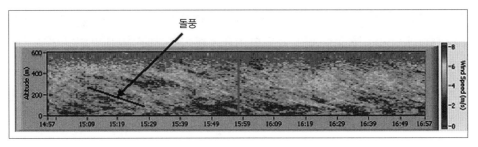

LiDAR: 풍력 발전기의 보호를 위해 대기 중 돌풍을 분석하는 데 사용된 LiDAR 이미지의 예. NASA 제공.

MEMS 센서

미세 전자 기계 시스템MEMS, Micro-Electromechanical System은 1980년대 처음 생산된 이후 계속 산업에 이용돼 왔으나, 최초의 MEMS 압력 센서의 기원은 1960년대 압저항 압력 센서를 개발한 쿨라이트Kulite 반도체로 거슬러 올라간다. 이러한 저항은 기본적으로 전기 제어와 상호 작용하는 소형화된 기계 구조를 포함하고 있으며, 보통 1~100um 기하 범위 내에 있다. 3장에 언급된 다른 센서들과 달리, MEMS의 기계적 구조는 돌리거나 늘리고, 구부리거나 움직이거나 변형할 수 있으며, 이는 또다시 전기적 신호에 영향을 미친다. 그리고 이 신호는 하나의 특정 센서에서 포착 및 측정된다.

MEMS 장치는 여러 단계의 마스크, 리소그래피lithography, 증착, 식각 공정을 거치는 일반적인 실리콘 생산 과정을 통해 생산된다. MEMS 실리콘 다이silicon die는 연산 증폭기, 아날로그−디지털 변환 회로 및 지원 회로 등 다른 구성 요소와 함께 패키지로 구성된다. 보통 실리콘 구조가 28nm 미만으로 생산되는 데 비해 MEMS 장치는 일반적으로 1~100마이크론의 상대적으로 큰 범위에서 생산된다. 공정에는 MEMS 장치에 3D 구조물을 만드는 박막 증착과 식각이 포함된다.

센서 시스템 이외에도 MEMS 장치는 잉크젯 프린터의 헤드나 DLPDigital Light Processor 프로젝터와 같은 최신 오버헤드 프로젝터에서도 찾아볼 수 있다. MEMS 탐지 장치를 바늘 끝

만큼 작은 패키지에 담아 내는 능력이 IoT가 수십억 대의 연결된 사물로 성장할 수 있을지 여부를 좌우하게 될 것이다.

MEMS 가속도계와 자이로스코프

오늘날 수많은 모바일 장치에서 흔히 찾아볼 수 있는 가속도계와 자이로스코프는 보수계나 피트니스 트래커의 위치 측정이나 움직임 추적에 사용된다. 이러한 장치는 움직임에 반응해 전압을 생산하는 데 MEMS 압전기를 사용한다. 자이로스코프는 회전 움직임을 감지하며, 가속도계는 선형 움직임의 변화에 반응한다. 다음 그림에는 가속도계의 기본 원리가 나타나 있다. 일반적으로, 스프링을 통해 보정된 위치에 고정된 중심 질량이 가속도의 변화에 반응하고 이는 MEMS 회로 정전 용량의 변화에 의해 측정된다. 한 방향으로 가속될 경우 중심 질량은 정지 상태를 유지한다.

가속도계는 아래 그림에 나타난 바와 같이 한 차원이 아닌 여러 차원(X, Y, Z)에 반응하도록 합성된다.

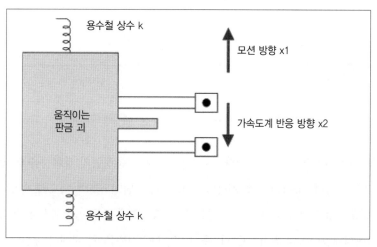

가속도계: 용수철에 의해 멈춘 중앙의 판금 괴를 사용한 가속 측정의 원리. 보통, 다양한 방향으로 사용된다.

자이로스코프의 작동 방식은 다소 다르다. 자이로는 중심 질량에 대한 모션 반응이 아니라, 회전하는 기준 틀에 작용하는 코리올리 효과Coriolis effect를 이용한다. 다음 그림에 그 개념이 설명돼 있다. 속도를 높이지 않을 경우, 물체는 호를 그리며 움직이게 되므로 북쪽에 위치한 목표에는 도달하지 못한다. 디스크의 바깥 경계 쪽으로 움직이려면 추가적인 가속으로 북향의 진로를 유지해야 한다.

이것이 바로 코리올리 가속Coriolis acceleration이다. MEMS 장치에는 회전 디스크가 없는 대신 MEMS에 조립돼 있는 실리콘 기판 위 일련의 원에 공명 주파수가 적용된다.

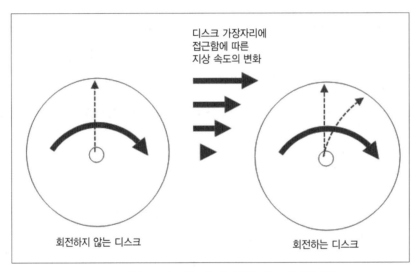

가속도계: 북쪽으로 움직이는 경로상의 회전 디스크에 대한 효과

원은 동심을 이루며 작은 호로 나뉜다. 동심원으로 회전 움직임의 정확성을 더 많은 영역에서 측정할 수 있다. 하나의 원은 저마다 견고한 지지 빔이 필요하며 그렇게 안정적이지는 않다. 원을 호로 나누면 구조는 견고함을 잃고 회전력에 더욱 민감해진다. 원에 부착된 전극은 커패시터capacitor의 변화를 감지하는 한편, DC 전원은 원 내에서 공진하는 정전력을 만들어 낸다. 공진하는 원이 불안정하면 코리올리 가속이 감지된다. 코리올리 가속은 다음과 같은 방정식으로 정의할 수 있다.

$$a = -2\omega \times v$$

이 방정식은 가속도가 앞서 본 그림에 나타난 바와 같이 시스템 회전과 회전 디스크의 속도 또는 다음 그림에서와 같은 MEMS 장치의 공진 주파수에 의해 결정된다는 사실을 나타낸다. 주어진 DC 전원에서 힘이 가해지면 갭 크기와 회로의 전체적인 정전 용량이 변하게 된다. 바깥쪽 전극은 원의 휘어짐을 감지하고 안쪽 전극은 정전 용량을 측정한다.

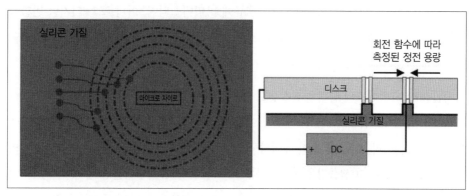

오른쪽: 실리콘 기질에 놓인 자이로 센서를 나타내는 절단된 동심원, 왼쪽: 여기에 연결된 디스크 갭

자이로스코프와 가속도계는 둘 다 신호 조정을 위해 전력 공급과 증폭기를 필요로 한다. 조정을 마친 출력은 디지털 신호 처리기에 의해 샘플링된다.

이러한 장치는 Invensense MPU-6050과 같이 매우 작은 패키지에 통합되는데, 4mm × 4mm × 1mm 크기의 패키지 속에 6축 자이로와 가속도계가 들어간다. 3.9mA의 전류를 이용하는 이 장치는 저전력 탐지에 적합하다.

MEMS 마이크

MEMS 장치는 소리 및 진동의 감지에도 사용될 수 있다. 이와 같은 유형의 MEMS 장치는 앞서 다룬 가속도계와도 관련된다. IoT 구축의 경우, 소리 및 진동 측정은 산업 IoT와 예지 보전에 흔히 사용된다. 일례로, 화학 공정이나 혼합물을 분리하는 원심 분리기의 경우 다량의 재료를 회전시키거나 섞는 산업용 기계가 사용되는데, 여기에는 정확한 측량이 필요하다. MEMS 소리 또는 진동 장치는 보통 그와 같은 장비의 상태나 안전성을 모니터링하는 데 사용된다.

이 유형의 센서에는 충분한 샘플링 주파수의 아날로그-디지털 변환 회로가 필요하다. 또한, 신호를 강화하기 위해 증폭기도 사용된다. MEMS 마이크의 임피던스는 (사용되는 증폭기에 세심한 주의가 필요한) 대략 수백 옴 단위다. MEMS 마이크는 아날로그일 수도 있고 디지털일 수도 있다. 아날로그인 경우 DC 전류에 바이어스되며, 아날로그-디지털 변환을 위한 코덱에 연결된다. 디지털 마이크의 경우 마이크 음원 가까이에 ADC가 있어서 코덱 가까이에 셀룰러 신호 간섭이나 와이파이 신호가 있는 경우에 유용하다.

디지털 MEMS 마이크의 출력은 **펄스 밀도 변조**PDM, Pulse Density Modulated 처리되거나 I2S 형식으로 전송될 수 있다. PDM은 두 개의 마이크 채널에서 샘플링을 할 수 있는 고샘플링 레이트 프로토콜이다. 이는 클럭 및 데이터 라인을 공유하고 서로 다른 클럭 기간에 두 개의 마이크 중 하나로부터 샘플링을 하는 방식으로 작동한다. I2S의 샘플링 레이트는 높지 않지만, 오디오 레이트의 데시메이션decimation(Hz ~ kHz 범위)으로 인해 준수한 품질을 낸다. 데시메이션은 마이크에서 이뤄지므로 ADC 없이도 샘플링에 여러 대의 마이크를 계속 사용할 수 있게 된다. 샘플링 레이트가 높은 PDM의 경우에는 디지털 신호 처리기DSP, Digital Signal Processor의 데시메이션이 필요하다.

MEMS 압력 센서

압력 및 스트레인 게이지는 스마트 시티 모니터링 인프라에서 산업용 제조 현장에 이르기까지 다양한 IoT 구축에 사용된다. 일반적으로 액체와 가스의 압력을 측정하는 데 사용되는데, 이 센서의 핵심은 바로 압전 회로다. 압전 기판의 캐비티cavity 위 또는 아래에 다이어프램diaphram이 위치한다. 기판은 유연하기 때문에 압전 결정의 형태를 바꿀 수 있다. 이러한 변형으로 인해 소재와 직접적으로 관계된 저항이 변화하게 된다.

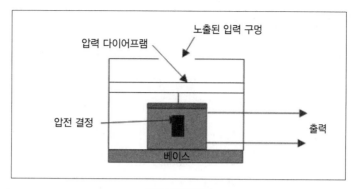

압력 센서의 구조

3장에서 언급된 다른 여자 전류excitation current 기반 센서와 마찬가지로 이 유형의 센서도 **휘트스톤 브리지**Wheatstone bridge를 사용해 변화를 측정한다. 휘트스톤 브리지는 둘, 넷 또는 여섯 개의 전선이 조합된 형태로 이용할 수 있으며, 압전 기판의 휘어짐과 저항의 변화에 따라 브리지에서 전압의 변화를 측정한다.

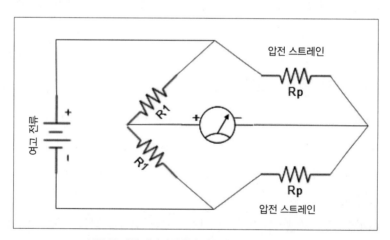

MEMS 압력 센서의 증폭에 사용되는 휘트스톤 브리지

스마트 IoT 엔드포인트

지금까지는 이산형이나 아날로그 형식으로 샘플링된 정보를 반환하기만 하는 매우 단순한 형태의 센서를 살펴봤다. 물론 맡은 작업을 처리할 수 있을 만큼 상당한 능력과 성능을 갖춘 IoT 장치와 센서도 있다. 스마트 센서에는 비디오 카메라나 비전 시스템과 같은 장치가 포함된다. 또한 스마트 센서에는 상당한 처리량을 요하는 하이엔드 프로세서, 디지털 신호 처리기, FPGA, 주문형 ASIC 등의 형태가 포함될 수도 있다. 이 절에서는 스마트 센서의 한 형태인 비전 시스템을 자세히 살펴본다.

비전 시스템

앞서 살펴보았던 단순한 센서들과 달리, 비전 시스템은 훨씬 복잡하며 상당한 수의 하드웨어와 광학, 이미징 반도체 등으로 구성된다. 비전 시스템의 출발점은 장면을 인식하는 렌즈다. 렌즈를 통해 감지 소자는 초점을 잡을 수 있고, 광포화도 더 넓어지게 된다. 현대적인 비전 시스템에는 **전하 결합 소자**CCD, Charge-Coupled Devices 또는 **상보성 금속 산화막**CMOS, Complementary Metal-Oxide 장치의 두 가지 감지 소자 중 하나가 사용된다. CMOS와 CCD의 차이는 다음과 같이 일반화할 수 있다.

- **CCD**: 전하는 센서에서 칩의 에지로 전송돼 아날로그-디지털 변환 회로를 통해 순차적으로 샘플링된다. CCD는 노이즈가 적은 고해상도 이미지를 만들어 내지만, CMOS의 100배에 달하는 상당량의 전력을 소모하며 고유한 제조 과정이 필요하다.
- **CMOS**: 개별 픽셀마다 트랜지스터가 포함돼 전하를 샘플링하며, 각 픽셀은 개별적으로 읽어 올 수 있다. CMOS는 노이즈가 더 많은 편이지만 전력 소모량이 적다.

오늘날 시장에서는 CMOS를 주로 사용해 대부분의 센서를 구축한다. CMOS 센서는 반도체 기판에 행과 열로 놓인 2차원 트랜지스터 배열로 반도체 다이에 통합된다. 부수 광선을 트렌지스터 소자에 집중시키는 적, 녹, 청 센서에는 일련의 마이크로렌즈가 있다. 각각의 마이크로렌즈는 특정 색을 특정 포토다이오드 집합(R, G 또는 B)으로 감쇠시키는데 이 집합은 빛의 수준에 반응한다. 물론 이러한 렌즈가 완벽하지는 않다. 렌즈는 다양한 파장이 각기 다른 속도로 굴절되는 경우 색수차를 더하는데, 이로 인해 초점 길이가 달라지고 블러blur가 생긴다. 또한 핀쿠션pincushion 효과가 발생한 결과로 이미지가 왜곡될 수도 있다.

다음으로, 이미지는 필터링, 정규화, 변환으로 이어지는 일련의 단계를 수차례 거쳐 사용하기에 적합한 디지털 이미지가 된다. 이것이 **이미지 신호 처리 장치**ISP, Image Signal Processor의 핵심이며 단계는 다음과 같은 순서를 따른다.

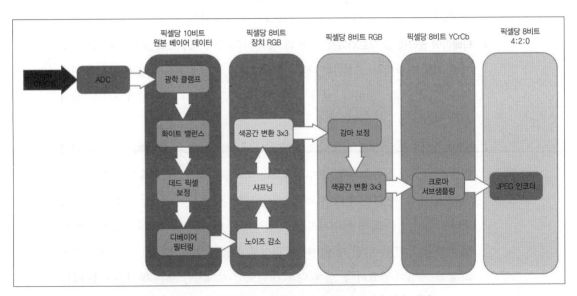

이미지 센서: 컬러 비디오의 일반적인 이미지 신호 프로세서 파이프라인

이미지의 각 픽셀은 파이프라인의 단계마다 수많은 변환과 처리 과정을 거친다. 이처럼 많은 양의 데이터를 처리하는 데는 대량의 커스텀 실리콘이나 디지털 신호 처리 장치가 필요하다. 다음 목록에는 파이프라인의 각 구성 요소가 가진 기능과 용도가 나열돼 있다.

- **아날로그-디지털 변환 회로**: 증폭된 센서 신호는 디지털 형식(10비트)으로 변환된다. 데이터는 포착한 이미지를 나타내는 2차원 행/열로 포토다이오드 센서 어레이에서 읽어 들인다.

- **광학 클램프**: 센서의 블랙 레벨로 인해 발생하는 센서 바이어스 효과를 제거한다.

- **화이트 밸런스**: 다양한 색 온도에 대한 눈의 색 항상성을 모방해 색조를 중립적으로 나타나게 한다. 이는 매트릭스 변환을 통해 수행된다.

- **데드 픽셀 보정**: 데드 픽셀을 잡아내고 보간법을 이용해 손실을 보정하는 것으로, 그 결과 데드 픽셀은 인접한 픽셀의 평균으로 대체된다.

- **디베이어 필터링 및 디모자이킹**: 적색과 청색을 녹색이 채우도록 RGB 데이터를 조정해 휘도 민감성을 조정한다. 센서 인터레이스 콘텐츠로부터 평면 형식의 이미지를 만들어 내기도 한다. 보다 발전된 알고리즘의 경우 이미지의 에지를 살릴 수도 있다.

- **노이즈 감소**: 모든 센서는 노이즈를 만들어 낸다. 노이즈는 트랜지스터 수준에서 픽셀 민감도가 갖는 비균일성이나 포토다이오드의 빛샘, 암부의 노출 등과 관련될 수 있다. 물론 다른 형태의 노이즈도 존재한다. 이 단계에서는 중간값/미디언 필터(3×3 배열)을 통해 이미지의 모든 픽셀에서 화이트 노이즈와 간섭성 노이즈를 제거한다. 또는 반점 제거despeckle 필터를 사용할 수도 있는데, 여기에는 픽셀의 분류 작업이 필요하다. 물론 다른 방법도 존재하지만 모든 방식은 픽셀 매트릭스를 거친다.

- **샤프닝**: 행렬 곱셈을 사용해 이미지에 블러를 적용한 다음, 콘텐츠 영역의 디테일과 블러를 결합해 샤프닝 효과를 만들어 낸다.

- **색공간 변환 3×3**: 특정 RGB의 처리를 위해 RGB 데이터로 색공간 변환이 이뤄진다.

- **감마 보정**: CMOS 이미지 센서의 보정은 서로 다른 조사량의 데이터에 비선형적으로 반응한다. 감마 보정은 이미지를 보간하고 보정하는 데 **룩업 테이블/순람표** LUT, Look-Up Table를 사용한다.
- **색공간 변환 3×3**: RGB에서 Y'CbCr 형식으로 또 한번 색공간 변환이 이뤄진다. Y가 화질의 손상 없이 CbCr 보다 더 높은 해상도로 저장될 수 있으므로 YCC가 채택되었으며 4:2:2 비트로 표현한다.
- **크로마 서브샘플링**: RGB 색조의 비선형성으로 인해 이 단계에서는 영화와 같은 다른 미디어의 색조 일치와 품질을 모방해 이미지를 보정한다.
- **JPEG 인코더**: 표준 JPEG 압축 알고리즘을 이용한다.

이것은 센서가 얼마나 복잡하며 하나의 단순한 비전 시스템이라도 얼마나 많은 데이터와 하드웨어, 복잡도가 관여하는지를 보여 주는 좋은 예다. 전형적인 해상도 1080p, 초당 60프레임의 경우에도 비전 시스템이나 카메라를 거쳐 가는 데이터의 양은 어마어마하다. JPEG 압축을 제외한 모든 단계가 ASIC와 같은 고정 기능 반도체의 ISP를 거친다고 가정했을 때, 1회에 처리되는 데이터의 총량은 1.368 GBpsec에 달한다. 마지막 단계로 JPEG 압축을 포함할 경우 주문형 반도체와 CPU/DSP 코어를 통해 처리되는 데이터 양은 2GB/sec를 족히 넘는다. 어느 누구도 원본 베이어 이미지 비디오를 처리하기 위해 클라우드로 스트리밍하진 않을 것이며, 이 작업은 가능한 한 비디오 센서와 가까이에서 수행돼야 한다.

▎ 센서 융합

3장에서 다루는 모든 센서 장치와 관련해 고려해야 하는 양상 중 한 가지는 바로 **센서 융합**sensor fusion이라는 개념이다. 센서 융합이란, 서로 다른 다양한 종류의 센서 데이터를 결합해 단일 센서보다 더 많은 콘텍스트 정보를 밝히는 과정을 일컫는다. 이는 특히 IoT 분야에서 중요성을 갖는데, 단일 열 센서로는 빠른 온도 변화를 일으키는 원인 등을 파악할 수 없기 때문이다. PIR 모션 감지와 광도를 살펴보는 주변 다른 센서의 데이터를 결합할 경우, IoT 시스템에서는 햇빛이 비추는 동안 많은 수의 사람이 특정 장소에 밀집돼 있다는 사실을 탐지한 다음, 스마트 빌딩의 공기 순환을 증가시켜야 한다는 판단을 내릴 수 있게 된다. 단순한 열 센서만으로는 현재 온도 값을 기록할 수 있을 뿐, 밀집된 사람들과 햇빛으로 인해 온도가 올라간다는 상황 인식은 불가하다.

여러 센서(에지 및 클라우드)의 시간 상관 데이터를 처리할 경우, 더 많은 데이터를 바탕으로 보다 효과적인 의사 결정을 내릴 수 있다. 이로 인해 센서에서 클라우드로 다량의 데이터 유입이 나타나게 될 것이며, 이는 곧 빅데이터의 성장으로 이어질 것이다. TI SensorTag와 같이 센서의 가격이 낮아지고 통합이 쉬워지면서, 앞으로는 상황 인식이 가능한 결합 탐지가 더욱 보편화될 전망이다.

센서 융합에는 두 가지 모드가 있다.

- **집중화**Centralized: 원본 데이터가 스트리밍되고 중앙 서비스에 통합돼 융합이 일어나는 경우(예: 클라우드 기반)
- **탈집중화**De-centralized: 데이터가 센서에서(또는 센서 가까이에서) 상호 연관되는 경우

센서 데이터 상호 연관의 기본은 보통 중심 극한 정리를 통해 표현되며, 여기에서는 결합 변수를 바탕으로 두 센서의 측정 값인 x_1과 x_2를 더해 상호 연관된 측정 값인 x_3을 도출해 낸다. 이 도식은 단순히 두 측정 값을 더하는 것으로, 각 변수에 의해 합계에 가중치가 부여된다.

$$x_3 = (\sigma_1^{-2} + \sigma_2^{-2})^{-1}(\sigma_1^{-2}x_1 + \sigma_2^{-2}x_2)$$

그 밖의 센서 융합 방식으로는 칼만 필터Kalman filter와 베이지안 네트워크Bayesian network가 사용된다.

▌ 입력 장치

다양한 가스 센서, 습도 센서, 라돈 및 방사능 센서, 연기 센서, 초음파 센서 등 3장에서 다루지 않은 다양한 형태의 감지 장치가 많이 있다. 3장에서는 센서 입력의 기초와 올바른 감지 옵션을 선택하는 데 존재하는 어려움을 해결할 실용적인 지식을 소개하고자 한다.

지금까지는 센서와 같은 엔드포인트 장치를 살펴봤다. 이런 장치에서는 일정한 데이터 스트림을 에지 장치나 클라우드로 전송한다. IoT는 쌍방향 시스템으로 구성된다. 입력이 클라우드에서 엔드포인트에 도착할 수도 있고, 데이터가 엔드포인트에서 클라우드의 여러 구독자에게 전송될 수도 있다. 이 짧은 절에서는 기본적인 액추에이터와 출력 장치를 살펴보도록 하자.

▌ 출력 장치

IoT 생태계에서는 간단한 LED부터 전체 비디오 시스템에 이르기까지, 그 어떤 것이라도 출력 장치가 될 수 있다. 액추에이터, 스테퍼stepper 모터, 스피커 및 오디오 시스템, 산업용 밸브 등도 또 다른 유형의 출력 장치에 포함된다. 이처럼 다양한 장치에 복잡도가 서로 다른 여러 가지 제어 시스템이 필요한 것은 두말할 나위가 없다. 출력 유형과 해당 출력의 사용 사례에 따라서는 (클라우드에서 완전한 제어가 이뤄지는 경우에 비해) 에지와 장치 가까이에서 제어와 처리가 많이 이뤄져야 하는 경우도 있다. 예를 들어, 비디오 시스템은 클라우드 공급업체에서 데이터를 스트리밍할 수 있지만, 출력 하드웨어와 에지의 버퍼링 능력이 필요하다.

일반적으로 출력 시스템에는 기계적 움직임, 열 에너지 또는 빛으로 변환할 수 있는 상당량의 에너지가 필요하다. 액체 또는 기체의 흐름을 제어하는 취미용 소형 솔레노이드solenoid에도 9~24VDC가 필요하고 안정적으로 작동하면서 5뉴턴의 힘을 생산하기 위해서는 100mA를 소비해야 한다. 산업용 솔레노이드의 경우에는 수백 볼트 단위에서 작동한다.

▌ 실제 사례(종합적 활용)

센서 집합을 통해 수집된 데이터가 선송과 처리 과징을 거치지 않는다면 센서 집합은 별 다른 쓸모가 없다. 이 시스템이 로컬에 임베드된 컨트롤러든 클라우드에 업스트림을 전송하는 장치든, 구축하는 데는 더 많은 하드웨어가 필요하다. 일반적으로, 센서에서는 I2C, SPI, UART 또는 저속 IO와 같은 기존의 IO 인터페이스와 통신 시스템을 활용한다. 비디오 시스템과 같은 다른 장치에서는 고화질과 MIPI, USB, PCI-Express 등의 빠른 비디오 프레임 속도를 유지하기 위해 속도가 훨씬 높은 IO를 필요로 할 것이다. 또한, 센서에서 무선으로 통신하려면 Bluetooth, Zigbee 또는 802.11 등의 무선 송신 하드웨어가 사용돼야 한다. 이 모두는 추가적인 구성 요소를 필요로 하며, 이는 이 절에서 다룰 것이다.

실제 사례 - TI SensorTag CC2650

Texas Instruments CC2650 SensorTag는 개발, 프로토타이핑 및 설계용 IoT 센서 모듈의 좋은 예다. SensorTag 패키지에는 다음의 기능과 센서가 포함돼 있다.

- 센서 입력
    - 주변광 센서(TI Light Sensor OPT3001)
    - 적외선 온도 센서(TI Thermopile infrared TMP007)
    - 주변 온도 센서(TI light sensor OPT3001)
    - 가속도계 (Invensense MPU-9250)
    - 자이로스코프(Invensense MPU-9250)
    - 지자기계(Bosch SensorTec BMP280)
    - 고도계/압력 센서(Bosch SensorTec BMP280)
    - 습도 센서(TI HDC1000)
    - MEMS 마이크(Knowles SPH0641LU4H)
    - 자기 센서(Bosch SensorTec BMP280)

- ○ 푸시 버튼 GPIO 2개
- ○ 리드 릴레이(Meder MK24)
- 출력 장치
  - ○ 버저/스피커
  - ○ LED 2개
- 통신
  - ○ Bluetooth Low Energy(Bluetooth Smart)
  - ○ Zigbee
  - ○ 6LoWPAN

이 패키지는 CR2032 코인셀 배터리 1개로 작동한다. 비콘 모드(iBeacon)로 설치할 수도 있고, 메시지 송출기로 사용할 수도 있다. CC2650 SensorTag 모듈의 블록 다이어그램은 다음과 같다.

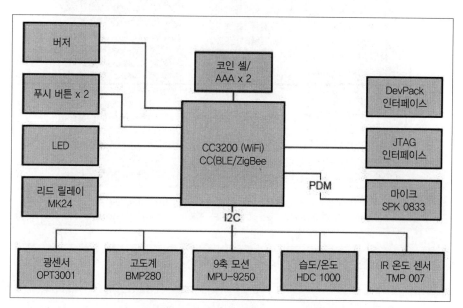

TI CC2650 SensorTag. Texas Instruments 제공,
TI Multi-Standard CC2650 SensorTag 설계 가이드. Texas Instruments Incorporated, 2015.

다음 이미지는 MCU의 블록 다이어그램이다. MCU는 IO와 ARM Cortex M4를 사용한 처리 능력을 제공하며, 다양한 버스 인터페이스를 통해 모듈의 센서 구성 요소에 연결한다.

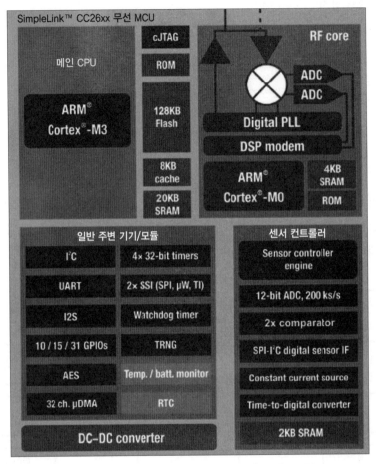

TI CC2650 MCU 블록 다이어그램. Texas Instruments 제공,
TI Multi-Standard CC2650 SensorTag 설계 가이드. Texas Instuments Incorporated, 2015.

이 장치에는 수많은 센서와 통신 시스템, 인터페이스가 들어 있지만 처리 능력에는 제한이 있다. 이 장치에는 TI의 프로세싱 모듈(MCU CC265)을 사용되는데, 여기에는 플래시 메모리가 128KB, SRAM이 20KB에 불과한 소형 ARM Cortex M3 CPU가 포함돼 있기 때문이다. 이러한 사양은 매우 적은 전력 소비량을 이유로 선택된 것이다. 이는 전력 효율적이지만 시스템의 처리량과 리소스가 제한되는 결과로 이어진다. 일반적으로 이와 같은 구성 요소에는 게이트웨이, 라우터, 휴대폰, 기타 스마트 장치가 필요하다. 저전력, 저비용을 고려해 만들어지는 센서 장치에는 MQTT 프로토콜 스택, 데이터 집계, 셀룰러 통신, 분석 등 보다 까다로운 용도에 대응할 리소스가 충분히 갖춰져 있지 않은 경우가 많다. 이러한 이유로, 실제로 사용되는 대부분의 엔드포인트 감지 장치는 비용과 전력을 더욱 줄일 수 있도록 컴포넌트보다 더 단순하다.

센서-컨트롤러

앞서 살펴본 감지 컴포넌트의 다양한 예시에 따르면 신호는 이동하기 전에 증폭, 필터링, 보정돼야 한다. 보통 하드웨어에는 특정 분해능의 아날로그-디지털 변환 회로가 필요하다. 다음은 5V 신호를 출력하는 단순한 24비트 ADC다.

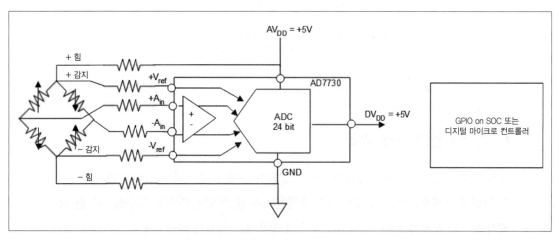

휘트스톤 브리지: 마이크로컨트롤러 또는 SoC에 대한 입력으로 AD7730 아날로그-디지털 변환 회로에 연결

출력은 펄스 변조 원시 데이터 또는 마이크로컨트롤러나 디지털 신호 처리 장치에 대한 I2C, SPI 또는 UART 등의 직렬 포트가 될 수 있다. 실제 시스템에서 찾아볼 수 있는 좋

은 예로는 텍사스 인스투르먼트^{Texas Instruments}의 적외선 서모파일^{thermopile} 센서(TMP007)가 있다. 이것은 비접촉식 MEMS 온도 센서로, 적외선 파장을 흡수하고 냉접점 기준 온도를 사용해 이를 기준 전압으로 변환해 준다. 섭씨 영하 40 ~ 영상 125도 사이의 환경에서 정확하게 감지된 온도로 등급이 매겨진다. 다음 그림을 통해 3장에서 언급했던 컴포넌트를 확인할 수 있다.

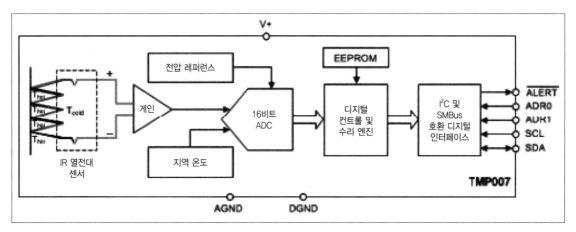

TI TMO007. Texas Instuments 제공, TI Multi-Standard CC2650 SensorTag 설계 가이드. Texas Instuments Incorporated 2015.

▌ 에너지원과 전력 관리

센서와 에지 장치에 전원을 공급하는 일은 중요한 문제다. 센서와 에지 장치의 수가 수십억 단위로 존재하고 이들이 매우 외딴 곳에서 사용될 거라는 사실을 고려했을 때 전력은 해결해야 할 문제가 된다. 어떤 IoT 구축의 경우에는 센서가 바닷속에 묻히거나 콘크리트 인프라 속에 들어가서 전원 공급을 한층 어렵게 만들 것이다. 이 절에서는 에너지 하베스팅과 전력 관리의 개념을 알아볼 것이다. 둘 다 IoT 전반에서 매우 중요한 위치를 차지하는 개념이다.

전력 관리

전력 관리란 매우 광범위한 주제이며, 소프트웨어와 하드웨어를 모두 아우른다. IoT 구축이 성공을 거두려면 전력 관리의 역할을 비롯해 원격에 위치한 장치와 오래된 장치의 전력을 효율적으로 관리하는 방법을 이해하는 것이 중요하다. 아키텍트는 에지 장치의 전력 예산을 수립해야 하는데, 이때 다음과 같은 요소들을 고려해야 한다.

- 활성 센서 전력
- 데이터 수집 빈도
- 무선 통신 강도 및 전력
- 통신 빈도
- 클럭 속도의 함수인 마이크로프로세서 또는 마이크로컨트롤러의 전력
- 수동 소자의 전력
- 누출 또는 전력 공급 비효율성으로 인한 에너지 손실
- 액추에이터 또는 모터용 전력 비축분

예산에는 전원의 양(배터리)에서 전력 사용 요인의 합을 뺀 값을 반영하면 된다. 또한 시간에 따른 배터리의 전력 행태는 선형이 아니다. 방전 중 배터리의 에너지 용량이 감소함에 따라 전압의 크기는 곡선형으로 떨어진다. 이는 무선 통신 시스템의 경우 문제가 되는데, 배터리가 최소 전압 이하로 떨어질 경우, 라디오 또는 마이크로프로세서가 임계 전압에 도달하지 못하고 브라운 아웃(전압 저하)된다.

예를 들어, TI SensorTag C2650의 전력 특성은 다음과 같다.

- 대기 모드: 0.24mA
- 모든 센서가 비활성화된 상태로 작동 시: 0.33mA
- LED

- 모든 센서가 100ms의 샘플 데이터 속도로 BLE: 5.5mA를 브로드캐스팅하는 경우:
  - 온도 센서: 0.84mA
  - 광센서: 0.56mA
  - 가속도계 및 자이로스코프: 4.68mA
  - 기압계 센서: 0.5mA

TI SensorTag에는 정격 전류 240mAh의 표준 CR2032 코인 셀 배터리가 사용된다. 따라서 최대 수명은 약 44시간 정도다. 그러나 푸케 용량Peukert's capacity을 다룰 때 확인할 수 있듯이 감소 속도는 변화하며 배터리 기반 장치에 선형적이지 않다.

현실에서는 반도체에서 사용되고 있지 않은 컴포넌트의 클럭 게이팅이나 프로세서 또는 마이크로컨트롤러 클럭 속도의 감소, 감지 빈도 및 송출 빈도의 조정, 통신 강도를 낮추는 백오프 전략, 여러 수준의 대기 모드 등 다양한 전력 관리 방식이 채용된다. 이들은 컴퓨팅 업계에서 일반적인 관행으로 널리 사용되는 기법이다.

> ⓘ 여기에 언급된 기법에는 반응형 전력 관리 기법이 반영돼 있다. 이 기법은 동적 전압 및 주파수 스케일링 등의 방식을 바탕으로 에너지 사용량을 최소화한다. 대두되고 있는 새로운 기술 중 고려해 볼 만한 것으로는 근사 컴퓨팅 및 확률적 설계가 있다. 두 방법 모두 에지에서 실행되는 센서 환경에는 항상 절대적인 정확성이 필요한 것은 아니며, 특히 신호 처리나 무선 통신과 관련된 사용 사례에서는 더욱 그러하다는 사실을 바탕으로 한다. 근사 컴퓨팅은 하드웨어 또는 소프트웨어에서 이뤄지며, address나 multiplier 같은 함수 단위와 함께 사용되는 정수의 정확도를 낮춰 준다(예: 17,962는 17,970에 상당히 근사함). 확률적 설계는 다수의 IoT 구축에서 일정 정도의 오류는 용인되도록 해 설계상 제약을 완화한다. 두 기법 모두 게이트의 수와 전력을 일반적인 하드웨어 설계에 비해 기하급수적인 수준으로 줄일 수 있다.

에너지 수확

에너지 수확 자체는 새로운 개념이 아니지만 IoT에서 중요한 위치를 차지하는 개념이다. 기본적으로, 상태의 변화가 나타나는 모든 시스템(예를 들어, 고온에서 저온으로의 변화, 전파 신호, 빛 등)에서는 에너지의 형태를 전기적 에너지로 바꿀 수 있다. 배터리 수명을 증강하거나 연장할 목적으로 수확 에너지를 사용하는 하이브리드 시스템인 장치도 있는 반면, 수확 에너지를 유일한 에너지원으로 사용하는 장치도 있다. 수확된 에너지는 저장됐다가 IoT의 센서와 같은 저전력 장치에 전원을 공급하는 데 (조금씩) 사용될 수 있다. 시스템에서는 효율적인 방식으로 에너지를 포집하고 전력을 저장해야 한다. 따라서 발전된 전력 관리 방식이 필요하다. 예컨대 에너지 수확 시스템에서 보도에 내장돼 있는 압전기 수확 기법을 사용한다면 유동 인구가 장치를 충전 상태로 유지하기에 충분하지 않을 경우 이를 보상해야 한다. 에너지 수확 시스템과의 지속적인 통신에도 에너지가 사용된다. 일반적으로 이러한 IoT 구축에는 고급 전력 관리 기법이 사용되므로 기능의 완전한 유실이 방지된다. 낮은 대기 전류, 저누설 회로, 클럭 스로틀링 등이 자주 사용되는 기법이다. 다음 그림에는 에너지 수확이 적합한 분야와 에너지 수확으로 전력 공급이 가능한 기술이 나와 있다. 아키텍트는 시스템의 전력 공급이 과하지도, 부족하지도 않도록 각별히 주의를 기울여야 한다.

일반적으로 수확 시스템은 에너지 퍼텐셜^potential과 전환 효율성이 낮다. 따라서 아키텍트는 산업 환경과 같이 이용되지 않고 낭비되는 에너지가 다량으로 공급되는 상황에서 에너지 수확을 고려해야 한다.

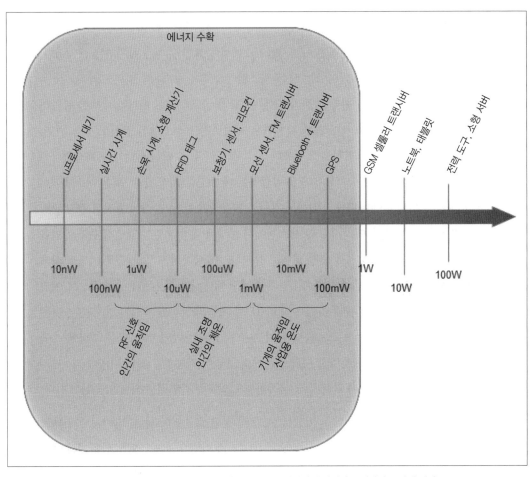

에너지 수확 최적 지점. 그림에는 다양한 장치의 일반적인 에너지 소비량이 표시돼 있다.

태양 에너지 수확

자연광이든 인공광이든 빛에서 나오는 에너지는 포집돼 에너지원으로 사용될 수 있다. 3장의 앞부분에서 포토다이오드 및 빛의 감지 관계를 논의하였다. 동일한 다이오드를 대량으로 사용하면 전형적인 태양열 집열판을 만들 수 있다. 에너지 발전 능력은 태양열 집열판의 기능 중 하나다. 실제로 실내 태양열 발전은 직사광선만큼 효율적이지 않다. 패널은 와트 형태의 최대 전력 출력으로 등급이 매겨진다.

태양열 수확의 효율성은 태양광이 조사되는 양에 좌우되며, 이는 계절과 지리에 영향을 받는다. 미국 남서부와 같은 지역에서는 직접 광전력원을 통해 상당한 양의 에너지를 얻어낸다. 미국 에너지국 산하 국립 재생 에너지 연구소(www.nrel.gov)에서 작성한 미국의 태양 에너지 자원 지도는 다음과 같다.

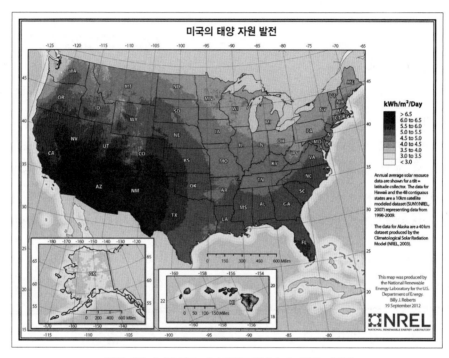

미국의 태양 에너지 지도, 에너지 밀도 kWh/m2, 1998~2009.

미국의 경우, 남서부 지역은 태양광의 강도가 특히 훌륭하고 구름으로 인해 차단되는 빛이 적으며 기후 조건이 좋다. 반면, 알래스카는 에너지 밀도가 최하위를 기록했다. 일반적으로 태양열 전지는 그렇게 효율적이지 않다. 기대할 수 있는 효율성은 8~20%이고 보통 12% 정도가 된다. 아무튼 25cm²의 태양열 집열판으로는 순간 최대 300mW의 전력을 생산할 수 있다. 다른 요소로는 태양광의 입사가 있다. 태양 집열기가 이와 같은 효율을 달성하려면 광원이 집열판에 직각을 이뤄야 한다. 태양이 움직임에 따라 입사각이 변화할 경우, 효율성은 더욱 떨어진다. 태양이 수직일 때 12%이던 집열기의 효율성은 태양이 수직에서 30도 벗어날 경우 약 9.6%로 떨어진다.

가장 기본적인 태양 집열기는 단순한 *p-n* 반도체인 태양광 전지이며, 앞서 언급한 광전 센서와도 유사하다. 이미 설명한 바와 같이 전력 퍼텐셜은 광자가 포집될 때 *p*와 *n* 소재 사이에서 생성된다.

압전 에너지 수확

3장에서 앞서 언급했듯이 압전 효과는 센서에도 사용될 수 있지만, 이를 통해 전력이 생산되기도 한다. 기계적 변형은 움직임, 진동, 소리 등을 통해 에너지로 전환된다. 수확기는 스마트 도로, 인프라 등에서 차량의 움직임을 바탕으로 에너지를 수확하고 시스템을 변경하는 데 사용되며, 콘크리트 속에 내장돼 있는 경우도 있다. 이러한 장치에서 생산되는 전류는 밀리와트 단위이므로 특정한 형태로 에너지를 수집하고 저장하는 초소형 시스템에 적합하다. 이 과정은 MEMS 압전 장치, 정전기, 전자기 시스템 등을 통해 이뤄진다.

정전기 수확 방식에는 전선 코일의 자기장에 변화를 줘서 전류를 유도할 수 있다는 내용을 기본으로 하는 패러데이^{Faraday}의 법칙이 응용된다. 여기에서는 코일이나 마그넷 중 하나에 진동이 가해진다. 그러나 IoT 센서 분야에서 이 방식을 통해 생산되는 전류의 양은 너무 적어 정류가 어렵다.

정전기 시스템은 정전압 또는 정전하를 가진 두 정전판 간 거리의 변화를 활용한다. 진동으로 인해 두 판 사이의 거리가 변하면 다음 모델에 따라 에너지(*E*)가 수확된다.

$$E = \frac{1}{2}QV^2 = \frac{Q^2}{2C}$$

여기에서 Q는 판의 정전하, V는 정전류이며, C는 앞 방정식의 정전용량을 나타낸다. 정전용량은 판의 길이인 $L_{w, \text{ the relative static permittivity as}}$ ε_0, 과 판 사이의 거리 d로도 다음과 같이 나타낼 수 있다.

$$C = \varepsilon_0 L_w / d$$

정전기 변환은 미소 기계와 반도체 제조 설비를 통해 확장 가능하고 비용 효율적인 방식으로 생산할 수 있다는 장점이 있다.

마지막 기계–전기 변환 방식은 압전기^{piezo-mechanical}로, 3장에서 앞서 센서 입력을 논의할 때 거론한 바 있다. 에너지 생산에도 동일한 기본 개념이 적용된다. 압전기 MEMS 장치에 장착돼 있는 물질의 제동을 시도함에 따라 진동이 전류로 변환되는 것이다.

진동 에너지 또는 기계 에너지의 포집과 변환에 관해 고려해야 할 또 하나의 사항은 에너지가 사용되거나 저장되기 전에 처리될 필요가 있는지 여부다. 일반적으로 처리에는 대형 필터링 커패시터를 갖춘 패시브 정류기가 사용된다. 다른 유형의 에너지 수확에는 이러한 처리 과정이 따로 필요 없다.

RF 에너지 수확

RF^{Radiofrequency} 에너지 수확은 지난 수년간 RFID 태그의 형태로 현실에서 활용되고 있다. RFID는 근거리 통신의 장점을 활용하는데, 여기에는 근접성으로 인해 RFID 태그에 기본적인 전력을 공급할 수 있는 송수신기(트랜시버)가 사용된다.

원거리 통신의 경우에는 브로드캐스트 전송에서 에너지를 수확해야 한다. 브로드캐스트 전송은 텔레비전 서비스, 셀 신호, 라디오 등이 있는 거의 어느 곳에서나 찾아볼 수 있다. RF 신호의 에너지 밀도는 수확 기법 중에 가장 적기 때문에 무선 주파수에서 에너지를 포집하는 것은 다른 형태에 비해 특히 어렵다. RF 신호를 포집하려면 주파수 대역을 포착할 수 있는 적절한 안테나가 있어야 한다. 일반적으로 사용되는 주파수 대역의 범위는 531 ~ 1611kHz이다(모두 AM 라디오 범위).

열 에너지 수확

열에 노출되는 장치라면 어디에서든 열 에너지가 전류로 변환될 수 있다. 열 에너지가 전기 에너지로 변환되는 데는 다음의 두 가지 기본적인 과정이 있다.

- **열전기**thermoelectric: 제벡 효과Seebeck effect를 통해 열 에너지를 전기 에너지로 직접 전환한다.
- **열이온/열전자**thermionic: 서모터널링thermotunneling이라고도 한다. 온도가 높은 전극에서 전하가 방출되고 온도가 낮은 전극에서는 흡수된다.

열전 효과(제벡 효과)는 도체에 온도 차가 존재하는 경우에 나타난다. 두 개의 서로 다른 전기 도체의 온도가 높은 부분에서 낮은 부분으로 반송자carrier가 흐르면 전위차가 발생한다. 열전대thermocouple또는 **열전 발전기**TEG, Thermoelectric Generator는 중심 체온과 외부 온도를 기준으로 인간의 온도 차이에 근거해 전력을 효율적으로 생산해 낼 수 있다. 섭씨 5도의 온도 차이에서는 3V로 40uW를 생산할 수 있다. 열이 도체를 흐르면 전극의 뜨거운 쪽에서 찬 쪽의 전극으로 전하의 흐름을 유도해 전류를 생산해 낸다. 최근의 열전 장치에는 n 또는 p 타입 텔루륨화 비스무스bismuth가 연속적으로 사용된다. 한쪽은 열원(이른바 서모커플 thermocouple)에 노출되고, 다른 쪽은 격리시킨다. 서모파일thermopile로 수확되는 에너지는 전압의 제곱에 비례하며 전극 간 온도 차와 같다. 서모커플에서 수확되는 에너지는 다음과 같은 방정식으로 모델링할 수 있다.

$$V = \int_{T_L}^{T_H} S_1(T) - S_2(T)dT$$

여기에서 $T_H - T_L$가 온도의 미분/범위일 때 S_1과 S_2는 서모파일의 두 가지 소재(n 타입과 p 타입) 각각의 제벡 계수를 나타내며, 이 둘은 서로 다른 값이다. 제벡 계수가 온도의 함수이고 온도 차가 존재하므로 전압 차이가 결과로 도출된다. 이 전압은 보통 매우 작아서 여러 개의 서모커플을 사용해 서모파일을 형성한다.

현재 서모커플의 중요한 문제 중 하나는 에너지 변환 효율이 낮다는 점(10% 미만)이다. 물론, 작은 크기나 용이한 생산, 그 결과 크게 낮아지는 비용 등의 장점도 상당하다. 수명도 10만 시간이 넘을 정도로 길다. 주된 문제는 역시 상대적으로 안정적인 열 변화원을 찾는 것이다. 다양한 계절과 온도에 걸친 환경 속에서 그러한 장치를 사용하는 일은 쉽지 않다. IoT 장치의 경우 열전 발전으로 생산되는 에너지의 범위는 보통 50mW 정도다.

열전자 발전은 온도가 높은 전극에서 낮은 전극으로 전하가 전위 장벽을 넘어 방출되는 현상을 이용한다. 이 장벽은 소재의 일 함수로, 상당한 열 에너지원이 있는 경우에 최적화돼 있다. 열전자 발전이 열전 시스템에 비해 효율적이긴 하지만, 전위 장벽을 넘는 데 필요한 에너지 때문에 보통 IoT 센서 장치에는 적합하지 않다. 양자 터널링과 같은 대체 방식도 고려해 볼 수는 있겠지만, 현재로서는 연구 단계에 머물러 있다.

에너지 저장소

IoT 센서에 일반적인 저장소는 배터리나 슈퍼커패시터supercapacitor일 것이다. 센서의 전력 공급을 위한 아키텍처를 고려할 때는 다양한 양상을 염두에 두어야 한다.

- 전력 하위 시스템의 허용 용적. 배터리가 맞을 것인가?
- 배터리 에너지 용량.
- 접근성. 장치가 콘크리트 속에 내장된 경우, 에너지 재생성에 사용할 수 있는 형태가 제한될 수 있으며, 배터리 교체가 어렵고 비용이 많이 들 수 있다.
- 배터리 충전 빈도.
- 재생 가능한 형태의 에너지는 지속적으로 사용 가능한가? 아니면 태양 에너지처럼 간헐적인가?
- 배터리 전력의 특징. 시간에 따라 방전이 되면서 배터리의 에너지는 어떻게 달라질 것인가?

- 열적 제약이 있는 환경의 센서는 배터리 수명이나 안정성에 영향을 받는가?
- 배터리 프로파일은 최소 전류 가용성을 보장하는가?

에너지 및 전력 모델

배터리 용량은 암페어시 단위로 측정된다. 다음과 같은 간단한 방정식으로 배터리 전원의 수명을 추산할 수 있다.

$$t = \frac{C_p}{I^n}$$

이 방정식에서 Cp 는 푸케^{Peukert} 용량이고 I는 방전류, n는 푸케 지수를 나타낸다. 방전이 증가함에 따라 배터리의 용량이 줄어드는 속도가 달라지는 경우, 알려진 바와 같이 푸케 효과를 이용해 배터리의 수명을 예측할 수 있다. 이 방정식은 방전이 빠른 속도로 이뤄지면 배터리의 전력이 더 많이 손실되는 방식을 보여 준다. 반면, 방전 속도가 느리면 배터리의 유효 런타임이 증가한다. 이 현상을 이렇게 생각해 보자. 정격 용량이 100Ah인 배터리를 20시간에 걸쳐 완전히 방전한다(예: 5A). 방전이 보다 빠르게 이뤄진다면(예컨대, 10시간 내에) 용량은 작아진다. 반대로 방전 속도를 늦추면(예컨대, 40시간에 걸쳐) 용량은 커질 것이다. 그래프에 나타나 있듯이 이 관계는 비선형적이다. 푸케 상수는 보통 1.1과 1.3 사이에 있는데 n이 커질수록 완벽한 배터리에서는 멀어지고, 전류의 증가에 따라 방전이 빨라지는 배터리에 가까워진다. 푸케 곡선은 납 축전지에 해당하며, 예시가 다음 그래프에 나타나 있다.

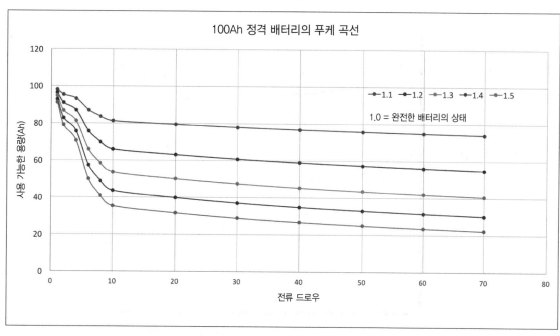

100A의 정격 배터리를 1.1부터 1.5까지 20시간 동안 측정한 푸케 곡선.
곡선은 푸케 상관 계수의 증가에 따라 용량이 감소한다는 사실을 나타낸다.

다양한 배터리 종류에 따라 나타나는 방전 속도의 차이를 확인할 수 있을 것이다. 알카라인 배터리의 장점 중 하나는 방전 속도가 거의 선형에 가깝다는 점이다. 리튬 이온 전지의 성능은 계단형 함수로 나타나므로 배터리 충전을 예측하기가 더 까다롭다. 즉, 리튬 이온은 수명 기간 동안 충전을 거듭해도 전압 수준이 거의 안정적이고 지속적이며, 충전 중에도 전자 기기에 전력을 지속적으로 공급한다.

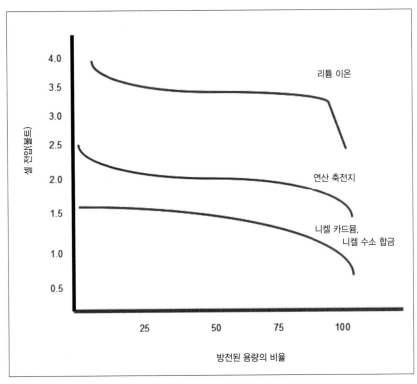

다양한 배터리 간 상대적 방전율의 예. 리튬 이온은 수명이 유지되는 동안 거의 일정한 전압을
나타내다가 저장 용량이 고갈될 때가 가까워지면 가파르게 떨어지는 양상을 보인다.

이 그래프는 또한 납 축전지와 니켈-카드뮴 전지가 보다 낮은 전압 퍼텐셜과 더 안정적
인 감소 곡선을 갖는다는 사실을 보여 준다. 또한 뻗어 나가는 기울기는 푸케 용량을 나
타낸다.

온도는 배터리 수명, 특히 셀의 전기 활성 운반체에 큰 영향을 미친다. 방전 시 온도가 상
승함에 따라 배터리의 내부 저항이 감소한다. 배터리가 보관되고 있을 때에도 자체 방전
은 이뤄질 수 있으므로 배터리의 총 수명 기간에 영향을 미치게 된다.

106

라곤 플롯Ragone plot은 에너지 용량과 전력 수용 능력 사이에 상충이 존재하는 경우 에너지 저장 시스템 간의 관계를 보여 주는 유용한 방식이다. 이는 전력원의 에너지 밀도(Wh/kg)가 출력 밀도(W/kg)에 대해 표시되는 로그 기반 도표로, 수명이 더 긴 장치(배터리)와 더 많은 에너지를 저장하는 장치(슈퍼커패시터)의 관계를 나타낸다.

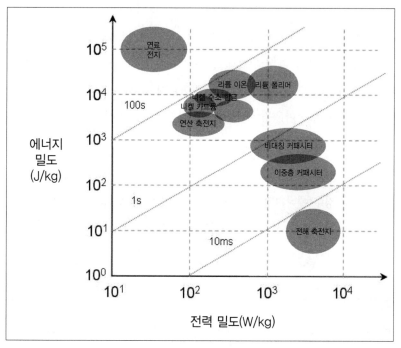

커패시터, 슈퍼커패시터, 배터리, 연료 전지 사이의 차이를 나타낸 라곤 플롯,
에너지 용량과 에너지 공급 수명 비교.

리튬 이온 같은 배터리는 에너지 밀도와 방전 속도가 니켈 카드뮴과 니켈 수소 배터리에 비해 높다. 반면, 커패시터는 매우 높은 전력 밀도를 갖지만 상대적으로 에너지 밀도가 낮다. 이 플롯은 로그를 기반으로 하며 다양한 저장 시스템의 방전 시간을 보여 준다. (이미지 제공: Knight, J. Davidson, S. Behrens "Energy Options for Wireless Sensor Nodes", Sensors, 2008, 8(12), 8037-8066.)

배터리

보통 모바일 기기에는 **리튬 이온**Li-ion 배터리가 에너지 밀도 덕분에 전력 공급의 표준 형태로 사용된다. 이 리튬 이온 배터리에서는 리튬 이온이 음극에서 양극으로 물리적으로 이동한다. 충전 중에는 이온이 다시 음극 쪽을 돌아온다. 이러한 현상을 **이온 이동**ionic movement이라 한다.

수많은 충전과 방전의 사이클을 거친 배터리에는 메모리 효과도 생긴다. 이러한 용량 손실은 초기 용량을 기준으로 표현된다(예: 1,000회 충전-방전 후 30% 손실). 이와 같은 성능 저하는 주변 환경의 온도와도 대부분 직접적인 연관이 있으며, 고온의 환경에서는 손실이 증가한다. 그러므로 리튬 이온을 사용할 경우 제한된 환경에서 열을 관리하는 일은 아키텍트의 중요한 업무 중 하나다.

배터리 수명에 영향을 미치는 또 다른 요소는 자기 방전이다. 배터리에서 의도치 않은 화학 반응이 일어날 경우 에너지가 손실되며, 이때 손실률은 화학적 성질과 온도에 따라 달라진다. 알카라인 배터리의 지속 기간이 5년에 불과한 데 비해(매월 15~20%의 손실) 보통 리튬 이온은 10년(매월 2% 미만의 손실) 정도 지속 가능하다.

슈퍼커패시터

슈퍼커패시터(또는 슈퍼캡)은 일반 커패시터에 비해 훨씬 고용량의 에너지를 저장한다. 일반적인 커패시터의 에너지 밀도는 0.01Wh/kg 정도다. 이에 비해 슈퍼캡의 에너지 밀도는 1~10Wh/kg로, 대략 200Wh/kg 정도인 배터리의 에너지 밀도에 가깝다. 커패시터와 마찬가지로 에너지는 정전 방식으로 금속판에 저장되는데, 배터리처럼 에너지의 화학적 전송은 이뤄지지 않는다. 슈퍼캡은 그래핀과 같이 상당히 독특한 소재로 만드는 경우가 많은데, 이는 전체적인 비용에 영향을 미친다. 리튬 이온 배터리가 약 80% 충전되는 데 분 단위의 시간이 소요되고 안전하게 충전하는 데 트리클trickle 전류가 필요한 데 비해 슈퍼캡은 또한 총 퍼텐셜까지 몇 초 만에 충전되는 장점이 있다. 뿐만 아니라 리튬 이온은 과충전으로 인해 심각한 안전상의 우려가 발생하지만, 슈퍼캡은 과충전될 염려가 없다. 슈퍼캡의 형태에는 다음과 같은 두 가지가 있다.

- **전기 이중층 커패시터**EDLC, Electric Double-Layer Capacitors : 활성 탄소 전극을 사용하며 정전 방식으로 에너지를 저장한다.
- **유사 커패시터**Psuedocapacitors : 전이 금속 산화물을 사용하며 전기 화학적인 방식으로 전하를 전송한다.

슈퍼캡은 잔량 예측이 가능하다는 점에서 다른 배터리에 비해 강점이 있다. 에너지 잔량은 시간의 흐름에 따라 변화하는 열 전압으로 예측할 수 있다. 리튬 이온 배터리는 완전 충전에서 방전까지의 에너지 프로파일이 단조로워 시간 예측이 어렵다. 슈퍼캡의 전압 프로파일은 시간에 따라 변화하기 때문에 전압의 넓은 변동폭을 보상하기 위한 DC-DC 컨버터가 필요하다.

보통 슈퍼캡 또는 커패시터의 주된 문제는 전류 누출과 비용에 있다. 슈퍼캡의 이러한 문제는 다음 페이지의 표를 참고하면 된다. 슈퍼캡을 일반 배터리와 결합된 하이브리드 솔루션으로 보는 견해도 있는데, 이를 통해 순간적인 힘을 공급(예: 전기 차량의 가속)하는 한편, 배터리 전력으로는 구동력을 유지한다.

방사성 전력원

에너지 밀도가 높은(10^5kJ/cm³) 방사성 선원에서는 방출되는 입자의 운동 에너지로 인해 열 에너지가 생성된다. 세슘-137과 같은 선원은 반감기가 30년이며 0.015 W/gm의 전력 용량을 갖는다. 이 방식은 W ~ kW 범위 내에서 전력을 생산하므로 IoT 구축의 저전력 센서 수준에서는 실용성이 없다. 우주선에서는 이 기술이 수십년 간 사용되었다. 전자를 포집하고 극소 전기자를 움직이게 하는 MEMS 압전기를 활용하면 수확 가능한 기계 에너지를 만들어 낼 수 있다. 방사선의 쇠퇴가 가져올 부차적인 효과로는 전력 밀도의 상대적인 약화가 있다. 반감기가 긴 방사선원의 경우에는 전력 밀도가 약해지므로 필요할 때 순간적인 에너지를 제공할 수 있도록 슈퍼캡을 벌크 충전하는 데 적합하다. 방사성 선원의 마지막 문제는 상당한 무게의 납 차폐물이 필요하다는 점이다. 세슘-137에는 80mm/W의 차폐물이 필요한데, 이를 IoT 센서에 활용할 경우 적잖은 비용과 무게가 더해질 것이다.

에너지 저장 요약 및 다른 형태의 전력

앞서 언급한 바와 같이 적절한 전력원을 선택하는 것은 매우 중요하다. 다음 표에는 적합한 전력원 선택 시 시스템에서 고려돼야 하는 다양한 구성 요소를 요약, 비교했다.

범주	리튬이온 배터리	슈퍼캡
에너지 밀도	200Wh/kg	8~10Wh/kg
충전-방전 주기	100~1,000회 충전 후 용량 감소	거의 무한대
충전-방전 시간	1~10시간	밀리초~초 단위
작동 온도	-20C ~ +65C	섭씨 -40도 ~ +85도
작동 전압	1.2V ~ 4.2V	1V ~ 3V
전력 전송	시간에 따라 일정한 전압	선형적 또는 기하급수적 감쇠
충전 속도	(매우 느림) 40C/x	(매우 빠름) 1,500C/x
작동 수명	0.5~5년	5~20년
폼 팩터	매우 작음	큼
비용($/kWh)	낮음(250~1,000달러)	높음(10,000달러)

┃ 요약

3장에서는 IoT 구축에 사용되는 다양한 종류의 서로 다른 센서와 엔드포인트를 간략하게 알아봤다. IoT는 단순히 사물을 인터넷에 연결하는 데 그치지 않는다. 인터넷에 사물을 연결하는 것이 핵심 요소이긴 하지만, IoT의 핵심은 아날로그 세상을 디지털에 연결하는 데 있다. 근본적으로 기존에는 연결돼 있지 않던 사물과 장치에도 정보를 수집하고 다른 장치와 통신할 수 있는 기회가 주어지는 것이다. 이것이 강력한 힘을 갖는 이유는 여태껏 포착된 적 없었던 데이터가 이제 가치를 갖게 되었기 때문이다. 환경을 감지하는 능력은 효율성의 향상, 수익 흐름의 개선, 소비자에게 제공되는 가치의 증대로 이어진다. 또한 감지 덕분에 스마트 시티에서는 예지 보전과 자산 추적, 대량의 집계 데이터에 숨어 있는 의미의 분석이 가능해진다. 그러한 시스템의 전력 공급 또한 중요한 문제이며 아키텍트는 이를 반드시 이해하고 있어야 한다. 시스템을 잘못 설계할 경우, 배터리 수명이 지나치게 짧아지고 결국 이 문제를 해결하는 데 상당한 비용을 치르게 될 수 있기 때문이다.

4장에서는 비IP 통신을 통해 엔드포인트와 인터넷을 이어 볼 것이다. 여러 가지 무선 개인 통신망과 IoT 공간에서 빈번하게 사용되는 다양한 특징 및 기능도 살펴보도록 하자.

통신 및 정보 이론

IoT는 단순한 센서 데이터 이상이다. 우리는 먼저 센서 데이터를 지구상 가장 외진 곳에서 클라우드로 옮길 수단을 이해하고 이를 구축해야 한다. 데이터를 옮길 수 있는 기술과 데이터 경로는 매우 다양하게 존재하는데, 이 책에서는 일련의 자료를 통해 아키텍트가 선택할 수 있는 통신 방식의 양상, 제약, 비교 분석 등을 살펴볼 것이다.

무선 RF 신호를 비롯해 신호 품질, 제한, 간섭 모델, 대역폭, 범위 등에 영향을 미치는 요인을 검토하며 WAN을 논의하고자 한다. 다양한 대역에서 선택할 수 있는 WAN 통신 프로토콜이 많이 있으므로 아키텍트는 하나의 전파 스펙트럼을 선택할 경우에 따라오게 되는 장단점을 반드시 알고 있어야 한다.

다음 그림을 통해 이후에 다룰 무선 프로토콜의 다양한 범위와 데이터율의 윤곽을 그려볼 수 있다. WPAN은 무선 **필드 영역 네트워크**FAN, Field Area Network, **무선 근거리 통신망**WLAN, Wireless Local Area Network, 무선 **홈 영역 네트워크**HAN, Home Area Network, 무선 **인접 영역 네트워크**NAN, Neighborhood Area Network 및 **무선 인체 영역 네트워크**WBAN, Wireless Body Area Network와 같은 다양한 근거리 통신 약어와 함께 쓰이곤 한다.

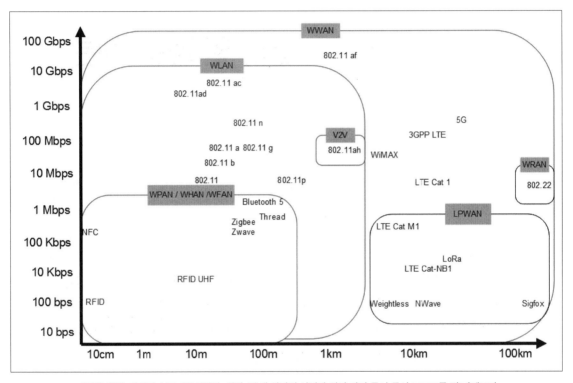

다양한 범위, 데이터 속도, 용도(전력, 차량 등)에 알맞게 설계된 여러 가지 무선 통신 프로토콜 및 카테고리

4장에서는 통신 시스템과 주파수 공간, 정보 이론에 관한 기본 모델과 이론을 살펴본다. 특정 유형의 데이터 통신이 유효한 이유와 작동하는 방식, 해당 유형이 적용되지 않는 경우 등을 아키텍트가 이해할 수 있도록 통신 제약과 비교 모델도 함께 들여다볼 예정이다.

일단, IoT 솔루션 구축에 알맞은 조합의 무선 기술을 선택하는 데 핵심적인 역할을 하는 통신 이론을 먼저 살펴보자.

▍ 통신 이론

IoT는 네트워크와 프로토콜의 계층 중 매우 먼 에지에서 자율적으로 데이터를 생산하고 소비하는 수많은 개별 장치의 집합으로 이뤄진다. IoT 또는 어떠한 형태의 네트워킹을 위한 통신 시스템 구축 시 존재하는 제약을 잘 알고 있어야 한다. 사물인터넷에는 통신 채널망으로 통하는 개인 통신망, 근거리 통신망, 장거리 광역 네트워크가 혼재될 것이다. IoT를 가능케 하는 요소의 대부분은 통신 패브릭에 구축될 것이므로 4장을 할애해 네트워크와 통신 시스템의 기초를 검토하고자 한다. 먼저, 통신과 신호 시스템을 집중적으로 살펴본 다음, 통신 시스템의 범위와 에너지, 한계를 비롯해, 성공적인 IoT 솔루션의 개발을 위해 아키텍트가 이와 같은 도구를 어떻게 활용할 수 있을지도 알아보도록 하자.

RF 에너지 및 이론적 범위

무선 개인 통신망이나 RF 무선 프로토콜을 논의할 때는 전파의 범위를 고려하는 것이 중요하다. 경쟁 관계에 있는 프로토콜들은 범위, 속도, 전력을 차별화 요소로 사용한다. 완전한 솔루션 구축 시 아키텍트는 다양한 프로토콜과 설계를 고려해야 한다. 전파의 범위는 송신기 및 수신기 안테나 간의 거리, 전파 주파수, 전파 강도에 따라 달라진다.

최적의 RF 전파 형태는 다른 무선 신호가 없는 영역 내에서 방해를 받지 않는 직진파다. 대부분의 상황에는 이처럼 이상적인 모델이 존재하지 않는다. 현실에서는 방해물이나 신호 반사, 여러 개의 무선 RF 신호, 잡음 등이 존재하기 마련이다.

특정 WAN과 900MHz와 같이 저속 신호 또는 2.4GHz의 반송파 신호를 고려할 경우 각 주파수의 파장 함수 감쇄 값을 도출할 수 있으며, 이를 통해 어떤 범위에서도 신호 강도의 지침을 얻을 수 있다. 여기에서는 프리스[Friis] 전파 함수의 일반형이 도움이 될 것이다.

$$P_r = P_t G_{Tx} G_{Rx} \frac{\lambda^2}{(4\pi R)^2}$$

프리스 방정식의 **데시벨**[dB, decibel]은 다음과 같이 주어진다.

$$P_r = P_t + G_{Tx} + G_{Rx} + 20log_{10}\left(\frac{\lambda}{4\pi R}\right)$$

G_{Tx}와 G_{Rx}가 송신기 및 수신기의 안테나 이득일 때, R은 송신기와 수신기 사이의 거리, P_R과 P_T는 각각 수신기와 송신기의 전력을 나타낸다.

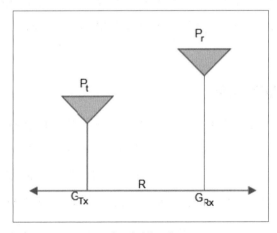

프리스 방정식 그래프

10미터 거리에서 900MHz의 신호에는 51.5dB의 손실이 나타나고, 같은 10미터 거리에서 2.4GHz의 신호에는 60.0dB의 손실이 나타난다.

링크 버짓link budget이라는 비율을 사용하면 전력과 범위가 신호의 품질에 어떤 영향을 미치는지 증명해 볼 수 있다. 전송 전력과 감도 수준을 비교한 것으로, 로그(dB) 스케일로 측정된다. 전력 수준을 증가시켜 범위 요건을 충족시키려 할 수 있는데, 대부분의 경우 이렇게 하면 컴플라이언스compliance를 위반하거나 배터리 수명에 영향을 미치게 된다. 또 다른 방법으로는 수신기의 감도 수준을 향상시키는 것이 있는데, 이것이 바로 최신 사양의 Bluetooth 5에 사용되는 방식이다. 링크 버짓은 아래와 같이 송신기 전력과 수신기 민감도의 비율로 주어진다.

$$\text{링크 버짓} = \frac{Tx\ \text{전력}}{Rx\ \text{민감도}}$$

링크 버짓이 dB 로그 스케일로 측정되므로 데시벨을 더하는 것은 숫자 비율을 곱하는 것과 같으며, 다음과 같은 방정식으로 나타낼 수 있다.

$$\text{리시버 전력}(dB) = \text{전송된 전력}(dB) + \text{이득}(dB) - \text{손실}(dB)$$

신호 이득(예: 안테나 이득)에 기여하는 요인이 없다고 가정할 경우, 송신 전력을 높이거나 손실을 줄이는 것만이 수신을 개선할 수 있는 방법이다.

특정 프로토콜의 최대 범위를 모델링할 경우, 아키텍트는 **자유 공간 경로 손실**FSPL, Free Space Path Loss 공식을 사용하게 된다. 이 공식으로 자유 공간(장애물이 없는 상태)의 가시 거리상에서 발생하는 전자기파 신호 손실의 양을 도출한다. FSPL에 영향을 미치는 요소는 신호 주파수(f), 송신기와 수신기 간의 거리(R), 빛의 속도(c)가 있다. 데시벨로 FSPLF를 계산할 경우 방정식은 다음과 같다.

$$FSPL(dB) = 10log_{10}\left(\left(\frac{4\pi Rf}{c}\right)^2\right)$$

$$= 20log_{10}\left(\frac{4\pi Rf}{c}\right)$$

$$= 20log_{10}\left(R\right) + 20log_{10}\left(f\right) + 20log_{10}\left(\frac{4\pi}{c}\right)$$

$$= 20log_{10}\left(R\right) + 20log_{10}\left(f\right) - 147.55$$

FSPL 식은 간단한 일차 방정식이다. **평면 대지 손실 방정식**plane earth loss formula과 같은 대지 평면의 반사나 파장 간섭을 포함시키면 근삿값을 개선할 수 있다. 여기에서 h_t는 송신 안테나의 높이이고 h_r는 수신 안테나의 높이다. k는 자유 공간 파수를 나타내며, 아래와 같이 단순화할 수 있다. 이 방정식을 dB 단위로 변환하면 다음과 같다.

$$\frac{Pr}{Pt} = L_{plane\ earth\ loss} \approx \left(\frac{\lambda}{4\pi R}k\frac{2h_t h_r}{R}\right) \approx \frac{{h_t}^2 {h_r}^2}{R^4} \ where \ k = \frac{2\pi}{\lambda}$$

평면 대지 손실에서 주목할 점은 거리가 10배당 40dB씩 손실에 영향을 미친다는 사실이다. 여기에서는 안테나의 높이를 늘리는 것이 도움이 된다. 자연적으로 발생하는 간섭의 유형에는 다음이 포함된다.

- **반사**Reflection: 진행하던 전자기파가 물체에 부딪힌 결과 여러 개의 파동으로 나뉘는 경우
- **회절**Diffraction: 송신기와 수신기 사이의 전파 경로가 날카로운 모서리를 가진 물체에 의해 가로막히는 경우
- **산란**Scattering: 파동이 통과하는 매체가 파장보다 작은 물체로 이뤄져 있고 장애물의 수가 많은 경우

주파수가 데이터 대역과 신호의 최종 범위, 사물에 침투하는 신호의 능력이 균형을 이루는 WAN 솔루션을 선택해야 하는 아키텍트에게 이것은 중요한 개념이다. 주파수를 높이면 자연스럽게 자유 공간 손실이 증가한다(예: 2.4GHz의 신호는 900MHz의 신호보다 커버리지가 8.5dB 작아짐). 900MHz 신호는 2.4GHz 신호의 두 배 거리 내에서 동일한 수준의 안정성을 나타낸다. 900MHz의 파장은 333mm인 데 비해, 2.4GHz 신호의 경우에는 125mm이다. 이로 인해 900MHz 신호는 침투 능력이 더 높아지고, 산란의 영향을 덜 받게 된다.

안테나 간 자유 가시 거리가 확보되지 않아서 신호가 벽과 바닥을 뚫고 들어가야 하는 구축이 많으므로 산란은 WAN 시스템에 매우 중요한 문제다. 다양한 소재는 신호의 감쇠에 저마다 다른 영향을 미친다.

 6dB의 손실은 신호 강도의 50% 감소와 같고, 12dB의 손실은 75% 감소와 같다.

900MHz가 소재 침투 측면에서 2.4GHz에 우위를 갖는 것을 확인할 수 있다.

소재	손실(dB) 900MHz	손실(dB) 2.4GHz
0.25" 유리	−0.8dB	−3dB
벽돌 또는 조적 벽체(8")	−13dB	−15dB
석고 보드	−2dB	−3dB
순수 목재 문	−2dB	−3dB

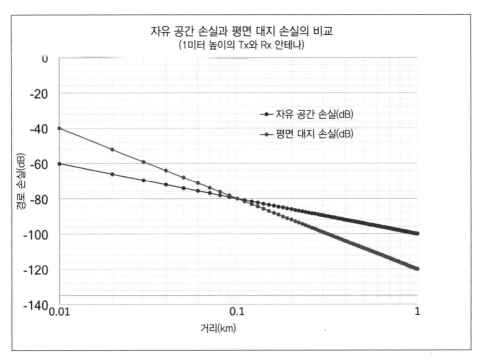

자유 공간 손실과 평면 대지 손실의 비교
(1미터 높이의 Tx와 Rx 안테나)

1미터 높이의 안테나로 2.4GHz 신호를 사용할 경우의 자유 공간 손실과 평면 대지 손실의 비교

현재 다양한 프로토콜을 상업적으로 이용할 수 있으며, 전 세계적으로는 2.4GHz 스펙트럼에서 사용되는 경우가 많다. 2.4GHz는 900MHz 신호 대비 5배의 데이터 대역을 제공하며, 안테나 크기도 훨씬 작게 만들 수 있다. 또한 2.4GHz는 비허가 주파수 대역이며 여러 국가에서 사용 가능하다.

	900MHz	2.4GHz
신호 강도	보통 안정적임	붐비는 대역은 간섭을 받을 수 있음
거리	2.4GHz보다 2.67배 깊	짧지만 개선된 인코딩(Bluetooth 5)을 통해 보상 가능
침투	장파장은 대부분의 소재와 식물에 침투 가능함	일부 건축 소재에 의한 간섭 가능성 있음
데이터율	제한됨	900MHz에 비해 약 2~3배 더 빠름

	900MHz	2.4GHz
신호 간섭	신호는 식물보다는 높이가 높은 사물이나 장애물에 영향을 받을 수 있음	특정 사물에 의한 채널 간섭 가능성이 보다 낮음
채널 간섭	900MHz 무선 전화, RFID 스캐너, 셀 신호, 베이비 모니터 간섭	802.11 와이파이 간섭
비용	보통	낮음

여기에 제시된 방정식은 이론적 모델을 제공하는 것으로, 분석을 위한 방정식이 다중 경로 손실과 같은 현실의 특정 시나리오를 정확하게 예측할 수 있지는 않다.

RF 간섭

4장 전반에 걸쳐 신호 간섭을 줄이는 참신한 방법을 다양하게 알아볼 것이다. 스펙트럼이 허가 없이 사용되고 공유되기 때문에 신호 간섭은 다양한 형태의 무선 기술에서 문제가 된다(다음 절에서 보다 자세히 논의하자). RF 에너지를 방출하는 여러 대의 장치가 한 공간에 있게 되면 간섭이 발생하기 때문이다.

Bluetooth와 802.11 와이파이를 예로 들어 보자. 둘 다 공유 2.4GHz 스펙트럼에서 작동하지만 혼잡한 환경에서도 계속 작동한다. BLE^Bluetooth Low Energy는 40~2MHz 채널 중 하나를 주파수 호핑hopping의 형태로 랜덤하게 선택한다. 다음 그림에서 15%의 확률로 충돌이 발생하는 BLE의 11개 무료 채널(3개는 광고 중)을 확인할 수 있다(특히 802.11은 채널 간 호핑이 발생하지 않음). 새로운 Bluetooth 5 사양은 와이파이 영역을 주파수 호핑 목록으로부터 차단할 수 있는 SAM^Slot Availability Mask과 같은 기법을 제공한다. 물론 다른 기법도 존재하며, 나중에 살펴볼 것이다. 여기에는 Zigbee와 BLE가 ILM 밴드로 표시돼 있으며, 2.4GHz 스펙트럼에서 실현될 수 있는 3개의 와이파이 채널도 나와 있다.

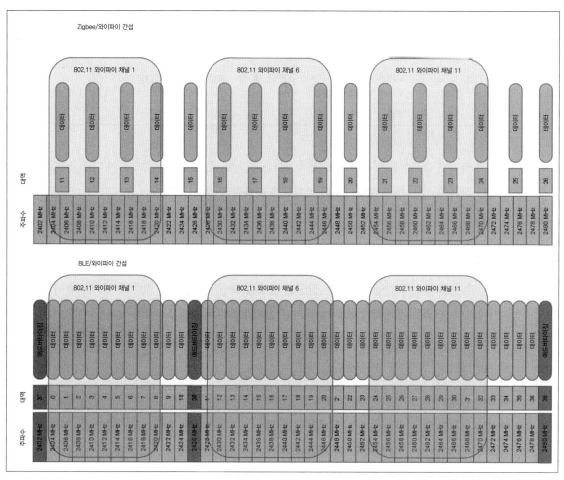

2.4GHz에서 802.11 와이파이 신호가 BLE(Bluetooth Low Energy)와 Zigbee에 미치는 간섭의 비교.
BLE 쪽이 와이파이 충돌 시 통신할 수 있는 슬롯과 주파수 호핑을 더 많이 제공한다.

정보 이론

WAN 각론으로 들어가기 전에 미리 이해해 두어야 할 이론들이 있다. 먼저, 통신과 밀접한 관련이 있는 두 가지 영역은 비트율^{bitrate}이 송신 전력에 미치는 영향과 범위에 미치는 영향이다. 앞으로 살펴볼 것처럼, 데이터의 무결성과 비트율에는 한계가 있다. 여기에 더해, 협대역 통신과 광대역 통신을 구분해 볼 필요가 있을 것이다.

비트율 한계와 샤논-하틀리 정리

장거리 통신과 단거리 통신 모두 목표는 스펙트럼과 잡음의 제약 내에서 비트율과 거리를 최대화하는 것이다. 샤논-하틀리 정리$^{Shannon-Hartley\ theorem}$는 1940년대 이뤄진 MIT 클로드 샤논의 연구(C. E. Shannon (1949/1998). The Mathematical Theory of Communication. Urbana, IL: University of Illinois Press)와 1920년대 벨 연구소$^{Bell\ Labs}$의 랄프 하틀리가 수행한 연구(R. V. L. Hartley (July 1928). "Transmission of Information" (PDF). Bell System Technical Journal)로 구성된다. 기초 연구는 역시 벨 연구소 소속이었던 해리 나이퀴스트가 진행했는데, 이 연구를 통해 단위 시간당 전송로 내를 이동할 수 있는 최대 전파(또는 비트) 수를 파악할 수 있다(H. Nyquist, Certain Topics in Telegraph Transmission Theory, in Transactions of the American Institute of Electrical Engineers, vol. 47, no. 2, pp. 617–644, April 1928).

나이퀴스트는 주어진 샘플률의 이론적 대역폭의 크기를 결정하는 샘플링 한계를 도출했는데, 이를 나이퀴스트 율$^{Nyquist\ rate}$이라고 하며 아래와 같은 방정식으로 나타낼 수 있다.

$$f_p \leq 2B$$

여기에서 f_p는 펄스 주파수, B는 Hz 단위로 나타낸 대역폭을 나타낸다. 이 방정식을 통해 최대 비트율이 샘플링률의 두 배로 제한된다는 것을 알 수 있다. 다르게 생각하자면 이 방정식은 유한한 대역 신호에서 모든 정보를 재생하기 위해 필요한 최소한의 샘플링 비트율을 의미하는 것이기도 하다. 언더샘플링될 경우, 에일리어싱^{aliasing} 효과나 왜곡이 발생할 수 있다.

이후 하틀리는 특정 라인 속도에서의 정보를 수량화하는 방식을 고안해 냈다. 라인 속도란 초당 비트 수(예: Mbps)로 볼 수 있다. 이 내용은 하틀리 법칙으로 알려져 있으며, 후에 샤논 정리로 발전됐다. 안정적으로 전송할 수 있는 식별 가능한 펄스 진폭의 최대치는 신호의 동적 범위와 개별 신호를 해석하는 수신기의 정확도에 따라 제한된다는 것이 하틀리 법칙의 내용이다. 다음은 M(고유한 펄스 파형의 수)으로 나타낸 하틀리 법칙으로, 여기에서 M은 전압 수에 비례한다.

$$M = 1 + \frac{A}{\triangle V}$$

이 방정식을 기수 2 로그로 변형하면 다음과 같이 라인 속도 R을 얻을 수 있다.

$$R = f_p log_2(M)$$

이 방정식을 앞서 살펴본 나이퀴스트 율과 결합할 경우, 대역폭 B에서 단일 채널로 전송 가능한 펄스의 최대치가 도출된다. 그러나 하틀리는 정확도를 고려하지 않았는데, M(개별 펄스의 수) 값은 잡음에 영향을 받을 수 있다.

$$R \leq 2Blog_2(M)$$

샤논은 하틀리 방정식에 가우시안^{Gaussian} 잡음의 효과를 더해 한층 발전시키고, 나아가 신호 대 잡음 비^{SNR, Singnal-to-Noise Ratio}를 이용해 하틀리 방정식을 완성시켰다. 여기에 그는 개별적으로 식별할 수 있는 펄스 진폭을 사용하는 대신 오류 수정 부호화의 개념도 도입했다. 이렇게 완성된 방정식은 샤논–하틀리 정리로 잘 알려져 있다.

$$C = Blog_2\left(1 + \frac{S}{N}\right)$$

여기에서 C는 초당 전송 비트 단위의 채널 용량, B는 Hz 단위의 채널 대역이며, S는 와트 단위로 측정된 평균 수신 신호, N은 와트 단위로 측정된 평균 잡음이다. 이 방정식의 효과는 크지 않지만 중요하다. 모든 데시벨 수준에서 신호에 잡음이 증가하면 용량이 급격하게 줄어들기 때문이다. 마찬가지로 신호 대 잡음 비(SNR)의 증가는 용량의 증가로 이어진다. 잡음이 없으면 용량은 무한해질 것이다.

방정식에 승수 n을 더해 샤논-하틀리 정리를 개선할 수도 있는데, 여기에서 n은 추가 안테나 또는 파이프를 나타낸다. 이는 이전에 **다중 안테나**[^MIMO, Multiple Input Multiple Output] 기술로 살펴본 바 있다.

$$C = B \times n \times log_2\left(1 + \frac{S}{N}\right)$$

샤논 규칙이 앞서 언급된 무선 시스템의 한계에 어떻게 적용되는지 이해하기 위해서는 방정식을 **신호 대 잡음 비**(SNR)보다는 비트당 에너지의 측면에서 표현해 볼 필요가 있다. 현실에서 쓸모 있을 만한 예시로 특정 비트율을 달성하는 데 필요한 최소 SNR을 도출해 보자. 대역폭 용량이 B=5000kbps인 채널을 통해 C=200kbps을 전송하려면 필요한 최소 SNR은 다음과 같이 주어진다.

$$C = Blog_2\left(1 + \frac{S}{N}\right)$$
$$200 = 5000 \times log_2\left(1 + \frac{S}{N}\right)$$
$$\frac{S}{N} = 0.028$$
$$\frac{S}{N} = -15.528 dB$$

이 결과는 배경 잡음보다 약한 신호를 사용해도 데이터를 전송할 수 있다는 것을 보여 준다.

그러나 데이터율에는 한계가 존재한다. 데이터 단일 비트의 에너지를 줄 단위로 표시한 E_b를 이용해 효과를 나타낼 수 있다. N_o는 와트/Hz 단위로 나타낸 잡음 스펙트럼 밀도다. E_b/N_o는 비트당 SNR을 나타내는 무차원 단위(dB로 표현되기도 함)로, 일반적으로 **전력 효율**power efficiency이라고도 알려져 있다. 전력 효율 표현식을 사용하면 방정식에서 변조 기법, 오류 부호화, 신호 대역폭의 바이어스를 제거할 수 있다. R이 처리량이고 $RB=C$인 완벽하고 이상적인 시스템을 가정했을 때, 샤논-하틀리 정리는 다음과 같이 다시 쓸 수 있다.

$$\frac{C}{B} = log_2\left(1 + \frac{E_b C}{N_0 B}\right)$$

$$\frac{E_b}{N_0} = \frac{2^{\frac{C}{B}} - 1}{\frac{C}{B}}$$

$$\frac{E_b}{N_0} \geq \lim_{\frac{C}{B} \to 0} \frac{2^{\frac{C}{B}} - 1}{\frac{C}{B}} = ln(2) = -1.59 dB$$

이는 **가산성 백색 가우시안 잡음**AWGN, Additive White Gaussian Noise에 대한 **샤논 한계**Shannon limit로 알려져 있다. AWGN은 채널이며 현실의 확률 과정이 갖는 효과를 나타내기 위해 정보 이론에서 일반적으로 사용되는 잡음의 기본 형태다. 이러한 잡음의 근원은 현실에 항상 존재하며, 열 진동, 흑체 복사, 빅뱅의 잔여 효과 등이 포함된다. 잡음이 '백색'이라는 것은 동일한 양의 잡음이 각 주파수에 더해짐을 의미한다. 이 한계는 스펙트럼 효율성과 비트당 SNR을 비교한 그래프에 그릴 수 있다.

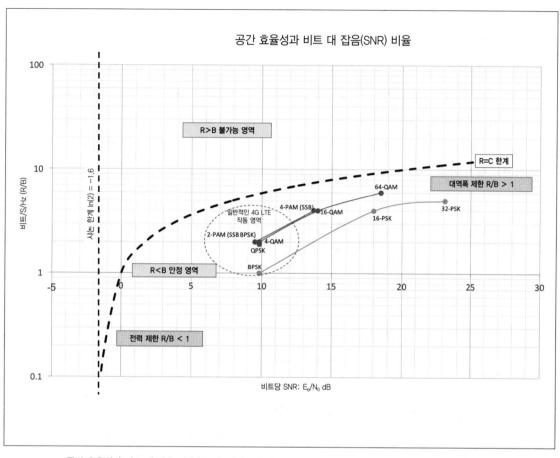

공간 효율성과 비트 대 잡음(SNR) 비율

공간 효율성과 비트 대 잡음 비율(SNR, 전력 효율성) 곡선. 점선은 ln(2) = -1.6으로 수렴하는 샤논 한계를
나타낸다. 일반적인 4G-LTE 신호 범위를 가진 샤논 한계 아래에 다양한 변조 기법이 표시되어 있다.

R그림의 관심 영역에는 $R > B$ '불가능 영역'이 포함되는데, 이 영역은 곡선의 샤논 한계 위
쪽에 해당한다. 한계선 위로는 어떤 형태의 정보도 안정적으로 교환할 수 없음을 의미한
다. 샤논 한계 아래 영역은 '실현 가능 영역'이라 하며 여기에서는 $R < B$이다. 모든 형태의
통신 프로토콜과 변조 기법은 가능한 한 샤논 한계에 가깝게 접근하려고 한다. 다양한 변
조 기술이 사용되는 일반적인 4G-LTE가 존재한다는 사실을 확인할 수 있다.

또 다른 두 개의 관심 영역이 존재한다. 우상향의 '대역폭 제한' 영역에서는 스펙트럼 효율이 높고 E_b/N_o SNR 값이 양호한 수준으로 유지된다. 이 영역의 유일한 제약은 제약 없는 전송 전력 P와 고정 또는 위탁된 스펙트럼 효율 간의 상충 관계뿐인데 이는 용량이 이용 가능한 대역폭을 훨씬 넘길 정도로 증가한다는 것을 의미한다. 반대 효과는 차트에서 좌하향하는 **전력 제한**power limited 영역에서 나타난다. 전력 제한 영역에서는 E_b/N_o SNR이 매우 낮아서 샤논 한계로 인해 스펙트럼 효율 값도 낮아진다. 이 경우 주어진 전송 품질 P를 얻기 위해서는 스펙트럼 효율을 희생해야 한다.

 제한된 전력의 사용 사례로는 토성 무인 탐사선 카시니(Cassini)와 같은 우주 비행체가 있다. 이 경우, 신호의 자유 경로 공간 손실이 엄청나게 크기 때문에 신뢰할 수 있는 데이터를 얻는 방법은 데이터율을 지극히 낮은 값으로 낮추는 것뿐이다. 이러한 사례는 새로운 BLE Coded PHY를 사용한 Bluetooth 5에서도 찾아볼 수 있는데 이 경우, 범위와 데이터 무결성을 향상시키기 위해 Bluetooth는 1~2Mbps에서 125kbps까지 속도가 낮아진다.

그래프에는 위상 변이, QAM 등 오늘날 일반적으로 사용되는 일부 변조 기법도 표시돼 있다. 샤논 한계는 4-QAM ~ 64-QAM의 직교 진폭 변조에서 보듯 변조 기술을 임의로 향상시킬 경우 선형적으로 스케일링되지 않는다는 사실을 보여 준다. 변조 차수가 더 높을 경우(예: 4-QAM과 64-QAM의 비교) 얻을 수 있는 이점은 심벌당 더 많은 비트(각각 2와 6)를 전송할 수 있다는 점이다. 반면, 변조 차수가 높아질 때의 주된 단점은 다음과 같다.

- 변조 차수가 높을수록 SNR이 높아야 함
- 변조 차수가 높을수록 훨씬 정교한 회로와 DSP 알고리즘이 필요해 복잡도가 높아짐
- 심벌당 비트 전송이 증가하면 오류율도 증가함

샤논 정리에 따르면 가산성 백색 가우시안 잡음이 존재하는 통신 채널을 통해 전송 가능한 정보의 최대 속도가 정해져 있다. 잡음이 감소하면 정보의 속도는 증가하긴 하지만, 깰 수 없는 궁극의 한계에 부딪히게 된다. 어떤 상황에서도 전송률 R이 채널 용량 C보다 작으면 오류 없이 데이터를 전송할 수 있는 방법이나 기술이 반드시 존재한다.

비트 오류율

또 다른 데이터 전송의 중요한 특징 중 하나는 **비트 오류율**BER, Bit Error Rate이다. BER이란 통신 채널을 통해 수신된 비트 오류의 수를 의미한다. BER은 비율 또는 백분율로 표현되는 무차원 측정치다. 예를 들면 다음과 같다.

원래의 전송 시퀀스: 1 0 1 0 1 1 0 1 0 0

수신된 시퀀스: **0** 0 1 0 1 **0** 1 **0** 1 **0** (다른 부분이 굵은 서체로 표시됨)

이때의 BER: 오류 5개 / 전송된 10비트 = 50%

BER은 채널 잡음, 간섭, 다중 경로 페이딩fading, 감쇠에 영향을 받는다. BER을 개선하는 기법에는 전송 전력 또는 수신기 감도의 향상, 보다 낮은 밀도/낮은 차수의 변조 기법 사용, 더 많은 리던던시 데이터redundancy data 추가 등이 포함된다. 마지막에 언급된 리던던시 데이터의 추가는 보통 **순방향 오류 정정**FEC, Forward Error Correction이라고 하는데, FEC는 송신 시 추가적인 정보를 더하는 단순한 방식이다. 가장 기본적인 방식으로는 세 배의 리던던시와 다수결 알고리즘majority vote algorithm을 추가할 수 있는데 이렇게 하면 대역폭이 1/3로 줄어든다. 최신 FEC 기법으로는 해밍hamming 부호와 리드 솔로몬Reed-Solomon 오류 정정 부호가 있다. BER은 E_b/N_o SNR의 함수로 표현할 수 있다.

다음 그래프에는 다양한 변조 기법과 여러 SNR에 대한 각각의 BER이 표시돼 있다.

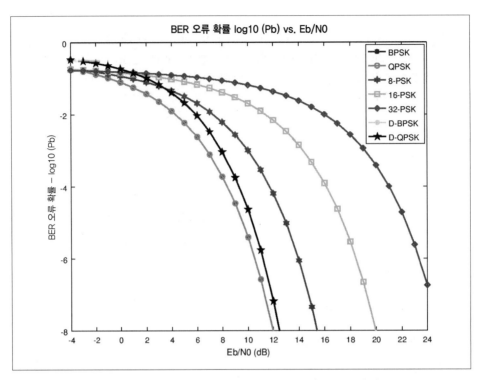

다양한 변조 방식의 비트 오류율(Pb)과 전력 효율성(Eb/N0) SNR의 비교.
SNR이 오른쪽으로 갈 수록 증가함에 따라, BER은 자연스럽게 감소한다.

이 지점에서 다음 사항은 반드시 이해하고 넘어가야 한다.

- 이제 시스템에서 특정 데이터율을 달성하기 위해 필요한 최소 SNR을 계산할 수 있다.
- 무선 서비스에 용량이나 대역폭을 추가하는 방법은 다음과 같다.
  - 스펙트럼이나 채널 용량을 추가하면 대역폭이 선형으로 증가한다.
  - 안테나(MIMO)를 추가하면 대역폭이 선형으로 증가한다.
  - 고급형 안테나와 수신기로 SNR을 개선하면 방정식만 로그에 따라 개선된다.

- 샤논 한계는 디지털 전송이 갖는 궁극의 한계다. 한계를 초과하는 것은 가능하지만 데이터 무결성이 상실된다.
- 잡음에 영향을 미치는 요소
- 에러율과 복잡도라는 비용을 치르지 않고 변조 수준만 증가시키는 것은 불가능하다.

이 책에서도 나중에 다룰 4G-LTE 셀룰러 신호는 범위 내에 십수 개의 격리된 대역이 존재하는 700MHz ~ 5GHz 스펙트럼에서 작동한다. 휴대폰(또는 배터리 사용 IoT 장치)의 전력은 셀 타워cell tower에 비해 현저하게 낮지만, IoT 장치에서 센서 데이터를 클라우드로 전송하는 것은 매우 흔한 일이다. 여기에서 살펴볼 것은 IoT 장치로부터의 업링크uplink다. 업링크 전력은 최대 200mW로 제한되며 이는 23dBm에 해당한다. 이로 인해 전반적인 송신 범위가 제한되는데, 이와 같은 제한은 유동적이고 채널의 대역폭과 데이터율에 따라 달라진다. 다양한 WPAN 및 WLAN 장치 등의 4G 시스템에는 직교 주파수 분할 다중화OFDM, Orthogonal Frequency-Division Multiplexing가 사용된다. 각 채널은 여러 부반송파를 두어 다중 경로 페이딩 문제를 해결한다. 부반송파를 통해 전송되는 모든 데이터를 합하면 높은 데이터율이 달성된다.

4G-LTE에는 일반적으로 20MHz 채널이 사용되는 반면, LTE-A에는 100MHz 채널이 사용될 수 있다. 이처럼 넓은 채널은 전체적인 가용 스펙트럼이 제한돼 있으므로 이를 두고 여러 통신사(AT&T, Verizon 등)와 스펙트럼을 공유하는 다른 기술이 경합하게 된다. 셀룰러 통신이 복잡한 또 다른 이유 중 하나는 통신사가 나뉘어서 서로 분절된 스펙트럼의 일부를 사용하기 때문이다.

 Cat-3 LTE에는 5, 10 또는 20MHz 채널이 사용된다. 채널의 최소 입도는 1.4MHz다. LTE-A는 최대 5개의 20MHz 채널을 결합해 100MHz의 결합 대역폭을 활용할 수 있다.

무선 장치가 작동하는 거리를 측정하는 방법을 **최대 결합 손실**MCL, Maximum Coupling Loss이라 한다. MCL은 송신기와 수신 안테나 사이에 총 채널 손실이 발생하지만, 데이터 서비스는 여전히 제공되는 최대 거리다. MCL은 시스템의 커버리지를 측정하는 매우 일반적인 방법이다. MCL에는 안테나 이득, 경로 손실, 셰도잉shadowing 및 기타 무선 효과가 포함된다. 4G-LTE 시스템의 경우 약 142dB의 MCL이 나타나는 것이 일반적이다. MCL은 Cat-M1과 같은 셀룰러 IoT 기술을 살펴볼 때 다시금 알아보도록 하자.

 이 지점에서 반드시 짚고 넘어가야 할 점은 비트당 수신 시간을 늘릴 경우 잡음 수준이 감소한다는 사실이다. 비트율을 1/2로 줄이면 다음은 참이 된다. (Bit_Rate / 2) = (Bit_Duration * 2). 또한, 비트당 에너지를 2배 늘리면 잡음 에너지는 2제곱근으로 증가하게 된다. 예를 들어, Bit_Rate를 1Mbps에서 100kbps로 줄일 경우 Bit_Duration = 10배 증가가 성립한다. 이때 범위는 10 제곱근으로 증가하므로 3.162배가 된다.

협대역 통신과 광대역 통신

이 책에서 다루는 무선 프로토콜 중 다수는 광대역으로 알려져 있다. 여기에서는 그 반대인 협대역 또한 (특히 LPWAN에서) 사용된다는 사실을 살펴볼 것이다. 협대역과 광대역의 차이는 다음과 같다.

- **협대역**narrowband : 작동 대역폭이 채널의 상관 대역폭coherence bandwidth을 초과하지 않는 무선 채널을 가리킨다. 일반적으로 협대역이라 하면, 대역폭이 100kHz 이하인 신호를 일컫는다. 협대역에서는 다중 경로로 인해 진폭과 위상이 변화한다. 협대역 신호는 균일하게 페이딩fading되므로 주파수를 더하는 것은 신호에 도움이 되지 않는다. 협대역 채널은 보통 서로 동일한 이득과 위상을 가진 모든 스펙트럼 구성 요소를 통과하기 때문에 주파수 비선택적 페이딩 채널flat fading channel이라고도 한다.

- **광대역**wideband : 작동 대역폭이 상관 대역폭을 현저하게 초과하는 무선 채널이다. 광대역의 대역폭은 보통 1MHz 이상이다. 이 경우에는 다중 경로로 인해 '자기 간섭' 문제가 발생한다. 광대역 채널은 주파수 선택적이라고도 하는데, 전체 신호의 각기 다른 부분이 광대역의 다양한 주파수에 영향을 받게 되기 때문이다. 이것이 광대역 신호에서 페이딩 효과를 줄이기 위해 여러 상관 대역에 전력을 배분하는 데 다양한 범위의 주파수를 사용하는 이유다.

상관 시간coherence time이란 진폭 또는 위상의 변화로 이전 값과의 상관 관계가 없어지는 데 필요한 최소 시간의 측정치다.

앞서도 페이딩 효과 중 일부를 살펴보긴 했지만, 더욱 다양한 형태가 존재한다. 경로 손실은 손실이 거리에 비례하는 일반적인 경우다. 셰도잉은 트인 공간과 달리 지형, 건물, 언덕 등으로 인해 신호 방해가 발생하는 경우를 말하며, 다중 경로 페이딩은 사물에 의해 재결합된 산란과 무선 신호의 파 간섭(회절 또는 반사)으로 인해 발생한다. 또 다른 손실의 유형에는 움직이는 차량 내에서 발생하는 RF 신호의 도플러 천이doppler shift가 있다. 페이딩 현상은 아래와 같이 두 가지 범주로 나눠 볼 수 있다.

- **빠른 페이딩**fast fading : 상관 시간이 짧을 때 나타나는 다중 경로의 특징이다. 채널이 심벌마다 달라지므로 상관 시간이 짧아진다. 이 유형의 페이딩을 레일리 페이딩 Rayleigh fading이라고도 하며, 대기 입자나 빌딩이 빼곡하게 들어선 대도시 지역의 특성으로 인해 RF 신호에 페이딩이 발생할 확률 분포를 의미한다.
- **느린 페이딩**slow fading : 상관 시간이 길거나 장거리에 걸친 움직임이 있을 경우, 도플러 확산이나 셰도잉으로 인해 발생한다. 이 경우에는 빠른 페이딩 경로에 비해 훨씬 많은 심벌이 전송될 수 있을 정도로 상관 시간이 충분히 길다.

다음 그림에는 빠른 페이딩 경로와 느린 페이딩 경로 사이의 차이가 그려져 있다.

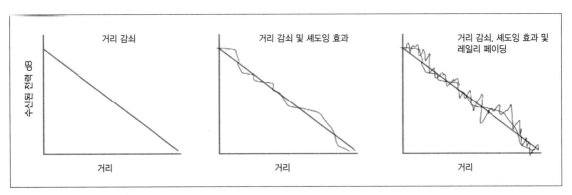

여러 가지 RF 신호 페이딩 효과. 왼쪽부터: 전파 도달 거리에 따른 일반적 경로 손실,
중간: 큰 구조물 또는 지형지물로 인한 느린 페이딩 효과, 오른쪽: 거리, 느린 페이딩, 빠른 페이딩을 결합한 효과.

> ⓘ 빠른 페이딩과 관련된 문제를 해결하기 위해 협대역 신호를 채택하는 기술에 시간 다이버
> 시티(time diversity)라는 기법이 사용되는 경우가 있다. 시간 다이버시티란 메시지 중 일부
> 가 전달될 수 있도록 신호와 페이로드를 여러 번 송신하는 방식을 말한다.

다중 경로에서 지연 확산delay spread이란 여러 다중 경로 신호의 펄스 간 시간을 뜻한다. 구
체적으로는 최초 수신 신호와 다중 경로 컴포넌트를 거쳐 가장 먼저 도달한 신호 사이의
지연 시간을 의미한다.

상관 대역폭coherence bandwidth은 주파수의 통계적 범위로 정의되는데, 이 범위 내에서 채널은
주파수 비선택적인 것으로 간주된다. 이때는 두 주파수가 비슷하게 페이딩될 가능성이 있
는 기간이다. 상관 주파수 Bc는 다음과 같이 지연 확산 D에 반비례한다.

$$B_c \approx \frac{1}{D}$$

심벌 간 간섭 없이 심벌이 전송될 수 있는 시간이 1/D이다. 다음 그림에는 협대역 및 광대역 통신의 상관 대역폭이 나타나 있다. 광대역은 상관 대역폭 B_c보다 크기 때문에 독립적 페이딩의 특성을 가질 가능성이 더 높다. 이는 서로 다른 여러 주파수 컴포넌트에서 비상관 페이딩이 나타남을 뜻한다. 반면, 협대역 주파수 컴포넌트는 모두 B_c 내에 들어가므로 균일한 페이딩이 이뤄진다.

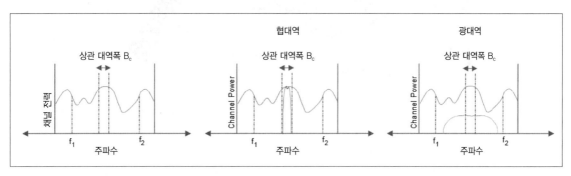

상관 대역폭과 협대역 및 광대역의 효과. $|f_1 - f_2| = B_c$라면 주파수 f_1과 f_2는 독립적으로 페이딩된다. 여기에서 협대역은 명시적으로 B_c에 상주하는 것으로 나타나며, 협대역은 어느 정도의 한계까지 B_c의 범위를 초과한다.

다중 경로 시나리오에서는 심벌 간 간섭이 일어나지 않도록 여러 신호의 전송 시간 사이에 충분한 시간 간격을 두어야 한다. 이를 **심벌 간 간섭**ISI, Inter-Symbol Interference이라 한다. 다음 그림에서 지연 확산 간격이 지나치게 짧아 ISI이 발생하는 경우를 확인할 수 있다. 전체 대역폭이 $B \gg 1/T$ (T는 펄스 폭 시간)이고 $B1/D$으로 주어진 경우 대역폭이 상관 대역폭보다 훨씬 크다고 일반화할 수 있다($B \gg B_c$).

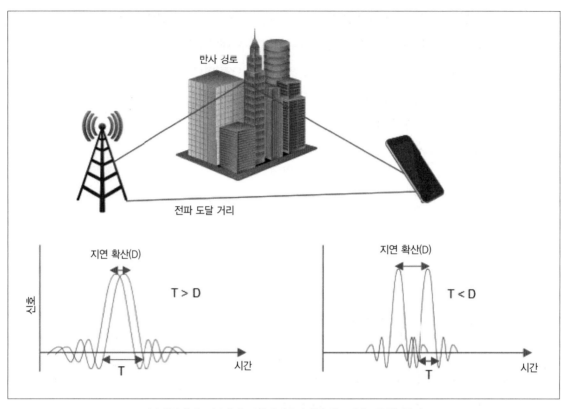

지연 확산의 예. 여기에서는 2개의 신호가 다중 경로 이벤트를 형성한다.
지연 확산 D가 펄스 폭 T보다 작으면, 신호가 다른 다중 경로 요소와 중첩될 만큼 충분히 멀리 전파되지 않는다.
지연 확산이 충분히 크면 다중 경로 충돌이 발생하지 않는다.

일반적으로 주파수가 낮으면 침투력이 높고 간섭이 적은 경향이 있지만, 큰 안테나가 필요하고 송신에 사용할 수 있는 대역폭도 적어진다. 반면, 주파수가 높을수록 경로 손실이 많아지지만, 안테나 크기는 작아지고 사용 가능한 대역폭은 많아진다.

지연 확산은 전체 비트율에 영향을 미친다. 예를 들어, QPSK 변조를 사용하고 BER은 10^{-4}이라고 했을 때의 지연 확산(D)은 다음과 같다.

- D= 256μS: 8 KBps
- D=2.5 μS: 80 KBps
- D=100 ns: 2 Mbps

█ 무선 스펙트럼

무선 통신은 전체 무선 스펙트럼 내의 전파와 주파수 대역을 바탕으로 한다. 장거리 통신은 셀룰러 및 기타 장거리 매체를 논의하는 5장에서 다루도록 하고, 지금은 1000미터 미만의 범위에 초점을 맞춰 보자. 여기에서는 WAN 장치의 일반적인 주파수 활용뿐만 아니라 스펙트럼 할당 과정도 살펴볼 것이다.

관리 기구

스펙트럼의 범위는 3Hz ~ 3THz이며 스펙트럼의 할당은 **국제 전기 통신 연합**ITU, International Telecommunication Union이 관장한다. 대역이란 주파수에 따라 할당, 허가 부여, 판매 및 자유로운 사용이 가능한 스펙트럼의 일부로 간주된다. ITU에서는 대역을 다음과 같이 범주화하고 있다.

주파수	IEEE 대역	유럽 연합, NATO, 미국 ECM	ITU	
			ITU 대역	ITU 약자
0.3 Hz				
3 Hz		A	1	ELF
30 Hz			2	SLF
300 Hz			3	ULF
3 kHz			4	VLF
30 kHz			5	LF
300 kHz			6	MF
3 MHz	HF		7	HF
30 MHz	VHF		8	VHF
250 MHz		B		
300 MHz	UHF		9	UHF
500 MHz		C		
1 GHz	L	D		
2 GHz	S	E		
3 GHz		F		
4 GHz	C	G	10	SHF
6 GHz		H		
8 GHz	X	I		
10 GHz				
12 GHz	Ku	J		
18 GHz	K			
20 GHz				
27 GHz	Ka	K		
30 GHz				
40 GHz	V	L	11	EHF
60 GHz		M		
75 GHz	W			
100 GHz				
110 GHz	mm			
300 GHz			12	THF
3 THz				

미국에서는 **연방 통신 위원회**FCC, Federal Communications Commission와 **국가 정보 통신 관리청**NTIA, National Telecommunications and Information Administration에서 주파수 스펙트럼의 사용 권한을 관리한다. NTIA는 연방 기관의 스펙트럼 사용(군, FAA, FBI 등)을 관리하는 주체이고, FCC는 연방 기관 이외의 사용을 관리하는 주체다.

FCC에서 관리하는 전반적인 스펙트럼의 영역에는 KHz 스펙트럼 전체와 GHz 주파수가 포함된다. 전반적인 주파수 배분과 할당은 아래와 같이 이뤄지고 있다. 강조 표시된 부분이 이 책에서 논의되는 주파수다.

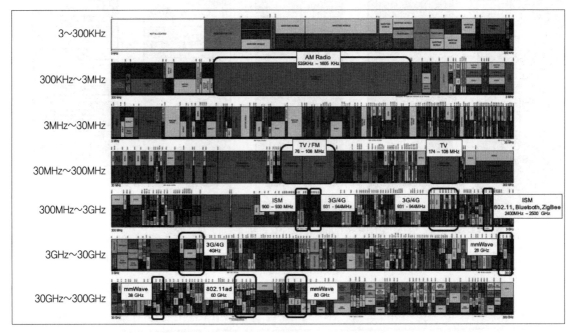

FFC의 전체 주파수 할당 스펙트럼, 이 책에서 다루는 범위에 강조 표시가 돼 있다.

다음 그림에는 900MHz ~ 2.7GHz 범위(WPAN 신호에 일반적으로 사용됨) 내에서 잘게 나눠진 주파수 할당 내역이 표시돼 있으며, 이를 통해 현재 주파수의 할당 및 배분 현황을 확인할 수 있다. 주파수는 많은 분야에서 다용도로 공유해 사용한다.

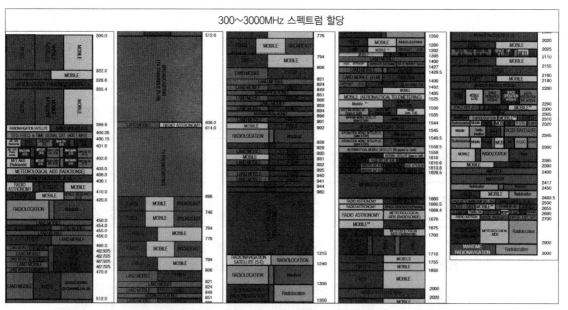

300~3000MHz 스펙트럼 할당

FCC 및 NTIA의 300MHz~3GHz 범위 내 주파수 할당 차트.
이 차트는 전체 주파수 할당의 극히 일부만을 나타낸다.
출처: FCC, "미국 주파수 할당, 라디오 스펙트럼(United States Frequency Allocations The Radio
Spectrum)", 2003년 10월

FCC에서는 허가 및 비허가 스펙트럼의 주파수를 할당하기도 한다. '비허가' 또는 '허가 면제' 영역은 FCC 허가 없이도 이용할 수 있지만, 반드시 인증된 무선 기기를 사용해야 하며, 전력 제한이나 듀티 사이클 등의 기술 요건을 준수해야 한다. 이와 관련된 내용은 FCC 규정 제15부에 상세히 기술돼 있다. 사용자는 이 스펙트럼 내의 영역을 이용할 수 있지만 무선 간섭이 발생할 수 있다.

허가된 스펙트럼 영역은 특정 분야/위치에서 독점적으로 사용된다. 국가 단위 또는 개별 부문에 따라 장소별로 할당이 이뤄진다. 1994년 이래, 이 스펙트럼 영역의 독점성과 권리는 특정 영역/분야/시장(예: 셀룰러 시장 영역, 경제 영역 등)에서 이뤄지는 경매 방식으로 부여됐다. 일부 대역에는 두 모델이 섞여 있을 수 있는데, 대역이 장소별 기준에 따라 허가를 받았다가 나중에 이 허가된 대역의 주변 대역이 더 큰 지리적 또는 국가적 영역으로 경매에 부쳐지는 경우가 해당된다. 또한 FCC는 2차 시장을 허용하는데, 스펙트럼 대여나 제어권 이전을 통해 정책과 절차를 수립해 왔다.

IoT 구축에는 보통 장거리 통신용으로 허가된 영역이 사용되는데, 이는 5장에서 다룰 것이다. 비허가 스펙트럼은 **산업, 과학, 의료용**ISM, Industrial, Scientific and Medical 장비에 사용된다. IoT의 경우에는 IEEE 802.11 와이파이, Bluetooth, IEEE 802.15.4 프로토콜 모두 2.4GHz 비허가 스펙트럼을 사용한다.

▌ 요약

4장에서는 무선 통신의 이론과 한계를 이해하기 위한 기초적인 내용을 살펴봤다. 데이터 전송과 관련된 2차, 3차적 제약을 이해할 수 있도록 더 많은 정보와 깊이 있는 탐구를 권장한다. 아키텍트는 무선 신호에 대한 다양한 모델과 제약, RF 에너지의 분산, 범위 및 샤논 법칙이 시사하는 정보 이론의 근본적 한계 등을 반드시 이해하고 있어야 한다. 또한 주파수 공간 관리와 할당 전략의 이해도 필수적이다. 4장에서는 또한 WPAN, WLAN, WAN 등에 관해 앞으로 이어질 5장에서 거듭 사용될 여러 전문 용어도 살펴봤다.

5장에서는 근거리 개인 통신망을 통해 첫발을 뗀 IoT 데이터의 센서부터 클라우드까지의 여정이 시작된다. WLAN과 WAN 시스템까지 차근차근 나아가 보도록 하자.

05

비IP 기반 WPAN

센서와 인터넷에 연결된 사물에는 정보를 송수신할 수 있는 방법이 필요하다. 이것이 **개인 통신망**PAN, Personal Area Network과 근거리 통신에서 다루는 주제다. IoT 생태계에서 센서나 액추에이터와의 통신은 구리 전선이나 **무선 개인 통신망**WPAN, Wireless Personal Area Networks을 통해 이뤄진다. 5장에서는 산업, 상업 및 소비자용 사물인터넷 연결에 널리 사용되는 방식인 WPAN을 중점적으로 다룰 것이다. 유선 연결 또한 여전히 사용되고 있지만, 이는 주로 무선 주파수에 익숙하지 않은 기존 산업과 영역에 해당하는 이야기다. 엔트포인트와 인터넷 사이에는 다양하고 폭넓은 통신 채널이 존재한다. 전형적인 IP 스택(6LoWPAN)을 바탕으로 구축되는 경우가 있는가 하면, 비IP(인터넷 프로토콜) 통신을 사용해 에너지 절감을 극대화(BLE)하는 경우도 있다.

여기에서는 IP와 비IP로 구분을 하는데, IP 기반 통신 시스템의 경우 비IP 통신에는 필수적이지 않은 추가적인 세부 사항이 필요하기 때문이다. 비IP 통신 시스템은 비용과 에너지 사용량에 최적화돼 있는 반면, IP 기반 솔루션에는 보통 제약이 적은 편이다(예: 802.111 와이파이). 6장에서는 WPAN, WLAN와 관련해 IP와 겹치는 부분에 관해 자세히 알아볼 것이다.

5장은 비IP 통신 표준, 다양한 WPAN 네트워크 토폴로지(메시mesh, 스타star) 그리고 WPAN 통신 시스템의 제약과 목표를 다룬다. 이러한 유형의 통신 시스템은 약 200미터 범위의 근거리에서 작동한다(더 멀리 가는 경우도 일부 있음). Bluetooth® 무선 프로토콜과 새로운 Bluetooth 5.0 사양은 다른 프로토콜을 이해할 수 있는 토대를 이루고 IoT 솔루션에 자주 사용되며 중요한 역할을 하는 부분이므로 깊이 들여다볼 것이다.

5장에는 특허 표준과 오픈형 표준의 기술적 세부 내용도 포함돼 있다. 각각의 통신 프로토콜은 저마다의 이유와 용도를 갖고 채택됐으며, 이 부분 역시 5장에서 다뤄질 것이다. 여기에서 중점적으로 다룰 주제에는 다음과 같은 것이 있다.

- RF 신호 품질 및 범위
- 무선 스펙트럼 할당
- 새로운 Bluetooth 5 사양을 중심으로 한 Bluetooth 무선 프로토콜
- 802.15.4
- Zigbee®
- Z-Wave®

▎ 무선 개인 통신망 표준

이 절에서는 IoT 분야와 관련 있는 세 가지 무선 개인 통신망을 알아볼 것이다. 그중에서도 Bluetooth에 5장의 상당 부분이 할애되는데, 이는 Bluetooth가 상당히 많은 기능을

제공할 뿐만 아니라 IoT 생태계에서 차지하는 비중이 적지 않기 때문이다. Bluetooth 5.0은 기존의 Bluetooth 사양에서는 찾아볼 수 없었던 다양한 기능을 제공하며, 그 덕분에 수많은 사용 사례를 통해 범위, 전력, 속도, 연결성의 측면에서 가장 강력한 WPAN 솔루션임을 인정받고 있다. 이어서 Zigbee, Z-Wave 및 IEEE 802.15.4 기반 네트워크 또한 놓치지 않고 살펴볼 예정이다.

WPAN이라는 용어가 다양한 의미를 갖는다는 사실을 알아 두는 것도 도움이 될 것이다. 원래는 웨어러블 장치에 연결된 특정 개인의 신체와 개인 통신망을 일컫는 말이었으나, 이제는 그 의미가 확장됐다.

802.15 표준

이 절에 설명돼 있는 많은 프로토콜과 네트워크 모델이 IEEE 802.15 작업 그룹이 만든 토대에 바탕을 두고 있거나 이를 활용한다. 802.15 그룹은 원래 웨어러블 장치에 초점을 맞추기 위해 조직되었다(개인 통신망이라는 문구의 어원). 그러나 이 그룹의 작업이 대폭 확대되면서 이제는 미터 단위부터 킬로미터 범위까지 데이터율이 더 높은 프로토콜과 특수 통신 또한 다루고 있다. 802.15.x 프로토콜 형식을 사용하는 장치가 매일 100만 대 이상씩 쏟아져 나오고 있는 상황 속에서 IEEE가 관리하고 관장하는 다양한 프로토콜, 표준 및 사양이 다음 목록에 제시돼 있다.

- **802.15**: 무선 개인 통신망 정의
- **802.15.1**: Bluetooth PAN의 초기 표준
- **802.15.2**: Bluetooth와 관련된 WPAN과 WLAN의 공존 사양
- **802.15.3**: 멀티미디어용 WPAN의 높은 데이터율(55Mbps+)
  - **802.15.3a**: 고속 PHY 개선
  - **802.15.3b**: 고속 MAC 개선
  - **802.15.3c**: mm파(밀리파) 기술을 사용한 빠른 속도(1GBps 이상)

- 802.15.4: 저속, 간단한 설계, 수년간 지속되는 배터리 수명 사양(Zigbee)
  - 802.15.4-2011: 롤업(사양 a-c), UWB, 중국 및 일본 PHY 포함
  - 802.15.4-2015: 롤업(사양 d-p), RFID 지원, 의료용 대역 PHY, 저전력, TV 화이트 스페이스, 철도 통신
  - 802.15.4r (보류 중): 프로토콜 범위 설정
  - 802.15.4s: 스펙트럼 자원 활용SRU, Spectrum Resource Utilization
  - 802.15.t: 2Mbps의 고속 PHY
- 802.15.5: 메시 네트워킹
- 802.15.6: 의료 및 엔터테인먼트용 신체 영역 네트워킹
- 802.15.7: 구조화된 빛을 활용하는 가시 광선 통신
  - 802.15.7a: UV, 근적외선으로 범위 확장, 광학 무선으로 명칭 변경
- 802.15.8: 대상 인식 통신PAC, Peer Aware Communications, 10Kbps ~ 55Mbps에서 인프라 없이 이뤄지는 P2P 통신
- 802.15.9: 키 관리 프로토콜KMP, Key Management Protocol, 키 보안 관리 표준
- 802.15.10: 계층 2 메시 라우팅, 802.15.4, 다중 PAN 메시 라우팅에 적합
- 802.15.12: 상위 계층 인터페이스, 802.15.4에서 802.11 또는 802.3를 보다 용이하게 사용하려는 시도

이 컨소시엄에는 신뢰성(IG DEP) 연구를 통해 무선 안정성과 탄력성, 고속 데이터 통신(HRRC IG) 및 테라헤르츠 통신(THz IG)을 다루는 작업 그룹도 포함돼 있다.

Bluetooth

Bluetooth는 휴대폰 센서, 키보드에서부터 비디오 게임 시스템에 이르기까지 다양한 기술에 널리 사용되고 있는 저전력 무선 연결 기술이다. Bluetooth라는 이름은 서기 약 958년 경 지금의 노르웨이와 스웨덴에 해당하는 지역을 다스리던 왕인 하랄 블로탄Harald Blatand

에게서 따왔다. 블로탄이라는 이름은 그가 블루베리를 좋아해서 붙은 이름이라고도 하고 혹자는 그가 얼어 붙은 적을 먹어 치웠기 때문이라고도 한다. 아무튼 블로탄 왕이 나라를 하나로 합친 것처럼 초기 Bluetooth SIG도 하나로 통일시키자는 뜻으로 왕의 이름에서 Bluetooth라는 이름을 따왔다. 사실 Bluetooth 로고도 데인Dane 사람들이 사용하던 고대 게르만 알파벳인 룬rune 문자를 조합한 것이다. 오늘날 Bluetooth는 매우 널리 사용되고 있으며 이 절에서는 2016년 Bluetooth SIG에서 인가한 새로운 Bluetooth 5 프로토콜을 중점적으로 살펴볼 것이다. 물론 다른 변형도 들여다본다.

이 절에서는 특히 새로운 Bluetooth 5.0 사양에 주목해 Bluetooth 기술을 상세히 알아볼 것인데, 기존 Bluetooth 기술은 Bluetooth SIG(www.bluetooth.org)에서 알아 볼 수 있다.

Bluetooth의 역사

Bluetooth 기술은 컴퓨터 주변 장치를 연결하는 거추장스러운 케이블과 코드를 RF 매체로 대체하고자 1994년 에릭손Ericsson에서 최초로 개념화했으며, 인텔Intel과 노키아Nokia도 유사한 방식으로 휴대폰과 컴퓨터를 무선으로 연결하기 위해 합류했다. 3사는 1996년 스웨덴 룬드의 에릭손 플랜트에서 열린 컨퍼런스에서 SIG를 창립했다. 1998년, Bluetooth SIG의 회원사는 인텔, 노키아, 도시바Toshiba, IBM, 에릭손의 5개사로 늘어났고, 같은 해, Bluetooth 버전 1.0 사양이 공개되었다. 이후 버전 2.0이 인가되던 2005년에 SIG 회원사는 4,000개 이상으로 증가했다. 2007년 Bluetooth SIG는 노르딕 세미콘덕터Nordic Semiconductor 및 노키아와의 협력을 통해 Ultra Low Power Bluetooth를 개발했는데, 이 기술이 현재 BLEBluetooth Low Energy라는 이름으로 불리는 기술이다. BLE 덕분에 코인 셀 배터리를 사용해 통신할 수 있는 완전히 새로운 유형의 장치가 시장에 등장하게 되었다. 2010년, SIG는 Bluetooth 4.0 사양을 공개했으며, 이 사양은 공식적으로 BLE에 포함되었다. 현재, Bluetooth가 지원되는 제품은 25만 개 이상이며, Bluetooth SIG는 3만 개 이상의 회원사를 거느리고 있다.

Bluetooth는 IoT 배포에 폭넓게 사용되고 있으며, 비콘, 무선 센서, 자산 추적 시스템, 리모콘, 상태 모니터, 경보 시스템 등 저전력LE, Low Energy 모드에서 작동하는 장치에 주로 적합하다.

Bluetooth를 비롯한 모든 옵션 구성 요소는 GPL 사용권의 대상이 되며 기본적으로는 오픈소스다.

Bluetooth의 기능과 특징이 발전해 온 개정의 역사는 아래 표의 내용과 같이 전개되었다.

개정	특징	출시일
Bluetooth 1.0 및 1.0B	기본 속도의 Bluetooth(1Mbps) 초기 버전 릴리스	1998
Bluetooth 1.1	IEEE 802.15.1-2002 표준화 1.0B 사양 결함 해결 암호화되지 않은 채널 지원 수신 신호 강도(RSSI, Received Signal Strength Indicator)	2002
Bluetooth 1.2	IEEE 802.15.1-2005 빠른 연결 및 검색 주파수 호핑 확산 스펙트럼(AFH, Frequency hopping spread spectrum) 호스트 컨트롤러 인터페이스(3선 UART) 플로우 컨트롤 및 재전송 모드	2003
Bluetooth 2.0 (+EDR 옵션)	강화된 데이터율 모드(EDR, Enhanced Data Rate Mode): 3Mbps	2004
Bluetooth 2.1 (+EDR 옵션)	4가지 고유 인증 방식과 공개 키 암호화를 사용한 SSP(Secure Simple Pairing) 필터링 개선과 전력 사용량 감소를 지원하는 EIR(Extended Inquiry Response)	2007
Bluetooth 3.0 (+ EDR 옵션) (+HS 옵션)	신뢰 및 비신뢰 연결 상태를 모두 지원하는 L2CAP 강화된 재전송 모드 (ERTM) PHY를 사용한 대체 MAC/PHY(AMP) 802.11 24Mbps 유니캐스트 비연결 데이터로 낮아진 레이턴시 전원 제어 강화	2009
Bluetooth 4.0 (+ EDR 옵션) (+HS 옵션) (+LE 옵션)	AKA BluetoothSmart LE(Low Energy) 모드 도입 ATT 및 GATT 프로토콜과 프로파일 도입 듀얼 모드: BR/EDR 및 LE 모드 AES 암호화 지원 보안 관리자	2010

개정	특징	출시일
Bluetooth 4.1	모바일 무선 서비스(MWS, Mobile Wireless Service) 공존성 트레인 너징(공존성 기능) 인터레이스 스캐닝(공존성 기능) 장치에서 여러 역할을 동시에 지원	2013
Bluetooth 4.2	LE 보안 연결 링크 계층 보안 IPv6 지원 프로파일	2014
Bluetooth 5.0	슬롯 가용성 마스크(SAM, Slot Availability Masks) 2Mbps PHY 및 LE LE 장거리 모드 LE 확장 애드버타이징 모드 메시 네트워킹	2016

Bluetooth 5의 통신 절차 및 토폴로지

Bluetooth 무선은 BR^Basic Rate^과 LE^Low Energy^ 또는 BLE라 불리는 두 개의 무선 기술 시스템으로 구성된다. 다음과 같은 정의에 따라 노드는 애드버타이저 또는 스캐너일 수 있다.

- **애드버타이저**^advertiser^: 애드버타이징 패킷을 전송하는 장치
- **스캐너**^scanner^: 연결 목적 없이 애드버타이징 패킷을 수신하는 장치
- **이니시에이터**^initiator^: 연결을 시도하는 장치

Bluetooth WPAN에서는 다음과 같이 다양한 Bluetooth 이벤트가 발생한다.

- **애드버타이징**^advertising^: 페어링하려는 장치의 존재를 알리거나 단순히 애드버타이징 패킷의 메시지를 중개하고자 스캐닝 장치로 송출하는 장치로 시작됨
- **연결**^connecting^: 장치와 호스트의 페어링 과정에 해당하는 이벤트
- **일시적 애드버타이징**^periodic advertising^: (Bluetooth 5의 경우) 애드버타이징 장치에서 7.5ms~81.91875s 간격의 채널 호핑으로 37개의 데이터 채널을 일시적으로 애드버타이징 가능

- **확장된 애드버타이징**extended advertising : (Bluetooth 5의 경우) 확장된 PDU에서 오디오 또는 다른 멀티미디어가 포함된 새로운 사용 사례를 비롯해 애드버타이징 연쇄와 대규모 PDU 페이로드 지원 가능(5장의 비코닝Beaconing 절에서 다룸)

LE 모드의 경우, 장치에서 애드버타이징 채널만 사용해서 모든 통신을 완결할 수 있다. 그렇지 않으면 통신에 양방향 통신이 필요하며, 장치가 형식적으로 연결되도록 강제할 수 있다. 반드시 이러한 방식으로 연결돼야 하는 장치는 애드버타이징 패킷을 수신하는 것으로 연결 절차를 시작한다. 이때 수신자를 이니시에이터initiator라고 한다. 애드버타이저에서 연결 가능한 애드버타이징 이벤트를 발생시키면 이니시에이터가 연결 가능한 애드버타이징 패킷을 수신한 것과 동일한 PHY 채널을 통해 연결을 요청한다.

그런 다음, 애드버타이저는 연결할 것인지 여부를 결정할 수 있다. 연결이 이뤄지면 애드버타이징 이벤트가 종료되며, 이제부터 이니시에이터는 **마스터**master, 애드버타이저는 **슬레이브**slave라고 불리게 된다. 이 연결을 Bluetooth 용어로 **피코넷**piconet이라 하며, 연결 이벤트를 발생시킨다. 모든 연결 이벤트는 마스터와 슬레이브 사이의 동일한 시작 채널에서 발생한다. 데이터 교환이 이뤄지고 연결 이벤트가 종료되면 주파수 호핑을 통해 연결된 쌍에 알맞은 새 채널이 선택된다.

피코넷은 BR/EDR 모드 또는 BLE 모드에 따라 두 가지 방식으로 형성된다. BR/EDR의 경우 피코넷은 3비트 주소를 사용하며, 하나의 피코넷은 슬레이브를 7개까지 조율할 수 있다. 여러 개의 피코넷이 하나의 연합을 형성할 수도 있는데, 이를 **스캐터넷**scatternet이라 한다. 스캐터넷의 경우, 보조 네트워크에 연결하고 이를 관리할 보조 마스터가 반드시 있어야 한다. 슬레이브/마스터 노드는 두 개의 피코넷을 하나로 연결하는 역할을 한다. BR/EDR 모드에서 네트워크는 동일한 주파수 호핑 스케줄을 사용하며, 해당 시점의 모든 노드는 동일한 채널 내에 있게 된다. BLE 모드의 경우, 시스템은 24비트 주소를 사용하므로 마스터와 연결된 슬레이브의 수는 수백 만 단위다. 각각의 마스터-슬레이브 관계는 그 자체가 피코넷이며, 고유한 채널을 사용할 수 있다. 피코넷에서 노드는 **마스터**M, Master, **슬레이브**S, Slaves, **대기**SB, Standby 또는 **정지 상태**P, Parked가 될 수 있다. 대기 모드는 장치의 기본 상태다. 이 상태에서는 저전력 모드로 들어갈 수 있는 옵션이 있다. 하나의 피코넷에서는 255개의 서로 다른 장치가 SB 또는 P 모드에 있을 수 있다.

 Bluetooth 5.0부터는 정지 상태가 피코넷에서 없어졌기 때문에 Bluetooth 버전 4.2 장치까지만 정지 모드가 지원될 예정이다. 대기 모드는 Bluetooth 5.0에서도 여전히 지원된다.

피코넷 토폴로지는 다음과 같이 도식화할 수 있다.

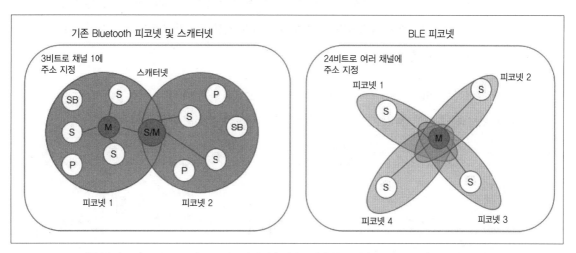

기존(BR/EDR) Bluetooth와 BLE 피코넷 사이의 차이. 3비트 주소 지정으로 인해 BR/EDR 모드에서는
최대 7개의 슬레이브가 하나의 피코넷에 연결될 수 있으며, 이 7개 슬레이브는 모두 공통의 채널을 공유한다.
다른 피코넷은 보조 네트워크에 연결된 마스터가 존재하는 경우에만 네트워크에 참여해 스캐터넷을 형성할 수 있다.
BLE 모드에서는 24비트 주소 지정 덕분에 수백만 개의 슬레이브가 하나의 마스터를 통해 여러 피코넷에
참가할 수 있다. 각각의 피코넷은 서로 다른 채널상에 있을 수 있으나, 각 피코넷에서 하나의 슬레이브만이
마스터와 연결될 수 있다. 실제로는 BLE 피코넷의 크기가 훨씬 작은 경향이 있다.

Bluetooth 5 스택

Bluetooth에는 하드웨어 컨트롤러, 호스트 소프트웨어, 애플리케이션 프로파일의 세 가지 기본 구성 요소가 있다. Bluetooth 장치는 단일 또는 듀얼 모드 버전으로 제공되는데, 이는 이러한 장치에서 BLE 스택만 지원하거나 클래식 모드와 BLE를 동시에 지원할 수 있

다는 뜻이다. 다음 그림을 통해 **호스트 컨트롤러 인터페이스**^{HCI, Host Controller Interface} 수준에서 컨트롤러와 호스트 사이가 나뉘는 것을 확인할 수 있다. Bluetooth를 통해 하나 이상의 컨트롤러가 하나의 호스트와 연결되는 것이 가능해진다.

스택은 레이어 또는 프로토콜과 프로파일로 이뤄진다.

- **프로토콜**^{Protocol}: 기능 블록을 나타내는 수평 티어^{tier} 및 계층을 일컫는다. 다음 그림에서는 프로토콜 스택을 확인할 수 있다.
- **프로파일**^{Profile}: 프로토콜을 사용하는 수직적 기능을 일컫는다. 프로파일은 이후 절에서 자세히 이야기하며, 여기에서는 일반 속성 프로파일과 일반 액세스 프로파일을 다룬다.

다음 그림에는 Bluetooth 스택의 전체적인 구조도가 나와 있다. 여기에는 BR/EDR 및 BLE 모드를 비롯해 AMP 모드가 포함된다.

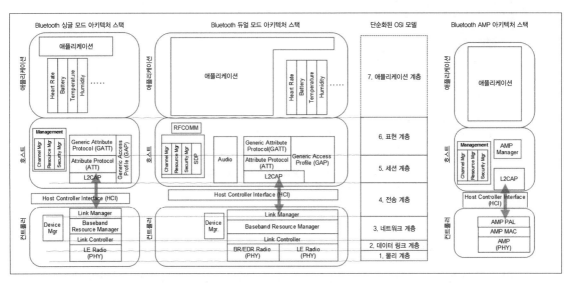

Bluetooth 싱글 모드(BLE 전용) 및 듀얼 모드(기존 Bluetooth 및 BLE)와 단순화된 OSI 스택의 비교.
오른쪽 다이어그램은 AMP 모드를 나타낸다. 상위 스택의 호스트 소프트웨어 플랫폼과 하위 스택의 컨트롤러
하드웨어 사이에는 역할이 분리되어 있다. HCI는 하드웨어와 호스트 사이의 전송 채널이다.

위 그림에는 다음과 같은 세 가지의 기본적인 Bluetooth 작동 모드가 표시돼 있다(각자 다른 PHY를 필요로 함).

- **저에너지**LE, Low Energy **모드**: 2.4GHz ISM 대역을 사용하며 간섭 방지를 위해 FHSS를 채용한다. BR/EDR과 AMP 라디오의 PHY는 변조, 부호화, 데이트율이 서로 다르다. LE는 1Mbps의 비트율에서 1Msym/s로 작동한다. Bluetooth 5는 125Kbps, 500Kbps, 1Mbps, 2Mbps 등으로 구성할 수 있는 여러 데이터율을 지원한다(차후 보다 상세히 살펴볼 예정이다).
- **BR/EDR**Basic Rate/Enhanced Data Rate **모드**: LE와 AMP과 다른 라디오를 사용하며 ISM 2.4GHz 대역에서 동작한다. 기본적인 라디오 작동은 1Msym/s의 속도로 이루어지며 1Mbps의 비트 전송률을 지원한다. EDR은 2 또는 3Mbps의 데이터율을 유지한다. 간섭 방지를 위해 이 라디오에는 FHSS가 사용된다.
- **대체 MAC/PHY**Alternative MAC/PHY, AMP: 최대 24Mbps의 고속 전송을 위해 802.11을 사용하는 선택 기능이다. 이 모드에서는 모두 AMP를 지원하는 마스터 장치와 슬레이브 장치가 필요하다. 보조 물리 컨트롤러이긴 하지만, 이 경우 시스템에는 초기 연결 및 협상을 구축할 BR/EDR 컨트롤러가 있어야 한다.

이제 각 스택 구성 요소의 기능을 자세히 알아보자. BR/EDR과 LE의 공통 블록으로 시작해, AMP의 세부 사항을 볼 것이다. 세 경우 모두 물리적 계층에서 출발해, 애플리케이션 계층으로 올라가는 방향으로 스택을 쌓아 갈 예정이다.

핵심 구성 블록:

- 컨트롤러 수준:
  - **BR/EDR PHY(컨트롤러 블록)**: 79개 채널의 물리적 채널을 통해 패킷을 전송하고 수신한다.
  - **LE PHY**: 저에너지 물리 인터페이스로, 40개 채널과 주파수 호핑을 관리한다.

- 링크 컨트롤러^{link controller} : 데이터 페이로드의 Bluetooth 패킷을 인코딩 또는 디코딩한다.
- 베이스밴드 자원 관리자^{baseband resource manager} : 모든 소스의 라디오를 향한 모든 접근과 관련해, 물리 채널의 스케줄을 관리하고 QoS 매개 변수가 충족되도록 모든 개체와의 액세스 계약을 협상한다.
- 링크 관리자^{link manager} : 논리적 링크를 생성, 변형, 릴리스하고 장치 간 물리적 링크와 관련된 매개 변수를 업데이트한다. 다른 프로토콜을 사용하는 BR/EDR과 LE 모드에서 재사용되기도 한다.
- 장치 관리자^{device manager} : 컨트롤러 베이스밴드 수준의 블록으로, Bluetooth의 일반적인 동작을 제어한다. 장치를 탐색 및 연결 가능케 하고, 장치에 연결하며 장치를 스캐닝하는 등, 데이터 송신과 관련되지 않은 모든 동작에 여기에 해당한다.
- 호스트 컨트롤러 인터페이스^{HCI, Host Controller Interface} : 네트워크 스택의 4계층과 호스트, 실리콘 컨트롤러 사이를 분할한다. 호스트에서 피코넷의 장치를 추가, 제거, 관리 및 탐색할 수 있도록 인터페이스를 노출한다.

- 호스트 수준:
  - L2CAP: 논리적 링크 컨트롤과 적응 프로토콜에 해당한다. 물리적 계층보다 높은 수준의 프로토콜을 사용하는 두 개의 다른 장치 간 다중화 논리 연결 설정에 사용된다. 이를 통해 패킷을 분할하고 재병합할 수 있다.
  - 채널 관리자^{channel manager} : L2CAP 채널의 생성, 관리, 폐쇄를 담당한다. 마스터는 L2CAP 프로토콜을 사용해 슬레이브 채널 관리자와 통신한다.
  - 리소스 관리자^{resource manager} : 베이스밴드 수준으로 프래그먼트를 전송할 순서를 관리하며, 서비스 적합성 품질을 확보하는 데 도움이 된다.
  - 보안 관리자 프로토콜^{SMP, Security Manager Protocol} : 보안 관리자 프로토콜이라고도 한다. 이 블록은 키의 생성과 검증, 저장을 담당한다.

- 서비스 탐색 프로토콜^{SDP, Service Discovery Protocol}: UUID를 통해 다른 장치에서 제공되는 서비스를 탐색한다.

- 오디오^{audio}: 효율적인 스트리밍 오디오 재생 프로파일로, 선택 사항이다.

- RFCOMM: RS-232 에뮬레이션과 인터페이싱을 담당하며 전화 기능^{telephony functionality}을 지원하는 데 사용된다.

- 속성 프로토콜^{ATT, Attribute protocol}: 주로 BLE에서 사용되는(BR/EDR에도 적용 가능) 유선 애플리케이션 프로토콜로, BLE 저전력 배터리 기반 하드웨어에서 실행하는 데 최적화돼 있다. ATT는 GATT와 밀접한 관련을 맺는다.

- 일반 속성 프로파일^{GATT, Generic Attribute Profile}: 이 블록은 속성 서버의 기능과 함께 선택적으로 속성 클라이언트를 나타낸다. 프로파일은 속성 서버에 사용된 서비스를 설명하는데, 모든 BLE 장치에는 반드시 GATT 프로파일이 있으며 기본적으로는 BLE에 사용되지만, 이에 한정되지 않고 일반 BR/EDR 장치에도 사용될 수 있다.

- 일반 접속 프로파일^{GAP, Generic Access Profile}: 연결과 애드버타이징 상태를 제어한다. 이를 통해 외부에서도 장치를 확인할 수 있게 되며, 다른 모든 프로파일의 기초가 형성된다.

- AMP별 스택:

  - AMP(PHY): 최대 24Mbps의 데이터 패킷을 송신하고 수신하는 물리적 계층이다.

  - AMP MAC: IEEE 802 참조 계층 모델에서 정의된 매체 접근 제어 계층이다. 장치에 주소 지정 방식을 제공한다.

  - AMP PAL: 호스트 시스템(L2CAP 및 AMP 관리자)을 통해 AMP MAC를 인터페이스하는 계층이다. 이 블록은 호스트의 명령을 특정 MAC 프리미티브로 변환하고 반대로도 변환한다.

  - AMP 관리자: L2CAP를 사용해 원격 장치의 피어 AMP 관리자와 통신한다. 원격 AMP 장치를 탐색하고 해당 장치의 가용성을 판단한다.

Bluetooth 5 PHY 및 인터페이스

Bluetooth 장치는 2.4000~2.4835GHz의 산업, 과학 및 의료용(ISM) 비면허 주파수 대역에서 작동한다. 5장에서 앞서 언급한 바와 같이 이 특정 비면허 영역에는 802.11 와이파이 등의 수많은 무선 매체가 밀집돼 있다. 간섭을 완화하기 위해 Bluetooth는 **주파수 호핑 확산 스펙트럼**FHSS, Frequency-Hopping Spread Spectrum을 지원한다.

> BR/EDR Bluetooth 클래식 모드 중 선택이 가능한 경우라면 EDR 쪽이 속도 때문에 온에어 시간이 짧아서 간섭의 가능성이 낮고, 와이파이 및 다른 Bluetooth 장치와 공존하기도 보다 수월할 것이다.

Bluetooth 1.2에는 **적응형 주파수 호핑**AFH, Adaptive Frequency Hopping이 도입되었는데, 여기에서는 사용 채널과 미사용 채널의 두 가지 유형이 사용된다. 사용 채널은 호핑 시퀀스의 일부로 실제 활용되는 채널을 일컫는다. 미사용 채널은 임의 교체 방식을 통해 필요 시 호핑 시퀀스에서 사용 채널로 교체된다. BR/EDR 모드에는 79개 채널이 있으며 BLE에는 40개 채널이 있다. BR/EDR 모드의 경우, 채널 수가 79개이므로 다른 채널에 간섭받을 확률이 1.5퍼센트 미만이 된다. 덕분에 주파수 공간을 경합하는 동일한 범위 내에서 수백 대의 헤드폰, 주변 기기, 장치가 사용되는 사무실 환경의 조성이 가능해지는 것이다(예컨대, 고정되고 지속적인 간섭원의 사용).

AFH를 이용하면 채널 분류 정보를 슬레이브 장치에서 마스터 장치로 보고해 채널 호핑의 구성을 지원하는 것이 가능해진다. 802.11 와이파이의 간섭이 존재하는 상황에서 AFH는 독점 기술을 조합해 두 네트워크 간 트래픽의 우선 순위를 지정한다. 예컨대 호핑 시퀀스가 채널 11에서 꾸준히 충돌하는 경우, 피코넷상의 마스터와 슬레이브는 앞으로 채널 11을 호핑하기로 협상할 수 있다.

BR/EDR 모드에서 물리 채널은 슬롯으로 나뉜다. 전송될 데이터는 정확한 슬롯에 위치하며 필요한 경우 연속하는 슬롯도 사용될 수 있다. 이 기법을 사용하면 Bluetooth는 **시분할 이중**TDD, Time Division Duplex을 통해 전이중 통신 효과를 달성할 수 있다. 1Mbps의 속도에 도달하기 위해 BR은 **가우시안 주파수 편이 변조**GFSK, Gaussian Frequency-Shift Keying를 사용하는 한편, EDR은 **차동 직교 위상 편이 변조**DQPSK, Differential Quaternary Phase Shift Keying를 사용해 2Mbps의 속도를 달성하고, 3Mbps에서는 8진 차동 위상 편이 변조(8DPSK)를 사용한다.

반면 LE 모드에서는 **주파수 분할 다중 접속**FDMA, Frequency Division Multiple Access과 **시분할 다중 접속** TDMA, Time Division Multiple Access 방식이 사용된다. BR/EDR과 같은 79개 채널이 아닌 40개 채널을 사용하고 각 채널이 2MHz 단위로 구분돼 있는 이 시스템은 40개 채널 중 세 개는 애드버타이징에, 나머지 37개 채널은 보조 애드버타이징과 데이터로 나눈다. Bluetooth 채널은 무작위와 유사한 방식으로 선택되며 초당 1,600회의 속도로 호핑된다. 다음 그림에는 ISM 2.4GHz 공간에서 BLE 주파수가 할당되고 파티셔닝돼 있는 모습을 확인할 수 있다.

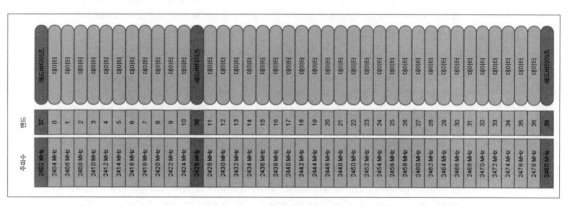

2MHz 간격, 40개의 고유한 밴드로 분할된 BLE 주파수. 3개 채널은 애드버타이징,
37개 채널은 데이터 전송에 사용된다.

TDMA는 하나의 장치에서 예정된 시간에 패킷을 전송하면 예정된 다른 시간에 수신 장치가 이에 대응하도록 해 통신을 조율하는 데 사용하는 방식이다. 물리 채널은 애드버타이징, 일시적 애드버타이징, 확장된 애드버타이징, 연결 등의 특정 LE 이벤트에 대해 시간 단위로 세분된다. LE에서는 마스터가 여러 슬레이브 사이의 링크를 형성할 수 있으며, 마찬가지로 슬레이브가 하나 이상의 마스터에 물리적 링크를 갖거나, 하나의 장치가 동시에 마스터이자 슬레이브가 되는 것도 가능하다. 그러나 마스터에서 슬레이브로 또는 슬레이브에서 마스터로의 역할 변경은 허용되지 않는다.

앞서 언급한 바와 같이, 40개 채널 중 37개는 데이터 송신에 사용되고 3개는 애드버타이징에 할당된다 여기에서 채널 37과 38, 39가 애드버타이징 GATT 프로파일에 사용되는 채널이다. 애드버타이징 중에 장치는 3개 채널에서 동시에 애드버타이징 패킷을 송신하게 된다. 덕분에 스캐닝 호스트 장치에서 애드버타이징 패킷을 확인하고 이에 반응할 확률이 늘어난다.

다른 형태의 간섭은 2.4GHz 공간의 모바일 무선 표준을 통해 발생한다. 여기에 트레인 너징^{train nudging}이라 불리는 기법이 Bluetooth 4.1에 도입됐다.

 Bluetooth 5.0에는 SAM(Slot Availability Mask)이 도입됐다. SAM을 통해 두 Bluetooth 장치는 송수신 가능한 시간 슬롯을 서로에게 알릴 수 있다. 시간 슬롯의 가용성을 표시하는 맵이 구축되고, 이 맵을 활용해 Bluetooth 컨트롤러는 BR/EDR 시간 슬롯을 구체화하고 전반적인 성능을 향상시킬 수 있다.

BLE 모드에서는 SAM이 지원되지 않는다. 그러나 Bluetooth에서 흔히 간과되곤 하는 메커니즘인 채널 선택 알고리즘2(CSA2, Channel Selection Algorithm 2)가 다중 경로 페이딩에 영향을 받기 쉽고 잡음이 많은 환경에서 주파수 호핑에 도움이 될 수 있다. Bluetooth 4.1에 도입된 CSA2는 매우 복잡한 채널 매핑 및 호핑 알고리즘이다. 이를 통해 라디오 간섭에 내성이 높아지며, 라디오가 간섭이 많은 위치에서 사용할 수 있는 RF 채널의 수를 제한할 수 있게 된다. CSA2로 채널을 제한할 경우 발생할 수 있는 부작용은 이로 인해 송신 전력이 +20dBm으로 증가하게 된다는 점이다. 언급했듯이 BLE 애드버타이징 채널과 연결된 채널이 극소수이기 때문에 송신 전력은 관리 기관에서 제한한다. CSA2로 인해 이전 버전보다 Bluetooth 5에서 더 많은 채널을 이용할 수 있게 되며, 그 결과 규제에 따른 제한이 다소 완화될 수 있다.

Bluetooth 패킷 구조

모든 Bluetooth 장치에는 BD_ADDR이라 불리는 고유한 48비트 주소가 있다. BD_ADDR의 상위 24비트는 제조사별 주소를 나타내며, IEEE 등록 기관^{Registration Authority}을 통해 구매할 수 있다. 이 주소에는 회사 ID라고도 알려져 있는 **조직 고유 식별자**^{OUI, Organization Unique Identifier}가 포함돼 있으며, 이 또한 IEEE를 통해 할당된다. 중요성이 덜한 나머지 24비트는 기업에서 자유롭게 수정할 수 있다.

임의 추출된 세 가지 다른 보안 주소 형식도 있으며, 이는 5장의 BLE 보안 부분에서 논의할 것이다. 다음 도식에는 BLE 애드버타이징 패킷 구조와 다양한 PDU 유형이 나와 있다. 이 도식은 가장 일반적으로 사용되는 PDU 중 일부를 대표한다.

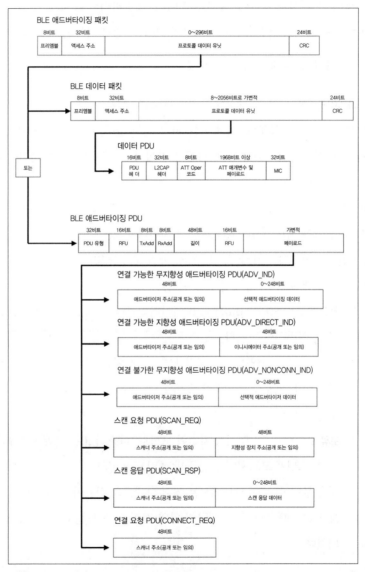

일반적인 BLE 애드버타이징 및 데이터 패킷 형식. 다른 패킷 유형도 여러 가지로 존재하며, Bluetooth 5.0 사양에 참조해야 한다.

BR/EDR 작동

클래식 Bluetooth(BR/EDR) 모드는 연결 지향적이다. 일단 장치가 연결되고 나면 통신 중인 데이터가 없더라도 연결은 유지된다. Bluetooth 연결이 이뤄지기 전에 물리 채널의 스캔에 반응하고 이어서 장치 주소 및 다른 변수로 대응하려면 장치는 반드시 검색 가능한 상태여야 하며, 페이지 스캔을 모니터링할 수 있도록 연결 가능한 모드에 있어야 한다.

연결 과정은 다음과 같은 세 단계로 진행된다.

1. **인콰이어리**inquiry: 이 단계에서 두 Bluetooth 장치는 한 번도 연결되거나 묶인 bonded 적이 없는 상태로, 서로 아는 바가 전혀 없다. 두 장치는 인콰이어리 요청을 통해 서로를 발견해야 한다. 다른 장치에서 수신하면 이 장치는 BR_ADDR 주소를 통해 반응할 수 있다.

2. **페이징**paging: 페이징 또는 커넥팅을 통해 두 장치 간 연결이 형성된다. 이 시점에서 두 장치는 서로의 BD_ADDR을 인지한다.

3. **연결됨**connected: 연결 상태에는 네 가지 하위 모드가 있다. 이 두 장치가 활성 상태로 통신할 때 보통 이 상태에 있게 된다.

    1. **활성 모드**active mode: Bluetooth 데이터의 송수신 작업이나 다음 송신 슬롯 대기 시 일반적인 모드다.

    2. **스니프 모드**sniff mode: 전력 절감 모드로, 장치는 기본적으로 절전 상태를 유지하지만, 프로그램 방식으로 바꿀 수 있는 특정 슬롯이 송신될 경우 이를 수신한다(예: 50ms).

    3. **보류 모드**hold mode: 일시적 저전력 모드로, 마스터 또는 슬레이브에 의해 시작된다. 스니프 모드처럼 송신을 받지 않으며, 슬레이브는 일시적으로 ACL 패킷을 무시한다. 이 모드에서는 연결 상태로의 전환이 매우 빠르게 이뤄진다.

    4. **정지 모드**park mode: 앞서 언급한 바와 같이 이 모드는 Bluetooth 5에서 퇴출되었다.

이러한 단계들을 그림으로 나타내면 다음과 같다.

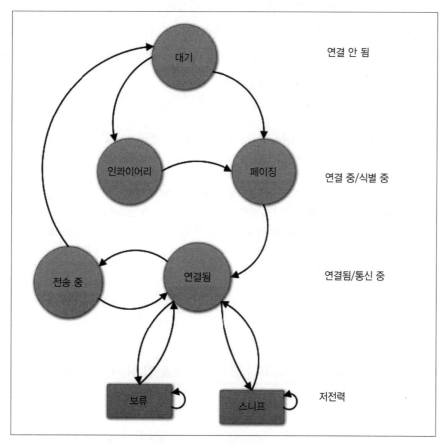

연결되지 않은 장치의 Bluetooth 연결 과정. 대기 모드에서 장치 쿼리,
탐색, 연결/전송 모드, 저전력 모드로 이어진다.

이 단계가 성공적으로 완료되고 나면 두 장치가 범위 내에 들어올 경우 자동으로 연결된다. 이제 두 장치가 페어링되었다. 일시적 페어링 과정은 차량 음향 장치에 스마트폰을 연결하는 데 가장 일반적으로 사용되지만, IoT라면 어디든지 적용될 수 있기도 하다. 페어링된 장치끼리는 인증 과정에 사용한 키를 공유한다. Bluetooth 보안 관련 내용의 12장에서 키와 인증을 보다 자세하게 다룰 예정이다.

 애플(Apple)은 15ms 간격으로 설정된 스니프 모드를 사용할 것을 권장한다. 이렇게 하면 장치를 활성 모드로 유지하면서도 상당한 전력을 절감할 수 있으며 특정 영역 내에서 와이파이와 기타 Bluetooth 신호를 통해 보다 효율적으로 스펙트럼을 공유할 수 있다. 애플은 또한 장치에서 호스트의 초기 탐색을 위해 일단 애드버타이징 간격을 20ms로 설정한 다음, 30초 간 송출해야 한다고 권장한다. 계속해서 장치가 호스트에 연결되지 않는다면 애드버타이징 간격을 프로그램 방식으로 증가시켜 연결 프로세스가 완료될 확률을 늘려야 한다(Bluetooth Accessory Design Guidelines for Apple Products Release 8, Apple Computer, June 16, 2017 참고).

BLE의 작동

BLE^{Bluetooth Low Energy} 모드에는 호스트와 장치 간 협상을 거치는 다섯 가지 링크 상태가 있다.

- **애드버타이징**^{advertising}: 장치에서 애드버타이징 채널의 애드버타이징 패킷을 송신한다.
- **스캐닝**^{scanning}: 장치에서 연결할 의도 없이 애드버타이징 채널의 애드버타이징을 수신한다. 스캐닝에는 능동과 수동이 있다.
  - **능동 스캐닝**^{active scanning}: 링크 계층에서 PDU를 청취한다. 수신된 PDU에 따라 애드버타이저에 추가 정보의 송신을 요청할 수 있다.
  - **수동 스캐닝**^{passive scanning}: 링크 계층에서 패킷을 수신만 할 수 있고 송신은 불가하다.

- **이니시에이팅**initiating : 다른 장치와 연결을 형성해야 하는 장치에서 연결 가능한 애드버타이징 패킷을 청취하고 연결 패킷을 전송해 연결을 개시한다.
- **연결됨**connected : 마스터와 슬레이브 간에 연결된 상태로 관계가 성립된다. 마스터는 이니시에이터가 되고 슬레이브는 애드버타이저가 된다.
  - **중앙**central : 이니시에이터가 역할과 이름을 중앙 장치로 바꾼다.
  - **주변**peripheral : 애드버타이징 장치는 주변 장치가 된다.
- **대기**standby : 장치는 연결되지 않은 상태가 된다.

애드버타이징 상태에는 다양한 기능과 속성이 있다. 애드버타이즈먼트는 장치에서 네트워크상에 있는 다른 장치로 일반적인 초대를 송출하는 일반 애드버타이즈먼트일 수도 있지만, 디렉션된 애드버타이즈먼트directed advertisement의 경우에는 가능한 한 빠르게 특정 피어를 초대할 수 있도록 독특하게 만들어졌다. 이 애드버타이즈먼트 모드에는 애드버타이징 장치와 초대받은 장치의 주소가 포함된다.

수신 장치에서는 패킷을 인식하고 나면 즉시 연결 요청을 전송한다. 디렉션된 애드버타이즈먼트는 신속하고 즉각적인 반응을 얻고 애드버타이즈먼트는 3.75ms의 속도로 전송되지만, 지속 시간이 1.28초에 불과하다. 연결 불가한 애드버타이즈먼트는 반드시 비콘이다(수신기도 필요 없음). 비콘에 관해서는 나중에 자세하게 살펴보도록 하자. 마지막으로, 검색 가능한 애드버타이즈먼트는 스캔 요청에 응답할 수 있으나 연결을 수락하지는 않는다. BLE 작동의 다섯 가지 링크 상태는 다음 상태 그림에서 확인할 수 있다.

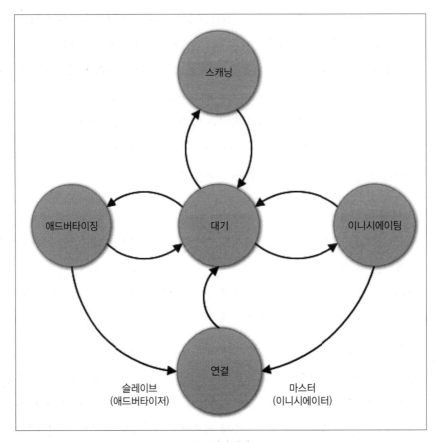

BLE 연결 상태

이전에 호스트에 바운드된 적 없는 BLE 장치는 세 개의 애드버타이징 채널에서 애드버타이즈먼트를 브로드캐스트해 통신을 개시한다. 호스트는 SCAN_REQ로 응답해 애드버타이징 장치로부터 더 많은 정보를 요청할 수 있다. 주변 장치는 SCAN_RSP로 응답하며, 장치 이름 또는 서비스를 포함할 수 있다.

SCAN_RSP는 주변 장치의 전력 사용량에 영향을 준다. 장치에서 스캔 응답을 지원할 경우, 수신 모드에서 라디오를 활성 상태로 유지해야 하므로 전력을 소모하게 되는 것이다. 이러한 현상은 SCAN_REQ를 요청하는 호스트 장치가 없는 경우에도 발생한다. 전력에 제약이 있는 IoT 주변 장치의 경우에는 스캔 응답을 비활성화하는 것도 가능하다.

스캔을 마친 후 호스트(스캐너)는 CONNECT_REQ를 개시하며 이 시점에 스캐너와 애드버타이저는 확인 응답을 나타내는 빈 PDU 패킷을 전송한다. 이제 스캐너는 마스터라 불리게 되고 애드버타이저에는 슬레이브라는 명칭이 붙는다. 마스터는 GATT를 통해 슬레이브 프로파일과 서비스를 검색할 수 있다. 검색이 완료된 후에는 데이터가 슬레이브와 마스터 사이에 교환된다. 종료 시 마스터는 다시 스캐닝 모드로, 슬레이브는 애드버타이저 모드로 돌아간다. 다음 그림에는 애드버타이징부터 데이터 송신에 이르는 BLE 페어링 과정이 도식화돼 있다.

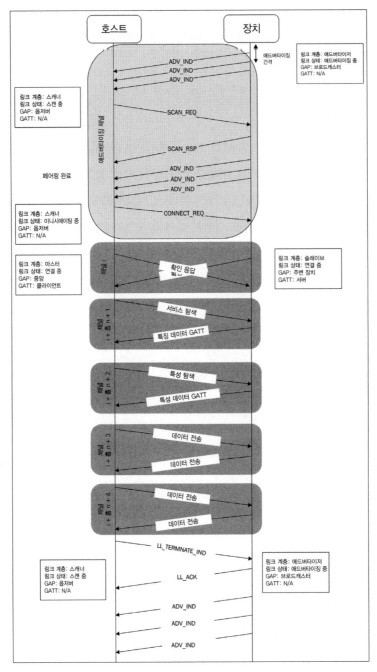

호스트 / 장치

링크 계층: 애드버타이저
링크 상태: 애드버타이징 중
GAP: 브로드캐스터
GATT: N/A

애드버타이징 간격

ADV_IND
ADV_IND
ADV_IND

링크 계층: 스캐너
링크 상태: 스캔 중
GAP: 옵저버
GATT: N/A

애드버타이징 채널

SCAN_REQ

SCAN_RSP

ADV_IND
ADV_IND
ADV_IND

페어링 완료

CONNECT_REQ

링크 계층: 스캐너
링크 상태: 이니시에이팅 중
GAP: 옵저버
GATT: N/A

링크 계층: 마스터
링크 상태: 연결 중
GAP: 중앙
GATT: 클라이언트

채널 i

확인 응답

링크 계층: 슬레이브
링크 상태: 연결 중
GAP: 주변 장치
GATT: 서버

채널 i + 홉 n + 1

서비스 탐색

특징 데이터 GATT

채널 i + 홉 n + 2

특성 탐색

특성 데이터 GATT

채널 i + 홉 n + 3

데이터 전송

데이터 전송

채널 i + 홉 n + 4

데이터 전송

데이터 전송

LL_TERMNATE_IND

링크 계층: 스캐너
링크 상태: 스캔 중
GAP: 옵저버
GATT: N/A

LL_ACK

링크 계층: 애드버타이저
링크 상태: 애드버타이징 중
GAP: 브로드캐스터
GATT: N/A

ADV_IND
ADV_IND
ADV_IND

BLE 애드버타이징, 연결, GATT 서비스 쿼리 및 데이터 송신의 과정

Bluetooth 프로파일

애플리케이션들은 다양한 Bluetooth 장치와 프로파일을 통해 인터페이스한다. 프로파일은 Bluetooth 스택 각 계층의 기능과 특징을 정의한다. 기본적으로 프로파일은 스택을 하나로 묶고 계층이 서로 인터페이스하는 방식을 정의한다. 프로파일은 장치가 애드버타이즈하는 탐색의 특성을 설명하는데, 이는 애플리케이션이 장치를 읽고 쓰기 위해 사용하는 특성과 서비스의 데이터 형식을 설명하는 데 사용되기도 한다. 프로파일은 장치에 존재하는 것이 아니라 사전 정의된 구조인데, 이는 Bluetooth SIG에서 유지 관리한다.

기본적인 Bluetooth 프로파일에는 사양에 명시된 바와 같은 GAP이 반드시 포함돼 있어야 한다. GAP는 BR/EDR 장치의 라디오, 베이스밴드 계층, 링크 관리자, L2CAP 및 서비스 탐색을 정의한다. BLE 장치의 경우에도 마찬가지로, GAP가 라디오, 링크 계층, L2CAP, 보안 관리자, 속성 프로토콜 및 일반 속성 프로파일을 정의한다.

ATT 속성 프로토콜은 클라이언트-서버 유선 프로토콜로, 저전력 장치에 최적화돼 있다 (예: 길이가 BLE를 통해 전송된 적이 없다면 이를 통해 PDU 크기를 가늠할 수 있음). ATT는 매우 일반적인 사항을 다루므로, 많은 부분이 GATT를 통해 뒷받침된다. ATT 프로파일은 다음의 구성 요소로 이뤄진다.

- 16비트 핸들
- 속성 유형을 정의하는 UUID
- 길이를 포함한 값

GATT는 논리적으로 ATT 위에 위치하고 BLE 장치에 독점적이지 않더라도 우선적으로 사용된다. GATT는 서버와 클라이언트의 역할을 특정한다. GATT 클라이언트는 보통 주변 장치이고 GATT 서버는 호스트(PC, 스마트폰)인 경우가 많다. GATT 프로파일은 두 가지 구성 요소를 갖는다.

- **서비스**Service : 서비스는 데이터를 논리적 단위로 나눈다. 하나의 프로파일에는 여러 서비스가 있을 수 있으며, 서로 구별할 수 있도록 각 서비스에는 고유한 UUID가 있다.

- **특성**Characteristic : 특성은 GATT 프로파일의 최하위 수준으로, 장치와 연결된 원시 데이터가 포함돼 있다. 데이터 형식은 16비트 또는 128비트 UUID로 구별된다. 설계자는 특정 애플리케이션으로만 해석할 수 있는 독자적인 특성을 자유롭게 만들어 낼 수 있다.

다음 그림에는 다양한 서비스와 특성에 대응하는 UUID가 포함된 Bluetooth GATT 프로파일의 예시가 나와 있다.

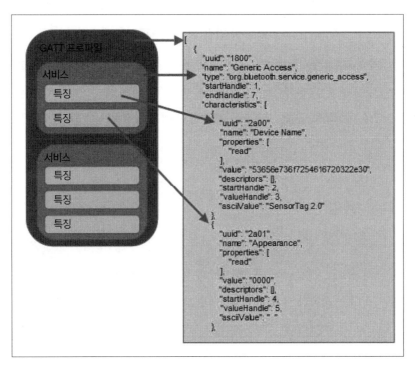

GATT 프로파일 계층 및 Texas Instuments CC2650 SensorTag에 사용된 GATT의 예

Bluetooth SIG는 수많은 GATT 프로파일을 관리하고 있다. 집필 시점 현재 Bluetooth SIG 에서 지원하고 있는 GATT 프로파일은 57개다(https://www.bluetooth.com/specifications/ gatt). SIG에서 지원하는 프로파일에는 헬스 모니터, 사이클링 및 피트니스 기기, 환경 모니터, 휴먼 인터페이스 장치, 실내 측위, 객체 전송, 위치 및 내비게이션 서비스 등과 다른 여러 가지가 포함된다.

BR/EDR 보안

Bluetooth 보안은 1.0부터 어떤 형태로든 프로토콜의 일부로 존재했다. 여기에서는 BR/ EDR 모드와 BLE의 보안을 메커니즘의 차이에 따라 개별적으로 살펴볼 것이다. BR/EDR 모드부터, 다양한 인증과 페어링 모드가 존재한다. BR/EDR와 BLE 보안 모두 미국 국립 표준기술연구소에서 발간하는 최신 보안 가이드(Guide to Bluetooth Security, NIST Special Publication (SP) 800-121 Rev. 2, NIST, 5/8/2017)를 읽어 보고 따를 것을 권장한다.

페어링을 하려면 암호 대칭 키를 생성해야 한다. 여기에 사용되는 키를 일컬어, BR/EDR 모드에서는 링크 키라고 하며, BLE 모드에서는 **장기 키**LTK, Long-Term Key라는 용어를 사용한다. 구 버전의 Bluetooth 장치에서는 링크 키를 초기화하는 데 **개인 식별 번호**PIN, Personal Identification Number 페어링 모드를 사용했다. 4.1 이상의 장치에는 시큐어 심플 페어링이 사용되고 있다.

시큐어 심플 페어링SSP, Secure Simple Pairing을 통해 페어링 프로세스에서는 각종 사용 사례에 적합한 여러 가지 연결 모델을 다양하게 활용할 수 있다. SSP는 또한 공개 키 암호화를 사용해 도청과 **중간자**MITM, Man-in-the-Middle 공격을 방지한다. 다음과 같은 모델이 SSP에 의해 지원된다.

- **숫자 비교**numeric comparison: 두 Bluetooth 장치 모두에 여섯 자리 숫자 값 표시가 가능해 숫자가 일치할 경우 사용자가 각 장치에 예/아니요 답변을 입력할 수 있는 사용 사례에 적합하다.

- **암호키 입력**passkey entry: 한 장치에 숫자 디스플레이가 있고 다른 장치에는 숫자 키보드만 있는 상황에 사용된다. 이 경우, 사용자는 두 번째 장치의 키보드로 첫 번째 장치의 디스플레이에 나타난 값을 입력한다.
- **Just Works™**: 한 장치가 헤드리스이고 키보드나 디스플레이도 없는 경우에 적합하다. 이 방법으로는 최소한의 인증만 가능하고 MITM 공격도 막을 수 없다.
- **대역 외**OOB, Out-Of-Band: 장치에서 NFC나 와이파이와 같은 보조 통신 형식이 지원되는 경우에 적합한 방식이다. 이 보조 채널은 탐색과 암호화 값 교환에 사용된다. OOB 채널이 보안되는 경우에 한해 도청과 MITM 공격만 막을 수 있다.

BR/EDR 모드의 인증은 시도-응답 동작으로, 키패드를 이용해 PIN을 입력하는 행위를 예로 들 수 있다. 인증에 실패할 경우 장치는 새로운 인증 시도를 허용하기 전에 일정 시간 간격을 두고 대기하는데, 이 대기 시간 간격은 인증 시도가 실패할 때마다 기하급수적으로 늘어난다. 이를 통해 수동으로 키 코드를 풀려는 시도를 무력화하는 것이다.

BR/EDR 모드에서의 암호화는 모든 트래픽을 비활성화되도록 설정할 수 있으며, 그 결과 데이터 트래픽은 암호화되지만 브로드캐스트 통신은 원본이거나 모든 통신이 암호화된다. 이러한 암호화에는 AES-CCM 암호 기술이 사용된다.

BLE 보안

(5장에서 앞서 설명한 바 있는) BLE 페어링은 **Pairing_Request**를 개시하고 기능, 요구 사항 등을 교환하는 장치에 의해 시작된다. 페어링 과정의 초기 단계에서는 아무것도 보안 프로파일과 관련돼 있지 않다. 이 문제의 페어링 보안은 BR/EDR의 네 가지 방식(연결 모델이라고도 함)과 유사하지만, Bluetooth BLE 4.2에서는 약간 달라졌다.

- **숫자 비교**numeric comparison: Just Works와 동일하지만, 마지막에 두 장치 모두가 호스트와 장치 화면상에 생성된 확인 값을 띄워, 사용자가 일치 여부를 확인하도록 한다.

- **암호 키 입력**passkey entry : 비개시 장치에서 비표nonce라고 불리는 임의의 128비트 SEED를 생성해 연결을 인증한다는 점을 제외하면 BR/EDR 모드와 유사하다. 암호 키의 모든 비트는 각 비트마다 확인 값을 생성해 각각의 장치에서 별도의 인증 과정을 거친다. 확인 값은 상호 교환되며 반드시 일치해야 한다. 이러한 과정은 모든 비트가 처리될 때까지 계속된다. 이 방식은 MITM 공격을 저지할 수 있는 상당히 강력한 솔루션으로 활용할 수 있다.
- **Just Works**™ : 장치 사이에 공개 키 교환이 이뤄진 후, 비개시 장치에서 Nonce를 만들어 확인 값 Cb를 생성한다. Nonce와 Cb는 개시 장치로 전송되며, 개시 장치에서 다시 자체 Nonce를 생성해 상대 장치로 전송한다. 그런 다음 개시 장치는 Cb와 일치해야 하는 자체 Ca 값을 생성해 비 개시 장치에서 보낸 Nonce의 진본성을 확인하게 된다. 일치하지 않을 경우, 연결이 이뤄지지 않는다(corrupt). 이 부분이 또 BR/EDR 모드와 다른 점이다.
- **대역 외**OOB, Out-Of-Band : 이 방식은 BR/EDR 모드와 동일하다. OOB 채널이 보안되는 경우에 한해 도청과 MITM 공격만 막을 수 있다.

BLE(Bluetooth 4.2 현재)에서는 키 생성에 LE 보안 연결이 사용된다. LE 보안 연결secure connection은 도청자가 페어링 교환을 확인할 수 있도록 돼 있는 BLE 페어링의 보안 구멍을 해결할 목적으로 개발되었다. 이 과정에서 연결을 암호화하는 데는 **장기 키**LTK, Long-Term Key 가 사용되는데, 이 키는 **타원 곡선 디퍼-헬만**ECDH, Elliptic-Curve Diffie-Hellman 공개 키 암호화 방식을 바탕으로 한다. 마스터와 슬레이브 모두에서 ECDH 공개-비공개 키 쌍이 생성되며, 두 장치는 각 쌍의 공개 키 부분을 교환하고 디퍼-헬만 키를 처리한다. 이 지점에서는 연결을 AES-CCM 암호화 방식으로 암호화할 수 있다.

BLE의 경우에는 BD_ADDR를 임의로 생성하는 것도 가능하다. BD_ADDR는 48비트의 MAC과 같은 주소로 돼 있다는 사실을 다시금 떠올려 보자. 5장에서 앞서 언급한 바와 같이 고정된 값의 주소가 아닌 세 가지 옵션이 존재한다.

- **Random static(임의, 고정)**: 이러한 주소는 제조 시 장치의 반도체에 각인되거나 장치의 파워 사이클 중에 생성된다. 장치의 파워 사이클이 일정할 경우, 고유한 주소가 생성되며 전원 주기의 주파수가 높은 상태에서는 보안이 계속 유지된다. 물론 IoT 센서 환경에는 해당하지 않을 수 있다.

- **Random private resolvable(임의, 비공개, 분석 가능)**: 이 주소 생성 방식은 본딩 bonding 과정 중에 **식별자 분석 키**IRK, Identity Resolving Key가 두 장치 사이에 교환된 경우에만 사용할 수 있다. 장치는 애드버타이즈먼트 패킷에서 자신의 주소를 임의의 주소로 인코딩하는 데 IRK를 사용한다. 역시 IRK를 가진 또 다른 장치에서는 임의의 주소를 원래 주소로 다시 변환한다. 이 방식을 사용하면 장치는 IRK에 기반한 새로운 임의 주소를 주기적으로 생성한다.

- **Random private non-resolvable(임의, 비공개, 분석 불가)**: 장치 주소가 단순한 임의의 숫자로 돼 있으며, 새로운 장치 주소는 언제든지 생성 가능하다. 이 방식을 사용하면 가장 높은 수준의 보안을 달성할 수 있다.

비코닝

Bluetooth 비코닝beaconing은 BLE에서 발생하는 부차적 효과에 가까운 것이지만, IoT에는 매우 중요하고 큰 역할을 담당하는 기술이다. (애드버타이즈먼트 패킷을 통해 센싱 정보를 제공하는 경우가 일부 있더라도) 비콘이 반드시 센서인 것은 아니기 때문에 3장, '센서, 엔드 포인트 및 전력 시스템'에서 명시적으로 다루지는 않았다. 비코닝이란 단순히 LE 모드에 있는 Bluetooth 장치를 사용해 일정 간격으로 애드버타이징을 수행하는 것이다. 비콘은 호스트에 연결되거나 호스트와 페어링하지 않는다. 비콘에 연결이 필요했다면 모든 애드 버타이즈먼트가 중단되고 어떤 장치도 그 비콘의 신호를 수신할 수 없게 될 것이다. 유통 업, 의료, 자산 추적, 물류를 포함한 여러 시장에 중요한 세 가지 비코닝 사용 사례는 다음과 같다.

- 고정형 **관심점**POI, Point Of Interest

- 텔레메트리telemetry 데이터의 브로드캐스팅
- 실내 위치 측정 및 지리 위치 서비스

Bluetooth 애드버타이징은 브로드캐스트 UUID에 더 많은 정보를 담을 수 있도록 메시지를 사용한다. 모바일 장치에서는 앱을 통해 이 애드버타이즈먼트에 응답하고 적절한 광고가 수신된 경우 필요한 조치를 취할 수 있다. 일반적인 유통업 관련 사용 사례로는 모바일 앱의 활용을 들 수 있는데, 이 모바일 앱은 주변에 존재하는 비콘 애드버타이즈먼트에 반응해 사용자의 모바일 장치에 광고나 세일 정보를 띄워 준다. 모바일 장치는 와이파이나 셀룰러cellular를 통해 통신해 더 많은 콘텐츠를 추가로 가져오며, 중요 시장과 고객 데이터를 기업에 제공한다.

비콘은 보정된 자신의 RSSI 신호 강도를 애드버타이즈먼트로 전송할 수 있다. 비콘의 신호 강도는 제조사에서 보통 1미터 단위로 보정한다. 실내 위치 측정은 다음과 같은 세 가지 방식으로 수행할 수 있다.

- **한 공간에 여러 개의 비콘이 있는 경우**: 한 공간 내의 여러 비콘에서 수집된 애드버타이즈 RSSI 신호 강도를 바탕으로 사용자의 위치를 판단하는 단순 삼각 측량 기법이다. 각 비콘에서 애드버타이즈 보정 수준과 수신 강도가 주어지면 알고리즘이 공간에 존재하는 수신기의 대략적인 위치를 판단한다. 여기에서는 모든 비콘이 고정된 위치에 있다고 가정한다.
- **한 공간당 하나의 비콘이 있는 경우**: 이 기법의 경우에는 각 공간에 하나의 비콘이 놓이며, 사용자는 한 공간에 존재하는 위치의 충실도를 통해 공간 사이를 탐색할 수 있다. 이 기법은 박물관이나 공항, 콘서트홀 등에 유용하다.
- **한 건물에 몇 개의 비콘이 있는 경우**: 하나의 모바일 장치에 가속도계와 자이로가 결합돼 있는 다수의 비콘을 한 건물 내에 설치하면 이를 통해 개방된 대규모의 공간에서 추측 항법dead reckoning을 활용할 수 있게 된다. 이 경우 하나의 비콘으로 시작 위치를 설정한 다음, 모바일 장치를 통해 사용자의 움직임에 따른 위치를 측정하는 것이 가능해진다.

주로 사용되는 대표적인 비코닝 프로토콜에는 구글Google의 Eddystone과 애플Apple의 iBeacon, 이 두 가지가 있다. 구형 Bluetooth 장치는 비콘 메시지를 31바이트까지만 지원하기 때문에 장치에서 전달할 수 있는 데이터의 양에 제한이 있게 된다. 정교한 기법을 사용해 패킷 크기를 줄이고 메시지를 인코딩하기도 한다.

전체 iBeacon 메시지는 UUID(16바이트)와 major 값(2바이트), minor 값(2바이트)로 단순하게 구성된다. UUID는 애플리케이션과 사용 사례에 따라 달라진다. major 값으로 사용 사례를 한층 정교하게 거르고 minor 값을 사용해 사용 사례의 범위를 또 한 번 좁힌다.

iBeacon은 장치를 두 가지 방식으로 탐색한다.

- **모니터링**monitoring: 연결된 스마트폰 애플리케이션이 활성 상태로 실행 중이 아니더라도 모니터링은 작동한다.
- **거리 측정**ranging: 거리 측정은 애플리케이션이 활성 상태일 때만 작동한다.

Eddystone(UriBeacons라고도 함)은 다양한 거리에서 프레임 인코딩을 거친 네 가지 유형의 프레임을 전송할 수 있다.

- **Eddystone-URL**: 유니폼 리소스 로케이션으로, 이 프레임을 통해 수신 장치는 비콘의 위치에 기반해 웹 콘텐츠를 표시할 수 있다. 콘텐츠를 활성화하는 데 앱을 설치할 필요는 없으며, 콘텐츠의 길이는 가변적이고 고유한 압축 방식을 적용해 URL 크기를 17바이트 제한까지 압축하는 것도 가능하다.
- **Eddystone-UID**: 16바이트의 고유한 비콘 ID와 10바이트의 이름 공간, 6바이트의 인스턴스로 구성된다. Google Beacon Registry를 사용해 attachment를 반환한다.
- **Eddystone-EID**: 단발성 식별자를 생성하므로 보다 높은 수준의 보안이 필요한 비콘에 적합하다. 고정된 이름 공간이나 ID가 없고, 식별자는 꾸준히 로테이션하며 승인된 앱에서 디코딩을 거쳐야 한다. 역시 Google Beacon Registry를 사용해 attachment를 반환한다.

- **Eddystone-TLM**: 비콘 자체(배터리 수준, 전원 상태의 경과 시간, 애드버타이즈먼트 수 등)의 텔레메트리 데이터를 송출한다. 송출은 URI 또는 URL 패킷과 함께 이뤄진다.

다음 그림에는 Eddystone과 iBeacon의 Bluetooth BLE 애드버타이즈먼트 패킷 구조가 도식화돼 있다. 프레임 유형이 한 가지이고 거리가 일정한 iBeacon이 가장 단순하다. 반면 Eddystone은 네 가지 프레임 유형으로 구성되며, 다양한 거리와 인코딩 포맷을 지원한다. Eddystone의 ID와 마찬가지로 iBeacon에는 길이, 유형, 회사 ID 등이 일부 필드에 하드코딩돼 있다.

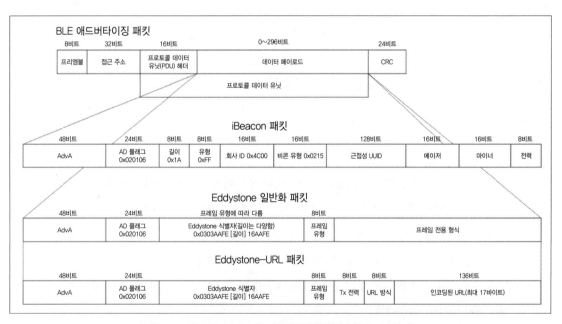

iBeacon과 Eddystone 애드버타이징 패킷(PDU) 간 차이점의 예

스캐닝 간격과 애드버타이징 간격을 통해 일정 시간 내에 유용한 데이터를 전송하는 데 필요한 애드버타이즈먼트의 수를 최소화할 수 있다. 스캐닝 창의 지속 시간이 애드버타이즈먼트보다 긴 경우가 많은데, 이는 기본적으로 비콘의 코인 셀 배터리보다 스캐너의 전력

이 더 많기 때문이다. 다음 그림에는 호스트에서 400ms마다 스캐닝이 이뤄지는 동안 비콘에서는 180ms 간격으로 애드버타이징하는 과정이 나타나 있다.

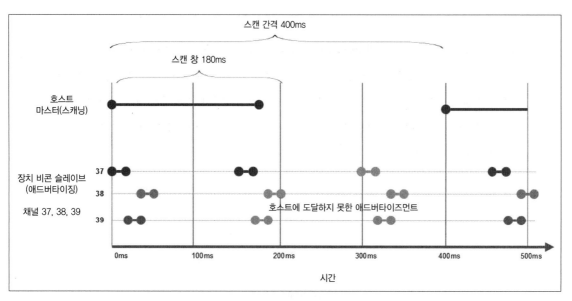

400ms의 스캔 간격, 180ms의 스캔 창으로 호스트를 스캐닝하는 경우의 예

비콘은 전용 채널 37, 38, 39를 통해 150ms마다 애드버타이징을 수행한다. 참고로, 주파수 호핑으로 인해 애드버타이징 채널의 순서가 조정될 수 있으므로 이 순서는 연속적이지 않다. 스캔 간격과 애드버타이징 간격이 서로 어긋나는 바람에 애드버타이즈먼트가 호스트에 도달하지 못하는 경우도 있다. 두 번째 시도에서는 채널 37의 애드버타이즈먼트 하나만 호스트에 도달했지만, 설계상으로 Bluetooth는 성공률을 높이기 위해 세 개의 모든 채널에서 애드버타이즈한다.

비콘 시스템 설계 시에는 두 가지 근본적인 문제에 봉착하게 된다. 첫 번째는 애드버타이징 간격이 위치 추적의 충실도에 미치는 효과이며, 두 번째는 애드버타이징 간격이 비콘의 배터리 수명에 미치는 효과다. 이 두 가지 효과는 서로 균형을 이루며, 아키텍트는 올바른 배포와 배터리 수명 연장을 위해 주의를 기울일 필요가 있다.

비콘 애드버타이즈먼트 간 간격이 길수록, 움직이는 대상에 대한 시스템의 정확도가 낮아진다. 예를 들어, 한 유통업체에서 매장 내를 거닐고 있는 사람들의 위치를 추적하는 상황에서 사람들은 초당 137.16cm(4.5피트)의 속도로 걸으면서 움직이고 4초마다 애드버타이징하는 비콘과 100ms마다 애드버타이징하는 다른 비콘이 있다고 했을 때, 해당 유통업체에서 수집한 데이터에는 움직임의 경로가 서로 다르게 나타날 것이다. 유통 환경의 사용 사례에서 느린 애드버타이징과 빠른 애드버타이징이 갖는 효과는 다음 그림과 같이 도식화해 볼 수 있다.

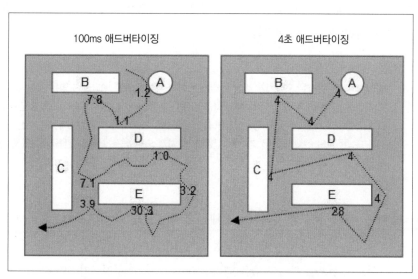

위치 정확도에 미치는 고주파수 애드버타이징과 저주파수 애드버타이징의 효과 비교.
정수는 고객이 매장 내 특정 지점에서 머문 시간을 나타낸다.

4초 애드버타이징 간격의 경우, 고객이 매장 안을 끊임없이 이동하기 때문에 고객 위치의 정확도가 낮아졌다. 또한, 특정 지점에서 보낸 시간의 길이도 4초라는 비연속적인 간격으로밖에 추적할 수 없다. 따라서 B 위치와 C 위치에서 보낸 시간(고객이 매장을 떠났을 때)이 누락될 가능성이 있다. 이 사례에서 유통업체 측은 고객이 B 위치에서 7.8초를 보낸 이유와 나가는 길에 C 위치로 돌아왔던 이유를 파악하고 싶어 할 수 있다.

애드버타이징의 빈도가 높아지면 그의 반작용이 비콘 배터리 수명에 영향을 미친다. 보통 비콘에는 배터리로 리튬이온 CR2032 코인셀을 사용한다. 'The Hitchhikers Guide to iBeacon Hardware: A Comprehensive Report(Aislelabs, Web 14 March, 2016, https://www.aislelabs.com/reports/beacon-guide/)'에서는 몇 가지 일반적인 비콘의 배터리 수명과 애드버타이징 간격의 변화(100ms, 645ms 및 900ms) 사이에 나타나는 효과를 분석했다. 각기 다른 배터리에 저장된 에너지를 점점 늘려 보기도 했다. 그 결과, 평균 수명은 칩셋에 따라 0.6개월에서 1년 이상까지 달라질 수 있었고, 애드버타이징 간격은 더욱 중요한 요소로 작용했다. 애드버타이징 간격뿐만 아니라, Tx 전력과 송신되는 프레임의 수도 전반적인 배터리 수명에 영향을 미친다.

 애드버타이징 간격을 지나치게 길게 설정하면 부차적인 효과로 배터리 수명은 늘어나지만 위치 인식의 정확도가 떨어지게 된다. 잡음이 많은 환경에서 비콘이 작동하고 있고 간격이 길게 설정(>700ms)돼 있는 경우, 스캐너(스마트폰)은 애드버타이즈먼트 패킷을 수신하기 위해 또 한 번의 전체 기간을 기다려야 한다. 이렇게 되면 앱은 제한 시간을 초과하게 될 수 있다.

100ms의 짧은 간격은 빠르게 움직이는 개체를 추적하는 데 적합하다(예: 물류 분야의 자산 추적, 드론 기반 비콘 수확 등). 아키텍트가 보통 초당 137.16cm(4.5피트)의 속도로 움직이는 인간을 추적하도록 설계를 한다고 했을 때는 250ms ~ 400ms 정도가 적당하다.

IoT 아키텍트는 전력의 관점에서 송신의 비용을 이해해 보는 것이 좋다. 기본적으로 IoT 장치는 배터리가 교체 또는 에너지 수확 없이 장치에 더 이상 전력 공급을 할 수 없는 지점에 이르기 전까지 내보낼 수 있는 PDU 수가 제한돼 있다(4장, '통신 및 정보 이론'). iBeacon이 500ms마다 애드버타이징하고 패킷 길이가 31바이트(더 길 수도 있음)라고 가정해 보자. 이 장치는 3.7V, 220mAh 정격 CR2032 코인셀 배터리를 사용한다. 이 비콘의 전력 소비량은 3V에 49uA다. 이제 우리는 비콘의 수명과 송신 효율성을 계산해 볼 수 있다.

- 전력 소모량 = 49uA x 3V = 0.147mW
- 초당 바이트 = 31 × (1초/500ms) × 3개 채널= 186바이트/초
- 초당 비트 = 186바이트/초 × 8 = 1488비트/초
- 비트당 에너지 = 0.147mW / (1488비트/초) = 0.098uJ/비트
- 애드버타이즈당 소비 전력 = 0.098uJ/비트 × 31바이트 × 8비트/바이트 = 24.30uJ/애드버타이즈먼트
- 배터리에 저장된 에너지: 220mAh × 3.7V × 3.6초 = 2930J
- 배터리 수명 = (2930J × (1,000,000uJ/J)) / ((24.30uJ/애드버타이즈먼트) × (1애드버타이즈먼트/ 0.5초)) × 0.7 = 42,201,646초= 488일 = 1.3년

여기에 사용된 상수 0.7은 배터리 수명 감소 허용치이며, 이에 관해서는 4장, '통신 및 정보 이론'에 설명돼 있다. 1.3년은 이론적인 한계치로, 실제로는 누출 전류나 일시적으로 필요할 수 있는 장치의 다른 기능으로 인해 실제로는 실현되지 않을 가능성이 높다.

비콘에 관해 마지막으로 언급할 내용은 Bluetooth 5와 관련된 사항이다. 이 새로운 사양은 애드버타이즈먼트 패킷이 애드버타이즈먼트 채널뿐만 아니라 데이터 채널로도 전송될 수 있도록 해 비콘 애드버타이즈먼트의 범위를 늘려 준다. 이렇게 하면 현재 31바이트로 제한돼 있는 애드버타이즈먼트의 한계가 근본적으로 사라지게 된다.

Bluetooth 5의 경우, 메시지 크기는 255바이트까지 늘릴 수 있다. 새로운 Bluetooth 5 애드버타이즈먼트 채널은 **보조 애드버타이즈먼트 채널**secondary advertisement channels이라고 한다. 헤더에 특정 Bluetooth 5 확장 유형을 정의하면 레거시 Bluetooth 4 장치와의 하위 호환도 가능하다. 레거시 호스트는 인식되지 않은 헤더를 거부하고 장치의 신호를 수신하지 않는다.

Bluetooth 호스트에서 보조 애드버타이즈 채널이 있음을 나타내는 비콘 애드버타이즈먼트를 수신할 경우, 이 호스트에서는 더 많은 데이터를 데이터 채널에서 찾아야 한다는 사실을 인지하게 된다. 기본 애드버타이즈먼트 패킷의 페이로드는 더 이상 비콘 데이터가

아닌 공통 확장 애드버타이징 페이로드를 포함하며, 이를 통해 데이터 채널의 수와 시간 오프셋을 식별한다. 그런 다음 호스트는 표시된 시간 오프셋에 특정 데이터 채널을 읽어서 실제 비콘 데이터를 가져온다. 데이터는 다른 패킷으로 이어질 수도 있다(즉, 여러 개의 보조 애드버타이즈먼트 체인이 이어짐).

매우 긴 비콘 메시지를 송신하는 이와 같은 새로운 방식을 이용하면 대용량 데이터를 고객의 스마트폰으로 전송할 수 있게 된다. 이제는 오디오 스트리밍과 같은 동기화 데이터의 전송에 사용되는 애드버타이즈먼트처럼 다양한 사용 사례와 기능도 지원된다. 예컨대 관람객이 박물관 안을 걸어다니며 작품을 감상하면 그에 맞춰서 비콘을 통해 오디오 안내를 전송할 수 있다.

애드버타이즈먼트는 익명화될 수 있는데, 이는 곧 애드버타이즈먼트 패킷에 해당 패킷을 보낸 송신기의 주소가 포함될 필요가 없음을 뜻한다. 따라서 장치에서 익명의 애드버타이즈먼트를 생성하는 경우, 해당 장치의 주소는 송신되지 않는다. 그 결과, 프라이버시가 강화되고 전력 소비량이 줄어든다.

Bluetooth 5는 고유의 데이터가 포함돼 있고 간격이 서로 다른 여러 건의 개별 애드버타이즈먼트를 거의 동시에 송신할 수 있는데, 덕분에 Bluetooth 5 비콘을 사용하면 재구성 없이 Eddystone 신호와 iBeacon 신호를 거의 동시에 송신하는 것이 가능해진다. 뿐만 아니라 Bluetooth 5 비콘은 호스트의 스캔 여부도 감지할 수 있다. 사용자가 애드버타이즈먼트를 수신했는지 여부를 감지할 수 있으면 송신을 중단해 전력을 아낄 수 있기 때문에 이는 큰 장점으로 작용한다.

Bluetooth 5 범위와 속도 향상

Bluetooth 비콘의 강도에는 제약이 있으며, 배터리 수명을 줄이기 위해 송신기 전력에 가해지는 제한에 영향을 받을 수 있다. 최적의 비콘 범위와 신호 강도에는 보통 직진파가 필요하다. 일반적인 직진파 Bluetooth 4.0 통신의 신호 강도와 거리 간 관계를 다음에서 확인할 수 있다.

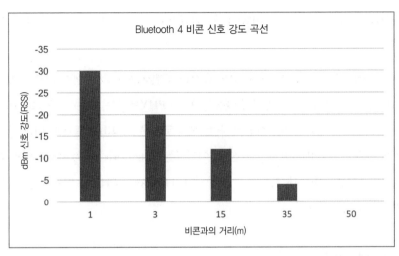

비콘의 강도는 제한적이다. 배터리 수명을 아끼기 위해 제조사에서 비콘의 Tx 전력을 제한하는 경우도 있다. 비콘에서 멀어지면 신호 강도가 예상한 바과 같이 떨어진다. 보통 사용 가능한 비콘의 거리는 약 9m(30피트) 정도다(Bluetooth 4.0).

Bluetooth의 전원 수준, 범위, 송신 전력은 각 장치의 분류를 기준으로 달라진다.

클래스 번호	최대 출력 수준 (dBm)	최대 출력 전력 (mW)	최대 범위	사용 사례
1	20dBm	100mW	100m	USB 어댑터, 액세스 포인트
1,2	10dBm	10mW	30m (보통 5m)	비콘, 웨어러블
2	4dBm	2,5mW	10m	모바일 장치, Bluetooth 어댑터, 스마트 카드 리더
3	0dBm	1mW	10cm	Bluetooth 어댑터

Bluetooth 5는 데이터율뿐만 아니라 범위도 기존 Bluetooth의 제약을 뛰어넘는 수준으로 향상되었다. Bluetooth 5에서는 LE2M라는 새로운 라디오 PHY가 지원된다. 그 결과, Bluetooth의 원시 데이터율이 1M 심벌/초에서 2M 심벌/초로 두 배가 된다. 즉, Bluetooth 4와 동일한 양의 데이터를 Bluetooth 5로 전송할 경우 전송에 필요한 시간이 짧아지게 되는 것이다. 이는 특히 코인셀 배터리로 작동하는 IoT 장치와 관련이 있다.

새로운 PHY는 또한 전력을 +10dBm에서 +20dBm로 높이는데, 이로 인해 범위가 넓어지게 된다.

Bluetooth 5에는 BLE에서 확장된 범위의 송신을 지원하는 또 다른 옵션 PHY가 있다. 이 보조 PHY에는 **LE coded**라는 명칭이 덧붙는데, 이 PHY에서는 여전히 Bluetooth 4.0과 같은 1M 심벌/초의 데이터율을 사용하지만, 패킷 코딩은 125Kb/s 또는 500Kb/s로 낮아지고 송신 전력은 +20dBm까지 높아진다. 여기에는 Bluetooth 4.0의 4배로 범위가 증가하는 효과가 있으며 건물 내 침투력도 향상된다. LE coded PHY는 범위가 길어지는 대신 전력 소비량도 증가한다.

Bluetooth 메시 입문

Bluetooth 5 사양이 릴리스 된 후 SIG는 Bluetooth의 메시 네트워킹을 공식화하는 데 집중했다. Bluetooth SIG는 메시 프로파일, 장치, 모델 사양 1.0을 2017년 7월 13일 공개했는데, 이는 Bluetooth 5.0 사양이 릴리스된 지 6개월 만이었다. Bluetooth SIG의 Bluetooth 5 공식 사양이 나오기 전에도 기존 Bluetooth 버전을 사용해 메시 패브릭을 구축하는 독점 또는 애드혹 방식이 존재했다. Bluetooth SIG에서 공개한 세 가지 사양은 다음과 같다.

- **메시 프로파일 사양 1.0**: 상호 운용 메시 네트워킹 솔루션을 지원하는 기본적인 요구 사항을 정의한다.
- **메시 모델 사양 1.0**: 메시 네트워크상 노드의 기본적인 기능에 해당한다.
- **메시 장치 속성 1.0**: 메시 모델 사양에 필요한 장치 속성을 정의한다.

메시 네트워크 크기에 제약이 있는지 여부는 아직 알려진 바가 없다. 사양에 포함된 일부 제한 사항이 있긴 하다. 1.0 사양의 경우, 한 Bluetooth 메시에 최대 32,767개의 노드와 16,384개 물리 그룹이 존재할 수 있다. 메시 깊이의 척도가 되는 최대 생존 시간time-to-live은 127이다.

Bluetooth 메시는 BLE를 기반으로 하며, 앞서 설명한 BLE 물리 및 링크 계층에 존재한다. 이 계층 위에는 메시별 계층 스택이 존재한다.

- **모델**model: 행태, 상태, 하나 이상의 모델 사양에 바인딩 등을 구현한다.
- **기초 모델**foundation model: 메시 네트워크의 구성과 관리를 담당한다.
- **액세스 계층**access layer: 애플리케이션 데이터 형식, 암호화 프로세스, 데이터 검증 등을 정의한다.
- **상위 전송 계층**upper transport layer: 인증, 암호화, 액세스 계층을 오가는 데이터의 복호화 등을 관리한다. 전송은 친구 관계friendships나 박동heartbeats과 같은 메시지를 제어한다.
- **하위 전송 계층**lower transport layer: 필요한 경우, 분할된 PDU의 **분할 및 재조립**SAR, Segmentation and Reassembly을 수행한다.
- **네트워크 계층**network layer: 메시지를 출력할 네트워크 인터페이스를 결정한다. 다양한 주소 유형을 관리하고 복수의 베어러를 지원한다.
- **베어러 계층**bearer layer: 메시 PDU가 다뤄지는 방식을 정의한다. 여기에서는 애드버타이징 베어러와 GATT 베어러의 두 가지 PDU가 지원된다. 애드버타이징 베어러가 메시 PDU의 송수신을 다루는 반면, GATT 베어러는 애드버타이징 베어러를 지원하지 않는 장치에 프록시를 제공한다.
- **BLE**: Bluetooth LE 사양을 완성한다.

Bluetooth 메시에는 메시 네트워킹 또는 BLE 기능이 포함될 수 있다. 메시 또는 BLE를 지원할 수 있는 장치는 스마트폰 같은 장치나 비콘 기능이 있는 다른 장치와 통신이 가능하다. Bluetooth 메시 스택은 아래와 같이 나타낼 수 있다. 여기에서는 링크 계층 위에 올라가는 스택의 재배치를 살펴보는 것이 중요하다.

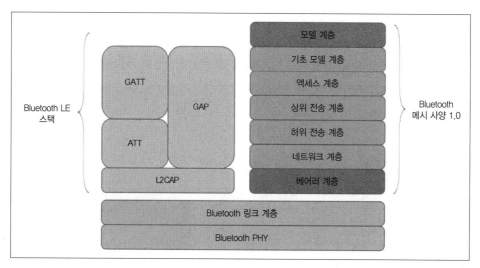

Bluetooth 메시 사양 1.0 스택

Bluetooth 메시 토폴로지

Bluetooth 메시에는 플러드 네트워크의 개념이 사용된다. 플러드 네트워크에서는 메시의 노드로 들어오는 각각의 수신 패킷이 메시지의 부모에 연결된 링크를 제외한 모든 발신 링크를 통해 전송된다. 전송 가능한 패킷이라면 아무리 많은 경로를 여러 번 통하더라도 전송된다는 것이 플러딩flooding의 장점이며, 최단 경로(동적 메시의 신호 품질과 거리에 따라 달라질 수 있음)도 자동으로 찾아낸다. 라우팅 프로토콜과 관련해서는 이 알고리즘이 구현하기에 가장 간단하다. 게다가 여기에는 중앙 라우터에 기반한 와이파이 네트워크와 같은 중앙 관리자가 따로 필요 없다. 메시 라우팅의 다른 형태로는 트리 기반 알고리즘이 있는

데, 트리 알고리즘(또는 클러스터–트리 알고리즘)의 경우에는 네트워크를 구체화하고 부모 노드가 되는 데 코디네이터가 필요하다. 물론 트리는 반드시 완벽한 메시 네트워크일 필요는 없다. 다른 메시 라우팅 프로토콜에는 각 노드의 라우팅 테이블을 최신 상태로 유지하는 **프로액티브 라우팅**proactive routing과 노트를 통해 데이터를 전송해야 하는 경우와 같이 필요할 때만 각 라우팅 테이블을 업데이트하는 **리액티브 라우팅**reactive routing이 있다. (나중에 다룸) Zigbee는 **AODV**Ad Hoc On-Demand Distance Vector라 불리는 프로액티브 라우팅의 한 형태다. 다음 그림에는 플러드flood 브로드캐스트가 도식화돼 있다. 각 수준의 도달 시간은 노드에 따라 동적으로 달라질 수 있다. 또한, 메시 네트워크는 노트 7이나 노드 D의 경우와 같이 어떤 노드에 메시지가 도달하더라도 복제할 수 있을 만큼 탄력적이어야 한다.

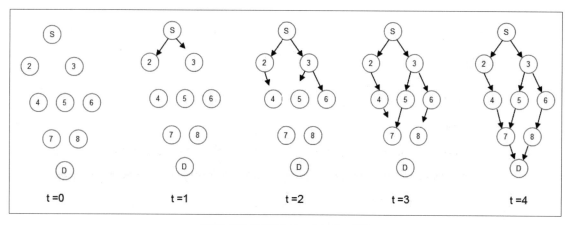

플러드 메시 아키텍처. S= 소스, D= 대상.
소스에서 생성되는 데이터는 메시 내 모든 노드를 통해 전파되고 흘러간다.

플러드 네트워크의 주된 단점은 대역폭의 낭비다. 각 노드의 팬아웃에 따라 Bluetooth 메시의 혼잡도는 상당히 커질 수 있다. 또 다른 문제로는 서비스 거부(DoS) 공격이 있다. 메시에서 메시지를 팬아웃할 경우, 설비의 입장에서는 송신 중단 시기를 파악해야 한다. Bluetooth는 이를 생존 시간 식별자를 통해 구현하는데, 이는 나중에 다룰 것이다.

Bluetooth 메시의 노드에는 다음과 같은 것이 포함된다.

- **노드**^node: 기존에 프로비저닝돼 이미 메시의 일원인 Bluetooth 장치를 일컫는다.
- **프로비저닝되지 않은 장치**^unprovisioned device: 메시 패브릭에 합류할 가능성은 있으나 아직 메시의 일원이 아니며 프로비저닝되지 않은 장치가 여기에 해당한다.
- **엘리먼트**^element: 다수의 구성 요소로 이뤄진 노드를 말한다. 각 요소는 독립적으로 제어되고 다뤄진다. 온도, 습도, 밝기 센서가 포함된 Bluetooth 노드를 예로 들 수 있다. 이것은 세 개의 엘리먼트가 있는 하나의 노드(센서)다.
- **메시 게이트웨이**^mesh gateway: 메시와 비Bluetooth 기술 간 메시지를 해석할 수 있는 노드다.

프로비저닝되고 나면 노드는 기능 집합을 선택적으로 지원할 수 있는데, 여기에는 다음이 포함된다.

- **릴레이**^relay: 릴레이를 지원하는 노드를 일컬어 릴레이 노드^relay node라 하며, 이를 통해 수신 메시지를 재전송할 수 있다.
- **프록시**^proxy: Bluetooth 메시를 기본적으로 지원하지 않는 Bluetooth LE 장치에서 메시의 노드와 인터랙션할 수 있게 해주는데, 이러한 일은 프록시 노드를 통해 이뤄진다. 프록시를 통해 구형 Bluetooth 장치의 GATT 인터페이스가 노출되면 연결 지향 베어러에 기반한 프록시 프로토콜이 정의된다. 구형 장치는 GATT 프록시 프로토콜을 읽고 쓰며, 프록시 노드에서는 메시지를 진정한 메시 PDU로 변환한다.
- **저출력**^low power: 메시의 노드에 필요한 전력 소모량이 매우 낮은 수준인 경우가 있다. 한 시간에 한 번씩 환경 센서 정보(예: 온도)를 제공하고 1년에 한 번씩 호스트 또는 클라우드 관리 도구로 구성되는 경우가 이에 해당한다. 메시지가 1년에 한 번씩만 온다면 이러한 유형의 기기를 수신 대기 모드에 둘 수는 없는 노릇이다. 이때 노드는 **저출력 노드**^LPN, Low Power Node라는 역할을 맡게 되는데, 친구^friend 노드

와 쌍을 이룬다. LPN는 절전 모드로 들어가고 그동안 수신되는 메시지가 있을 경우 연결된 친구에게 메시지를 요청하게 된다.

- **친구**friend: 친구 노드는 LPN과 연결되지만 LPN처럼 전력이 반드시 제한되는 것은 아니다. 친구는 전용 회로나 유선 전원을 사용할 수 있기 때문이다. 친구의 역할은 LPN이 깨어나서 메시지를 요청할 때까지 LPN으로 온 메시지를 저장해 두는 것이다. 친구는 MD More Data 플래그를 활용해 이렇게 저장된 수많은 메시지를 차례로 전송한다.

다음 도식에는 다양한 구성 요소와 함께 Bluetooth 메시 토폴로지가 그려져 있는데, 실제 메시의 경우, 이러한 구성 요소는 서로 연결돼 있다.

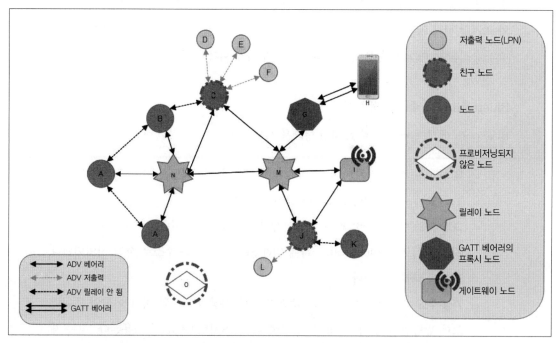

Bluetooth 메시 토폴로지. 클래스는 노드, LPN, 친구, 게이트웨이, 릴레이 노드, 프로비저닝되지 않은 노드를 포함한다.

Bluetooth 메시는 각 노드에 메시지를 캐시하는데, 이것은 플러드 네트워크에 있어 매우 중요한 요소다. 서로 다른 소스에서 다른 시간에 동일한 메시지가 도착할 경우, 캐시를 이용해 최근 처리된 수신 메시지를 조회할 수 있다. 새로 수신된 메시지가 캐시에 있는 메시지와 동일할 경우, 해당 메시지는 무시되며, 그 결과 시스템의 멱등성idempotence이 확보된다.

메시지는 저마다 **생존 시간 필드**TTL, Time-To-Live field를 갖는다. 메시지가 노드에서 수신된 다음 재전송될 경우, TTL은 1단위 감소한다. 이는 끊임없는 반복을 막기 위한 안전 장치이며, 네트워크는 메시 내부로 서비스 거부 공격을 증폭시킨다.

심박 메시지는 정기적으로 각 노드에서 메시로 송출된다. 심박은 노드가 여전히 존재하며 정상적인 상태에 있다는 정보를 패브릭에 제공한다. 또한 메시는 이를 통해 노드의 거리와 마지막 심박 이후 거리가 변화했는지 여부를 알 수 있다. 기본적으로 노드까지의 호핑 수가 측정되며, 이 과정을 통해 메시의 재조직과 자체 회복이 가능해진다.

Bluetooth 메시 주소 지정 모드

Bluetooth 메시는 세 가지 주소 지정 형식을 사용한다.

- **유니캐스트 주소**unicast addressing: 메시에서 하나의 엘리먼트를 고유하게 식별한다. 이 주소는 프로비저닝 프로세스 중에 할당된다.
- **그룹 주소**group addressing: 하나 이상의 엘리먼트를 대표할 수 있는 멀티캐스트 주소 지정 형식으로, Bluetooth SID에 의해 SIG 지정 그룹 주소로 사전 정의되거나 상황에 맞춰 할당된다.
- **가상 주소**virtual addressing: 하나의 주소가 하나 이상의 노드와 하나 이상의 엘리먼트에 할당될 수 있다. 가상 주소 지정에는 128비트 UUID가 사용된다. 이는 제조업체에서 UUID를 사전에 설정해 자사 제품을 전 세계적으로 관리할 수 있도록 하기 위함이다.

Bluetooth 메시 프로토콜은 11바이트 단위로 분절된 384바이트 길이 메시지로 시작한다. Bluetooth 메시의 모든 커뮤니케이션은 메시지 중심으로 이뤄진다. 송신 가능한 메시지의 형태에는 아래와 같은 두 가지가 있다.

- **확인 응답 메시지**ACK, Acknowledged message : 이 유형에는 메시지를 수신한 노드의 반응이 필요하다. 확인 응답에는 물론 발신자가 원래 메시지에서 요청한 데이터도 포함된다. 즉, 이 확인 응답 메시지는 두 가지 목적을 수행하는 것이다.
- **비확인 응답 메시지**UNACK, Unacknowledged message : 수신자의 응답을 필요로 하지 않는 메시지다.

노드에서 메시지를 전송하는 것을 일컬어 발행이라고도 하며, 특정 주소로 전송된 메시지를 처리하도록 구성된 노드는 구독이라고 한다. 각각의 메시지는 암호화되며 네트워크 키와 애플리케이션 키를 통해 인증을 거친다.

애플리케이션 키는 앱이나 사용 사례에 특정된다(예: LED 조명의 전원 켜기 또는 색상 구성). 노드에서 이벤트를 발행하면(조명 스위치) 다른 노드에서 해당 이벤트를 구독한다(램프 및 전구). Bluetooth 메시 토폴로지는 다음 그림과 같이 도식화할 수 있다. 이처럼 노드는 여러 이벤트를 구독할 수 있다(로비 조명과 복도 조명). 원은 그룹 주소를 나타내며, 스위치에서 그룹으로 발행이 이뤄진다.

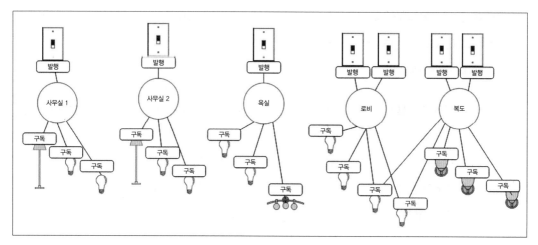

Bluetooth 메시 발행-구독 모델

Bluetooth 메시는 그룹 메시징의 개념을 도입했다. 메시에서는 욕실 조명이나 로비 조명과 같이 유사한 물체끼리 그룹으로 묶는 것이 가능하다. 이는 사용성에도 도움이 된다. 새로운 조명을 추가하는데 해당 조명만 프로비저닝돼야 하고 메시의 다른 조명은 변경할 필요가 없는 경우를 예로 들 수 있다.

앞선 예시의 조명 스위치에는 켜짐과 꺼짐의 두 가지 상태가 존재한다. Bluetooth 메시는 상태를 정의하는데 이와 같은 경우는 포괄적generic OnOff라고 한다. 포괄적 상태 및 메시지는 조명부터 팬, 액추에이터에 이르기까지 다양한 유형의 장치를 지원한다. 이러한 방법을 사용하면 일반적인(또는 포괄적인) 목적으로 모델을 신속하게 재사용할 수 있다. 시스템의 상태가 전환되는 것을 메시의 상태 전환이라고 한다. 상태는 또한 서로 바운드될 수 있다. 상태가 변하면 다른 상태로의 전환에도 영향을 미칠 수 있다. 예를 들면, 천정 팬을 제어하는 메시에는 0값에 도달하면 포괄적 On-Off 상태를 Off로 변경하는 속도 제어 상태가 있을 수 있다.

속성은 상태와 유사하지만 바이너리 값 이상일 수 있다. 예컨대 온도 센서에는 8비트 온도 값을 나타내고 발행하는 Temperature 8 상태가 있을 수 있다. 속성은 엘리먼트의 공급자가 Manufacturer(읽기 전용)로 설정하거나 읽기–쓰기 액세스가 가능한 Admin으로 설정할 수도 있다. 상태와 속성은 모두 메시의 메시지를 통해 통신할 수 있으며, 이러한 메시지에는 세 가지 유형이 있다.

- Get: 하나 이상의 노드에서 주어진 상태의 값을 요청한다.
- Set: 상태 값을 변경한다.
- Status: 데이터가 포함된 Get 메시지의 응답이다.

상태와 속성의 모든 개념은 Bluetooth 메시 스택의 최상위 수준인 모델의 형성으로 이어진다. 모델이 서버인 경우에는 서버를 통해 상태와 상태 전환이 정의된다. 아니면 클라이언트가 모델인 경우도 있는데 클라이언트는 상태를 정의하지 않고 대신 Get, Set, Status를 사용하도록 상태 인터랙션 메시지를 정의한다. 그리고 컨트롤 모델은 서버 모델과 클라이언트 모델을 모두 지원한다.

메시 네트워킹에는 익명 애드버타이즈먼트나 다중 애드버타이즈먼트 집합과 같은 Bluetooth 5 표준 기능이 활용될 수도 있다. 음성 통신을 위해 전화에 연결된 동시에 다른 용도로 패킷을 릴레이하는 메시를 예로 들어 보면, 이 경우에는 다중 애드버타이즈먼트 집합을 사용해 모든 사용 사례를 동시에 관리할 수 있다.

Bluetooth 메시 프로비저닝

노드는 프로비저닝 작업을 통해 메시에 참가할 수 있다. 프로비저닝과 보안이 이뤄지지 않는 장치를 가져와 메시의 노드로 바꾸어 놓는 보안된 과정을 일컬어 프로비저닝이라고 한다. 노드는 우선 메시에서 넷키NetKey를 획득하게 되는데, 메시에 참가할 각 장치에는 적어도 하나 이상의 넷키가 있어야 한다. 장치는 프로비저너를 통해 메시에 추가된다. 프로비저너는 네트워크 키와 고유 주소를 프로비저닝되지 않은 장치에 배포한다. 프로비저닝 프로세스 중에 네트워크 키를 암호화하는 임시 키를 만드는 데는 타원 곡선 디피–헬먼 Diffie-Hellman 키 교환이 사용된다. 이를 통해 프로비저닝 중 중간자 공격을 막는 보안이 확보된다. 타원 곡선에서 도출된 장치 키는 프로비저너에서 장치로 전송된 메시지를 암호화하는 데 사용된다.

프로비저닝 프로세스는 다음과 같이 이뤄진다.

1. 프로비저닝되지 않은 장치에서 메시 비콘 애드버타이징 패킷을 송출한다.
2. 프로비저너가 장치로 초청을 전송한다. 이때 프로비저닝되지 않은 장치는 프로비저닝 역량 PDU를 통해 응답한다.
3. 프로비저너와 장치는 공개 키를 교환한다.
4. 프로비저닝되지 않은 장치에서는 사용자에게 난수를 출력한다. 사용자가 프로비저너에 숫자(또는 ID)를 입력하면 암호화 교환이 시작되며 인증 단계가 완료된다.
5. 두 장치는 각자 비공개 키와 교환된 공개 키에서 세션 키를 만들어 낸다. 세션 키는 넷키의 보안과 같이 프로비저닝 프로세스의 완료에 필요한 데이터를 보안하는 데 사용된다.
6. 장치의 상태는 이제 프로비저닝되지 않은 장치에서 노드로 변경되며, 넷키와 유니캐스트 주소, IV 인덱스라 불리는 메시 보안 파라미터를 갖게 된다.

IEEE 802.15.4

IEEE 802.15.4는 IEEE 802.15 워킹 그룹에 의해 정의된 표준 무선 개인 통신망이다. 이 모델은 2003년 인가돼 나중에 다룰 Thread와 Zigbee, WirelessHART 등 다양한 프로토콜의 기초를 형성하고 있다. 802.15.4는 스택의 상위 계층이 아닌 아래 부분(PHY과 데이터 링크 계층)만을 정의한다. 전체 네트워크 솔루션을 구축하는 일은 다른 컨소시엄과 워킹 그룹의 몫으로 맡겨져 있다. 802.15.4와 그 프로토콜의 목표는 전력 소비량이 적고 비용도 낮은 WPAN이다. 2012년 2월 6일 인가된 IEEE 802.15.4e 사양이 최신 사양에 해당하는데, 이 버전이 바로 5장에서 다룰 버전이다.

IEEE 802.15.4 아키텍처

IEEE 802.15.4 프로토콜은 서로 다른 세 가지 라디오 주파수 대역인 868MHz, 915MHz, 2400MHz의 비면허 스펙트럼에서 작동한다. 목적은 가능한 한 넓은 지리적 공간footprint을 확보하는 것으로, 여기에는 세 가지 다른 대역폭과 여러 변조 기술이 사용된다. 주파수가 낮아지면 802.15의 RF 간섭 또는 범위 관련 문제가 적어지긴 하지만 2.4GHz 대역은 지금까지 전 세계적으로 가장 흔히 사용되는 802.15.4 대역이다. 속도가 높아지면 송수신의 듀티 사이클duty cycle이 짧아지고 그 결과 전력을 아낄 수 있기 때문에 높은 주파수 대역의 선호도가 그만큼 높아지게 되는 것이다.

2.4GHz 대역이 널리 쓰이게 된 또 다른 요인에는 Bluetooth의 대중화로 인한 시장의 수용을 들 수 있다. 아래 표에는 여러 802.15.4 대역의 다양한 변조 기술, 지리적 영역, 데이터율이 정리돼 있다.

주파수 범위(MHz)	채널 번호	변조	데이터율(Kbps)	지역
868.3	1 채널: 0	BPSK O-QPSK ASK	20 100 250	유럽
902-928	10 채널: 1-10	BPSK O-QPSK ASK	40 250 250	북미, 호주
2405-2480	16 채널: 11-26	O-QPSK	250	전 세계

개방된 공간에서 이뤄지는 가시 거리 테스트에서 도출되는 802.15.4 기반 프로토콜의 일반적인 범위는 대략 200m이며, 실내라면 이 범위는 30m 정도가 된다. 범위를 늘리기 위해 보다 강력한 전력 트랜시버(15dBm)나 메시 네트워킹을 사용할 수 있다. 다음 그래픽은 802.15.4에서 사용되는 세 가지 대역과 주파수 배분을 보여 준다.

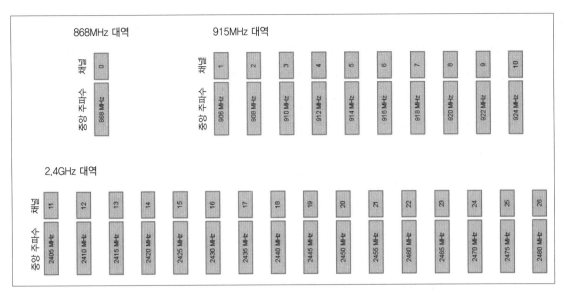

IEEE 802.15.4 대역 및 주파수 할당. 915MHz 대역에는 2MHz 주파수 분할이,
2.4GHz 대역에는 5MHz 주파수 분할이 사용되었다.

공유되는 주파수 공간의 관리를 위해 802.15.4와 대부분의 무선 프로토콜에는 특정 형태의 **반송파 감지 다중 액세스 충돌 회피**CSMA/CA, Carrier Sense Multiple Access Collision Avoidance가 사용된다. 한 채널에서 송신 중일 때는 해당 채널을 수신하는 것이 불가능하기 때문에 충돌 감지 기법이 작동하지 않는다. 그렇기 때문에 이 경우에는 충돌 회피를 사용한다. CSMA/CA는 미리 정해진 시간 동안 특정 채널을 수신한다. 만약 채널이 '유휴' 상태인 것으로 감지되면 먼저 다른 모든 송신기에 그 채널이 현재 사용 중이라고 알리는 신호를 전송하고, 송신을 시작한다. 반면, 채널이 사용 중인 경우에는 임의의 기간 동안 송신을 연기한다. 폐쇄된 환경에서 CSMA/CA의 채널 사용량은 36퍼센트이지만, 실제 시나리오에서 사용 가능한 채널은 18퍼센트에 불과하다.

IEEE 802.15.4 그룹에서는 작동 송신 전력이 최소 3dBm, 수신기 감도는 2.4GHz에서 −85dBm, 868/915MHz에서 −91dBm이 되도록 정의했다. 보통 이렇게 할 경우, 송신에는 15mA ~ 30mA의 전류가, 수신에는 18mA ~ 37mA의 전류가 사용된다.

오프셋 직교 위상 편이 변조 사용 시 서술한 바와 같이 데이터율은 250kbps에서 정점을 이룬다.

프로토콜 스택은 오픈소스 상호 연결OSI, Open Source Interconnection 모델의 하위 두 개 계층(PHY 및 MAC)으로만 구성된다. PHY는 심벌 인코딩과 비트 변조, 패킷 동기화를 담당한다. 뿐만 아니라 송수신 모드 전환과 패킷 간 타이밍/확인인지 지연 제어도 수행한다. 아래에서는 802.15.4 프로토콜 스택과 OSI 모델을 비교해 볼 수 있다.

IEEE 802.15.4 프로토콜 스택		단순화된 OSI 모델
		7. 애플리케이션 계층
		6. 표현 계층
다른 표준 또는 독점 계층		5. 세션 계층
		4. 전송 계층
		3. 네트워크 계층
IEEE 802.15.4 MAC 계층		2. 데이터 링크 계층
IEEE 802.15.4 PHY (2.4GHz 라디오) (868/915MHz 라디오)		1. 물리 계층

IEEE 802.15.4 프로토콜 스택. PHY 및 MAC 계층만 정의돼 있으며,
다른 표준과 조직은 PHY 및 MAC 위의 3~7번째 계층에 자유롭게 수용될 수 있다.

물리 계층 위에는 물리 링크의 오류를 감지하고 수정하는 데이터 링크 계층이 있다. 이 계층은 CSMA/CA와 같은 프로토콜을 사용해 충돌 회피를 처리하는 매체 접근 계층(MAC)을 제어하기도 한다. MAC 계층은 보통 소프트웨어에 구현되며 ARM Cortex M3 또는 8비트 ATmega 코어와 같은 MCU에서 실행된다. Microchip Technology Inc와 같이 퓨어 실리콘pure silicon에 MAC을 내장하는 반도체 제조업체도 있다.

MAC과 상위 스택 계층 사이의 인터페이스는 **서비스 액세스 포인트**^{SAP, Service Access Points}라 불리는 다음의 두 가지 인터페이스를 통해 제공된다.

- MAC-SAP: 데이터 관리용
- MLME-SAP: 제어 및 모니터링용(MAC 계층 관리 개체)

IEEE 802.15.4의 통신 유형에는 비콘과 비콘리스 통신이 있다.

비콘 기반 네트워크의 경우 MAC 계층에서 장치가 PAN에 들어갈 수 있도록 허용하고 장치가 통신을 위해 채널에 들어갈 수 있도록 타이밍 이벤트를 제공하는 비콘을 생성할 수 있다. 비콘은 절전 상태에 있는 시간이 긴 배터리 기반 장치에 사용될 수도 있다. 장치는 일정한 주기로 깨어나 주변의 비콘을 수신한다. 비콘이 수신되면 장치에 대역폭을 보장할 수 있도록 타임 슬롯이 미리 할당돼 있는 슈퍼프레임 간격이라는 단계가 시작되며, 이 장치는 주변 노드에 수신을 요청할 수 있다. **슈퍼프레임 간격**^{SO, SuperFrame Interval}과 **비콘 간격**^{BO,} ^{Beacon Interval}은 PAN 코디네이터에 의해 전적으로 제어가 가능하다. 이 슈퍼프레임은 동일한 크기의 타임 슬롯 16개로 나뉘며, 이 중 하나는 해당 슈퍼프레임의 비콘으로 지정되며, 슬롯으로 나뉜 CSMA/CA 채널 액세스는 비콘 기반 네트워크에 사용된다.

보장 타임 슬롯^{GTS, Guarteed Time Slot}은 특정 장치에 할당돼 모든 형태의 경합을 방지할 수 있다. 최대 7개의 GTS 도메인이 허용된다. GTS는 PAN 코디네이터에 의해 할당되며 송출하는 비콘을 통해 알려진다. PAN 코디네이터는 시스템 로드, 요구 사항, 용량 등을 바탕으로 필요에 따라 동적으로 GTS 할당을 변경할 수 있다. GTS의 방향(송신 또는 수신)은 GTS가 시작되기 전에 미리 정해진다. 장치에서는 GTS의 송수신을 요청할 수 있다.

슈퍼프레임에는 채널에 혼선이 존재하는 **경합 접근 구간**^{CAP, Contention Access Periods}과 전송과 GTS에 프레임을 사용할 수 있는 **경쟁 회피 구간**^{CFP, Contention Free Periods}이 있다. 다음 그림은 비콘 신호로 경계가 구분되며 16개의 동일한 타임 슬롯(이 중 하나는 반드시 비콘이어야 함)으로 이뤄진 슈퍼프레임이 도식화돼 있다. 경쟁 회피 구간은 GTS로 한 번 더 나뉘며, 하나 이상의 GTSW가 특정 장치에 할당될 수 있다. GTS 중에는 다른 어떤 장치도 해당 채널을 사용할 수 없다.

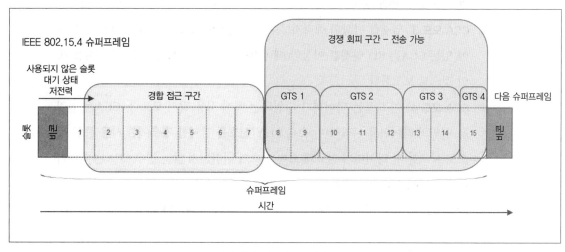

IEEE 802.15.4 슈퍼프레임 시퀀스

IEEE 802.15.4에서는 비콘 기반 네트워킹뿐만 아니라 비콘리스 네트워킹도 가능하다. PAN 코디네이터가 송신하는 비콘 프레임이 없어지면 방식은 훨씬 간단해진다. 그러나 이 말은 모든 노드가 항상 수신 모드에 있게 된다는 의미다. 이렇게 하면 슬롯으로 나눠지 않은 CSMA/CA를 사용해 언제나 경쟁 접근을 이용할 수 있다. 송신 노드는 CCA^{Clear Channel} ^{Assessment}를 수행하는데 이를 통해 채널의 사용 여부를 감지하고 사용 가능한 경우 송신할 수 있도록 채널의 상태를 수신한다. CCA는 CSMA/CA 알고리즘의 일부이며 채널의 사용 여부를 '감지'하는 데 사용된다. 채널에 다른 장치의 트래픽이 없을 경우, 장치는 이 채널의 액세스를 수신할 수 있다(비802.15.4 장치 포함). 채널이 사용 중인 경우, 알고리즘은 '백오프' 알고리즘으로 들어가며, 임의의 시간 동안 대기했다가 CCA를 다시 시도한다. IEEE 802.15.4 그룹에서는 다음과 같이 CCA 용도를 지정한다.

- **CCA 모드 1**: 에너지가 임곗값(최젓값) 이상인 경우에 해당한다. CCA는 임곗값(ED) 이상인 모든 에너지를 감지해 사용 중인 매체를 보고한다.

- **CCA 모드 2**: 매체 사용을 감지하기만 한다(매체 − 기본값). 이 모드에 있는 CCA 는 **직접 시퀀스 확산 스펙트럼**DSSS, Direct-Sequence Spread Spectrum 신호가 감지될 경우에만 사용 중인 매체를 보고한다. 신호는 ED 임곗값 이상이거나 이하일 수 있다.
- **CCA 모드 3**: 임곗값 이상의 에너지(가장 강력함)로 매체 사용을 감지한다. 이 모드에 있는 CCA는 ED 임곗값 이상인 에너지로 DSSS 신호를 감지할 경우 사용 중인 것으로 보고한다.
- **CCA 모드 4**: 이 모드는 타이머가 지원되는 매체 사용 감지 모드다. CCA는 밀리 초 단위의 타이머를 시작하며, 고속 PHY 신호를 감지한 경우에만 사용 중인 것으로 보고한다. 타이머가 만료돼 고속 신호가 관찰되지 않는 경우 CCA는 매체가 유휴 상태에 있다고 보고한다.
- **CCA 모드 5**: 매체 사용 감지와 임곗값 이상의 에너지가 결합된 모드다.

CCA 모드 관련 참고 사항:

- 에너지 감지는 지정된 수신기의 민감도보다 최대 10dB 높은 수준에서 이뤄짐
- CCA 감지 시간은 여덟 심벌 기간과 같음
- 에너지 감지에 사용되는 CCA 모드에서 장치는 에너지를 최소한으로 사용함

이 모드는 비콘 기반 통신에 비해 훨씬 많은 전력을 소모한다.

IEEE 802.15.4 토폴로지

IEEE 802.15.4에는 두 가지 기본적인 장치 유형이 있다.

- **전기능 장치**FFD, Full Function Device: 모든 네트워크 토폴로지를 지원한다. 네트워크 (PAN) 코디네이터가 될 수 있으며 모든 장치 PAN 코디네이터와 통신도 가능하다.
- **축소 기능 장치**RFD, Reduced Function Device: 하나의 스타 토폴로지로 제한된다. 네트워크 코디네이터 역할을 수행할 수 없으며 네트워크 코디네이터와는 통신만 가능하다.

스타 토폴로지는 가장 간단한 형태이나, 라우팅 피어 노드 사이의 모든 메시지가 PAN 코디네이터를 거쳐야 한다. P2P 토폴로지는 일반적인 메시로, 인근 노드와 직접적으로 통신할 수 있다. 보다 복잡한 네트워크와 토폴로지를 구축하는 것이 상위 수준 프로토콜의 역할이며, 이는 Zigbee 절에서 논의할 예정이다.

PAN 코디네이터는 PAN을 설정하고 관리하는 고유의 역할을 담당하며, 네트워크 비콘을 송신하고 노드 정보를 저장하는 기능도 수행한다. 배터리나 에너지 수확 전원을 사용하는 센서와 달리, PAN 코디네이터는 전송을 지속적으로 수신하고 전용 전력선(벽면 전원)을 이용하기도 한다. PAN 코디네이터는 항상 FFD다.

RFD 또는 저전력 FFD에도 배터리가 사용될 수 있다. 이들은 가용 네트워크를 검색하고 필요에 따라 데이터를 전송하는 역할을 맡는다. 매우 장기간 동안 저전력 상태를 유지하는 것 또한 가능하다. 아래 그림에서는 스타 토폴로지와 P2P 토폴로지를 서로 비교해 볼 수 있다.

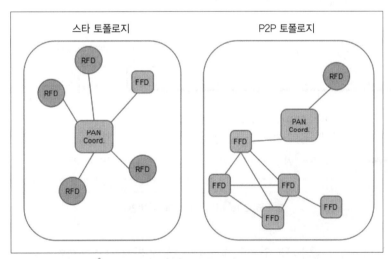

네트워크 토폴로지에 대한 IEEE 802.15.4 가이드.
802.15.4의 도입자는 다른 네트워크 토폴로지를 자유롭게 구축할 수 있다.

PAN 내에서는 메시지의 브로드캐스트가 가능하다. 전체 패브릭으로 브로드캐스트하려면 PAN ID를 0xFFFF로 지정해야 한다.

IEEE 802.15.4 주소 지정 모드 및 패킷 구조

표준에 따르면 모든 주소는 고유한 64비트 값(IEEE 주소 또는 MAC 주소)를 기반으로 해야 한다. 그러나 대역폭을 절감하고 대용량 주소를 송신하는 데 드는 에너지를 줄이기 위해 802.15.4는 네트워크에 참가하는 장치에서 자체 고유 64비트 주소를 16비트 로컬 주소로 '교체'해 송신의 효율성을 높이고 에너지 소비량을 감소시킬 수 있도록 허용하고 있다.

이러한 '교체' 과정은 PAN 코디네이터가 담당한다. 이 16비트 로컬 주소를 PAN ID라고 하는데, 전체 PAN 네트워크 자체에 PAN ID가 있으며, 여러 PAN이 존재할 수 있다. 다음 그림은 802.15.4 패킷 구조다.

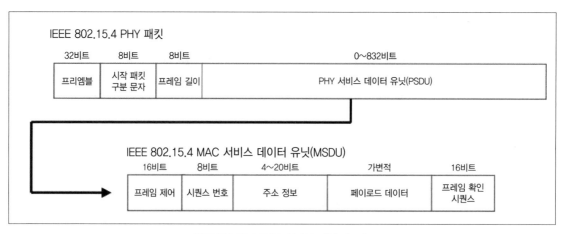

IEEE 802.15.4 PHY 및 MAC 패킷 인코딩.

프레임은 데이터 전송의 기본 단위로, 다음과 같은 네 가지 기본 유형이 있다(일부 기초 개념은 지난 절에서 다루었음).

- **데이터 프레임**data frame: 애플리케이션 데이터 전송

200

- **확인 응답 프레임**acknowledgement frame: 수신 확인
- **비콘 프레임**beacon frame: 슈퍼 프레임 구조 설정을 위해 PAN 코디네이터에서 전송
- **MAC 명령 프레임**MAC command frame: MAC 계층 관리(결합, 해제, 비콘 요청 GTS 요청)

IEEE 802.15.4 시작 시퀀스

IEEE 802.15.4는 시작, 네트워크 구성, 기존 네트워크의 참여 과정을 관리한다. 이 과정은 다음과 같이 이뤄진다.

1. 장치의 스택(PHY 및 MAC 계층)이 개시된다.
2. PAN 코디네이터가 생성된다. 네트워크마다 단 하나의 PAN 코디네이터가 존재한다. 계속 진행하기 전에 PAN 코디네이터가 이 단계에서 지정돼야 한다.
3. PAN 코디네이터는 자신이 액세스 권한을 가진 다른 네트워크를 청취하고 자신이 관리할 PAN 고유의 PAN ID를 가져온다. 이러한 과정은 여러 주파수 채널에 걸쳐 이뤄질 수 있다.
4. PAN 코디네이터는 네트워크에 사용할 특정 라디오 주파수를 선택한다. 이러한 과정은 사용되지 않는 채널을 찾기 위해 PHY에서 지원하고 청취하는 주파수를 스캔하는 에너지 감지 스캔을 통해 수행된다.
5. PAN 코디네이터를 구성한 다음 장치를 코디네이터 모드로 시작하면서 네트워크가 시작된다. 이때부터 PAN 코디네이터는 요청을 수신할 수 있다.
6. 노드는 모든 주파수 채널에 비콘 요청을 브로드캐스트하는 능동 채널 스캔을 통해 PAN 코디네이터를 찾아서 네트워크에 참가할 수 있다. PAN 코디네이터가 비콘을 감지하면 요청한 장치로 돌아가 응답을 전송한다. 또는 비콘 기반 네트워크detailed earlier의 경우, PAN 코디네이터가 정기적으로 비콘을 내보내면 장치에서 수동 채널 스캔을 수행해 이 비콘을 청취한다. 그러면 장치에서는 결합 요청을 전송하게 된다.

7. PAN 코디네이터는 장치가 네트워크에 참가해야 하는지 또는 참가할 수 있는지 여부를 판단한다. 이는 액세스 제어 규칙이나 코디네이터에 다른 장치를 관리하기에 충분한 리소스가 있는지 여부에 따라 결정된다. 허용되는 경우 PAN 코디네이터는 장치에 16비트의 짧은 주소를 할당한다.

IEEE 802.15.4 보안

IEEE 802.15.4 표준에는 암호화와 인증의 형식으로 된 보안 조항이 포함돼 있다. 아키텍트는 비용, 성능, 보안, 전력 등을 고려해 네트워크 보안을 융통성 있게 선택할 수 있다. 다음 표에는 다양한 보안 옵션이 제시돼 있다.

AES 기반 암호화에는 카운터 모드가 지원되는 블록 암호가 사용된다. AES−CBC−MAC는 인증 전용 보호를 제공하며 AES−CCM 모드는 암호화 및 인증 기능 전체를 지원한다. 802.15.4 라디오의 경우에는 **액세스 컨트롤 리스트**ACL, Access Control List를 통해 사용할 보안 기능과 키를 제어한다. 장치에는 최대 255개의 ACL 항목을 저장할 수 있다.

MAC 계층은 또한 오래된 프레임 또는 데이터가 더 이상 유효하지 않은지를 확인해 이러한 프레임이 스택으로 올라가는 것을 막기 위해 연속되는 반복 사이의 '최신성 확인'을 계산한다.

802.15.4 송수신기는 저마다 자체적인 ACL을 관리하고 보안 정책과 더불어 여기에 '신뢰할 수 있는 이웃' 목록을 채워야 한다. ACL에는 통신을 위해 비워져 있는 노드의 주소, 사용할 특정 보안 기능(AES−CTR, AES−CCM−xx, AES−CBC−MAC−xx), AES 알고리즘용 키, IVlast initial vector 그리고 리플레이 카운터replay counter가 포함된다. 다음 표에는 다양한 802.15.4 보안 모드와 특징이 나열돼 있다.

유형	설명	액세스 컨트롤	기밀성	프레임 무결성	순차적 최신성
없음	보안 없음				
AES-CTR	암호화 전용, CTR	X	X		X
AES-CBC-MAC-128	128비트 MAC	X		X	
AES-CBC-MAC-64	64비트 MAC	X		X	
AES-CBC-MAC-32	32비트 MAC	X		X	
AES-CCM-128	암호화 및 128비트 MAC	X	X	X	X
AES-CCM-64	암호화 및 64비트 MAC	X	X	X	X
AES-CCM-32	암호화 및 32비트 MAC	X	X	X	X

대칭 암호화에는 동일한 키를 사용하는 두 개의 엔드 포인트가 필요하다. 이러한 키는 공유 네트워크 키를 통해 네트워크 수준에서 관리된다. 이러한 방식은 모든 노드에서 동일한 키를 보유하는 간단한 접근법인 반면, 내부자 공격의 위험이 따른다. 쌍 키잉pairwise keying 기법은 고유의 키가 각 노드 쌍 사이에 공유되는 경우에 사용할 수 있다. 이 모드에서는 특히 노드에서 인접 노드로의 팬아웃이 높은 네트워크의 경우, 오버헤드가 추가된다. 또 다른 옵션으로는 그룹 키잉이 있다. 이 모드에서는 하나의 키가 노드 집합 사이에 공유되고 그룹에 속하는 임의의 두 노드에서 사용된다. 그룹은 장치의 유사성, 지리적 위치 등을 기반으로 한다. 마지막으로 언급된 세 가지 방식을 조합한 하이브리드 접근법도 있을 수 있다.

Zigbee

Zigbee는 비용, 전력, 공간 등의 제약을 받는 상업 및 주거용 IoT 네트워킹을 대상으로 하는 IEEE 802.15.4 토대 기반 WPAN 프로토콜이다. 이 절에서는 하드웨어와 소프트웨어 관점에서 Zigbee 프로토콜을 자세하게 들여다본다. Zigbee라는 이름은 날아다니는 벌의 모습에서 따왔다. 벌이 꽃가루를 얻기 위해 꽃 사이를 앞뒤로 날아다니는 모습이 메시 네트워크를 통과해 장치와 장치 사이를 오가는 패킷의 흐름과 닮았다 해 붙여졌다.

Zigbee의 역사

저전력 무선 메시 네트워킹의 개념은 1990년대에 표준이 되었으며 Zigbee 얼라이언스는 관련 헌장 작업을 위해 2002년 조직되었다. Zigbee 프로토콜은 2004년 IEEE 802.15.4가 인가된 이후에 개념화되었으며, 2004년 12월 14일 IEEE 802.15.4-2003 표준이 되었다. Zigbee 2004 사양으로도 알려져 있는 사양 1.0은 2005년 6월 13일 공개되었다. Zigbee의 역사는 다음과 같이 간략하게 정리해 볼 수 있다.

- 2005년 – Zigbee 2004 출시
- 2006년 – Zigbee 2006 출시
- 2007년 – Zigbee Pro로도 알려진 Zigbee 2007 출시(클러스터 라이브러리 도입, Zigbee 2004 및 2006와의 일부 하위 호환이 제한됨)

IEEE 802.15.4 워킹 그룹과 Zigbee 얼라이언스의 관계는 IEEE 802.11 워킹 그룹과 와이파이 얼라이언스의 관계와 유사하다. Zigbee 얼라이언스는 프로토콜 표준을 공개하고 점검하며, 워킹 그룹을 조직하고 애플리케이션 프로파일 목록을 관리한다. IEEE 802.15.4는 PHY 및 MAC 계층을 정의하지만 그 위로는 관여하지 않는다. 또한 802.15.4는 다중 호핑 통신이나 애플리케이션 공간에 관해서는 아무것도 특정하지 않는데, 여기가 바로 Zigbee(및 802.15.4를 기반으로 구축된 기타 표준)가 개입하는 지점이다.

Zigbee는 독점적이고 폐쇄적인 표준이다. 여기에는 라이선스 비[fee]와 Zigbee 얼라이언스에서 제공하는 계약이 필요하다. 라이선스를 통해서는 베어러 Zigbee 컴플라이언스와 로고 인증이 부여되며, 이를 통해 다른 Zigbee 장치와의 호환성이 보장된다.

Zigbee 개요

Zigbee는 802.15.4에 기반하지만 TCP/IP와 유사한 네트워크 서비스의 계층이다. Zigbee는 네트워크를 형성하고 장치를 검색하며 보안을 제공하고 네트워크를 관리할 수 있다. 그러나 데이터 전송 서비스를 제공하거나 애플리케이션 실행 환경을 조성하지는 않는다. 기본적으로 메시 네트워크이기 때문에, 자체 회복 능력이 있으며 애드혹의 형태를 갖는다. 뿐만 아니라 단순함을 자랑하는 Zigbee는 가벼운 프로토콜 스택을 사용해 소프트웨어의 지원을 50% 줄일 수 있다는 점을 내세운다.

Zigbee 네트워크의 주요 구성 요소에는 세 가지가 있다.

- **Zigbee 컨트롤러**ZC, Zigbee Controller : 네트워크의 고성능 장치로 네트워크 기능을 형성하고 개시하는 데 사용된다. Zigbee 네트워크는 저마다 코디네이터(FFD)의 역할을 수행하는 하나의 ZC를 갖게 된다. 네트워크가 형성되고 나면 ZC는 ZR(Zigbee 라우터)의 역할을 맡는 것이 가능해지며, 논리적 네트워크 주소를 할당하고 노드가 메시에 참가하거나 메시에서 벗어나도록 허용할 수 있다.

- **Zigbee 라우터**ZR, Zigbee Router : 이 구성 요소는 선택 사항이지만 메시 네트워크 호핑 로드와 라우팅 코디네이션의 일부를 처리한다. FFD 역할을 수행하기도 하고 ZC와 결합도 한다. ZR는 메시지 다중 호핑 라우팅에 참여하며 논리적 네트워크 주소를 할당하고 노드가 메시에 참가하거나 메시에서 벗어나도록 허용할 수 있다.

- **Zigbee 단말 장치**ZED, Zigbee End Device : 조명 스위치나 서모스탯과 같은 단순한 엔드 포인트 장치가 보통 여기에 해당한다. 코디네이터와 통신하기에 충분한 기능은 포함돼 있지만 별도의 라우팅 로직은 갖추고 있지 않기 때문에 ZED를 대상으로 하지 않지만 ZED로 수신되는 메시지는 중계된다. 그러나 ZED는 결합을 수행하지는 못한다(나중에 상세히 다룰 예정이다).

Zigbee는 세 가지 유형의 데이터 트래픽을 대상으로 한다. 정기적 데이터periodic data는 애플리케이션에서 정의된 비율에 따라 전달 또는 전송이 이뤄진다(예: 정기적으로 전송되는 센서). 간헐적 데이터intermittent data는 애플리케이션 또는 외부 자극이 임의의 비율로 발생할 경우에 나타난다. Zigbee에 적합한 간헐적 데이터의 예로는 조명 스위치가 있다. Zigbee에서 지원되는 마지막 트래픽 유형은 반복적 저지연 데이터repetitive low latency data다. Zigbee는 송신할 타임 슬롯을 할당하고 지연 시간을 매우 짧게 유지할 수 있으므로 컴퓨터 마우스나 키보드에 적합하다.

Zigbee는 세 가지 기본 토폴로지를 지원한다.

- **스타 네트워크**star network: ZED가 하나 이상인 단일 ZC에 해당한다. 호핑 2회까지만 연장되므로 노드 거리에 제한이 있을 수밖에 없다. ZC에는 단일 장애점과 연결된 신뢰할 수 있는 링크도 필요하다.
- **클러스터 트리**cluster tree: 다중 호핑 네트워크로, 비코닝을 채용해 네트워크 커버리지와 스타 네트워크의 범위를 확장한다. ZC와 ZR 노드는 자녀 노드를 가질 수 있으나 ZED는 엔드포인트로만 존재한다. 자녀 노드는 부모 노드와만 통신할 수 있다(소규모 스타 네트워크와 같음). 부모 노드는 자녀 노드에 다운스트림으로 통신하거나 자신의 부모 노드에 업스트림으로 통신할 수 있다. 그러나 단일 장애점과 관련된 문제는 여전히 존재한다.
- **메시 네트워크**mesh network: 동적 경로 형성과 모핑morphing을 담당한다. 라우팅은 어떤 소스 장치에서 어떤 대상 장치로도 일어날 수 있다. 여기에는 트리 및 테이블에 기반한 라우팅 알고리즘이 사용된다. ZC과 ZR 라디오는 라우팅 의무를 수행하기 위해 항상 전원이 들어와야 하므로 배터리를 소모할 수밖에 없다. 뿐만 아니라 비결정론적이지 않은 경우 메시 네트워크의 레이턴시 계산이 어려워질 수 있으므로 일부 규칙은 다소 완화된다. 물론 특정 범위 내에 있는 라우터들끼리는 서로 직접 통신이 가능하다. 덕분에 네트워크가 가시 거리 이상으로 확장될 수 있고 여러 이중화 경로가 존재한다는 점이 주된 장점으로 꼽힌다.

이론적으로 Zigbee는 Zigbee 단말 장치(ZED, Zigbee End Devices)를 최대 65,536개까지 배포할 수 있다.

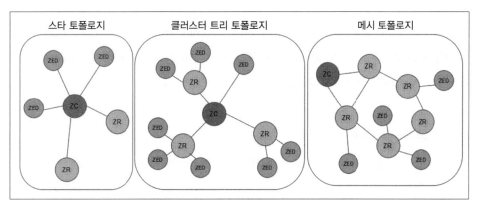

Zigbee 네트워크 토폴로지의 세 가지 형태. 가장 단순한 스타 토폴로지부터 클러스터 트리, 메시 토폴로지순으로 이어진다.

Zigbee PHY와 MAC(그리고 IEEE 802.15.4와의 차이)

Zigbee는 Bluetooth와 마찬가지로 2.4GHz ISM 대역에서 주로 작동한다. 그러나 Bluetooth와 달리 Zigbee는 유럽의 경우에는 868MHz에서, 미국과 호주의 경우에는 915MHz에서도 작동한다. 주파수가 낮은 덕분에 기존의 2.4GHz 신호에 비해 벽이나 장애물에 침투하는 능력이 더욱 뛰어나다. Zigbee에는 IEEE802.15.4 PHY와 MAC의 모든 사양이 사용되지는 않는데, 예컨대 Zigbee의 경우에는 CSMA/CA 충돌 회피 기법은 사용되지 않는다. Zigbee의 경우에는 노드끼리의 송신을 막는 데 MAC 수준 메커니즘을 사용한다.

 Zigbee에는 IEEE802.15.4 비코닝 모드가 사용되지 않는다. 뿐만 아니라 슈퍼프레임의 보장 타임 슬롯(GTS)도 Zigbee에서는 사용되지 않는다.

802.15.4의 보안 사양이 살짝 변형된 것이다. 인증과 암호화를 지원하는 CCM 모드의 경우 모든 계층에 다른 보안이 필요하다. Zigbee는 리소스가 엄격하게 제한되고 높은 수준의 임베딩이 이뤄진 시스템을 대상으로 하며 802.15.4의 정의에 따른 보안 수준을 제공하지 않는다.

Zigbee는 IEEE 802.15.4-2003 사양에 기반하며 IEEE 802.15.4-2006 사양에서 새롭게 표준화된 두 가지 PHY와 라디오로 강화되었다. 이로 인해 868MHz 및 900MHz 대역에서보다 데이터율이 약간 낮아진다.

Zigbee 프로토콜 스택

Zigbee 프로토콜 스택에는 **네트워크 계층**NWK, Network layer과 **애플리케이션 계층**APS, Application layer이 포함된다. 추가 구성 요소에는 보안 서비스 제공업체, ZDO 관리 플레인, **Zigbee 장치 객체**ZDO, Zigbee Device Object 등이 있다. 아래의 스택 구조는 매우 단순화된 그림과 다소 복잡하지만 기능이 상술된 Bluetooth 스택을 비교해 볼 수 있도록 돼 있다.

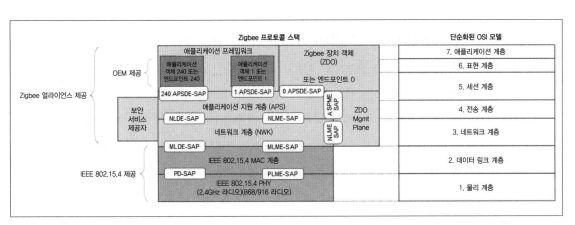

Zigbee 프로토콜 스택과 레퍼런스 프레임으로서 단순화된 OSI 모델.

NWK는 Zigbee의 세 가지 주요 구성 요소(ZR, ZC, ZED) 모두에 사용된다. 이 계층은 장치 관리와 라우트 검색을 담당한다. 뿐만 아니라 이 계층은 매우 동적인 메시를 관리하기 때문에 라우트의 유지 관리 및 복구를 수행하기도 한다. NWK의 가장 기본적인 기능은 네트워크 패킷의 전송과 메시지의 라우팅이다. 노드가 Zigbee 메시에 참가하는 과정 동안, NWK는 ZC에 논리적 네트워크 주소를 제공하고 연결을 보안한다.

APS는 네트워크 계층과 애플리케이션 계층 간의 인터페이스를 공급한다. 바인딩 테이블 데이터베이스의 관리도 수행하는데, 이 데이터베이스는 제공되는 서비스가 아닌 필요한 서비스에 따라 적합한 장치를 찾는 데 사용된다. 애플리케이션은 **애플리케이션 객체**application object에 의해 모델링되는데, 이 애플리케이션 객체끼리는 **클러스터**cluster라 불리는 객체 속성 맵을 통해 통신한다. 객체 간 통신은 어디에서든 지원 가능하도록 압축된 XML 파일로 만들어진다. 모든 장치에서는 일련의 기본 방식을 지원하지만 Zigbee 장치에는 하나당 총 240개의 엔드포인트만 존재할 수 있다.

APS는 Zigbee 장치와 사용자를 인터페이싱한다. **Zigbee 장치 객체**ZDO, Zigbee Device Object를 비롯한 Zigbee 프로토콜의 구성 요소 대부분이 여기에 자리한다. ZDO라 불리는 엔드포인트 0은 키, 정책, 장치 역할 등 전반적인 장치의 관리를 담당하는 매우 중요한 구성 요소로, 네트워크상의 새로운 (호핑 1회 거리) 장치나 해당 장치에서 제공하는 서비스를 검색하기도 한다. ZDO는 장치의 모든 바인딩 요청을 개시하고 이에 반응하며, 장치에 대한 보안 정책과 키의 관리를 통해 네트워크 장치 간 보안 관계를 수립한다.

바인딩이란 두 엔드포인트 간 연결이며, 각 바인딩은 특정 애플리케이션 프로필을 지원한다. 그러므로 소스 및 대상 엔드포인트, 클러스터 ID와 프로필 ID를 결합하면 두 엔드포인트와 두 장치 간의 고유한 메시지를 생성하는 것이 가능하다. 바인딩은 1 대 1, 1 대 다 또는 다 대 1의 형태로 이뤄질 수 있다. 이러한 바인딩의 실제 사례로는 조명 한 세트에 연결된 여러 개의 조명 스위치를 들 수 있다. 스위치 애플리케이션 엔드포인트는 조명 엔드포인트와 결합된다. ZDO는 애플리케이션 객체로 스위치 엔드포인트와 조명 엔드포인트를 결합해 바인딩을 관리한다. 클러스터를 생성하면 하나의 스위치로 모든 조명을 켜면서 동시에 다른 스위치로는 단 하나의 조명만 제어하도록 만들 수 있다.

OEM에서 제공하는 애플리케이션 프로파일은 특정 기능을 가진 장치 모음을 설명하는 역할을 한다(예: 조명 스위치나 화재 경보기 등). 애플리케이션 프로파일 내의 장치끼리는 클러스터를 통해 커뮤니케이션할 수 있다. 클러스터에는 네트워크 내에서 식별이 가능하도록 저마다 고유한 클러스터 ID가 있다.

Zigbee 주소 지정 및 패킷 구조

Zigbee 프로토콜은 802.15.4 PHY와 MAC 계층 상단에 위치하며 자체 패킷 구조를 재사용한다. 네트워크는 네트워크 계층과 애플리케이션 계층에서 분기한다.

다음 그림에는 하나의 802.15.4 PHY 및 MAC 패킷이 네트워크 계층 프레임 패킷(NWK)과 애플리케이션 계층 프레임(APS)으로 쪼개져 도식화돼 있다.

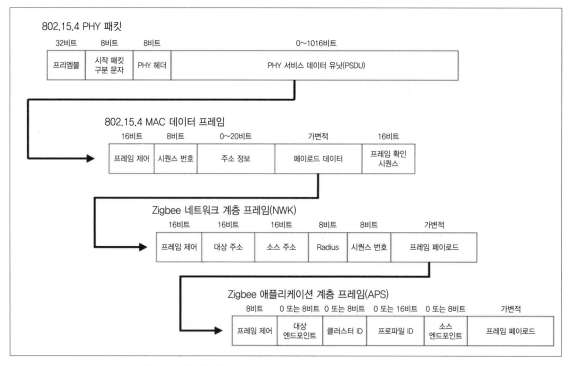

802.15.4 PHY와 MAC 패킷에 상주하는 Zigbee 네트워크(NWK)와 애플리케이션 계층(APS) 프레임

Zigbee는 노드마다 다음과 같은 두 개의 고유한 주소를 사용한다.

- **긴 주소(long address, 64비트)**: 장치의 제조업체에서 할당하는 주소로서 변경이 불가능하다. 이 주소를 통해 특정 Zigbee 장치를 다른 모든 Zigbee 장치에서 고유하게 식별해 낼 수 있다. 이 주소는 802.15.4 64비트 주소와 동일하다. 상위 24비트는 조직 고유 식별자(OUI)에 해당하고 하위 40비트는 OEM에서 관리한다. 주소는 일괄적으로 관리되며, IEEE를 통해 구매가 가능하다.
- **짧은 주소(short address, 16비트)**: 802.15.4 사양의 PAN ID와 같으며 이 또한 선택 사항이다.

Zigbee 메시 라우팅

테이블 라우팅에는 AODV^{Ad Hoc On-Demand Distance Vector Routing}와 클러스터 트리 알고리즘이 사용된다. AODV는 순수한 온디맨드 라우팅 시스템으로, 이 모델에서 두 노드 간 결합이 있을 때(예: 두 노드 간 통신이 필요한 경우)까지는 노드끼리 서로를 탐색할 필요가 없다. AODV의 경우에는 라우팅 경로에 있지 않은 노드가 라우팅 정보를 유지할 필요도 없다. 소스 노드에서 대상과의 커뮤니케이션이 필요한데 경로가 존재하지 않을 경우, 경로 탐색 절차가 시작된다. AODV는 유니캐스트와 멀티캐스트가 모두 지원된다. AODV는 반응형 프로토콜이며 이는 대상에 닿는 루트를 사전적 방식이 아닌 요청에 따라서만 제공한다는 것을 뜻한다. 연결이 필요할 때까지 전체 네트워크는 침묵 상태를 유지한다.

클러스터 트리 알고리즘은 자체 회복과 이중화가 가능한 자체 조직 네트워크를 형성한다. 이 메시의 노드들은 클러스터 헤드를 선택하며 헤드 노드를 둘러싼 클러스터를 만들어 낸다. 이 자체 형성 클러스터는 지정된 장치^{designated device}를 통해 서로 연결된다.

Zigbee는 다음과 같은 다양한 방식으로 패킷을 라우팅할 수 있다.

- **브로드캐스팅**^{broadcasting}: 패킷을 패브릭의 다른 모든 노드로 송출한다.

- **메시 라우팅**mesh routing(**테이블 라우팅**table routing): 대상의 라우팅 테이블이 존재할 경우, 루트는 테이블 규칙을 따르게 된다. 이는 매우 효율적인 방식으로, 메시나 테이블에서 Zigbee를 통해 최대 30호핑 거리까지 라우팅할 수 있게 된다.
- **트리 라우팅**tree routing: 하나의 노드에서 다른 노드로 이뤄지는 유니캐스트 메시징으로, 트리 라우팅은 전적으로 선택 사항이므로 전체 네트워크에서 허용되지 않을 수 있다. 트리 라우팅에는 대규모 라우팅 테이블이 존재하지 않기 때문에 메시 라우팅보다 메모리 효율성이 더 뛰어나다. 물론 트리 라우팅의 연결 이중화는 메시와 동일하지 않다. Zigbee는 최대 10개 노드 거리까지의 트리 라우팅 호핑을 지원한다.
- **소스 라우팅**source routing: 주로 데이터 집중 장치가 존재하는 경우에 사용된다. Z-Wave의 메시 라우팅 제공 방식이기도 하다.

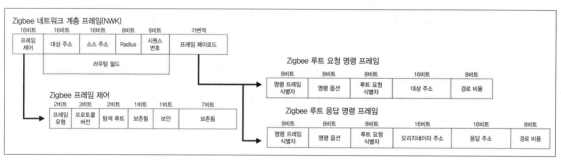

루트 요청 명령 프레임을 발행하고 루트 응답 명령 프레임을 통해 이에 응답하는 Zigbee 라우팅 패킷.

루트 탐색 또는 경로 탐색은 새로운 루트를 발견하거나 망가진 루트를 복구하는 과정이다. 장치에서는 루트 요청 명령 프레임을 전체 네트워크로 보내고 대상에서 이 명령 프레임을 수신하면 하나 이상의 루트 회신 명령 프레임으로 응답하게 된다. 반환된 모든 잠재적 루트는 최적의 루트를 찾기 위한 검사와 평가를 거친다.

212

Zigbee 결합

앞서 언급했듯이 **Zigbee 단말 장치**(ZED)는 라우팅에 참여하지 않는다. 각 단말 장치는 부모 장치와 통신을 수행하며, 이 부모 장치 또한 라우터다. **Zigbee 코디네이터**ZC, Zigbee Coordinator 를 통해 신규 장치가 네트워크에 합류하게 되면 결합association이라 알려진 절차로 진입한 다. 장치의 부모와 장치 사이의 접촉이 끊기게 되면, 장치는 방치orphaning라고 알려진 절차 를 통해 언제든지 다시 참가할 수 있다.

Zigbee 네트워크에 공식적으로 참가하기 위해 장치에서는 비콘 요청beacon request을 브로드 캐스트해 새로운 노드의 참여를 허용하도록 승인된 메시의 장치로부터 이어지는 비콘을 요청한다. 처음에는 PAN 코디네이터만이 그러한 요청을 제공하도록 승인을 받지만, 네트 워크가 확장된 후에는 다른 장치들도 참여할 수 있게 된다.

Zigbee 보안

Zigbee 보안은 IEEE 802.15.4의 보안 조항을 바탕으로 해 만들어졌다. Zigbee는 **액세 스 컨트롤 리스트**ACL, Access Control List, 128비트 AES 암호화 및 메시지 최신성 타이머message freshness timer의 세 가지 보안 메커니즘을 제공한다.

Zigbee 보안 모델은 다양한 계층을 통해 분산된다.

- ZDO에 키 생성 및 전송 서비스를 제공하는 애플리케이션 계층
- 라우팅을 관리하는 네트워크 계층, 라우팅으로 정의된 링크 키를 사용할 수 있 을 경우 외부 전송 프레임이 사용되고 그렇지 않을 경우 네트워크 키가 사용됨
- API를 통해 관리되고 상위 계층에 의해 제어되는 MAC 계층 보안

다음과 같은 여러 가지 키가 Zigbee 네트워크에 의해 관리된다.

- 마스터 키master key: 마스터 키는 제조사에서 사전 설치하거나 사용자가 수동으로 입력할 수 있다. Zigbee 장치 보안의 토대를 형성하는 마스터 키는 언제나 가장 먼저 설치되고 TCTrust Center에서 전송된다.
- 네트워크 키network key: 이 키는 네트워크 수준에서 외부 공격자로부터 보호한다.
- 링크 키link key: 두 장치 사이에 보안된 바인딩을 형성한다. 두 장치가 설치된 링크 키와 네트워크 키 중 선택할 수 있다면 더 강한 보호를 위해 항상 링크 키를 기본으로 선택한다.

> ⓘ 링크 키는 제한된 장치에 키를 보관한다는 측면에서 보면 무거운 리소스다. 네트워크 키를 활용하면 보안이 약화될 위험을 감수하고 이러한 스토리지 부담을 일부 완화할 수 있다.

키 관리는 보안의 중요 요소다. 키 배포를 제어하려면 TC를 만들어야 하며(하나의 노드가 패브릭의 다른 모든 노드에 대한 키 배포자의 역할을 맡음) ZC가 신뢰 센터로 간주된다. ZC 외부에서 전용 TC를 통해 Zigbee 네트워크를 구현할 수 있다. TC는 다음과 같은 서비스를 수행한다.

- 신뢰 관리: 네트워크에 참가하는 장치 인증
- 네트워크 관리: 키의 유지 관리 및 배포
- 구성 관리: 장치 간 보안 지원

또한 TC는 주거용 모드(네트워크 장치에서 키를 활성화하지 않음)로 사용되거나 상업용 모드(네트워크의 모든 장치에서 키를 활성화함)로 사용될 수 있다.

Zigbee는 MAC 및 NWK 계층 내에서 자체 사양의 일환으로 128비트 키를 사용한다. MAC 계층은 AES-CTR, AES-CBC-128, AES- CCM-128(모두 IEEE 802.15.4 섹션에서 정의됨)의 세 가지 암호화 모드를 제공한다. 반면 NWK 계층은 AES-CCM-128만을 제공하며 약간의 조정을 통한 암호화 전용 또는 무결성 전용 보호가 가능하다.

메시지 무결성을 통해서는 메시지가 전송 중에 수정되지 않았음을 확인할 수 있다. 이러한 유형의 보안 도구는 중간자 공격에 사용된다. 다시 Zigbee 패킷 구조로 돌아가 보면, 메시지 무결성 코드와 보조 헤더가 제공하는 필드를 사용해 메시지를 전송한 각 애플리케이션은 추가로 확인하는 것이 가능해진다.

인증은 일반 네트워크 키와 장치 쌍 사이의 개별 키를 통해 이뤄진다.

메시지 최신성 타이머는 제한 시간이 초과된 메시지를 찾는 데 사용된다. 제한 시간이 초과된 메시지는 반복 공격을 제어하는 도구로 거부된 후 네트워크에서 제거된다. 이러한 방식은 송수신 메시지에 적용되며 새 키가 생성될 때마다 최신성 타이머가 재설정된다.

Z-Wave

Z-Wave는 소비재 및 홈 오토메이션에 주로 사용되는 WPAN 프로토콜로, 약 2,100개의 제품에 이 기술이 사용되고 있으며, 조명 및 HVAC 제어와 관련해 상업 및 건물 부문으로 진출할 길도 모색하고 있다. Z-Wave는 Bluetooth나 Zigbee만큼의 시장 점유율을 보유하고 있지는 않다. Z-Wave는 900MHz 대역의 또 다른 메시 기술로, 조명 제어 시스템을 개발하는 덴마크 기업인 젠시스^{Zensys}에서 2001년 최초로 선보였다. 젠시스는 2005년 레비톤 매뉴팩처링^{Leviton Manufacturing}, 댄포스^{Danfoss} 및 잉거솔랜드^{Ingersoll-Rand}와 함께 Z-Wave 얼라이언스를 조직했으나, 이 얼라이언스는 2008년 시그마 디자인스^{Sigma Designs}에 인수돼, 이제는 시그마가 Z-Wave 하드웨어 모듈의 단독 공급 업체다.

Z-Wave 얼라이언스 회원사에는 현재 스마트싱즈^{SmartThings}, 허니웰^{Honeywell}, 벨킨^{Belkin}, 보쉬^{Bosch}, 캐리어^{Carrier}, ADT, LG가 있다.

Z-Wave는 대개 제한된 하드웨어 모듈 제조 업체에서 사용되는 폐쇄 프로토콜이다. 애초에 사양이 일반에 개방되기로 하였으나, 상당한 양의 자료가 공개되지 않은 상태다.

Z-Wave 개요

Z-Wave는 홈과 소비재 조명/오토메이션에 설계의 중심을 두고 있다. 센서 및 스위치와의 통신에 초저대역폭을 사용하도록 만들어졌으며, 설계는 PHY 및 MAC 계층의 ITU-T G.9959 표준에 기반한다. ITU-T G.9959는 1GHz 대역 미만의 단거리 협대역 라디오 통신 트랜시버에 관련한 국제전기통신연합ITU, International Telecommunication Union 사양이다.

1GHz 미만 범위에서는 원산 국가에 따라 다양한 대역이 Z-Wave에 사용된다. 미국의 경우에는 908.40MHz 중심 주파수가 표준이다. Z-Wave에서 각자 다른 주파수 스프레드로 사용할 수 있는 데이터율에는 다음의 세 가지가 있다.

- **100Kbps**: 916.0MHz, 400KHz 스프레드
- **40Kbps**: 916.0MHz, 300KHz 스프레드
- **9.6Kbps**: 908.4MHz, 300KHz 스프레드

각 대역은 단일 채널에서 작동한다.

PHY 수준에서 수행되는 변조의 경우, 9.6Kbps와 40Kbps의 데이터율에서는 주파수 편이 방식이 사용되고, 고속인 100Kbps에서는 가우시안 주파수 편이 방식이 사용된다. 출력 전력은 0dB에서 약 1mW이다.

채널 경합은 앞서 다룬 다른 프로토콜에서 설명한 바와 같이 CSMA/CA를 통해 관리되며, 이러한 관리는 스택의 MAC 계층에서 이뤄진다. 노드는 수신 모드로 시작되고 일정 시간 동안 대기했다가 브로드캐스트되는 데이터가 있을 경우 데이터를 송신한다.

역할과 맡은 일을 살펴보면 Z-Wave 네트워크는 다음과 같이 특정 기능을 갖춘 다양한 노드로 이뤄져 있다.

- **컨트롤러 장치**controller device: 이 최상위 장치는 메시 네트워크에 라우팅 테이블을 제공하며, 여기에서 메시의 호스트/마스터 역할을 맡는다. 컨트롤러에는 두 가지 기본 유형이 있다.

216

- 기본 컨트롤러^{primary controller}: 기본 컨트롤러는 마스터 역할을 담당하며, 네트워크에는 하나의 마스터만 존재할 수 있다. 이 컨트롤러는 네트워크 토폴로지와 계층 구조를 유지 관리할 수 있으며, 토폴로지에 노드를 포함하거나 토폴로지에서 노드를 배제할 수도 있다. 뿐만 아니라 노드 ID를 할당하는 일도 맡고 있다.
  - 보조 컨트롤러^{secondary controller}: 기본 컨트롤러의 라우팅을 지원한다.
- 슬레이브 장치/노드^{slave device/node}: 수신한 명령에 따라 작업을 수행하는 장치를 일컫는다. 이 장치는 명령을 통해 지침을 받지 않는 이상 인접한 슬레이브 노드와 통신할 수 없다. 슬레이브는 라우팅 정보를 저장할 수 있지만 연산을 수행하거나 라우팅 테이블을 업데이트하지는 않는다. 보통 슬레이브 장치는 메시에서 중계기의 역할을 담당한다.

컨트롤러는 휴대용 또는 고정형으로 정의할 수도 있다. 휴대용 컨트롤러는 리모컨과 같이 움직일 수 있도록 만들어지는데, 컨트롤러의 위치가 바뀌면 네트워크상에서 가장 빠른 경로를 다시 계산하게 된다. 고정형 컨트롤러는 벽면 콘센트에 연결된 게이트웨이와 같이 한 곳에 고정되도록 만들어진다. 언제나 '켜짐' 상태를 유지하며 슬레이브의 상태 메시지를 수신하는 것이 가능하다.

컨트롤러는 또한 네트워크 내에서 다음과 같이 다양한 속성을 가질 수 있다.

- 상태 업데이트 컨트롤러^{SUC, Status Update Controller}: 고정형 컨트롤러는 상태 업데이트 컨트롤러의 역할을 담당한다는 장점이 있다. 이 역할을 담당할 경우, 기본 컨트롤러에서 토폴로지 변경 사항과 관련한 알림을 수신하게 된다. 또한, 슬레이브의 라우팅을 보조할 수도 있다.
- SUC ID 서버^{SIS, SUC ID Server}: SUC는 기본 컨트롤러가 슬레이브를 포함하거나 배제하는 과정을 보조할 수 있다.

- **브리지 컨트롤러**^{bridge controller} : Z-Wave 메시와 다른 네트워크 시스템(예: WAN 또는 와이파이) 사이의 게이트웨이 역할을 담당할 수 있는 고정형 컨트롤러로, 최대 128개의 가상 슬레이브 노드를 제어할 수 있다.

- **인스톨러 컨트롤러**^{installer controller} : 네트워크 관리와 서비스 품질(QoS) 분석 보조가 가능한 휴대용 컨트롤러다.

슬레이브에서도 다양한 속성을 지원한다.

- **라우팅 슬레이브**^{routing slave} : 근본적으로는 슬레이브 노드이지만 요청되지 않은 메시지를 메시의 다른 노드로 전송할 수 있다. 슬레이브는 기본 컨트롤러의 명령 없이는 다른 노드로 메시지를 전송할 수 없는 것이 일반적이다. 따라서 이 노드에는 메시지 전송 시 사용하는 고정 루트 집합이 저장돼 있다.

- **확장된 슬레이브**^{enhanced slave} : 라우팅 슬레이브와 동일한 기능에 더해, 실시간 클럭과 애플리케이션 데이터의 영구 저장을 지원한다. 일례로 가스 미터기를 들 수 있다.

> ⓘ 슬레이브 노드/장치가 집안의 모션 센서와 같이 배터리에 기반하는 경우가 있을 수 있다. 슬레이브가 중계기 역할을 할 경우, 항상 작동하며 메시의 메시지를 수신해야 하므로 배터리 기반 장치는 절대 중계기로 사용되지 않는다.

Z-Wave 프로토콜 스택

Z-Wave는 넓게 분포된 네트워크 토폴로지를 대상으로 만들어진 초저대역폭 프로토콜이기 때문에 프로토콜 스택은 가능하면 적은 메시지당 바이트로 통신하고자 한다. 스택은 다음 그림에서와 같이 다섯 개의 계층으로 구성된다.

Z-Wave 프로토콜 스택		단순화된 OSI 모델
애플리케이션 계층		7. 애플리케이션 계층
		6. 표현 계층
		5. 세션 계층
라우팅 계층(라우팅 및 토폴로지 스캔)		4. 전송 계층
전송 계층(패킷 재전송, ACK, 체크섬)		3. 네트워크 계층
MAC 계층(ITU-T G.9959) (CSMA/CA, Home ID 및 Node ID 관리)		2. 데이터 링크 계층
PHY 계층(ITU-T G.9959) (908MHz/860MHz 라디오)		1. 물리 계층

Z-Wave 프로토콜 스택 및 OSI 모델의 비교. Z-Wave는 ITU-T G.9959 사양으로 정의된
하위 2개 계층(PHY 및 MAC)을 포함한 5개 계층 스택을 사용한다.

계층은 다음과 같이 설명할 수 있다.

- **PHY 계층**: ITU-T G.9959 사양으로 정의된다. 이 계층은 송신기의 신호 변조, 채널 할당 및 프리엠블 바인딩과 수신기의 프리엠블 동기화를 관리한다.
- **MAC 계층**: 이 계층은 이전 절에서 설명한 바와 같이 홈 ID[Home ID]와 노드 ID[Node ID] 필드를 관리한다. MAC 계층은 또한 충돌 회피 알고리즘과 백오프 전략을 사용해 채널의 혼잡과 경합을 완화하기도 한다.
- **전송 계층**: Z-Wave 프레임의 통신을 관리한다. 또한 이 계층은 필요에 따라 프레임의 재전송을 담당하기도 하며, 추가적으로 송신과 체크섬 바인딩의 확인 응답 등을 수행한다.
- **라우팅 계층**: 라우팅 서비스를 제공하는 계층에 해당한다. 또한, 네트워크 계층에서는 토폴로지 스캔과 라우팅 테이블 업데이트가 이뤄진다.
- **애플리케이션 계층**: 애플리케이션과 데이터에 사용자 인터페이스를 제공한다.

Z-Wave 주소 지정

Z-Wave의 주소 지정 메커니즘은 Bluetooth나 Zigbee 프로토콜에 비해 상당히 간결하다. 트래픽을 최소화하고 전력을 아끼기 위한 모든 시도가 이뤄졌기 때문에 주소 지정 방식 또한 간소하게 유지된다. 계속 살펴보기 전에 정의해 두어야 하는 기본적인 주소 지정 식별자로는 다음의 두 가지가 있다.

- **홈 ID**^{Home ID}: 32비트 고유 식별자로, 컨트롤러 장치에 프로그래밍돼 Z-Wave 네트워크끼리 서로를 구별할 수 있도록 지원한다. 네트워크 시작 중에는 모든 Z-Wave 슬레이브에 홈 ID가 없는 상태이며, 이후 컨트롤러에서 시스템을 통해 슬레이브 노드에 올바른 홈 ID를 할당한다.
- **노드 ID**^{Node ID}: 컨트롤러에서 각 슬레이브에 할당하는 8비트 값으로, Z-Wave 네트워크의 슬레이브에 주소를 지정한다.

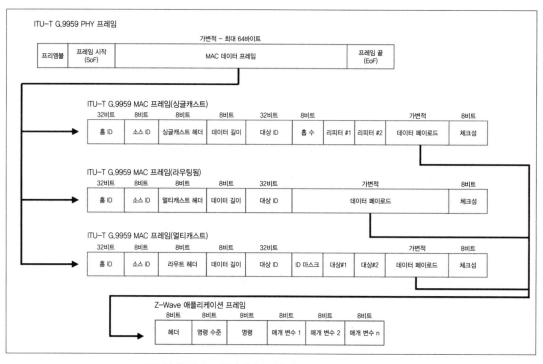

PHY부터 MAC, 애플리케이션 계층까지의 Z-Wave 패킷 구조.
싱글캐스트, 라우팅됨, 멀티캐스트의 세 가지 패킷 유형이 정의돼 있다.

전송 계층은 여러 프레임 유형을 통해 재전송, 확인 응답, 전력 제어, 인증 등을 지원한다. 네 가지 유형의 네트워크 프레임에는 다음이 포함된다.

- **싱글캐스트 프레임**singlecast frame: 단일 Z-Wave 노드로 전송되는 패킷에 해당한다. 이 유형의 패킷에는 반드시 확인 응답이 필요하다. ACK가 없을 경우, 재전송 시 퀀스가 수행된다.
- **ACK 프레임**ACK frame: 싱글캐스트 프레임에 대한 확인 응답 반응이다.
- **멀티캐스트 프레임**multicast frame: 이 메시지는 하나 이상의 노드로 전송된다(최대 232개). 이 메시지 유형에는 확인 응답이 사용되지 않는다.
- **브로드캐스트 프레임**broadcast frame: 멀티캐스트 메시지와 마찬가지로, 이 프레임은 네트워크의 모든 노드로 전송되며 여기에서도 ACK는 사용되지 않는다.

새로운 Z-Wave 장치가 메시에서 사용될 경우, 반드시 페어링 및 추가 절차를 거쳐야 한다. 이 절차는 보통 장치에 기계적 방식 또는 사용자 인스턴스화 방식의 키프레스로 시작된다. 앞서 언급한 대로 페어링 절차에는 홈 ID를 신규 노드에 할당하는 기본 컨트롤러가 관여한다. 이 지점에서 노드가 포함된다고 한다.

Z-Wave 토폴로지 및 라우팅

다음 그림에는 몇몇 장치 유형과 슬레이브, 컨트롤러 관련 속성을 사용하는 Z-Wave 메시의 토폴로지가 도식화돼 있다. 하나의 기본 컨트롤러가 네트워크를 관리하고 라우팅 행동 양식을 만들어 간다.

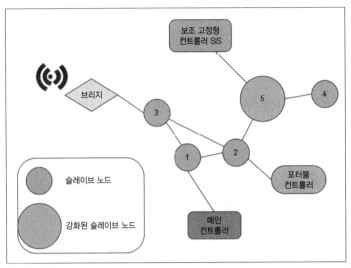

하나의 메인 컨트롤러와 네 개의 슬레이브, 하나의 강화된 슬레이브가 포함된 Z-Wave 토폴로지.
브리지 컨트롤러는 와이파이 네트워크의 게이트웨이 역할을 한다. 포터블 컨트롤러와
보조 컨트롤러도 메시상에 존재하며 메인 컨트롤러를 지원한다.

Z-Wave 스택의 라우팅 계층은 한 노드에서 다른 노드로의 프레임 전송을 관리한다. 라우팅 계층은 필요할 경우 알맞은 중계기 목록을 수립하고 토폴로지 변경 사항을 파악하기 위해 네트워크를 스캔하며 라우팅 테이블을 유지 관리한다. 이 테이블은 꽤 간결한 편인데, 주어진 노드에 연결될 인접 노드를 지정하기만 하면 된다. 1회의 즉각적인 호핑만을 내다볼 수 있으며, 각자 위치에서 도달 가능한 장치를 기본 컨트롤러가 메시의 각 노드에 문의하는 방식으로 테이블이 구축된다.

메시 탐색에 소스 라우팅을 사용하면 메시지가 패브릭을 통해 전달될 때 프레임을 수신하는 호핑마다 패킷을 체인의 다음 노드로 전달하게 된다. 예를 들어, 다음 라우팅 테이블의 경우, 'Bridge'에서 'Slave 5'로 가는 최단 경로는 Bridge | Slave 3 | Slave 2 | Slave 5 와 같은 논리적 경로를 따른다.

 Z-Wave의 라우팅 호핑은 최대 4회로 제한된다.

앞선 샘플 토폴로지의 라우팅 테이블은 다음과 같다.

	슬레이브 1	슬레이브 2	슬레이브 3	슬레이브 4	강화된 슬레이브 5	메인 컨트롤러	보조 SIS	브리지	포터블 컨트롤러
슬레이브 1	0	1	1	0	0	1	0	0	0
슬레이브 2	1	0	1	0	1	0	0	0	1
슬레이브 3	1	1	0	0	0	0	0	1	0
슬레이브 4	0	0	0	0	1	0	0	0	0
강화된 슬레이브 5	0	1	0	1	0	0	1	0	0
메인 컨트롤러	0	0	0	0	0	0	0	0	0
보조 SIS	0	0	0	0	1	0	0	0	0
브리지	1	0	1	0	0	0	0	0	0
포터블 컨트롤러	0	1	0	0	0	0	0	0	0

Z-Wave 소스-라우팅 알고리즘 예시

 포터블 컨트롤러가 최적의 라우팅 경로를 유지, 관리하는 일이 쉽지 않기 때문에 포터블 컨트롤러에는 대상 노드의 최적 루트를 찾기 위한 대체 기법이 사용된다.

요약

5장에서는 장치에서 인터넷으로 IoT 데이터를 전달하는 첫 번째 단계를 다뤘다. 수없이 많은 장치를 연결하는 첫걸음은 센서와 사물, 액추에이터를 이어서 어떤 동작을 촉발시키는 데 적절한 통신 매체를 사용하는 데서 시작한다. 이것이 바로 무선 개인 통신망의 역할이다. 비면허 스펙트럼의 기초와 아키텍트가 WPAN의 성능과 동작을 측정하는 방법도 살펴봤다. 5장에서는 새로운 Bluetooth 5 프로토콜을 깊이 들어가 보고 IEEE 802.15.4 기본 프로토콜, Zigbee, Z-Wave와 비교해 보기도 했다. 이뿐만 아니라 비코닝, 다양한 패킷 및 프로토콜 구조, 메시 구조 등도 다뤘다. 아키텍트는 이제 아키텍처를 비교 대조하는 방법을 이해하게 됐을 것이다.

6장에서는 미래의 와이파이 통신 표준을 비롯해 유비쿼터스 802.11 와이파이 네트워크, 스레드, 6LoWPAN과 같은 IP 기반 PAN과 LAN 네트워크를 알아볼 것이다. WPAN, WLAN, WAN 아키텍처에 관해 알아보는 이러한 네트워킹 관련 장에서는 앞서 배웠던 신호 강도 측정, 범위 방정식 등의 토대를 앞으로 나아가기 위한 참고로 삼기 위해 꾸준히 되돌아 살펴볼 예정이다.

06

IP 기반 WPAN 및 WLAN

처음부터 WPAN 네트워크는 일반적으로 TCP/IP가 아닌 프로토콜을 채택해 왔다. Bluetooth와 Zigbee, Z-Wave의 프로토콜 스택에는 진정한 TCP/IP 프로토콜과의 유사점이 있지만, 이들은 생래적으로 TCP/IP을 통해 통신하지 않는다. 물론 Zigbee에서 IP(Zigbee-IP 사용)를 채택하거나 Bluetooth를 통한 IP(6LoWPAN 지원 IPSP 사용)의 채택도 존재하긴 한다. 6장의 후반부에서 어떤 IPv6 네트워크에도 참여할 수 있는, 진정한 IPv6(스레드) 호환 계층과 802.15.4 프로토콜 사용 WPAN의 사례를 다룰 예정이다.

6장에서는 IEEE 802.11 프로토콜을 사용하는 Wi-Fi™ 관련 표준도 살펴볼 것이다. 보통 무선 LAN(WLAN)으로 흔히 생각하는 802.11 프로토콜은 IoT 배포, 특히 스마트 센서와 게이트웨이 허브에 널리 사용되고 있다. 6장에서는 새로운 IEEE802.11ac 고속 프로토콜을 포함한 표준 802.11 와이파이 카탈로그를 공식적으로 다룰 예정이다. 802.11은 802.11p 프로토콜을 사용하는 V2V^Vehicle- to-Vehicle 시장으로 IoT의 세계를 확대하기도 하는데, 이 부분도 살펴볼 것이다. 마지막으로, 6장에서는 IEEE 802.11ah 사양을 다루는데, 이 사양은 802.11 프로토콜로 구축된 무선 LAN 솔루션이지만, 전력과 비용에 제한이 있는 IoT 센서 장치를 대상으로 하고 있다.

6장에서는 다음과 같은 주제를 다룰 예정이다.

- 인터넷 프로토콜과 전송 제어 프로토콜
- IP 지원 WPAN – 6LoWPAN
- IP 지원 WPAN – 스레드
- IEEE 802.11 프로토콜 및 WLAN

▎ 인터넷 프로토콜과 전송 제어 프로토콜

프로토콜 스택에서 IP 계층을 지원할 경우, 다른 곳에 사용할 수 있는 리소스가 여기에 소비된다. 물론 장치가 TCP/IP(전송 제어 프로토콜/인터넷 프로토콜)를 통해 통신할 수 있도록 하는 IoT 시스템을 구축하는 데에는 핵심적인 이점도 몇 가지 있다. 처음에는 이러한 이점을 차례로 살펴볼 예정이지만, 아키텍트의 역할은 무엇보다도 서비스와 기능에 드는 비용과 시스템에 미치는 영향 사이의 균형을 유지하는 것이다.

IoT에서 IP가 담당하는 역할

전반적인 에코시스템의 관점에서 봤을 때, 센서 데이터는 센서 수준에 사용되는 프로토콜과 무관하게 분석, 제어, 모니터링 등을 위해 결국 퍼블릭, 프라이빗 또는 하이브리드 클라우드에 공급된다. WPAN 밖의 세상은 WLAN 및 WAN 구성에서 확인할 수 있듯이 TCP/IP를 기반으로 한다.

IP는 다음과 같은 다양한 이유로 인해 전지구적 통신의 표준 형식으로 이용되고 있다.

- **편재성**ubiquity: IP 스택은 거의 모든 운영 체제와 모든 매체에서 제공된다. IP 통신 프로토콜은 다양한 WPAN 시스템, 셀룰러, 구리선, 광섬유, PCI Express 및 위성 시스템에서 실행될 수 있으며, IP는 모든 데이터 통신의 정확한 형식과 통신, 확인 응답 및 연결 관리에 사용되는 규칙을 지정한다.

- **장기 지속성**longevity: TCP는 1974년에 만들어졌고, 현재도 사용되고 있는 IPv4 표준이 설계된 것은 1978년의 일이었다. 모두 40년이라는 시간의 흐름 속에서도 굳건히 유지돼 온 것이다. 장기 지속성은 수십 년 간 장치와 시스템을 지원해야 하는 여러 산업 및 현장 IoT 솔루션에는 매우 중요한 특징이다. 이 40년간 여러 제조업체에서 AppleTalk, SNA, DECnet, Novell IPX 등의 기타 다양한 독점 프로토콜을 설계하긴 했으나, 그중 어느 것도 IP만큼 시장의 이목을 끌지는 못했다.

- **표준 기반**standards-based: TCP/IP는 국제 인터넷 표준화 기구IETF, Internet Engineering Task Force에서 관리한다. IETF는 인터넷 프로토콜을 위주로 한 일련의 개방형 표준을 유지하고 관리하는 역할을 담당하고 있다.

- **확장성**scalability: IP의 확장성과 적응력은 이미 입증된 바 있다. IP 네트워크는 수십억 사용자와 그보다 많은 수의 장치로 대규모 확장을 선보이기도 했다. IPv6는 지구를 구성하는 모든 원자에 고유한 IP 주소를 할당하고도 여전히 100개 이상의 세계를 지원할 수 있다.

- **안정성**reliability: IP의 핵심은 데이터 전송을 위한 안정적인 프로토콜이다. IP는 비연결형 네트워크에 기반한 패킷 전송 시스템을 통해 데이터를 전송한다. 이러한 서비스는 개념상 불안정한 것으로 여겨지는데, 이는 데이터의 전송이 보장되지 않는다는 의미다. 각 패킷이 서로 독립적으로 취급되므로 IP는 비연결형이며 다양한 경로를 통해 패킷을 전송하기 위한 모든 노력이 이뤄지므로 이러한 IP를 **최선형 서비스**best-effort delivery라고도 한다. 이 모델의 강점을 이용하면 아키텍트는 전송 메커니즘을 다른 것으로 교체할 수 있으며, 이는 근본적으로 스택의 계층 1과 2를 다른 것으로 교체하는 것이다(예: 셀룰러를 와이파이로).

- **관리 용이성**manageability: IP 네트워크와 IP 네트워크상의 장치를 관리하는 도구는 다양하게 존재한다. 모델링 도구, 네트워크 스니퍼, 진단 도구를 비롯한 다양한 어플라이언스가 네트워크의 구축, 확장, 유지 관리를 지원하기 위해 존재한다.

전송 계층 또한 고려해 볼 만하다. IP는 확실하게 지원되고 견고한 네트워크 계층의 요구 사항을 충족하는 한편, 전송 계층에는 TCP와 **유니버설 데이터그램 프로토콜**UDP, Universal Datagram Protocol이 필요하다. 전송 계층은 종단 간 통신을 담당한다. 여러 호스트와 다양한 네트워크 구성 요소 사이의 논리적 통신이 바로 이 수준에서 다뤄진다. UDP가 비연결형 송신에 사용되는 반면, TCP는 연결 지향적 송신에 사용된다. UDP는 태생적으로 TCP보다 구현하기가 훨씬 간단하지만, TCP만큼 탄력적이지는 않다. IP 프로토콜을 사용해 패킷이 순서대로 전송된다는 보장이 없기 때문에 두 서비스는 모두 세그먼트 재배열을 지원한다. TCP는 또한 확인 응답 메시지를 사용하고 유실된 메시지를 재전송함으로써 불안정한 IP 네트워크 계층에 신뢰 계층을 제공하기도 한다. 이에 더해, TCP는 슬라이딩 윈도우와 혼잡 회피 알고리즘을 사용해 흐름 제어도 지원한다. UDP는 존재 또는 안정성 여부와 상관 없이 여러 장치로 데이터를 브로드캐스트하는 가벼우면서도 빠른 방식을 제공한다.

다음은 표준 7계층 오픈소스 상호 연결 모델Open Source Interconnection Model 스택이다.

오픈소스 상호 연결^{OSI} 모델

계층	목적/기능	사용되는 프로토콜	기본 데이터 유형
7. 애플리케이션	사용자 애플리케이션 계층: 브라우저, ftp, 앱 등 (원격 파일 액세스, 리소스 공유, LDAP, SNMP)	SMTP FTP	데이터
6. 표현	신택스 계층: 암호화, 압축(선택 사항) (데이터 암호화/복호화, 코덱, 변환)	JPEG, ASCII, ROT13	데이터
5. 세션 계층	동기화 및 논리 포트 라우팅 (세션 수립, 시작 및 종료, 보안, 로깅, 이름 인식)	RPC, NFS, NetBIOS	데이터
4. 전송 계층	TCP: 호스트-호스트 및 플로우 제어(엔드 투 엔드 연결 및 안정성, 메시지 분할, 확인 응답, 세션 다중화)	TCP/UDP	TCP: 세그먼트 UDP: 데이터그램
3. 네트워크 계층	패킷: IP 주소(경로 결정, 논리 주소 지정, 라우팅, 트래픽 제어, 프레임 분할, 서브넷 관리)	IP, IPx, ICMP	패킷
2. 데이터 링크 계층	데이터 프레임: MAC 주소, 패킷(물리 주소 지정, 미디어 액세스 제어, LLC, 프레임 오류 확인, 시퀀싱 및 순서 재지정)	PPP/SLIP	프레임
1. 물리 계층	물리적 장치: 케이블, 파이버, RF 스펙트럼(데이터 인코딩, 미디어 첨부, 기저대역/광대역 시그널링, 바이너리 전송)	Coax, 파이버, 무선	비트/신호

완전한 7계층 OSI 모델. TCP/IP는 계층 3과 4에 해당한다.

IoT의 관점에서 IP가 데이터 소스 가까이 오게 되면 데이터를 관리하는 두 부분이 서로 연결된다. **정보 기술**$^{IT, Information Technology}$의 역할은 네트워크와 네트워크에 있는 사물들의 인프라와 보안, 프로비저닝 등을 관리하는 것이다. **운영 기술**$^{OT, Operational Technology}$은 뭔가 생산하는 기능을 담당하는 시스템의 상태와 산출을 관리하는 역할을 담당한다. 센서, 미터기, 프로그래밍식 컨트롤러 등이 최소한 서로 직접적인 방식으로는 연결돼 있지 않았기 때문에 이 두 가지 역할은 분리돼 있는 것이 일반적이었다. 산업 IoT의 관점에서 봤을 때, 독점 표준은 OT 시스템을 관리한다.

IP 지원 WPAN — 6LoWPAN

가장 크기가 작고 리소스가 제한되는 장치에서도 IP 사물 식별 능력을 활용하고자 하는 노력의 일환으로 6LoWPAN 개념이 2005년에 형성됐다. 워킹 그룹은 사양 RFC 4944하에서 IETF의 설계를 공식화했으며, 나중에 헤더 압축을 위해 RFC 6282로, 이웃 탐색을 위해 RFC 6775로 업데이트했다. 그러나 이 컨소시엄은 활동을 종료했으며 표준만이 누구나 사용하고 구현할 수 있도록 개방돼 있다. 6LoWPAN은 '저전력 WPAN을 통한 IPV6[IPV6 over low power WPAN]'을 나타내는 약어다. 전력과 공간에 제약이 있고 고대역폭 네트워킹 서비스를 필요로 하지 않는 장치에서 저전력 RF 통신을 통한 IP 네트워킹이 가능하도록 하는 것을 목표로 한다. 이 프로토콜은 Bluetooth, 1GHz 미만 RF 프로토콜 및 **전력선 통신**[PLC, Power Line Controller]뿐만 아니라 802.15.4와 같은 기타 WPAN에 사용될 수 있다. 6LoWPAN의 가장 큰 장점은 가장 단순한 형태의 센서도 IP 식별 능력을 갖출 수 있으며, 3G/4G/LTE/와이파이/이더넷 라우터를 통한 네트워크의 일원이 될 수 있다는 사실이다. 부차적 효과로는 IPV6를 통해 고유 주소가 2^{128}개 혹은 3.4×10^{38}개에 달하는 상당한 이론적 사물 식별 능력이 실현된다는 점을 들 수 있다. 이 2020년까지 인터넷에 연결된 장치 약 500억 대를 충분히 처리할 수 있는 수치이며, 이 숫자는 계속해서 증가할 전망이다. 이러한 이유로, IPV6는 IoT의 성장에 발맞춰 가기에 적합하다.

6LoWPAN 토폴로지

6LoWPAN 네트워크는 보다 큰 규모의 네트워크 주변에 존재하는 메시 네트워크다. 이 토폴로지는 유연성이 뛰어나기 때문에 애드 혹 네트워크와 산발적 네트워크에서도 바인딩 없이 인터넷이나 다른 시스템 또는 백본이나 인터넷 사용 에지 라우터에 연결할 수 있다. 6LoWPAN 네트워크는 여러 에지 라우터와 결합할 수 있는데, 이를 일컬어 **멀티호밍**[multi-homing]이라 한다. 또한, 애드혹 네트워크는 에지 라우터에 인터넷으로 연결되지 않아도 형성할 수 있다. 이러한 토폴로지는 다음과 같이 도식화된다.

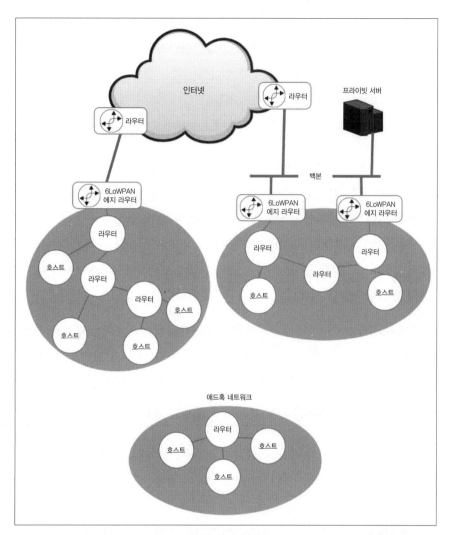

6LoWPAN 토폴로지

에지 라우터(보더 라우터라고도 함)는 다음과 같은 네 가지 기능을 갖추고 있기 때문에 6LoWPAN 아키텍처에 필요하다.

- 6LoWPAN 장치의 통신을 처리하고 인터넷으로 데이터를 중계하는 기능.

- 센서 네트워크의 효율을 위해 40바이트 IPv6 헤더와 8바이트 UDP 헤더를 줄임으로써 IPv6 헤더 압축을 수행하는 기능. 일반적인 40바이트 IPv6 헤더는 용도에 따라 2~20바이트로 압축할 수 있다.
- 6LoWPAN 네트워크를 개시하는 기능.
- 6LoWPAN 네트워크상의 장치 사이에 데이터를 교환하는 기능.

에지 라우터는 규모가 큰 기존 네트워크 페리미터에서 6LoWPAN 메시 네트워크를 형성한다. 여기에서는 필요한 경우 IPV6과 IPV4 사이의 교환이 중개되기도 한다. 데이터그램은 IP 네트워크에서와 유사한 방식으로 처리되는데, 이렇게 할 경우 독점 프로토콜에 비해 몇 가지 이점이 존재한다. 6LoWPAN 네트워크 내의 모든 노드는 에지 라우터에서 만들어진 동일한 IPv6 접두사를 공유한다. 노드는 **네트워크 탐색**ND, Network Discovery 단계의 일환으로 에지 라우터를 등록한다.

ND는 로컬 6LoWPAN 메시의 호스트와 라우터가 서로 상호 작용하는 방식을 제어한다. 멀티호밍을 사용하면 여러 6LoWPAN 에지 라우터에서 네트워크를 관리할 수 있다. 일례로, 페일오버나 내결함성을 위해 여러 매체(4G 및 와이파이)가 필요한 경우를 들 수 있다.

6LoWPAN 메시 내에는 다음과 같은 세 가지 유형의 노드가 있다.

- **라우터 노드**router node: 이 노드들은 데이터를 하나의 6LoWPAN 메시 노드에서 다른 메시 노드로 정렬시킨다. 라우터는 WAN 및 인터넷과 외부 통신을 수행할 수도 있다.
- **호스트 노드**host node: 메시 네트워크의 호스트는 메시의 데이터를 라우팅할 수 없으며, 데이터를 소비 또는 생산하는 엔드포인트일 뿐이다. 호스트는 절전 상태에 있다가 이따금씩 깨어나 데이터를 생산하거나 부모 라우터에 캐시된 데이터를 수신할 수 있다.
- **에지 라우터**edge router: 앞서 서술된 바와 같이 WAN 에지에 위치한 게이트웨이와 메시 컨트롤러에 해당한다. 6LoWPAN 메시의 관리는 에지 라우터에서 담당한다.

노드는 메시 내에서 자유롭게 움직이며 재구성과 재조직이 가능하다. 덕분에 노드는 멀티홈 시나리오 속의 다른 에지 라우터와 함께 움직이거나 연결될 수 있으며, 심지어 다른 6LoWPAN 메시 사이를 이동하는 것도 가능하다. 이처럼 토폴로지는 신호 강도 또는 노드의 물리적 이동 등과 같이 다양한 이유로 변할 수 있다. 토폴로지에 변경 사항이 있을 경우 연결된 노드의 IPv6 주소 또한 자연스럽게 변하게 된다.

 에지 라우터가 없는 애드혹 메시에서 6LoWPAN 라우터 노드는 6LoWPAN 메시를 관리할 수 있는데, 이는 WAN이 반드시 인터넷에 연결될 필요가 없는 경우에 해당한다. 일반적으로 소규모 애드혹 네트워크에 IPv6 사물 식별 능력이 필요치 않은 것으로 여겨지는 경우는 드물다. 라우터 노드는 다음의 두 가지 필수 기능을 지원할 수 있도록 구성된다.

- 고유한 로컬 유니캐스트 주소 생성
- 인접 검색 ND 등록 수행

애드혹 메시 IPv6 접두사는 대규모 글로벌 WAN IPv6 접두사가 아닌 로컬 접두사다.

6LoWPAN 프로토콜 스택

802.15.4와 같은 형태의 통신 매체로 6LoWPAN을 활용하기 위해서는 IP 프로토콜을 지원하는 데 필요한 일련의 권장 기능이 필요하다. 이러한 기능에는 프레이밍, 유니캐스트 전송 및 주소 지정이 포함된다. 다음 그림에서 확인할 수 있듯이 물리 계층은 무선으로 데이터 비트를 수신하고 변환하는 역할을 담당한다. 이 예시에서 말하는 링크 계층은 IEEE 802.15.4다. 물리 계층 위에는 데이터 링크 계층이 존재하며, 물리 계층의 오류를 발견하고 정정하는 역할을 맡는다. 802.15.4의 물리 계층과 데이터 링크 계층에 관한 자세한 정보는 6장의 앞부분에서 다룬 바 있다. 6LoWPAN 스택과 OSI 모델은 다음과 같이 비교해 볼 수 있다.

6LoWPAN 프로토콜 스택	단순화된 OSI 모델
HTTP, CoAP, MQTT 등	5. 애플리케이션 계층
UPD, TCP 보안: TLS/DTLS	4. 전송 계층
IPV6, RPL 6LoWPAN	3. 네트워크 계층
IEEE 802.15.4 MAC 계층	2. 데이터 링크 계층
IEEE 802.15.4 PHY	1. 물리 계층

6LoWPAN 프로토콜 스택과 단순화된 OSI 모델의 비교. 6LoWPAN은 802.15.4나 Bluetooth와 같은 다른 프로토콜 위에 상주하며 물리 주소와 MAC 주소를 제공한다.

장치와 게이트웨이 사이의 관계는 IP 트래픽을 센서 수준에서 활성화해 비IP 프로토콜에서 IP 프로토콜로 데이터를 변환하는 데 애플리케이션 계층의 일부 형태를 활용한다. Bluetooth, Zigbee, Z-Wave는 모두 자체 기본 프로토콜에서 IP를 통해 통신 가능한 뭔가(데이터 라우팅을 의도하는 경우)로 변환할 수 있는 형식을 갖추고 있다. 에지 라우터는 네트워크 계층에서 데이터그램을 전송하며, 이로 인해 라우터는 애플리케이션 상태를 유지할 필요가 없어진다. 애플리케이션 프로토콜이 변경되는 경우에도 6LoWPAN 게이트웨이에는 영향이 미치지 않는다. 그러나 애플리케이션 프로토콜이 비IP 프로토콜 중 하나로 변경될 경우, 게이트웨이는 자체 애플리케이션 로직 또한 변경해야 한다. 6LoWPAN의 경우, 세 번째 계층(네트워크 계층) 내와 두 번째 계층(데이터 링크 계층) 위에 적응 계층이 존재하며, 이 적응 계층은 IETF에서 정의한다.

메시 주소 지정 및 라우팅

메시 라우팅은 물리 계층과 데이터 링크 계층에서 이뤄지며, 이를 통해 패킷이 멀티 호핑을 사용하는 동적 메시로 흐를 수 있게 된다. 앞서도 메시 언더와 루트 오버 라우팅을 논의하였으나, 이 절에서는 라우팅의 형식에 관해 좀 더 깊게 들어가 보도록 하자.

6LoWPAN 메시 네트워크에서는 라우팅에 두 가지 방식을 활용한다.

- **메시 언더 네트워크**^{mesh-under network}: 메시 언더 토폴로지에서 라우팅은 투명하게 이뤄지며, 단일 IP 서브넷이 메시 전체를 대표하는 것으로 가정한다. 메시지는 단일 도메인에서 브로드캐스트돼 메시 내의 모든 장치로 전송된다. 앞서 언급한 바와 같이 여기에서는 상당한 트래픽이 발생한다. 메시 언더 라우팅은 메시 내의 홉에서 홉으로 이동하지만, 패킷은 스택의 두 번째 계층(데이터 링크 계층)까지만 전달된다. 802.15.4은 두 번째 계층에서 각 홉의 모든 라우팅을 처리한다.
- **루트 오버 네트워크**^{route-over network}: 루트 오버 토폴로지의 경우 네트워크가 스택의 세 번째 계층(네트워크 계층)까지 패킷을 전달하는 책임을 맡는다. 루트 오버 방식으로는 IP 수준에서 루트를 관리하며, 각 홉은 하나의 IP 라우터를 나타낸다.

다음 그림에는 메시 언더 라우팅과 루트 오버 라우팅의 차이점이 나타나 있다.

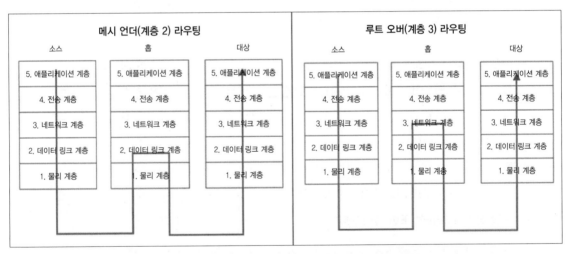

메시 언더 네트워킹과 루트 오버 네트워킹의 차이점. 중간의 홉은 메시 내의
다음 노드로 옮겨가기 전에 각 스택에서 패킷이 어느 계층까지 전달됐는지를 나타낸다.

루트 오버 네트워크의 모든 라우터 노드는 똑같은 능력을 가지며, 일반적인 IP 라우터보다 더 많은 일련의 기능(예: 중복 주소 감지)을 수행할 수 있다. RFC6550에는 루트 오버 프로토콜인 RPL(Ripple)이 공식적으로 정의돼 있다. 루트 오버 아키텍처의 장점은 기존 TCP/IP 통신과의 유사성이다. RPL는 멀티포인트-포인트 통신(메시상의 장치에서 발생한 트래픽이 인터넷상의 중앙 서버와 통신하는 경우)과 포인트-멀티포인트 통신(중앙 서비스에서 메시상의 장치로 통신하는 경우)을 지원한다.

RPL 프로토콜에는 루트 테이블을 관리하는 두 가지 모드가 있다.

- **저장 모드**storing mode : 6LoWPAN 메시에 라우터로 구성된 모든 장치가 라우팅과 이웃 테이블을 유지 관리한다.
- **비저장 모드**non-storing mode : 에지 라우터와 같은 단일 장치로만 라우팅과 이웃 테이블을 유지 관리한다. 데이터를 6LoWPAN 메시 내에 있는 하나의 호스트에서 다른 호스트로 전송하기 위해, 루트를 계산한 다음 송신기로 전송하는 라우터로 데이터를 보낸다.

이웃 테이블은 각 노드에 직접 연결된 이웃을 유지 관리하는 반면, 라우팅 테이블은 그 이름에서 알 수 있듯이 메시 라우팅 경로를 포함한다. 이는 메시의 패킷을 전송하기 위해 항상 에지 라우터를 참조한다는 사실을 뜻한다. 덕분에 라우터 노드에서는 대규모 라우팅 테이블을 관리하지 않아도 되지만, 에지 라우터를 반드시 참조해야 하기 때문에 패킷 이동 시 다소간의 레이턴시가 발생하게 된다. 각 노드에 저장된 라우팅 테이블을 관리하는 데 필요한 저장 모드 시스템의 프로세싱 및 메모리 요구 사항이 높아지지만, 그만큼 루트 수립 경로의 효율성 또한 높아진다.

다음 그림에서 홉 수와 소스 주소, 대상 주소 필드를 확인할 수 있다. 이러한 필드는 주소 해석 및 라우팅 단계에서 사용된다. 홉 수는 처음에 높은 값으로 설정되었다가 패킷이 메시의 노드에서 노드로 전파될 때마다 줄어든다. 이는 홉 수의 한계가 0에 도달하면 패킷이 메시에서 누락되도록 만든 것이다. 그 결과, 호스트 노드가 메시에서 스스로를 제거하고 더 이상 도달할 수 없게 될 경우 네트워크를 통제할 수 없게 되는 상황을 방지할 수 있는 방편이 마련된다. 소스 및 대상 주소는 802.15.4 주소이며, 802.15.4에서 허용되는 바에 따라 짧거나 확장된 형식을 취할 수 있다. 헤더는 다음과 같이 구성된다.

6LoWPAN 메시 주소 지정 헤더				
	8비트	16비트	16비트	
802.15.4 헤더	6LoWPAN 메시 주소 헤더 및 홉 수	소스 주소	대상 주소	FCS

6LoWPAN 헤시 주소 지정 헤더

헤더 압축 및 단편화

사물의 IP 주소가 사실상 무제한에 가깝다는 사실은 상당한 장점으로 작용하지만, 802.15.4 링크에 IPv6를 적용할 경우 6LoWPAN를 쓸 만하게 만들기 위해서는 극복해야 하는 상당한 문제점 또한 존재한다. 첫 번째로 802.15.4의 경우에는 127바이트의 제한이 있는데 IPv6의 **최대 전송 단위**MTU, Maximum Transmission Unit 크기가 1280바이트에 달한다는 사실을 들 수 있다. 두 번째 문제는 IPv6를 사용하면 보통 이미 비대화된 프로토콜에 상당 부분이 더해지게 된다는 점이다. 예컨대, IPv6의 경우 헤더 길이만 40바이트를 차지한다.

 참고로, IEEE 802.15.4g에는 127바이트의 프레임 길이 제한이 없다.

헤더 압축은 효율성을 위해 IPv6 표준 헤더의 리던던시를 제거하고 압축하기 위한 수단이다. 보통 헤더 압축은 상태에 기반하는데, 이는 고정 링크와 안정적인 연결이 지원되는 네트워크에서 제대로 작동한다는 것을 의미하며, 6LoWPAN과 같은 메시 네트워크의 경우에는 작동하지 않는다. 패킷 호핑은 노드 사이에서 이뤄지며, 각 홉마다 패킷의 압축과 해제가 필요하다. 뿐만 아니라 루트는 동적이고 변경될 수 있으나 송신은 장시간 지속이 불가한 경우가 있다. 따라서 6LoWPAN는 맥락이 공유된 스테이트리스^{stateless} 압축을 채택했다. 압축 유형은 다음에서 볼 수 있듯이 패킷의 소스와 대상이 존재하는 위치를 비롯해, RFC6922가 아닌 RFC4944의 사용 등 특정 사양의 충족 여부에 영향을 받는다.

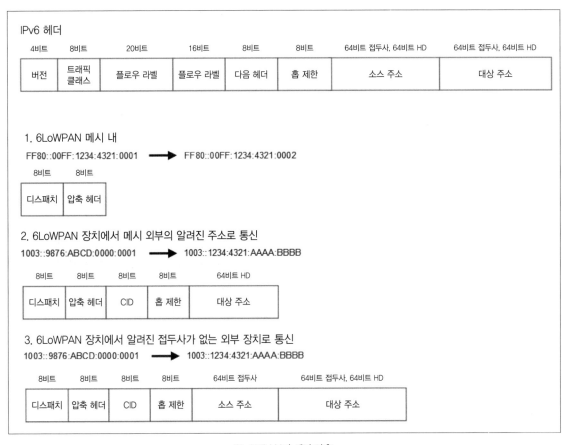

6LoWPAN의 헤더 압축

6LoWPAN의 헤더 압축에는 로컬 메시 내에 있는지, 메시 밖에 있으나 알려진 주소에 대한 것인지, 메시 밖의 알려지지 않은 주소에 대한 것인지를 기준으로 세 가지 유형이 존재한다. 헤더가 40바이트인 표준 IPv6에 비해, 6LoWPAN는 2~20바이트로 압축할 수 있다.

238

앞장의 그림에 있는 첫 번째 사례는 로컬 메시의 노드 사이에 이뤄지는 통신에 관한 최적의 사례다. 이 압축된 헤더 형식으로는 어떤 데이터도 외부로 WAN에 전송되지 않는다. 두 번째 사례에서는 데이터가 알려진 주소에 대한 WAN에 외부로 전송되며, 마지막 사례는 유사하지만 알려지지 않은 주소로 전송되는 경우다. 최악의 경우인 세 번째 사례에서도 압축으로 인해 트래픽이 50퍼센트 감소되는 효과가 나타난다. 6LoWPAN에서는 UDP 압축도 허용되는데, 이는 이 책의 범위를 벗어나므로 여기에서는 다루지 않는다.

단편화는 부차적인 문제인데, 이는 MTU 크기가 1280바이트일 경우 802.15.4(127바이트)와 IPv6 사이에서 호환되지 않는다는 사실 때문이다. 단편화 시스템을 통해 각 IPv6 프레임은 보다 작은 세그먼트로 나눠어진다. 수신 측에서는 단편화의 재조립이 이뤄진다. 단편화는 메시 구성 중에 선택된 라우팅 유형에 따라 달라진다(메시 언더와 루트 오버 라우팅은 나중에 다루기로 한다). 단편화의 유형과 제약은 다음과 같이 주어진다.

- **메시 언더 라우팅 단편화**mesh-under routing fragmentation: 최종 대상에서만 단편의 재조립이 이뤄진다. 재조립 중에는 모든 단편화가 고려돼야 한다. 누락되는 부분이 있을 경우, 전체 패킷의 재전송이 필요하다. 참고로, 메시 언더 시스템에서는 모든 단편화가 즉각적으로 전송돼야 한다. 이로 인해 폭발적인 트래픽이 발생하게 된다.
- **루트 오버 라우팅 단편화**route-over routing fragmentation: 단편은 메시의 모든 홉에서 재조립된다. 각 노드는 루트를 따라 모든 단편을 재구성할 수 있을 만큼의 리소스와 정보를 실어 나른다.

단편화 헤더에는 데이터그램 크기 필드가 포함돼 있는데, 여기에서는 단편화되지 않은 데이터의 총 크기가 정해진다. 데이터그램 태그 필드에서는 페이로드에 속하는 일련의 단편을 식별하며, 데이터그램 오프셋은 단편이 페이로드 시퀀스에서 속하는 위치를 나타낸다. 참고로, 새로운 단편 시퀀스의 오프셋은 0에서 시작해야 하므로 데이터그램 오프셋은 전송된 첫 번째 단편에는 사용되지 않는다.

6LoWPAN 메시 주소 지정 헤더					
	8비트	8비트	16비트		
802.15.4 헤더	6LoWPAN 단편화 헤더	데이터그램 크기	데이터그램 태그	데이터그램 오프셋	FCS

6LoWPAN 단편화 헤더

단편화는 리소스 집약적인 작업으로, 프로세싱과 배터리 기반 센서 노드에서도 활용 가능한 에너지 능력을 요한다. (애플리케이션 수준에서) 데이터 크기를 제한하고 헤더 압축을 사용해 대규모 메시의 전력 및 리소스 제약을 줄이는 것이 도움이 될 것이다.

이웃 탐색

이웃 탐색ND, Neighbor Discovery은 RFC4861에 1홉 거리의 라우팅 프로토콜로 정의돼 있다. 메시의 인접 노드 간 공식적인 계약으로, 이를 통해 노드끼리 서로 통신이 가능해진다. ND는 메시의 확장, 축소, 변형에 따라 새로운 이웃을 탐색하는 과정으로, 그 결과 새롭게 변화된 관계가 수립된다. ND에는 두 가지 기본 과정과 네 가지 기본 메시지 유형이 있다.

- 이웃 찾기finding neighbor: 여기에는 이웃 등록NR, Neighbor Registration과 이웃 확인NC, Neighbor Confirmation 단계가 포함된다.
- 라우터 찾기finding router: 여기에는 라우터 정보 요청RS, Router Solicitation과 라우터 애드버타이즈먼트RA, Router Advertisement 단계가 포함된다.

ND 중에는 충돌이 발생할 수 있다. 예컨대 호스트 노드와 라우터의 연결이 끊기고 동일한 노드의 다른 라우터와 연결되는 상황을 들 수 있다. ND는 사양의 일부로 중복 주소와 도달 불가한 이웃을 찾도록 돼 있다. DHCPv6은 이웃 탐색과 함께 사용하는 것도 가능하다.

802.15.4 지원 장치의 부트스트랩이 물리 계층과 데이터 링크 계층을 통해 완료되고 나면, 6LoWPAN은 이웃 탐색을 수행하고 메시를 확장시킬 수 있다. 이 절차는 다음과 같이 진행되며 이어지는 그림처럼 도식화할 수 있다.

1. 저전력 무선에 적합한 링크와 서브넷을 찾는다.
2. 노드 개시 제어 트래픽을 최소화한다.
3. 호스트에서 RS 메시지를 밖으로 전송해 메시 네트워크 접두사를 요청한다.
4. 라우터가 접두사로 응답한다.
5. 호스트가 스스로 링크−로컬 유니캐스트 주소를 할당한다(FE80::IID).
6. 호스트는 NR 메시지에 이 링크−로컬 유니캐스트 주소를 담아 메시로 전송한다.
7. 지정된 시간 동안 NC를 기다리며 **중복 주소 탐지**DAD, Duplicate Address Detection를 수행한다. 제한 시간이 만료되고 나면 해당 주소는 사용되고 있지 않은 것으로 가정한다.

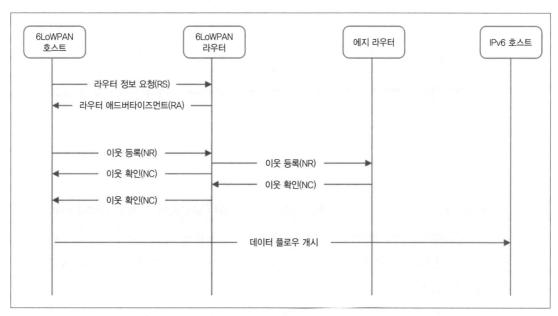

단순화된 이웃 탐색 시퀀스. 6LoWPAN 메시 노드에서 메시 라우터를 통해
에지 라우터로 이어진 다음, 광역 네트워크에 연결된다.

호스트가 구성되고 나면 고유한 IPv6 주소로 인터넷을 통해 통신을 시작할 수 있다.

메시 언더 라우팅을 사용할 경우, 5단계에서 얻은 링크-로컬 주소를 통해 6LoWPAN 메시의 다른 어떤 노드와도 통신할 수 있다. 루트 오버 방식의 경우, 링크-로컬 주소를 사용하면 1홉 거리에 있는 노드와만 통신이 가능하다. 1홉 거리 이상이라면 라우팅이 가능한 전체 주소가 필요하다.

6LoWPAN 보안

WPAN 시스템에서는 통신을 스니핑하거나 엿듣는 것이 쉽기 때문에 6LoWPAN은 다양한 수준의 보안을 제공한다. 프로토콜의 802.15.4 레벨 2에서는 6LoWPAN의 데이터 보안에 AES-128 암호화가 사용된다. 또한, 802.15.4는 카운터 모드 CBC-MAC(CCM)을 통해 암호화와 무결성 확인을 지원한다. 802.15.4 네트워크 구성 요소를 제공하는 대부분의 칩셋에도 성능 향상을 위한 하드웨어 암호화 엔진이 포함돼 있다.

6LoWPAN 프로토콜의 세 번째 계층(네트워크 계층)에는 IPsec 표준 보안(RFC4301)을 사용하는 옵션이 있으며, 다음과 같은 내용이 포함된다.

- **인증 헤더**AH, Authentication Handler : RFC4302에 정의된 바에 따라 무결성 보호와 인증을 수행한다.
- **ESP**Encapsulating Security Payload : RFC4303에 더해 패킷의 기밀성을 확보하기 위한 암호화를 추가로 수행한다.

지금까지는 ESP가 가장 일반적인 세 번째 계층의 보안 패킷 형식이었다. 뿐만 아니라 ESP 모드는 두 번째 계층 하드웨어에 사용했던 AES/CCM를 세 번째 계층의 암호화에 재사용하는 문제를 정의하기도 한다(RFC4309). 그 결과 세 번째 계층의 보안은 제한된 6LoWPAN 노드에 적합해진다.

242

6LoWPAN은 링크 계층 보안뿐만 아니라 TCP에 **전송 계층 보안**TLS, Transport Layer Security을, 그리고 UDP 트래픽에 **데이터그램 전송 계층**DTLS, Datagram Transport Layer Security도 활용한다.

▌ IP 지원 WPAN – 스레드

스레드는 상대적으로 새로운 IoT용 네트워킹 프로토콜로, IPV6(6LoWPAN)을 기반으로 한다. 스레드는 주된 대상은 홈 연결과 홈 자동화다. 스레드는 2014년 7월 스레드 그룹 얼라이언스Thread Group Alliance로 시작했으며 알파벳Alphabet(구글의 지주 회사), 퀄컴Qualcomm, 삼성, ARM, 실리콘 랩스Silicon Labs, 예일Yale(locks), 타이코Tyco 등의 기업이 참가 중이다.

IEEE 802.15.4 프로토콜과 6LoWPAN에 기반한 스레드에는 Zigbee을 비롯한 다른 802.15.4 변종과의 공통점이 있으나, 스레드는 IP 주소를 지정할 수 있다는 중요한 차이점이 있다. 이 IP 프로토콜은 802.15.4와 6LoWPAN의 보안 및 라우팅과 같은 기능으로 구현되는 데이터 계층과 물리 계층을 바탕으로 구축된다. 스레드 또한 메시 기반으로, 하나의 메시에 최대 250개의 장치가 지원되는 홈 조명 시스템에 적합하다. 가장 작은 센서와 홈 오토메이션 시스템에서도 IP 주소 지정이 가능해지면 프로토콜이 네트워크 계층에서 데이터그램을 사용하므로 애플리케이션 상태를 유지할 필요가 없기 때문에 전력을 줄일 수 있다는 것이 스레드의 바탕에 깔린 개념이다. 이는 곧 스레드 메시 네트워크를 호스팅하는 에지 라우터에서 애플리케이션 계층 프로토콜을 처리할 필요가 없어, 전력 및 프로세싱 요구 사항을 낮출 수 있다는 사실을 의미하기도 한다. 마지막으로, IPV6을 준수하기 때문에 **고급 암호화 표준**AES, Advanced Encryption Standard으로 암호화된 모든 통신은 생내적으로 보안이 유지된다. 스레드 메시에는 최대 250개의 노드가 존재할 수 있으며, 모두 완전히 암호화된 전송과 인증을 지원한다. 소프트웨어 업그레이드를 통해 기존의 802.15.4 장치도 스레드와 호환될 수 있다.

스레드 아키텍처와 토폴로지

IEEE 802.15.4-2006 표준에 기반한 스레드에서는 **매체 접근 제어**MAC, Medium Access Controller 와 물리PHY 계층을 정의하는 사양을 사용하며, 2.4GHz 대역의 250Kbps에서 작동한다.

토폴로지의 관점에서 보면 스레드는 경계 라우터(가정의 경우, 보통 와이파이 신호)를 통해 다른 장치와 연결을 수립한다. 나머지 통신은 802.15.4를 기반으로 하며 자동 복구 메시를 형성한다. 이러한 토폴로지의 예는 다음에서 확인할 수 있다.

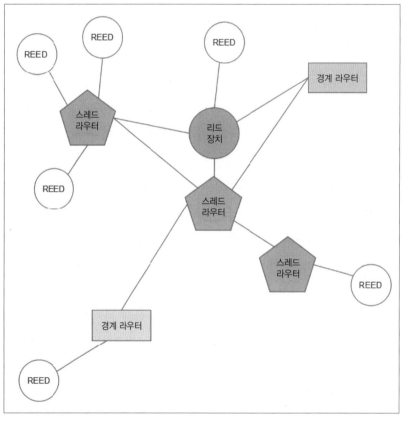

경계 라우터, 스레드 라우터, 리드 장치, 메시 내에서 결합할 수 있는
IoT 장치가 포함된 스레드 네트워크 토폴로지의 예. 상호 연결은 가변적이며 자체적으로 복구된다.

다음은 스레드 아키텍처에 있는 다양한 장치의 역할이다.

- **경계 라우터**border router : 경계 라우터는 기본적으로 게이트웨이다. 홈 네트워크의 경우 경계 라우터는 와이파이에서 스레드로의 통신 교차점이 되며, 경계 라우터 아래에서 실행되는 스레드 메시에서 인터넷으로 들어가는 진입로를 형성한다. 스레드 사양에서는 다수의 경계 라우터가 허용된다.

- **리드 장치**lead device : 리드 장치는 할당된 라우터 ID의 레지스트리를 관리한다. 리드는 **라우터 적격 단말 장치**REED, Router-Eligible End Device가 라우터로 승격되도록 요청을 제어하기도 한다. 리더는 라우터로도 동작할 수 있으며 디바이스 엔드device-end 자녀를 가질 수 있다. 라우터 주소 할당을 위한 프로토콜은 **CoAP**Constrained Application Protocol이라고 한다. 리드 장치에서 관리하는 상태 정보는 다른 스레드 라우터에 저장될 수도 있다. 이로 인해 리더의 연결이 유실될 경우에도 자동 복구와 페일 오버가 가능해진다.

- **스레드 라우터**thread router : 스레드 라우터는 메시의 라우팅 서비스를 관리한다. 스레드 라우터는 절전 상태에 들어가지 않지만 사양을 통해 REED가 되도록 다운 그레이드하는 것은 가능하다.

- **REED** : REED인 호스트 장치는 라우터 또는 리더가 될 수 있다. REED는 라우터나 리더로 승격되지 않는 이상 메시의 라우팅을 담당하지 않는다. REED는 또한 메시지를 중계하거나 장치와 메시에 합류할 수도 없다. REED는 본질적으로 엔트포인트거나 네트워크의 리프 노드다.

- **단말 장치**end device : 엔드포인트 중에는 라우터가 될 수 없는 경우가 있다. 이러한 REED가 속할 수 있는 범주에는 **전체 단말 장치**FED, Full End Device와 **최소 단말 장치**MED, Minimal End Device의 두 가지가 있다.

- **절전 단말 장치**sleepy end device : 절전 상태에 들어간 호스트 장치는 연결된 스레드 라우터와만 통신할 수 있으며 메시지를 중계할 수는 없다.

스레드 프로토콜 스택

스레드는 6LoWPAN의 모든 장점에 더해 헤더 압축, IPv6 주소 지정, 보안 등의 장점도 충분히 활용한다. 스레드는 또한 앞선 절에서 설명한 6LoWPAN의 단편화 방식을 사용하는데, 여기에 다음과 같은 두 가지 추가 스택 구성 요소가 더해진다.

- 거리 벡터 라우팅
- 메시 링크 수립

스레드 프로토콜 스택	단순화된 OSI 모델
HTTP, CoAP, MQTT 등	5. 애플리케이션 계층
메시 링크 수립(MLE) 및 TLS/DTLS UDP	4. 전송 계층
거리 벡터 라우팅 IPv6 6LoWPAN	3. 네트워크 계층
IEEE 802.15.4 MAC 계층	2. 데이터 링크 계층
IEEE 802.15.4 PHY	1. 물리 계층

스레드 프로토콜 스택

스레드 라우팅

스레드는 6LoWPAN 라우팅에 앞선 절에서 설명한 루트 오버 라우팅을 사용한다. 하나의 스레드 네트워크에는 최대 32개의 활성 라우터가 허용되며, 루트 트래버설route traversal은 넥스트 홉 라우팅을 기준으로 한다. 마스터 루트 테이블을 유지 관리하는 것은 스택이다. 모든 라우터는 네트워크의 최신 라우팅 사본을 갖는다.

메시 **링크 수립**MLE, Mesh Link Establishment은 네트워크에 있는 하나의 라우터에서 다른 라우터로 경로를 가로지르는 데 드는 비용을 업데이트하는 방식이다. 뿐만 아니라 MLE는 메시의 이웃 노드를 식별하고 구성한 다음 보안하는 방식도 제공한다. 메시 네트워크의 역동적인 확장, 축소, 변형이 가능하므로, MLE는 토폴로지를 재구성할 수 있는 메커니즘을 마련하기도 한다. MLE는 다른 모든 라우터와 압축된 형식으로 경로 비용을 교환한다. MLE 메시지는 **저전력 손실 네트워크용 멀티캐스트 프로토콜**MPL, Multicast Protocol for Low Power and Lossy Network에 의해 브로드캐스트 방식으로 네트워크를 플러딩한다.

일반적인 802.15.4 네트워크에는 온디맨드 루트 탐색이 사용된다. 이 방식에는 비용이 많이 들 수 있으므로(네트워크를 플러딩하는 루트 탐색으로 인한 대역) 스레드의 경우 이러한 방식은 사용하지 않으려고 한다. 스레드 네트워크 라우터는 주기적으로 이웃과 MLE 애드버타이즈먼트 패킷을 링크 비용 정보로 교환하는데, 이는 필연적으로 모든 라우터가 현재 경로 목록을 갖도록 강제한다. 루트가 만료될 경우(호스트가 스레드 네트워크를 떠난 경우), 라우터는 대상에 대한 차선의 경로를 찾으려고 시도한다.

스레드는 또한 링크 품질을 측정하기도 한다. 802.15.4는 WPAN이며, 신호 강도는 동적으로 변할 수 있다는 것을 상기시켜 보자. 품질은 0(알려지지 않은 비용)에서 3(우수한 품질)까지의 값을 갖는 이웃의 수신 메시지 링크 비용으로 측정된다. 다음 표에는 품질과 비용 간의 관계가 요약돼 있다. 이러한 품질과 비용은 지속적으로 모니터링되며 자동 복구를 위해 앞서 언급된 바와 같이 주기적으로 네트워크에 브로드캐스팅된다.

링크 수	링크 비용
0	알려지지 않음
1	6
2	2
3	1

스레드 주소 지정

자녀 노드이 루트를 찾으려면 경로에서 자녀의 주소 중 상위 비트를 검사해 부모 라우터의 주소를 찾기만 하면 된다. 이 지점에서 전송 소스는 경로를 시작하는 다음 홉의 정보뿐만 아니라 자녀에 도달하는 데 드는 비용을 파악한다.

스레드 네트워크의 라우터에 대한 경로를 찾는 데는 거리 벡터 라우팅이 사용된다. 16비트 주소의 상위 6비트는 대상 라우터를 나타내는 접두사다. 대상의 하위 10비트가 0으로 설정된 경우, 최종 대상은 해당 라우터가 된다. 아니면 대상 라우터는 하위 10비트를 기준으로 패킷을 전달한다.

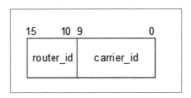

802.15.4-2006 사양에 따른 2바이트의 짧은 스레드 주소

루트가 스레드 네트워크 밖으로 확장될 경우 경계 라우터는 특정 접두사 데이터의 리더로 접두사 데이터, 6LoWPAN 콘텍스트, 경계 라우터, DHCPv6 서버 등을 포함한 신호를 전송한다. 이 정보의 통신은 스레드 네트워크를 통과하는 MLE 패킷을 통해 이뤄진다.

스레드 네트워크 내의 모든 주소 지정은 UDP를 기반으로 한다. 재시도가 필요한 경우, 스레드 네트워크는 다음을 이용한다.

- **MAC 수준 재시도**: 각 장치에서 사용하는 MAC 확인 응답이 ACK이고 넥스트 홉에서 수신되지 않는 경우
- **애플리케이션 재시도**: 애플리케이션 계층이 자체 재시도 메커니즘을 제공하는 경우

이웃 탐색

스레드에서는 **이웃 탐색**ND, Neighbor Discovery을 통해 참가할 802.15.4 네트워크를 결정하며 그 과정은 다음과 같다.

1. 참가할 장치는 위임할 라우터에 콘택트한다.
2. 참가할 장치는 모든 채널을 스캐닝한 다음 각 채널에 비콘 요청을 보내고 비콘 응답을 기다린다.
3. 네트워크 **서비스 세트 식별자**SSID, Service Set Identifier 및 참여 허용 메시지와 페이로드 가 포함된 비콘이 확인되면 장치는 이제 스레드 네트워크에 참여하게 된다.
4. 장치가 검색되고 나면, 장치에서 이웃 라우터를 식별할 수 있도록 MLE 메시지 가 브로드캐스트된다. 해당 라우터는 위임을 수행하며, 위임 모드에는 다음과 같 은 두 가지가 있다.
    - **구성**configuring : 대역외 방식을 사용해 장치를 위임한다. 이를 통해 장치는 네트 워크에 진입하자마자 스레드 네트워크에 연결될 수 있다.
    - **구축**establishing : 스마트폰, 태블릿 또는 웹 기반으로 실행되는 위임 애플리케이 션과 장치 사이의 위임 세션을 생성한다.
5. 참가할 장치는 부모 라우터에 콘택트하고 MLE 교환을 통해 네트워크에 연결 된다.

장치는 REED나 단말 장치로 존재하게 되며, 부모에 의해 16비트의 짧은 주소를 할당받 는다.

IEEE 802.11 프로토콜 및 WLAN

FCC에서 비면허용으로 푼 ISM 대역을 최초로 채택한 사례 중 하나가 바로 IEEE 802.11 기술이다. IEEE 802.11은 역사가 유구하고 사용 사례가 다양한 일련의 프로토콜이다. 802.11은 네트워킹 스택의 **매체 접근 제어**MAC, Media Access Controller와 물리 계층(PHY)을 정의하는 사양이다. 정의와 사양은 IEEE LAN/MAN 표준 위원회에서 관리한다. 와이파이는 IEEE 802.11 표준을 기반으로 한 WLAN의 정의이지만 비영리 와이파이 얼라이언스에서 관리하고 있다.

802.11은 1991년 현금 출납기를 네트워크에 연결하는 수단으로 무선 프로토콜을 처음 개발한 NCR에서 만든 것이다. 와이파이 얼라이언스가 결성된 1999년 전까지 이 기술은 급성장하는 PC 및 노트북 시장에서 여기저기에 널리 사용되지 않았다. 원래 프로토콜은 최신 802.11 b/g/n/ac 프로토콜과는 매우 다르며, 전진 오류 수정과 2Mbps 데이터율만을 지원한다.

IEEE 802.11은 OSI 모델의 계층적 스택 접근 덕분에 성공할 수 있었다. MAC 및 PHY 계층을 IEEE 802.11 계층으로 대체하기만 해도 기존의 TCP/IP 인프라를 원활하게 사용할 수 있었기 때문이다. 오늘날에는 거의 모든 모바일 장치, 노트북, 태블릿, 임베디드 시스템, 장난감, 비디오 게임 등에 특정 종류의 IEEE 802.11 라디오가 포함돼 있다. 즉, 802.11에는, 특히 보안 모델의 경우에는 유구한 역사가 있다는 것이다. 기존 802.11 보안 모델은 UC 버클리Berkeley WEPWired Equivalent Privacy 보안 메커니즘에 바탕을 두고 있는데, 이 메커니즘은 이후에 불안정하고 성능 저하가 쉽게 발생한다는 사실이 입증된 바 있다. 2007년 있었던 802.11 WEP를 통한 TJ맥스TJ Maxx 데이터 침해 등 여러 대규모 침해 사례로 인해 4,500만 건의 신용 카드 정보가 유출됐다. 최근에는 WPAWi-Fi Protected Access와 AES 256비트 사전 공유 키를 사용하는 WPA2 덕분에 보안이 훨씬 강화됐으며, 이제 WEP는 거의 사용하지 않는다.

이 절에서는 802.11 프로토콜들의 몇 가지 차이점과 IoT 아키텍트와 관련이 있는 특정 정보를 상세히 알아본다. 현행 IEEE 802.11ac 설계와 802.11ah HaLow, 802.11p V2V를 차례로 살펴볼 것인데, 이는 세 가지 모두 사물인터넷과 관계가 있기 때문이다.

다양한 IEEE 802.11 프로토콜 및 비교

IEEE LAN/MAN 표준 위원회는 IEEE 802 사양을 관리, 관할한다. 원래 802.11의 목표는 무선 네트워킹을 위한 링크 계층 프로토콜을 제공하는 것이었다. 이것이 2013년 802.11 기초 사양에서 802.11ac로 발전하였고, 그 이후로 워킹 그룹은 다음 표에 나타나 있듯이 다른 영역에 초점을 맞춰 왔다. 특정 802.11 변형은 802.11ac 표준의 후속 표준(802.11ax)은 물론이고, 저전력/저대역폭 IoT 간 상호 연결(802.11ah), 차량 간 통신(802.11p), 텔레비전 아날로그 RF 공간의 재사용(802.11af), 오디오/비디오용 익스트림 대역폭 근거리 통신(802.11ad)과 같은 사용 사례와 분야에서 검토를 거쳤다.

새로운 변형은 RF 스펙트럼의 다른 영역이나 레이턴시의 단축 또는 차량 관련 비상 상황 발생 시 안전의 향상을 위해 설계되고 있다. 다음 테이블에는 범위, 주파수, 전력 간의 상충 관계가 나타나 있다. 이 차트에 나와 있는 변조, MIMO 스트림, 주파수 사용 등의 양상은 이 절의 후반부에서 다룰 예정이다.

IEEE 802.11 프로토콜	용도	출시일자	주파수 (GHz)	대역폭 (MHz)	채널당 데이터 스트리밍 속도 (최소~최대, Mbps)	허용되는 MIMO 스트림 수	변조	실내 범위(m)	실외 범위(m)	칩 하나당 전력 낭비량 (mW)
802.11	최초의 802.11 설계	97년 6월	2.4	22	1~2	1	DSSS, FHSS	20	20	50
a	802.11b와 동시에 출시, 802.11b 보다 간섭 발생이 덜함	99년 9월	5 / 3.7	20	6~54	1	OFDM (SISO)	30	120 / 5000	50
b	802.11a와 동시에 출시, 802.11a에 비해 개선된 범위에서 상당한 속도 향상 달성	99년 9월	2.4	22	1~11	1	DSSS (SISO)	50	150	7~50
g	802.11b 대비 속도 향상	03년 6월	2.4	20	6~54	1	OFDM. DSSS (SISO)	38	140	50
n	다중 안테나 기술로 속도 및 범위 개선	09년 10월	2.4/5	20 / 40	7.2~72.2 / 15~150	4	OFDM (MIMO)	70	250	40
ac	802.11n 대비 향상된 성능 및 커버리지, 넓어진 채널과 개선된 변조, MU-MIMO로 여러 사용자 지원, 빔 포밍 도입.	13년 12월	5	20 / 40 / 80 / 160	7.2~96.3 / 15~200 / 32.5~433.3 / 65~866.7	8	OFDM (MU_MIMO)	35	35	40
ah	"WiFi HaLow" IoT 및 센서 네트워크용으로 설계됨. 초저전력, 넓어진 범위	16년 12월	2.4/5	1~16	347	4	OFDM	1000	1000	미정. 목표는 저전력임
p	"차량 환경에서의 무선 액세스" "지능형 운송 시스템" 단거리 통신 전용. 운송 사례: 통행료 징수, 안전 및 충돌 관련 응급 상황, 차량 네트워킹	09년 6월	5.9	10	27	1	OFDM	NA	400~1000	40
af	'화이트 와이파이' 또는 '수퍼 와이파이'는 TV 대역에서 사용되지 않는 스펙트럼을 배포해서 인도, 싱가포르, 미국, 영국에서 소비자 직접 연결 제공.	13년 11월	0.470~0.710	6~8	568	4	OFDM	NA	6000-100,000	tbd
ad	WiGig 얼라이언스, HD 비디오 및 프로젝터용 60GHz 무선. 오디오 및 비디오 전송, 케이블 대체.	12년 12월	60	2160	4260	>10	SC, OFDM (MU-MIMO)	10	10	tbd
ax	"고효율 무선(HEW)" 차세대 802.11. 802.11ac 대비 4배의 용량 증가, 802.11ac 대비 사용자당 평균 4배의 속도 향상. 802.11a/b/n/ac와 하위 호환 가능. 밀도 높은 구축 시나리오에 적용	2019년	2.4/5	20 / 40 / 80 / 160	450 to 10000	8	OFDMA (MU-MIMO)	35	35	tbd

802.11 최초 사양부터 승인 예정인 802.11ax에 이르기까지, 다양한 IEEE 802.11 표준 및 사양.

IEEE 802.11 아키텍처

802.11 프로토콜은 비면허 스펙트럼의 2.4GHz 및 5GHz ISM 대역에서 다양한 변조 기법을 기반으로 하는 무선 라디오 통신군을 대표한다. 802.11b와 802.11g는 2.4GHz 대역에 존재하는 반면, 802.11n과 802.11ac는 5GHz 대역을 활용한다. 5장에서는 2.4GHz 대역과 그 영역에 존재하는 다양한 프로토콜에 관해 자세히 알아봤다. 와이파이는 Bluetooth나 Zigbee와 마찬가지로 노이즈와 간섭을 받기 쉬우므로 견고함과 탄력성을 확보할 수 있도록 다양한 기법이 활용된다.

스택의 관점에서 봤을 때 802.11의 위치는 다음 그림과 같이 OSI 모델의 링크 계층(첫 번째와 두 번째)이다.

802.11 프로토콜 스택								단순화된 OSI 모델
애플리케이션 계층								7. 애플리케이션 계층
								6. 표현 계층
								5. 세션 계층
전송 계층								4. 전송 계층
네트워크 계층								3. 네트워크 계층
논리 링크 제어								2. 데이터 링크 계층
MAC 하위 계층								
802.11 2.4 GHz FHSS 1 Mbps 2Mbps	802.11 2.4 GHz DHSS 1 Mbps 2Mbps	802.11 Infrared 1 Mbps 2Mbps	802.11a 5 GHz OFDM 6, 9, 12, 18, 24, 36, 48, 54 Mbps	802.11b 2.4 GHz DSSS 1, 2, 5.5, 11 Mbps	802.11g 2.4 GHz OFDM 1, 2, 5.5, 11, & 6, 9, 12, 18, 24, 36, 48, 54 Mbps	802.11n 2.4 GHz OFDM 1 to 450 Mbps	802.11ac MU-MIMO 5 GHz OFDM 200, 400, 433, 600, 866, 1300 Mbps	1. 물리 계층

IEEE 802.11ac 스택.

스택에는 802.11 PHY(적외선 포함), a, b, g, n과 같은 기존 802.11 사양의 다양한 PHY가 포함된다. 이로 인해 네트워크 전반에 걸친 하위 호환성이 확보되는 것이다. 대부분의 칩셋에는 전체 PHY 컬렉션이 포함돼 있으므로 기존의 PHY만이 포함돼 있는 부분을 찾기는 어렵다. 802.11 시스템에서 지원하는 세 가지 기본 토폴로지는 다음과 같다.

802.11 시스템에서 지원하는 세 가지 기본 토폴로지는 다음과 같다.

- **인프라**infrastructure: 이 형태에서 **스테이션**STA, Station이란 중앙 **액세스 포인트**AP, Access Point와 통신하는 802.11 단말 장치(예: 스마트폰)를 가리킨다. AP는 다른 네트워크에 대한 게이트웨이(WAN), 라우터 또는 더 큰 규모의 네트워크로 연결되는 액세스 포인트일 수 있다. **인프라 기본 서비스 세트**BSS, Infrastructure Basic Service Set라고도 한다. 이 토폴로지는 스타 토폴로지다.

- **애드혹**Ad hoc: 802.11 노드는 **독립 기본 서비스 세트**IBSS, Independent Basic Service Set라는 것을 형성할 수 있는데, 여기에서 각각의 스테이션은 다른 스테이션과 통신하고 이의 인터페이스를 관리한다.
- **분배 시스템**DS, Distribution System: DS는 액세스 포인트 상호 연결을 통해 둘 이상의 독립 BSS 네트워크를 결합한다.

> **ⓘ** 참고: IEEE 802.11ah와 IEEE 802.11s는 메시 토폴로지의 형성을 지원한다.

다음은 IEEE 802.11 아키텍처의 세 가지 기본 토폴로지 예시다.

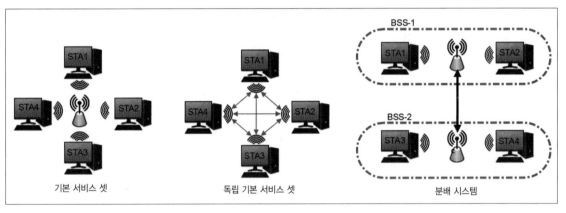

802.11 네트워크 아키텍처. BSS, IBSS 및 분배 시스템은 2개의 독립적인 BBS를 결합한다.

802.11 프로토콜을 통해 최대 2,007개의 STA가 하나의 액세스 포인트에 연결될 수 있다. 이 내용은 6장의 후반에서 IoT용 IEEE 802.11ah와 같은 다른 프로토콜을 알아볼 때 관계가 있다.

IEEE 802.11 스펙트럼 할당

최초의 802.11 프로토콜은 2GHz 및 5GHz ISM 영역의 스펙트럼을 사용했으며, 약 20MHz의 일정한 간격으로 나뉘어 있었다. 채널 대역폭은 20MHz였으나 이후 IEEE에서는 5MHz와 10MHz도 허용했다. 미국의 경우, 802.11b와 g에서 11개의 채널이 허용된다 (다른 국가에서는 최대 14개까지 지원하는 경우도 있음). 다음 그림에는 채널 분리가 도식화돼 있다. 이 중 3개의 채널(1,6,11)은 중첩되지 않는다.

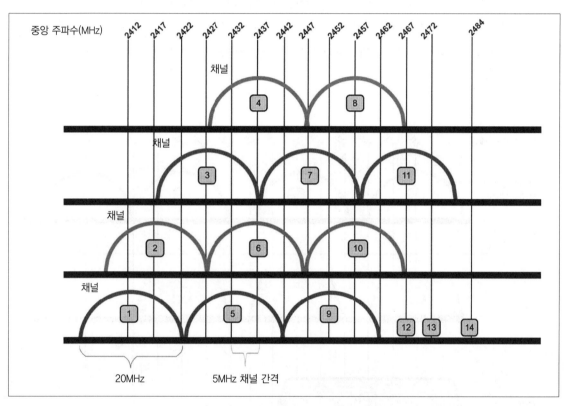

802.11 2.4GHz 주파수 공간 및 비간섭 채널 결합.
각각의 너비가 20MHz인 14개 채널이 5MHz 채널 간격으로 나뉘어 있다.

802.11는 스펙트럼 마스크를 지정하는데, 이를 통해 각 채널에 허용되는 전력 배분이 결정된다. 스펙트럼 마스크의 경우 신호는 지정된 주파수 오프셋에서 특정 수준(첨두 진폭)으로 감쇄돼야 한다. 즉, 신호가 인접 채널로 방사되는 경향이 있다는 의미다. **직접 시퀀스 대역 확산**DSSS, Direct Sequence Spread Spectrum을 사용하는 802.11b의 스펙트럼 마스크는 **직교 주파수 분할 다중화**OFDM, Orthogonal Frequency Divisional Multiplexing를 사용하는 802.11n의 스펙트럼 마스크와 전혀 다르다. OFDM 쪽이 주파수 이용 효율의 밀도가 높기 때문에 대역폭이 훨씬 높은 경우에도 지속 가능하다. 아래에서 802.11 b와 g, n 사이의 채널 및 변조 차이를 확인할 수 있다. 채널의 너비로 인해 동시 채널의 수가 4, 3, 1로 제한된다. 신호의 형태도 DSSS와 OFDM가 각각 다르다. OFDM의 밀도가 훨씬 높기 때문에 보다 높은 대역폭 또한 지원 가능하다.

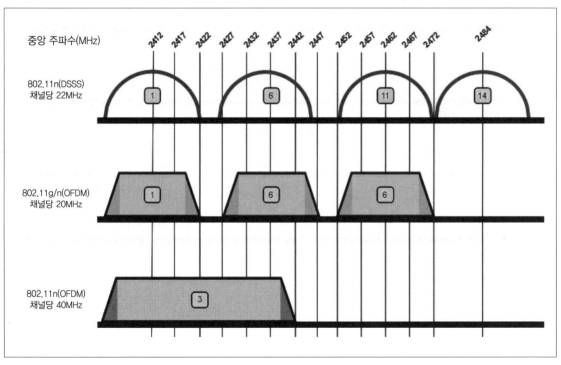

DSSS 및 OFDM을 사용하는 경우와 반송 채널 너비에 따른 802.11b,g,n 사이의 차이점 비교.

> 2.4GHz 범위에는 14개 채널이 있지만, 사용되는 채널은 지역과 국가에 따라 다르다. 예컨대 북미에서는 1~11채널의 사용이 허용되는 반면, 일본에서는 802.11b의 경우 14채널 전부, 802.11g/n의 경우에는 1~13채널이 사용된다. 한편 스페인에서는 10과 11채널만이 허용되며, 프랑스에서는 10~13채널을 사용할 수 있다. 이처럼 할당 내용이 다르므로 설계자는 국가별 제한 사항을 숙지하고 있어야 한다. IEEE에서는 PHY에 영향을 미치는 국가별 채널, 전원, 시간 제한을 설명하기 위해 regdomain이라는 명칭을 사용한다.

IEEE 802.11 변조 및 인코딩 기법

이 절에서는 IEEE 802.11 프로토콜의 변조 및 인코딩 기법에 관해서 상세하게 알아볼 것이다. 이러한 기법이 802.11에만 사용되는 것은 아니다. 802.15 프로토콜에도 적용될 수 있으며 앞으로 살펴보듯이 셀룰러 프로토콜에도 사용이 가능하다. 주파수 호핑, 변조, 위상 편이 변조 방법은 다른 기법과 범위, 간섭 및 출력의 균형을 잡을 수 있도록 아키텍트가 반드시 이해하고 있어야 하는 기본적인 방법이다.

RF 신호로 전송되는 디지털 데이터는 아날로그로 변환돼야 한다. 어떤 RF 신호(Bluetooth, Zigbee, 802.11 등)가 사용되든 관계 없이 이 과정은 PHY에서 일어난다. 아날로그 신호 반송파는 이산 디지털 신호로 변조되며, 그 결과 심벌 또는 변조 알파벳이라는 것을 형성한다. 4개의 키를 가진 피아노를 생각해 보면 심벌 변조를 간단하게 파악할 수 있다. 각각의 키는 2개의 비트 (00, 01, 10, 11)를 나타낸다. 만약 초당 100개의 키를 연주한다고 하면 이는 곧 초당 100개의 심벌이 전송된다는 의미다. 각 심벌(피아노의 음정)이 2개의 비트를 나타낸다고 했을 때, 이는 곧 200bps 변조기와 같다. 다음의 세 가지 기본 형식을 비롯해 살펴볼 만한 심벌 인코딩 형식은 다양하게 존재한다.

- **진폭 편이 변조**^{ASK, Amplitude Shift Keying} : 진폭 변조의 한 형태다. 이진수 0은 변조 진폭의 한 형태를 대표하고, 1은 또 다른 진폭을 대표한다. 간단한 형태는 다음과 같이 나타낼 수 있으며, 추가적인 진폭 수준을 사용하면 보다 발전된 형태로 데이터 그룹을 나타낼 수 있다.

- **주파수 편이 변조**^{FSK, Frequency Shift Keying} : 이 변조 기법을 사용하면 반송파 주파수가 0 또는 1을 나타내도록 변조된다. 다음 그림에서 볼 수 있는 가장 단순한 형태가 **이진 주파수 편이 변조**^{BPSK, Binary Frequency Shift Keying}이며, 이는 802.11 등의 프로토콜에서 사용되는 형태. 5장에서는 Bluetooth와 Z-Wave를 논의했는데, 이러한 프로토콜에는 데이터를 가우시안 필터로 필터링해 디지털 파장(-1 또는 +1)을 정돈하고 스펙트럼 폭 제한에 맞추는 **가우시안 주파수 편이 변조**^{GFSK, Gaussian Frequency Shift Keying}라는 FSK가 사용된다.

- **위상 편이 변조**^{PSK, Phase Shift Keying} : 기준 신호의 위상을 변조한다(반송파 신호). 주로 802.11b, Bluetooth 및 RFID 태그에 사용된다. PSK는 다른 위상이 변화했음을 나타내는 유한한 수의 심벌을 사용한다. 각각의 위상은 동일한 수의 비트를 인코딩하며, 비트 패턴으로 심벌이 형성된다. 수신기에는 대조할 기준 신호가 필요하며, 대조를 통한 차이를 계산해 심벌을 추출한 다음 데이터를 복조한다. 수신기에 대한 참조 신호가 필요 없는 다른 방식도 있는데, 이 경우 수신기는 신호를 검파한 다음 보조 신호를 참조하지 않고 위상 변화가 있는지를 판단한다. 이러한 방식이 바로 **차동 위상 편이 변조**^{DPSK, Differential Phase Shift Keying}이며 802.11b에서 사용된다.

다음 그림에는 다양한 인코딩 방식이 도식화돼 있다.

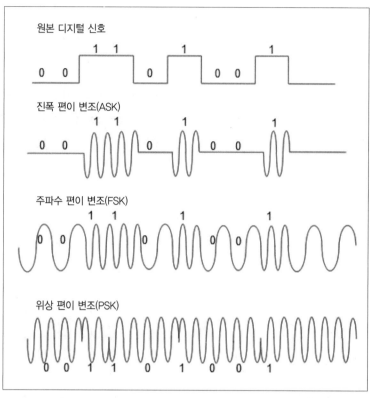

원본 디지털 신호

진폭 편이 변조(ASK)

주파수 편이 변조(FSK)

위상 편이 변조(PSK)

진폭 편이, 주파수 편이, 위상 편이 등 변조 기법에 따른 심벌 인코딩 형태의 차이.
'1'이 발생할 때마다 위상 편이가 위상에 어떤 영향을 미치는지 확인할 수 있다.

다음 변조 기법의 형태는 계층 변조로, 구체적으로는 **직교 진폭 변조**^{QAM, Quadrature Amplitude}
^{Modulation}를 가리킨다. 다음의 성상도를 통해 2D 데카르트 시스템의 인코딩을 표현할 수
있다. 벡터 하나의 길이가 진폭을 나타내며, 성상 지점의 각도는 위상을 나타낸다. 다음
16-QAM 성상도 다이어그램에서 확인할 수 있듯이 인코딩 가능한 위상은 진폭보다 많은
것이 일반적이다. 16-QAM에는 3개의 진폭 수준이 있고 12개의 총 위상 각도가 있으며,
이로 인해 16비트의 인코딩이 가능해진다. 802.11a와 802.11g는 16-QAM과 훨씬 밀도
가 높은 64-QAM을 사용할 수 있다. 성상도의 밀도가 높을수록 나타낼 수 있는 인코딩의
수가 많아지고 출력도 높아지게 된다.

다음 그림에는 QAM 인코딩 과정이 도식화돼 있다. 왼쪽이 16포인트(16-QAM) 성상도를 나타낸 그림이며, 벡터의 길이로 표시된 세 가지 진폭 수준과 벡터의 각도로 표시된 사분면당 위상 세 가지가 나타나 있다. 그 결과, 16개의 심벌이 생성될 수 있다. 이러한 심벌에는 생선된 신호에 따라 다양한 위상과 진폭이 반영돼 있다. 오른쪽은 8-QAM의 파형 다이어그램 예시인데, 여기에서는 3비트(8개 값) 변조 알파벳을 나타내는 위상과 진폭을 확인할 수 있다.

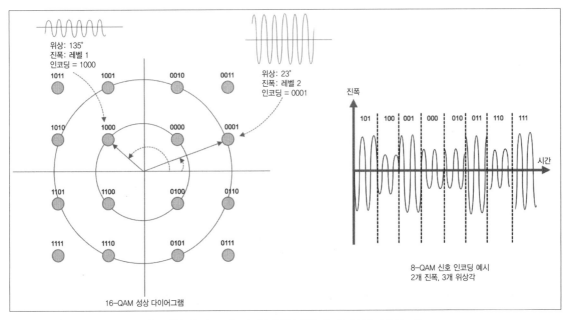

직교 진폭 변조(QAM). 좌: 16-QAM 성상. 우: 8-QAM 파형 인코딩.

QAM에는 실질적인 제한이 있다. 이후 매우 촘촘한 성상도를 살펴볼 것인데, 여기에서는 일정 정도의 위상 각도와 진폭을 더하기만 하면 출력량이 급격하게 증가한다. 아날로그-디지털 변환 회로(ADC, Analog to Digital Converter)와 디지털-아날로그 변환 회로(DAC, Digital to Analog Converter)를 통해 생성된 잡음은 양자화 오차 및 잡음을 발생시키며, 매우 빠른 속도로 신호를 샘플링해야 한다. 또한, 양호한 비트 오류율(BER, Bit Error Rate)을 달성하기 위해서는 신호 대 잡음비(SNR, Signal to Noise Ratio)가 반드시 특정 값을 초과해야 한다.

802.11 표준은 다양한 간섭 완화 기법을 채용하고 있는데, 이 기법들은 기본적으로 신호를 대역 전체에 퍼뜨리는 역할을 한다.

- **주파수 호핑 확산 스펙트럼**FHSS, Frequency Hopping Spread Spectrum: 1MHz 너비인 2.4GHz ISM 대역의 79개 비중첩 채널에 신호를 확산시키며, 임의의 난수 생성기를 사용해 호핑 프로세스를 시작한다. 지속 시간은 호핑 전에 채널에서 사용되는 최소 시간(400ms)을 참조한다. 주파수 호핑은 5장에서도 설명한 바 있으며, 신호 전파의 일반적인 방식이다.

- **직접 시퀀스 확산 스펙트럼**direct sequence spread spectrum: 802.11b 프로토콜에서 최초로 사용됐으며 채널 너비가 22MHz다. 각 비트는 전송된 신호의 여러 비트를 대표하며, 전송되는 데이터는 잡음 생성기를 통해 증폭된다. 이를 통해 의사 난수 시퀀스(의사-잡음 PN 코드라고 함)를 사용해 스펙트럼 전체에 신호를 고르고 효율적으로 확신시키게 된다. 각각의 비트는 11비트 위상 편이 변조chipping sequence를 통해 전송된다. 결과 신호는 비트의 XOR로, 11비트 랜덤 시퀀스이다. 치핑chipping 속도를 고려하면 DSSS는 초당 약 1,100만 개의 심벌을 전송한다.

- **OFDM**: IEEE 802.11a에 사용되는 비교적 새로운 프로토콜이다. 이 기법은 하나의 20MHz 채널을 52개의 하위 채널(데이터용 48개, 동기화 및 모니터링용 4개)로 분할해 QAM과 PSM으로 데이터를 인코딩한다. **고속 푸리에 전송**FFT, Fast Fourier Transform은 각 OFDM 심벌을 생성하는 데 사용된다. 각각의 하위 채널은 중복 데이터 집합으로 둘러싸인다. 이 데이터 중복 대역을 일컬어 **보호 대역**GI, Guard Interval이라 하며 이웃 하위 반송파 사이의 **심벌 간 간섭**ISI, Inter-Symbol Interference을 방지하는 데 사용된다. 하위 반송파는 매우 좁고 신호 보호를 위한 보호 대역을 갖추고 있지 않다. 이는 의도된 것인데, 각 하위 반송파는 심벌 시간의 역수로 균일하게 공간을 두기 때문이다. 즉, 모든 하위 반송파는 복조 시 합이 0이 되는 모든 사이클을 전송한다. 덕분에 설계가 단순해지고 대역 통과 필터라는 추가적인 비용이 필요 없어진다. IEEE 802.11a는 초당 25만 개의 심벌을 사용한다. 일반적으

로 OFDM가 DSSS 보다 효율성과 밀도가 높으며(따라서 대역폭도 더 넓음), 최신 프로토콜에 사용된다.

> 초당 심벌 수가 적어지면 벽이나 창문에 신호가 반사되는 상황에서 유리한 점이 있다. 반사로 인해 다중 경로 왜곡(심벌의 사본이 제각기 다른 시점에 수신기에 도달하는 현상)이 일어나므로 심벌 속도가 느리면 심벌을 전송할 수 있는 시간이 길어지고 지연 확산의 탄력성이 증가하게 된다. 한편, 장치가 움직이는 경우에는 DSSS보다는 OFDM에 영향을 미치는 도플러 효과가 발생할 수 있다. Bluetooth와 같은 다른 프로토콜에는 초당 100만 개의 심벌이 사용된다.

다음 그림에는 20MHz 채널 2개에 52개의 하위 반송파가 있는 OFDM 시스템이 그려져 있다.

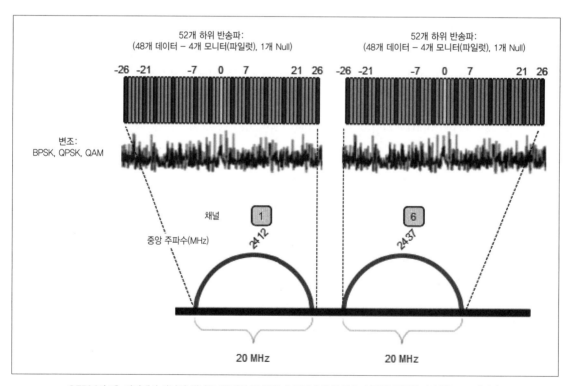

OFDM의 예. 여기에서 하나의 채널은 52개의 더 작은 슬롯이나 하위 반송파(각자 심벌을 반송함)로 쪼개진다.

각 표준에서 사용할 수 있는 여러 변조 기법의 집합을 **변조 및 코딩 기법**^{MCS, Modulation and Coding}이라고 한다. MCS는 사용 가능한 변조 유형과 보호 간격, 코딩 속도로 이뤄진 표이다. 색인을 이용해 이 표를 참조할 수 있다.

802.11b가 시장에 도입된 후 802.11a 이전에는 다양한 인코딩 기법이 사용됐으나, 서로 호환되지는 않았다. 따라서 서로 다른 프로토콜이 거의 동시에 출시되던 당시에 시장에는 다소 혼란이 있기도 했다.

IEEE 802.11 MIMO

다중 입력 다중 출력^{MIMO, Multiple Input Multiple Output}에는 이전에 언급한 적 있는 다중 경로라는 RF 현상이 이용된다. 다중 경로 송신이란 신호가 벽, 문, 창문 등의 방해물에 반사된다는 것을 의미한다. 수신기는 수많은 신호가 제각기 다른 시간에 다른 경로를 통해 도착하는 것을 확인하게 된다. 다중 경로는 신호를 왜곡하고 간섭을 일으키는 경향이 있는데, 이로 인해 결국 신호 품질이 저하된다(이 효과를 다중 경로 페이딩이라고 함). 다중 안테나를 더할 경우 MIMO 시스템은 더 많은 안테나를 추가하는 것만으로도 주어진 채널의 용량을 선형적으로 증가시킬 수 있게 된다. MIMO의 형태에는 다음과 같은 두 가지가 있다.

- **공간 다양성**: 송신 및 수신의 다양성을 뜻한다. 하나의 데이터 스트림이 시공간 코딩을 통해 동시에 여러 안테나로 송신된다. 그 결과는 신호 대 잡음비의 개선으로 이어지며 이러한 개선의 특징으로는 링크 안정성과 시스템 커버리지의 향상을 들 수 있다.
- **공간 멀티플렉싱**: 다른 트래픽을 운반할 수 있도록 다중 경로를 활용해 추가적인 데이터 용량을 제공하는 데 사용된다. 즉, 데이터 처리 능력을 향상시키는 것이다. 기본적으로 하나의 고속 데이터 스트림은 서로 다른 안테나에서 여러 개의 개별적인 전송으로 분할된다.

5장에서는 Bluetooth와 같은 PAN 네트워크의 주파수 호핑 기법을 알아보았다. 주파수 호핑은 다중 경로의 각도를 지속적으로 변경해 다중 경로 페이딩 문제를 해결하는 한 가지 방법이다. 여기에는 RF 신호 크기가 왜곡되는 효과가 있다. Bluetooth 시스템의 경우 일반적으로 안테나가 하나이므로 MIMO를 이용하기가 어렵다. 와이파이가 연결돼 있는 한, 원래 802.11 표준만이 주파수 호핑 형식(FHSS)을 지원한다. OFDM 시스템은 채널 잠금을 유지하므로 다중 경로 페이딩 문제가 발생할 가능성이 있다.

여러 스트림을 이용할 경우 전체적인 전력 소비량에 영향을 미치게 된다. IEEE 802.11n에는 성능상 이득이 있을 때만 MIMO를 활성화하는 모드가 포함돼 있으므로 항상 전력을 절약할 수 있다. 와이파이 얼라이언스는 802.11n 컴플라이언스를 수신할 수 있도록 모든 제품에서 최소 2개 이상의 공간 스트림을 지원할 것을 요구한다.

WLAN은 공간 스트림이라는 다중 스트림으로 데이터를 분할한다. 전송된 각각의 공간 스트림은 송신기상에서 서로 다른 안테나를 사용한다. IEEE 802.11n의 경우 4개의 안테나와 4개의 공간 스트림이 허용된다. 서로 떨어져 있는 안테나에 따로 전송된 여러 스트림을 사용하는 802.11n의 공간 다양성 덕분에 최소한 신호 하나는 수신기에 도달할 수 있을 정도의 강도일 것이라고 다소 확신할 수 있게 된다. MIMO 기능을 지원하는 데는 최소 2개의 안테나가 필요하다. 또한, 스트리밍은 변조 방식에 구애받지 않는다. BPSK, QAM을 비롯한 다른 형태의 변조에서도 공간 스트리밍이 지원된다. 송신기와 수신기의 디지털 신호 프로세서는 다중 경로 효과의 조정을 거치며 비가시 거리 경로와 완벽하게 정렬될 수 있도록 충분한 시간을 두고 가시 거리 송신을 지연시킨다. 그 결과, 신호가 강화된다.

IEEE 802.11n 프로토콜은 4개 스트림의 단일 사용자 MIMO(SU-MIMO) 구축을 지원하는데, 이는 곧 송신기들이 단일 수신기와 통신할 수 있도록 조화롭게 작동한다는 것을 의미한다. 여기에서는 4개의 송신 안테나와 4개의 수신 안테나가 여러 데이터 스트림을 하나의 클라이언트로 전달한다. 오른쪽: 802.11n에서 공간 다양성 MIMO의 효과. 802.11n에서 사용되는 SU-MIMO와 다중 경로의 도식은 다음과 같다.

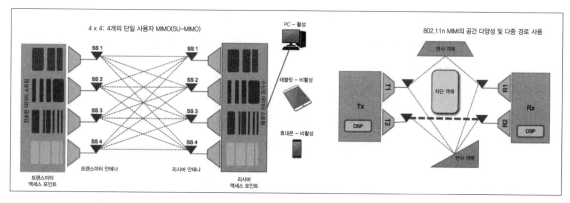

왼쪽: IEEE 802.11n의 SU-MIMO 도식. 오른쪽: 802.11n에서 공간 다양성 MIMO가 가진 효과.

그림에서는 4개의 송신 안테나와 4개의 수신 안테나가 하나의 클라이언트(SU-MIMO)로 여러 개의 데이터 스트림을 전달하고 있다. 오른쪽에는 일정한 거리로 떨어져 있는 2개의 송신기가 2개의 수신기와 통신하는 경우가 나타나 있다. 다중 경로는 두 송신기의 반사로 존재한다. 가시 경로 한쪽의 강도가 더 높기 때문에 선호된다. 송신기와 수신기 측의 DSP도 신호를 결합해 다중 경로 페이딩을 완화하므로 결과 신호에서는 페이딩이 거의 나타나지 않게 된다.

 IEEE 802.11 프로토콜은 M x N : Z 수식으로 MIMO 스트림을 식별하며, 이때 M은 최대 송신 안테나 수, N은 최대 수신 안테나 수이고, Z는 동시에 사용 가능한 최대 데이터 스트림 수에 해당한다. 따라서 3 x 2 : 2인 MIMO는 송신 스트림 안테나가 3개, 수신 스트림 안테나가 2개이며 동시에 송수신 가능한 스트림은 2개뿐이라는 사실을 의미한다.

802.11n에는 옵션 기능인 빔 포밍도 도입돼 있다. 80211.n에서는 다음과 같이 묵시적 피드백과 명시적 피드백의 두 가지 빔 포밍 방식을 정의한다.

- **묵시적 피드백 빔 포밍**implicit feedback beamforming: 이 모드에서는 빔 형성자(AP)와 빔 수신자(클라이언트) 사이의 채널이 상호적(양방향 동일한 품질)이라고 가정한다. 이

가정이 사실일 경우, 빔 형성자는 트레이닝 요청 프레임을 송신하고 사운딩 패킷을 수신한다. 빔 형성자는 사운딩 패킷을 통해 수신자의 채널을 추측하고 스티어링 매트릭스를 구축한다.

- **명시적 피드백 빔 포밍**explicit feedback beamforming: 이 모드에서 빔 수신자는 자신의 스티어링 매트릭스를 연산해 트레이닝 요청에 응답하고 매트릭스를 다시 빔 형성자에게 송신한다. 이쪽이 보다 안정적인 방식이다.

아래는 가시 거리 통신이 없는 상황에서 빔 포밍이 갖는 효과를 나타낸 도표다. 최악의 경우, 신호가 위상을 이탈해 180도로 도달하며 서로를 무효화하게 된다. 빔 포밍을 사용하면 신호가 위상에 맞게 조정되므로 수신기에서 서로를 강화할 수 있다.

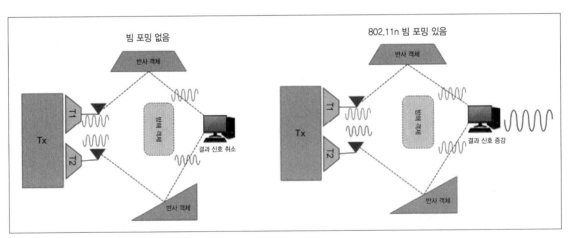

빔 포밍이 있는 경우와 없는 경우의 시스템 예시. 이 경우, 시스템에는 직접적인 전파 도달 경로가 존재하지 않으므로 반사를 통해 신호를 전파하게 된다.

빔 포밍은 다중 공간 안테나를 사용해 신호를 특정 위치에 집중시킨다. 이러한 신호는 동일한 위치에 도달하도록 위상과 규모가 조정될 수 있으며 신호 강도와 범위의 개선을 통해 서로를 강화할 수 있다. 그러나 802.11n은 빔 포밍을 하나의 방식으로 표준화하지 않았으며 이 부분은 구축하는 사람의 재량에 맡겨 두었다. 여러 제조 업체에서 제각기 다른

266

프로세스를 사용했기 때문에 동일한 하드웨어에서 유효하다는 사실만을 보장할 수 있게 된다. 이러한 이유로 빔 포밍은 802.11n 타임프레임timeframe에서 널리 채택되지 않았다.

셀룰러 4G LTE 라디오를 사용한 장거리 통신에 관한 7장에서는 802.11ac와 같은 다른 영역의 MIMO 기술을 다룰 예정이다.

IEEE 802.11 패킷 구조

802.11에는 이전에 살펴본 바와 같이 헤드, 페이로드 데이터, 프레임 식별자 등을 갖춘 일반적인 패킷 구조가 사용된다. PHY 프레임 조직을 위시한 세 가지 필드에는 동기화 위상을 지원하는 프리엠블, 패킷 구성과 데이터율 등의 특징을 설명하는 PLCP 헤더 그리고 MPDC MAC 데이터가 있다.

각각의 IEEE 802.11 사양에는 고유의 프리엠블이 있으며, 각 필드의 비트 수가 아닌 심벌 수로 구성된다(추후 설명). 프리엠블preamble 구조의 예는 다음과 같다.

- **802.11 a/g**: 프리엠블에 짧은 트레이닝 필드(심벌 2개)와 긴 트레이닝 필드(심벌 2개)가 포함된다. 이는 타이밍 동기화와 주파수 추정을 수행하기 위해 부반송파에 의해 사용된다. 또한, 이 프리엠블에는 데이터율과 길이, 패리티 등을 설명하는 신호 필드도 포함돼 있다. 이 신호를 통해 해당 특정 프레임에서 전송되고 있는 데이터의 양이 정해진다.
- **802.11 b**: 프리엠블에는 144비트의 긴 시퀀스 또는 72비트의 짧은 시퀀스가 사용된다. 헤더에는 신호율, 서비스 모드, 데이터 길이(마이크로초 단위) 및 CRC가 포함된다.
- **802.11n**: 그린필드(HT)와 혼합(비HT)의 두 가지 작동 모드가 있다. 그린필드는 기존 시스템이 존재하지 않는 경우에만 사용할 수 있다. 비HT 모드는 802.11a/g 시스템과의 호환성 모드로, a/g보다 나은 성능을 제공하지는 않는다. 그린필드 모드가 더 빠른 속도의 전송을 지원한다.

다음 그림은 802.11 PHY와 링크 계층 패킷 프레임 구조다.

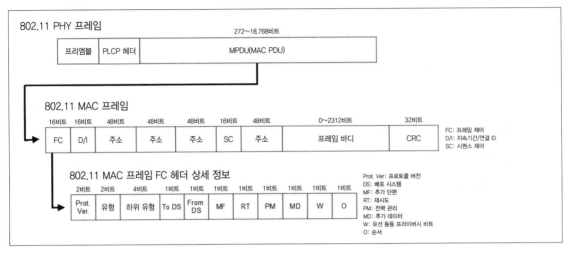

802.11 일반화된 PHY 및 MAC 프레임 구조

위 그림에는 MAC 프레임 구조가 나와 있다. MAC 프레임에는 다수의 대표 필드가 포함되며, 프레임 제어(FC 필드)의 하위 필드에 관한 자세한 내용은 다음과 같다.

- **프로토콜 버전**: 사용되는 프로토콜의 버전을 나타낸다.
- **유형**: 제어, 데이터 또는 관리 프레임 유형으로서의 WLAN 프레임을 가리킨다.
- **하위 유형**: 프레임 유형의 경계를 한 단계 더 나누는 역할을 담당한다.
- **ToDS 및 FromDS**: 데이터 프레임은 이러한 비트 중 하나를 1로 설정해 이 프레임이 배포 시스템을 향하고 있는지 여부를 나타낸다. IBSS 애드혹 네트워크.
- **추가 단편**: 패킷이 여러 프레임으로 분할되고 나면 마지막 프레임을 제외한 모든 프레임은 이 비트-세트를 갖게 된다.
- **재시도**: 프레임이 전송되었음을 나타내며 중복 프레임 재전송 문제의 해결을 지원한다.
- **전력 관리**: 전송자의 전력 상태를 나타낸다. AP는 이 비트를 설정할 수 없다.

- **추가 데이터**: AP는 이 비트를 사용해 STA가 전력 절감 모드에 있을 때 지원하게 된다. 이 비트는 배포 시스템의 프레임에 완충 역할을 하는 데 사용된다.
- **유선 동등 프라이버시**wired equivalent privacy: 프레임이 복호화되면 1로 설정한다.
- **순서**: 네트워크에서 엄격한 순서 모드가 사용될 경우 이 비트가 설정된다. 프레임은 순서대로 전송되지 않을 수 있으나 엄격한 순서 모드는 순차적 전송을 강제한다.

프레임 제어 필드에서 MAC 프레임으로 올라가면 먼저 다음과 같은 기간/연결 ID 비트를 살펴보게 된다.

- **기간/연결 ID**: 기간, 연결 없는 기간, 연결 ID를 나타낸다. 연결 ID는 와이파이의 초반 핸드셰이킹 중에 등록된다.
- **주소 필드**: 802.11는 세 가지 MAC 주소를 다음과 같은 순서로 관리할 수 있다.
  - **주소 1**: 수신기
  - **주소 2**: 송신기
  - **주소 3**: 필터링에 사용됨
- **SC**: 시퀀스 제어는 메시지 순서에 대한 16비트 필드다.

802.11 프로토콜에는 유형 및 하위 유형 필드로 대표되는 다양한 유형의 프레임이 존재하는데, 기본 유형으로는 관리 프레임, 제어 프레임, 데이터 프레임의 세 가지가 있다.

관리 프레임을 통해 네트워크 관리, 보안, 유지 관리 등이 가능하다. 다음 테이블에는 관리 프레임의 유형이 정의돼 있다.

프레임 이름	설명
인증 프레임	STA에서 AP로 인증 프레임을 전송하면 해당 AP는 자체 인증 프레임을 통해 이에 응답하게 된다. 여기에서는 공유키가 전송되고 challenge 응답을 통해 검증을 거친다.
연결 요청 프레임	AP에 동기화를 요청하기 위해 STA에서 전송된다. 여기에는 STA에서 합류하려는 SSID와 동기화에 필요한 기타 정보 등이 포함된다.
연결 응답 프레임	AP에서 STA로 전송되며 연결 요청의 수락 또는 거부 메시지가 포함돼 있다. 수락할 경우 연결 ID가 페이로드에서 전송된다.
비콘 프레임	AP에서 브로드캐스트하는 일시적 비콘이며, 여기에는 SSID가 포함돼 있다.
인증 해제 프레임	다른 STA와의 연결에서 벗어나고자 하는 STA에서 전송된다.
연결 해제 프레임	연결을 종료하고자 하는 STA에서 전송된다.
프로브 요청 프레임	STA에서 다른 STA으로 브로드캐스팅한다.
프로브 응답 프레임	프로브 요청의 응답으로 AP에서 전송된다. 지원되는 데이터율과 같은 정보가 포함돼 있다.
재연결 프레임	하나의 AP에 대한 신호 강도를 잃었나 신호가 더 강하고 네트워크에도 연결돼 있는 다른 AP를 찾았을 경우에 사용한다. 이 새로운 AP는 STA와의 연결을 시도하며 원래 AP 버퍼에 저장돼 있던 정보를 전달한다.
재연결 응답 프레임	AP에서 전송되며 재연결 요청의 수락 또는 거절이 포함돼 있다.

그 다음으로 주요한 프레임 유형은 제어 프레임으로, 이를 통해 STA 간 데이터 교환이 가능해진다.

프레임 이름	설명
확인 응답 프레임(ACK)	수신 STA는 오류가 발생하지 않는 한 언제나 ACK가 포함된 데이터를 수신한다. 송신자가 일정 시간 이후 ACK를 받지 못할 경우, 송신자는 프레임을 다시 전송한다.
송신 요청 프레임(RTS)	충돌 회피 메커니즘의 일부로, STA는 어떤 데이터의 전송을 원할 경우 RTS 메시지를 보내서 시작한다.
송신 가능 프레임(CTS)	RTS 프레임에 대한 STA의 반응에 해당한다. 요청 STA는 이제 데이터 프레임을 전송할 수 있다. 이는 충돌 관리의 한 형태이며, 요청 STA 전송을 통해 다른 STA로부터의 전송 내용을 연기하려면 시간 값을 활용하면 된다.

마지막 프레임 유형은 데이터 프레임으로, 프로토콜 데이터 이송 기능의 대부분이 여기에 해당한다.

IEEE 802.11 작동

이전에 언급했듯이 STA는 무선 네트워크 인터페이스 컨트롤러를 갖춘 장치라고 할 수 있다. STA는 항상 특정 채널의 활성 통신을 청취하고 있다. 와이파이에 연결하는 첫 번째 단계는 스캐닝 단계다. 채용되는 스캔 메커니즘에는 두 가지 유형이 있다.

- **패시브 스캐닝**passive scanning: 이 형태의 스캐닝에는 비콘과 프로브 요청이 사용된다. 채널이 선택되고 나면 스캔을 수행하는 장치에서는 가까운 STA에서 비콘과 프로브 요청을 수신한다. 액세스 포인트는 비콘을 전송할 수 있으며 STA가 그러한 전송을 수신하면 네트워크 참가로의 진행이 가능해진다.

- **액티브 스캐닝**active scanning: 이 모드에서 STA는 프로브 요청을 인스턴트화해 액세스 포인트를 찾으려는 시도를 하게 된다. 이 스캐닝 모드에는 더 많은 전력이 사용되지만 보다 신속한 네트워크 참가가 가능하다. AP는 비콘 메시지와 유사한 프로브 요청 응답을 통해 프로브 요청에 응답할 수 있다.

> ℹ️ 액세스 포인트는 보통 타깃 비콘 전송 시간(TBTT, Target Beacon Transmit Time)이라는 고정된 시간 간격으로 비콘을 브로드캐스팅한다. TBTT는 100ms당 1회가 일반적이다.

비콘은 항상 가장 낮은 기본 속도로 브로드캐스팅을 수행하는데, 이는 범위 내에 있는 모든 STA에서, 해당하는 특정 네크워크에 연결할 수 없는 경우에도 비콘을 수신할 수 있도록 하기 위함이다. 비콘이 처리된 후 와이파이 연결의 다음 단계는 동기화 단계로, 이 단계는 클라이언트를 액세스 포인트에 맞춰진 상태로 유지하는 데 필요하다. 비콘 패킷에는 STA에 필요한 정보가 포함된다.

- **SSID**: 서비스 세트 ID. 1~32자의 네트워크 이름으로, 이 필드에는 SSID 길이를 0으로 설정해 숨길 수 있는 옵션이 제공된다. 필드를 숨기더라도 비콘 프레임의 다른 부분은 정상적으로 전송된다. 숨겨진 SSID를 숨길 경우 추가적인 네트워크 보안을 사용할 수 없는 것이 일반적이다.

- BSSID: 기본 서비스 세트 ID. 고유한 48비트로, 계층-2 MAC 주소 규칙을 따른다. 24비트의 조직 고유 식별자와 제조업체에서 할당한 라디오 칩셋용 24비트 식별자의 조합으로 구성된다.

- 채널 폭: 20MHz, 40MHz 등

- 국가: 지원되는 채널 목록(국가별)

- 비콘 간격: 이전에 언급된 TBTT 시간

- TIM/DTIM: 절전 해제 시간 및 브로드캐스트 메시지를 검색하는 간격, 고급 전원 관리에 허용된다.

- 보안 서비스: WEP, WPA 및 WPA2 기능

> ℹ️ 비콘은 Bluetooth 비콘과 유사점이 있는 흥미로운 개념이다. 비콘 브로드캐스팅에 있어서는 Bluetooth 무선이 훨씬 우수한 메시지 기능과 유연성을 발휘하는 것은 사실이지만, 와이파이 비코닝을 사용하는 제품과 서비스도 다양하게 존재한다.

STA가 연결할 AP나 다른 STA를 찾고 나면 인증 단계로 들어간다. 802.11에서 사용되는 다양한 보안 표준에 관해서는 6장의 뒷부분에서 보다 자세하게 논의할 예정이다.

보안 및 인증 과정에 성공하고 나면 다음 단계는 연결이다. 장치에서 연결 요청 프레임을 AP로 전송하고, 이어서 AP에서 연결 응답 프레임으로 응답하면 그 결과 STA가 네트워크에 참가하거나 배제될 수 있다. STA가 포함되는 경우에는 AP가 연결 ID를 클라이언트로 릴리스하고 연결된 클라이언트 목록에도 추가한다.

이 시점에 데이터는 AP를 통해 교환되며, AP 또한 데이터를 통해 교환될 수 있다. 모든 데이터 프레임에는 확인 응답이 이어진다.

IEEE 802.11 보안

이전 절에서는 와이파이 장치가 네트워크에 참가하는 연결 과정에 관해 설명했다. 여기에 포함되는 단계 중 하나가 바로 인증이다. 이 절에서는 와이파이 WLAN에 사용되는 인증의 다양한 유형과 저마다의 장점 및 단점에 관해 다룰 것이다.

- **WEP**: 유선 동등 프라이버시를 일컫는다. 이 모드는 클라이언트의 키를 평문으로 전송한다. 그러고 나서 키는 암호화돼서 클라이언트로 다시 전송된다. WEP은 다양한 크기의 키를 사용하지만, 보통 128비트 또는 256비트인 경우가 많다. 공유 키도 사용하는데, 이는 모든 클라이언트에서 동일한 키를 사용할 수 있다는 것을 의미한다. 모두가 사용할 키를 정하기 위해 네트워크에 참가한 클라이언트로 돌아오는 모든 인증 프레임을 단순히 청취하고 스니핑^{sniffing}하는 것만으로도 쉽게 위험에 노출될 수 있다. 키 생성 시 존재하는 취약점으로 인해 의사 랜덤 문자열의 처음 몇 바이트에 키의 일부가 노출될 가능성(5% 확률)이 있다. 500만~1,000만 개의 패킷을 가로채게 되면 공격자는 키를 밝혀 내기에 충분한 정보를 상당히 확실하게 얻을 수 있게 된다.

- **WPA**: Wi-Fi Protected Access(또는 WPA-Enterprise)는 WEP를 대체할 IEEE 802.11i 보안 표준으로 개발되었으며, 소프트웨어/펌웨어 솔루션이므로 새로운 하드웨어가 필요 없다. WPA는 사전 패킷 키 믹싱과 재변조를 수행하는 **임시 키 무결성 프로토콜**^{TKIP, Temporal Key Integrity Protocol}을 사용한다는 점이 한 가지 큰 차이점이다. 이는 WEP의 경우와 달리 각 패킷이 서로 다른 키를 사용해 자체적으로 암호화한다는 의미다. WPA는 MAC 주소, 임시 세션 키 및 개시 벡터 등을 기준으로 세션 키를 생성하면서 시작된다. 이는 프로세서를 꽤 많이 사용하는 작업이지만 세션당 1회만 수행된다. 다음 단계는 1단계에서 생성된 비트의 결과를 통해 수신 패킷의 하위 1비트를 추출하는 것이며, 이것이 104비트의 패킷당 키에 해당한다. 이제 데이터는 암호화할 수 있는 상태가 된다.

- **WPA-PSK**: WPA 사전 공유 키 또는 WPA-Personal. 이 모드는 802.11 인증 인프라가 없는 경우에 존재한다. 이 경우에는 사전 공유 키로 패스프레이즈가 사용된다. 각 STA는 MAC 주소와 연결된 자체 공유 키를 가질 수 있다. 이 점은 WEP와 유사하며, 사전 공유 키에 약한 강도의 패스프레이즈가 사용될 경우 약점은 이미 확인된 바 있다.
- **WPA2**: 기존의 WPA 설계를 대체한다. WPA2는 암호화에 AES를 사용하는데, 이쪽이 WPA의 TKIP보다 훨씬 강도가 높다. 이 암호화는 CBC-MAC 프로토콜 지원 CTR 모드라고 하거나 줄여서 CCMP라고도 한다.

 802.11n에서 높은 대역폭 속도를 달성하기 위해서는 CCMP 모드가 반드시 사용돼야 하며, 그렇지 않을 경우 데이터 속도가 54Mbps를 초과하지 않게 된다. 와이파이 얼라이언스 상표 로고를 사용하려면 추가적으로 WPA2 인증을 받아야 한다.

IEEE 802.11ac

IEEE 802.11ac는 802.11 표준군의 뒤를 잇는 차세대 WLAN이다. IEEE 802.11ac는 5년의 작업 끝에 2013년 12월 표준으로 승인되었다. 최소 1GBps의 다중 스테이션 출력과 500Mbps의 단일 링크 출력을 제공하는 것이 목표다. 이 기술은 더 넓은 채널 대역폭(160MHz)과 더 많은 MIMO 공간 스트림, 극밀도 변조(256-QAM) 등을 통해 이러한 목표를 달성한다. 802.11ac는 5GHz 대역에만 존재하지만, 기존 표준(IEEE 802.11a/n)과도 공존할 예정이다.

IEEE 802.11n과 비교한 IEEE 802.11ac의 구체적인 내용과 차이점은 다음과 같다.

- 80MHz의 최소 채널 폭과 160MHz의 최대 채널 폭
- 8개의 MIMO 공간 스트림:
  - 최대 4개의 다운 링크 클라이언트를 지원하는 다운링크 MU-MIMO 도입

- ○ 다중 안테나와 다중 STA로 다중 스트림에서 독립적 송수신 가능
- 1024-WAM 표준화 빔 형성 기능을 사용할 수 있는 256-QAM 옵션 변조
- 표준화된 빔 포밍 기능

다중 사용자 MIMO는 보다 자세히 살펴볼 필요가 있다. 802.11ac는 802.11n의 4개 공간 스트림을 8개까지 확장한다. 802.11ac의 속도에 가장 크게 영향을 미치는 요소는 **공간 분할 다중화**SDM, Spatial Division Multiplexing로, 앞서 언급한 바 있다. 이러한 기법이 802.11ac의 다중 사용자 또는 다중 클라이언트와 결합될 경우에는 **공간 다양성 다중 접근**SDMA, Spatial Diversity Multiple Access이라는 명칭으로 불리게 된다. 기본적으로 802.11ac의 MU-MIMO는 무선 아날로그인 네트워크 스위치다. 다음 그림에는 클라이언트가 3개인 802.11ac 4 × 4: 4 MU-MIMO 시스템이 도식화돼 있다.

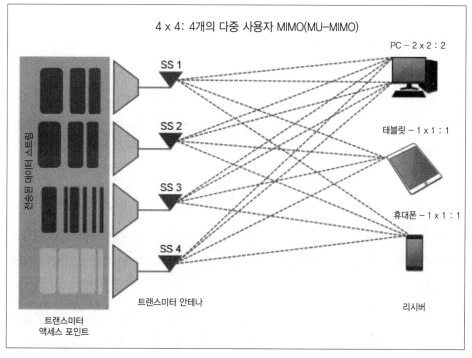

802.11ac MU-MIMO 사용

802.11.ac는 또한 변조 성상도를 64-QAM에서 256-WAM까지 확장하기도 한다. 이 경우에는 16개의 진폭 수준과 16개의 위상 각도가 있으므로 매우 정교한 하드웨어의 구축이 필요해진다. 802.11n가 심벌당 6비트를 담아내는 반면, 802.11ac의 경우에는 심벌당 8비트 모두가 담긴다.

빔 포밍 방식은 IEEE 위원회에 의해 공식적으로 표준화되었다. 예를 들면, 위원회가 명시적 피드백이 빔 포밍 연결의 표준 접근법이라는 사실에 동의한 것이다. 이로 인해 다양한 공급업체에서 빔 포밍과 성능 혜택을 이용할 수 있게 될 것이다.

채널당 대역폭이 늘어나면(최대 80MHz, 160MHz 또는 80MHz 블록 2개 옵션 지원) 5GHz 공간에서의 출력도 큰 폭으로 증가한다. 이론적으로 8 × 8: 8 장치와 160MHz의 넓은 채널, 256-QAM 변조를 사용할 경우 합계 6.933GBps의 출력을 유지할 수 있게 된다.

IEEE 802.11p V2V

차량 네트워크(차량 애드혹 네트워크 또는 VANET라 하기도 함)는 자동차가 시내를 오가며 다른 차량이나 인프라와 상호 작용하는 과정에서 자연적으로 발생한 것으로, 아직 구조화되지 않은 영역이다. 이 네트워크 모델은 **차량 간**V2V, Vehicle-to- Vehicle, **차량-인프라 간**V2I, Vehicle-to-Infrastructure 모델을 사용한다.

2004년 802.11p 태스크 그룹이 형성됐으며, 이 그룹은 2010년 4월까지 첫 번째 초안을 개발했다. 802.11p는 미국 교통부 내의 **전용 근거리 통신**DSRC, Dedicated Short Range Communication으로 여겨진다. 이 네트워크의 목표는 차량 안전, 톨게이트 요금 징수, 트래픽 상태/경고, 주행 보고, 차량 내 전자 상거래 등에 사용되는 표준 보안 V2V 및 V2I 시스템을 제공하는 것이다.

다음 그림을 통해 IEEE 802.11p 네트워크의 토폴로지와 일반 사용 사례를 확인할 수 있다. 이 네트워크에는 두 가지 유형의 노드가 존재한다. 첫 번째 유형은 **노변 기지국**RSU, Road-Side Unit으로, 액세스 포인트와 매우 유사한 고정 위치 장치다. 이 장치는 차량이나 움직이는 장치에서 애플리케이션 서비스를 활용하거나 신뢰할 수 있는 기관에 액세스할 수 있도록 인터넷에 연결하는 서비스를 제공한다. 다른 노드 유형은 **차량 단말기**OBU, On-Board Unit로, 이 장치는 차량 내에 자리하고 있으며, OBU를 비롯해 필요한 경우 고정된 RSU와도 통신할 수 있다.

OBU는 RSU 또는 상호 간 통신을 통해 차량과 안전 데이터를 중계할 수 있다. RSU는 인증을 위해 애플리케이션 서비스와 신뢰할 수 있는 기관을 연결하는 데 사용된다. 다음은 802.11p의 활용과 토폴로지의 일례다.

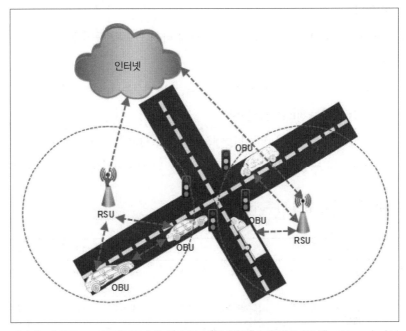

IEEE 802.11p 사용 사례. 차량 내의 OBU와 고정 인프라 RSU가 나와 있다.

대중 교통 시스템에는 무선 통신과 관련된 여러 과제가 존재한다. 차량 통신과 제어에는 높은 수준의 안전이 필요하다. 도플러 천이, 레이턴시 효과, 견고한 애드혹 네트워크 등의 물리적 효과는 고려해야 하는 몇 가지 사안에 속한다.

802.11 표준과의 차이점 중 많은 부분이 전송 속도 대비 품질과 범위의 확보에 있다. 다른 요인으로는 데이터 교환 시작 시 레이턴시를 줄이기 위한 변경 사항을 들 수 있다. 다음에는 IEEE 802.11p의 특징 및 IEEE 802.11a 표준과의 차이점이 요약돼 있다.

- 채널 폭은 802.11a에서 사용되는 20MHz가 아닌 10MHz가 채택됐다.
- IEEE 802.11p는 5.9GHz 공간의 75MHz 대역폭에서 작동하는데, 이는 가용한 채널이 총 7개(제어 채널 1개, 중요 채널 2개, 서비스 채널 4개)임을 의미한다.
- 802.11a 대비 절반에 해당하는 비트율, 즉 3/4.5/6/9/12/18/24/27Mbps를 지원한다.
- BPSK/QPSK/16QAM/64QAM 및 52개 하위 반송파 등의 동일한 변조 기법이 지원된다.
- 심벌 주기는 802.11a 대비 두 배다. 즉, 11a에서는 4μs를 지원하는 반면 IEEE 802.11p에서는 8μs를 지원한다.
- 보호 시간 간격의 경우 802.11p에서는1.6μs, 11a에서는 0.8μs다.
- MIMO나 빔 포밍과 같은 기법은 따로 필요 없거나 사양의 일부로 존재한다.

75MHz 채널은 다음과 같이 범주화할 수 있다.

채널	172	174	176	178	180	182	184
센터 주파수 (GHz)	5.860	5.870	5.880	5.890	5.900	5.910	5.920
목적	중요 생명 안전	서비스	서비스	제어	서비스	서비스	고전력 공공 안전

802.11p의 근본적인 사용 모델은 애드혹 네트워크를 신속하게 생성하고 여기에 결합하는 것이다. 이 연결은 고속도로에서 달리는 속도의 차량이 반대 방향으로 움직임에 따라 오고 가게 된다. 표준 802.11 모델에서는 사용하는 네트워크 토폴로지가 BSS이며, 이 경우 무선 네트워크를 형성하는 데 동기화, 결합 및 인증이 필요하다. 802.11p는 교환되는 모

든 프레임의 헤더에 와일드카드 BSSID를 제공하며, 통신 채널에 도착한 직후 데이터 프레임의 교환을 시작할 수 있다.

IEEE 802.11p 프로토콜 스택은 802.11a에서 파생됐으나, 차량 안전 및 보안의 처리와 관련해 중요한 변화를 주었다. 다음 그림에는 프로토콜 스택이 도식화돼 있다. 다른 IEEE 802.11 스택의 경우, 애플리케이션 및 보안 모델의 처리를 위해 IEEE 1609.x 표준을 사용하는 데서 시작한다. 이러한 풀 스택을 일컬어 **차량 이동 환경에서의 무선 액세스**WAVE, Wireless Access in Vehicular Environment라 하며, 이는 802.11p PHY 및 MAC 계층을 IEEE 1609.x 계층과 결합한다.

802.11 프로토콜 스택			단순화된 OSI 모델
IEEE 1609. 1 (안전 및 트래픽 효율성 애플리케이션)			7. 애플리케이션 계층
IEEE 1609.2 WAVE 보안 서비스			4. 전송 계층
TCP/UDP	IEEE 1609.3 WSMP		
IPV6			3. 네트워크 계층
논리 링크 제어			2. 데이터 링크 계층
IEEE 1609.4 MAC 하위 계층			
802.11p 5 GHz OFDM 3, 4.5, 6, 9, 12, 18, 24, 27 Mbps			1. 물리 계층

이 스택에 포함된 주목할 만한 차이점은 다음과 같다.

- **1609.1**: 웨이브 리소스 관리자. 필요에 따라 리소스를 할당하고 프로비저닝한다.
- **1609.2**: 애플리케이션과 관리 메시지의 보안 서비스를 정의한다. 또한 이 계층에서는 두 가지 모드의 암호화가 제공된다. 서명 알고리즘인 ECDSA을 활용한 공

개 키 알고리즘을 사용하거나 아니면 CCM 모드의 AES-128에 기반한 대칭 알고리즘을 사용할 수도 있다.

- **1609.3**: WAVE 준수 장치의 연결 설정과 관리를 지원한다.
- **1609.4**: 802.11p MAC 계층 위에서 다중 채널 작동을 제공한다.

VANET에서 보안은 핵심적인 요소다. 공공 안전에 직접적인 영향을 미칠 수 있는 잠재적인 위협이 존재하기 때문이다. 다른 차량이 반응하거나 작동하는 방식에 영향을 미치는 가짜 정보가 브로드캐스팅될 경우, 공격이 발생할 수 있다. 이러한 속성을 가진 공격은 도로상의 위험 요소를 브로드캐스트해 차량의 급제동을 유발하는 악질적인 장치일 가능성이 있다. 보안을 위해서는 비공개 차량 데이터, 다른 차량으로의 가장, DoS 공격 유발 등 또한 고려해야 한다. 이 모든 것이 치명적인 사고로 이어질 수 있기 때문에 IEEE 1609.2와 같은 표준이 필요하다.

IEEE 802.11ah

802.11ac 아키텍처와 PHY에 기반한 802.11ah는 IoT를 대상으로 한 무선 프로토콜의 변형이다. 긴 배터리 수명이 필요하기 때문에 제약을 받는 센서 장치의 최적화는 설계를 통해 시도할 수 있으며, 범위와 대역폭의 최적화가 가능하다. 802.11ah는 HaLow라고도 하는데, 이는 'ah'를 거꾸로 쓴 'ha', 저전력과 낮아진 주파수를 뜻하는 'low'를 갖고 말장난을 한 것이다. 합치면 'Hello'와도 비슷한 발음이 된다.

IEEE 802.11ah 태스크 그룹의 의도는 원래 지방 원격지 통신과 셀 트래픽 오프로딩을 위해 범위가 확장된 프로토콜을 만드는 것이었으며, 두 번째 목적은 기가헤르츠 이하의 범위에서 저출력 무선 통신을 위한 프로토콜을 사용하는 것이었다. 이 사양은 2016년 12월 31일에 게시되었는데, 아키텍처가 다른 형태의 802.11 표준에 비해 특히 다음과 같은 점에서 큰 차이를 보인다.

- 900MHz 스펙트럼에서 작동한다. 덕분에 물체나 공기 중에서 이뤄지는 전파와 침투 성능이 양호한 편이다.
- 채널 폭이 다양하며 2, 4, 8 또는 16MHz 너비의 채널로 설정할 수 있다.
- 이용 가능한 변조 방식은 다양하며 여기에는 BPSK, QPSK, 16-QAM, 64-WAM, 및 256-QAM 변조 기법이 속한다.
- 변조는 802.11ac 표준에 기반하며 특정 변경 사항이 포함된다.
- 총 56개의 OFDM 하위 반송파 중 52개는 데이터 전용이며 나머지 4개는 파일럿 톤에 할당된다.
- 총 심벌 주기는 36 또는 40마이크로초다.
- SU-MIMO 빔 포밍을 지원한다.
- 경쟁을 제한하기 위해 두 가지 다른 인증 방식을 사용해 STA가 수천 개인 네트워크에 신속하게 결합할 수 있다.
- 하나의 액세스 포인트에 있는 수천 개의 장치에 연결할 수 있다.
- STA에 사용되는 전력을 줄이는 중계 기능이 포함되며, 단일 홉 도달 방식으로 느슨한 형태의 메시 네트워킹이 가능하다.
- 각 802.11ah 노드에서 고급 전력 관리가 가능하다.
- RAW^Restricted Access Windows의 사용을 통해 비 스타 토폴로지 통신을 지원한다.
- 세분화가 가능하므로 안테나를 그룹화해 BSS(섹터라고 함)의 여러 영역을 커버할 수 있는데, 이는 다른 802.11 프로토콜에서 채택된 빔 형성을 사용해 달성된다.

단일 MIMO 스트림, 1MHz 채널 대역폭에서 BPSK 변조를 사용할 경우 최소 처리량은 150kbps이 된다. 4개의 MIMO 스트림과 16MHz 채널을 사용한 256-WAM 변조를 기준으로 할 경우에는 이론적인 최대 처리량이 347Mbps이 된다.

IEEE 802.11ah 사양의 경우 STA가 1MHz 및 2GHz 채널 대역폭을 지원해야 하며, 액세스 포인트는 1, 2 및 4MHz 채널을 반드시 지원해야 한다. 8Mhz와 16Mhz 채널은 선택 사항이다. 채널 대역폭이 좁을수록 범위는 길어지지만 처리량은 느려진다. 반면, 채널 대역폭이 넓을수록 범위는 짧아지고 처리량은 빨라진다.

채널 폭은 802.11ah가 구축돼 있는 지역에 따라 달라진다. 아래와 같이 특정 지역에서는 규제로 인해 일부 조합이 작동하지 않는 경우가 있다.

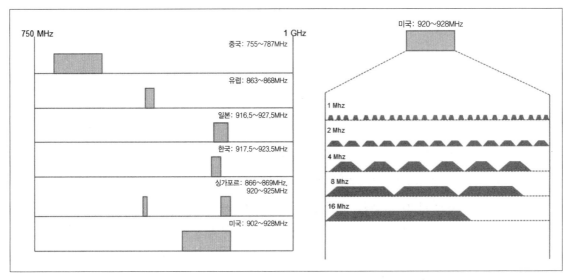

왼쪽: 지역 규제에 따라 다양한 채널화 옵션.
오른쪽: 1MHz부터 16MHz 채널까지 미국 지역 내의 여러 대역폭 옵션과 채널 본딩.

IEEE 802.11ah 표준 아키텍처의 모든 시도는 전체 범위와 효율성의 최적화를 목표로 한다. 이러한 시도의 범위는 MAC 헤더의 길이로 제한된다.

단일 AP에 수천 개의 장치를 연결하고자 하는 목표는 13비트의 고유 결합 식별자(AID) 할당을 통해 달성된다. 이로 인해 어떤 척도(복도 조명, 조명 스위치 등)를 기준으로 STA를 그룹화하는 일이 가능해지며, AP는 8,191개 이상의 STA(802.11에서 지원하는 STA는 2,007개)에 연결할 수 있게 된다. 그러나 이렇게 노드가 많을 경우 엄청난 수의 채널 충돌이 유발

될 가능성이 있다. 연결된 STA의 수가 증가하더라도 목표는 이동 중에 이러한 스테이션을 거치는(스테이션에 주소를 지정하는) 데이터의 양을 줄이는 데 있다. IEEE 태스크 그룹은 QoS나 DS와 같이 IoT 사용 사례와 특별히 관계가 있지 않은 여러 필드를 제거함으로써 이 목표를 달성했다. 다음 그림에는 표준 802.11과 비교한 802.11ah MAC 다운링크 및 업링크 프레임이 도식화돼 있다.

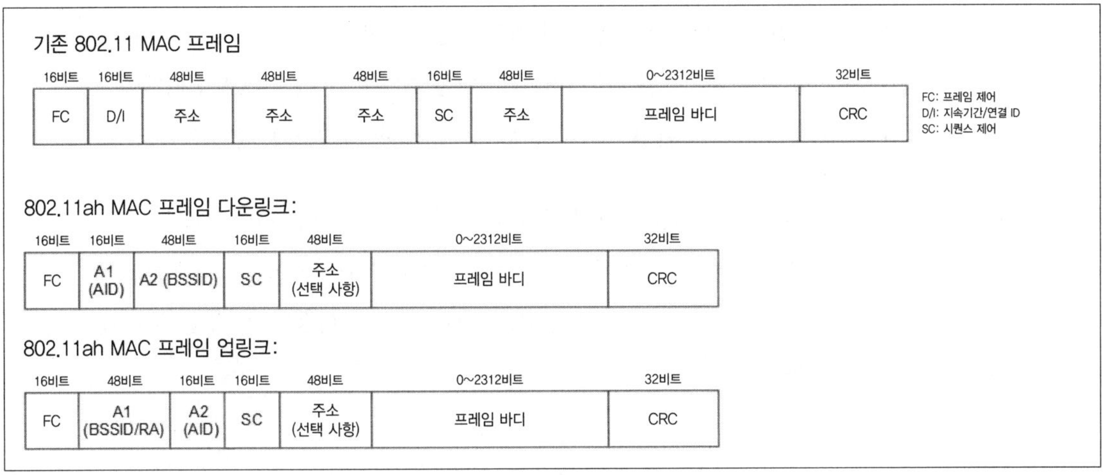

기존 802.11 MAC 프레임

16비트	16비트	48비트	48비트	48비트	16비트	48비트	0~2312비트	32비트	
FC	D/I	주소	주소	주소	SC	주소	프레임 바디	CRC	FC: 프레임 제어 D/I: 지속기간/연결 ID SC: 시퀀스 제어

802.11ah MAC 프레임 다운링크:

16비트	16비트	48비트	16비트	48비트	0~2312비트	32비트
FC	A1 (AID)	A2 (BSSID)	SC	주소 (선택 사항)	프레임 바디	CRC

802.11ah MAC 프레임 업링크:

16비트	48비트	16비트	16비트	48비트	0~2312비트	32비트
FC	A1 (BSSID/RA)	A2 (AID)	SC	주소 (선택 사항)	프레임 바디	CRC

표준 802.11 MAC 프레임과 802.11ah 축약 프레임의 비교.

전력 관리 및 채널 효율성과 관련된 또 다른 개선 사항은 확인 응답 프레임을 없앤 것을 꼽을 수 있다. 양방향 데이터의 경우 ACK는 묵시적으로 이뤄진다. 즉, 두 장치 모두 데이터를 서로 전송하고 수신하는 것이다. ACK는 패킷이 성공적으로 수신되고 나서 사용되는 것이 일반적이다. 이 양방향(BDT) 모드에서는 다음 프레임의 수신을 통해 이전 데이터가 성공적으로 수신된 것을 알 수 있으므로 ACK 패킷을 따로 교환할 필요가 없다.

네트워크의 기능을 저해할 수 있는 엄청난 양의 충돌을 방지하기 위해 802.11ah에서는 **제한된 액세스 윈도우**RAW, Restricted Access Window가 사용된다. AID를 사용해 STA를 여러 그룹으로 나누면 채널도 여러 개의 타임 슬롯으로 나뉜다. 각 그룹에는 하나의 특정 타임 슬롯이 할당된다. 여기에 예외는 있을 수 있으나 일반적으로 그룹화의 결과, 임의의 격리가 이뤄진다. 장치의 타임 슬롯이 전송에 사용되지 않으면 언제든지 전력 절약을 위해 유휴 상태로 들어갈 수 있다는 점을 RAW의 또 다른 이점으로 꼽을 수 있다.

토폴로지 방식의 경우 802.11ah 네트워크에는 세 가지 유형의 스테이션이 존재한다.

- **루트 액세스 포인트**: 주요 루트에 해당하며, 보통 다른 네트워크(WAN)에 대한 게이트웨이 역할을 담당한다.
- **STA**: 일반적인 802.11 스테이션이나 엔드 포인트 클라이언트다.
- **중계 노드**: AP 인터페이스를 하위 BSS에 위치한 STA에, 그리고 STA 인터페이스를 다른 중계 노드나 상위 BSS의 루트 AP에 결합하는 특수 노드다.

다음은 IEEE 802.11ah 토폴로지를 나타낸 그림이다. 이 아키텍처에는 다른 802.11 프로토콜과 중대한 차이점이 있는데, 식별 가능한 BSS를 생성하기 위해 단일 홉 중계 노드를 사용한다는 점이다. 중계의 위계를 통해 더 큰 규모의 네트워크가 형성되며, 각 중계는 AP와 STA의 역할을 맡는다.

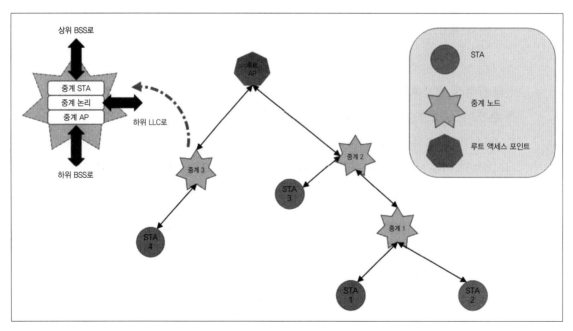

IEEE 802.11ah 네트워크 토폴로지.

기본 노드 유형에 더해, STA가 들어갈 수 있는 전력 절약 상태에는 세 가지가 있다.

- **트래픽 지시 맵**TIM, Traffic Indication Map: 데이터 전송을 위해 AP를 청취한다. 노드는 액세스 포인트에서 버퍼링된 데이터에 관한 데이터를 정기적으로 수신하는데, 이때 전송된 메시지를 TIM 정보 요소라고 한다.
- **비TIM 스테이션**: 일시적으로 제한된 **액세스 윈도우**PRAW, Periodic Restricted Access Windows에서 전송 시간을 확보하기 위해 결합 중에 AP와 직접적으로 협상한다.
- **예정되지 않은 스테이션**Unscheduled station: 어떤 비콘도 청취하지 않으며 폴링을 사용해 채널에 액세스한다.

코인 셀 배터리나 에너지 수확을 이용하는 IoT 센서나 에지 장치에는 전력이 매우 중요한 요소다. 802.11 프로토콜은 전력 수요량이 높기로 악명이 높다. 이러한 무선 프로토콜의 전력 소비량을 줄여 보고자, 802.11ah에서는 최대 유휴 기간Max Idle Period 값을 사용하는데, 이는 정규 802.11 사양에 포함돼 있다. 일반적인 802.11 네트워크의 경우, 최대 유휴 기간은 16비트 분해능 시간을 기준으로 대략 16시간 정도다. 반면 802.11ah에서는 16비트 타이머의 처음 두 비트가 스케일링 요소scaling factor이므로 절전 기간이 5년을 넘을 수 있다.

비콘으로의 변화를 통해 추가적으로 전력을 절감한다. 앞서 다루었듯, 비콘은 버퍼링된 프레임의 가용성에 관한 정보를 중계한다. 비콘은 TIM 비트맵을 전송하는데, STA가 8,191개나 되기 때문에 비트맵이 대폭 성장하고 그 결과 비콘의 크기도 확대된다. 802.11ah는 일부 비콘이 전체 비트맵의 일부분을 전달하는 TIM 단편화라는 개념을 사용한다. 각 STA는 비트맵 정보가 포함된 각자의 비콘이 도착할 때를 계산하며, 장치가 깨어나서 비콘 정보를 받아야 하는 순간까지 전력 절약 모드에 들어갈 수 있도록 허용한다.

또 다른 전력 절약 기능은 TWTTarget Wake Time라 하며, 데이터 송수신이 거의 이뤄지지 않는 STA를 대상으로 한다. 이 기능은 온도 센서 데이터와 같은 IoT 배포에는 매우 흔하게 사용된다. STA와 여기에 결합된 AP가 합의된 TWT에 도착하기로 협상하면 STA는 해당 타이머에서 .0; 신호를 보내기 전까지 절전 상태에 들어간다.

묵시적 ACK 과정은 **속도 프레임 교환**^{Speed Frame Exchange}이라 하며, 아래와 같은 그림으로 나타낼 수 있다.

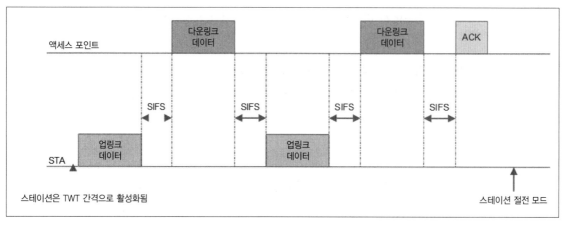

IEEE 802.11ah 속도 프레임 교환: STA 통신을 시작하는 데 사용되는 TWT의 예.
SIFS는 AP와 STA 통신 사이의 갭을 나타낸다. 데이터 쌍 사이에는 ACK가 사용되지 않는다.
송신 종료 시 하나의 ACK만이 전송된 후 STA가 절전 모드로 돌아간다.

▌ 요약

6장에서는 IoT 통신의 필수 요소를 다루었다. IP 기반 표준 통신을 사용하면 설계를 대폭 간소화해 쉽고 빠른 스케일링이 가능해진다. 수천 개에서 수백만 개의 노드에 도달하는 IoT 배포에 스케일링은 매우 중요한 요소다. IP 기반 전송을 사용하면 일반 도구도 간단하게 사용할 수 있다. 6LoWPAN과 스레드는 전통적으로 비IP 프로토콜인 802.15.4 등에 적용될 수 있는 표준을 제시한다. 두 프로토콜 모두 IPv6 주소 지정과 대규모 IoT 네트워크에 대한 메시 네트워킹을 지원한다. 802.11은 WLAN의 기초를 형성하는 중요하고 매우 성공적인 프로토콜이며, 802.11ah를 통해 IoT 장치와 센서에, 802.11p를 통해 운송 시스템에 적용될 수도 있다. 다음 표에는 비IP 기반 기존 프로토콜과 IP 프로토콜을 대조하고 있다. 보통 전력, 속도, 범위에서 차이가 나타난다.

올바른 솔루션을 배포하기 위해 아키텍트는 이러한 매개 변수 사이에 균형을 잡아야 한다.

	802.15.4	802.11ah
IP 기반 여부	비IP 기반(6LoWPAN 또는 스레드가 필요함)	IP 기반
범위	100m	1,000m 목표
네트워크 구조	풀 메시	단일 노드 홉을 통한 계층화
채널화	DSSS만 지원되는 ISM 2.4GHz	다양한 변조 코딩 기법을 지원하는 1GHz 미만의 ISM. 채널 대역폭: 1,2, 4, 8, 16MHz
채널 간섭 관리	CSMA/CA	STA로 해금 타임 슬롯을 기준으로 그룹을 결합할 수 있도록 하는 RAW 메커니즘
출력	250Kbps	150kbps ~ 347Mbps
레이턴시	양호	최적(802.15.4 대비 2배 개선됨)
에너지 효율성	최적(17mJ/패킷)	양호(63mJ/패킷)
전력 절감	프레임의 절전-해제 메커니즘	다양한 층위에서 전력을 제어, 미세 조정하는 여러 데이터 구조
네트워크 크기	65,000까지 가능	STA 8,192개

7장에서는 초장거리 프로토콜 또는 광역 통신망을 살펴볼 것이다. 여기에는 전통적인 셀룰러(4G LTE)를 비롯해 Cat1과 같은 IoT 셀룰러 모델도 포함된다. 뿐만 아니라 Sigfox나 LoRa와 같은 LPWAN 프로토콜에 관해서도 논의할 예정이다. WAN은 데이터를 인터넷에 연결하는 데 다음으로 필요한 구성 요소다.

07

장거리 통신 시스템 및 프로토콜(WAN)

지금까지 **무선 개인 통신망**^{WPAN, Wireless Personal Area Networks}과 **무선 근거리 통신망**^{WLAN, Wireless Local Area Networks}에 관해 알아보았다. 이러한 유형의 통신은 센서와 로컬망 사이를 연결하지만, 그 대상이 반드시 인터넷이나 다른 시스템인 것은 아니다. IoT 생태계에는 센서, 액추에이터, 카메라, 스마트 임베디드 장치, 차량, 원격지의 로봇 등이 포함된다는 사실을 기억할 필요가 있다. 뿐만 아니라 **광역 통신망**^{WAN, Wide Area Network}도 살펴보아야 한다.

7장에서는 다양한 WAN 장치와 토폴로지를 다룬다. 셀룰러(4G-LTE 및 출시 예정인 5G 표준)에 더해 **장거리 라디오**^{LoRa, Long Range Radio}와 Sigfox 등의 기타 독점 시스템 또한 여기에 포함된다. 7장에서는 셀룰러와 장거리 통신 시스템을 데이터 관점에서 다루지만, 그 초점이 모바일 장치의 아날로그, 음성 측면에 맞춰지지는 않을 것이다. 장거리 통신은 서비스인 경우가 많은데, 이는 셀룰러 타워와 인프라 개선 등을 제공하는 통신사에 가입해야 한다는 것을 의미한다. 이것이 기존의 WPAN 및 WLAN 아키텍처와 다른 점인데, 이러한 아키텍처는 보통 고객이나 개발자가 생산하고 재판매하는 장치에 포함되는 경우가 많다. 가입 또는 서비스 수준 계약(SLA)은 아키텍처와 시스템 제약에 또 다른 영향을 미치는데, 이 또한 아키텍트가 반드시 숙지해야 하는 부분이다.

▍ 셀룰러 연결

셀룰러 라디오는 가장 흔히 사용되는 통신 형식으로, 그중에서도 특히 셀룰러 데이터가 널리 사용된다. 모바일 통신 장치는 셀룰러 기술이 개발되기 오래 전부터 존재했지만, 커버리지에 제한이 있었고, 대역 공간이 공유되며 기본적으로 양방향 라디오였다. 벨 연구소 Bell Labs에서는 1940년대(휴대전화 서비스)와 1950년대(개선된 휴대전화 서비스)에 몇 가지 휴대전화 기술을 시범적으로 개발한 적이 있지만, 성과는 미미했다. 당시에는 휴대전화 통신과 관련해 통일된 표준도 존재하지 않았다. 더글러스 H. 링Douglas H. Ring과 래 영Rae Young 이 1947년 셀룰러 개념을 고안하고, 벨 연구소의 리처드 H. 프렌키엘Richard H. Frenkiel, 조엘 S. 엥겔Joel S. Engel, 필립 T. 포터Philip T. Porter, 이 세 사람이 1960년대에 이를 구축하고 나서야 보다 큰 규모의 안정적인 모바일 배포가 실현될 수 있었다. 셀 간의 핸드오프는 그 역시 벨 연구소 소속이었던 아모스 E. 조엘2세Amos E. Joel Jr.가 고안하고 구축한 개념이며, 이를 통해 셀룰러 기기가 움직일 때 핸드오프가 가능해졌다. 모토롤라Motorola의 마틴 쿠퍼Martin Cooper는 1979년 4월 3일, 이러한 기술이 한 데 모아 최초의 셀룰러 전화 시스템과 최초의 셀룰러 폰을 만들었으며, 최초의 셀룰러 통화도 실현시켰다. 다음은 이상적인 셀룰러 모델로, 셀이 육각형 영역의 최적 배치로 나타나 있다.

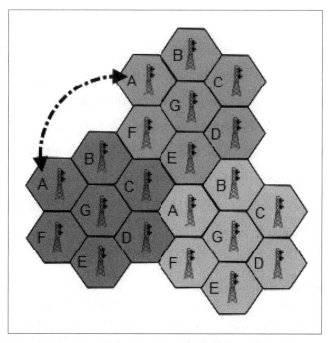

셀룰러 이론. 육각형 패턴 덕분에 가장 가까운 이웃과도 주파수가 분리된다.
주파수 A가 다른 두 영역에 속해있는 사례에서 확인할 수 있듯이 2개의 유사한 주파수가
하나의 육각 공간 안에 포함되지 않는다. 그 결과, 주파수 재사용이 가능하다.

이러한 기술과 개념 증명 설계가 결국 최초의 상용 배포로 이어졌으며, 1979년 일본의
NTT에서 휴대전화 시스템을 공식적으로 채택했고, 1981년에는 덴마크, 핀란드, 노르웨
이, 스웨덴도 뒤를 이었다. 미주에서 셀 시스템을 채택한 것은 1983년의 일이었다. 이 첫
번째 기술을 1G 또는 1세대 셀룰러 기술이라 한다. 각 세대의 기초와 특징을 다음에 살펴
볼 예정이긴 하지만, 다음 절에서는 특히 셀룰러 통신 및 데이터의 현행 표준인 4G-LTE
를 자세히 들여다볼 것이다. 이어지는 절에서는 NB-IOT나 5G와 같은 기타 IoT 및 미래
셀룰러 표준을 알아보도록 하자.

거버넌스 모델 및 표준

국제 전기 통신 연합^{ITU, International Telecommunication Union}은 UN 전문 기구로, 1865년에 창설되었다. 현재의 명칭은 UN 전문 기구가 되기 이전인 1932년에 붙었는데, 무선 통신 표준, 내비게이션, 모바일, 인터넷, 데이터, 음성 및 차세대 네트워크와 관련해 전 세계적으로 중요한 역할을 수행하는 기구다. 회원 국가는 193개국이며, 700개의 공공 및 민간 기관이 참여 중이며 부문이라 불리는 수많은 워킹 그룹 또한 존재한다. 셀룰러 표준과 관련된 부문은 **무선 통신 부문**^{ITU-R, Radiocommunication Sector}인데, ITU-R는 여러 세대의 라디오 및 셀룰러 통신에 관련된 국제 표준과 목표를 정의하는 주체다. 여기에는 안정성 관련 목표와 최소 데이터 속도가 포함된다.

> ITU-R가 만든 두 가지 기초 사양은 지난 10년 간 셀룰러 통신을 관할했다. 첫 번째는 IMT-2000(International Mobile Telecommunications-2000)으로, 3G로 출시되는 장치의 요구 조건을 지정한다. 보다 최근에 들어서 ITU-R는 IMT-Advanced(International Mobile Telecommunications-Advanced)라는 요구 조건 사양을 만들었다. IMT-Advanced 시스템은 All-IP 모바일 광대역 무선 시스템을 기반으로 하며, 전 세계에 4G로 출시될 수 있는 대상을 정의한다. ITU는 2010년 10월 4G 셀룰러 통신의 목표 달성을 지원하기 위해 3GPP 로드맵의 롱텀 에볼루션(LTE, Long-Term Evolution) 기술을 승인했으며, 계속해서 5G의 새로운 요구 조건을 이끌어 낼 예정이다.

4G라 불리게 되는 ITU의 고급 셀룰러 시스템 요구 사항의 예로는 다음이 포함된다.

- 모두 IP, 패킷 교환 방식 네트워크일 것
- 기존 무선과 상호 운용 가능할 것
- 클라이언트 이동 시 명목 데이터 속도 100Mbps, 클라이언트 고정 시 명목 데이터 속도 1GBps를 달성할 것
- 네트워크 리소스의 동적 공유 및 사용으로 셀당 하나 이상의 사용자를 지원할 것

- 5 ~ 20MHz로 확장 가능한 채널 대역폭
- 여러 네트워크에 걸쳐 원활한 연결과 글로벌 로밍

ITU 목표의 전부가 충족되지 않는 경우가 종종 있다는 문제점과 함께, 네이밍, 브랜딩과
관련된 혼란이 존재한다.

특징	1G	2/2.5G	3G	4G	5G
최초 출시	1979	1999	2002	2010	2020
ITU-R 사양	NA	NA	IMT-2000	IMT-Advanced	IMT-2020
ITU-R 주파수 사양	NA	NA	400MHZ ~ 3GHz	450MHz ~ 3.6GHz	미정
ITU-R 대역폭 사양	NA	NA	고정형: 2Mbps 이동식: 384Kbps	고정형: 1Gbps 이동식: 100Mbps	다운 최소: 20Gbps 업 최소: 10Gbps
일반 대역폭	2Kbps	14.4 ~ 64Kbps	500 ~ 700Kbps	100 ~ 300Mbps(최대)	미정
용도/특징	모바일 통신 전용	디지털 음성, SMS 텍스트, 발신자-ID, 일방향 데이터	우수한 오디오, 비디오, 데이터. 강화된 로밍	통합된 IP 및 원활한 LAN/WAN/WLAN	IoT, 초밀도, 낮은 레이턴시
표준 및 다중화	AMPS	2G: TDMA, CDMA, GSM 2.5G: GPRS, EDGE, 1xRTT	FDMA, TDMA WCDMA, CDMA-2000	CDMA	CDMA
핸드오프	수평	수평	수평	수평 및 수직	수평 및 수직
코어 네트워크	PSTN	PSTN	패킷 스위치	인터넷	인터넷
스위칭	회선	액세스 네트워크 및 무선 네트워크용 회선	패킷 기반, 무선 네트워크용 제외	패킷 기반	패킷 기반
기술	아날로그 셀룰러	디지털 셀룰러	광대역 CDMA, WiMAX, IP- 기반	LTE Advanced Pro 기반	LTE Advanced Pro 기반, mmWave

셀룰러 분야의 다른 표준 기구인 3GPP는 3세대 파트너십 프로젝트의 약자로, 셀룰러 기술을 관리하고 운용하는 전 세계 7개의 통신 기관(기관 파트너Organizational Partners라고도 함)으로 이뤄진다. 이 그룹은 1998년 노텔 네트웍스Nortel Networks와 AT&T 와이어리스Wireless의 파트너십을 통해 창설해 2000년 첫 번째 표준을 공개했다. 일본, 미국, 중국, 인도, 한국의 기관 파트너와 시장 대표Market Representatives가 3GPP에 참여 중이다. 그룹의 전체적인 목표는 셀룰러 통신용 3G 사양을 만들고 **이동 통신을 위한 국제 표준 시스템**GSM, Global System for Mobile Communications의 표준과 사양을 정립하는 것이다. 3GPP의 작업은 3개의 **기술 사양 그룹**TSG, Technical Specification Groups과 6개의 **워킹 그룹**WG, Working Groups이 수행한다. 이러한 그룹들은 매년 다양한 지역에서 수 차례 모임을 갖는다. 3GPP 릴리스는 시스템의 상하위 호환성을 (가능한 한 많이) 확보하는 데 초점을 맞추고 있다.

업계 내에는 ITU와 3GPP, LTE의 정의 간 차이에 약간의 혼란이 존재한다. 이러한 관계를 개념화하는 가장 간단한 방법은 ITU에서 4G 또는 5G로 규정될 수 있는 장치의 전 세계적인 목표와 표준을 정하는 것이다. 3GPP는 LTE를 개선하는 등 기술을 통해 이러한 목표 달성에 힘쓰고 있으며, ITU는 그러한 LTE 개선 사항이 4G 또는 5G로 분류되는 데 필요한 요구 사항을 충족하는지 여부를 확인하는 역할을 담당하고 있다.

다음 그림에는 2000년 이후의 3GPP 기술 릴리스가 나타나 있다. 상자 안은 LTE 에볼루션 기술이다.

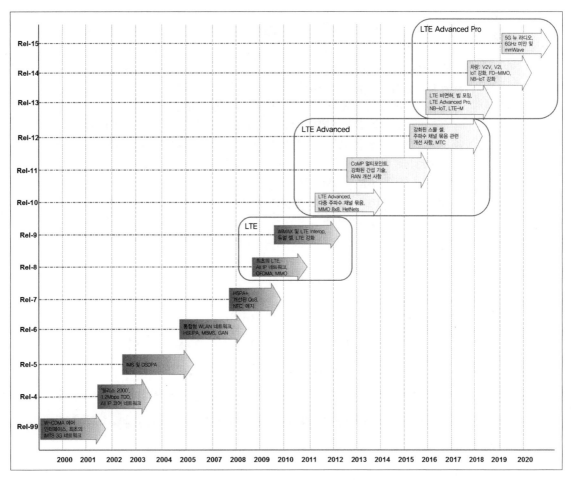

2000년부터 2020년까지의 3GPP 릴리스

LTE과 셀룰러 영역에서 담당하는 LTE의 역할은 혼동되는 경우가 많다. LTE는 롱텀 에볼루션(Long-Term Evolution)의 약자로, ITU-R의 속도와 요구 조건(초기에 다소 공격적이었음)을 달성하기 위해 따르는 경로에 해당한다. 이동 전화 공급업체에서는 3G와 같은 레거시 백엔드 기술을 사용해 기존 셀룰러 이웃에서 새로운 스마트폰을 출시한다. 이동 통신 업체는 레거시 3G 네트워크에 비해 속도와 기능면에서 상당한 개선을 보였음에도 4G-LTE의 연결성을 광고하는 경향이 있다. 2000년대 중후반에는 많은 이동 통신 업체가 ITU-R 4G 사양을 충족시키지 못했으나 근본적인 측면에서 충분히 진행됐다. 이들은 기존 기술을 사용하면서 여러 사용 사례에서 스스로를 4G로 리브랜딩했다. LTE-Advanced는 ITU-R의 목표에 한층 더 가까워진 또 하나의 발전이다.

요약하자면, 용어 자체가 혼란스럽고 오인되기 쉬우므로 아키텍트는 브랜딩 라벨을 꼼꼼히 읽고 용어를 이해할 필요가 있다.

셀룰러 액세스 기술

여러 음성 및 데이터 사용자가 셀룰러 시스템의 사용 방식을 이해하는 것이 중요하다. 몇 가지 표준의 경우에는, WPAN과 WLAN 시스템에서 다룬 개념과 유사하면서도 살펴볼 만하다. 3GPP에서 LTE를 지원하기 전에는 셀룰러 기술, 특히 GSM 장치나 CDMA 장치의 여러 가지 표준이 존재했다. 인프라, 장치 할 것 없이 이러한 기술들은 상호 호환이 되지 않는다는 사실도 알아 둘 필요가 있다.

- **주파수 분할 다중 접속**FDMA, Frequency Division Multiple Access: 아날로그 시스템에서는 흔했지만 오늘날 디지털 영역에서는 거의 사용되지 않는다. 스펙트럼이 주파수로 쪼개져서 사용자에게 할당되는 방식의 기법으로, 특정 시간에 하나의 트랜시버가 하나의 채널에 할당된다. 따라서 채널은 최초 통화가 종료되거나 다른 채널로 핸드오프될 때까지 다른 대화가 닫히게 된다. '전이중full-duplex' FDMA 송신에는 2개의 채널이 필요하며, 하나는 송신에 사용되고, 다른 하나는 수신에 사용된다.

- **코드 분할 다중 접속**CDMA, Code Division Multiple Access : 대역 확산 기술에 기반한 CDMA 는 모든 사용자가 동시에 모든 채널을 점유할 수 있도록 해 대역 용량을 증가시 킨다. 전송은 전체 무선 대역에 분산되며 각 음성 및 데이터 통화는 동일한 스펙 트럼을 통해 전송되는 다른 콜과 구별할 수 있도록 고유한 코드를 할당받는다. CDMA는 소프트 핸드오프가 가능한데, 즉 터미널이 동시에 여러 기지국과 통신 할 수 있다는 것을 의미한다. 3세대 모바일에서 지배적인 위치를 점했던 무선 인 터페이스는 원래 퀄컴Qualcomm에서 CDMA2000으로 설계한 것이며 3G를 대상으 로 했다. 독점적인 성질로 인해 전 세계적으로 채택되지 못했으며, 18% 미만의 세계 시장 점유율에 그치고 있다. 미국에서는 버라이즌Verizon과 스프린트Sprint가 유력한 CDMA 캐리어다.

- **시분할 다중 접속**TDMA, Time Division Multiple Access : 이 모델에서는 각 주파수를 시간 구 간으로 나눠서 스펙트럼의 용량을 증가시킨다. TDMA를 사용할 경우 각 사용자 는 짧은 통화 기간 동안 전체 라디오 주파수 채널에 액세스할 수 있게 된다. 서로 다른 사용자들은 서로 다른 시간 구간에 이 동일한 주파수 채널을 공유하며, 기 지국은 이 채널에 있는 사용자에서 사용자로 지속적인 전환을 수행한다. TDMA 는 2세대 모바일 셀룰러 네트워크에서 지배적인 기술로 사용되었으며 GSM 조직 은 다중 접속 모델로 TDMA를 채택하기도 했다. TDMA는 유럽과 아시아의 경 우 900MHz/1800MHz, 북미와 남미의 경우 850MHz/1900MHz에서 사용된다.

일부 장치와 모뎀에서는 아직도 GSM/LTE나 CDMA/LTE가 지원되는 경우가 있다. GSM 와 CDMA는 서로 호환되지 않지만 GSM/LTE와 CDMA/LTE는 LTE 대역을 지원하는 경 우, 상호 호환이 가능할 수도 있다. 기존의 장치에서는 음성 정보가 2G나 3G 스펙트럼을 통해 전달되었는데, 이는 CDMA나 GSM(TDMA)과는 사뭇 다른 방식이다. LTE 데이터가 4G 대역을 사용한 이후로 데이터도 호환되지 않는다.

3GPP 사용자 기기 카테고리

릴리스 8에는 다양한 데이터 속도와 MIMO 아키텍처의 다섯 가지 사용자 기기 카테고리가 존재했으며, LTE와 달리 이들 카테고리에서는 3GPP가 허용됐다. 릴리스 8 이후 더 많은 카테고리가 추가됐으며, 3GPP 기구에서 지정한 대로 업링크와 다운링크를 결합하고 있다. 지원 가능한 카테고리가 표시된 셀룰러 라디오나 칩셋을 흔하게 찾아볼 수 있는데, 사용자 기기에서 특정 카테고리를 지원하게 되면, 셀 시스템(eNodeB, 뒤에서 다룸)의 경우에는 반드시 해당 카테고리를 지원해야 한다.

셀 장치와 인프라 간의 결합 프로세스 중에는 카테고리와 같은 기능 정보를 교환하는 절차가 있다.

3GPP 릴리스	카테고리	최대 L1 다운링크 데이터 속도(Mbps)	최대 L1 업링크 데이터 속도(Mbps)	최대 다운링크 MIMO 수
8	5	299.6	75.4	4
8	4	150.8	51	2
8	3	102	51	2
8	2	51	25.5	2
8	1	10.3	5.2	1
10	8	2,998.60	1,497.80	8
10	7	301.5	102	2 또는 4
10	6	301.5	51	2 또는 4
11	9	452.2	51	2 또는 4
11	12	603	102	2 또는 4
11	11	603	51	2 또는 4
11	10	452.2	102	2 또는 4
12	16	979	n/a	2 또는 4
12	15	750	226	2 또는 4
12	14	3,917	9,585	8
12	13	391.7	150.8	2 또는 4

3GPP 릴리스	카테고리	최대 L1 다운링크 데이터 속도(Mbps)	최대 L1 업링크 데이터 속도(Mbps)	최대 다운링크 MIMO 수
12	0	1	1	1
13	NB1	0.68	1	1
13	M1	1	1	1
13	19	1566	n/a	2, 4 또는 8
13	18	1174	n/a	2, 4 또는 8
13	17	25,065	n/a	8

 릴리스 13의 Cat M1과 Cat NB1은 살펴볼 필요가 있는데, 이때 3GPP 기구에서는 데이터 속도를 1Mbps 이하로 대폭 낮췄다. 이는 이들 카테고리가 느린 데이터 속도로 짧은 간격의 통신만 수행하는 IoT 장치 전용이기 때문이다.

4G-LTE 스펙트럼 할당 및 대역

현존하는 LTE 대역은 55개로, 이는 일부 스펙트럼 단편화와 시장 전략의 결과다. LTE 대역의 확산에는 정부의 할당과 주파수 공간 경매의 역할도 있었다. LTE는 다음과 같은 2개의 카테고리로 나뉘며, 이 카테고리끼리는 서로 호환되지 않는다.

- **시분할 이중화**TDD, Time Division Duplex : TDD는 업링크 및 다운링크 데이터에 단일 주파수 공간이 사용되며, 송신 방향은 타임 슬롯을 통해 제어된다.
- **주파수 분할 이중화**FDD, Frequency Division Duplex : FDD 구성에서는 기지국(eNodeB)과 무선 단말UE, User Equipment이 업링크 및 다운링크 데이터를 위한 주파수 공간 쌍을 이룬다. LTE band-13이 일례로, 이 경우 업링크 범위는 777~787MHz, 다운링크 범위는 746~756MHz이다. 이 방식을 사용하면 업링크와 다운링크로 데이터를 동시에 전송할 수 있다.

두 기술을 하나의 모뎀에 결합해 다중 반송파 사용이 가능한 결합 TDD/FDD 모듈도 존재한다.

 참고로, 다운링크는 eNodeB에서 단말기로의 통신을 의미하고, 업링크는 반대 방향의 통신을 의미한다.

스펙트럼의 활용을 이해하기 위해서는 LTE와 관련된 몇 가지 다른 용어도 알아 둘 필요가 있다.

- **자원 요소**resource element: LTE의 최소 전송 단위를 일컫는다. RE는 심벌 시간 한 단위당 하나의 하위 반송파로 이뤄진다(OFDM 또는 SC-FDM).
- **하위 반송파 간격**subcarrier spacing: 하위 반송파 간의 간격을 말한다. LTE에서는 보호 대역 없이 15KHz의 간격이 사용된다.
- **순환 전치**cyclic prefix: 보호 대역이 없기 때문에 순환 전치 시간은 하위 반송파 사이의 다중 경로 심벌 간 간섭을 방지하는 데 사용된다.
- **타임 슬롯**time slot: LTE의 경우, LTE 프레임에 0.5ms의 시간 간격이 사용된다. 순환 전치 타이밍에 따라 6~7개의 OFDM 심벌과 같다.
- **자원 블록**resource block: 송신의 단위다. 12개의 하위 반송파와 7개의 심벌이 포함되며, 이는 84개의 자원 요소와 같다.

10ms 길이의 LTE 프레임은 10개의 하위 프레임으로 이뤄진다. 총 대역폭이 20MHz인 채널의 10%가 순환 전치에 사용될 경우 유효 대역폭은 18MHz로 줄어든다. 18Mhz의 하위 반송파 수는 18MHz/15kHz = 1200이고, 자원 블록의 수는 18MHz/180kHz = 100이다.

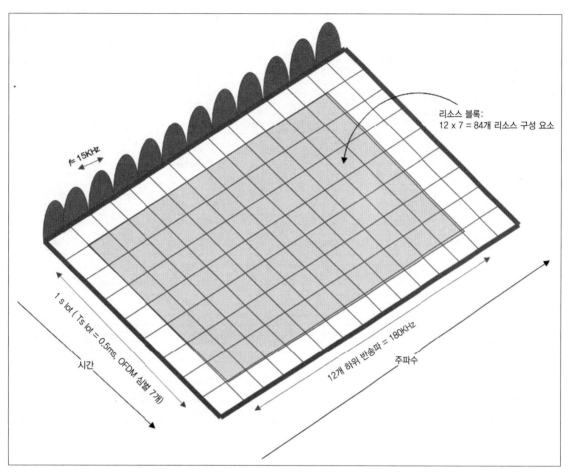

리소스 블록:
12 x 7 = 84개 리소스 구성 요소

≒ 15KHz

1 s lot (Ts lot = 0.5ms, OFDM 심벌 7개)

시간

12개 하위 반송파 = 180KHz

주파수

1개의 LTE 프레임 슬롯. 10ms LTE 프레임은 20개 슬롯으로 이뤄진다.
슬롯은 15KHz짜리 하위 반송파 12개와 7개 OFDM 심벌을 기반으로 한다.
이를 결합하면 12 x 7 = 84개 리소스 구성 요소가 된다.

4G-LTE에 할당된 대역은 지역 규제에 따라 다르다(북미, 아시아-태평양 등). 각 대역마다
3GPP와 ITU의 개발과 인증을 거친 일련의 표준이 존재한다. 대역은 FDD와 TDD 영역
사이로 분할되며 **고급 무선 서비스**AWS, Advanced Wireless Service와 같이 산업 내에서 일상적으로
사용되는 약어 명칭을 공유한다. 다음은 북미 지역의 FDD 및 TDD 대역을 나누어 놓은
표다.

대역	이중화	f (MHz)	일반 명칭	북미	대역폭(MHz)	이중화 공간(MHz)	밴드 갭(MHz)
1	FDD	2100	IMT		60	190	130
2	FDD	1900	PCS blocks A-F	Yes	60	80	20
3	FDD	1800	DCS		75	95	20
4	FDD	1700	AWS blocks A-F (AWS-1)	Yes	45	400	355
5	FDD	850	CLR	USA (AT&T, U.S. Cellular)	25	45	20
6	FDD				10	35	25
7	FDD	2600	IMT-E	Canada (Bell, Rogers, Telus)	70	120	50
8	FDD	900	E-GSM		35	45	10
9	FDD				35	95	60
10	FDD	1700	Extended AWS blocks A-I		60	400	340
11	FDD	1500	Lower PDC	Canada (Bell), Guam (iConnect, ...	20	48	28
12	FDD	700	Lower SMH blocks A/B/C	USA (Verizon), Canada (Bell, EastLink, ...	18	30	12
13	FDD	700	Upper SMH block C	USA (FirstNet)	10	−31	41
14	FDD	700	Upper SMH block D		10	−30	40
15	FDD	2000			20	700	680
16	FDD	700			15	575	560
17	FDD	700	Lower SMH blocks B/C	Canada (Rogers), Guam (NTT), USA (AT&T)	12	30	18
18	FDD	850	Japan lower 800		15	45	30
19	FDD	850	Japan upper 800		15	45	30
20	FDD	800	EU Digital Dividend		30	−41	71
21	FDD	1500	Upper PDC		15	48	33
22	FDD	3500		USA (Ligado Networks)	90	100	10
23	FDD	2000			20	180	160
24	FDD	1600	L-Band (US)		34	−101.5	135.5
25	FDD	1900	Extended PCS blocks A-G	USA (Sprint)	65	80	15
26	FDD	850	Extended CLR	USA (Sprint)	30 / 40		10
27	FDD	800	SMR		17	45	28
28	FDD	700	APT		45	55	10
29	FDD[A 1]	700	Lower SMH blocks D/E	USA (AT&T)	11	n/a	
30	FDD	2300	WCS blocks A/B	USA (AT&T)	10	45	35
31	FDD	450			5	10	5
32	FDD[A 1]	1500	L-Band (EU)		44	n/a	
65	FDD	2100	Extended IMT		90	190	
66	FDD	1700	Extended AWS blocks A-J	Canada (Freedom Mobile)	90/70	400	
67	FDD[A 1]	700	EU 700		20	n/a	
68	FDD	700	ME 700		30	55	
69	FDD[A 1]	2600	IMT-E (Duplex spacing)		50	n/a	
70	FDD	2000	AWS-4	USA (DISH)	25/15	300	
71	FDD	600	US Digital Dividend	USA (T-Mobile)			

4G-LTE 주파수 분할 이중화 대역 할당 및 북미 캐리어 소유권.

대역	이중화	f (MHz)	일반 명칭	북미	할당(MHz)	대역폭(MHz)
33	TDD	2100	IMT		1900 – 1920	20
34	TDD	2100	IMT		2010 – 2025	15
35	TDD	1900	PCS (Uplink)		1850 – 1910	60
36	TDD	1900	PCS (Downlink)		1930 – 1990	60
37	TDD	1900	PCS (Duplex spacing)		1910 – 1930	20
38	TDD	2600	IMT-E (Duplex Spacing)		2570 – 2620	50
39	TDD	1900	DCS-IMT gap		1880 – 1920	40
40	TDD	2300			2300 – 2400	100
41	TDD	2500	BRS / EBS	USA (Sprint)	2496 – 2690	194
42	TDD	3500			3400 – 3600	200
43	TDD	3700			3600 – 3800	200
44	TDD	700	APT		703 – 803	100
45	TDD	1500	L-Band (China)		1447 – 1467	20
46	TDD	5200	U-NII		5150 – 5925 (unlicensed)	775
47	TDD	5900	U-NII-4 (V2X)		5855 – 5925 (unlicensed)	70
48	TDD	3600	CBRS		3550 – 3700	150

북미의 4G-LTE 시분할 이중화 대역 할당 및 북미 캐리어 소유권.

또한, LTE는 비면허 대역에서 작동하도록 개발됐다. 퀄컴의 원 제안에 따르면 IEEE 802.11a 기반 5GHz 대역에서 작동하도록 돼 있다. 이렇게 만든 의도는 LTE가 와이파이 핫스팟의 대안 역할을 수행하도록 하기 위함이었다. 5150MHz~5350MHz인 이 주파수 대역에서는 보통 무선을 최대 200mW에서 실내 전용으로 활용해야 한다. 지금까지 미국 지역에서는 T-모바일^{Mobile}만이 비면허 LTE 사용을 지원하고 있으며, AT&T와 버라이즌은 LAA 모드로 공개 테스트를 실행 중이다. 셀룰러에서 비면허 대역의 용도는 다음과 같은 세 가지 범주로 나눌 수 있다.

- LTE-U^{LTE Unlicensed}: 앞서 언급한 바와 같이 이 범주는 5GHz 대역에서 와이파이 장치와 공존하도록 만들어졌다. LTE의 컨트롤 채널은 종전과 동일하게 남아 있는 반면, 음성 및 데이터는 5GHz 대역으로 마이그레이션된다. LTE-U 내에서는 무선 단말이 비면허 대역의 양방향 다운링크 또는 전이중만을 지원할 수 있다.
- LAA^{Licensed-Assisted Access}: LTE-U와 비슷하지만 3GPP 기구가 설계했으며, 관리하고 있다. LBT^{Listen-Before-Talk}라는 경쟁 프로토콜을 사용해 와이파이와의 공존을 지원한다.

멀티파이어(Multifire)라는 이름의 새로운 비면허 기술 또한 비면허 대역의 옵션이 될 수 있다. 멀티파이어는 LTE-U나 LAA 같이 5GHz 공간에서 지원되는 LTE의 형태다. 그러나 멀티파이어는 면허 대역에 고정될 필요가 없기 때문에 통신이 상업적 캐리어(예: AT&T 또는 버라이즌)에 의해 관리되지 않는다. 가치 사슬 외부에 존재하는 캐리어를 통해 대기업에서 비면허 주파수만을 사용해 자체 셀룰러 네트워크를 구축하고 관리할 수 있게 되므로 데이터 전송과 데이터 소유의 경제(역)학이 변화한다.

멀티파이어는 LAA와 동일한 LBT 공존 기술을 사용한다. 현실에서 멀티파이어로 커버리지(와이파이 액세스 포인트와 유사함)를 확보할 수 있으려면 넓은 소형 셀 집합을 사용할 필요가 있다. 멀티파이어의 또 다른 장점으로는 이 대역이 와이파이에서 전 세계적으로 사용되므로 지역 간 일관성이 확보된다는 점을 들 수 있다.

4G-LTE 토폴로지 및 아키텍처

SEA^{System Architecture Evolution}라 불리는 3GPP LTE 아키텍처의 전체적인 목표는 all-IP 트래픽을 기반으로 아키텍처를 간소화하는 것이다. **무선 접속 네트워크**^{RAN, Radio Access Network}를 통한 고속 통신과 낮은 레이턴시도 지원된다. LTE는 3GPP 로드맵의 릴리스 8에서 도입됐다. 네트워크가 완전히 IP 패킷 교환식 구성 요소로 이뤄지기 때문에 음성 데이터 또한 디지털 IP 패킷으로 전송된다. 이 점이 기존 3G 네트워크와의 근본적인 차이라고 할 수 있다.

3G 토폴로지는 음성과 SMS 트래픽에는 회선 교환을 사용했고, 데이터에는 패킷 교환을 사용했다. 회선 교환은 패킷 교환과는 근본적으로 다르다. 회선 교환은 기존 전화 교환 망에서 이뤄지는데, 통신 기간 동안에는 소스와 대상 노드 사이에 존재하는 전용 채널과 경로를 이용한다. 패킷 교환 네트워크에서 메시지는 보다 작은 조각(IP 데이터의 경우 패킷이라고 함)으로 나뉘며, 데이터 소스에서 목적지까지 가장 효율적인 경로를 찾게 된다. 패킷이 포함된 헤더는 대상 정보 등을 제공한다.

일반적인 4G-LTE 네트워크에는 클라이언트, 무선 네트워크, 코어 네트워크의 세 가지 구성 요소가 존재한다. 클라이언트는 사용자의 무선 장치에 해당하고, 무선 네트워크는 클라이언트와 코어 네트워크 사이의 프론트엔드 통신을 말하며, 여기에는 타워와 같은 무선 장비가 포함된다. 코어 네트워크는 캐리어의 관리 및 제어 인터페이스를 가리키는데, 하나 이상의 무선 네트워크를 관리할 수 있다.

아키텍처는 다음과 같이 나눠 볼 수 있다.

- **E-UTRAN**^{Evolved Universal Terrestrial Radio Access Network} : LTE UE 장치의 4G- LTE 무선 인터페이스다. E-UTRAN은 다운링크 부분에 OFDMA를, 업링크에 SC-FDMA를 사용한다. 그러나 이로 인해 기존 3G W-CDMA 기술과 호환되지 않는다는 점이 중요하다. E-UTRAN은 eNodeB로 이뤄지며 X2 인터페이스라는 채널로 상호 연결될 수 있다.

- **eNodeB**: 무선 네트워크의 핵심으로, UE와 코어(EPC) 사이의 통신을 다룬다. 각 eNodeB는 하나 이상의 셀룰러 영역에서 eUE를 제어하는 기지국으로, 자원을 TTI라는 1ms 단위로 특정 클라이언트에 할당하는데, 사용 조건을 기준으로 채널 자원을 인접 셀의 여러 UE로 할당하게 된다. eNodeB 시스템은 트리거 상태를 IDLE에서 CONNECTED로 바꾸는 역할을 수행하며, 다른 eNodeB로의 핸드오버와 같은 UE의 이동성도 담당한다. 뿐만 아니라 전송 및 혼잡 제어도 책임진다. eNodeB 외부와 EPC 내부의 인터페이스는 S1 인터페이스라고 한다.

- **사용자 단말**^{UE, User Equipment} : 이 클라이언트 하드웨어는 모든 통신 기능을 수행하는 MT^{Mobile Termination}, 종단 데이터 스트림을 관리하는 TE^{Terminal Equipment}, ID 관리를 위한 SIM 카드에 해당하는 UICC^{Universal Integrated Circuit Card}로 이뤄진다.

- **EPC**^{Evolved Packet Core} : LTE 설계 시 3GPP는 플랫 아키텍처를 구축하고 사용자 데이터(사용자 평면^{user plane}이라 함)와 제어 데이터(제어 평면^{control plane}이라 함)를 분리하기로 했다. 그 결과 더욱 효율적인 스케일링이 가능해졌다. EPC에는 다음과 같은 다섯 가지 기본 구성 요소가 있다.

- MME^{Mobility Management Equipment}：제어 평면 트래픽, 인증 및 보안, 위치 및 추적, 이동성 문제 처리 등을 담당한다. MME는 IDLE 모드의 이동성을 인식할 수 있어야 하는데, 이는 TA^{Tracking Area} 코드를 통해 관리된다. 또한 MME는 NAS^{Non-Access Stratum} 신호 및 베어러 제어(추후 설명)를 수행하기도 한다.
  - **홈 가입자 서버**^{HSS, Home Subscriber Server}：네트워크 오퍼레이터 구독자에 관한 정보가 포함된 MME와 결합돼 있는 중앙 데이터베이스다. 여기에는 키, 사용자 데이터, 해당 요금제의 최대 데이터 속도, 구독 등이 포함될 수 있다. HSS는 3G UMTS와 GSM 네트워크의 홀드오버에 해당한다.
  - SGW^{Servicing Gateway}：사용자 평면과 사용자 데이터 플로우를 담당한다. 기본적으로는 라우터 역할을 수행하며 eNodeB와 PGW 사이에 패킷을 바로 전달한다. SGW 외부의 인터페이스를 S5/S8 인터페이스라고 한다. 두 장치가 동일한 네트워크상에 있을 경우 S5가 사용되고, 서로 다른 네트워크상에 있을 경우 S8이 사용된다.
  - PGW^{Public Data Network Gateway}：모바일 네트워크를 인터넷이나 다른 PDN 네트워크 등의 외부 소스에 연결한다. 연결된 모바일 장치에 IP 주소를 할당하기도 한다. PGW는 비디오 스트리밍이나 웹 브라우징과 같은 다양한 인터넷 서비스의 **서비스 품질**^{QoS, Quality of Service}을 관리한다. SGi라는 인터페이스를 통해 다양한 외부 서비스와 소통한다.
  - **정책 제어 및 과금 규칙 기능**^{PCRF, Policy Control and Charging Rules Function}：정책과 의사결정 규칙을 저장하는 또 다른 데이터베이스다. 플로우 기반 과금 기능을 제어하기도 한다.
- **공공 데이터 네트워크**^{PDN, Public Data Network}：외부 인터페이스로 대부분 인터넷을 일컫는다. 여기에는 다른 서비스나 데이터 센터, 민간 서비스 등도 포함될 수 있다.

4G-LTE 서비스 고객은 **공중 육상 이동 통신망**^{PLMN, Public Land Mobile Network}이라 알려진 통신사나 오퍼레이터를 이용하게 된다. 사용자가 해당 통신사의 PLMN상에 있을 경우,

홈Home–PLMN상에 있다고 할 수 있다. 사용자가 홈 네트워크 외부의 다른 PLMN으로 옮겨 갈 경우(예컨대, 국외 여행 등의 경우), 이때의 새로운 네트워크를 방문visited–PLMN이라 한다. 사용자가 자신의 EU를 방문–PLMN에 연결할 경우, 이 PLMN에서는 새로운 네트워크의 E-UTRAN, MME, SGW, PGW 자원을 요구한다. PGW는 인터넷에 대한 **로컬 브레이크아웃**local-breakout(게이트웨이) 액세스 권한을 부여할 수 있는데, 이것이 실질적으로 로밍 요금이 서비스 요금제에 영향을 미치기 시작하는 시점이다. 로밍 요금은 방문 PLMN에 의해 부과되며 클라이언트의 고지서에 반영된다. 아래 그림에는 이러한 아키텍처가 도식화돼 있는데, 왼쪽이 4G-LTE용 3GPP 시스템 아키텍처 에볼루션 상위 수준에 해당한다. 이 경우에는 클라이언트 UE, 무선 노드 E-UTRAN, 코어 네트워크 EPC가 나타나 있으며 모두가 홈–PLMN에 위치해 있다. 오른쪽은 모바일 클라이언트가 방문–PLMN로 이동해 방문–PLMN의 E-UTRAN과 EPC 사이에 기능을 분배하고 다시 홈 네트워크로 건너오는 경우를 도식화한 모델이다. 클라이언트와 통신사가 동일한 네트워크상에 있는 경우에는 S5 인터페이스가 사용되고, 클라이언트가 다른 네트워크를 가로지르는 경우에는 S8 인터페이스가 사용된다.

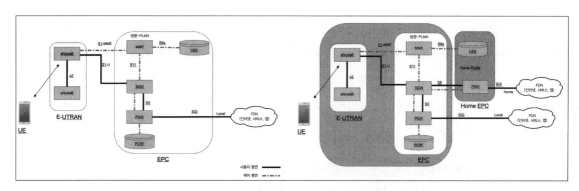

오른쪽: 3GPP 시스템 아키텍처. 왼쪽: 4G LTE 아키텍처의 최상단 보기

MME에서 언급된 바 있는 **NAS**Non-Access Stratum 신호 방식은 UE와 스위칭 센터와 같은 코어 노드 사이에 메시지를 전달하는 메커니즘이다. 인증 메시지, 업데이트 또는 연결 메시지 등을 일례로 들 수 있다. 이 NAS는 SAE 프로토콜 스택의 상단에 위치한다.

GPRS 터널링 프로토콜GTP, GPRS Tunneling Protocol은 LTE에서 사용되는 IP/UDP 기반 프로토콜이다. GTP는 제어 데이터, 사용자 데이터, 과금 데이터용으로 LTE 통신 인프라 전반에 통용된다. 위의 그림에서는 S* 채널의 연결 구성 요소 대부분에 GTP 패킷이 사용된다.

LTE 아키텍처와 프로토콜 스택에는 **베어러**bearer라는 것이 사용된다. 베어러는 하나의 노드에서 다른 노드로 데이터를 옮기는 파이프와 관련된 가상의 개념이다. PGW와 UE 사이의 파이프를 **EPS 베어러**EPS Bearer라고 한다. 데이터가 인터넷에서 PGW로 들어가면 GTP-U 패킷에 패키징된 후 SGW로 전송된다. 패킷을 받은 SGW는 GTP-U 헤더를 없앤 다음, 사용자 데이터를 새로운 GTP-U 패킷에 다시 패키징해 eNB로 보낸다. eNB에서는 이 프로세스를 반복하고 압축과 암호화, 논리 채널로의 라우팅을 거친 후 사용자 데이터를 다시 패키징한다. 그런 다음 메시지는 무선 베어러를 통해 UE로 전송된다. 베어러를 사용할 경우 LTE가 얻을 수 있는 이점 중 하나가 바로 QoS 제어다. 인프라에 베어러를 사용하면 고객, 애플리케이션 또는 용도에 따라 특정 비트율을 보장할 수 있게 된다.

UE가 셀룰러 네트워크에 최초로 연결되면 **기본 베어러**default bearer를 할당받는다. 기본 베어러에는 저마다의 IP 주소가 있으며, UE에는 각각 고유한 IP를 갖는 여러 기본 베어러가 있을 수 있다. 이는 최선형 서비스로, 보장된 QoS 같은 음성에는 사용할 수 없다. 따라서 이 경우에는 **전용 베어러**dedicated bearer가 QoS와 우수한 사용자 경험을 제공하는 데 사용되는데, 기본 베어러가 서비스를 충족할 수 없다고 판단되는 경우에 개시된다. 전용 베어러는 항상 기본 베어러 위에 위치한다. 일반적인 스마트폰에서는 다음과 같은 베어러가 항상 실행 중이다.

- **기본 베어러 1**: 메시징 및 SIP 시그널링
- **전용 베어러**: 기본 베어러 1에 연결된 음성 데이터(VOIP)
- **기본 베어러 2**: 이메일, 브라우저와 같은 모든 스마트폰 데이터 서비스

LTE의 변화 양상 또한 짚고 넘어갈 가치가 있다. 지금까지 1G부터 5G까지 다양한 세대의 3GPP를 살펴봤다. 3GPP과 통신사들의 한 가지 목표는 표준으로 받아들여지는 **VOIP**Voice over IP 솔루션으로 옮겨 가는 것이었다. 데이터만이 표준 IP 인터페이스를 통해 전송되는 것이 아니라 음성 또한 전송되는 것이다. 경쟁 방식 사이에 다소간의 혼잡을 겪은 후, 표준 기구에서는 VoLTE를 아키텍처로 정하게 되었다. VoLTE는 **세션 개시 프로토콜**SIP, Session Initiation Protocol을 확장한 변형을 사용해 음성 및 텍스트 메시지를 처리한다. **적응형 다중 전송률**AMR, Adaptive Multi-Rate 코덱이라 알려진 코덱은 광대역 고품질 음성 및 영상 통신을 지원한다. 이후에, IoT 구축을 지원하기 위해 VoLTE를 제외한 새로운 3GPP LTE 카테고리를 살펴볼 예정이다.

LTE가 두 가지 모바일 광대역 표준 중 하나라는 사실은 반드시 알아 두어야 한다. 대안으로는 WiMAX(Wireless Mobility Internet Access)가 있다. LTE WiMAX는 IP 기반 광대역 OFDMA 통신 프로토콜이다. WiMAX는 IEEE 802.16 표준에 기반하며 WiMAX 포럼을 통해 관리된다. WiMAX는 2.3GHz와 3.5GHz 대역 범위에 존재하지만, LTE와 마찬가지로 2.1GHz 및 2.5GHz 범위도 이용할 수 있다. LTE가 시작되기 전에 상업적으로 도입된 WiMAX는 고속 데이터용으로 스프린트(Sprint)와 클리어와이어(Clearwire)의 선택을 받았다.

그러나 WiMAX는 틈새 시장만을 대상으로 한다. 일반적인 LTE는 훨씬 유연하기 때문에 널리 채택돼 활용된다. WiMAX가 새로운 구축을 위한 것이었던 반면, LTE는 또한 실제로 사용되고 있는 기존 인프라 및 기술과의 하위 호환성을 유지하기 위해 더디게 발전해 왔다. WiMAX는 LTE에 비해 설정과 설치가 간편하다는 이점이 있지만, LTE는 대역폭 경쟁에서 승리했으며 결국 대역폭은 모바일 혁명을 결정짓는 역할을 했다.

4G-LTE E-UTRAN 프로토콜 스택

4G-LTE 스택에는 다른 파생 OSI 모델과 유사한 특징이 있지만, 다음 그림에서 확인할 수 있듯이 4G 제어 평면의 다른 특징 또한 존재한다. 스택 계층 전반에 걸쳐 **무선 자원 제어**RRC, Radio Resource Control의 도달 범위가 확장되었다는 점이 한 가지 차이점인데, 이를 일컬어 **제어 평면**control plane이라 한다. 이 제어 평면에는 대기idle와 연결connected의 두 가지 상태가 있다. 대기 상태인 UE는 셀에 연결된 후 셀 안에서 대기하게 되며, 수신 통화나 시스템 정보의

대상으로 설정돼 있는지 여부를 탐지하기 위해 페이징 채널을 모니터링할 수 있다. 연결 모드에서 UE는 다운링크 채널을 구축하고 이웃 셀의 정보를 수신할 수 있다. E-UTRAN 에서는 그 시점에 가장 적합한 셀을 찾기 위해 그 정보를 사용한다.

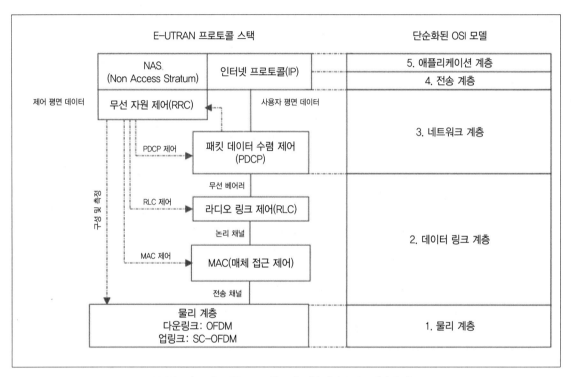

4G-LTE의 E-UTRAN 프로토콜 스택, 단순화된 OSI 모델과의 비교.

 제어 평면과 사용자 평면은 약간 다르게 행동하며 저마다의 레이턴시 또한 각자 독립적이다. 사용자 평면의 레이턴시는 일반적으로 4.9ms인 한편, 제어 평면의 경우 50ms의 레이턴시를 사용한다.

스택은 다음과 같은 계층과 기능으로 구성된다.

- **물리 계층**^{Physical Layer} 1: 이 계층은 에어 인터페이스^{air interface}라고도 알려진 무선 인 터페이스다. 링크 적응(AMC), 전원 관리, 신호 변조(OFDM), 디지털 신호 처리, 셀 신호 검색, 셀과의 동기화, 핸드오버 제어, RRC 계층의 셀 측정 등을 담당한다.

- **매체 접근 제어**^{MAC, Medium Access Control}: 다른 OSI 파생 스택과 마찬가지로, 여기에서 도 논리 채널과 전송 계층 간의 매핑이 수행된다. MAC 계층은 다양한 패킷을 물 리 계층의 **전송 블록**^{TB, Transport Blocks}으로 다중화한다. 뿐만 아니라 보고 일정 예약, 오류 정정, 채널 우선 순위 설정, 여러 UE 관리의 역할도 수행한다.

- **무선 링크 제어**^{RLC, Radio Link Control}: RLC는 상위 계층 PDU의 전송, ARQ를 통한 오 류 정정, 패킷의 연접/단편화 처리 등을 담당한다. 이에 더해, 논리 채널 인터페 이스를 제공하고 수신된 데이터의 중복 패킷 감지와 재정렬도 수행한다.

- **패킷 데이터 수렴 제어 프로토콜**^{PDCP, Packet Data Convergence Control Protocol}: 이 계층은 패 킷의 압축과 압축 해제를 담당한다. PDCP는 사용자 평면 데이터와 RRC의 피드 백이 포함된 제어 평면 데이터의 라우팅을 관리하기도 한다. 중복 SDU(핸드오버 절차의 경우)도 이 계층에서 관리된다. 다른 기능으로는 암호화 및 복호화, 무결성 보호, 타이머 기반 데이터 삭제, 채널의 재구축 등이 있다.

- **무선 리소스 제어**^{RRC, Radio Resource Control}: RRC 계층은 NAS^{Non-Access Stratums}, AS^{Access Stratums} 등의 다른 모든 계층으로 시스템 정보를 브로드캐스팅한다. 보안 키, 구 성, 무선 베어러 제어 등을 관리한다.

- **NAS**^{Non-Access Stratum}: 제어 평면의 최상위 수준을 나타내며, UE와 MME 사이의 메인 인터페이스에 해당한다. 가장 주된 역할은 세션 관리이며, UE의 이동성이 바로 이 수준에서 이뤄진다.

- **AS**^{Access Stratum}: NAS 아래에 위치한 계층으로, UE와 무선 네트워크 사이에 비무 선 신호를 전달하는 것을 목적으로 한다.

4G-LTE의 지리적 영역, 데이터플로우, 핸드오버 절차

셀룰러 핸드오버 과정을 살펴보기 전에, 먼저 지리적 영역과 네트워크 식별을 정의할 필요가 있다. LTE 네트워크에는 세 가지 유형의 지리적 영역이 존재한다.

- **MME 풀 영역**: UE가 서비스 MME를 바꾸지 않고도 이동할 수 있는 영역으로 정의된다.
- **SGW 서비스 영역**: 하나 이상의 SGW에서 UE의 서비스 공급을 이어갈 수 있는 범위로 정의된다.
- **트래킹 영역**[TA]: 중첩되지 않는 소규모 MME와 SGW 영역으로 구성된 하위 영역을 정의한다. 대기 모드에 있는 UE의 위치를 추적하는 데 사용되는데, 핸드오버에 필수적이다.

이러한 서비스가 작동하려면 4G-LTE 네트워크의 각 네트워크는 반드시 고유하게 식별 가능해야 한다. 네트워크 식별을 지원하기 위한 목적으로 3GPP는 다음으로 구성된 네트워크 ID를 사용한다.

- **모바일 국가 코드**[MCC, Mobile Country Code]: 네트워크가 존재하는 국가를 식별할 수 있는 세 자리 수(예: 캐나다는 302)
- **모바일 네트워크 코드**[MNC, Mobile Network Code]: 통신사를 나타내는 2~3자릿수(예: Rogers Wireless는 720)

또한, 각 통신사는 저마다 사용하고 유지 관리하는 MME를 고유하게 식별할 수 있어야 한다. MME는 동일한 네트워크 내에서 지역적으로, 장치가 이동 중이거나 홈 네트워크 검색을 위해 로밍 중일 때 전역적으로 사용된다. MME는 저마다 다음과 같은 세 가지 ID를 가진다.

- MME ID: 네트워크 내의 특정 MME를 검색할 수 있는 고유한 ID로, 다음의 두 가지 필드로 구성된다.
  - MME 코드^{MMEC}: 앞서 언급한 풀 영역 중 동일한 풀 영역에 속하는 모든 MME를 식별한다.
  - MME 그룹 ID^{MMEI}: MME의 그룹이나 클러스터를 정의한다.
- **전 세계적으로 유일한 MME ID**^{GUMMEI, Globally Unique MME Identifier}: PLNM-ID와 앞서 언급한 MMEI의 조합으로, 전 세계적으로 어떤 네트워크상의 어디에든 위치할 수 있는 ID를 형성한다.

UE 장치는 **트래킹 영역 ID**^{TAI, Tracking Area Identity}를 통해 전 세계적으로 어떤 위치에서든 추적이 가능해진다. 이 ID는 PLMN-ID와 **트래킹 영역 코드**^{TAC, Tracking Area Code}의 조합으로, TAC는 셀 커버리지 영역의 물리적인 특정 하위 영역에 해당한다.

셀 ID는 네트워크상의 셀을 식별하는 **E-UTRAM 셀 ID**(ECI)와 전 세계 모든 곳의 셀을 식별하는 **E-UTRAN 셀 글로벌 ID**(ECGI), 이웃의 다른 EU와의 구별을 위해 사용되는 물리적 셀 ID(0~503 정수 값)의 조합으로 이뤄진다.

핸드오버 프로세스에는 통화나 데이터 세션을 셀 네트워크상의 한 채널에서 다른 채널로 전송하는 과정이 포함된다. 클라이언트가 이동 중인 경우에 핸드오버가 가장 명확하게 발생한다. 기지국이 자체 용량에 도달할 경우에도 핸드오버가 시작될 수 있으며, 이때 다른 장치를 동일한 네트워크상의 다른 기지국에 강제로 재배치하게 되는데, 이를 **LTE 내 핸드오버**라고 한다. 핸드오버는 로밍 중에도 캐리어 사이에서 발생할 수 있는데, 이는 **LTE 간 핸드오버**라 한다. 물론 셀룰러 신호와 와이파이 신호 간 이동과 같은 다른 네트워크로의 핸드오버(RAT 간 핸드오버)도 가능하다.

동일 네트워크상에 핸드오버가 존재할 경우(LTE 간 핸드오버) 2개의 eNodeB가 X2 인터페이스를 통해 통신하며, 코어 네트워크 EPC는 이 프로세스에 관여하지 않는다. X2를 사용할 수 없다면 핸드오버는 S1 인터페이스를 통해 EPC에서 관리해야 한다. 이 경우, 소스 eNodeB에서 트랜잭션 요청을 개시한다. 클라이언트에서 LTE 간 핸드오버를 수행하고 있다면 소스(S-MME)와 타깃(T-MME), 이 2개의 MME가 관여하게 되므로 핸드오버가 한층 복잡해진다.

이러한 프로세스 덕분에 다음 그림에 일련의 단계로 나타난 것과 같이 원활한 핸드오버가 가능해진다. 먼저, 소스 eNodeB에서 용량이나 클라이언트 이동을 기준으로 핸드오버의 인스턴트화를 판단한다. eNodeB는 MEASUREMENT CONTROL REQ 메시지를 UE로 브로드캐스팅해 이 작업을 수행한다. 이는 특정 임계치에 도달했을 때 전송되는 네트워크 측정 보고서다. X2 전송 베어러가 소스 eNodeB와 대상 eNodeB 사이에 통신을 수행하면 DTS^{Direct Tunnel Setup}가 생성된다. eNodeB에서 핸드오버를 시작하기에 적절하다고 판단하면 대상 eNodeB를 찾은 다음, X2 인터페이스를 통해 RESOURCE STATUS REQUEST를 전송해 타깃의 핸드오버 수신 가능 여부를 결정한다. 그 결과, 핸드오버는 HANDOVER REQUEST 메시지를 통해 시작된다. 대상 eNodeB에서는 새로운 연결에 사용할 리소스를 준비하고 소스 eNodeB는 클라이언트 UE의 연결을 해제한다. 소스 eNodeB에서 대상 eNodeB로 전달된 다이렉트 패킷은 전송 중에 패킷이 손실되지 않도록 해준다. 다음으로 핸드오버는 대상 eNodeB와 MME 사이에 UE의 셀이 변경되었음을 알려 주는 PATH SWITCH REQUEST 메시지를 통해 완료된다. X2 송신 베어러가 릴리스됨에 따라 S1 베어러도 릴리스되는데, 이때는 잔여 패킷이 EU 클라이언트로 흘러 들어가서는 안 되기 때문이다.

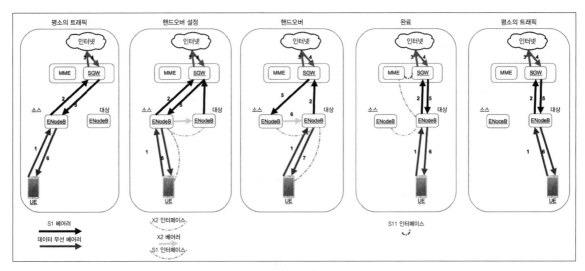

평소의 트래픽   핸드오버 설정   핸드오버   완료   평소의 트래픽

S1 베어러
데이터 무선 베어러

X2 인터페이스
X2 베어러
S1 인터페이스

S11 인터페이스

두 eNodeB 간의 LTE 내 핸드오버의 예

4G-LTE를 사용하는 많은 IoT 게이트웨이 장치가 하나의 장치 게이트웨이 또는 라우터에서 여러 캐리어(버라이즌, AT&T 등)를 사용할 수 있도록 허용하고 있다. 이러한 게이트웨이에서는 데이터 손실 없이 통신사 사이를 원활하게 전환하고 핸드오버를 수행할 수 있다. 모바일이나 물류, 응급 차량, 자산 추적 등의 IoT 시스템 기반 운송에 중요한 특징이다. 이처럼 이동하는 시스템에서는 핸드오버를 통해 캐리어 사이를 마이그레이션하며 커버리지와 효율을 향상시킬 수 있다.

4G-LTE 패킷 구조

LTE 패킷 프레임 구조는 다른 OSI 모델과 유사하다. 다음 그림에는 PHY부터 IP 계층으로 올라가는 패킷을 나누어 도식화해 두었다. IP 패킷은 4G-LTE 계층에 포함돼 있다.

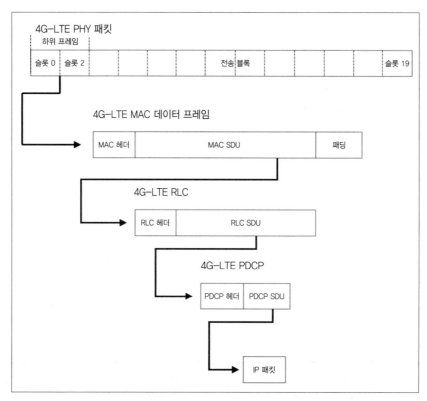

4G-LTE 패킷 구조. IP 패킷은 PDCP SDU에서 다시 형성돼 RLC, MAC, PHY 계층을 통해 흘러간다. PHY는 MAC 계층에서 슬롯과 전송 블록의 하위 프레임을 생성한다.

Cat 0, Cat 1, Cat M1 및 NB-IoT

IoT 장치와 인터넷의 연결은 스마트폰과 같은 일반적인 소비자용 셀룰러 장치와는 다르다. 스마트폰의 경우 주로 다운링크를 통해 정보를 인터넷에서 가져온다. 이때 데이터는 비디오 데이터와 음악 데이터같이 규모가 크고 실시간으로 스트리밍되는 경우가 많다. 반면 IoT 구축의 데이터는 고도로 분산돼 있고, 매주 짧은 간격으로 도달할 수 있다. 대부분의 데이터가 장치에서 생성돼 업링크를 통해 이동한다. LTE의 진화는 셀룰러 인프라를 구축하는 과정으로 진행돼 왔으며, 비즈니스 모델은 모바일 소비자를 중심으로 최적화되

316

었다. 그러나 에지edge의 IoT 데이터 생산자를 만족시키는 방향으로 이뤄지는 새로운 변화로 인해 소비자의 수는 상대적으로 줄어들고 있다. 이어지는 절에서는 **저전력 광역 통신 망**LPWAN, Low Power Wide Area Networks과 특히 LPWAN의 LTE 변형에 관해 다룰 것인데, 이들은 IoT 배포에 적합하며 다양한 특징을 갖고 있다.

릴리스 13까지 일반적인 IoT 장치에 적합한 최저 데이터 속도는 Cat-1이었다. 모바일 혁명의 진행 과정에서 더 높은 속도와 서비스가 요구되면서, Cat-1은 3G 및 4G 타임라인에서 제외되었다. 릴리스 12와 13에서는 저비용, 저전력, 분산 전송, 범위 확장에 관한 IoT 장치의 요구 사항을 다루었다.

> 이 모든 프로토콜에는 설계상 공통점이 한 가지 있는데, 그것은 바로 이들이 모두 기존 셀룰러 하드웨어 인프라와 호환된다는 점이다. 하지만 새로운 기능을 사용하려면 인프라의 소프트웨어를 프로토콜 스택에 맞게 변경할 필요가 있다. 이렇게 변경하지 않으면 Cat-0, Cat-M1, Cat-NB UE에서는 네트워크를 확인할 수 없다. IoT 아키텍트는 구축할 셀룰러 인프라가 이러한 표준을 지원할 수 있도록 업데이트되었는지 확인해야 한다.

Cat-1는 시장에서 이렇다 할 성과를 거두지 못했고, 이전에 논의한 4G-LTE 관련 내용과 유사하므로 여기에서는 사양을 자세히 다루지 않을 것이다.

LTE Cat-0

Cat-0는 릴리스 12에서 도입됐으며 Cat-1외부에서 IoT 목적으로 만들어진 최초의 아키텍처였다. 다른 많은 LTE 사양과 마찬가지로 설계는 IP에 기반하고 면허 대역에서 실행된다. 중요한 차이점은 업링크 및 다운링크 최고 데이터 속도(각각 1Mbp)인데, Cat-1의 경우 각각 다운링크에서 10Mbps, 업링크에서 5Mbps다. 채널 대역폭은 여전이 20MHz인 반면, 데이터 속도가 크게 감소한 덕분에 설계가 단순해지고 비용이 낮아졌다. 여기에 더해 전이중에서 반이중half-duplex으로 변경한 덕분에 한층 더 비용과 전력의 개선 효과를 거둘 수 있다.

보통 LTE 스택의 NAS 계층에는 UE 서비스와 관련된 역할이 그리 많지 않다. Cat-0에서 3GPP의 아키텍트는 UE 수준에서 전력 절감을 지원할 수 있도록 NAS 기능에 변화를 주었다. Cat-0에서는 하드웨어 전력 제약에 대처할 수 있도록 **전력 절감 모드**PSM, Power Save Mode가 LTE 사양에 도입됐다. 기존 LTE 장치의 경우, 장치가 활성, 대기 또는 절전 상태이더라도 모뎀은 여전히 인터넷에 연결된 상태로 전력을 소비한다. 연결 전력 오버헤드를 방지하려면 네트워크의 장치 연결을 해제할 수 있어야 하지만, 그렇게 하면 15~30초의 재연결 및 검색 단계가 촉발된다. 모뎀에서 PSM를 사용하면 초절전 상태로 들어갈 수 있는데, 이 상태에서는 활성화된 통신을 일체 수행하지 않지만 깨어나는 속도가 매우 빠르다. **트래킹 영역 업데이트**TAU, Tracking Area Update를 주기적으로 수행하고 프로그래밍 가능한 기간 동안 페이징을 통해 연결 가능한 상태를 유지하기 때문에 이러한 일이 가능하다. 기본적으로 IoT 장치는 24시간 동안 대기 상태에 들어갈 수 있는데, 연결된 상태를 유지하며 센서 데이터를 브로드캐스팅하기 위해 하루에 한 번 깨어난다. 이러한 개별 타이머 설정의 모든 협상은 NAS 수준의 변경을 통해 관리되며, 다음과 같은 2개의 타이머를 설정해 비교적 간단하게 이용할 수 있다.

- **T3324**: UE가 대기 상태를 유지하는 시간에 해당한다. IoT 장치 애플리케이션에 보류 중인 메시지가 없는 것이 확실할 경우 타이머 값을 낮출 수 있다.
- **T3412**: T3324 타이머가 만료되고 나면 장치는 T3412 기간 동안 PSM으로 들어간다. 이때 장치는 가능한 최저 에너지 상태에 있게 되며, 페이징이나 네트워크 신호 발송 등에는 참가할 수 없다. 물론 장치의 모든 UE 상태(베어러, ID)는 그대로 유지된다. 허용되는 최대 시간은 12.1일이다.

 PSM나 다른 고급 전력 관리 모드를 사용할 경우, 통신사 인프라를 통해 컴플라이언스를 테스트해 보는 것이 좋다. 일부 셀 시스템에서는 2~4시간마다 UE로 핑(ping)을 해야 하는 경우가 있는데, 캐리어에서는 2~4시간 이상 연결이 끊길 경우, UE에 연결할 수 없는 것으로 간주하고 결합을 해제할 수 있다.

Cat-0는 도입률이 저조했고 성장 또한 제한적으로 이뤄졌다. Cat-0의 신기능 대부분은 Cat-1과 다른 프로토콜에도 포함돼 있다.

LTE Cat-1

LTE Cat-1은 Cat-4과 동일한 칩셋, 동일한 통신사 인프라를 재사용하므로 Verizon과 AT&T 인프라를 통해 미국 전역에서 사용될 수 있다. Cat-1은 M2M 산업에서 중대한 시장 성과를 남겼다. 사양은 릴리스 8의 일부였으며, 이후 절전 모드와 Cat-0 LTE 안테나를 지원할 수 있도록 업데이트됐다.

Cat-1는 중속 LTE 표준으로 간주되며, 이는 곧 다운링크가 10Mbps, 업링크가 5Mbps임을 뜻한다. 이 속도에서도 M2M, IoT 데이터 페이로드는 물론이고 음성 및 영상 스트림을 전송할 수 있다. Cat-0 PSM 및 안테나 설계를 채택한 Cat-1는 기존 4G-LTE보다 낮은 전력에서 작동한다. 또한, 무선과 전기 설계에 드는 비용도 대폭 감소한다.

Cat-1는 커버리지가 가장 넓고 전력이 가장 낮기 때문에 현재 IoT 및 M2M 장치의 셀룰러 연결에 있어 최적의 선택지다. 일반 4G-LTE(다운링크의 경우 각각 10Mbps, 300Mbps)에 비해 속도가 매우 느리므로 무선은 필요 시 2G나 3G로 돌아가도록 설계할 수 있다. Cat-1는 타임 슬라이싱을 도입해 설계의 복잡성을 줄였는데, 그 결과 속도 또한 대폭 감소하였다.

Cat-1는 다음에 다룰 최신 협대역 프로토콜의 보완재로 고려해 볼 수 있다.

LTE Cat-M1 (eMTC)

eMTC(enhanced Machine-Type Communication 또는 Cat-M)로도 알려진 Cat-M1은 저비용, 저전력이면서도 범위는 확장된 IoT와 M2M 활용을 대상으로 설계됐다. Cat-M1은 3GPP 릴리스 13 일정에 따라 공개됐으며, 설계는 Cat-0 아키텍처 버전에 최적화돼 있다. 가장 큰 차이점 한 가지는 채널 대역폭이 20MHz에서 1.4MHz로 감소했다는 점이다. 하드웨어 관점에서 봤을 때 채널 대역폭이 감소하면 타이밍 제약, 전력, 회로도 등의 조건이 완화된다. 비용 또한 Cat-0 대비 최대 33% 감소하는데, 이는 회로에서 20Mhz의 넓은 스펙트럼을 관리할 필요가 없기 때문이다. 또 다른 중대한 변화는 전송 전력으로, 23dB에서 20dB로 감소하였다. 전송 전력이 50%로 감소하면 외부 전력 증폭기를 사용할 필요가 없어 비용이 더욱 낮아지고 싱글 칩 설계 또한 가능해진다. 전송 전력이 감소하더라도 커버리지는 +20dB까지 향상된다.

Cat-M1은 다른 IP-기반 후기 3GPP 프로토콜을 따른다. MIMO 아키텍처는 아니지만 다운링크뿐만 아니라 업링크도 375Kbps 또는 1Mbps의 처리량이 지원된다. 이 아키텍처는 이동이 가능하기 때문에 차량 내 또는 V2V 통신도 당연히 가능하다. 대역폭은 VoLTE를 사용해 음성 통신을 사용할 수 있을 정도로 충분히 넓다. 기존 SC-FDMA 알고리즘을 사용하면 Cat-M1 네트워크에서 여러 대의 장치가 지원되며, Cat-M1는 주파수 호핑이나 터보 코딩과 같은 보다 복잡한 기능도 사용한다.

전력은 IoT 에지 장치에 매우 중요한 요소다. Cat-M1에서 가장 큰 전력 감소는 전송 전력의 변화에서 비롯된다. 앞서 언급한 대로, 3GPP 기구는 전송 전력을 23dB에서 20dB로 낮췄다. 이러한 전력의 감소가 반드시 범위의 축소로 이어지는 것은 아니다. 셀 타워에서 패킷을 6~8회 다시 브로드캐스팅하기 때문이다. 덕분에 특히 문제가 있는 지역에서 수신을 보장할 수 있게 된다. Cat M1 무선은 오류가 없는 패킷을 수신하자마자 수신을 끌 수 있다.

또 다른 전력 절감 기능으로는 eDRX^{Extended Discontinuous Receive} 모드가 있는데, 이 모드에서는 페이징 주기 사이에 10.24초의 절전 기간이 지원된다. 덕분에 전력이 크게 감소하고 UE는 한 번에 10.24초씩 프로그래밍할 수 있는 **하이퍼 프레임**^{HF, Hyper Frame}으로 절전 상태에 들어가게 된다. 이때 장치는 최대 40분까지 절전 모드를 연장할 수 있는데, 그 결과 무선 유휴 전류를 15uA까지 낮게 유지하는 것이 가능해진다.

그 외의 전력 완화 기능으로는 다음과 같은 것이 있다.

- PSM. Cat-0과 릴리스 13에 도입됐다.

- 인접 셀 측정 완화 및 보고 간격. IoT 장치가 고정돼 있거나 천천히 움직일 경우 (건물의 센서, 축사의 가축), call 인프라는 제어 메시지를 제한하도록 조정될 수 있다.

- 사용자 및 제어 평면 CIoT EPS 최적화는 E-UTRAN 스택에 있는 RRC의 일부인 기능이다. 일반 LTE 시스템에서는 UE가 IDLE 모드에서 깨어날 때마다 새로운 RRC 콘텍스트가 생성돼야 한다. 장치에서 제한된 양의 데이터를 전송해야 하는 경우, 여기에서 전력의 대부분이 소모된다. EPS 최적화를 사용하면 RRC 콘텍스트가 보존된다.

- TCP 또는 UDP 패킷의 헤더 압축.

- 긴 절전 기간 후 동기화 시간의 절감.

 TIP 다음 절에서는 Cat-NB를 다룬다. 시장에서는 Cat-M1 같은 다른 모든 프로토콜에 비해 Cat-NB의 전력 소비량과 비용이 훨씬 낮다는 인식이 퍼져 있다. 이는 일부 사실이긴 하지만, IoT 아키텍트는 용도를 바르기 이해하고 어떤 프로토콜이 적합할지를 신중하게 선택해야 한다. 예를 들어, Cat-NB과 Cat-M1 사이의 전송 전력을 일정하게 유지할 경우, Cat-M1은 커버지리에서 8dB의 이득을 본다는 걸 알 수 있다. 또 다른 예로는 전력이 있는데, Cat-M1과 Cat-NB의 전력 관리 기능은 서로 유사하고 공격적인 특성을 갖지만, Cat-M1 쪽이 더 큰 데이터 크기에 적은 전력을 사용한다. Cat-M1은 Cat-NB보다 빠른 속도로 데이터를 전송할 수 있고 훨씬 빠르게 초절전 상태로 들어갈 수 있다. 이는 전력 감소를 위해 사용되는 Bluetooth 5와 같은 콘셉트로, 데이터를 더 빨리 보내고 절전 모드로 들어간다는 개념이다. 또한, 집필 시점에 Cat-M1은 미국 시장에서도 현재 이용 가능하지만, Cat- NB는 출시되지 않은 상태다.

LTE Cat-NB

NB-IoT, NB1 또는 협대역 IoT로도 알려진 Cat-NB는 3GPP의 릴리스 13에서 주관하는 또 다른 LPWAN 프로토콜이다. Cat-M1과 마찬가지로 Cat-NB는 면허 대역에서 작동하며, 목표는 소비 전력 감소(10년의 배터리 수명), 커버리지 확장(+20 dB), 비용 절감(모듈당 $5)에 있다. Cat-NB는 EPS^Evolved Packet System와 **셀룰러 사물인터넷**^CIoT, Cellular Internet of Things

의 최적화에 기반한다. 1.4MHz Cat-M1보다도 채널이 훨씬 좁기 때문에 아날로그-디지털 및 디지털-아날로그 변환 회로의 설계를 간소하게 만들면서도 비용과 전력을 한층 더 절감할 수 있다.

Cat-NB와 Cat-M1 사이의 큰 차이점은 다음과 같다.

- **매우 좁은 채널 대역폭**: Cat-M1의 경우 채널 폭을 1.4MHz로 줄였는데, Cat-NB는 여기에서 훨씬 더 나아간 80kHz까지 폭을 줄였으며, 그 이유는 동일하다(비용 및 전력의 절감).
- **VoLTE 지원 안 함**: 채널 폭이 매우 좁기 때문에 음성이나 영상 트래픽을 지원할 용량이 없다.
- **이동성 지원 안 함**: Cat-NB는 핸드오버를 지원하지 않기 때문에 싱글 셀에 연결하거나 고정 상태를 유지해야 한다. 고정돼 있는 대부분의 IoT 센서 장치에는 큰 문제가 되지 않는데, 여기에는 다른 셀과 다른 네트워크에 대한 핸드오버가 포함되기 때문이다.

이와 같이 중요한 차이점과 무관하게, Cat-NB는 OFDMA(다운링크)와 SC- FDMA(업링크) 다중화에 기반하고 있으며, 동일한 하위 반송파 스페이싱과 심벌 기간을 사용한다. E-UTRAN 프로토콜 스택도 일반 RLC, RRC 및 MAC 계층과 마찬가지이고 IP 기반이지만, 이쪽은 새로운 LTE 에어 인터페이스로 여겨진다.

채널 폭이 매우 좁기(180kHz) 때문에 Cat- NB 신호가 더 큰 LTE 신호 속에 묻히거나 GSM 채널을 대체하거나 심지어 일반 LTE 신호의 보호 채널 내에 존재하는 것이 가능해진다. 그 결과 LTE, WCDMA, GSM을 보다 유연하게 배포할 수 있게 된다. GSM 옵션은 가장 간단하면서도 빠르게 출시가 가능한 옵션이다. 기존 GSM 트래픽의 일부는 WCDMA나 LTE 네트워크에 위치할 수 있는데, 이로 인해 IoT 트래픽에 사용할 GSM 캐리어가 확보된다. LTE 대역은 180kHz 대역보다 훨씬 크기 때문에 대역 내에서 사용 가능한 스펙트럼의 수가 엄청나게 많은데, 이론적으로 셀당 최대 20만 개의 장치를 배포할 수 있을 정도다. 이 구성에서는 셀 기지국은 Cat-NB 트래픽을 통해 LTE 데이터를 다중화한다. 이는 전적으로 Cat-NB 아키텍처가 기존 LTE 인프라를 지원하는 자족적 네트워크이자 인터페이스이기 때문에 가능한 일이다. 마지막으로, Cat-NB를 LTE 보호 대역으로 이용하는 것은 독특하면서도 뛰어난 개념이다. 이는 아키텍처에서 동일한 15kHz 하위 반송파와 설계가 재사용되기 때문에 기존 인프라로도 실현이 가능하다.

다음 그림에는 신호가 상주할 수 있는 위치가 나타나 있다.

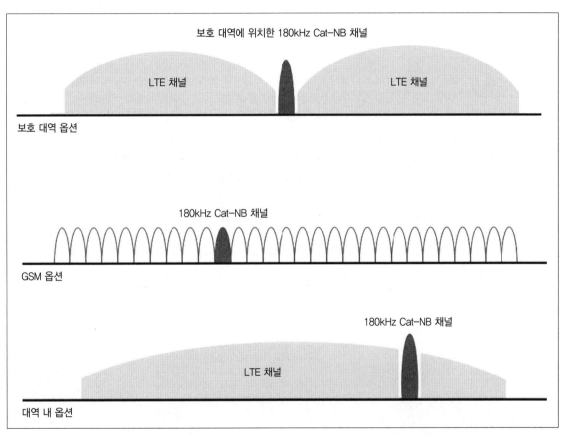

GSM 신호 내에 보호 대역으로 또는 LTE로 대역 내에 Cat-NB를 배포하는 옵션.

최대 결합 손실^{MCL, Maximum Coupling Loss}이 164dB이므로 지하나 터널, 도서 지역, 개방된 환경 등의 넓은 커버리지가 가능해진다. 표준 LTE 대비 20dB의 개선은 커버리지 영역의 7배 증가에 해당한다. 달성 가능한 데이터 속도는 섀넌-하틀리^{Shannon-Hartley} 정리에서 확인했듯이 SNR과 채널 대역폭의 함수다. 업링크 통신의 경우, Cat-NB는 180kHz 자원 블록에서 각 UE에 하나 이상의 15kHz 하위 반송파를 할당한다. Cat-NB에는 하위 반송파를 3.75kHz까지 낮출 수 있는 옵션이 있는데, 이로 인해 더 많은 장치와 공간을 공유할 수 있다. 물론, 에지의 3.75kHz 하위 반송파와 다음 15kHz 하위 반송파 사이에 발생할 수 있는 간섭을 주의 깊게 살필 필요가 있다.

 데이터 속도는 앞서 배운 바와 같이 커버리지의 함수다. 에릭슨(Ericcson)에서는 각기 다른 커버리지와 신호 강도가 갖는 효과를 알아보기 위해 테스트를 수행했다. 결과 데이터는 레이턴시가 Cat-NB에서 중요한 문제가 될 수 있는 이유를 잘 보여 주고 설명한다.

셀 경계: 커버리지=+0dB, 업링크 시간 = 39ms, 총 전송 시간 = 1,604ms.

중간 커버리지: 커버리지= +10dB, 업링크 시간 = 553ms, 총 전송 시간 = 3,085ms.

최악의 경우: 커버리지: +20dB, 업링크 시간 = 1,923ms, 총 전송 시간 = 7,623ms.

출처: "NB-IOT: a sustainable technology for connecting billions of devices", Ericcson Technology Review Volume 93, Stockholm, Sweden, #3 2016

전력 관리는 Cat-M1과 매우 유사하다. 릴리스 12과 13의 모든 전력 관리 기법이 Cat-NB에도 적용된다(PSM, eDRX, 및 기타 모든 기능 포함).

5G

5G(또는 5G-NR^{New Radio})는 4G-LTE를 대체할 목적으로 초안이 작성돼 설계 중에 있는 차세대 IP 기반 통신 표준이다. 이 기술은 4G-LTE 기술의 일부를 끌어 오지만, 상당한 차이점과 새로운 기술 또한 함께 지원할 예정이다. 5G에 관한 자료는 기존의 Cat-1 및 Cat-M1 관련 자료를 압도할 정도로 많이 쏟아져 나오고 있으며, 5G는 IoT, 상업, 모바일, 차량 등의 용도에 중요한 기능을 제공할 것으로 기대를 모으고 있다. 5G는 또한 대역, 레이턴시, 밀도, 사용자 비용 등도 개선한다. 각 용도를 위한 셀룰러 서비스와 범주를 따로 만들기보다 5G는 이 모든 것을 아우르는 단 하나의 표준으로 방향을 잡았다. 한편, 4G-LTE는 앞으로도 셀룰러 커버리지 부문의 주요 기술로 사용될 것이며, 발전을 거듭할 예정이다. 5G는 4G 발전의 연장선상에 있는 것이 아니다. 4G에서 파생되긴 했지만, 새로운 기술 집합이라고 할 수 있다. 이 절에서는 IoT 용도와 관련이 있거나 IoT에 도움이 되거나, 또는 5G 사양의 일부가 될 가능성이 있는 요소들만 다룰 예정이다.

5G는 소비자 대상 최초 출시 목표를 2020년으로 잡고 있으나, 대규모 구축과 채택은 2020년대 중반쯤 돼야 가능할 것으로 보인다. 5G의 목표와 아키텍처는 2012년 이래로 여전히 발전 중에 있다. 5G의 차별화된 고유한 목표는 세 가지로 정해졌는데(http://www.gsmhistory.com/5g/), 그 내용은 컨버지드 파이버^{converged fiber} 및 셀룰러 인프라부터 소형 셀을 이용한 초고속 모바일, 모바일 비용 장벽 낮추기 등 5G 분야의 모든 영역을 아우른다. 여기에서도 ITU-R는 국제 사양과 표준을 승인했으며, 3GPP에서도 일련의 표준으로 ITU-R의 타임라인에 맞출 것이다. 3GPP RAN은 릴리스 14 당시 이미 연구 항목의 분석을 시작한 바 있는데, 그 의도는 5G 기술을 두 단계로 릴리스하기 위함이었다. 첫 단계는 2018년 릴리스 15를 통해 완료될 예정이며, 두 번째 단계는 2019년, 릴리스 19를 목표로 하고 있다. 둘 다 2020년 상용 출시를 목표로 한다는 점이 같다.

> ℹ️ 버라이즌은 5G의 상용 배포를 2018년 중반까지로 계획 중이다(사전 3GPP 사양). 3GPP는 5G를 비독립형(NSA, Non-Standalone) 및 독립형(SA, Standalone)으로 가속화하고 있는데, SA는 5G 차세대 코어를 사용하는 반면, NSA는 LTE 코어를 사용하게 된다. 초기 시장이 모바일과 스마트폰 사용자를 중심으로 하고 있기 때문에 IoT 전용 5G에 이르기까지는 몇 년이 더 걸릴 것으로 보인다.

최종 릴리스에 포함될 가능성이 높으므로 반드시 이해해 두어야 하는 5G의 기능에 관한 일반적 합의 사항은 다음과 같다.

1. eMBB^{Enhanced Mobile Broadband}:
   - 이론이 아닌 실제 현장에서 실현되는 UE/엔드포인트에 대한 1~10GBps 연결
   - 전 세계 100% 커버리지(또는 이의 인식)
   - 4G-LTE 연결을 통해 500km/h의 속도로 연결된 10~100배의 장치 수

2. URLLC^{Ultra-Reliable and Low-Latency Communications}:
   - 1ms 미만의 종단 간 왕복 레이턴시
   - 99.999%의 가용성(또는 이의 인식)

3. mMTC^{Massive Machine Type Communications}:
   - 단위 영역당 1000배의 대역폭, 1km²당 약 100만 개의 노드 구축 가능
   - 엔드포인트 IoT 노드에서 최대 10년간 유지되는 배터리 수명
   - 네트워크 에너지 사용량의 90% 감소

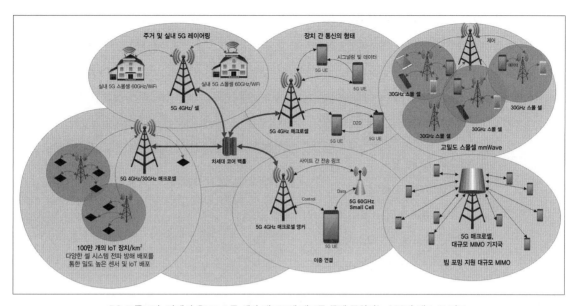

5G 토폴로지. 좌에서 우로: 스몰 셀과 매크로셀 배포를 통해 구현되는 100만 개 노드 밀도.
4GHz 백홀의 매크로셀을 통한 60GHz의 실내 및 홈 사용. 사용자 데이터에는 2개의 라디오,
제어 평면에는 4GHz 매크로셀을 사용해서 제어 평면과 데이터 평면을 분할한 이중 연결의 예.
장치 대 장치 연결. 하나의 mmWave 안테나로부터 빔포밍을 지원하는 대규모 MIMI.
사용자 데이터를 전면적으로 커버하기 위한 mmWave의 스몰셀 조합으로 밀도 향상.

최근의 4G-LTE 시스템에서는 주로 3GHz 미만의 주파수 범위가 사용된다. 5G는 스펙트럼 활용에 대폭 변화를 주었다. 3GHz 미만의 공간이 몹시 혼잡해지고 대역폭 슬라이싱이 진행되고 있으므로 5G에서는 여러 개의 주파수가 사용될 가능성이 있다. 비면허 24~100GHz 범위에서 **밀리미터파**mmWave를 사용하는 방안도 강력하게 고려 중이다. 이 범위의 주파수는 섀넌 법칙과 직결되는데, 극단적으로 넓은 채널이 이 법칙의 대역폭 B를 증가시킨다. 밀리미터파 공간은 여러 규제 기구에 의해 포화 상태가 되거나 슬라이싱되지 않았기 때문에 30~60GHz 주파수에서 채널 폭을 100MHz 간격으로 둘 수 있다. 덕분에 5G는 초당 멀티 기가비트급의 속도를 지원할 수 있게 될 것이다.

밀리미터파 기술의 주요한 문제로는 자유 공간 경로 손실, 감쇄, 침투가 있다. 자유 공간 경로 손실을 $L_{fs} = 32.4 + 20log_{10}f + 20log_{10}R$ (f는 주파수, R은 범위)로 계산할 수 있다는 사실을 기억한다면, 2.4, 30, 60GHz 신호가 각각 손실에 어떤 영향을 미치는지 다음과 같이 도출해 볼 수 있다.

- **2.4GHz, 100m 범위**: 80.1dB
- **30GHz, 100m 범위**: 102.0dB
- **60GHz, 100m 범위**: 108.0dB
- **2.4GHz, 1km 범위**: 100.1dB
- **30GHz, 1km 범위**: 122.0dB
- **60GHz, 1km 범위**: 128.0dB

20dB는 적지 않은 차이이지만 밀리미터파를 사용하면 안테나는 2.4GHz 안테나보다 훨씬 많은 안테나 구성 요소를 수용할 수 있게 된다. 자유 경로 손실은 안테나 이득이 주파수에 독립적일 때만 의미가 있다. 안테나 영역을 일정하게 유지하면 경로 손실 효과를 완화할 수 있는데, 여기에는 **M-MIMO**^{Massive-MIMO} 기술이 필요하다. M-MIMO는 256~1,024개 안테나와 매크로셀^{macrocell}을 통합하며, 매크로셀의 빔 포밍 또한 여기에 사용된다. 밀리미터파와 M-MIMO가 결합될 경우 인근 타워로부터의 오염/손상 차원에서 문제가 발생할 수 있으며, TDD와 같은 다중화 프로토콜은 재구축이 필요해진다.

 5G가 당면한 또 다른 문제는 밀도가 높은 타워 구성에서 수백 개의 안테나가 포함된 M-MIMO를 지원하려면 매우 큰 안테나 어레이가 필요하다는 점이다. 매우 조밀한 안테나로 3D 구조를 구성해 타워에서의 빔 포밍을 지원하는 방안을 고려해 볼 수 있지만, 이러한 타워에 바람이나 태풍이 미치는 영향 등의 요인은 여전히 풀어야 할 숙제다.

감쇄는 매우 중대한 문제다. 60GHz에서 신호는 대기 속 산소에 흡수된다. 식물과 인체도 신호에 심각한 영향을 미친다. 인체는 60Ghz에서 매우 많은 RF 에너지를 흡수해서 섀도잉이 발생할 정도다. 60GHz로 이동하는 신호에는 15dB/km의 손실이 발생한다. 따라서 60GHz에서 5G를 사용하는 장거리 통신은 품질이 떨어지게 되므로 소형 셀 집합을 사용하거나 보다 느린 주파수 공간으로 내려가야 한다. 이것이 바로 5G 아키텍처에 여러 대역과 소형 셀, 매크로셀, 이종 네트워크가 필요한 이유 중 하나다.

마지막으로, 밀리미터 파장의 물체 침투가 문제가 된다. 밀리미터파 신호는 건식 벽체 통과 시 15dB의 감쇄가 일어나고 건물의 유리창에서는 40dB의 손실이 발생한다. 따라서 매크로셀을 이용한 실내 커버리지는 거의 불가능에 가깝다. 이와 같은 신호 문제는 실내용 소형 셀을 널리 사용함으로써 완화할 수 있다.

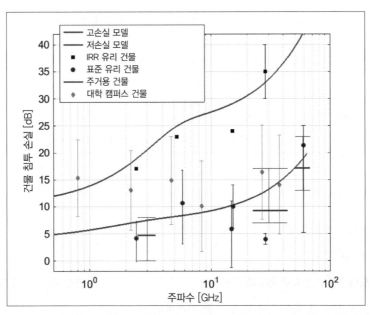

다양한 주파수와 침투 손실(dB)의 비교. 일반적인 건축 자재(유리, 벽돌, 목재)가 내, 외부 영역에서 테스트됐다. 적외선 반사 유리로 인한 손실은 밀리미터파 주파수에 특히 까다로운 것으로 나타났다.
출처: Aalto University et al., "5G channel model for bands up to 100 GHz,"
상위 주파수 대역의 모바일 통신(MCHFB) 3차 워크숍, 백서, 2016년 12월.

UE는 여러 대역을 동시에 사용할 수 있다. 예를 들어, 엔드포인트 장치에서 장거리 통신에는 낮은 주파수를 사용하고 실내 및 개인 통신에는 밀리미터파로 전환하는 것이 가능하다. 고려할 수 있는 다른 기법으로는 **이중 접속**dual connectivity이 있다. 이중 접속은 데이터 유형에 따라 데이터 트래픽을 여러 대역으로 조향한다. 예를 들면, 스택의 제어 평면과 사용자 평면은 이미 나뉘어 있는데, 제어 데이터가 일반적인 4Ghz의 속도로 장거리 eNodeB 매크로셀 타워에 조향될 경우, 사용자 평면 데이터는 30GHz 주파수를 사용하는 인근의 소형 셀로 조향될 수 있다.

속도 향상을 위한 또 다른 개선 사항으로는 스펙트럼 효율성이 있는데, 3GPP는 다음과 같은 특정 설계 규칙에 초점을 두고 있다.

- 다중화 효율성의 개선을 위해 15kHz로 설정되는 하위 반송파 간격.
- 레이턴시를 줄이기 위해 2M 개부터 1개까지 유연하게 조정할 수 있는 심벌 수치.

이전에 언급한 바와 같이 주파수 효율은 bps/Hz로 주어지며, 주파수 효율의 개선을 위해 에어 인터페이스 및 새로운 라디오로의 변경과 함께 D2D와 M-MIMO를 사용할 수 있다. 4G-LTE는 OFDM을 사용하는데, 이는 대규모 데이터 전송에 적합한 방식이다. 하지만 IoT와 mMTC의 경우, 패킷 크기가 훨씬 작다. 또한 OFDM 오버헤드는 밀도가 매우 높은 IoT 배포의 레이턴시에도 영향을 미친다. 따라서 다음과 같이 고려해 볼 만한 새로운 파형이 구축되고 있다.

- **비직교 다중 접속**NOMA, Non-orthogonal Multiple Access : 여러 사용자가 무선 매체를 공유할 수 있다.
- **필터뱅크 기반 다중 반송파**FBMC, Filter Bank Multi-Carrier : 하위 반송파 신호의 형태를 제어해 DSP를 통한 사이드 로브를 제거한다.
- **희소 코드 다중 접속**SCMA, Sparse Coded Multiple Access : 데이터가 다양한 코드북의 여러 코드에 매핑될 수 있다.

레이턴시의 감소는 ITU와 3GPP가 이루고자 하는 또 하나의 목표다. 레이턴시 감소는 인 터랙티브 엔터테인먼트나 VR 헤드셋과 같은 5G 용도뿐만 아니라 산업 자동화 등에도 매 우 중요한 문제이며, ITU의 또 다른 목표인 전력 절감에도 큰 영향을 미친다. 4G-LTE의 레이턴시는 하위 프레임에서 최대 15ms에 이를 수 있는데, 5G는 1ms 미만의 레이턴시 달성을 준비 중이다. 이 목표 역시 혼잡한 매크로셀 대신 소형 셀을 이용한 라우팅으로 달 성할 수 있을 것이다. 아키텍처에서는 **장치 간**D2D, Device to Device 통신 또한 계획 중인데, D2D 통신은 기본적으로 UE 간 통신의 데이터 경로에서 셀 인프라를 배제한다.

5G의 출시에는 앞으로도 몇 년이 더 걸릴 예정이므로 4G 시스템은 존속될 것이며, 공존 의 기간 또한 존재할 것이다. 릴리스 15에서는 전체 아키텍처에 채널 및 주파수 선택과 같 은 추가적인 정의가 더해질 예정이다. IoT 아키텍트의 관점에서 5G는 지켜보면서 대비해 야 하는 기술이다. 그리고 IoT 장치는 현장에서 십수 년 이상을 작동하는 데 필요한 WAN 에 기반을 둘 것이다. 5G의 핵심, 제약, 상세 설계 등의 자료가 필요한 독자들은 5G: A Tutorial Overview of Standards, Trials, Challenges, Deployment, and Practice, by M. Shafi et al., in IEEE Journal on Selected Areas in Communications, vol. 35, no. 6, pp. 1201-1221, June 2017를 참고하기 바란다.

▌ LoRa와 LoRaWAN

LPWAN에는 3GPP의 후원을 받지 않는 독점적인 기술도 포함된다. 일부 IEEE 802.11 프 로토콜도 LPWAN로 분류돼야 하는지는 논쟁의 여지가 있지만, 다음 두 절에서는 LoRa 와 Sigfox를 다룰 예정이다. LoRa는 장거리, 저전력 IoT 프로토콜의 물리적 계층이며, LoRaWAN은 MAC 계층을 나타낸다.

이 아키텍처는 원래 프랑스의 시클로Cycleo에서 개발했으나 이후 2012년 셈테크 코퍼레이션Semtech Corporation(프랑스의 혼성 신호 전자 제품 제조 업체)에서 현금 500만 달러에 인수했다. 로라 얼라이언스LoRa Alliance는 2015년 3월에 조직됐으며, LoRaWAN 사양과 기술에 대한 표준 기구에 해당한다. 이 기구는 표준의 상호 운용성과 적합성을 확보하기 위한 컴플라이언스 및 인증 절차를 갖추고 있다. IBM, 시스코Cisco를 비롯한 160개의 회원사가 이 기구를 지원한다.

LoRaWAN는 KPN, Proximus, Orange, Bouygues, Senet, Tata, Swisscom 등의 네트워크 배포를 통해 유럽에서 호응을 얻었다. 다른 지역에서의 커버리지는 분산돼 있는 편이다.

LoRa는 스택의 아래에 위치한다는 이유로 LoRaWAN의 경쟁 아키텍처에 도입됐다. 예컨대, 심포니 링크Symphony Link는 LoRa PHY에 기반한 링크 랩스Link Labs의 LPWAN 솔루션으로, 여기에는 산업 및 지방 IoT 배포를 위해 8개 채널, GHz 미만 기지국이 사용된다. LoRa를 사용하는 다른 경쟁자로는 헤이스택Haystack이 있는데, 이를 통해 DASH7 시스템이 만들어진다. DASH7은 LoRa PHY(MAC 계층뿐만 아니라)에 위치한 풀 네트워크 스택이다.

다음 절에서는 LoRaWAN만 중점적으로 살펴볼 예정이다.

LoRa 물리 계층

LoRaWAN 네트워크의 물리 계층을 대표하는 LoRa는 변조, 전력, 수신 및 전송 라디오, 신호 컨디셔닝 등을 관리한다.

이 아키텍처는 다음과 같은 ISM 비면허 공간 대역에 기반을 두고 있다.

- **915MHz**: 미국에서 사용되는 대역으로, 전력 제한은 있지만 듀티 사이클^{duty cycle} 제한은 없다.
- **868MHz**: 유럽에서 사용되는 대역으로, 듀티 사이클은 1~10%다.
- **433MHz**: 아시아에서 사용되는 대역이다.

처프 신호 확산 스펙트럼^{CSS, Chirp Spread Spectrum}이라는 파생 기법이 LoRa의 변조에 사용되는데, CSS는 고정 채널 대역폭의 민감성과 데이터 속도 사이에 균형을 잡아 준다. 군용 장거리 통신을 위해 1940년대에 최초로 사용된 CSS는 변조된 **처프**^{chirp} 펄스로 데이터를 인코딩하는데, 특히 간섭과 도플러 효과, 다중 경로에 복원력이 뛰어난 것으로 밝혀졌다. 처프는 시간에 따라 증가하거나 감소하는 사인파의 형태를 띤다. 채널 전체를 통신에 사용하기 때문에, 상대적으로 간섭에 강한 편이다. 주파수가 증가 혹은 감소하는(고래 울음 소리 같이 들리는) 처프 신호를 생각해 볼 수 있는데, 이때 LoRa의 비트율은 처프율과 심벌률의 함수가 된다. 여기에서 R_b은 비트율, S는 확산 인자, B는 대역폭을 가리킨다. 따라서 비트율^{bps}은 0.3kbps~5kbps의 범위를 가질 수 있으며 다음과 같이 도출된다.

$$R_b = S \times \frac{1}{\left[\dfrac{2^S}{B}\right]}$$

군용으로 개발되었다는 사실에서 알 수 있듯이 이 변조 형식은 장거리에도 저전력으로 작동한다. 또한, 증가 혹은 감소하는 주파수를 사용해 데이터를 인코딩하며, 같은 주파수상에서 다른 데이터 속도로 여러 건의 송신이 가능하다. FEC 덕분에 CSS 사용 시 신호를 19.4dB 미만의 노이즈 플로어noise floor로 수신할 수 있다. 한 대역은 여러 개의 하위 대역으로 나뉘기도 하는데, LoRa에서는 125kHz 채널을 사용하며, 6개의 125kHz 채널과 의사 랜덤 채널 호핑이 할당된다. 한편, 프레임은 특정 확산 인자를 통해 전송되는데, 확산 인자가 클수록 전송은 느려지지만 전송 범위는 넓어진다. LoRa의 프레임은 직교성을 갖는데, 이는 여러 프레임이 각기 다른 확산 인자로 전송되는 한 동시에 전송될 수 있다는 것을 의미한다. 그 결과, SF = 7부터 SF = 12까지 총 6개의 서로 다른 확산 인자가 존재하게 된다.

일반적인 LoRa 패킷에는 프리엠블, 헤더, 51~222바이트의 페이로드가 포함된다.

LoRa 네트워크에서는 **적응형 데이터 전송률**ADR, Adaptive Data Rate이라는 강력한 기능이 지원되는데, 이 기능을 사용하면 노드와 인프라의 밀도를 기준으로 용량을 동적으로 조절할 수 있다. ADR는 클라우드의 네트워크 관리를 통해 제어되며, 기지국에 가까운 노드는 신호의 신뢰도 때문에 데이터 속도를 더 높게 설정하는 것이 가능하다. 이처럼 인접한 노드에서는 데이터 전송, 대역폭 릴리스, 절전 상태 진입이 거리가 있어서 전송 속도가 느린 노드에 비해 빠르게 이뤄질 수 있다.

다음 표에는 업링크와 다운링크의 특징이 정리돼 있다.

기능	업링크	다운링크
변조	CSS	CSS
링크 버짓	156dB	164dB
비트 전송률(적응형)	0.3 ~ 5kbps	0.3 ~ 5kbps
페이로드당 메시지 크기	0 ~ 250bytes	0 ~ 250bytes
메시지 지속 시간	40ms ~ 1.2s	20 ~ 160ms
메시지당 소비 에너지	Etx = 1.2s * 32 mA = 11 uAh, 전체 민감도 Etx = 40 ms * 32 mA = 0.36 uAh, 최소 민감도	Etx=160 ms * 11mA = 0.5uAh

LoRaWAN MAC 계층

LoRaWAN이란, LoRa PHY 상단에 상주하는 MAC을 뜻한다. PHY가 폐쇄형인 반면, LoRaWAN MAC은 오픈 프로토콜이다. 3개의 MAC 프로토콜이 데이터 링크 계층의 일부를 구성하는데, 이 세 가지 프로토콜은 에너지 소비량과 레이턴시 사이의 균형에 따라 나뉜다. Class-A는 레이턴시가 가장 길지만 에너지 소비량을 줄이는 데 적합하고, Class-B는 Class-A와 Class- C의 중간에 위치하며, Class-C는 레이턴시가 가장 짧지만 에너지 소비량이 가장 많다.

Class-A 장치는 배터리를 사용하는 센서나 엔드포인트다. LoRaWAN 네트워크에 참가하는 모든 엔드포인트는 처음에는 Class-A로 연결되었다가 작동 중에 클래스를 변경할 수 있게 돼 있다. Class-A는 송신 중에 다양한 **수신 지연**receive delay 설정을 이용해 전력을 최적화한다. 엔드포인트는 데이터 패킷이 게이트웨이로 전송되면서 시작되는데, 전송이 완료되고 나면 장치는 수신 지연 타이머가 만료될 때까지 절전 상태에 들어간다. 타이머가 만료되면 엔드포인트가 깨어나 수신 슬롯을 열고 일정 기간 동안 송신을 기다렸다가 다시 절전 모드에 들어간다. 또 타이머가 만료되면 장치는 다시 깨어난다. 이를 통해 모든 다운링크 통신이 장치에서 패킷을 업링크로 전송한 이후의 단기간 동안 이뤄진다는 것을 뜻하는데, 이 기간이 매우 긴 시간이 될 수도 있다.

Class-B 장치는 전력과 레이턴시의 균형을 잘 잡아 준다. 이 유형의 장치는 일정한 간격으로 게이트웨이에서 전송되는 비콘을 이용한다. 이 비콘은 네트워크에 있는 모든 엔드포인트와 동기화되며, 네트워크로 브로드캐스팅된다. 장치에서는 비콘을 수신하면 단기 수신 창인 핑 슬롯을 만든다. 이 짧은 핑 슬롯 기간 동안에 메시지의 송수신이 가능하고 그 외의 다른 때에는 장치가 절전 상태에 들어가게 된다. 이는 기본적으로 게이트웨이에서 개시되는 세션으로, 슬롯 통신 방식을 이용한다.

Class-C 엔드포인트는 가장 많은 전력을 사용하지만 그만큼 레이턴시가 가장 짧다. 여기에 해당하는 장치는 2개의 Class-A 수신 윈도우와 지속적으로 전력이 공급되는 수신 윈도우를 열어 둔다. Class-C 장치는 전원이 켜져 있는 경우가 많은 액추에이터나 플러그인 장치 등이며, 다운링크 송신 시 레이턴시가 발생하지 않는다. Class-C 장치에서는 Class-B가 지원되지 않는다.

LoRa/LoRaWAN 프로토콜 스택은 아래와 같이 시각화해 볼 수 있다.

LoRa/LoRaWAN 프로토콜 스택				단순화된 OSI 모델
애플리케이션 계층				7. 애플리케이션 계층
LoRaWAN 계층				2. 데이터 링크 계층
클래스-A (기준선)	클래스-B (기준선)	클래스-C (지속)		
LoRa PHY 변조				1. 물리 계층
LoRa PHY 지역 ISM 대역				
LoRa PHY EU 대역 868MHz	LoRa PHY EU 대역 433MHz	LoRa PHY 미국 대역 915MHz		

LoRa 및 LoRaWAN 프로토콜 스택. 표준 OSI 모델과의 비교.
참고: LoRa/LoRaWAN은 스택 모델의 계층 1과 2에만 해당한다.

LoRaWAN 보안에서는 AES128 모델로 데이터가 암호화된다. 다른 네트워크와의 보안상 차이점 중 하나는 LoRaWAN에서는 인증과 암호화가 분리돼 있다는 점이다. 인증에 사용되는 키^{NwkSKey}와 사용자 데이터 키^{AppSKey}가 따로 구분돼 있다. LoRa 네트워크에 참가하려면 장치에서는 JOIN 요청을 전송해야 하며, 게이트웨이에서는 장치 주소와 인증 토큰으로 이에 응답한다. 애플리케이션과 네트워크 세션 키는 JOIN 과정 중 도출되는데, 이 과정을 일컬어 **무선 활성화**$^{OTAA, Over-the-Air-Activation}$라 한다. LoRa 기반 장치에서는 **개인화 활성화**$^{activation by personalization}$라는 방식을 사용하기도 하는데, 이 경우 LoRaWAN 캐리어/오퍼레이터가 32비트의 네트워크 및 세션 키를 미리 할당해 두면 클라이언트가 연결 요금제와 적절한 키 세트를 구입하게 된다. 이 키는 엔드포인트 제조사에서 주문해서 장치에 내장시키는 방법으로 사용된다.

LoRaWAN는 비동기 ALOHA 기반 프로토콜이다. 순수한 ALOHA 프로토콜은 CSMA 같은 기술이 존재하기 이전인 1968년 하와이 대학에서 다중 액세스 통신의 한 형태로 처음 개발됐다. ALOHA에서 클라이언트는 다른 클라이언트가 동시에 전송 중에 있는지 여부를 알지 못하는 상태로 메시지를 전송하는데, 여기에는 예약이나 다중화 기법 같은 것이 존재하지 않았다. 허브(LoRaWAN의 경우 게이트웨이)에서 수신한 패킷을 즉시 재전송하는 것이 기본적인 원리로, 만약 엔드포인트에서 패킷 중 하나의 수신 확인이 이뤄지지 않았다는 사실을 발견하게 되면, 대기했다가 이 패킷을 다시 전송한다. LoRaWAN에서는 동일한 채널과 확산 주파수에서 전송이 이뤄질 때만 충돌이 발생한다.

LoRaWAN 토폴로지

LoRaWAN에는 스타 네트워크 토폴로지가 사용되는데, 특히 여기에서는 스타 오브 스타 토폴로지가 지원된다. LoRaWAn은 단일 허브-스포크 모델이 아닌 다중 허브로 볼 수 있으며, 각 노드는 하나 이상의 게이트웨이와 연결이 가능하다.

ⓘ 이 책에 나온 다른 대부분의 전송과 LoRaWAN을 차별화하는 가장 중요한 요소는 사용자 데이터가 하나의 엔드 노드에서 LoRaWAN 프로토콜을 통해 게이트웨이로 전송된다는 사실이다. 이때 LoRaWAN 게이트웨이는 4G-LTE, 이더넷, 와이파이와 같은 백홀(backhaul)을 통해 패킷을 클라우드상의 전용 LoRaWAN 네트워크 서비스로 전달한다. 이 점이 독특한 이유는 대부분의 다른 WAN 아키텍처에서는 고객 데이터가 아키텍처의 네트워크에서 인터넷상의 목적지로 떠나가면 해당 데이터의 제어권도 놓아 버리기 때문이다.

네트워크 서비스에는 네트워크 스택에 필요한 상위 계층을 수행하는 규칙과 로직이 있다. 이 아키텍처로 인해 발생하는 부차적인 효과로는 하나의 게이트웨이에서 다른 게이트웨이로의 핸드오프가 필요 없다는 점을 들 수 있는데, 노드가 이동 가능해 안테나에서 안테나로 이동하는 경우, 네트워크 서비스는 서로 다른 경로에서 여러 개의 동일한 패킷을 포착하게 된다. 이러한 클라우드 기반 네트워크 서비스를 사용할 경우 엔드 노드가 여러 게이트웨이와 연결돼 있더라도 LoRaWAN 시스템에서 정보의 최적 경로와 소스를 선택할 수 있다. 이 밖에도 네트워크 서비스의 역할에는 다음과 같은 것이 있다.

- 중복 패킷 식별 및 제거
- 보안 서비스
- 라우팅
- 수신 확인 메시지

또한, LoRaWAN과 같은 LPWAN 시스템은 비슷한 커버리지의 4G 네트워크에 비해 기지국 수가 1/5~1/10 수준에 불과하다. 모든 기지국에서 동일한 주파수 집합을 수신하므로 이들은 논리적으로 하나의 거대한 기지국이라고 할 수 있다. 이 사실은 LPWAN 시스템의 비용점이 기존의 셀룰러 네트워크보다 낮을 수 있다는 진술을 뒷받침한다.

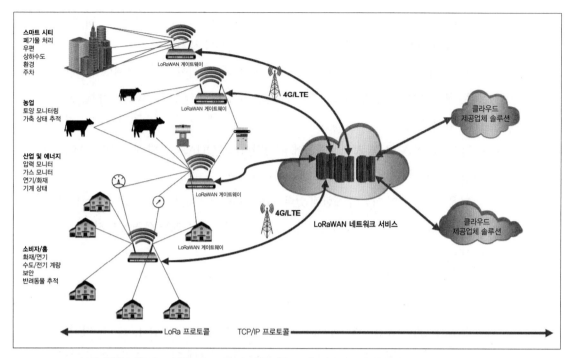

LoRaWAN 네트워크 토폴로지. LoRaWAN은 기존 IP 네트워크를 통해 클라우드의 LoRaWAN 관리와
통신하는 에이전트이자 허브 역할을 담당하는 게이트웨이 지원 스타형 토폴로지의 스타에 구축된다.
여러 노드가 여러 LoRaWAN 게이트웨이에 연결될 수 있다.

LoRaWAN 요약

LoRaWAN에는 다음과 같이 IoT 아키텍트가 신중하게 고려해야 하는 아키텍처와 프로토
콜 관련 차이점이 있다.

- LTE 네트워크의 공통된 일부 기능이 LoRaWAN 아키텍처상에는 설계돼 있지 않
  은 경우가 있다. LoRaWAN은 OSI 모델을 따르는 완전한 네트워크 스택이 아니
  며, 네트워크 계층, 세션 계층, 전송 계층의 공통된 기능인 로밍, 패킷화, 재시도
  메커니즘, QoS, 연결 해제 등이 결여돼 있다. 필요한 경우, 이 서비스를 추가할
  지 여부는 개발자나 통합자가 판단할 사항이다.

- LoRaWAN은 클라우드 기반 네트워크 인터페이스를 사용한다. 따라서 가치 체인의 특정 지점에서는 클라우드 구독이 필요한 경우가 생긴다.

- ST 마이크로일렉트로닉스ST Microelectronics와의 파트너십이 발표됐음에도 칩 벤더는 셈테크Semtech이며, 기술의 유일한 공급원이다. 이 점은 Z-Wave 가치 체인과 유사하다.

- LoRaWAN은 ALOHA 프로토콜에 기반한다. ALOHA로 인해 오류율이 50%를 초과하게 되고 인증 및 확인 응답도 복잡해진다.

- 다운링크 기능이 여전히 제한돼 있다. LoRaWAn은 기본적으로 일방향 프로토콜이기 때문에 그 자체로 충분한 사용 사례도 있지만, 아무래도 유연하게 사용하는 데는 제약이 따르게 된다.

- LoRaWAN는 레이턴시가 길고 실시간 기능이 없다.

- OTA 펌웨어 업데이트가 지원되지 않는다.

- 모빌리티와 이동하는 노드는 LoRaWAN에서 관리하기가 어렵다. 40~60바이트의 메시지를 전송하는 데 1~1.5초가 소요될 수 있는데 이는 고속도로에서 달리는 차량에 사용하기에는 문제가 있는 속도. 또한 기지국은 **선형 시불변**LTI, Linear Time Invariant이어야 하는데, 이는 무선 파형으로 인해 전파 시간(ToF)이 변해서는 안 됨을 의미한다.

- 지리 위치의 정확도는 약 100m 정도다. RSSI 신호 강도 측정 또는 ToF 측정 방식을 사용하면 정확도를 잴 수 있다. 이때 3개의 기지국이 삼각형으로 하나의 노드를 형성하는 경우가 최적의 솔루션이다. 기지국이 많아지면 정확도의 개선이 가능해진다.

Sigfox

Sigfox는 2009년 프랑스 툴루즈에서 개발된 협대역 LPWAN(NB-IOT와 같은) 프로토콜로, 이 기술을 만든 회사에도 동일한 이름이 붙어 있다. Sigfox는 독점 프로토콜용 비면허 ISM 대역을 사용한 또 하나의 LPWAN 기술이며, 다음과 같은 몇 가지 특징으로 인해 활용도가 크게 제한된다.

- 장치당 업링크 메시지 하루 최대 140개(듀티 사이클 1%, 시간당 6개 메시지).
- 메시지당 페이로드 크기는 각각 12바이트(업링크)와 8바이트(다운링크).
- 최대 100bps(업링크) 및 600bps(다운링크)의 처리량.

원래 Sigfox는 순수한 센서 네트워크 목적을 위해 단방향으로 만들어졌는데, 이는 곧 센서 업링크 통신만 지원된다는 것을 의미한다. 이후 다운링크 채널도 이용할 수 있게 되었다.

Sigfox는 특허 등록이 된 폐쇄형 기술이다. 하드웨어가 개방돼 있긴 하지만, 네트워크는 그렇지 않으며 반드시 구독해야 한다. Sigfox 하드웨어 파트너로는 아트멜Atmel, TI, 실리콘 랩스Silicon Labs 등이 참가하고 있으며, LTE 캐리어의 구조와 유사한 Sigfox 자체 네트워크 인프라를 구축해 운영하기도 한다. Sigfox는 LoRaWAN과 매우 다른 모델로, LoRaWAN의 경우, 자체 네트워크상에서 독점 하드웨어 PHY를 사용해야 하는 반면, Sigfox에서는 하나의 관리형 네트워크 인프라를 사용하면 여러 하드웨어 벤더를 사용해도 무방하다. Sigfox는 고객의 네트워크 구독에 연결돼 있는 장치의 수, 장치당 트래픽 프로필, 계약 기간으로 속도를 계산한다.

처리량과 활용도 측면에서 Sigfox에 엄격한 제한이 있긴 하지만, 애초 설계 목적이 전송 빈도가 낮고 크기가 작은 데이터를 전송하는 시스템에 있었다. 경보 시스템, 단순한 전력 미터기, 환경 센서 등과 같은 IoT 장치가 그 대상이다. 이와 같이 다양한 센서의 데이터는 보통 제약(정밀도가 0.004인 2바이트의 온도/습도 데이터와 같은)을 충족시키는 경우가 많다. 주의를 기울여야 하는 점 중에 하나는 바로 센서에서 제공하는 정밀도와 전송 가능한 데이터의 양이다. 사용할 수 있는 한 가지 트릭이 바로 상태 데이터인데, 상태나 이벤트는 페이로드 없이도 메시지가 될 수 있기 때문이다. 이 경우, 데이터는 0바이트를 사용한다. 물론 이로 인해 브로드캐스팅에 존재하는 제한이 없어지지는 않지만, 전력을 최적화하는 데는 사용이 가능하다.

Sigfox 물리 계층

앞서 언급한 바와 같이, Sigfox는 **초협대역**UNB, Ultra Narrow Band에 해당한다. 그 이름에서 알 수 있듯이 통신 시 매우 좁은 채널이 송신에 사용된다. 넓은 채널에 걸쳐 에너지를 분산시키기보다는 에너지의 일부를 다음과 같은 대역에 집중시키는 것이다.

- **868MHz**: 유럽(ETSI 300-200 규격)
- **902MHz**: 북미(FCC part 15 규격)

 일본과 같은 일부 지역에는 엄격한 스펙트럼 밀도 제한이 적용되고 있어, 초협대역의 배포가 어려운 상황이다.

이 대역의 폭은 100Hz이고, 업링크 신호에 **직교 시퀀스 확산 스펙트럼**OSSS, Orthoganol Sequence Spread Spectrum이, 다운링크에는 **가우시안 주파수 편이 변조**GFSK, Gaussian Frequency Shift Keying를 사용하는 600Hz가 사용된다. Sigfox는 임의의 채널에서 임의의 시간 지연(500~525ms)으로 짧은 패킷을 전송한다. 이러한 유형의 인코딩을 **랜덤 주파수 및 시분할 다중 접속**RFTDMA,

Random Frequency and Time Division Multiple Access이라 한다. 언급한 바와 같이 Sigfox는 매개 변수, 특히 데이터 크기에 엄격한 제한이 있는 편이다. 다음 표에는 업링크와 다운링크 채널의 주요 매개 변수가 정리돼 있다.

	업링크	다운링크
페이로드 제한 (바이트)	12	8
처리량(bps)	100	600
일일 최대 메시지	140	4
변조 기법	DBPSK	GFSK
민감도(dBm)	<14	<27

양방향 통신은 다른 프로토콜과 비교했을 때 Sigfox가 갖는 중요한 특징 중 하나다. 하지만 Sigfox의 양방향 통신에 관해서는 약간의 설명이 필요하다. 여기에는 패시브 수신 모드가 없는데, 이는 곧 기지국에서 메시지를 언제든 엔드포인트 장치로 전송할 수 없다는 사실을 의미한다. 즉, 송신 윈도우가 완료되고 난 후에만 수신 윈도우가 통신을 위해 열리게 된다. 수신 윈도우는 엔드포인트 노드에서 첫 번째 메시지를 수신하고 20초 후에야 열리게 되는데, 이 윈도우는 기지국에서 전송된 짧은(4바이트) 메시지를 수신할 수 있도록 25초 간 열린 상태를 유지한다.

Sigfox에는 각각의 폭이 100Hz인 333개의 채널이 사용되며, 리시버의 민감도는 −120dBm/−142dBm이다. 주파수 호핑은 333개 채널 중 3개 채널의 의사 랜덤 방식으로 지원된다. 마지막으로, 전송 전력은 북미의 경우 +14dBm과 +22dBm으로 지정돼 있다.

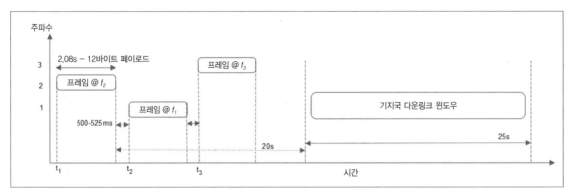

주파수

3 | 2.08s – 12바이트 페이로드

2 | 프레임 @ f_2

프레임 @ f_3

1 | 프레임 @ f_1

기지국 다운링크 윈도우

500-525 ms

20s

25s

t_1 t_2 t_3 시간

Sigfox 전송 타임라인. 3개의 페이로드가 3개의 고유한 임의의 주파수를 통해 저마다
다른 시간 지연으로 전송되었다. 다운링크 전송 창은 마지막 업링크 후에만 열린다.

Sigfox MAC 계층

Sigfox 네트워크에 있는 각 장치에는 고유한 Sigfox ID가 있다. 이 ID는 메시지의 라우팅
과 서명, Sigfox 장치의 인증에 사용된다. Sigfox 통신의 또 다른 특징으로는 **파이어 앤 포
겟**fire and forget을 사용한다는 점을 꼽을 수 있다. 리시버에서 메시지의 수신을 확인하는 것
이 아니라, 각 노드에서 하나의 메시지를 세 번의 다른 시간에 3개의 다른 주파수를 통해
세 번 전송한다. 이 방식은 메시지 전송의 무결성을 확보하는 데 도움이 된다. 파이어 앤
포겟 모델의 경우, 메시지가 실제로 수신됐는지 확인할 길이 없으므로 가능한 한 정확한
전송을 보장하는 일은 송신기의 몫이다.

업링크 및 다운링크의 Sigfox MAC 프레임 패킷 구조

프레임에는 송신 동기화에 사용되는 사전 정의된 심벌의 프리엠블이 포함되며, 프레임 동기화 필드가 전송될 프레임의 유형을 지정한다. 여기에서 FCS는 오류 감지에 사용되는 **프레임 확인 시퀀스**FCS, Frame Check Sequence를 뜻한다.

대상 주소 또는 다른 노드를 포함하는 패킷이 없으며, 모든 데이터는 다양한 게이트웨이에 의해 Sigfox 클라우드 서비스로 전송된다.

데이터 제한은 다음과 같은 MAC 계층 패킷 형식을 통해 이해하고 모델링해 볼 수 있다.

$$\frac{\sim 200비트\ 업링크\ 패킷}{100bps} = 2초$$

각 패킷이 세 번 전송되고 유럽 규정(ETSI)에서 전송을 1% 듀티 사이클로 제한할 때, 최대 12바이트의 페이로드 크기를 사용하는 시간당 메시지 수는 아래와 같이 계산해 볼 수 있다.

$$3600초\ @\ 1\%\ 듀티\ 사이클 = \frac{36초\ 메시지\ 전송\ 시간}{시간} \times \frac{메시지}{3회\ 반복 \times 2초} = \frac{6개\ 메시지}{시간}$$

12바이트가 페이로드의 제한치라고 하더라도 해당 메시지가 전송되는 데는 1초 이상이 걸릴 것이다. Sigfox 초기 버전은 단방향이었으나 현재는 양방향 통신이 지원된다.

Sigfox 프로토콜 스택

Sigfox의 프로토콜 스택은 OSI 모델을 따르는 다른 스택과 유사하며, 다음과 같은 세 가지 수준으로 이뤄진다.

- **PHY 계층**: 앞서 상세히 살펴본 바와 같이 업링크 방향에 DBPSK를 사용하고, 다운링크 방향에 GFSK를 사용해 신호를 합성하고 모듈화한다.
- **MAC 계층**: 장치 식별/인증(HMAC)과 오류 수정 코드(CRC)를 위한 필드를 추가한다. Sigfox MAC에는 신호 방식이 따로 없는데, 이는 곧 장치가 네트워크와 동기화되지 않는다는 사실을 의미한다.
- **프레임 계층**: 애플리케이션 데이터에서 무선 프레임을 생성한다. 또한, 프레임에 시퀀스 번호를 체계적으로 붙인다.

Sigfox 프로토콜 스택	단순화된 OSI 모델
애플리케이션 계층	7. 애플리케이션 계층
	6. 표현 계층
	5. 세션 계층
프레임	4. 전송 계층
	3. 네트워크 계층
MAC 계층	2. 데이터 링크 계층
PHY 계층(868MHz/902MHz 라디오)	1. 물리 계층

Sigfox 프로토콜 스택과 단순화된 OSI 모델의 비교.

보안에 관해서는 Sigfox 프로토콜 어디에서도 메시지가 암호화되지 않는다. 페이로드 데이터에 암호화 기법을 제공하는 것은 전적으로 사용자의 몫이다. Sigfox 네트워크를 통해 교환되는 키가 없으므로 각 메시지는 장치에 고유한 식별용 키로 서명을 받는다.

Sigfox 토폴로지

Sigfox 네트워크는 기지국당 100만 노드 정도의 밀도를 가질 수 있으며, 이 밀도는 네트워크 패브릭에서 전송된 메시지 수의 함수다. 기지국에 연결된 모든 노드는 스타 네트워크를 형성한다.

모든 데이터는 Sigfox 백엔드 네트워크를 통해 관리된다. Sigfox 기지국의 모든 메시지는 IP 연결을 통해 반드시 백엔드 서버에 도달해야 한다. Sigfox 백엔드 클라우드 서비스는 패킷이 도달할 유일한 목적지가 된다. 백엔드는 메시지를 인증하고 중복이 없음을 확인한 후에 이 메시지를 저장하거나 클라이언트로 전송한다. 데이터가 엔드포인트 노드로 전송돼야 하는 경우, 백엔드 서버는 엔드포인트의 연결 상태가 최적인 게이트웨이를 선택해 메시지를 다운링크로 전달한다. 백엔드에서는 이미 패킷 ID로 장치가 인식된 상태이므로 이전의 프로비저닝을 통해 데이터가 최종 목적지로 강제 전송된다. Sigfox 네트워크에서는 장치에 직접 액세스할 수 없으며, 백엔드나 기지국도 엔드포인트 장치에 바로 연결되지 않는다.

백엔드는 관리 및 라이선싱을 담당하며 고객에게 서비스도 제공한다. Sigfox 클라우드는 데이터를 고객이 선택한 목적지로 유도하는데, 클라우드 서비스는 Sigfox 클라우드 기능을 제3자 플랫폼에 통합할 수 있도록 풀 모델을 통한 API를 제공한다. 장치는 또 다른 클라우드 서비스를 통해 등록될 수 있으며, Sigfox는 다른 클라우드 서비스에 콜백을 제공하기도 한다. 이 방식이 데이터 검색에 기본적으로 사용된다.

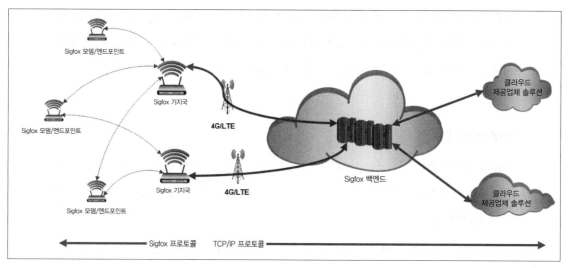

Sigfox 모뎀/엔드포인트
Sigfox 기지국
4G/LTE
Sigfox 모뎀/엔드포인트
Sigfox 기지국
4G/LTE
Sigfox 모뎀/엔드포인트
Sigfox 백엔드
클라우드 제공업체 솔루션
클라우드 제공업체 솔루션
Sigfox 프로토콜   TCP/IP 프로토콜

Sigfox 토폴로지. Sigfox는 자체 독점 비IP 프로토콜을 사용하며
Sigfox 네트워크 백엔드에 IP 데이트로 데이터를 수렴한다.

파이어 앤 포겟 통신 모델이 데이터 무결성을 확보할 수 있도록 지원하기 위해 여러 게이트웨이에서 한 노드의 송신을 수신하는 경우가 있다. 이어지는 모든 메시지는 Sigfox 백엔드로 전달되며 중복은 제거된다. 이로 인해 데이터 수신의 이중화 수준이 한층 높아진다.

Sigfox 엔드포인트 노드의 연결은 간단한 설치를 위해 페어링이나 신호화 과정을 수행하지 않는다.

요약

다양한 유형의 장거리 통신 기술 사이에는 몇 가지 공통점도 있지만, 이 기술들은 서로 다른 용도와 부문을 대상으로 하므로, IoT 아키텍트는 도입하려는 장거리 시스템을 현명하게 선택할 수 있어야 한다. IoT 시스템의 다른 구성 요소와 마찬가지로 LPWAN도 한 번 배포하고 나면 바꾸기가 어렵다. 적합한 LPWAN을 선택할 때는 다음을 고려해야 한다.

- IoT 배포에 필요한 데이터 속도는 어느 정도인가?
- 솔루션은 여러 지역에서 동일한 LPWAN으로 확장이 가능한가? 적절한 커버리지가 존재하는가? 아니면 구축해야 하는가?
- 어느 정도의 송신 범위가 적절한가?
- IoT 솔루션의 레이턴시 요구 사항이 있는가? 솔루션이 매우 높은(수초 대) 레이턴시도 견딜 수 있는가?
- 배터리 전원을 이용하는 IoT 엔드포인트가 있는가? 이를 위해 들어가는 비용은 얼마인가? 엔드포인트의 비용 제약에는 어떤 것이 있는가?

> ℹ️ 미국의 인제뉴(Ingenu)나 웨이틀리스 테크놀로지스(Weightless Technologies)(예:
> Weight-N, Weightless-W, Weightless-P 등)와 같이 다른 LPWAN 기술도 물론 존재한다.
> 웨이틀리스는 TV 화이트 스페이스에서 작동하는 유일한 LPWAN이라는 점에서 흥미로운
> 기술이다. MuLTE Fire는 비면허 주파수 대역을 사용하는 신기술로, 퀄컴과 노키아(Nokia)
> 에서 개발과 홍보를 맡고 있다. 이 기술은 와이파이를 통해 배포와 같은 LTE 셀룰러 서비
> 스를 제공하며, 이는 기본적으로 민간 LTE 운영업체에서 사설 셀룰러 네트워크를 배포할
> 수 있도록 지원한다.

참고로, 아래 표에는 7장에서 살펴보았던 LPWAN 프로토콜 사이의 유사점과 차이점에 관해 자세하게 정리해 두었다.

사양	Cat 0 (LTE-M) 릴리스 12	Cat 1 릴리스 8	Cat M1 릴리스 13	Cat-NB 릴리스 13	LoRa/ LoRaWAN	Sigfox
ISM 대역	아님	아님	아님	아님	맞음	맞음
총 대역폭	20MHz	20MHz	1.4MHz	180kHz	125kHz	100kHz
다운링크 최대 속도	1Mbps	10Mbps	1Mbps 또는 375Kbps	200Kbps	0.3 ~ 5Kbps 내에서 적응형	100bps
업링크 최대 속도	1Mbps	5Mbps	1Mbps 또는 375Kbps	200Kbps	5Kbps ~ 5Kbps 내에서 적응형	600bps

사양	Cat 0 (LTE-M) 릴리스 12	Cat 1 릴리스 8	Cat M1 릴리스 13	Cat-NB 릴리스 13	LoRa/ LoRaWAN	Sigfox
범위	LTE 범위	LTE 범위	~4x Cat-1	~7x Cat-1	도시 지역 5kM, 비도시 지역 15kM	최대 50kM
최대 결합 손실(MCL)	142.7dB	142.7dB	155.7dB	164dB	165dB	168dB
절전 전력	낮음	높음 ~2mA 대기	매우 낮음 ~15uA 대기	매우 낮음 ~15 uA 대기	극도로 낮음 1.5uA	극도로 낮음 1.5uA
이중화 구성	반/전	전	반/전	반	반	반
안테나 (MIMO)	1	2 MIMO	1	1	1	1
레이턴시	50~100ms	50~100ms	10~15ms	1.6~10s	500ms~2s	최대 60초
전송 전력 (UE)	23dB	23dB	20dB	23dB	14dB	14dB
설계 복잡도	50% Cat-1	복잡함	25% Cat-1	10% Cat-1	낮음	낮음
비용(상대 가격 설정)	~$15	~$30	~$10	~$5	~$15	~$3
이동성	가능	가능	가능	제한적	가능	제한적

센서 데이터의 캡처부터 PAN과 WAN을 통한 데이터 통신까지 살펴보았으니, 이제 IoT 데이터의 조합과 처리에 관해 논의할 차례다. 8장에서는 데이터를 포장하고 안전하게 보안 조치를 해서 적절한 위치로 보내는 첫 번째 처리 과정에 관해 알아볼 예정이다. 이 위치는 에지나 포그 노드 또는 클라우드가 될 수 있다. 또한, 네트워킹 브리지와 에지에서 데이터를 처리하는 능력을 제공하는 데 게이트웨이가 수행하는 역할을 논의하며, 에지에서 클라우드로 데이터를 스트리밍하는 데 필요한 MQTT나 CoAP와 같은 IP 기반 통신 프로토콜 유형도 살펴볼 예정이다. 이후에는 IoT에서 생성되는 데이터의 수집, 저장, 분석에 관해 다룬다.

08

라우터와 게이트웨이

IoT는 배포될 장치의 수와 그 장치들이 생산해 낼 데이터의 양으로 인해 산업과 경제적 측면에서 많은 관심을 모은다. IoT의 형성 방식에는 두 가지가 있다.

- 첫 번째 방식은 에지 수준 센서와 장치가 클라우드로 직접 이어지는 경로를 제공하는 것이다. 이는 곧 이러한 에지 수준 노드와 센서에 충분한 리소스와 하드웨어, 소프트웨어, 서비스 수준 계약이 있어서 WAN을 통해 데이터를 바로 전송할 수 있음을 의미한다.

- 다음은 에지 수준 센서가 게이트웨이 및 라우터 주변의 어그리게이션aggregation과 클러스터를 구성해 스테이징 영역, 프로토콜 변환, 에지/포그 프로세싱 능력을 제공하는 것으로, 여기에서는 에지 수준 센서가 센서와 WAN 사이의 보안 및 인증도 관리한다.

첫 번째 모델은 전력과 비용이 제한적인 에지 수준 센서/액추에이터 장치에는 사용하기 어렵고 비용도 많이 들기 때문에 후자가 보다 논리적인 타당성이 있는 형태다. 센서/장치의 에지에 있는 라우터 또는 게이트웨이가 수행하는 역할로는 최신 라우터에서 제공되는 링크 라우팅, 포트 전달, 터널링, 보안, 프로비저닝 등의 공식적인 네트워크 기능이 있다. TCP/IP 라우팅과 브리징의 원리는 다른 저서들에서도 많이 다루고 있고 너무 광범위하기 때문에 여기에서는 살펴보지 않는다. 8장에서는 에지 수준 라우터의 역할과 필요성을 알아보고, 대규모 IoT 솔루션 배포 시 고려해야 할 특성에 관한 팁과 추천 사항을 제공한다.

▌ 라우팅 기능

IoT 아키텍처에서 라우터는 시스템의 전반적인 관리, 확장, 보안 등에 있어 중요한 역할을 수행한다. 종종 라우터의 역할이 간소화돼 한 프로토콜에서 다른 프로토콜로의 게이트웨이 역할만 수행하게 되는 경우도 있다(셀룰러-Bluetooth 컨버터). 상업 또는 산업용 배포의 경우, 상당히 많은 요구 사항을 추가로 고려해야 하며, 특히 장치가 원격지 또는 움직이는 시스템 내에 있는 경우에는 더욱 그러하다.

게이트웨이 기능

앞서 이 책에서는 몇 가지 유형의 무선 통신을 다루었으며, 이들은 모두 트래픽과 인터넷을 잇는 메커니즘과 일정 형태의 송수신기가 필요했다. 이는 IoT 에지 게이트웨이의 가장 중요한 역할 중 하나다. 매체가 브리지 노드를 필요로 하는 Bluetooth 메시든, 셀룰러 네트워크 eNodeB든 역할은 유사하다. 게이트웨이는 2개의 상이한 네트워크 간에 데이터를 중계하고 정렬한다.

라우터는 게이트웨이가 될 수 있는데, 유사한 네트워크 사이의 트래픽을 관리하고 조정하는 역할을 맡는다. IoT 아키텍처에는 IPv6 주소 지정이 가능한 6LoWPAN 메시가 있어서, 인터넷과 6LoWPAN 메시 사이에 공유되는 IP 계층을 사용해 데이터를 조종하고 라우팅할 뿐만 아니라 802.15.4 프로토콜과 와이파이 또는 802.3 물리 전송을 잇는 게이트웨이의 역할을 하는 장치를 통해 외부와 통신할 수 있다.

에지 게이트웨이가 중앙 PAN 컨트롤러이기도 한 경우가 있는데, 이는 PAN 네트워크 관리, 새로운 노드의 보안, 인증 및 프로비저닝, 데이터 조정, 장치 전원 관리 등의 기능이 모두 에지 게이트웨이의 역할임을 시사한다.

라우팅

라우터의 기본 기능은 네트워크 세그먼트 간 연결을 잇는 것이다. 라우팅에는 패킷 움직임을 유도하는 데 IP 주소 계층이 사용되기 때문에 OSI 표준 모델의 세 번째 계층에 해당하는 것으로 간주된다. 기본적으로 모든 라우터는 라우팅 테이블을 사용해 데이터 흐름을 유도하는데, 라우팅 테이블은 가장 일치하는 패킷의 목적 IP 주소를 찾는 데 사용된다.

몇 가지 입증된 알고리즘이 효율적인 라우팅을 위해 사용된다. 이 중 한 가지 유형이 동적 라우팅으로, 이 유형에서는 알고리즘이 네트워크와 토폴로지의 변화에 반응한다. 네트워크 상태의 정보가 시간 기준 또는 업데이트 트리거 시 라우팅 프로토콜을 통해 공유된다. 동적 라우팅의 예로는 거리-벡터 라우팅과 링크-상태 라우팅을 들 수 있다. 반면, 정적 라우팅은 라우터 사이에 구성된 특정 경로를 필요로 하는 소규모 네트워크에서 중요하고 유용한 역할을 담당한다. 정적 루트는 적응형이 아니므로 토폴로지를 스캔하거나 메트릭을 업데이트할 필요가 없다. 다음은 라우터의 사전 설정이다.

- **최단 경로 라우팅**shortest path routing : 네트워크상의 라우터를 나타내는 그래프에서 노드 사이의 호는 알려진 링크 또는 연결을 나타낸다. 이 알고리즘은 단순히 어떤 소스에서 대상으로 가는 최단 경로를 찾기만 한다.
- **플러딩**flooding : 모든 패킷이 반복되고 해당 링크의 모든 라우터에서 모든 엔드포인트로 브로드캐스팅된다. 이로 인해 엄청난 양의 중복 패킷이 생성되며, 패킷의 수

명이 제한될 수 있도록 패킷 헤더에 홉 카운터가 있어야 한다. 대안으로는 선택적 플러딩이 있는데, 이 경우 대상으로 향하는 일반적인 방향으로만 네트워크를 플러딩하게 된다. 플러드 네트워크는 Bluetooth 메시 네트워킹의 기반을 이룬다.

- **흐름 기반 플러딩**flow-based routing: 네트워크의 현재 흐름을 검토한 다음 경로를 결정한다. 주어진 연결의 용량과 평균 흐름이 알려져 있을 경우, 해당 링크의 평균 패킷 지연을 계산할 수 있다. 이 알고리즘은 최소 평균 값을 찾아낸다.

- **거리-벡터 라우팅**distance-vector routing: 라우터 테이블에는 각 대상의 알려진 최적 거리가 포함돼 있으며 이 테이블은 이웃 라우터에 의해 업데이트된다. 테이블에는 서브넷의 각 라우터 항목이 포함돼 있고, 이 항목에는 선호되는 루트/경로와 대상까지의 예상 거리가 포함된다. 거리는 홉의 수, 레이턴시 또는 대기열 길이로 측정할 수 있다.

- **링크-상태 라우팅**link-state routing: 라우터는 일단 특별한 HELLO 패킷을 통해 모든 이웃을 탐색한다. 그런 다음 ECHO 패킷을 전송해 각 이웃에 대한 지연을 측정하는데, 이러한 토폴로지와 타이밍 정보는 서브넷상의 모든 라우터와 공유된다. 완전한 토폴로지가 구축된 후에는 모든 라우터 사이에서 공유된다.

- **계층적 라우팅**hierarchical routing: 라우터가 지역으로 나뉘며 계층적 토폴로지를 갖는다. 각 라우터는 전체 서브넷이 아닌 자체 지역에 대해 계층적 라우팅은 제한적인 장치에서 라우터 테이블 크기와 리소스를 제어하는 데 효율적인 도구다.

- **브로드캐스트 라우팅**broadcast routing: 각 패킷은 대상 주소 목록을 가지는데, 브로드캐스트 라우터가 이 주소를 검사한 다음, 패킷으로 전송할 출력 라인 집합을 판별한다. 라우터는 각 출력 라인에 새로운 패킷을 생성하는데, 여기에는 새롭게 형성된 패킷에 필요한 대상만 포함된다.

- **멀티캐스트 라우팅**multicast routing: 네트워크가 사전에 정의된 그룹으로 나뉘며, 애플리케이션에서는 하나의 대상이나 브로트캐스트가 아닌 전체 그룹으로 패킷을 전송할 수 있다.

> ℹ️ 라우팅에서 중요한 메트릭이 바로 수렴 시간이다. 네트워크의 모든 라우터가 동일한 토폴로지 정보와 상태를 공유하면 수렴이 일어난다.

일반적인 에지 라우터에서는 **경계 경로 프로토콜**BGP, Border Gateway Protocol, **최단 경로 우선 프로토콜**OSPF, Open Shortest Path First, **라우팅 정보 프로토콜**RIP, Routing Information Protocol 및 RIPng 등의 라우팅 프로토콜을 지원한다. 현장에서 에지 라우터를 사용하는 아키텍트는 특정 라우팅 프로토콜을 사용할 경우 발생할 수 있는 혼잡과 비용을 고려해야 하며, 특히 라우터 간 상호연결이 다음과 같이 데이터에 제한이 있는 WAN 연결인 경우에는 더욱 그러하다.

- **BGP**: BGP-4는 인터넷 도메인 라우팅 프로토콜 표준으로, RFC 1771에 기술돼 있으며 대부분의 ISP에서 사용한다. BGP는 거리-벡터 동적 라우팅 알고리즘이며, 라우팅 업데이트 메시지의 전체 경로를 애드버타이징한다. 라우팅 테이블이 큰 경우에는 상당한 대역폭이 필요하다. BGP는 60초마다 19바이트의 킵-얼라이브keep-alive 메시지를 전송해 연결을 유지한다. BGP는 이웃의 연결을 유지하기 때문에 메시 토폴로지에는 적합하지 않은 라우팅 프로토콜일 수 있으며, BGP는 대규모 토폴로지에서 일어나는 라우팅 테이블의 성장을 처리하는 데도 어려움을 겪는다. BGP는 TCP 패킷에 기반한 라우팅 테이블 중 하나라는 점 또한 독특한 특징이다.

- **OSPF**: RFC 2328에 기술돼 있는 이 프로토콜은 네트워크 스케일링과 수렴에서 이점을 제공한다. 인터넷 백본과 기업용 네트워크에 주로 이 OSPF가 사용된다. OSPF는 IPv4와 IPV6(RFC 5340)을 지원하는 링크-상태 알고리즘으로, IP 패킷에서 작동한다. 초 단위로 링크의 변화를 동적으로 감지하고 응답할 수 있는 장점이 있다.

- **RIP**: RIP의 두 번째 버전은 내부 게이트웨이 프로토콜을 사용하는 홉 수 기반 거리-벡터 라우팅 알고리즘이다. 원래 벨먼-포드Bellman-Ford 알고리즘에 기반했던 이 프로토콜은 이제 가변 길이 서브넷을 지원하므로, 기존 버전의 한계를 극

복하게 되었다. 경로의 최대 홉 수를 제한하는 방식으로 라우팅 테이블의 루프가 제한된다(15). RIP는 UDP 기반이며 IPv4 트래픽만 지원한다. RIP는 OSPF 같은 프로토콜보다 수렴 시간이 길지만 소규모 에지 라우터를 관리하기가 용이하다. 물론, 라우터가 몇 개 되지 않는 RIP의 수렴에도 몇 분 정도가 소요될 수 있다.

- **RIPng**: RIPng는 차세대 RIP[RIP next generation, RFC 2080]를 나타낸다. 여기에서는 IPv6 트래픽과 인증용 IPsec이 지원된다.

Cradlepoint IBR900 라우터 같은 제품에 사용되는 전형적인 라우팅 테이블은 다음과 같다.

```
[administrator@IBR900-e11: /]$ route
Table: wan
Destination       Gateway    Device UID      Flags     Metric    Type
default           96.19.152.1 wan            onlink    0         unicast

Table: main
Destination       Gateway    Device UID      Flags     Metric    Type
96.19.152.0/21    *          wan                       0         unicast
172.86.160.0/20   *          iface:pertino0            0         unicast
172.86.160.0/20   None       None                      256       blackhole
192.168.1.0/24    *          primarylan                0         unicast
2001:470:813b::/48 *         *iface:pertino0           256       unicast
fe80::/64         *          lan                       256       unicast

Table: local
Destination       Gateway    Device UID      Flags     Metric    Type
96.19.152.0       *          wan                       0         broadcast
96.19.153.13      *          wan                       0         local
96.19.159.255     *          wan                       0         broadcast
127.0.0.0         *          *iface:lo                 0         broadcast
.
.
.
```

이 예에서는 wan, main 및 local, 3개의 테이블이다. 테이블마다 다음과 같이 해당 인터페이스에 특정된 라우팅 경로가 포함돼 있다.

- Destination: 패킷 대상의 전체 또는 부분 IP 주소다. 테이블에 IP가 포함돼 있을 경우, 나머지 항목을 참조해 부분 주소 루트의 인터페이스가 접미사 /가 붙은 형태로 줘질 수 있도록 변환한다. 이는 변환될 주소의 고정 비트 위치를 지정하는데, 예를 들어 192.168.1.0/24에서 /24는 192.168.1의 상위 24비트가 고정돼 있고 하위 8비트가 192.168.1.* 서브넷에서 어떤 주소로든 변환될 수 있음을 나타낸다.

- Gateway: 대상 조회와 일치하는 다이렉트 패킷의 인터페이스다. 이전 사례에서 게이트웨이는 96.19.152.1로 지정돼 있으며 대상은 default다. 이는 96.19.152.1의 아웃바운드 WAN이 모든 대상 주소에 사용된다는 것을 의미하는데, 이는 본질적으로 IP 패스스루passthrough다.

- Device UID: 데이터로 이동하는 인터페이스의 영숫자 ID다. 예컨대, 172.19.152.0/21 서브넷의 모든 대상은 iface:pertino0로 표시된 인터페이스에 대한 패킷으로 이어진다. 이 필드는 심벌 참조보다는 숫자 IP 주소로 표현되는 경우가 많다.

- Flags: 진단에 사용되며 경로 상태를 나타낸다. 상태는 경로 설정, 게이트웨이 사용이 될 수 있다.

- Metric: 대상과의 거리에 해당하며, 보통 홉 수로 계산한다.

- Type: 다음과 같이 여러 가지 경로가 사용될 수 있다.

  ○ unicast: 이 경로가 대상의 실제 경로다.

  ○ unreachable: 말 그대로 대상에 도달할 수 없는 경로다. 패킷은 폐기되며 호스트에 도달할 수 없음을 나타내는 ICMP 메시지가 생성된다. 로컬 전송자는 EHOSTUNREACH 오류를 수신한다.

  ○ blackhole: 역시 대상에 도달할 수 없는 경로다. prohibit 유형과 달리 패킷은 메시지 생성 없이 누락된다. 로컬 전송자는 EINVAL 오류를 받는다.

- prohibit: 대상에 도달할 수 없는 경로다. 패킷은 폐기되고 ICMP 메시지가 생성된다. 로컬 전송자는 EACCES 오류를 받는다.
- local: 대상이 이 호스트에 할당돼 있다. 패킷이 다시 루핑되며 로컬로 전달된다.
- broadcast: 패킷이 인터페이스를 통한 브로드캐스팅으로 모든 대상에 전송된다.
- throw: 패킷을 누락하고 ICMP 도달할 수 없음 메시지를 생성하도록 강제하는 특수한 제어 경로다.

앞선 예시에서는 IPv6 주소가 IPv4 주소와 상호 혼합돼 있다는 사실도 명심해야 한다. 예 컨대, 메인 테이블의 2001:470:813b::/48은 /48 비트 서브넷과 IPv6 주소로 이뤄진 것이다.

페일오버 및 대역 외 관리

페일오버failover는 특정 IoT 에지 라우터, 특히 움직이는 차량이나 환자 간호 애플리케이션에 매우 중요한 기능이다. 이름에서 알 수 있듯이 페일오버는 기본 소스가 유실되었을 때 하나의 WAN 인터페이스에서 다른 WAN 인터페이스로 전환한다. WAN의 유실은 터널 내 셀룰러 연결의 유실로 인한 것일 수 있다. 냉장 보관 트럭을 보유한 운수 업체에는 전국적으로 달라지는 셀룰러 서비스에 맞춰 연결이 보장돼야 할 수 있다. 하나의 셀룰러 공급업체에서 다른 공급업체로 여러 SIM ID를 사용해 페일오버하면 연결을 통한 완화에 도움이 된다. 다른 사용 사례로는 실내 상태 모니터링의 기본 WAN 인터페이스로 고객 와이파이를 사용하지만, 신호가 유실된 경우 셀룰러 WAN에 대한 페일오버를 활성화하는 경우를 들 수 있다. 페일오버는 패킷이 유실되거나 데이터 레이턴시에 눈에 띄는 영향을 미치는 일 없이 원활하게 자동으로 이뤄져야 한다.

IoT 장치에서는 **대역 외 관리**OOBM, Out-of-Band Management도 고려돼야 한다. OOBM는 장비 관리에 고립된 전용 채널이 필요한 자동 복구 환경에서 유용하다. 기본 시스템이 오프라인이거나 손상되었거나 전력 손실이 있을 경우 이는 LOMLight-Out Management이라고도 하는데, 이 경우에도 측파대sideband 채널을 통해 원격으로 장비를 관리하고 점검하는 것이 가능하다. IoT의 경우, 이는 가동 시간과 원격 관리의 보장이 필요한 상황, 예컨대 원유 및 가스 모니터링이나 산업 자동화 등에 유용하게 사용될 수 있다. 잘 설계된 OOBM 시스템이라면 기능이 모니터링되는 시스템에 의존해서는 안 된다. VNC 또는 SSH 터널과 같이 일반적인 관리 평면에서는 장치가 부팅돼 있거나 기능하는 상태일 것을 요구한다. OOBM는 다음 그림에 나타난 바와 같이 부가적인 요소로 시스템에서 격리돼 있어야 한다.

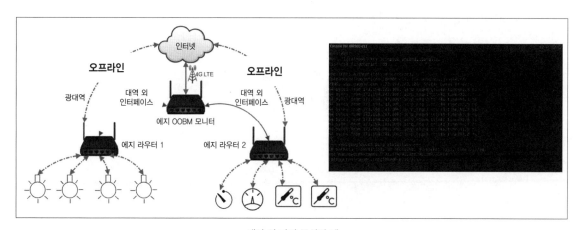

대역 외 관리 구성의 예

VLAN

VLAN은 다른 물리적 LAN과 마찬가지로 기능하는 한편, 컴퓨터와 다른 장치가 동일한 네트워크 스위치에 물리적으로 연결돼 있지 않더라도 함께 그룹화되도록 해준다. 파티셔닝은 OSI 모델의 데이터 링크 계층(두 번째)에서 이뤄진다. VLAN은 장치, 애플리케이션 또는 사용자가 동일한 물리 네트워크를 공유하는 경우에도 이를 세분화하는 네트워크의 한 형태다. VLAN은 호스트들이 동일한 네트워크 스위치에 있지 않더라도 이를 그룹으로 묶을 수 있으므로 추가 케이블을 사용하지 않고도 네트워킹을 나누는 부담이 완화된다. IEEE 802.1Q는 VLAN의 구축에 사용되는 표준이다. 기본적으로 VLAN는 이더넷 프레임에서 12비트로 이뤄진 ID 또는 태그를 사용하므로 하나의 물리적 네트워크에 존재할 수 있는 VLAN의 수는 4,096개로 제한된다.

스위치는 포트를 할당해 특정 VLAN에 직접 매핑할 수 있다. VLAN이 스택의 두 번째 계층에 설계돼 있으므로 트래픽은 세 번째 계층을 통해 지나가면서 지리적으로 분산된 VLAN에서도 서로 동일한 토폴로지를 공유할 수 있게 된다.

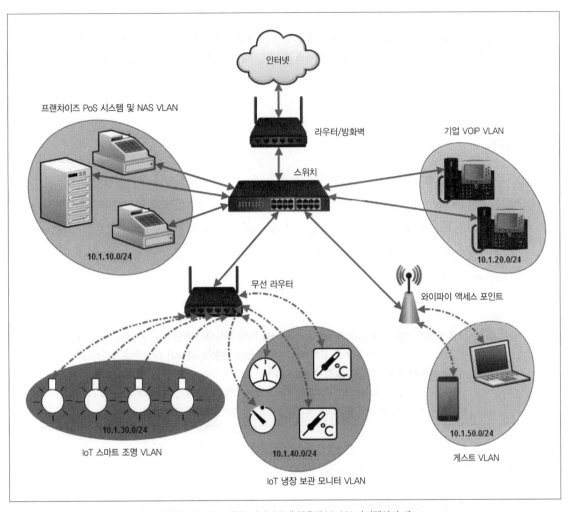

프랜차이즈 또는 유통 시나리오에 적용된 VLAN 아키텍처의 예

위에는 게스트 와이파이와 IoT 장치 집합에서 가상으로 격리된 기업 POS^Point of Sale 및 VOIP 시스템이 나타나 있는데, 이는 시스템이 동일한 물리적 네트워크를 공유하더라도 VLAN 주소 지정을 통해 이뤄진다. 여기에서는 모든 IoT 장치와 센서에 IP 스택이 있고 LAN을 통해 주소 지정이 가능한 스마트 IoT 배포라고 가정한다.

VPN

VPN 터널은 공용 네트워크를 통해 원격 네트워크를 보안 연결하는 데 사용된다. VPN 터널은 예컨대 개인이 여행 중에 인터넷을 통해 보안된 기업 네트워크에 연결하거나 2개의 오피스 네트워크를 하나의 네트워크처럼 작동하도록 만드는 데 사용될 수 있다. 2개의 네트워크는 VPN 암호화 프로토콜을 할당하는 방식으로 (보통) 보안이 되지 않은 인터넷에 보안 연결을 설정한다.

IoT 배포의 경우 VPN은 데이터를 원격 센서와 에지 장치에서 기업 또는 사설 LAN으로 옮겨야 한다. 일반적으로 기업은 방화벽으로 막혀 있기 때문에 VPN이 사설 온프레미스(on-premise) 서버에 데이터를 옮길 수 있는 유일한 수단이 된다. 이러한 경우, VPN은 네트워크들을 잇는 데 꼭 필요한 라우터의 필수 요소일 수 있다. 8장 후반부에서 논의할 소프트웨어 정의 네트워크는 네트워크 보안과 관련된 대안적 방식을 제시한다.

VPN의 종류는 다음과 같이 다양하다.

- **인터넷 프로토콜 보안**IPSec, Internet Protocol Security **VPN**: 전통적인 VPN 기술 형식으로, OSI 스택의 네트워크 계층에 위치하며 두 엔트포인트 사이의 터널을 통해 데이터의 보안을 유지한다.
- **OpenVPN**: 라우팅 또는 브릿징된 구성에서 포인트 투 포인트, 사이트 투 사이트 연결을 보안하는 데 사용되는 오픈소스 VPN이다. 여기에서는 키 교환과 암호화 제어 및 데이터 평면에 SSL/TLS(OpenSSL)를 활용하는 맞춤형 보안 프로토콜이 사용되며, UDP 및 TCP 전송을 통한 실행이 가능하다. SSL이 대부분의 브라우저

애플리케이션에서 널리 사용되므로 SSL VPN 시스템에서는 전체 네트워크가 아닌 애플리케이션 기반 보안 터널을 제공할 수 있다.

- **GRE**Generic Routing Encapsulation : VPN 터널과 유사한 터널을 통해 엔드포인트 간 포인트 투 포인트 연결을 형성하지만, 여기에서는 페이로드가 캡슐화된다. 외부 패킷 속에 이 내부 패킷을 감싸는 것이다. 이렇게 하면 데이터 페이로드를 다른 IP 라우터와 터널을 통해 교란 없이 전달할 수 있게 된다. 또한, GRE 터널은 IPV6 및 멀티 캐스트 전송도 가능하다.

- **계층 2 터널링 프로토콜**L2TP, Layer 2 Tunneling Protocol : 일반적으로 VPN에 사용되거나 ISP에 의한 전달 서비스의 일환으로 사용되는 UDP 다이어그램을 통해 2개의 사설 네트워크 사이의 연결을 수립한다. 이 프로토콜에는 자체적인 보안이나 암호화 기능이 없기 때문에 이를 위해 IPsec에 의존하는 경우가 많다.

VPN는 기반 네트워크 프로토콜을 신뢰할 수 있거나 자체 보안을 제공할 수 있어야 한다. VPN 터널은 터널을 통해 교환된 패킷을 인증하고 암호화하는 데 보통 IPsec를 사용한다. 한쪽 끝에 VPN 터널 라우터를 설정하려면 IPsec를 지원하는 장치(보통 라우터)가 있어야 한다. **인터넷 키 교환**IKE, Internet Key Exchange은 IPsec의 보안 프로토콜로, IKE에는 두 단계가 있다. 첫 번째 단계는 보안 통신 채널의 수립을 담당하고, 두 번째 단계에서는 수립된 채널을 IKE 피어들이 사용한다. 라우터에는 단계마다 여러 가지 다양한 보안 프로토콜 옵션이 있지만, 대부분의 사용자에게는 기본 선택 사항만으로도 충분할 것이다. 안전한 교환을 위해 각각의 IKE 교환에는 다음과 같이 한 가지 암호화 알고리즘, 한 가지 해시 기능, 한 가지 DH 그룹이 사용된다.

- **암호화**encryption : IPsec를 통해 송수신된 메시지를 암호화하는 데 사용된다. 흔히 사용되는 암호화 표준 및 알고리즘으로는 AES 128, AES 256, DES 및 3DES 등이 있다.

- **해시**hash : 데이터가 의도한 형식으로 도달할 수 있도록 VPN을 거친 데이터를 비교하고 인증하고 검증하는 데 사용되며, IPSec에서 사용하는 키를 추출하는 데도

사용된다. 기업용 라우터에서 기대할 수 있는 일반적인 해시 기능으로는 MD5, SHA1, SHA2 256, SHA2 384, SHA2 512 등이 있다. 일부 암호화/해시 조합(예: 3DES와 SHA2 384/512 조합)은 연산 기능을 과도하게 사용해 WAN 성능에 영향을 미친다. AES는 우수한 암호화를 제공하며 3DES보다 성능이 훨씬 뛰어나다.

- **DH 그룹**: DH(디퍼-헬먼Diffie-Hellman) 그룹은 IKE의 속성으로, 키 생성과 관련된 소수의 길이를 파악하는 데 사용된다. 생성된 키의 강도는 부분적으로 DH 그룹의 강도에 의해 결정된다. 예컨대 그룹 5는 그룹 2보다 강도가 더 높다.
  - **그룹 1**: 768비트 키
  - **그룹 2**: 1024비트 키
  - **그룹 5**: 1536비트 키

IKE의 1단계에서 공격적인 교환 모드를 사용하고 있는 경우에는 하나의 DH 그룹만이 사용 가능하다.

알고리즘은 우선 순위에 따라 나열된다. 알고리즘을 클릭하고 위아래로 끌어서 이 우선 순위 목록의 순서를 다시 정렬할 수 있다. 선택된 알고리즘은 모두 IKE에 사용될 수 있지만, 목록 상단에 있는 알고리즘이 자주 사용될 가능성이 높다.

 움직이거나 전력이 제한돼 있는 IoT 배포의 경우에는 몇 가지 주의 사항이 있다. 기존의 VPN은 지속적인 네트워크 연결의 안팎으로 움직이는 것(셀룰러 로밍, 캐리어 스위칭 또는 전력이 이따금씩 공급되는 장치 등)을 감당할 수 없다. 네트워크 터널에 지장이 생길 경우, 시간 초과, 연결 해제, 장애 등이 발생한다. IETF의 HIP(Host Identity Protocol)과 같은 일부 모바일 VPN 소프트웨어는 논리적 VPN 연결로 로밍할 경우 사용되는 서로 다른 IP 주소들의 연결을 해제해 문제를 해결하고자 한다. 또 다른 대안이 소프트웨어 정의 네트워킹(SDN, Software-Defined Networking)인데, 이에 관해서는 이 책의 뒷부분에서 다룰 예정이다.

트래픽 셰이핑 및 QoS

트래픽 셰이핑traffic shaping 및 **서비스 품질**QoS, Quality of Services 기능은 혼잡이나 다양한 네트워크 로드 처리 시 서비스의 수준이 보장돼야 하는 구축에서 유용하다. 예컨대 IoT 사용 사례에서 라이브 비디오 스트림과 공개 와이파이가 사용될 경우, 특히 공공 안전 또는 감시와 같은 상황에서 비디오 피드feed에는 우선 순위와 보장된 품질 수준이 필요할 수 있다. 그대로 두면 WAN에서 에지 라우터로 들어가는 데이터는 선착순 기준으로 서비스된다.

- **QoS 기능**: 관리자가 라우터 또는 특정 포트에서 호스팅되는 주어진 IP 주소에 대해 우선 순위의 수준을 할당할 수 있도록 허용하는 기능이다. QoS 기능은 업링크 채널만 제어하므로 업링크 채널의 용량이 다운링크에 비해 현저히 적은 경우에 특히 유용하다. 소비자 대역은 업링크가 5Mbps, 다운링크가 100Mbps인 것이 일반적이며, 이 경우 QoS는 제약이 있는 업스트림 링크의 부하를 분산할 수 있는 방법을 제공한다. QoS는 트래픽 셰이핑처럼 엄격한 제한 사항을 할당하거나 링크를 세분화하지 않는다.

- **트래픽 셰이핑 기능**: 트래픽 셰이핑은 대역폭을 사전 할당하는 안정적인 형식이다. 예를 들면, 15Mbps 링크는 보다 작은 5Mbps의 세그먼트로 나뉠 수 있으며, 이렇게 나눈 세그먼트는 사전 할당된다. 그러나 필요한 경우 해당 대역폭이 꼭 원래대로 되돌아갈 필요는 없기 때문에 이러한 방식은 대개 별로 쓸모가 없다.

- **동적 셰이핑 및 패킷 우선 순위**: 최신 라우터에서는 동적 셰이핑 속성을 이용할 수 있는데, 이를 통해 관리자는 유입과 유출 트래픽 모두에 대역폭 세분화 규칙을 동적으로 할당할 수 있게 된다. 뿐만 아니라 레이턴시에 민감한 실시간 애플리케이션의 패킷(예: 비디오 또는 사용자 인터페이스)도 관리할 수 있다. 동적 셰이핑 및 패킷 우선 순위를 이용할 경우, 단순히 IP 주소나 포트가 아닌 데이터 또는 애플리케이션의 유형을 기준으로 규칙을 만드는 것이 가능하다.

네트워크 트래픽을 분류하고 관리하는 방법으로는 차등 서비스(DiffServ, Differentiated Services)가 있다. DiffServ는 패킷 분류를 위해 IP 헤더에 6비트 차등 서비스 코드 포인트(DSCP, Differentiated Service Code Point)를 사용한다. 패킷 분류나 정책 설정과 같은 복잡한 기능이 특정 유형의 홉별 행위를 수신할 패킷을 표시하는 에지 라우터에 의해 네트워크의 에지에서 수행될 수 있다는 것이 바로 DiffServ의 개념이다. DiffServ 라우터로 들어가는 트래픽은 분류와 조정을 거치게 된다. 또한, DiffServ 라우터는 다른 라우터에 의해 기존에 표시된 패킷의 분류를 자유롭게 변경할 수 있다. DiffServ는 트래픽 관리 규칙이 느슨한 도구(coarse-grain tool)로, 이는 링크의 라우터 체인이 모두 이를 지원할 필요가 없기 때문이다. 이후 라우터는 QoS 기능을 통해 다양한 패킷 클래스를 관리하게 된다. 통합형 서비스(Integrated Services)를 뜻하는 IntServ는 QoS에서 지원되며 체인의 모든 라우터에서도 이를 지원하도록 의무화한다. 이는 fine-grain QoS의 한 형태다.

네트워크 품질의 또 다른 측면으로는 MOS^{Mean Opinion Score}가 있다. MOS는 사용자의 관점에서 시스템의 품질 정도를 평가한 개별 값의 산술 평균으로, 보통 **보이스 오버 인터넷 프로토콜**^{VOIP, Voice Over Internet Protocol} 애플리케이션에서 사용되지만, 비전 시스템이나 이미징, 데이터 스트리밍, 사용자 인터페이스 사용성을 위해서도 사용이 가능하다. MOS는 1부터 5까지의 주관적인 평가(1은 가장 나쁜 품질, 5는 가장 좋은 품질)를 기준으로 하며, 피드백 루프에서 용량을 늘리거나 용량에 맞는 데이터 크기로 줄이는 데 사용된다.

PAN과 IP 기반 WAN을 잇는 에지 라우터는 링크 품질의 변화와 네트워크 서비스의 저하(예: 캐리어 신호 저하의 가능성이 있는 운수 차량용 IoT 배포)에 대응하는 다양한 옵션을 원하는 대로 사용할 수 있다. 이러한 경우, 라우터는 TCP **성능 향상 프록시**^{PEP, Performance Enhancing Proxies}를 채용해 품질의 변화를 극복하고 보상할 수 있다(RFC 3135). PEP는 스택의 전송 계층 또는 애플리케이션 계층에서 사용될 수 있으며 물리적 매체에 따라 달라진다. PEP의 형태에는 다음이 포함된다.

- **프록시 PEP**: 여기에서 프록시는 엔드포인트를 모방하는 중간자 역할을 담당한다.
- **분배 PEP**: PEP가 링크의 한쪽 끝 또는 양쪽에서 실행될 수 있다(분배 모델).

PEP는 다음과 같은 기능으로 구성된다.

- 스플릿 TCP(Split TCP): PEP에서 여러 세그먼트의 종단 간 연결을 끊어서 TCP 창에 영향을 미치는 긴 지연 시간 문제를 해결한다. 이는 보통 위성 통신에 사용되는 방식이다.

- ACK 필터링: 데이터율이 비대칭적인 링크(Cat-1의 경우, 다운링크에 10Mbps, 업링크에 5Mbps)에 ACK 필터를 사용하면 TCP ACK를 축적하거나 데시메이션(decimation)해 성능을 향상시킬 수 있다.

- 스누핑: 통합형 프록시의 한 형태로, 무선 링크의 간섭이나 충돌을 숨기는 데 사용된다. 네트워크에서 중복된 ACK를 가로채 유실된 패킷으로 교체한다. 그 결과, 전송자는 TCP 창 크기를 자의적으로 줄일 수 없게 된다.

- D-프록시: TCP 프록시를 각 링크 쪽으로 배포해 무선 네트워크를 지원하는 PEP다. 프록시는 패킷 유실을 찾는 방식으로 TCP 데이터 패킷 시퀀스 수를 모니터링한다. 유실이 감지되면 프록시는 일시적 버퍼를 열어서 누락된 패킷이 복구되고 다시 이어질 때까지 패킷을 흡수한다.

보안 기능

에지 라우터나 게이트웨이의 또 다른 중요한 역할은 WAN과 기반 PAN/IoT 장치 사이에 보안 계층을 제공하는 것이다. 실제로는 견고한 보안과 프로비저닝을 제공하는 데 필요한 자원, 메모리, 연산 성능을 장치에서 충분히 갖추지 못한 경우가 많다. 아키텍트가 자체적으로 게이트웨이 서비스를 구축하는지, 아니면 기성 서비스를 구매하는지 여부와 관계없이 다음과 같은 기능들이 IoT 구성 요소의 보안을 확보하기 위해 반드시 고려돼야 한다.

방화벽은 보안의 가장 기본 형태로, 전기 통신에는 기본적인 형태의 방화벽이 두 가지가 있다. 첫 번째는 하나의 네트워크에서 다른 네트워크로 가는 정보의 흐름을 필터링하고 제어하는 네트워크 방화벽이다. 두 번째는 호스트 기반 방화벽으로, 적용되는 머신의 로컬 애플리케이션과 서비스를 보호한다. IoT 에지 라우터의 경우에서는 네트워크 방화벽에 초점을 맞추기로 한다. 기본적으로, 방화벽은 특정 유형의 네트워크 트래픽이 방화벽으로 보호되는 영역에 흘러 들어가는 것을 방지하지만, 해당 영역 내에서 발생한 트래픽은 바깥으로 흘러나갈 수 있다. 방화벽은 방화벽의 민감도에 따라 패킷, 상태 또는 애플리케이션을 기준으로 정보를 찾아서 격리시킨다. 일반적으로 영역이란 해당하는 영역 사이의 트래픽 흐름을 제어하도록 설계된 규칙에 따라 네트워크 인터페이스 주변으로 설정된다. 게스트 와이파이 영역과 기업의 비공개 영역이 포함된 에지 라우터를 일례로 들 수 있다.

패킷 방화벽은 소스 또는 대상 IP, 포트, MAC 주소, IP 프로토콜 및 패킷 헤더에 포함된 기타 정보를 기준으로 특정 트래픽을 격리하거나 포함시킨다. 상태 기반 방화벽은 OSI 스택의 네 번째 계층에서 작동한다. 여기에서는 신규 연결과 기존 연결의 비교와 같은 패턴이나 상태 정보를 검색하는 패킷이 취합되고 집계된다. 애플리케이션 필터링은 FTP 트래픽이나 HTTP 데이터 등 특정 유형의 애플리케이션 네트워크 흐름을 검색할 수 있다는 점에서 좀 더 섬세한 편이다.

방화벽에는 이른바 **비무장 지대**DMZ, Demilitarized Zone가 사용될 수도 있다. 여기서 DMZ란 일종의 논리 영역으로, 인터넷상의 컴퓨터가 DMZ IP 주소로 네트워크 서비스에 원격으로 액세스하도록 시도할 수 있다는 점에서 DMZ 호스트에는 사실상 방화벽이 적용되지 않는다. 공용 웹 서버의 실행이나 파일 공유 등이 일반적인 용례에 해당한다. DMZ 호스트는 IP 주소로 지정되는 경우가 많다.

포트 포워딩은 방화벽 뒤의 특정 포트를 노출시키는 개념이다. 다양한 IoT 장치에서 클라우드 구성 요소로 제어되는 서비스를 제공하기 위해 개방형 포트를 필요로 한다. 여기에서 또 다시, 방화벽으로 보호받는 영역 내의 지정된 IP 주소가 노출된 포트를 이용하도록 허용하는 규칙이 수립된다.

DMZ와 포트 포워딩은 다른 방식으로 보호되는 네트워크 내에서 둘 다 개방형 포트 및 인터페이스를 이용한다. 따라서 아키텍트가 이를 의도적으로 선택할 경우 반드시 세심하게 주의를 기울여야 한다. 에지 라우터가 많은 대규모 IoT 배포에서는 포트를 개방하는 포괄적인 규칙이 하나의 위치에는 유용할 수 있지만, 다른 위치에는 상당한 보안 위험을 안게 된다. 시간에 따라 네트워크 토폴로지와 구성이 변화하므로 필수적인 보안 절차로 DMZ와 개방형 포트의 감사를 지속해야 한다. 나중에 언제고 DMZ는 네트워크 보안에 뚫린 구멍이 될 가능성이 있다.

메트릭 및 분석

4G LTE와 같이 계량되는 데이터를 사용하면 IoT 에지 장치에 서비스 수준 계약이나 데이터 상한이 적용되는 경우가 많다. 에지 라우터 또는 게이트웨이가 다른 PAN 네트워크나 IoT 장치의 호스트인 경우도 있다. 이때는 PAN 네트워크/메시의 상태와 관련해 중앙(이면서 로컬) 권한의 역할도 수행해야 한다. 연결 및 비용 문제, 특히 IoT의 규모가 성장함에 따라 발생하는 문제들을 수집하고 해결하는 데는 메트릭과 분석이 유용하다. 일반적으로 메트릭과 콜렉션에는 다음이 반드시 포함돼야 한다.

- **WAN 가동 시간 분석**: 시간의 흐름에 따른 추세, 서비스 수준
- **데이터 사용**: 유입, 유출, 합계, 클라이언트당, 애플리케이션당
- **대역폭**: 유출입 시 임의의 또는 예약된 대역폭 분석
- **PAN 상태**: 대역폭, 비정상 트래픽, 메시 재조직
- **신호 무결성**: 신호 강도, 사이트 조사
- **위치**: GPS 좌표, 움직임, 위치 변화
- **액세스 제어**: 클라이언트 연결, 관리자 로그인, 라우터 구성 변경, PAN 인증 성공/실패
- **페일오버**: 페일오버 이벤트의 수, 시간, 기간

이러한 유형의 메트릭은 예정된 시간에 자동으로 수집되고 모니터링돼야 한다. 뿐만 아니라 고급 라우터는 특정 이벤트 또는 비정상적 행태가 에지에서 발생할 경우 규칙과 알림을 구성할 수도 있어야 한다.

에지 프로세싱

이후 클라우드와 포그 컴퓨팅에 관한 장에서 살펴볼 것처럼, 에지 라우터는 데이터가 생성되는 위치 가까이에서 컴퓨팅 리소스를 공급할 수 있다. 이것은 특히 IoT 솔루션에 중요한 에지 라우터의 특징 중 하나다. 외진 위치에 설치되거나 매장되는 IoT 솔루션이 증가함에 따라, 로컬에서 연산을 수행할 수 있는 능력을 갖추는 것이 필수적인 사용 사례 또한 많아지고 있다. 에지에서 연산을 수행할 경우 다음과 같은 기법을 통해 사용자 데이터에 영향을 미칠 수 있다.

- 필터링 및 집계
- 데이터 변성
- 보안 및 침입 감지 분석
- 키 관리
- 규칙 엔진/이벤트 프로세서
- 캐싱 및 저장

에지 라우터의 크기와 연산 능력은 다양하며, 이들은 데이터 센터 서버나 랙 마운트 하드웨어가 아니다. 일반적으로 에지 라우터의 리소스는 다음 표와 같이 비교해 볼 수 있다.

특징	소비자급 라우터	중범위 에지 라우터	고급형 포그 노드
브랜드	Apple Airport Extreme	Advantech WISE-3310	HP Edgeline EL20 게이트웨이
제조업체 권장 소비자가	최대 $199	최대 $547	최대 $1400
SOC/프로세서 제조업체	Broadcom 53019	Freescale i.MX6	인텔 4300U
CPU 유형 및 속도	2-코어ARM A9 @1 GHz	ARM A9 @1 GHz	듀얼 코어 인텔 코어 i5 @1.9GHz
RAM	512MB DDR3	1GB DDR3	8GB DDR3
스토리지	32MB 시리얼 플래시	4GB eMMC	64GB SSD(옵션 SATA)

가용한 리소스는 사용자가 설계한 에지 또는 포그 소프트웨어뿐만 아니라 네트워크 에이전트인 라우터의 주요 기능과도 공유돼야 한다.

장치가 프로그래머나 관리자와 매우 먼 곳에 위치하게 되는 많은 경우에 에지 장치는 스스로 고객이 에지에 배포한 솔루션의 관리와 보안을 유지해야 한다. 에지는 클라우드용으로 개발된 소프트웨어 및 서비스와 동일한 맥락에서 고려될 필요가 있다. 에지 컴퓨팅 서비스를 제공하는 라우터에서는 장치에서 리소스를 사용하고 프로그램을 배포하는 데 API나 SDK 인터페이스를 사용할 수 있다.

소프트웨어 정의 네트워킹

소프트웨어 정의 네트워킹^{SDN, Software-Defined Networking}이란, 네트워킹 제어 평면을 정의하는 소프트웨어, 알고리즘과 이 평면을 관리하는 기저 하드웨어의 결합을 해제하는 방식이다. 한편, **네트워크 기능 가상화**^{NFV, Network Function Virtualization}는 특정 공급업체의 제품이 아닌 하드웨어에서 네트워크 기능을 실행하는 것으로 정의된다. NFV는 보통 7개의 스택 중 네 번째 계층에서 네트워크 기능이 가상화된다고 본다. 이 두 가지 패러다임을 통해 산업 현장에서는 매우 유연한 방식으로 복잡한 네트워크 아키텍처를 배포 및 구축하고 그 규모를 확장할 수 있게 되었다. 무엇보다도 대부분의 서비스를 클라우드에서 실행할 수 있기 때문에 네트워크 인프라에 드는 기업의 비용이 크게 줄어든다.

이것이 에지의 장치에 중요한 이유는 무엇이며 IoT와 결합해 적용될 수 있는 분야는 어디인가? 여태까지 센서에서 클라우드로 가는 데이터의 움직임에 관해 설명하는 데 이 책의 많은 부분을 할애했으나, 전체적인 네트워크 간 인프라가 네트워크에 존재하는 수십억 개의 추가적인 노드에 맞게 규모를 조정하는 방식은 크게 신경 쓰지 않았다. 이질적인 노드가 일부는 원격지에, 다른 일부는 움직이는 차량 내에 위치한 경우 전반적인 네트워킹 인프라에 미치는 영향을 파악하려면 IT 관리자에게 수백만 개의 엔드 포인트를 기업 네트워크에 추가해 달라고 요청하기만 하면 된다. 기존의 네트워킹은 규모를 조정하지 않으므로 할 수 없이 최소한의 영향과 비용으로 대규모 네트워크를 구축할 수 있는 다른 방법을 고려해 봐야 한다.

SDN 아키텍처

저널에 발표된 논문인 Software-Defined Networking: A Comprehensive Survey (D. Kreutz, F. M. V. Ramos, P. E. Verissimo, C. E. Rothenberg, S. Azodolmolky, S. Uhlig, Proceedings of the IEEE, vol. 103, no. 1, pp. 14-76, 2015년 1월)에서는 SDN가 다음과 같은 네 가지 특징을 갖는 것으로 정의한다.

- 제어 평면과 데이터 평면의 결합이 해제된다. 그 결과, 데이터 평면 하드웨어는 단순한 패킷 전달 장치가 된다.
- 포워딩 의사 결정은 모두 목적지 기반이 아닌 흐름 기반으로 이뤄져야 한다. 흐름이란 기준 또는 필터와 일치하는 패킷의 집합으로, 흐름 속의 모든 패킷에는 동일한 포워딩 및 서비스 정책이 적용된다. 흐름 프로그래밍을 활용하면 규모 조정이 용이해지고 가상 스위치, 방화벽, 미들웨어 등의 유연성을 확보할 수 있다.
- 제어 로직은 SDN 컨트롤러로도 알려져 있는데, 기존 하드웨어의 이 소프트웨어 버전은 상용 하드웨어와 클라우드 기반 인스턴트를 실행할 수 있다. 단순화된 스위칭 노드를 지휘하고 관리하는 것이 목적이다. SDN 컨트롤러 추상화에서 스위칭 노드까지의 범위를 사우스바운드southbound 인터페이스라고 한다.
- 네트워크 애플리케이션 소프트웨어는 노스바운드northbound 인터페이스를 통해 SDN 컨트롤러 위에 상주할 수 있다. 이 소프트웨어에서는 딥 패킷 검사, 방화벽, 로드 밸런서와 같은 서비스가 지원되는 데이터 평면과 상호 작용하거나 이를 조작하는 것이 가능하다.

SDN는 스위치, 라우터, 미들박스middlebox 등 전통적인 네트워크에서 사용하던 것과 유사한 하드웨어를 사용하기 때문에 인프라 또한 기존의 네트워크와 유사하다. 그러나 SDN는 복잡하고 고유한 임베디드 컨트롤 하드웨어를 사용하지 않고, 서버급 기성off-the-shelf 컴퓨팅 파워를 활용한다는 근본적인 차이점도 존재한다. 이러한 서버 플랫폼은 맞춤형 ASIC보다는 클라우드에서 소프트웨어의 네트워크 서비스를 수행하는 경우가 많다. 자율적으로 제어되지 않는다면 기본적으로 에지 라우터는 무용지물이나 다름없다. SDN 아키텍처는 제어 평면(로직 및 기능 제어)과 데이터 평면(데이터 경로 의사 결정의 집행 및 트래픽 포워딩)으로 나뉘며, 데이터 평면은 SDN 컨트롤러와 연결된 라우터 및 스위치로 이뤄진다.

데이터 평면 포워딩 하드웨어 위에 있는 모든 것은 클라우드상이나 프라이빗 데이터 센터 하드웨어에도 상주할 수 있다.

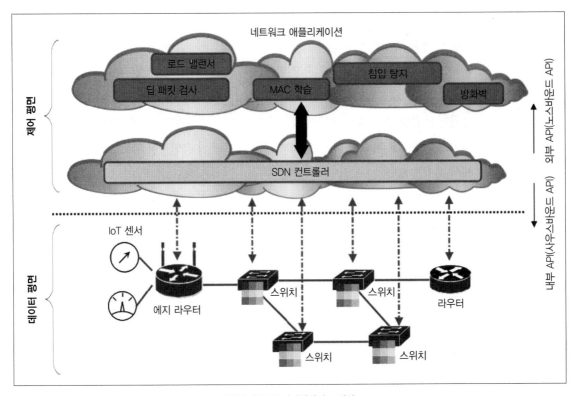

전형적인 SDN 아키텍처의 도식화.

이 그림은 클라우드 인스턴스에 상주 가능한 추상화된 SDN 컨트롤러에 의해 규정된 경로에 따라 데이터를 배치하는 단순화된 스위칭 및 포워딩 노드를 보여 준다. SDN 컨트롤러는 포워딩 노드의 사우스바운드 인터페이스를 통해 제어 평면을 관리한다. 네트워크 애플리케이션은 SDN 컨트롤러 상단에 상주할 수 있으며, 위협 모니터링, 침입 감지 등과 같은 서비스를 이용해 데이터 평면을 조작할 수 있다. 이러한 서비스에는 보통 맞춤형 또는 고유한 하드웨어 솔루션의 배포와 고객의 관리가 요구된다.

전통적 인터네트워킹

전형적인 인터네트워킹internetworking 아키텍처에는 단일 목적 용도로 임베디드 소프트웨어/솔루션을 포함하는 관리형 하드웨어/소프트웨어 구성 요소의 모음이 사용된다. 비상용 하드웨어와 전용 ASIC 설계를 사용하기도 한다. 일반적인 기능으로는 라우팅, 관리형 스위치, 방화벽, 딥 패킷 검사, 침입 감지, 로드 밸런서, 데이터 분석 등이 있다. 이와 같은 전용 어플라이언스는 고객이 직접 관리하거나 교육받은 네트워크 IT 인력을 갖춰 이를 유지 관리해야 하는 경우가 많다. 이러한 요소는 다양한 공급업체를 통해 제공되므로 관리 방법 또한 천차만별일 수 있다.

이 구성에서는 데이터 평면과 제어 평면이 통합된다. 시스템에서 다른 노드를 추가하거나 제거해야 하는 경우 또는 새로운 데이터 경로를 설정해야 하는 경우, 많은 전용 시스템이 새로운 VLAN 설정, QoS 매개 변수, 액세스 제어 목록, 정적 루트, 방화벽 패스스루 등을 통해 업데이트돼야 한다. 이러한 구성은 수천 개의 엔드포인트를 처리할 때는 관리가 가능할 수 있지만, 외진 위치에 있거나 움직이거나 기존 기술과의 연결 및 해제를 정기적으로 반복하는 수백만 개의 노드로 규모가 확장될 경우에는 불안정해진다.

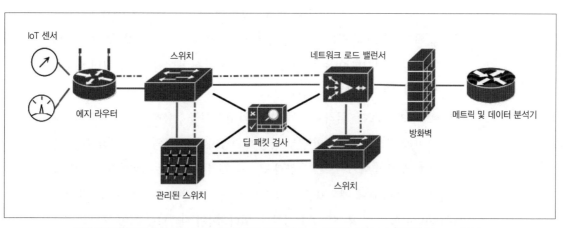

전통적인 네트워킹의 구성 요소. 일반적인 인터네트워킹 시나리오에서, 보안, 딥 패킷 검사, 로드 밸런싱, 메트릭 수집과 같은 서비스를 제공하는 시스템에는 맞춤형 벤더 하드웨어와 관리 시스템이 필요하다. 그 결과, 제어 평면과 데이터 평면이 통합되므로 대규모 설치, 원격 장치, 움직이는 시스템의 관리와 규모 조정에 어려움이 발생한다.

SDN의 장점

대규모 IoT 배포, 특히 고객이 광범위한 노드 배포의 시작점과 보안을 수립해야 하는 경우, SDN 네트워킹 모델을 반드시 고려할 필요가 있다. SDN 사용 시 아키텍트는 다음과 같은 상황을 염두에 두어야 한다.

- IoT 에지 장치와 통신해야 하는 서버나 데이터 센터가 수천km 떨어진 위치에 있는 경우
- IoT의 엔드포인트 규모가 수백만 개 단위에서 수십 억 개 단위로 성장함에 따라 현행 인터넷 인프라의 허브 앤 스포크^{hub-and-spoke} 모델 이외에 적절한 확장 기술이 필요한 경우

SDN가 IoT 배포에 매력적인 요소가 될 수 있게 만들어 주는 세 가지 양상으로는 다음과 같은 것이 있다.

- **서비스 체이닝**^{service chaining} : 이를 통해 고객 또는 공급업체는 서비스를 하나의 묶음 단위로 판매할 수 있다. 방화벽, 딥 패킷 검사, VPN, 인증 서비스, 정책 중개자 등의 클라우드 네트워크 서비스는 구독 기반으로 연결 및 사용이 가능하다. 모든 기능을 원하는 고객이 있는가 하면, 아무것도 원치 않거나 규칙적으로 구성을 바꾸고 싶어하는 고객도 있을 수 있다. 배포 시 서비스 체이닝을 사용하면 상당한 유연성을 확보하는 것이 가능하다.
- **동적 로드 관리** : SDN은 클라우드 아키텍처의 유연성을 활용하면서 동시에 설계상 로드에 따라 리소스의 동적인 규모 확장이 가능하다. 사물의 수가 기하급수적으로 증가함에 따라 아키텍트가 용량과 규모를 계획해야 하는 상황에서 이러한 유형의 유연성은 IoT에 매우 중요한 요소가 된다. 클라우드에서 이뤄지는 가상 네트워킹만이 필요 시 용량을 증가시킬 수 있다. 이의 사례로는 놀이 공원과 같은 장소에서 입장객을 추적하는 것을 들 수 있는데, 이에 따르면 입장객의 수는 계

376

절, 하루 중의 시간, 날씨에 따라 달라지게 된다. 동적 네트워크는 공급자의 하드웨어를 변경하지 않고도 방문객의 수에 맞춰 조정하는 것이 가능하다.

- **대역폭 캘린더링**: 이를 통해 운영자는 데이터 대역폭을 나눠 지정된 시간과 일자에 사용할 수 있게 된다. 수많은 에지 센서가 데이터를 주기적으로 또는 하루 중 특정 시간에만 보고하기 때문에 IoT에 적합하다. 시간 슬라이스 용량에 따라 정교한 대역폭 공유 알고리즘의 구축이 가능하다.

이 책의 뒷부분인 12장, 'IoT 보안'에서는 네트워크 기능 가상화의 또 다른 예로서 **소프트웨어 정의 경계**SDP, Software-Defined Perimeters와 이것이 IoT 보안에 중요한 미세 분할과 장치 격리를 구축하는 데 어떻게 사용될 수 있는지에 관해 알아볼 것이다.

▌ 요약

라우터와 게이트웨이는 IoT 개발에서 필수 불가결한 역할을 담당한다. 에지 라우터에서 지원되는 기능을 사용하면 기업 수준의 보안과 라우팅, 탄력성, 서비스 품질이 가능해진다. 한편, 게이트웨이는 비IP 네트워크를 인터넷과 클라우드 연결에 필요한 IP 기반 프로토콜로 변환하는 데 중요한 역할을 한다. 낮은 비용과 제한된 전력을 이용해 IoT를 수십억 개 노드로 성장시키는 것 또한 중요한 과제다. 기업 라우팅, 터널링, VPN과 같은 기능에는 상당한 하드웨어 및 프로세싱 능력이 필요하므로 이러한 서비스 기능에는 라우터와 게이트웨이를 사용하는 것이 타당하다. 이 책의 뒷부분에서는 에지 라우터가 에지 프로세싱과 포그 컴퓨팅에서 얼마나 중요한 역할을 담당하는지에 관해서도 살펴볼 것이다.

9장에서는 MQTT 및 CoAP와 같은 IoT 기반 프로토콜에 관해 실제 사례와 함께 자세히 알아보도록 한다. 이러한 프로토콜은 보다 가벼운 IoT 언어이며, 대개 게이트웨이나 에지 라우터를 일종의 번역기로 사용한다.

09

IoT 에지-
클라우드 프로토콜

지금까지 이 책에서는 네트워크 에지에서 실행되는 장치로부터 생성되는 데이터나 이벤트에 관해 알아보았다. 이렇게 생성된 데이터를 WPAN, WLAN 및 WAN을 통해 옮기는 다양한 전기 통신 매체와 기술도 논의했다. 비IP 기반 PAN 네트워크에서 IP 기반 WAN 네트워크로 이러한 네트워크 연결을 구축하고 중개하는 일에는 매우 복잡하면서도 애매한 점이 많다. 또한, 프로토콜 변환도 이해해야 한다. 센서의 원본 데이터를 의미 있는 뭔가로 바인딩하고 캡슐화해 클라우드에서 이용 가능한 형식으로 만드는 도구를 표준 프로토콜이라고 한다. IoT 시스템과 M2M 시스템 사이의 핵심적인 차이점 중 하나는 무엇이 되었든 캡슐화된 프로토콜 없이도 WAN을 통해 전용 서버 또는 시스템으로 통신할 수 있다는 점이다. IoT는 정의상 공통의 네트워크 패브릭인 인터넷을 통해 엔드포인트와 서비스 사이를 연결하는 통신을 기반으로 한다.

9장에서는 MQTT^{Message Queue Telemetry Transport}나 CoAP와 같이 IOT 공간에서 주로 필요한 프로토콜에 관해 자세히 살펴볼 예정이다.

프로토콜

HTTP 외부의 프로토콜이 WAN을 통해 데이터를 전송하는 이유는 무엇인지 묻는 것은 자연스러운 일이다. HTTP는 20년이 넘는 시간 동안 인터넷에 필요한 주요 서비스와 기능을 제공하긴 했으나, 이는 클라이언트/서버 모델에서 연산을 하기 위한 범용 목적에 맞게 설계 및 구축된 것이다. IoT 장치는 고도의 제약 속에서 외진 위치에 존재하며 대역폭의 제한을 받을 수 있다. 그러므로 메시 네트워크와 같이 다양한 네트워크 토폴로지에서 수많은 장치를 관리하기 위해서는 더욱 효율적이고 안전하면서도 규모 확장이 가능한 프로토콜이 필요하다.

데이터가 인터넷으로 전송되는 과정에서 설계는 TCP/IP 기반 계층으로 위임된다. TCP 및 UDP 프로토콜은 데이터 통신과 관련된 명백하고 유일한 선택지이며, TCP가 구축에 있어서는 (멀티캐스트 프로토콜인) UDP에 비해 훨씬 복잡하다. UDP는 TCP만큼 안정적이거나 신뢰할 만하지는 않아서, 일부 디자인의 경우에는 UDP 위의 애플리케이션 계층에 회복성을 더해 이를 보상해야 한다.

9장에 언급된 많은 프로토콜이 **메시지 지향 미들웨어**^{MOM, Message Orientated Middleware} 구축에 해당한다. MOM의 기본 개념은 두 장치 사이의 통신이 배포된 메시지 대기열을 사용해 이뤄진다는 것이다. MOM는 메시지를 하나의 사용자–공간 애플리케이션에서 다른 애플리케이션으로 전달하는 역할을 한다. 어떤 장치는 대기열에 추가할 데이터를 생산하는 한편, 대기열에 저장된 데이터를 소비하는 장치도 있다. 브로커나 중간자가 중앙 서비스로 존재해야 하는 구축도 있다. 이 경우, 생산자와 소비자는 브로커와 발행–구독 유형의 관계를 맺게 된다. AMQP, MQTT, STOMP는 MOM 구축이며, 다른 유형에는 CORBA나

Java 메시징 서비스가 포함된다. 대기열을 사용하는 MOM 구축은 설계상 회복력/탄력성을 확보할 목적으로 이 대기열을 활용할 수 있다. 서버에 오류가 생기더라도 데이터를 대기열에 유지하는 것이 가능하다.

MOM 구축의 대안으로는 RESTful이 있다. RESTful 모델의 경우, 서버에는 자원 상태가 존재하는데, 이 상태가 메시지를 통해 클라이언트에서 서버로 전송되지는 않는다. RESTful 설계에서는 자원의 **통합 자원 식별자**^{URI, Universal Resource Identifier}를 요청하는 데 GET, PUT, POST, DELETE와 같은 HTTP 방식을 사용한다(다음 그림 참고). 이 아키텍처에서는 브로커나 중간 에이전트가 따로 필요하지 않다. HTTP 스택에 기반하고 있으므로 HTTPS 보안과 같이 제공되는 대부분의 서비스를 이용할 수 있다. RESTful 설계는 전형적인 클라이언트-서버 아키텍처에 해당한다. 클라이언트는 동기 요청-응답 패턴을 통해 자원 액세스를 개시한다.

또한, 클라이언트는 서버에 오류가 발생하면 이 오류의 처리를 담당한다. 다음 그림에는 MOM과 RESTful 서비스의 비교가 도식화돼 있다. 왼쪽은 중간 브로커 서버와 이벤트 발행자 및 구독자를 사용하는 메시징 서비스(MQTT 기반)이며, 여기에서 많은 클라이언트는 발행자이자 구독자가 될 수 있다. 한편 정보는 회복력을 위해 대기열에 저장될 수도 있고 저장되지 않을 수도 있다. 오른쪽은 아키텍처가 HTTP를 기반으로 구축된 RESTful 설계로, 클라이언트에서 서버로 통신하는 데 HTTP 패러다임이 사용된다.

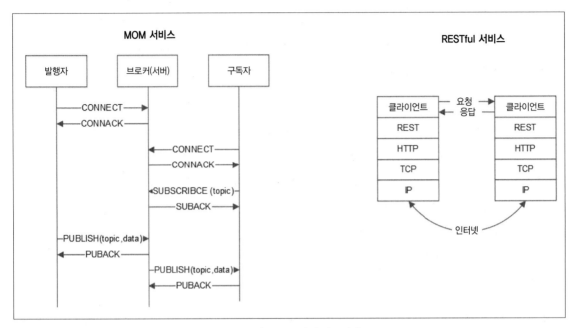

MOM과 RESTful 구축의 비교 예시.

 URI는 웹 기반 데이터 트래픽의 식별자로 사용된다. 가장 잘 알려진 URI로는 다음의 http://www.iotforarchitects.net:8080/iot/?id="temperature"와 같은 URL(Universal Resource Locator)이 있다. URI는 네트워크 스택의 여러 수준에 사용되는 구성 요소 부분으로 다음과 같이 나뉠 수 있다.

- 방식: http://
- 권한: www.iotforarchitects.net
- 포트: 8080
- 경로: /iot
- 쿼리: ?id="temperature"

MQTT

IBM 웹스피어 메시지 큐(웹스피어 MQ, Websphere Message Queue) 기술은 1993년 독립된 비병행 분산 시스템의 안전한 통신이라는 문제를 처리하기 위해 처음으로 개념화되었다. 웹스피어 MQ의 파생은 원격지의 원유 및 가스 파이프라인을 위성을 통해 연결하는 데 존재하는 특정 제약을 해결할 목적으로 1999년 IBM의 앤디 스탠포드 클라크^{Andy Stanford-Clark}와 아를렌 니퍼^{Arlen Nipper}에 의해 만들어졌으며, MQTT로 알려지게 되었다.

이 IP 기반 전송 프로토콜의 목표는 다음과 같다.

- 구축이 간단할 것
- 서비스 품질 형식을 제공할 것
- 초경량이면서도 대역폭을 효율적으로 활용할 것
- 데이터에 종속되지 않을 것
- 지속적으로 세션을 인지할 것
- 보안 문제를 처리할 것

MQTT는 이러한 요구 사항을 만족한다. 이 프로토콜에 관해서는 표준 기구(mqtt.org)에서 가장 잘 정의하고 있는데, 이 프로토콜의 정의는 다음과 같이 요약할 수 있다.

> "MQTT는 MQ 텔레메트리 전송(Telemetry Transport)을 의미한다. 매우 간편하면서도 가벼운 메시징 프로토콜인 발행/구독은 제약하의 장치와 대역폭이 좁고 레이턴시가 길거나 불안정한 네트워크를 위해 만들어졌다. 전송의 안정성과 어느 정도의 보장을 확보하려고 시도하는 동시에 네트워크 대역폭과 장치 자원 요구 사항은 최소화하는 것이 설계의 원칙이다. 이러한 원칙 덕분에 이 프로토콜은 새롭게 떠오르는 '기기간'(M2M) 또는 기기가 연결된 '사물인터넷' 분야, 대역폭과 배터리 전력이 매우 중요한 모바일 용도에 적합해진다."

2010년 로열티 프리 제품으로 버전 3.1이 풀리기 전까지 MQTT는 오랫동안 IBM 내부의 독점 프로토콜이었다. 2013년, MQTT는 표준화를 거쳐 OASIS 컨소시엄에 합류하게 된다. 2014년 OASIS는 버전 MQTT 3.1.1을 공개적으로 출시했다. MQTT는 ISO 표준(ISO/IEC PRF 20922)이기도 하다.

MQTT 발행-구독

클라이언트-서버 아키텍처가 수년 간 데이터 센터 서비스의 대세로 자리 잡은 가운데, 발행-구독 모델은 IoT에 유용한 대안으로 떠오르기 시작했다. pub/sub로도 알려진 발행-구독은 메시지를 수신하는 클라이언트와 메시지를 송신하는 클라이언트를 분리하는 한 가지 방식이다. 기존의 클라이언트-서버 모델과 달리, 여기에서 클라이언트는 IP 주소나 포트와 같은 물리적 식별자를 인식하지 않는다. MQTT는 pub/sub 아키텍처이긴 하지만 메시지 큐는 아니다. 메시지 큐는 메시지를 저장하기 마련인 반면, MQTT는 메시지를 저장하지는 않는다. MQTT에서 특정 토픽을 아무도 구독(또는 수신)하지 않을 경우, 해당 토픽은 무시된 후 사라지게 된다. 메시지 대기열은 한 명의 소비자가 한 명의 생산자와 쌍으로 묶여 있을 경우 클라이언트-서버 토폴로지를 유지한다.

 MQTT에는 유지된(retained) 메시지가 있는데, 이는 나중에 다룰 예정이다. 유지된 메시지는 말 그대로 유지돼 있는 메시지 하나의 단일 인스턴스다.

메시지를 전송하는 클라이언트를 **발행자**publisher, 메시지를 수신하는 클라이언트를 **구독자**subscriber라고 한다. 클라이언트끼리 연결하고 데이터를 필터링하는 일을 담당하는 MQTT 브로커가 중심적인 역할을 한다. 여기에서 필터를 사용하면 다음과 같은 작업이 가능하다.

- **제목 필터링**subject filtering: 설계상 클라이언트는 여러 토픽을 구독하고 특정 토픽이 나뉘면 원하는 데이터 이외에는 수신하지 않게 된다. 발행된 각각의 메시지는 토픽을 반드시 포함해야 하며, 브로커는 이 메시지를 구독 중인 클라이언트로 다시 브로드캐스팅하거나 무시하는 역할을 담당한다.

- **콘텐츠 필터링**^{content filtering} : 중개자는 발행된 데이터를 탐색하고 필터링할 수 있다. 따라서 암호화되지 않은 모든 데이터는 저장되거나 다른 클라이언트에 발행되기 전에 브로커가 관리할 수 있다.
- **유형 필터링**^{type filtering} : 구독 중인 데이터 스트림을 수신하는 클라이언트는 자체 필터도 적용할 수 있다. 수신 데이터는 구문 분석을 거치게 되며, 해당 데이터 스트림을 추가로 처리하거나 무시할 수 있다.

아래 그림에 나타나 있는 바와 같이 MQTT에는 다수의 생산자와 소비자가 있을 수 있다.

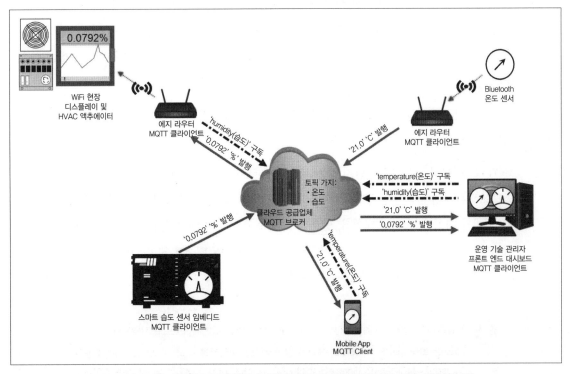

MQTT 발행–구독 모델 및 토폴로지. 클라이언트는 에지에서 실행되며 MQTT 브로커가 관리하는
토픽을 구독 및/또는 발행한다. 여기에서는 온도와 습도라는 두 가지 토픽을 생각해 보자.
물론 클라이언트는 여러 토픽을 구독할 수 있다. 수치는 MQTT를 지원하지 않는 센서나 어플라이언스를
대신해 MQTT 클라이언트 서비스를 제공하는 자체 MQTT 클라이언트와 에지 라우터를 관리하기에
충분한 리소스가 포함된 스마트 센서를 나타낸다.

발행자/구독자 컴퓨팅 모델의 한 가지 주의점은 발행자와 구독자 모두가 전송이 개시되기 전에 토픽 가지와 데이터 형식을 알고 있어야 한다는 점이다.

MQTT는 소비자와 발행자를 성공적으로 분리시킨다. 브로커가 발행자와 소비자 사이에 관리 주체로 존재하기 때문에 발행자와 소비자는 (IP 주소와 같은) 물리적 양상을 근거로 서로를 직접 파악할 필요가 없다. 이 점은 물리적 신원이 알려져 있지 않거나 유동적인 IoT 배포에 매우 유용한 특징이다. MQTT와 다른 pub/sub 모델은 시불변$^{time-invariant}$ 모델이기도 하다. 하나의 클라이언트에서 발행된 메시지는 언제든 구독자가 읽고 회신할 수 있음을 의미한다. 구독자는 초저전력에 대역폭이 제한된 상태(예: Sigfox 통신)라서 메시지에 수분 또는 수시간 후에 회신하는 경우가 있을 수 있다. 물리적 시간 관계의 부재로 인해 pub/sub 모델은 극단적인 용량까지도 확장이 이뤄지곤 한다.

클라우드 관리형 MQTT 중개자는 시간당 수백만 건의 메시지를 입수하고 수만 개의 발행자를 지원할 수 있는 것이 일반적이다.

MQTT는 데이터 형식에 구애받지 않는다. 모든 유형의 데이터가 페이로드에 상주할 수 있으므로 발행자와 구독자는 반드시 데이터 형식을 이해하고 합의를 해야 한다. 텍스트 메시지, 이미지 데이터, 오디오 데이터, 암호화 데이터, 바이너리 데이터, JSON 객체 또는 페이로드에 있는 거의 모든 구조의 전송이 가능하지만, JSON 텍스트 및 바이너리 데이터가 가장 일반적인 데이터 페이로드 유형에 해당한다.

 MQTT에서 허용되는 최대 패킷 크기는 256MB로, 최대 용량 페이로드도 지원된다. 그러나 최대 데이터 페이로드 크기는 클라우드와 브로커에 따라 달라진다. 예컨대 IBM Watson은 최대 128KB, Google은 256KB를 지원한다. 대신 발행되는 메시지에는 길이가 0인 페이로드가 포함될 수 있다. 페이로드 필드는 선택 사항이며, 페이로드 크기의 일치 여부를 클라우드 공급 업체에 확인해 보는 것이 좋다. 그렇지 않을 경우, 오류가 발생하고 클라우드 브로커와의 연결이 해제될 수 있다.

MQTT 아키텍처에 관한 자세한 내용

사실 MQTT라는 명칭은 잘못 붙여진 이름이다. 프로토콜 자체에는 메시지 큐가 없기 때문이다. 메시지를 큐잉하는 것이 가능하긴 하지만, 반드시 필요한 것도 아니고 실행되지 않는 경우도 많다. MQTT는 TCP 기반이므로 패킷이 안정적으로 전송될 것이라는 보장이 부분적으로 가능하다.

HTTP가 **미대칭 프로토콜**nonsymmetric protocol인 반면, MQTT는 **비대칭 프로토콜**asymmetric protocol이기도 하다. 노드 A가 노드 B와 통신해야 하는 상황을 가정해 보자. A와 B 사이의 비대칭 프로토콜의 경우 해당 프로토콜을 사용하는 데 한쪽(A)만 필요하지만, 패킷의 재결합에 필요한 모든 정보는 A에서 전송된 단편화 헤더에 포함돼 있어야 한다. 비대칭 시스템에는 하나의 마스터와 하나의 슬레이브가 존재한다(전형적인 예로 FTP가 있음). 대칭적 프로토콜의 경우, A와 B에는 모두 프로토콜이 설치된다. A, B 둘 중 하나가 마스터 또는 슬레이브의 역할을 하는 것으로 간주된다(대표적인 예로는 텔넷이 있음). MQTT에는 센서/클라우드 토폴로지에 적합한 고유의 역할이 있다.

MQTT는 브로커에서 메시지를 무한히 유지할 수 있다. 이 작동 모델은 일반 메시지 전송 모델의 플래그를 통해 제어되는데, 중개자에 유지된 메시지는 해당 MQTT 토픽 가지를 구독한 모든 클라이언트에게 보내지고 새로운 클라이언트로도 즉시 전송된다. 덕분에 새로운 클라이언트는 새로 구독한 토픽의 상태나 신호를 기다리지 않고도 받아 볼 수 있게 된다. 어떤 토픽을 구독한 클라이언트는 새로운 데이터가 발행되기 전까지 짧게는 몇 시간부터 며칠까지 기다려야 하는 것이 일반적이다.

MQTT에는 **유언**LWT, Last Will and Testament이라 불리는 옵션 기능이 있다. LWT는 클라이언트가 연결 단계 중에 지정하는 메시지로, 여기에는 Last Will 토픽, QoS 그리고 실제 메시지가 담기게 된다. 클라이언트와 중개자의 연결이 비정상적인 방식으로 해제된 경우(예컨대, keep-alive 타임아웃, I/O 오류 또는 클라이언트가 연결을 해제하지 않고 세션을 닫은 경우 등), 중개자는 해당 토픽을 구독 중인 다른 모든 클라이언트에게 LWT 메시지를 브로드캐스팅할 의무가 있다.

MQTT가 TCP 기반이긴 하지만, 연결이 유실될 가능성은 여전히 있으며, 특히 무선 센서 환경에서는 더욱 그러하다. 장치가 전원이나 신호 강도를 유실하거나 현장에서 충돌하게 되면 세션은 하프 오픈 상태로 들어간다. 이 경우에도 서버는 연결이 여전히 안정적이라고 간주하고 데이터를 기다린다. 이 하프 오픈 상태를 해결하기 위해 MQTT는 keep-alive 시스템을 사용한다. 이 시스템을 사용하면 한동안 전송이 이뤄지지 않았더라도 MQTT 중개자와 클라이언트는 모두 연결이 여전히 유효하다는 확신을 가질 수 있다. 클라이언트는 PINGREQ 패킷을 중개자에게 전송하고 PINGRESP가 포함된 메시지로 수신 확인을 받는다. 타이머가 클라이언트와 브로커 쪽에 사전 설정돼 있어서 메시지가 사전 지정된 제한 시간 내에 전송되지 않을 경우, keep-alive 패킷이 전송된다. PINGREQ 또는 메시지는 모두 keep-alive 타이머를 재설정한다.

keep-alive가 수신되지 않고 타이머가 만료된 경우, 브로커는 연결을 닫고 모든 클라이언트로 LWT 패킷을 전송한다. 클라이언트는 나중에 재연결을 시도할 수 있다. 이때는 중개자에 의해 하프 오픈 연결이 닫히고 클라이언트의 새로운 연결이 개시된다.

 keep-alive 최대 시간은 18시간 12분 15초다. 내부적으로 keep-alive를 0으로 설정하면 keep-alive 기능이 비활성화된다. 타이머는 클라이언트가 제어하며 슬립 모드나 신호 강도의 변화를 반영하기 위해 동적으로 변할 수 있다.

keep-alive가 망가진 연결의 복구를 지원하긴 하지만 클라이언트의 구독과 QoS 매개 변수를 모두 재구축하는 일은 데이터가 제한돼 있는 연결에 불필요한 오버헤드를 발생시킬 수 있다. 이런 추가 데이터의 발생을 완화하기 위해 MQTT는 지속적 연결을 지원한다. 지속적 연결 덕분에 브로커 측에는 다음이 저장된다.

- 모든 클라이언트 구독
- 클라이언트가 확인하지 않은 모든 QoS 메시지
- 클라이언트가 놓친 모든 신규 QoS 메시지

이 정보는 `client_id` 매개 변수가 고유한 클라이언트를 식별하는 데 참고한다. 클라이언트는 지속적 연결을 요청할 수 있지만 브로커는 이러한 요청을 거절하고 빈 세션으로 다시 시작하도록 강제할 수 있다. 연결되면 브로커는 `cleanSession` 플래그를 사용해 지속적 연결을 허용하거나 거부한다. 클라이언트는 CONNACK 메시지를 사용해 지속적 연결을 저장할지 여부를 판단할 수 있다.

 오프라인일 때도 모든 메시지를 수신해야 하는 클라이언트는 지속적 세션을 사용해야 한다. 클라이언트가 토픽의 데이터를 발행(쓰기)만 하는 경우에는 사용해선 안 된다.

MQTT의 서비스 품질은 다음과 같이 세 가지 수준으로 나뉜다.

- **QoS-0**non-assured transmission: 최소 QoS 수준에 해당한다. 일부 무선 프로토콜에 사용되는 파이어 앤 포겟fire-and-forget 모델과 유사하다. 메시지 확인 응답을 하는 수신자나 전송을 재시도하는 송신자가 없는 최선 노력 전송 과정이라 할 수 있다.
- **QoS-1**assured transmission: 이 모드는 최소 한 번 이상 수신자에게 메시지 전송을 보장한다. 한 번 이상 전송되는 경우도 있으므로 수신자는 PUBACK 응답으로 확인 응답을 다시 전송한다.
- **QoS-2**assured service on applications: 가장 높은 수준의 QoS로, 메시지가 제대로 전송되었음을 보증하고 송신자와 수신자 모두에게 이를 알린다. 이 모드는 송신자와 수신자 간의 다단계 핸드셰이킹으로 더 많은 트래픽을 발생시킨다. 수신자가 QoS-2로 설정된 메시지를 수신하면 PUBREC 메시지로 송신자에게 응답하게 된다. 이로 인해 메시지의 확인 응답이 이뤄지며 송신자는 PUBREL 메시지로 응답한다. PUBREL를 사용하면 수신자는 메시지의 재전송을 안전하게 무시할 수 있다. 수신자는 PUBCOMP로 PUBREL의 확인 응답을 수행하며 PUBCOMP 메시지가 전송될 때까지 수신자는 안전을 위해 원래 메시지를 캐싱해 둔다.

MQTT의 QoS는 송신자가 정의하고 제어하며 각 송신자에게는 저마다 다른 정책이 있을 수 있다.

 일반적인 사용 사례:

- QoS-0: 메시지 큐잉이 필요 없을 때 사용해야 한다. 유선 연결이나 시스템의 대역폭이 극히 제한된 상황에 가장 적합하다.
- Qos-1: 기본으로 사용돼야 한다. QoS1는 QoS2보다 훨씬 빠르고 송신 비용도 대폭 절감한다.
- QoS-2: 미션 크리티컬(mission-critical) 애플리케이션에 적합하다. 또한 중복 메시지의 재전송으로 인해 오류가 발생할 수 있는 경우에도 사용된다.

MQTT 패킷 구조

MQTT 패킷은 OSI 모델 네트워크 스택의 TCP 계층 상단에 위치한다. 패킷은 다음 그림과 같이 상존해야 하는 2바이트의 고정 헤더, 크기 변동이 가능한 헤더(선택 사항)로 이뤄지며, 페이로드(선택 사항)로 마무리된다.

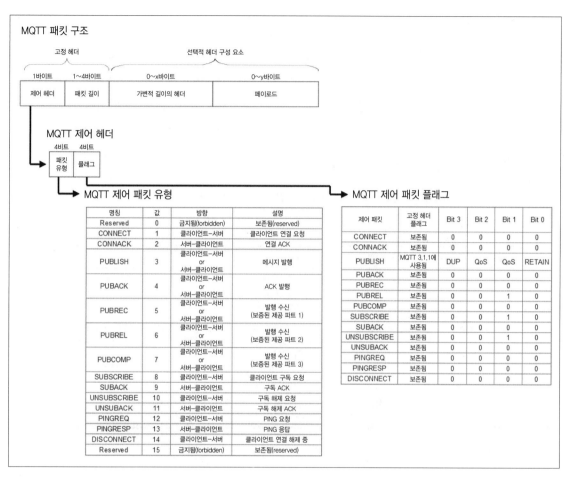

MQTT 패킷 구조

고정 헤더 / 선택적 헤더 구성 요소

1바이트	1~4바이트	0~x바이트	0~y바이트
제어 헤더	패킷 길이	가변적 길이의 헤더	페이로드

MQTT 제어 헤더

4비트	4비트
패킷 유형	플래그

MQTT 제어 패킷 유형

명칭	값	방향	설명
Reserved	0	금지됨(forbidden)	보존됨(reserved)
CONNECT	1	클라이언트–서버	클라이언트 연결 요청
CONNACK	2	서버–클라이언트	연결 ACK
PUBLISH	3	클라이언트–서버 or 서버–클라이언트	메시지 발행
PUBACK	4	클라이언트–서버 or 서버–클라이언트	ACK 발행
PUBREC	5	클라이언트–서버 or 서버–클라이언트	발행 수신 (보증된 제공 파트 1)
PUBREL	6	클라이언트–서버 or 서버–클라이언트	발행 수신 (보증된 제공 파트 2)
PUBCOMP	7	클라이언트–서버 or 서버–클라이언트	발행 수신 (보증된 제공 파트 3)
SUBSCRIBE	8	클라이언트–서버	클라이언트 구독 요청
SUBACK	9	서버–클라이언트	구독 ACK
UNSUBSCRIBE	10	클라이언트–서버	구독 해제 요청
UNSUBACK	11	서버–클라이언트	구독 해제 ACK
PINGREQ	12	클라이언트–서버	PING 요청
PINGRESP	13	서버–클라이언트	PING 응답
DISCONNECT	14	클라이언트–서버	클라이언트 연결 해제 중
Reserved	15	금지됨(forbidden)	보존됨(reserved)

MQTT 제어 패킷 플래그

제어 패킷	고정 헤더 플래그	Bit 3	Bit 2	Bit 1	Bit 0
CONNECT	보존됨	0	0	0	0
CONNACK	보존됨	0	0	0	0
PUBLISH	MQTT 3.1.1에 사용됨	DUP	QoS	QoS	RETAIN
PUBACK	보존됨	0	0	0	0
PUBREC	보존됨	0	0	0	0
PUBREL	보존됨	0	0	1	0
PUBCOMP	보존됨	0	0	0	0
SUBSCRIBE	보존됨	0	0	1	0
SUBACK	보존됨	0	0	0	0
UNSUBSCRIBE	보존됨	0	0	1	0
UNSUBACK	보존됨	0	0	0	0
PINGREQ	보존됨	0	0	0	0
PINGRESP	보존됨	0	0	0	0
DISCONNECT	보존됨	0	0	0	0

MQTT의 일반적인 패킷 구조

MQTT 통신 형식

MQTT를 활용한 통신 연결은 클라이언트가 CONNECT 메시지를 중개자에게 보냄으로써 시작된다. 클라이언트만이 세션을 시작할 수 있으며, 클라이언트는 다른 클라이언트와 직접적으로 통신할 수 없다. 중개자는 CONNECT 메시지에 항상 CONNACK 회신과 상태 코드로 응답하게 된다. 연결은 일단 이뤄지고 나면 개방된 채로 유지된다. MQTT 메시지와 형식은 다음과 같다.

- **CONNECT 형식(클라이언트-서버):** 일반적인 CONNECT 메시지에는 다음이 포함된다(세션 개시에는 clientID만이 필요함).

필드	요구 사항	설명
clientID	있음	클라이언트에 대한 서버를 식별한다. 클라이언트는 저마다 고유한 클라이언트 ID를 갖는다. 1과 23 사이에서 UTF-8바이트 길이를 갖는다.
cleanSession	선택 사항	0: 서버가 클라이언트를 통해 커뮤니케이션을 재개해야 한다. 클라이언트와 서버는 연결 해제 후 세션 상태를 저장해야 한다. 1: 클라이언트와 서버는 이전 세션을 버리고 새로운 세션을 시작해야 한다.
username	선택 사항	인증을 위해 서버에서 사용하는 이름이다.
password	선택 사항	2바이트 길이의 접두사가 붙은 0~65536바이트의 이진수 암호다.
lastWillTopic	선택 사항	Will 메시지를 발행하는 토픽 가지다.
lastWillQos	선택 사항	Will 메시지 발행 시 QoS 수준을 특정하는 2비트다.
lastWillMessage	선택 사항	Will 메시지 페이로드를 정의한다.
lastWillRetain	선택 사항	발행 시 Will이 유지될지 여부를 지정한다.
keepAlive	선택 사항	초 단위 시간 간격에 해당한다. 클라이언트는 keepAlive 타이머가 만료되기 전에 메시지 또는 PINGREQ 패킷을 전송해야 한다. Keep Alive 기간의 1.5배가 지나면 서버와 네트워크의 연결이 해제된다. 0 값은 keepAlive 메커니즘을 비활성화한다.

- CONNECT 반환 코드(서버–클라이언트): 중개자는 반응 코드로 CONNECT 메시지에 대응한다. 설계자는 중개자가 모든 연결을 승인하지는 않을 수 있다는 사실을 염두에 둬야 한다. 반응 코드는 다음과 같다.

반환 코드	설명
0	연결 성공
1	연결 거부됨 – 받아들일 수 없는 MQTT 프로토콜 버전
2	연결 거부됨 – 식별된 클라이언트는 올바른 UTF–8이지만, 서버에서 허용되지 않음
3	연결 거부됨 – 서버를 사용할 수 없음
4	연결 거부됨 – 잘못된 사용자 이름 또는 암호
5	연결 거부됨 – 클라이언트의 연결이 승인되지 않음

- PUBLISH 형식(클라이언트–서버): 여기에서 클라이언트는 토픽 가지로 데이터를 발행할 수 있다. 각 메시지에는 하나의 토픽이 포함된다.

필드	요구 사항	설명
packetID	있음	변수 헤더의 패킷을 고유하게 식별한다. 클라이언트 라이브러리 담당. 항상 QoS–0에 0으로 설정된다.
topicName	있음	발행되는 토픽 가지(예: US/Wisconsin/Milwaukee/temperature)다.
qos	있음	QoS 수준 0,1 또는 2에 해당한다.
retainFlag	있음	서버에서 인증에 사용되는 이름이다.
payload	선택 사항	메시지 형식에 구애받지 않는 페이로드다.
dupFlag	있음	메시지가 중복되며 재전송된다.

- SUBSCRIBE 형식(클라이언트–서버): 구독 패킷의 페이로드에는 최소 한 쌍의 UTF–8로 인코딩된 topicID와 QoS 수준이 포함된다. 여러 브로드캐스트를 위해 클라이언트를 확보할 목적으로 해당 페이로드를 구독하는 여러 개의 topicID가 존재할 수도 있다.

필드	요구 사항	설명
packetID	있음	변수 헤더의 패킷을 고유하게 식별한다. 클라이언트 라이브러리 담당.
topic_1	있음	구독된 토픽 가지다.
qos_1	있음	topic_1으로 발행된 QoS 메시지 수준이다.
topic_2	선택 사항	서버에서 인증에 사용되는 이름이다.
qos2	선택 사항	topic_2로 발행된 QoS 메시지 수준이다.

하나의 메시지에서 여러 개의 토픽을 구독하는 데는 와일드카드가 사용될 수 있다. 예를 들면 토픽의 전체 경로는 "{country}/{states}/{cities}/{temperature,humidity}"와 같은 형식으로 표현이 가능하다.

- **+ 단일 수준 와일드카드**: 토픽 문자열 이름의 단일 수준을 대표한다. 예컨대 US/+/Milwaukee는 주 단위를 대표하며 알래스카나 와이오밍 등 50개 주 중 어떤 것으로도 대체될 수 있다.
- *** 다중 수준 와일드카드**: 단일 수준이 아닌 다중 수준을 대체하며 항상 토픽 이름의 마지막에 온다. 예를 들어, US/Wisconsin/#의 경우, 밀워키, 매디슨, 글렌데일, 화이트피시 베이, 브룩필드 등 위스콘신의 모든 도시를 구독하게 된다.
- **\$ 특수 토픽**: MQTT 중개자의 특수 통계 모드에 해당한다. 클라이언트는 \$ 토픽을 발행할 수 없다. 현재로서는 사용과 관련된 공식적인 표준은 없는 상태다. \$SYS를 사용하는 모델의 경우 \$SYS/broker/clients/connected와 같은 방식을 따른다.

MQTT 서버는 토픽 이름에 와일드카드를 지원해야 한다(단, 사양에서 명시적으로 요구하는 사항은 아님). 와일드카드를 지원하지 않을 경우, 서버는 해당 토픽을 거절해야 한다. packetID를 설정하는 것은 MQTT 클라이언트 라이브러리의 의무다.

MQTT 사양에는 여러 가지 다른 메시지가 있다. MQTT 프로그래밍 API에 관한 자세한 내용은 OASIS MQTT 버전 3.1.1 표준(http://docs.oasis-open.org/mqtt/mqtt/v3.1.1/os/mqtt-v3.1.1-os.pdf, 2014년)에서 찾을 수 있다.

MQTT 실제 사례

실제 사례에서는 GCP^{Google Cloud Platform}를 MQTT 수신자이자 클라우드에 대한 인제스터로 사용한다. 대부분의 MQTT 클라우드 서비스가 유사한 모델을 따르고 있으므로 이 프레임 워크를 레퍼런스로 사용할 수 있을 것이다. 여기에서는 오픈소스 툴을 사용해 MQTT 클라이언트와 간단한 파이썬^{Python} 예제를 시작하고 hello world 스트링을 토픽 가지로 발행해 보기로 한다. GCP를 사용하기 위해서는 선행돼야 하는 단계가 있다. 구글^{Google} 계정과 결제 시스템이 보안된 후 진행해야 한다. Google IoT Core 사용에 관해서는 지침(https://cloud.google.com/iot/docs/how-tos/getting-started)을 참고하기 바란다.

GCP 내에서는 장치를 생성하고 Google API를 활성화하며 토픽 가지를 만들고 pub/sub 발행자에 구성원을 추가할 수 있다.

구글의 경우, MQTT 외에도 JSON 웹 토큰^{JWT, JSON Web Token}과 인증서 에이전트를 사용해 모든 데이터 패킷을 강력하게 암호화(TLS)해야 한다는 점이 특징이다. 각 장치는 공개/개인 키 쌍을 생성한다. 구글은 각 장치가 저마다 고유한 ID와 키를 갖도록 해두었는데, 하나가 공격을 받을 경우, 그 영향이 단일 노드에만 영향을 미치고 공격 표면 영역을 포함하도록 하기 위함이다.

MQTT 중개자는 먼저 여러 개의 라이브러리를 가져온다. `paho.mqtt.client` Python 라이브러리는 Eclipse에서 지원하는 프로젝트로, 원래 IBM MQTT 프로젝트가 참고한 원본이기도 하다. Paho는 Eclipse M2M 산업 워킹 그룹이 만들어 낸 핵심적인 성과이기도 하다. MQTT 메시지 중개자에는 Eclipse Mosquitto 프로젝트, Rabbit MQ 등 다양한 변종이 존재한다.

```
#Simple MQTT Client publishing example for Google Cloud Platform
import datetime
import os
import time
import paho.mqtt.client as mqtt
import jwt

project_id = 'name_of_your_project'
cloud_region = 'us-central1'
registry_id = 'name_of_your_registry'
device_id = 'name_of_your_device'
algorithm = 'RS256'
mqtt_hostname = 'mqtt.googleapis.com'
mqtt_port = 8883
ca_certs_name = 'roots.pem'
private_key_file = '/Users/joeuser/mqtt/rsa_private.pem'
```

다음 단계는 키를 사용해 구글의 인증을 받는 것이다. 여기에서는 인증서가 포함돼 있는 JWT 객체를 사용한다.

```
#Google requires certificate based authentication using JSON Web Tokens
(JWT) per device.
#This limits surface area of attacks
def create_jwt(project_id, private_key_file, algorithm):
    token = {
            # The time that the token was issued
            'iat': datetime.datetime.utcnow(),
            # The time the token expires.
            'exp': datetime.datetime.utcnow() +
datetime.timedelta(minutes=60),
            # Audience field = project_id
            'aud': project_id
    }
    # Read the private key file.
    with open(private_key_file, 'r') as f:
        private_key = f.read()
    return jwt.encode(token, private_key, algorithm=algorithm)
```

MQTT 라이브러리를 사용해 오류, 연결, 연결 해제, 발행 등 여러 가지 콜백을 정의한다.

```
#Typical MQTT callbacks
def error_str(rc):
    return '{}: {}'.format(rc, mqtt.error_string(rc))

def on_connect(unused_client, unused_userdata, unused_flags, rc):
    print('on_connect', error_str(rc))

def on_disconnect(unused_client, unused_userdata, rc):
    print('on_disconnect', error_str(rc))

def on_publish(unused_client, unused_userdata, unused_mid):
    print('on_publish')
```

이제, MQTT 클라이언트의 주요 부분이 이어진다. 먼저 구글의 지침에 따라 클라이언트를 등록한다. Google IoT를 이용하는 프로젝트는 지역, 레지스트리 ID, 장치 ID를 밝혀야 한다. 사용자 이름은 건너 뛰고, create_jwt 방식을 통해 암호 필드를 사용한다. 이 또한 MQTT에서 SSL 암호화를 사용하는 경우로, 많은 MQTT 클라우드 제공업체가 이 프로비전을 요구한다. 구글의 클라우드 MQTT 서버에 연결하고 나면 프로그램의 메인 루프에서는 간단한 hello world 문자열을 구독한 토픽 가지로 발행한다. QoS 수준은 발행 메시지에 설정돼 있다.

매개 변수가 필요한데 프로그램에 명시적으로 설정돼 있지 않을 경우, 클라이언트 라이브러리는 기본 값을 사용해야 한다(예: PUBLISH 메시지에서 기본 값으로 사용되는 RETAIN 및 DUP 플래그).

```
def main():
    client = mqtt.Client(
            client_id=('projects/{}/locations/{}/registries/{}/devices/{}'
                    .format(
                            project_id,
```

```
                          cloud_region,
                          registry_id,
                          device_id))) #Google requires this format explicitly


        client.username_pw_set(
                username='unused', #Google ignores the user name.
                password=create_jwt( #Google needs the JWT for authorization
                        project_id, private_key_file, algorithm))

        # SSL/TLS 지원 사용 가능
        client.tls_set(ca_certs=ca_certs_name)
        #callback unused in this example:
        client.on_connect = on_connect
        client.on_publish = on_publish
        client.on_disconnect = on_disconnect


        # Google pub/sub에 연결
        client.connect(mqtt_hostname, mqtt_port)


        # 루프
        client.loop_start()


        # 플래그에 따라 이벤트 또는 상태 주제에 게시
        sub_topic = 'events'
        mqtt_topic = '/devices/{}/{}'.format(device_id, sub_topic)


        # 초당 한 번씩 num_messages 메시지를 MQTT 브리지에 게시
        for i in range(1,10):
            payload = 'Hello World!: {}'.format(i)
            print('Publishing message\'{}\''.format(payload))
            client.publish(mqtt_topic, payload, qos=1)
            time.sleep(1)

if __name__ == '__main__':
    main()
```

MQTT-SN

MQTT의 파생물 중 하나로, 센서 네트워크에 사용되는 MQTT-SN(MQTT-S라고도 함)이라는 것이 있다. 에지 장치를 위한 가벼운 프로토콜이라는 MQTT의 철학을 그대로 이어가면서, 센서 환경에 널리 사용되는 무선 개인 통신망에 알맞게 구축돼 있다. 저대역폭 링크, 링크 오류, 짧은 메시지 길이, 리소스 제한적 하드웨어 등의 지원을 특징으로 한다. 실제로 MQTT-SN는 매우 가볍기 때문에 BLE나 Zigbee를 통해서도 성공적인 실행이 가능하다.

MQTT-SN에는 TCP/IP 스택이 따로 필요하지 않다. 직렬 링크(선호되는 방식)를 통해서도 사용이 가능한데, 여기에서는 단순 링크 프로토콜(선상의 다른 장치를 식별하는 목적) 오버헤드가 매우 작다. 아니면 TCP보다 간결한 UDP를 사용할 수도 있다.

MQTT-SN 아키텍처 및 토폴로지

MQTT-SN 토폴로지에는 네 가지 기본 구성 요소가 있다.

- **게이트웨이**: MQTT-SN에서 게이트웨이는 (다른 변환도 가능하긴 하지만) 프로토콜을 MQTT-SN에서 MQTT로, MQTT에서 MQTT-SN로 변환하는 역할을 담당한다. 게이트웨이는 집계이거나 투명일 수 있다(9장의 후반에서 다룸).
- **포워더**^{forwarder}: 센서와 MQTT-SN 게이트웨이 사이의 루트는 여러 라우터를 따라 수많은 경로와 홉을 거칠 수 있다. 소스 클라이언트와 MQTT-SN 게이트웨이 사이의 노드를 포워더라고 하며, MQTT-SN 프레임을 변경되지 않은 새 MQTT-SN 프레임에 다시 캡슐화하고, 이렇게 캡슐화된 프레임은 프로토콜 변환에 적합한 MQTT-SN 게이트웨이에 도달할 때까지 전송된다.
- **클라이언트**: 클라이언트는 MQTT에서와 동일한 방식으로 행동하며 데이터의 구독 및 발행이 가능하다.
- **브로커**: 브로커는 MQTT에서와 동일한 방식으로 행동한다.

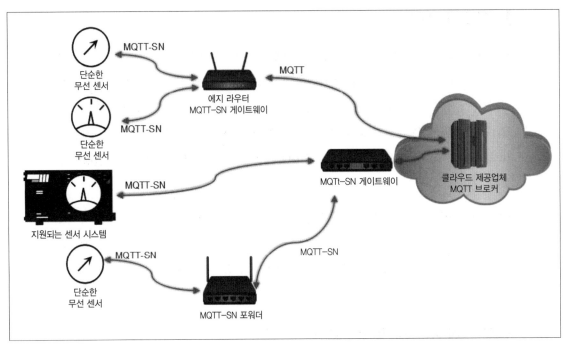

MQTT-SN 토폴로지. 무선 센서는 MQTT-SN 게이트웨이(MQTT-SN을 MQTT로 변환)나 다른 프로토콜 형태 또는 포워더(수신된 MQTT-SN 프레임을 게이트웨이로 전달되는 MQTT-SN 메시지에 캡슐화함)와 통신한다.

투명 및 집계 게이트웨이

MQTT-SN에서 게이트웨이는 두 가지 독특한 역할을 담당하게 된다. 첫째, 투명 게이트 웨이는 센서 장치에서 생성되는 여러 독립적인 MQTT-SN 스트림을 관리하며, 각각의 스트림을 MQTT 메시지로 변환한다. 집계 게이트웨이는 수많은 MQTT- SN 스트림을 병합해 그 수를 줄인 다음, 클라우드 MQTT 브로커로 전송하는 역할을 담당한다. 설계상 집계 게이트웨이가 더 복잡하지만, 결과적으로는 통신 오버헤드의 양과 서버에 개방된 채로 남게 되는 동시 연결의 수를 줄여 준다. 집계 게이트웨이 토폴로지가 제 역할을 다하기 위해서는 다음과 같이 클라이언트가 동일한 토픽을 발행하거나 구독해야 한다.

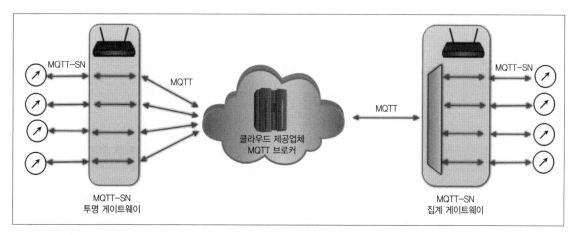

MQTT-SN 게이트웨이 구성. 투명 게이트웨이는 수신되는 각각의 MQTT-SN 스트림에 프로토콜 변환만을
수행하며, MQTT-SN 연결 및 브로커의 MQTT 연결과 1대1 관계를 맺는다. 반면, 집계 게이트웨이는
여러 MQTT-SN 스트림을 서버에 대한 하나의 MQTT 연결로 합치는 역할을 한다.

게이트웨이 애드버타이즈와 탐색

MQTT-SN의 토폴로지는 MQTT보다 약간 더 복잡해서 여러 게이트웨이와 포워더 노드
를 통해 경로를 수립하는 데 탐색 과정이 사용된다. MQTT-SN 토폴로지에 참여하는 게
이트웨이는 일단 MQTT 브로커에 바인딩된다. 이때부터 연결된 클라이언트나 다른 게
이트웨이에 ADVERTISE 패킷을 발행할 수 있다. 네트워크에는 여러 게이트웨이가 존재
할 수 있으나, 클라이언트는 하나의 게이트웨이에만 연결이 가능하다. 클라이언트는 활
성 게이트웨이와 이 게이트웨이 네트워크 주소가 나열된 목록을 저장하는 역할을 담당한
다. 이 목록은 브로드캐스팅되는 다양한 ADVERTISEMENT 및 GWINFO 메시지를 바
탕으로 구성된다.

MQTT-SN에 새로운 유형의 게이트웨이와 토폴로지가 추가된 덕분에, 새로운 메시지를
다음과 같은 탐색과 애드버타이징 지원에 이용할 수 있게 되었다.

- **ADVERTISE**: 존재를 애드버타이징하기 위해 게이트웨이에서 일시적으로 브로드 캐스팅한다.
- **SEARCHGW**: 클라이언트가 특정 게이트웨이 검색 시 브로드캐스팅하는 메시지다. 이 메시지에는 radius 매개 변수가 일부로 포함되며, 이 매개 변수는 네트워크 토폴로지에서 SEARCHGW 메시지가 따라야 하는 홉 수를 나타낸다. 예를 들어, 값이 1이라면 한 번의 홉으로도 모든 클라이언트에 도달할 수 있을 만큼 조밀한 네트워크이므로 필요한 홉 수가 한 번이라는 의미다.
- **GWINFO**: 메시지 수신 시 게이트웨이에서 전송하는 응답 메시지다. 여기에는 게이트웨이 ID와 게이트웨이 주소가 포함되며, 이 정보는 클라이언트가 SEARCHGW를 전송했을 때만 브로드캐스팅된다.

MQTT와 MQTT-SN의 차이점

MQTT-SN과 MQTT의 주된 차이점은 다음과 같다.

- MQTT에는 CONNECT 메시지가 하나인 반면, MQTT-SN에는 3개가 있다. 추가된 2개는 Will 토픽과 Will 메시지를 명시적으로 전송하는 데 사용된다.
- MQTT-SN은 보다 단순한 매체와 UDP를 통해 구동이 가능하다.
- 토픽 이름이 2바이트 길이의 짧은 토픽 ID 메시지로 대체된다. 이는 무선 네트워크의 대역폭 제약을 지원하기 위함이다.
- 사전 정의된 토픽 ID와 짧은 토픽 이름은 제한 없이 사용 가능하다. 이 기능을 사용하기 위해서는 클라이언트와 서버 모두 동일한 토픽 ID를 사용해야 한다. 토픽 이름은 PUBLISH 메시지에 임베딩할 수 있을 만큼 짧아야 한다.
- 탐색 절차가 도입돼 클라이언트를 보조하고 클라이언트에서 서버와 게이트웨이의 네트워크 주소를 찾을 수 있게 되었다. 토폴로지에는 복수의 게이트웨이가 존재할 수 있으며 클라이언트와의 통신을 부하 공유하는 데 사용된다.

- cleanSession이 Will 기능으로 확장됐다. 기존에 가능하던 클라이언트 구독의 유지와 보존에 더해 이제는 Will 데이터도 보존된다.
- MQTT-SN에서는 수정된 keepAlive 절차가 사용된다. 이 절차를 통해 sleep 상태인 클라이언트로 전송된 모든 메시지가 서버 또는 에지 라우터에서 버퍼링되었다가 깨어나면 전달된다.

▮ CoAP

CoAP[Constrained Application Protocol]는 IETF(RFC7228)에서 개발한 프로토콜이다. IETF CoRE Constrained RESTful Environments(제한된 RESTful 환경) 워킹 그룹은 수년에 걸친 연구 개발 끝에 2014년 6월 이 프로토콜의 첫 초안을 내놓았다. 이 프로토콜은 특히 제약하의 장치를 위한 통신 프로토콜로 개발됐다. 현재 핵심 프로토콜은 RFC7252에 바탕을 두고 있다. 이 프로토콜은 애초에 에지 노드 간 M2M[Machine to Machine] 통신을 위해 만들어졌다는 점이 특이하며, 프록시를 사용해 HTTP 매핑도 지원한다. 이 HTTP 매핑은 온보드 기능으로, 인터넷에서 데이터를 가져온다.

CoAP는 리소스와 대역폭 요구 사항은 낮아진 반면, 웹을 사용해 본 경험이 있다면 누구에게나 익숙하고 간단한 리소스 주소 지정 구조를 제공한다는 점에서 뛰어나다. 콜리티[Colitti] 등이 수행한 연구에서 표준 HTTP 대비 CoAP의 효율성이 증명된 바 있다(Colitti, Walter & Steenhaut, Kris & De, Niccolò. (2017). Integrating Wireless Sensor Networks with the Web). CoAP는 훨씬 적은 오버헤드 및 전력 요구 사항으로도 유사한 기능을 제공한다.

일부 CoAP 구현의 경우, 유사한 하드웨어 구성에서 HTTP 대비 최대 64배까지 향상된 성능을 발휘하기도 한다.

	트랜잭션당 바이트	전력	배터리 수명
CoAP	154	0.744mW	151일
HTTP	1451	1.333mW	84일

CoAP 아키텍처 세부 내용

CoAP는 무거운 HTTP의 기능과 용도를 모방하되, IoT에 알맞게 가벼워진 구성으로 대체한다는 개념에 기반을 두고 있다. CoAP는 기능이 부족하기 때문에 HTTP를 완전히 대체할 수는 없지만, HTTP에는 더욱 강력하고 서비스 지향적인 시스템이 필요하다. CoAP의 특징은 다음과 같이 요약할 수 있다.

- HTTP와 비슷함
- 연결 없는 프로토콜
- 일반적인 HTTP 전송에 사용되는 TLS가 아닌 DTLS를 통한 보안
- 비동기 메시지 교환
- 가벼운 설계 및 리소스 요구 사항, 적은 헤더 오버헤드
- URI 및 콘텐츠 유형 지원
- TCP/UDP에 기반한 HTTP 세션과 달리 UDP 기반 구축
- 프록시로 HTTP에 연결할 수 있는 무상태 HTTP 매핑

CoAP의 기본 계층은 두 가지가 있다.

- **요청/응답 계층**: RESTful 기반 쿼리의 송수신을 담당한다. REST 쿼리는 CON이나 NON 메시지를 통해 피기백piggyback되며, REST 응답은 이어지는 ACK 메시지를 통해 피기백된다.
- **트랜잭션 계층**: 네 가지 기본 메시지 유형 중 하나를 사용해 엔드포인트 간의 단일 메시지 교환을 처리한다. 트랜잭션 계층은 멀티캐스팅과 혼잡 제어도 지원한다.

HTTP 스택		CoAP 스택	
HTTP		CoAP	요청/응답
			트랜잭션
HTTP 스택		UDP	
IP		IPv6	
데이터 링크 계층		6LoWPAN	
물리 계층		IEEE 802.15.4	

HTTP 스택과 CoAP의 비교

CoAP는 HTTP과 유사한 콘텍스트, 구문, 용도를 공유한다. CoAP의 주소 지정 또한 HTTP와 같은 스타일을 다룬다. 주소는 URI 구조로 확장되며, HTTP URI와 마찬가지로 리소스 접근 권한을 획득하기 위해 사용자는 사전에 주소를 알고 있어야 한다. 최상위 수준에서 CoAP는 HTTP와 같은 GET, PUT, POST, DELETE 요청을 사용한다. 응답 코드 또한 다음과 같이 HTTP를 모방한다.

- **2.01**: 생성됨
- **2.02**: 삭제됨
- **2.04**: 변경됨
- **2.05**: 콘텐츠
- **4.04**: 찾을 수 없음(리소스)
- **4.05**: 허용되지 않는 방식

CoAP의 일반적인 URI 형식은 다음과 같다.

```
coap://host[:port]/[path][?query]
```

CoAP 시스템에는 일곱 가지 주요 행위자가 존재한다.

- **엔드포인트**: CoAP 메시지의 출처이자 목적지다. 엔드포인트의 구체적인 정의는 사용 중인 전송에 따라 달라진다.
- **프록시**: CoAP 클라이언트가 자신을 대신해 요청을 수행하도록 하는 CoAP 엔드 포인트다. 프록시가 담당하는 역할에는 네트워크 노드 감소, 슬리팅 노드 액세스, 보안 계층 제공 등이 있다. 프록시는 클라이언트에 의해 명시적으로 선택되거나 (포워드 프록싱) 실시간 서버로 이용(리버스 프록싱)될 수 있다. 아니면 프록시를 하나의 CoAP 요청에서 다른 CoAP 요청으로 매핑하거나 다른 프로토콜로 변환(크로스 프록싱)하는 것도 가능하다. 클라우드 기반 인터넷 연결의 경우 CoAP 네트워 크에서 HTTP 서비스로의 에지 라우터 프록싱이 일반적이다.
- **클라이언트**: 요청의 발신자에 해당한다. 응답이 향하는 대상 엔드포인트이기도 하다.
- **서버**: 요청의 대상인 엔드포인트이자 응답의 발신자다.
- **중개자**: 원본 서버를 대상으로 서버이자 클라이언트의 역할을 담당하는 클라이언 트를 일컫는다. 프록시가 중개자에 해당한다.
- **원본 서버**^{Origin servers}: 주어진 리소스가 상주하는 서버에 해당한다.
- **옵저버**: 옵저버 클라이언트는 수정된 GET 메시지를 통해 스스로를 등록할 수 있다. 이후 옵저버는 리소스에 연결되며 해당 리소스의 상태가 변할 경우 서버가 옵저버로 다시 알림을 전송한다.

> 옵저버는 CoAP마다 고유하며 이를 통해 장치의 특정 리소스 변화를 확인할 수 있다. 기본 적으로 옵저버는 노드가 이벤트를 구독하는 MQTT 구독 모델과 유사하다.

아래는 CoAP 아키텍처의 예시다. 가벼운 HTTP 시스템일 경우, CoAP 클라이언트는 이를 통해 서로 또는 CoAP를 지원하는 클라우드상의 서비스와 통신할 수 있다. 또는 프록시가 클라우드상의 HTTP 서비스를 연결하는 데 사용될 수도 있다. CoAP 엔드포인트는 센서 수준에서도 서로 관계를 맺는 것이 가능하다. 옵저버를 통해 구독과 같은 속성이 MQTT와 유사한 방식으로 변화할 수 있게 된다. 이 그래픽에는 공유되는 리소스를 보유한 원본 서버도 나타나 있다.

이 2개의 프록시를 통해 CoAP는 HTTP 변환을 수행하거나 클라이언트를 대신해서 요청을 전달할 수 있게 된다.

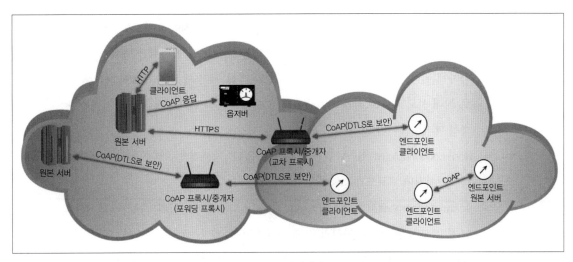

CoAP 아키텍처

ℹ️ CoAP는 포트 5683을 활용한다. 이 포트는 리소스 검색에 사용되기 때문에 리소스를 제공하는 서버에서 지원된다. DTLS가 활성화된 경우에는 포트 5684가 사용된다.

CoAP 메시징 형식

UDP 전송 기반 프로토콜이란 연결이 본질적으로 안정적이지 않을 수 있다는 사실을 의미한다. 이러한 안정성 문제를 상쇄하기 위해 CoAP는 수신 확인이 필요한지 여부가 상이한 두 가지 메시지 유형을 도입했다. 메시지가 비동기적일 수 있다는 점이 이러한 접근법의 또 다른 특징으로 꼽힌다.

CoAP에는 총 네 가지 메시지가 존재한다.

- **Confirmable(CON)**: ACK가 필요한 유형이다. CON 메시지가 전송될 경우, `ACK_TIMEOUT` 간 임의의 시간 간격 내(`ACK_TIMEOUT * ACK_RANDOM_FACTOR`)에 ACK가 반드시 수신돼야 한다. ACK가 수신되지 않을 경우, 전송자는 ACK 또는 RST를 수신할 때까지 간격을 기하급수적으로 증가시키며, CON 메시지를 반복적으로 전송하게 된다. 이것은 기본적으로 CoAP의 혼잡 제어 방식이다. `MAX_RETRANSMIT`로 최대 시도 횟수가 설정되며, 이는 UDP에 부족한 탄력성을 보상하기 위한 탄력성 메커니즘이라 할 수 있다.
- **Non-confirmable(NON)**: ACK가 따로 필요 없다. 기본적으로 파이어 앤 포겟 방식 메시지이거나 브로드캐스팅이다.
- **Acknowledgement(ACK)**: Acknowledges a CON 메시지의 수신을 확인한다. ACK 메시지는 다른 데이터와 함께 피기백될 수 있다.
- **Reset(RST)**: CON 메시지가 수신되었으나 콘텍스트가 누락됐음을 나타낸다. RST 메시지는 다른 데이터와 함께 피기백될 수 있다.

CoAP는 CoAP 메시지에 피기백된 요청/응답 메시지를 사용하는 RESTful 설계다. 그 결과, 다음 그림에서 보듯 효율성이 높아지고 대역폭 보존이 가능해진다.

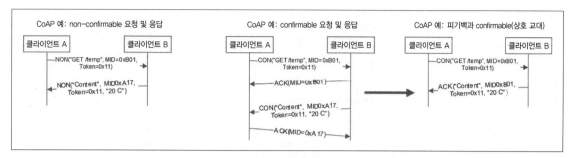

CoAP NON 및 CON 메시징.

다음 그래픽에는 CoAP non-confirmable 및 confirmable 요청/응답 트랜잭션의 세 가지 예가 나와 있으며, 자세한 설명은 다음과 같다.

- non-confirmable request/response(왼쪽): 일반적인 HTTP GET 구조를 사용해 클라이언트 A와 B 사이에 브로드캐스팅되는 메시지다. B는 나중에 Content 데이터를 맞춰 본 다음, 섭씨 20도를 반환한다.

- confirmable request/response(중간): 각 메시지의 고유한 식별자인 메시지 ID가 포함돼 있다. 토큰은 교환 중에 반드시 일치해야 하는 값을 나타낸다.

- confirmable request/response(오른쪽): 이 경우 메시지 확인이 가능하다. 클라이언트 A와 B는 둘 다 메시지 교환 후 ACK을 기다리게 된다. 통신을 최적화하려면 가장 오른쪽에 나와 있듯이 B가 반환된 데이터로 ACK를 피기백하기로 선택하면 된다.

CoAP 트랜잭션의 실제 로그는 Firefox 버전 55의 Copper Firefox 확장 프로그램에서 확인할 수 있다.

Time	CoAP Message	MID	Token	Options	Payload
9:09:50 PM	CON-GET	12514 (0)	empty	Uri-Path: .well-kncwn/core, Block2: 0/0/64	
9:09:50 PM	ACK-2.05 Content	12514	empty	Content-Format: 40, Block2: 0/1/64, Size2: 1918	</obs>;obs;rt="observe";title="Observable resource which changes
9:09:50 PM	CON-GET	12515 (0)	empty	Uri-Path: .well-kncwn/core, Block2: 1/0/64	
9:09:50 PM	ACK-2.05 Content	12515	empty	Content-Format: 40, Block2: 1/1/64	every 5 seconds",</obs-pumping>;obs;rt="observe";title="Observa
9:09:50 PM	CON-GET	12516 (0)	empty	Uri-Path: .well-kncwn/core, Block2: 2/0/64	
9:09:50 PM	ACK-2.05 Content	12516	empty	Content-Format: 40, Block2: 2/1/64	ble resource which changes every 5 seconds",</separate>;title="R
9:09:50 PM	CON-GET	12517 (0)	empty	Uri-Path: .well-kncwn/core, Block2: 3/0/64	
9:09:50 PM	ACK-2.05 Content	12517	empty	Content-Format: 40, Block2: 3/1/64	esource which cannot be served immediately and which cannot be a
9:09:50 PM	CON-GET	12518 (0)	empty	Uri-Path: .well-kncwn/core, Block2: 4/0/64	
9:09:50 PM	ACK-2.05 Content	12518	empty	Content-Format: 40, Block2: 4/1/64	cknowledged in a piggy-backed way",</large-create>;rt="block";ti

Copper CoAP 로그. 여기에서, californium.eclipse.org:5683에 대한 CON-GET 클라이언트 개시 메시지를 확인할 수 있다. 이 URI는 coap://californium.eclipse.org:5683/.well-known/core를 가리킨다. 토큰이 사용되지 않거나 선택 사항이면 각 메시지의 MID가 증가한다.

재전송 프로세서는 아래의 그림에 도식화돼 있다.

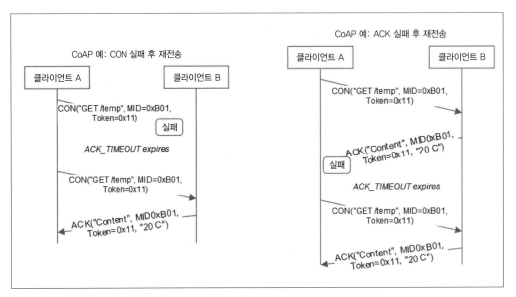

CoAP 재전송 메커니즘. UDP의 복원력이 부족하다는 사실을 고려해, CoAP는 confirmable 메시지로 통신할 때 시간 제한 메커니즘을 사용한다. 시간 제한이 만료되면 CON 메시지를 전송하거나 ACK를 수신하게 되고, 그러면 전송자는 메시지를 재전송한다. 시간 제한을 관리하고 재전송 최대 횟수까지 재전송하는 일은 전송자의 책임이다. 실패한 ACK를 재전송할 때는 동일한 Message_ID를 사용한다.

다른 메시징 아키텍처에는 클라이언트 사이에 메시지를 전파해 줄 중앙 서버가 필요한 반면, CoAP를 이용하면 메시지가 센서, 서버 등 CoAP 클라이언트 사이로 직접 전송된다. CoAP에는 단순한 캐싱 모델이 포함되는데, 캐싱의 제어는 메시지 헤더의 응답 코드를 통해 이뤄진다. 옵션 숫자 마스크가 캐시 키인지 여부를 결정한다. 예를 들어, Max_Age 옵션은 캐시 구성 요소의 수명을 제어하고 데이터의 최신성을 확보하는 데 사용되는데, 이는 즉 Max_Age로 응답이 새로 고침 되기 전에 캐싱될 수 있는 최대의 시간이 설정된다는 것이다. Max_Age는 60초가 기본 설정이며, 최대 136.1년까지 설정이 가능하다. 프록시는 캐싱과 관련해서도 역할을 수행하는데, 예를 들면 슬리핑 에지 센서에서 데이터를 캐싱하고 전력을 절약하는 데 프록시를 사용할 수 있다.

CoAP 메시지 헤더는 효율과 대역폭 보존 효과를 극대화할 수 있도록 독특하게 설계됐다. 헤더는 일반적으로 길이가 10~20바이트인 요청 메시지에서 4바이트를 차지하는데, HTTP 헤더 크기의 1/10에 불과하다. 헤더의 구조는 메시지 유형 식별자(T)로 이뤄지며, 이 식별자는 고유한 연계 메시지 ID와 함께 헤더마다 포함돼 있어야 한다. **코드**Code 필드는 채널에 오류 또는 성공 상태의 신호를 전송하는 데 사용된다. 헤더 이외에 다른 모든 필드는 선택 사항이며, 다양한 길이의 토큰, 옵션, 페이로드를 포함한다.

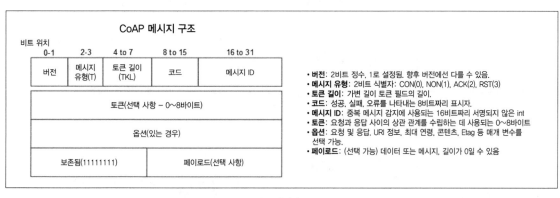

CoAP 메시지 구조

또한, UDP를 이용하면 중복 메시지가 CON과 NON 전송 모두에 도달할 수 있다. 동일한 Message_ID가 규정된 EXCHANGE_LIFETIME 내에 수신자에게 전달될 경우, 중복이 존재한다고 한다. 앞서 그림에서와 같이 이러한 현상은 ACK가 없거나 누락된 경우에 발생할 수 있으며, 클라이언트는 동일한 Message_ID로 메시지를 재전송한다. CoAP 사양은 수신자가 수신한 중복 메시지마다 확인 응답을 하되 하나의 요청 또는 응답만 처리하도록 규정하고 있다. 이 규칙은 CON 메시지가 멱등성을 가진 요청을 전송하는 경우에는 완화될 수 있다.

CoAP는 시스템 내에서 옵저버가 자신의 역할을 수행할 수 있도록 허용한다. 이로 인해 CoAP가 MQTT와 유사한 방식으로 행동하게 된다는 점이 독특하다. 옵저베이션 프로세스를 통해 클라이언트는 옵저베이션에 등록할 수 있으며, 서버는 모니터링되고 있는 리소스의 상태가 변화할 때마다 이를 클라이언트에 알리게 된다. 옵저베이션 기간은 등록 중에 정의될 수 있으며, 옵저베이션 관계는 개시 클라이언트가 RST 또는 다른 GET 메시지를 전송하면 종료된다.

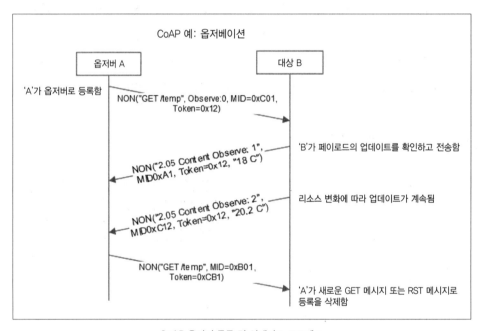

CoAP 옵저버 등록 및 업데이트 프로세스

앞서 언급한 바와 같이 CoAP 표준에는 자체적인 인증 또는 암호화가 없으므로, 사용자는 DTLS를 사용해 해당 수준의 보안을 제공해야 한다. DTLS가 사용될 경우, URI의 예는 다음과 같다.

```
//insecure
coap://example.net:1234/~temperature/value.xml

//secure
coaps://example.net:1234/~temperature/value.xml
```

CoAP는 리소스 탐색 메커니즘도 지원한다. GET 요청을 /.well-known/core로 보내기만 하면 장치의 알려진 리소스 목록이 공개된다. 또한, 쿼리 문자열도 특정 필터를 적용하라는 요청에 사용될 수 있다.

CoAP 용례

CoAP는 가볍기 때문에 클라이언트와 서버 기반에 구축하는 과정에는 리소스가 많이 필요하지 않다. 여기에서는 파이썬 기반 aiocoap 라이브러리를 사용한다. aiocoap에 관한 보다 자세한 내용은 여기(Amsüss, Christian, and Wasilak, Maciej. aiocoap: Python CoAP Library. Energy Harvesting Solutions, 2013-. http://github.com/chrysn/aiocoap/)에서 확인할 수 있다. 극도로 제한된 센서 환경에 맞게 로우 레벨 C 코드로 쓰인 무료 CoAP 클라이언트와 서버가 다양하게 존재한다. 여기에서는 간결한 파이썬 환경을 사용할 것이다.

클라이언트 구축은 다음과 같이 이뤄진다.

```python
#!/usr/bin/env python3
import asyncio              #Python 비동기 처리에 필요함
from aiocoap import *       #AIOCoAP 라이브러리 사용
```

클라이언트의 메인 루프는 다음과 같다. 클라이언트는 PUT을 사용해 온도를 알려진 URI
로 브로드캐스팅한다.

```python
async def main():
 context = await Context.create_client_context()

 await asyncio.sleep(2)                  #초기화 후 2분 대기

 payload = b"20.2 C"
 request = Message(code=PUT, payload=payload)

 request.opt.uri_host = '127.0.0.1'      #localhost 주소의 URI
 request.opt.uri_path = ("temp", "celcius")      #/temp/celcius 경로의 URI
/temp/celcius

 response = await context.request(request).response
 print('Result: %s\n%r'%(response.code, response.payload))

if __name__ == "__main__":
 asyncio.get_event_loop().run_until_complete(main())
```

서버 구축은 다음과 같다.

```python
#!/usr/bin/env python3
import asyncio                           #Python에서 비동기 처리하는 데 필요함
import aiocoap.resource as resource      #aiocoap 라이브러리 사용
import aiocoap
```

다음 코드는 PUT 및 GET 방식의 서비스를 나타낸다.

```python
class GetPutResource(resource.Resource):

 def __init__(self):
 super().__init__()
```

414

```
self.set_content(b"Default Data (padded) "


def set_content(self, content):                    #패딩 적용
self.content = content
while len(self.content) &lt;= 1024:
self.content = self.content + b"0123456789\n"

async def render_get(self, request):               #GET 핸들러
return aiocoap.Message(payload=self.content)

async def render_put(self, request):               #PUT 핸들러
print('PUT payload: %s' % request.payload)
self.set_content(request.payload)                  #수신된 페이로드로 set_content 대체
return aiocoap.Message(code=aiocoap.CHANGED, payload=self.content) #응답 코드를 2.04로
설정
```

메인 루프는 다음과 같다.

```
def main():
root = resource.Site()        #서버에 있는 모든 리소스가 포함된 루트 구성 요소

root.add_resource(('.well-known', 'core'),              #일반적인 .well-known/core임
resource.WKCResource(root.get_resources_as_linkheader)) #.well-known/core의 리소스 목록
root.add_resource(('temp', 'celcius'), GetPutResource())) #리소스 /tmp/celcius 추가

asyncio.Task(aiocoap.Context.create_server_context(root))

asyncio.get_event_loop().run_forever()

if __name__ == "__main__":
main()
```

다른 프로토콜

IoT와 M2M 구축을 위해 만들어져 실제로 사용되고 있는 다른 메시징 프로토콜이 다양하게 존재한다. 지금까지 가장 우세한 프로토콜은 MQTT와 CoAP이며, 다음 절에서는 특정 용례에 적합한 대안을 몇 가지 살펴보기로 한다.

STOMP

STOMP는 Simple(또는 Streaming) Text Message-Oriented Middleware Protocol(단순/스트리밍 텍스트 메시지 지향 미들웨어 프로토콜)을 나타낸다. Codehaus에서 메시지 지향 미들웨어로 작동하도록 설계한 텍스트 기반 프로토콜로, 이 프로토콜에서는 특정 프로그래밍 언어로 개발된 브로커가 다른 언어로 쓰인 클라이언트에서도 메시지를 수신할 수 있다. HTTP와는 TCP를 통해 작동한다는 공통점이 있다. STOMP는 프레임 헤더와 프레임 본문으로 구성된다. STOMP의 최신 사양은 2012년 10월 22일자 STOMP 1.2이며 무료 라이선스로 사용 가능하다.

구독 토픽이나 대기열을 다루지 않기 때문에 여태까지 살펴본 다른 프로토콜과는 다르다. 대상 문자열이 포함된 SEND와 같이 HTTP와 유사한 시맨틱semantic을 사용한다. 브로커는 메시지를 분석해 클라이언트의 토픽 또는 대기열에 매핑해야 한다. 데이터의 소비자는 브로커가 제공한 대상을 구독하게 된다.

STOMP에는 python (Stomp.py), TCL (tStomp), Erlang (stomp.erl)로 작성된 클라이언트가 있다. 여러 서버에 RabbitMQ(플러그인을 통해) 등의 자체 STOMP 지원이 존재하며, 일부 서버는 특정 언어(Ruby, Perl 또는 OCaml)로 설계돼 있다.

AMQP

AMQP는 Advanced Message Queuing Protocol(어드밴스드 메시지 큐잉 프로토콜)의 약자다. 이 프로토콜은 강화와 검증을 거친 MOM 프로토콜로, 하루에 수십억 건 이상의 메시지를 처리하는 JP 모건 체이스나 매일 8테라바이트 이상의 해양학 데이터 수집하는 해양관측이니셔티브Ocean Observatory Initiative 같은 대규모 데이터 소스에서 사용된다. 원래 2003년 JP 모건 체이스Morgan Chase에서 개발한 것으로, 2006년에는 이 프로토콜의 구축과 관리를 위해 23개사가 워킹 그룹을 구성했다. 2011년에 이 워킹 그룹은 현재의 OASIS 그룹에 합병됐다.

이 프로토콜이 뱅킹과 신용 거래 산업에 잘 구축돼 있긴 하지만 IoT에서도 역시 활용된다. AMQP는 ISO와 IEM에 의해 ISO/IEC 19464:2014로 표준화돼 있다. 공식 AMQP 워킹 그룹은 www.amqp.org에서 확인할 수 있다.

AMQP 프로토콜은 TCP 상단에 위치하며 통신 시 포트 5672를 사용한다. 데이터는 AMQP를 통해 시리얼화되는데, 이는 메시지가 유닛 프레임에서 브로드캐스팅된다는 뜻이다. 프레임은 고유한 channel_id로 식별 가능한 가상 채널에서 전송되며, 헤더, channel_ids, 페이로드 정보, 푸터footer로 구성된다. 한편, 채널은 단일 호스트로만 구성 가능하다. 메시지에는 고유한 글로벌 ID가 할당된다.

AMQP는 흐름 제어 메시지 지향 통신 시스템으로, 와이어 레벨 프로토콜이자 로우 레벨 인터페이스다. 와이어 프로토콜은 네트워크의 물리 계층 바로 위에 있는 API를 나타낸다. 와이어 레벨 API를 이용하면 .NET(NMS)와 Java(JMS) 같은 다양한 메시징 서비스가 서로 통신할 수 있게 된다. 유사하게 AMQP도 구독자와 발행자를 분리하려고 한다. MQTT와 달리, 로드 밸런싱과 형식적 큐잉을 위한 메커니즘도 마련돼 있다. 널리 사용되는 AMQP 기반 프로토콜로는 RabbitMQ가 있다. RabbitMQ는 Erlang으로 작성된 AMQP 메시지 브로커다. 그 외에도, Java, C#, Javascript, Erlang로 작성된 RabbitMQ 클라이언트나 Python, C++, C#, Java, Ruby로 작성된 Apache Qpid 등의 다양한 AMQP 클라이언트가 제공된다.

자체 이름 공간, 교환, 메시지 큐 등을 가진 하나 이상의 가상 호스트가 중앙 서버에 상주한다. 생산자와 소비자가 교환 서비스를 구독하고, 이 서비스는 구독자로부터 메시지를 수신해 데이터를 관련 큐로 전달한다. 이러한 관계를 **바인딩**binding이라 하며, 바인딩은 하나의 큐로 연결되거나 여러 큐로 뿌려질(브로드캐스팅과 같이) 수 있다. 바인딩은 라우팅 키를 사용해 하나의 교환을 하나의 큐와 연결할 수 있는데, 이를 일컬어 **다이렉트 교환**direct exchange 이라 한다. 다른 유형의 교환으로는 토픽 교환이 있다.

여기에서는 라우팅 키에 와일드카드 패턴이 사용된다(예: `*.temp.#`와 일치하는 `idaho.temp.celsius` 및 `wisconsin.temp.fahrenheit`).

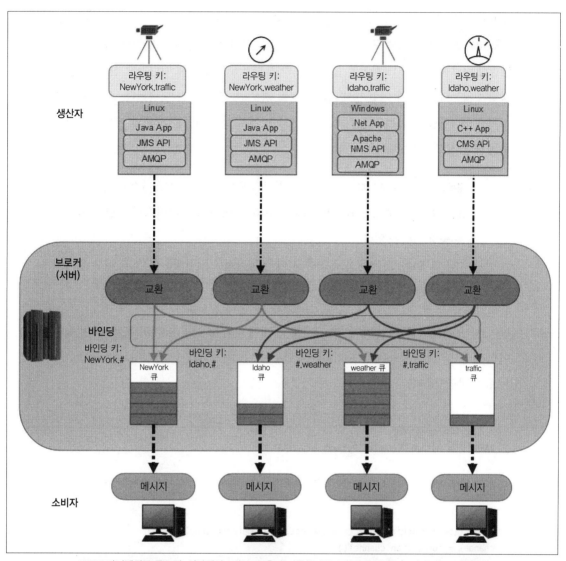

AMQP 아키텍처 토폴로지. 일반적인 AMQP 구축에는 생산자와 소비자가 있다. API와 유선 프로토콜이
줘지면 AMQP는 언어에 구애받지 않기 때문에 생산자는 다른 언어와 이름 공간을 사용할 수 있다.
브로커는 클라우드에 상주하며 생산자별로 교환이 이뤄진다. 교환 시 바인딩 규칙에 따라 메시지가 올바른
큐로 전달된다. 큐는 대기 중인 소비자에게 메시지를 생산해 주는 메시지 버퍼의 역할을 한다.

AMQP 구축의 네트워크 토폴로지는 허브끼리 서로 통신할 수 있는 허브 앤 스포크다. AMQP는 노드와 링크로 구성되며, 노드는 메시지의 소스 또는 sink다. 메시지 프레임은 단방향 링크를 통해 노드 사이를 움직인다. 메시지가 노드를 통해 지나가도 전역 ID가 변경되지 않는다. 노드가 어떤 형태로든 변형될 경우, 새로운 ID가 할당된다. 링크에는 메시지를 필터링할 수 있는 기능이 있으며, AMQP에서 사용 가능한 고유의 메시징 패턴으로는 세 가지가 존재한다.

- **비동기 다이렉트 메시지**: 메시지가 수신자의 확인 응답 없이도 전송된다.
- **요청/응답 또는 Pub/Sub**: MQTT와 유사하며 pub/sub 서비스의 역할을 담당하는 중앙 서버가 있다.
- **저장 및 전달**: 중간 허브로 전송된 다음 목적지로 전달되는 방식의 허브 릴레이에 사용된다.

파이썬으로 쓰인 기본적인 다이렉트 교환이 아래에 나와 있으며, RabbitMQ와 파이크 파이썬 라이브러리가 사용된다. Idaho라는 단순한 다이렉트 교환을 생성하고, weather라는 큐에 바인딩한다.

```python
#!/usr/bin/env python
#AMQP 기본 Python 예시 pika Python 라이브러리

from pika import BlockingConnection, BasicProperties, ConnectionParameters

#연결 개시
connection = BlockingConnection(ConnectionParameters('localhost'))
channel = connection.channel()
channel.exchange_declare(exchange='Idaho', type='direct')   #직접 교환 선언
channel.queue_declare(queue='weather')                      #큐 선언

channel.queue_bind(exchange='Idaho', queue='weather', routing_key='Idaho')
#바인딩
```

```
#메시지 생성
channel.basic_publish(exchange='Idaho', routing_key='Idaho', body='new
important task')

#메시지 사용
method_frame, header_frame, body = ch.basic_get('weather')

#수신 확인
channel.basic_ack(method_frame.delivery_tag)
```

▌ 프로토콜 요약 및 비교

다양한 프로토콜을 아래와 같이 요약하고 비교해 볼 수 있다. 이러한 카테고리 중 일부에
는 예외가 존재한다는 사실에 주의해야 한다. 예컨대 MQTT에는 보안 프로비저닝이 내장
돼 있지 않지만 애플리케이션 수준에서 계층화할 수 있다. 모든 경우에 예외가 있을 수 있
으며, 아래 표는 공식적인 사양을 바탕으로 한다.

	MQTT	MQTT-SN	CoAP	AMQP	STOMP	HTTP/RESTful
모델	MOM pub/sub	MOM pub/sub	RESTful	MOM	MOM	RESTful
탐색 프로토콜	없음	있음(게이트웨이 사용)	있음	없음	없음	있음
리소스 요구 사항	낮음	매우 낮음	매우 낮음	높음	중간	매우 높음
헤더 크기 (바이트)	2	2	4	8	8	8
평균 전력 사용량	최저	저	중	고	중	고
인증	없음(SSL/TLS)	없음(/TLS)	없음(DTLS)	있음	없음	있음(TLS)
암호화	없음(SSL/TLS)	없음(SSL/TLS)	없음(DTLS)	있음	없음	있음(TLS)

	MQTT	MQTT-SN	CoAP	AMQP	STOMP	HTTP/RESTful
액세스 제어	없음	없음	없음 (프록시)	있음	없음	있음
통신 오버헤드	낮음	매우 낮음	매우 낮음	높음	높음, 자세한 정보 표시	높음
프로토콜 복잡도	낮음	낮음	낮음	높음	낮음	매우 높음
TCP/UDP	TCP	TCP/UDP	UDP	TCP/UDP	TCP	TCP
브로드캐스팅	간접적	간접적	있음	없음	없음	없음
서비스 품질	있음	있음	CON 메시지 이용	있음	없음	없음

▌요약

거의 모든 클라우드 공급자가 지원하는 MQTT와 CoAP, HTTP는 지금까지 산업 내에서 가장 우세한 IoT 인터넷 프로토콜이다. CoAP가 오버헤드 없이 HTTP RESTful 모델의 모든 관련 기능을 제공하는 한편, MQTT와 MQTT-SN는 확장 가능하고 효율적인 데이터 통신 pub/sub 모델을 제공한다. 아키텍트는 주어진 프로토콜을 지원하는 데 필요한 오버헤드와 전력, 대역폭, 리소스를 고려해야 하며, 솔루션의 확장이 가능하도록 충분히 앞을 내다봐야 한다. 데이터를 인터넷으로 보내는 전송 방식이 정의됐으므로, 이제 이 데이터로 무엇을 할지를 살펴볼 차례다. 10장에서는 기본 원리부터 고급 구성까지 클라우드 및 포그 아키텍처에 관해 중점적으로 살펴볼 것이다.

10

클라우드 및 포그 토폴로지

클라우드가 없다면 IoT의 성장과 관련 시장도 존재하지 않을 것이다. 기존에는 스마트하지도, 연결되지도 않았던 수십억 대의 장치가 데이터를 공유하거나 집계할 능력도 없이 스스로 관리를 해야 하게 된 것이 근본적인 문제다. 이제 그 많은 소형 임베디드 시스템은 고객에게 한계 가치를 더해 주지 못한다. IoT의 가치는 하나의 엔드포인트가 아니라 수천, 수백만 개의 엔드포인트에서 생산해 내는 데이터에 있다. 클라우드를 통해 단순한 센서, 카메라, 스위치, 비콘, 액추에이터 등은 서로 간에 통할 수 있는 공통의 언어를 갖게 된다. 즉, 클라우드는 데이터 사이의 공통 분모와 같은 역할을 한다.

클라우드가 어디에나 존재한다는 말은, 컴퓨팅 서비스의 인프라가 보통 요구에 따라 생성된다는 것을 의미한다. 리소스 풀(컴퓨팅, 네트워킹, 스토리지, 관련 소프트웨어 서비스 등)은 평균 부하량이나 서비스 품질을 기준으로 확장과 축소가 가능하다. 클라우드는 일반적으로 사용당 과금 모델을 통해 고객에게 외부 서비스를 제공하는 대규모 데이터 센터다. 이러한 데이터 센터의 경우, 실제로는 지역적으로 분산된 리소스를 사용하고 있지만, 마치 하나의 클라우드 리소스인 것처럼 보일 수 있다. 덕분에 사용자는 위치에 구애받지 않는다는 감각을 얻을 수 있다. 리소스는 확장 가능하고, 서비스는 사용당 과금 형식이므로 제공업체는 반복적인 수익 흐름을 창출할 수 있다. 클라우드에서 실행되는 서비스는 기존의 소프트웨어와는 구조와 배포에 차이점이 있다. 클라우드 기반 애플리케이션은 더욱 빠른 개발과 배포가 가능하고, 환경에 따른 가변적인 요소가 적은 편이다. 그렇기 때문에 클라우드 배포의 경우, 새로운 기능을 도입하는 속도가 더욱 빨라진다.

클라우드에 관한 최초의 설명은 1990년대 중반 컴팩Compaq에서 나왔다는 설이 있다. 기술 미래학자들은 이를 두고 컴퓨팅이 호스트 플랫폼이 아닌 웹으로 옮겨가는 컴퓨팅 모델이 될 것이라 예측했다. 이것이 바로 클라우드 컴퓨팅의 기초였지만, 특정한 다른 기술이 등장하기 전까지 클라우드 컴퓨팅은 업계에서 실용성을 갖지 못했다. 전통적으로 통신 산업은 회로의 점대점 시스템을 기반으로 구축됐다. VPN의 개발로 인해 클러스터의 액세스가 안전해지고 통제 가능하게 됐으며, 프라이빗-퍼블릭의 하이브리드도 가능할 수 있었다.

10장에서는 클라우드 아키텍처와 다음과 같은 영역에 관해 알아본다.

- 클라우드 토폴로지의 공식적인 정의와 전문 용어
- 오픈스택 클라우드의 구조적 개요
- 클라우드 전용 아키텍처의 근본적인 문제 고찰
- 포그 컴퓨팅 개요
- OpenFog 레퍼런스 아키텍처
- 포그 컴퓨팅 토폴로지 및 사용 사례

10장 전반에 걸쳐 살펴볼 여러 사용 사례를 통해 IoT 센서 환경에 빅데이터 시맨틱이 미치는 영향을 이해할 수 있을 것이다.

클라우드 서비스 모델

일반적으로 클라우드 공급업체는 XaaS^{Everything as a Service} 제품군을 지원한다. 이는 사용당 과금식 소프트웨어 서비스로, NaaS^{Networking as a Service}, SaaS^{Software as a Service}, PaaS^{Platform as a Service}, IaaS^{Infrastructure as a Service} 등이 포함된다. 모델들은 저마다 더욱 다양한 클라우드 벤더 서비스를 도입하고 있다. 이러한 서비스 제품군이 클라우드 컴퓨팅의 부가가치에 해당한다. 이러한 서비스는 최소한 고객이 데이터 센터 기자재를 구입하고 유지 관리하는 데 쓰는 자본 지출을 상쇄하고 이를 운영 지출로 대체할 수 있어야 한다. 클라우드 컴퓨팅의 표준적인 정의는 국립 표준 기술 연구소(Peter M. Mell and Timothy Grance, 2011, SP 800-145, 클라우드 컴퓨팅의 NIST 정의, 기술 보고서, NIST, Gaithersburg, MD, 미국)를 통해 찾아볼 수 있다.

다음 그림에는 이어지는 절에서 설명할 클라우드 모델 관리의 차이점이 도식화돼 있다.

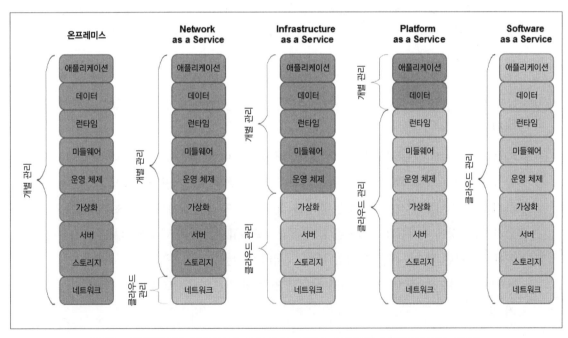

클라우드 아키텍처 모델. 온프레미스는 모든 서비스, 인프라, 스토리지를 소유자가 관리하는 경우다.

NaaS에는 SDP나 SDN 같은 서비스가 포함되며, IaaS는 하드웨어 시스템과 스토리지를 클라우드에 접목시켜 준다. PaaS의 경우, 인프라를 포함하되, 클라우드의 OS와 시스템 가동 시간 또는 컨테이너도 관리한다. 마지막으로, SaaS는 모든 서비스, 인프라, 서비스를 클라우드 공급업체에 맡긴다.

NaaS

소프트웨어 정의 네트워킹SDN, Software-Defined Networking이나 **소프트웨어 정의 경계**SDP, Software-Defined Perimeters와 같은 서비스는 NaaS의 전형이다. 이러한 제품은 오버레이 네트워크와 기업 보안을 제공하기 위해 클라우드로 관리되고 조직되는 메커니즘이다. 기업의 통신을 지원하기 위해 전 세계적인 규모로 인프라와 자본을 구축하는 대신, 클라우드 접근 방식을 이용해 가상 네트워크를 형성할 수 있다. 이 방식을 통해 네트워크는 수요에 따라 리소스의 규모를 최적의 상태로 확대하거나 축소할 수 있게 되며, 새로운 네트워크 기능을 구매한 다음 신속하게 배포하는 일이 가능해진다. 이 주제는 관련된 SDN장에서 더욱 깊이 있게 다룰 예정이다.

SaaS

SaaS는 클라우드 컴퓨팅의 기반을 이룬다. 제공자는 모바일 장치, 신(thin) 클라이언트 또는 다른 클라우드의 프레임워크와 같은 클라이언트를 통해 최종 사용자에게 노출되는 애플리케이션이나 서비스를 제공하는 경우가 많다. 사용자의 관점에서 보면 SaaS 계층은 클라이언트상에서 가상으로 실행된다. 이러한 소프트웨어 추상화 덕분에 업계는 클라우드에서 상당한 성장을 이룰 수 있었다. SaaS 서비스로는 구글 앱스Google Apps, 세일즈포스 Salesforce 마이크로소프트 오피스 365Microsoft Office 365와 같은 유명 브랜드의 어플라이언스가 있다.

PaaS

PaaS는 클라우드에 의해 제공되는 기반 하드웨어와 하위 계층 소프트웨어 설비를 일컫는다. 이 경우, 최종 사용자가 프라이빗 애플리케이션 또는 서비스를 호스팅하기 위해서는 제공자의 데이터 센터 하드웨어, OS, 미들웨어, 종합 프레임워크를 사용하기만 하면 된다. 미들웨어는 데이터베이스 시스템으로 구성될 수 있으며, 많은 산업이 스웨드뱅크 Swedbank, 트렉 바이시클스Trek Bicycles, 도시바Toshiba 등 클라우드 제공자의 상업용 하드웨어를 통해 구축되었다. 퍼블릭 PaaS 제공자로는 IBM 블루빅스IBM Bluemix, 구글 앱 엔진Google App Engine, 마이크로소프트 애저Microsoft Azure 등이 있다. IaaS와 비교했을 때 PaaS 배포의 가치는 클라우드 인프라를 통해 확장성과 OPEX의 이점을 얻을 수 있는 데다가 검증된 미들웨어와 제공자의 운영 체제도 활용할 수 있다는 점에 있다. 이는 도커Docker와 같이 소프트웨어가 컨테이너로 배포되는 위치인 시스템의 영역이다. 전체 애플리케이션이 공급업체에서 제공하는 프레임워크와 인프라의 제약 속에 있다면, 대부분의 구성 요소와 OS, 미들웨어의 사용이 보장되기 때문에 시장 출시 시간이 더욱 빨라질 수 있다.

IaaS

IaaS는 클라우드 서비스의 원래 개념이다. 이 모델에서 제공자는 클라우드에 확장 가능한 하드웨어 서비스를 구축하고 클라이언트 가상 머신을 구축할 수 있도록 약간의 소프트웨어 프레임워크를 제공한다. 덕분에 배포 시 극도의 유연성을 발휘할 수 있지만, 고객 측의 개입이 더 많이 요구된다.

▌ 퍼블릭, 프라이빗, 하이브리드 클라우드

클라우드 환경 내에서는 프라이빗 클라우드, 퍼블릭 클라우드, 하이브리드 클라우드의 세 가지 클라우드 토폴로지 모델이 일반적으로 사용된다. 어떤 모델이든 클라우드 프레임워크는 모두 동적 확장과 개발, 신속한 배포가 가능해야 하며, 근접성과 무관하게 지역성을 드러내야 한다.

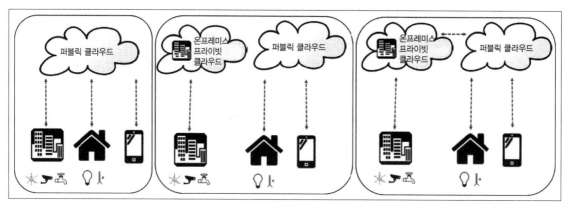

왼쪽: 퍼블릭 클라우드. 중간: 프라이빗 vs. 퍼블릭 클라우드. 오른쪽: 하이브리드 클라우드.

프라이빗 클라우드는 온프레미스로 관리되는 구성 요소가 있음을 시사한다. 최신 기업 시스템은 미션 크리티컬 애플리케이션과 온프레미스 데이터의 안전을 확보하기 위해 하이브리드 아키텍처를 사용하고 연결과 배포의 용이성, 신속한 개발을 위해서는 퍼블릭 클라우드를 사용하는 경향이 있다.

프라이빗 클라우드

프라이빗 클라우드에서 인프라는 하나의 조직 또는 기업을 위해 프로비저닝된다. 리소스 공유나 소유자의 자체 인프라 외부에서의 풀링pooling 같은 개념은 없다. 프레미스 내에서는 공유와 풀링이 일반적이다. 프라이빗 클라우드는 보안이나 보증 등의 다양한 이유로 인해 존재한다. 즉, 정보가 고객이 관리하는 시스템에만 국한되도록 보장하기 위함이다. 물론, 이 또한 클라우드이기 때문에 클라우드 같은 서비스의 특정 양상, 예컨대 시각화나 로드 밸런싱과 같은 측면이 반드시 존재해야 한다. 프라이빗 클라우드는 온프레미스일 수도 있고, 서드파티에서 사용자만을 위해 공급하는 전용 장비일 수도 있다.

퍼블릭 클라우드

퍼블릭 클라우드는 정반대의 상황에 해당한다. 여기에서 인프라는 여러 고객과 애플리케이션에 맞춰 온디맨드로 프로비저닝된다. 이 인프라는 서비스 수준 계약의 일환으로 누구나 언제든 이용할 수 있는 리소스 풀이다. 클라우드 데이터 센터의 자체 규모를 통해, 구입하고자 하는 서비스의 양이 제한적인 수많은 고객에게 전에 없던 수준의 확장성을 제공할 수 있다는 장점이 있다.

하이브리드 클라우드

하이브리드 아키텍처 모델은 프라이빗 클라우드와 퍼블릭 클라우드의 조합이다. 이러한 조합에는 여러 클라우드가 동시에 사용될 수도 있고 퍼블릭 클라우드와 프라이빗 클라우드의 인프라가 모두 사용될 수도 있다. 민감한 데이터에는 자체적인 관리가 필요한 반면, 프론트엔드 인터페이스에서는 클라우드 수준의 범위와 규모를 활용할 수 있다면 조직에서는 하이브리드 모델을 선호하는 경향이 있다. 또 다른 사용 사례로는 퍼블릭 클라우드 계약의 유지를 통해 확장성이 기업의 프라이빗 클라우드 수준을 초과하는 상황을 상쇄하는 경우를 들 수 있다. 이때 데이터와 사용량의 기복이 프라이빗 클라우드의 제한치로 다시 떨어질 때까지 퍼블릭 클라우드는 로드 밸런서로 사용된다. 이를 일컬어 클라우드 버스팅이라고 하며, 상황에 따라 클라우드를 활용해 리소스를 프로비저닝하는 것을 의미한다.

▌ 오픈스택 클라우드 아키텍처

오픈스택은 클라우드 플랫폼 구축에 사용되는 오픈소스 Apache 2.0 라이선스 프레임워크다. 오픈스택은 기본적으로 IaaS이며, 2010년부터 개발자 커뮤니티에서 사용되기 시작했다. 오픈스택 재단OpenStack Foundation에서 이 소프트웨어를 관리하며, 인텔Intel, IBM, 레드햇Red Hat, 에릭슨Ericsson 등 500개 이상의 기업을 지원하고 있다. 여기에서는 오픈스택을 다른 클라우드 공급자에 대한 레퍼런스 아키텍처로 사용할 것이며, 될 수 있는 대로 상용 클라우드에서 사용되는 구성 요소와 용어를 사용할 것이다.

오픈스택은 2010년경 NASA와 랙스페이스^{Rackspace} 사이의 합작 프로젝트로 시작되었다. 이 아키텍처에는 컴퓨팅 및 로드 밸런싱, 스토리지 구성 요소, 백업 및 복구, 네트워킹 구성 요소, 대시보드, 보안 및 ID, 데이터 및 분석 패키지, 배포 도구, 모니터링 및 계측, 애플리케이션 서비스 등 다른 클라우드 시스템의 주요 구성 요소가 모두 포함돼 있다. 아키텍트는 클라우드 서비스 선택 시 이러한 구성 요소들을 살펴보게 될 것이다.

아키텍처의 측면에서 보면 오픈스택은 구성 요소가 서로 얽혀 있는 계층이다. 오픈스택 클라우드의 기본 형태는 다음 그림과 같다. 서비스마다 특정한 기능과 고유한 명칭(예: Nova)이 있다. 시스템은 하나의 전체로 행동하며, 엔터프라이스급의 확장식 클라우드 기능을 제공한다.

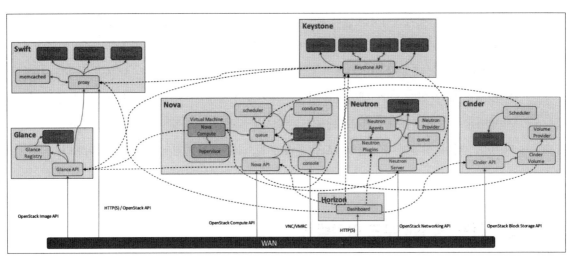

오픈스택 최상위 아키텍처 다이어그램

오픈스택 구성 요소 내의 모든 통신은 **어드밴스드 메시지 큐잉 프로토콜**^{AMQP, Advanced Message Queueing Protocol} 메시지 큐, 특히 RabbitMQ 또는 Qpid를 통해 이뤄진다. 메시지는 전송되는 방식에 따라 블로킹 또는 논블로킹일 수 있다. 메시지는 JSON 개체로 RabbitMQ에 전송되고, 수신자는 동일한 서비스에서 메시지를 찾아서 불러온다. 이를 대규모 하위 시스템 사이에 이뤄지는 느슨하게 연결된 **원격 프로시저 호출**RPC, Remote Procedure Call 통신 방식이라고 한다. 클라이언트와 서버 서비스가 완전히 분리되고 이로 인해 서버의 규모가 크게 확장 또는 축소될 수 있다는 점이 클라우드 환경의 장점이다. 메시지는 브로드캐스트가 아니라 디렉션되며, 이로 인해 트래픽이 최소한으로 유지된다. AMQP가 IoT 영역에서 가장 흔하게 사용되는 메시징 프로토콜이라는 사실을 상기할 수 있을 것이다.

Keystone – 신원 식별 및 서비스 관리

Keystone은 오픈스택 클라우드의 신원 식별 관리자 서비스로, 신원 식별 관리자는 사용자 자격 증명과 로그인 인증을 생성한다. 이 단계가 클라우드로 가는 기본적인 출발점 또는 진입점에 해당한다. 이 리소스는 사용자의 중앙 디렉토리와 액세스 권한을 유지 관리하며, 보안의 최상위 단계로, 사용자 환경이 상호 배타적이고 안전하도록 보장한다. Keystone은 기업 수준의 디렉토리에서 LDAP와 같은 서비스와 직접적으로 통신할 수 있다. 또한 Keystone은 토큰 데이터베이스를 유지 관리하고 **아마존 웹 서비스**AWS, Amazon Web Service가 자격 증명을 수립하는 방식과 유사한 방식으로 임시 토큰을 사용자에게 제공하기도 한다. 서비스 레지스트리는 사용자에게 프로그램 방식으로 제공되는 제품이나 서비스가 무엇인지를 쿼리하는 데 사용된다.

Glance – 이미지 서비스

Glance는 오픈스택의 가상 머신 관리에 핵심적인 요소를 제공한다. 클라우드 서비스의 대부분은 어느 정도의 가상화를 제공하고 Glance와 유사한 아날로그 리소스를 지원한다. 이 이미지 서비스 API는 RESTful 서비스로, 이를 통해 소비자는 VM 템플릿 개발, 사용 가능한 VM 탐색, 다른 서비스로 이미지 복제, VM 등록 등을 수행할 수 있으며, 실행 중인 가상 머신을 중단 없이 다른 물리적 서버로 옮기는 것도 가능하다. Glance는 Swift(객체 스토리지)를 호출해 여러 이미지를 가져오거나 저장하며, 다음과 같이 다양한 스타일의 가상 이미지를 지원한다.

- raw: 구성되지 않은 이미지
- vhd: VMWare, Xen, Oracle VirtualBox
- vmdk: 일반적인 디스크 형식
- vdi: QEMU 에뮬레이터 이미지
- iso: 광학식 드라이브 이미지(CD ROM)
- aki/ari/ami: 아마존 이미지

 가상 머신은 게스트 운영 체제, 런타임, 응용 프로그램, 서비스 등 전체적인 하드 드라이브 볼륨 이미지 콘텐츠로 구성된다.

Nova 컴퓨팅

Nova는 오픈스택 컴퓨팅 리소스 관리 서비스의 핵심으로, 수요에 따라 적절한 컴퓨팅 리소스를 식별하는 것이 목적이다. 또한, 시스템 하이퍼바이저와 가상 머신의 제어도 담당한다. 앞서 언급한 바와 같이 Nova는 VMware나 Xen과 같은 다양한 VM과 함께 사용되거나 컨테이너를 관리하는 데 사용될 수 있다. 온디맨드 스케일링은 모든 클라우드 제품의 핵심적인 요소다.

Nova는 간편한 제어를 위해 RESTful API 웹 서비스를 기반으로 한다.

API를 통해 다음을 GET 명령어와 함께 Nova로 보내면 서버 목록을 얻을 수 있다.

```
{your_compute_service_url}/servers
```

서버 집단(최소 10개에서 최대 20개까지)을 생성하려면 다음을 POST 와 함께 보내면 된다.

```json
{
    "server": {
        "name": "IoT-Server-Array",
        "imageRef": "8a9a114e-71e1-aa7e-4181-92cc41c72721",
        "flavorRef": "1",
        "metadata": {
            "My Server Name": "IoT"
        },
        "return_reservation_id": "True",
        "min_count": "10",
        "max_count": "20"
    }
}
```

그러면 Nova는 다음으로 응답한다. a reservation_id:

```json
{
    "reservation_id": "84.urcyplh"
}
```

따라서 인프라를 관리하기 위한 프로그래밍 모델은 상당히 심플해진다.

Nova 데이터 베이스는 클러스터에 있는 모든 개체의 현재 상태를 유지해야 하는데, 클러스터 내의 다양한 서버에 포함될 수 있는 상태의 예로는 다음과 같은 것이 있다.

- ACTIVE: 서버가 실행 중임
- BUILD: 서버를 구축 중이며 아직 완료되지 않음
- DELETED: 서버가 삭제됨
- MIGRATING: 서버가 새로운 호스트로 마이그레이션 중임

Nova는 스케줄러를 사용해 실행할 작업과 해당 작업을 실행할 위치를 판단한다. 이 스케줄러는 적합성을 임의로 연결하거나 필터를 사용해 일부 변수 집합과 가장 잘 맞는 호스트 집합을 선택할 수 있다. 그 결과, 필터 최종 제품은 최선부터 최악까지, 사용 가능한 호스트 서버의 순서 목록(목록에서 제외된 비호환 호스트 포함)이 된다.

다음은 서버의 적합성을 할당하는 데 사용되는 기본 필터다.

```
scheduler_available_filters = nova.scheduler.filters.all_filters
```

커스텀 필터도 만들 수 있으며(예를 들어, IoTFilter.IoTFilter라는 Python 또는 JSON 필터), 다음과 같이 스케줄러에 연결이 가능하다.

```
scheduler_available_filters = IoTFilter.IoTFilter
```

API를 통해 프로그램 방식으로 16개의 VCPU가 있는 서버를 찾아내도록 필터를 설정하려면 JSON 파일을 다음과 같이 구성하면 된다.

```json
{
    "server": {
        "name": "IoT_16",
        "imageRef": "8a9a114e-71e1-aa7e-4181-92cc41c72721",
        "flavorRef": "1"
    },
    "os:scheduler_hints": {
        "query": "[&gt;=,$vcpus_used,16]"
    }
}
```

아니면 다음과 같이 오픈스택을 사용해도 명령줄 인터페이스를 통해 클라우드를 제어할 수 있다.

```
$ openstack server create --image 8a9a114e-71e1-aa7e-4181-92cc41c72721 \
  --flavor 1 --hint query='["&gt;=","$vcpus_used",16]' IoT_16
```

오픈스택에는 다양한 필터가 마련돼 있어, 서버와 서비스의 커스텀 할당이 가능하며 그
결과, 서버 프로비저닝과 스케일링을 매우 확실하게 제어할 수 있게 된다. 이 점은 클라
우드 설계에서 기본적이면서도 매우 중요한 부분이다. 이러한 필터에는 다음이 포함되지
만, 이에 국한되지는 않는다.

- RAM 크기
- 디스크 용량 및 유형
- IOPS 수준
- CPU 할당
- 그룹 적합성
- CIDR 적합성

Swift – 객체 스토리지

Swift는 오픈스택 데이터 센터의 이중화 스토리지 시스템을 마련한다. 이를 통해 클러스
터는 새로운 서버를 추가해 규모를 확장할 수 있다. 이 객체 스토리지에는 계정이나 컨테
이너 같은 요소가 포함되며, 사용자의 가상 머신은 Swift에 저장 또는 캐싱된다. Nova 컴
퓨팅 노드는 Swift로 직접 호출될 수 있으며, 처음 실행 시 이미지를 다운로드할 수 있다.

Neutron – 네트워킹 서비스

Neutron은 오픈스택 네트워크 관리 및 VLAN 서비스다. 전체 네트워크는 구성 가능하며
다음과 같은 서비스를 제공한다.

- 도메인 이름

- DHCP

- 게이트웨이 기능

- VLAN 관리

- L2 연결

- SDN

- 오버레이 및 터널링 프로토콜

- VPN

- NAT(SNAT 및 DNAT)

- 침입 감지 시스템

- 로드 밸런싱

- 방화벽

Cinder – 블록 스토리지

Cinder는 클라우드에 필요한 퍼시스턴트 블록 스토리지 서비스를 오픈스택에 제공한다. 데이터베이스나 데이터레이크와 같이 파일이 동적으로 증가하는 시스템 등이 사용 사례에서 SaaS^{Storage as a Service}의 역할을 담당하며, 이는 특히 IoT 스트리밍 시나리오에서 중요하다. 오픈스택의 다른 구성 요소와 마찬가지로, 스토리지 시스템 자체가 동적이라, 필요에 따라 확장이 가능하다. 이 아키텍처는 고가용성과 개방형 표준을 바탕으로 구축된다.

Cinder가 제공하는 기능으로는 다음과 같은 것이 있다.

- Nova 컴퓨팅 인스턴스에 대한 스토리지 장치의 생성, 삭제, 바인딩

- 여러 스토리지 공급업체 간 상호 운용성(HP 3PAR, EMC, IBM, Ceph, CloudByte, Scality)

436

- 여러 인터페이스 지원(파이버 채널, NFS, 공유된 SAS, IBM GPFS, iSCSI)
- 디스크 이미지 백업 및 검색
- 한 시점의 스냅샷 이미지
- VM 이미지의 대체 스토리지

Horizon

여기에서 마지막으로 다룰 요소는 Horizon이다. Horizon은 오픈스택 대시보드로, 고객이 오픈스택을 한눈에 볼 수 있는 단일 창에 해당한다. 여기에서는 오픈스택을 구성하는 다양한 구성 요소(Nova, Cinder, Neutron 등)의 웹 기반 보기가 제공된다. Horizon는 API의 대안적 수단으로 클라우드 시스템의 사용자 인터페이스 보기를 마련하며, 확장성 덕분에 제3자가 자체 위젯이나 도구를 대시보드에 추가할 수도 있다. 새로운 결제 구성 요소를 추가하고 나서 Horizon 대시 보드 구성 요소를 고객에게 맞게 인스턴스화하는 것도 가능하다.

클라우드 배포를 활용하는 대부분의 IoT에는 엇비슷한 기능들과 함께 특정 유형의 대시보드가 포함된다.

Heat – 오케스트레이션(선택 사항)

Heat는 여러 개의 복합적인 클라우드 애플리케이션을 실행하고 오픈스택 인스턴스의 템플릿을 기준으로 클라우드 인프라를 관리할 수 있다. Heat는 텔레메트리와의 통합을 통해 시스템의 규모를 자동으로 조절해 부하 요구 사항을 충족한다. Heat의 템플릿은 AWS CloudFormation 양식을 준수하려 하며, 리소스 간의 관계 또한 예컨대, '이 볼륨은 이 서버에 연결된다'와 같이 유사한 방식으로 특정된다.

Heat 템플릿은 아래와 유사한 형태를 가질 수 있다.

```
heat_template_version: 2015-04-30

description: example template

resources:
  my_instance:
    type: OS::Nova::Server
    properties:
      key_name: { get_param: key_name }
      image: { get_param: image }
      flavor: { get_param: flavor }
      admin_pass: { get_param: admin_pass }
      user_data:
        str_replace:
          template: |
            #!/bin/bash
            echo hello_world
```

Ceilometer – 텔레메트리(선택 사항)

오픈스택은 Ceilometer라는 옵션 서비스를 제공하는데, 이를 통해 텔레메트리 데이터 수집과 각 서비스에 사용된 리소스의 계측이 가능하다. 계측은 사용량 정보를 수집하고 이를 바탕으로 고객에게 청구하는 데 사용된다. Ceilometer는 또한 요금 책정 및 청구 도구이기도 하다. 요금 책정 과정에서는 청구된 가치가 그에 상응하는 현금액으로 바뀌며, 청구를 통해 결제 프로세스가 시작된다.

Ceilometer는 서비스 개시, 볼륨 첨부, 인스턴스 중단 등과 같이 다양한 이벤트를 모니터링하고 계측한다. 이때 CPU 사용량, 코어 수, 메모리 사용량, 데이터 이동 등에 관한 수치가 수집되며, 이 모든 것의 수집과 저장은 MongoDB 데이터베이스에서 이뤄진다.

▌ IoT용 클라우드 아키텍처의 제약

클라우드 서비스 공급업체는 IoT 에지 장치 외부에 있으며 광대역 네트워크를 담당한다.
IoT 아키텍처의 특징 중 하나는 PAN과 WPAN 장치가 IP 컴플라이언스를 따르지 않을
수 있다는 점이다. 클라우드를 포함한 WAN의 모든 것이 IP 기반인 반면, BLE^{Bluetooth Low}
^{Energy}나 Zigbee와 같은 프로토콜은 비IP 기반이다. 따라서 에지 게이트웨이는 해당하는
수준의 변환을 수행하는 역할을 담당하게 된다.

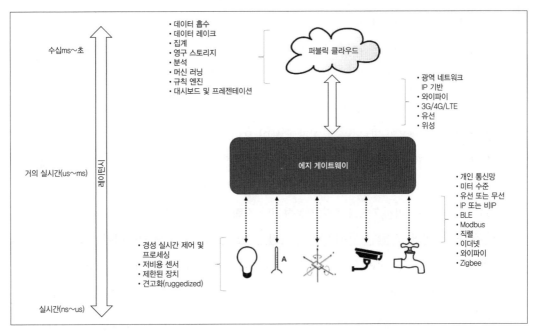

클라우드의 레이턴시 효과. 많은 IoT 분야에서 경성 실시간 반응이 중요하며 작용하며,
이를 위해 엔드포인트 장치에 더욱 가까운 위치에서 처리가 이뤄지게 된다.

레이턴시 효과

또 다른 효과로는 레이턴시와 이벤트의 반응 시간을 들 수 있다. 센서에 가까워지면 경성 실시간hard real-time 요구 사항의 영역으로 들어가게 된다. 이러한 시스템은 깊이 임베딩돼 있는 시스템이거나 레이턴시가 실제 이벤트에 따라 설정돼 있는 마이크로컨트롤러인 경우가 많다. 일례로 비디오 카메라가 프레임 속도(보통 30 또는 60fps)에 민감하고 데이터 흐름 파이프라인(디모자이크, 디노트, 화이트 밸런스 및 감마 조정, 색역 매핑, 스케일링 및 압축)에서 연속적인 여러 작업을 수행해야 하는 경우를 들 수 있다. 비디오 이미징 파이프라인을 통해 흘러가는 데이터의 양(60fps의 속도로 채널당 8비트를 사용하는 1080p 비디오)은 약 1.5GB/s이다. 모든 프레임이 이 파이프라인을 실시간으로 통과해야 하므로, 대부분의 비디오 이미지 시그널 프로세서가 실리콘에서 이러한 변환을 수행한다.

스택의 상단으로 가보면, 게이트웨이에는 차선의 응답 시간이 있고 보통 한 자리 숫자의 밀리초 단위인 경우가 많다. 응답 시간의 제어 요인은 WPAN 레이턴시와 게이트웨이의 로드다. 앞서 WPAN 장에서 언급했듯이 BLE와 같은 대부분의 WPAN이 게이트웨이에 있는 BLE 장치의 수, 스캔 간격, 애드버타이징 간격 등에 따라 가변적이고 종속적이다. BLE 연결 간격은 최저 7.5ms까지 가능하지만 전력 소비량의 최소화를 위해 애드버타이징 간격을 어떻게 조정하느냐에 따라 달라질 수 있다. 와이파이 신호의 레이턴시는 보통 1.5ms이며 이 수준의 레이턴시의 경우, PAN에 대한 물리적 인터페이스가 필요하다. 실시간에 가까운 제어를 바라고 원본 BLE 패킷을 클라우드로 전달할 수 있을 것으로 기대하기는 어렵다.

클라우드 구성 요소의 레이턴시는 WAN의 레이턴시와는 정도가 다르다. 게이트웨이와 클라우드 공급자 사이의 루트는 데이터 센터와 게이트웨이의 위치에 따라 여러 경로를 거칠 수 있다. 클라우드 공급자는 보통 일련의 지역 데이터 센터를 통해 트래픽을 정규화한다. 클라우드 공급자가 레이턴시에 미치는 진정한 영향을 이해하려면 여러 지역에서 수 주 또는 수 개월에 걸쳐 핑ping되는 레이턴시를 샘플링해야 한다.

지역	레이턴시
미국 동부(버지니아)	80ms
미국 동부(오하이오)	87ms
미국 서부(캘리포니아)	48ms
미국 서부(오리건)	39ms
캐나다(중부)	75ms
유럽(아일랜드)	147ms
유럽(런던)	140ms
유럽(프랑크푸르트)	152ms
아시아 태평양(뭄바이)	307ms
아시아 태평양(서울)	192ms
아시아 태평양(싱가포르)	306ms
아시아 태평양(시드니)	205ms
아시아 태평양(도쿄)	149ms
남미(상파울루)	334ms
중국(베이징)	436ms
GovCloud(미국)	39ms

CloudPing.info에서 공개한 미국 서부 클라이언트의 아마존 AWS CloudPing(보다 자세한 정보는 http://www.cloudping.info 참조).

클라우드 레이턴시와 응답 시간의 총체적인 분석은 CLAudit에서 수행하고 있다(보다 자세한 내용은 http://claudit.feld.cvut.cz/index.php# 참조). Fathom이나 SmokePing과 같이 레이턴시 분석을 위한 다른 도구도 존재한다(보다 자세한 내용은 https://oss.oetiker.ch/smokeping/ 참조). 이러한 사이트들은 여러 지역과 전 세계에 존재하는 AWS나 마이크로소프트 애저Microsoft Azure 전반에서 TCP와 HTTP, SQL 데이터베이스의 레이턴시를 일 단위로 연구하고 모니터링하며 아카이빙한다. 이를 통해, 특정 클라우드 솔루션에서 예상할 수 있는 전반적인 레이턴시의 영향을 효과적으로 살펴볼 수 있게 된다. 예를 들어, 다음 그림에는 아마존 AWS와 통신하는 미국 내 테스트 클라이언트와 미국 서부에 위치한 마이크로소프트 애저 서버 간의 일일 **왕복 시간**RTT, Round-Trip Time이 도식화돼 있다. 여기에서 RTT의 가변성을 언급해 두는 것이 유용할 듯하다. 5ms의 상승은 많은 애플리케이션이 견딜 수 있는 수준이긴 하지만, 이는 경성 실시간 제어 시스템이나 공장 자동화 환경에서는 문제가 될 수 있다.

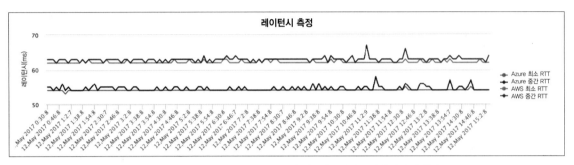

클라우드 공급업체의 왕복 시간과 레이턴시. 이 차트에는 여러 시간에 걸친 두 클라우드 공급업체의 레이턴시가 밀리초 단위로 표시돼 있다.

수신 데이터의 프로세싱 오버헤드를 감안하지 않으면 클라우드 레이턴시는 수백 밀리초 아니면 대략 수십 밀리초인 것이 보통이다. 이를 바탕으로 IoT용 클라우드 기반 아키텍처 구축 시 다양한 응답 수준의 기대치가 설정되는데, 장치에 가까운 아키텍처의 경우, 응답 시간은 10ms 미만이면서, 결정적이고 반복 가능하다는 장점을 누릴 수 있다. 클라우드 솔루션에 따라 응답 시간은 가변적일 수 있으며, 최대의 응답 시간/가까운 에지 장치보다 높은 응답 시간을 달성하는 것도 가능하다. 아키텍트는 이 두 가지 효과를 기준으로 솔루션의 어느 부분을 어디에 배포할지를 판단해야 한다. 또한, 클라우드 공급자는 데이터 센터 배포 모델을 기준으로 선택해야 한다. IoT 솔루션이 전 세계적으로 배포되거나 여러 지역을 커버할 만큼 확장될 경우, 클라우드 서비스의 데이터 센터는 지역적으로 유사한 곳에 위치해야 응답 시간을 정상화하는 데 도움이 된다. 다음의 도식은 하나의 클라이언트에서 전 세계의 데이터 센터에 도달하기까지 레이턴시의 큰 편차가 존재함을 보여 준다. 이는 최적의 아키텍처가 아니다.

▌포그 컴퓨팅

포그Fog 컴퓨팅이란, 혁신적으로 확장된 에지 클라우드 컴퓨팅이라 할 수 있다. 이 절에서는 포그 컴퓨팅과 에지 컴퓨팅의 차이를 상세하게 살펴보고, 포그 컴퓨팅의 여러 토폴로지와 아키텍처 레퍼런스를 다룬다.

포그 컴퓨팅에 적용된 하둡 기반

포그 컴퓨팅은 하둡Hadoop과 맵리듀스MapReduce의 성공에서 유사점을 찾아볼 수 있으므로, 포그 컴퓨팅의 중요성을 보다 효과적으로 이해하기 위해 잠깐 시간을 내서 하둡의 작동 원리를 살펴볼 필요가 있다. 맵리듀스는 매핑 방식의 하나이며, 하둡은 이 맵리듀스 알고리즘에 기반한 오픈소스 프레임워크다.

맵리듀스에는 매핑, 셔플, 리듀스의 세 가지 단계가 있다. **매핑**mapping 단계에서는 컴퓨팅 기능이 로컬 데이터에 적용된다. 셔플 단계에서는 데이터가 필요에 따라 데이터를 재분배한다. 시스템은 모든 종속 데이터를 하나의 노드에 병치하려고 하므로 이 단계가 매우 중요하다. 마지막 단계인 리듀스 단계에서는 모든 노드의 프로세싱이 병렬로 일어난다.

맵리듀스는 데이터가 위치한 곳에서 프로세싱을 수행하지, 데이터를 프로세서가 있는 곳으로 옮기지 않는다고 보는 것이 일반적이다. 이 방식은 통신 오버헤드와 더불어, 규모가 매우 큰 구조화 데이터 집합이나 비구조화 데이터 집합이 존재하는 시스템에서 자연스럽게 발생하는 병목 현상을 효과적으로 제거해 준다. 이러한 패러다임은 IoT에도 적용된다. IoT 영역에서는 데이터(그것도 매우 많은 양의 데이터)가 실시간으로, 데이터 스트림을 이루며 생성되는데, 이를 IoT에서의 빅데이터라 볼 수 있다. 데이터베이스나 구글 스토리지 클러스터와 같은 정적 데이터는 아니지만, 세계 곳곳에서 끊임없이 데이터가 흘러 들어오는 라이브 스트림이기 때문이다. 포그 기반 설계야말로 이처럼 새롭게 대두되는 빅 데이터 문제를 해결할 수 있는 자연스러운 방식이다.

포그 컴퓨팅과 에지 컴퓨팅, 클라우드 컴퓨팅의 비교

앞서 이미 에지 컴퓨팅을 데이터가 생성되는 위치 가까이로 프로세싱을 가져가는 것으로 정의한 바 있다. IoT의 경우, 에지 장치는 소형 마이크로컨트롤러가 포함된 센서 자체나 WAN 통신 기능이 있는 임베디드 시스템일 수 있다. 아니면 게이트웨이에서 떨어져 특정한 제약을 받고 있는 엔드포인트가 포함된 아키텍처의 게이트웨이가 에지일 수 있다. 에지 프로세싱은 에지(클라이언트)와 다른 곳에 위치한 서버 사이에 긴밀한 상관 관계가 존재하는 머신 간 콘텍스트에서 언급되곤 한다. 앞서 설명한 바와 같이 에지 컴퓨팅은 레이턴시 및 불필요한 대역폭 소비와 관련된 문제를 해결하고 변성이나 데이터 소스에 인접한 보안 같은 서비스를 더하기 위해 존재한다. 에지 장치는 레이턴시와 반송파라는 비용을 치르며 클라우드 서비스와 관계를 맺을 수는 있지만, 클라우드 인프라에 적극적으로 참가하지는 않는다.

포그 컴퓨팅은 에지 컴퓨팅 패러다임과는 약간 다르다. 포그 컴퓨팅은 무엇보다도 다른 포그 노드 및/또는 오버레이 클라우드 서비스와 프레임워크 API 및 통신 표준을 공유한다. 에지 장치가 클라우드와 관련되는지 여부는 무관한 반면, 포그 노드는 클라우드의 연장이다. 포그 컴퓨팅의 또 다른 핵심은 포그가 계층 구조 속에 존재한다는 점이다. 포그 컴퓨팅은 로드 밸런싱을 수행하고 데이터를 종횡으로 조정해 자원의 밸런싱을 지원할 수 있다. 이전 절에서 살펴본 클라우드와 클라우드 서비스의 정의에 따라, 이러한 포그 노드를 덜 강력하지만 더 간결한 하이브리드 클라우드 인프라로 봐도 무방할 것이다.

OpenFog 레퍼런스 아키텍처

클라우드 프레임워크와 같은 포그 아키텍처 프레임워크는 여러 계층 사이의 상호 작용과 데이터 계약을 이해하는 데 필요하다. 여기에서는 OpenFog 컨소시엄 레퍼런스 아키텍처(https://www.openfogconsortium.org/wp-content/uploads/OpenFog_Reference_Architecture_2_09_17-FINAL.pdf)에 관해 알아보도록 한다. OpenFog 컨소시엄은 비영리 산업 단체로, 상호 운용 가능한 포그 컴퓨팅 표준을 정립하기 위해 설립했다. 표준화 기구는 아니지만, 교섭과 산업의 영향력을 통해 다른 조직의 방향성에 영향을 미친다. OpenFog 레퍼런스 아키텍처는 하드웨어와 소프트웨어를 만들고, 포그 컴퓨팅을 위한 인 프라를 구축하는 아키텍트와 비즈니스 리더를 지원하기 위한 모델이다. OpenFog는 클라 우드 기반 솔루션의 장점을 실현하고, 해당 수준의 컴퓨팅, 스토리지, 네트워킹 및 스케일 링을 레이턴시나 대역폭의 손상 없이 에지로 옮기고자 한다.

OpenFog 레퍼런스 아키텍처는 아래의 에지 센서, 액추에이터부터 애플리케이션 서비스 까지 올라가는 계층화된 접근 방식으로 이뤄진다. 이 아키텍처에는 오픈스택과 같은 일반 적인 클라우드 아키텍처와 일부 유사한 점이 있지만, IaaS보다는 PaaS와 더 유사하기 때 문에 이러한 아키텍처를 한층 더 확장한다. 이와 관련해 OpenFog는 풀스택을 제공하며 보통 하드웨어 종속적이거나, 최소한 나머지 시스템에서 플랫폼을 추상화한다.

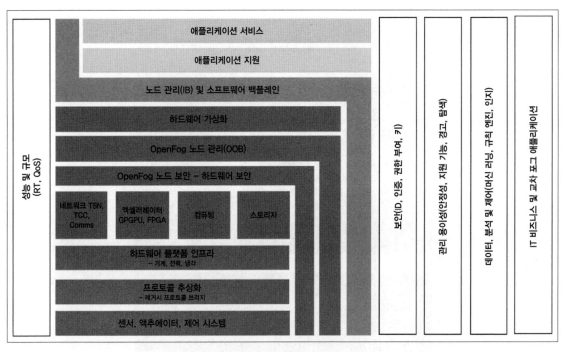

OpenFog 레퍼런스 아키텍처

애플리케이션 서비스

서비스 계층은 주어진 미션에 필요한 단일 창과 맞춤형 서비스를 제공하는 역할을 담당한다. 이 역할에는 다른 서비스에 대한 커넥터의 제공과 데이터 분석 패키지의 호스팅, 필요한 경우 사용자 인터페이스와 코어 서비스의 제공 등이 포함된다.

이 애플리케이션 계층의 커넥터는 서비스를 지원 계층과 연결해 주며, 프로토콜 추상화 계층은 센서와 직접 연결할 수 있도록 커넥터의 경로를 제공한다. 각각의 서비스는 컨테이너의 마이크로서비스로 봐야 한다. OpenFog 컨소시엄은 에지에 소프트웨어를 배포하는 적절한 방식으로 컨테이너 배포를 지원하고 있는데, 이 방식은 클라우드의 확장으로 에지 장치를 고려할 경우에 타당하다. 컨테이너 배포의 예는 다음 다이어그램과 같은 형태를 가질 수 있다. 각각의 기둥은 개별적인 컨테이너를 나타내며, 이 컨테이너는 개별적으로 배포하고 관리할 수 있다. 그런 다음, 각 서비스는 API를 이용해 컨테이너와 계층 사이에 도달할 수 있다.

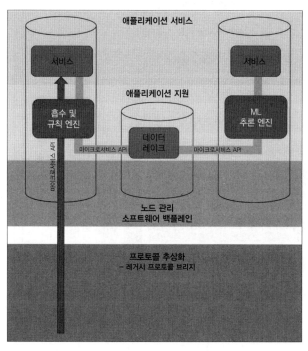

OpenFog 애플리케이션의 예. 여기에서는 여러 컨테이너가 배포될 수 있으며,
각자 다른 서비스와 지원 기능을 제공할 수 있다.

애플리케이션 지원

최종 고객 솔루션의 구축을 지원할 인프라의 구성 요소다. 이 계층은 배포되는 방식(예: 컨테이너로)에 따라 달라질 수 있다. 지원은 다음과 같이 다양한 형태로 제공된다.

- 애플리케이션 관리(이미지 식별, 이미지 검증, 이미지 배포, 인증)
- 로깅 도구
- 구성 요소 및 서비스의 등록
- 런타임 엔진(컨테이너, VM)
- 런타임 언어(Node.js, Java, Python)
- 애플리케이션 서버(Tomcat)
- 메시지 버스(RabbitMQ)
- 데이터베이스 및 아카이브(SQL, NoSQL, Cassandra)
- 분석 프레임워크(Spark)
- 보안 서비스
- 웹 서버(Apache)
- 분석 도구(Spark, Drool)

앞선 다이어그램에서 봤듯이 OpenFog는 이러한 서비스들이 컨테이너에 포함돼야 함을 시사한다. 레퍼런스 아키텍처는 반드시 지켜야 하는 엄격한 가이드라인이 아니므로 아키텍트는 제약을 받는 에지 장치에서 이용 가능한 수준의 지원을 선택해야 한다. 예를 들면, 처리와 리소스에 단순한 규칙 엔진만이 허용되고, 순환 신경망은커녕 스트림 프로세서와 같은 것도 허용되지 않는 경우가 있을 수 있다.

노드 관리 및 소프트웨어 백플레인

이는 **대역 내**IB, In-Band 관리를 뜻하며, 포그 노드가 도메인 내의 다른 노드와 통신하는 방식을 다룬다. 노드의 업그레이드와 상태, 배포 또한 이 인터페이스를 통해 관리된다. 이 백플레인^{backplane}에는 노드의 운영 체제, 맞춤형 드라이버 및 펌웨어, 통신 프로토콜 및 관리, 파인 시스템 제어, 가상화 소프트웨어, 마이크로서비스의 컨테이너화 등이 포함될 수 있다.

이 수준의 소프트웨어 스택은 OpenFog 레퍼런스 아키텍처의 거의 모든 계층과 관계가 있다. 일반적인 백플레인의 특징에는 다음이 포함된다.

- **서비스 탐색**: 애드혹 포그-포그 신뢰 모델이 지원된다.
- **노드 탐색**: 포그 노드의 추가 또는 클라우드 클러스터링 기법과 유사한 클러스터 참여가 가능하다.
- **상태 관리**: 여러 노드에서 상태 있는 연산과 상태 없는 연산이 가능하도록 다양한 연산 모델을 지원한다.
- **Pub/Sub 관리**: 데이터가 풀(pull)되지 않고 푸시(push)되도록 하며 소프트웨어 구조의 추상화 수준을 지원한다.

OpenFog 레퍼런스 아키텍처나 다른 포그 기반 아키텍처는 배포 계층을 지원해야 한다. 즉, 포그 아키텍처는 몇 개의 센서가 연결돼 있는 포그 게이트웨이와 연결된 클라우드로만 국한되지 않는다. 실제로, 규모나 대역폭, 처리 부하, 설계 가능한 비용 등에 영향을 받는 토폴로지가 많다. 레퍼런스 아키텍처는 여러 토폴로지에 스스로 프로비저닝해야 하며, 실제 클라우드는 온디맨드로 대대적인 자체 스케일링과 로드 밸런싱이 가능하다.

하드웨어 가상화

일반적인 클라우드 시스템과 마찬가지로, OpenFog는 하드웨어를 가상화 계층으로 정의한다. 애플리케이션은 특정 하드웨어 집합에 종속돼서는 안 된다. 여기에서 시스템은 포그 전반에 걸쳐 로드 밸런싱을 수행해야 하며, 필요에 따라 리소스를 마이그레이션하거나 추가해야 한다. 컴퓨팅, 네트워크, 스토리지 등 모든 하드웨어 구성 요소는 이 수준에서 가상화된다.

OpenFog 노드 보안

컨소시엄은 이 수준을 스택에서 하드웨어 보안을 담당하는 부분으로 정의하고 있다. 상위 수준의 포그 노드는 토폴로지 내 계층의 일부로 하위 수준의 포그 노드를 모니터링할 수 있어야 하며(추후 다룰 예정), 피어peer 노드는 노드 간 모니터링이 가능해야 한다. 또한, 이 계층이 담당하는 역할에는 다음과 같은 것이 있다.

- 암호화
- 열 및 물리적 보안 모니터링
- 패킷 탐색 및 모니터링(종횡 간)

네트워크

하드웨어 시스템 계층의 첫 번째 구성 요소에 해당한다. 네트워크 모듈은 상하, 종횡 간 통신 모듈이며, 네트워크 계층은 포그 토폴로지와 라우팅을 담당한다. 네트워크는 다른 노드들을 물리적으로 잇는 역할을 맡고 있는데, 이 점이 바로 모든 내부 인터페이스를 가상화하는 기존 클라우드 네트워크와의 주된 차이점이다. 여기에서 네트워크는 IoT 배포가 갖는 의미와 지리적 위치를 인지하고 있어야 한다. 예컨대 모두 카메라에 연결돼 있는 4개의 자녀 노드를 호스팅 중인 부모 노드의 경우, 4개의 소스로부터 들어오는 비디오 데이터를 집계하고 이미지 콘텐츠를 한데 붙여 360°의 시야각을 만들어 내는 역할을 담당할 수 있는데 이를 위해, 이 부모 노드는 자녀 노드가 어느 방향을 향해 있는지 알고 있어야 하며, 이는 임의로 또는 무작위로 수행할 수는 없다.

네트워크 구성 요소의 요구 사항에는 다음이 포함된다.

- 회복성이 있어야 한다. 이는 통신 링크가 다운되는 경우에 대비하기 위함이다. 실제로는 데이터의 흐름을 유지하기 위해 메시를 재구축하는 방법을 이해해야 할 수도 있다.

- 네트워크 계층은 데이터 변환이 이뤄지고 비IP 센서가 IP 프로토콜로 재패키징되는 장소이기도 하다. 여기에 해당하는 예로는 Bluetooth, Z-Wave, 유선 센서 등이 있다.
- 페일오버 사례를 처리할 수 있어야 한다.
- 다양한 종류의 통신 패브릭(와이파이, 유선, 5G)에 바인딩될 수 있어야 한다.
- 엔터프라이즈 배포에 필요한 기본적인 네트워크 인프라(보안, 라우팅 등)를 제공할 수 있어야 한다.

액셀러레이터

OpenFog를 다른 클라우드 스키마와 차별화하는 또 하나의 특징은 바로 액셀러레이터 서비스라는 개념이다. GPGPU나 FPGA의 형태로 이미징, 머신 러닝, 컴퓨터 비전 및 인식, 신호 처리, 암호화/복호화 등의 서비스를 제공하는 액셀러레이터는 이제 흔히 찾아볼 수 있다. OpenFog는 포그 노드를 필요에 따라 리소싱하고 할당할 수 있는 것으로 본다. 계층 내에 있는 두 번째, 세 번째 수준의 노드 집합이 필요에 따라 동적으로 추가 컴퓨팅 기능을 제공하도록 강제할 수 있다.

포그에 대한 다음과 같은 형태의 액셀러레이션도 강행 가능하다.

- 대규모 데이터 레이크가 생성돼야 하는 경우의 대용량 벌크 스토리지 전용 노드
- 모든 지상 통신이 유실된 재난적 상황에서 사용할 수 있도록 위성 라디오 등의 대체 통신 연결이 포함된 노드

컴퓨팅

이 스택의 컴퓨팅 관련 부분은 오픈스택에 있는 Nova 계층의 컴퓨팅 기능과도 유사하다. 주요 기능에는 다음이 포함된다.

- 작업 실행
- 리소스 모니터링 및 프로비저닝
- 로드 밸런싱
- 기능 쿼리

스토리지

이 아키텍처의 스토리지 부분은 포그 스토리지에 대한 낮은 수준의 인터페이스를 유지 관리한다. 데이터 레이크나 작업 공간 메모리와 같이 앞서 언급한 스토리지 유형은 에지에서 경성 실시간 분석을 수행하는 데 필요할 수 있다. 스토리지 계층은 또한 다음과 같은 기존 유형의 모든 스토리지 장치를 관리하기도 한다.

- RAM 어레이
- 회전식 디스크
- 플래시
- RAID
- 데이터 암호화

하드웨어 플랫폼 인프라

인프라 계층은 소프트웨어와 하드웨어 간의 실제 계층이라기보다는 포그 노드의 물리적, 기계적 구조다. 포그 장치는 험하고 외딴 위치에 놓이게 되므로, 반드시 튼튼하고 복구가 가능해야 할 뿐만 아니라 독립적이어야 한다. OpenFog는 다음과 같이 포그 배포와 관련해 고려할 필요가 있는 사례를 정의하고 있다.

- 크기, 전력, 무게 관련 특징
- 냉각 시스템
- 기계 지원 및 유지

- 사용성 역학
- 물리적 공격에 대한 저항성 및 보고

프로토콜 추상화

프로토콜 추상화 계층은 IoT 시스템의 가장 낮은 수준에 위치한 구성 요소(센서)를 포그 노드의 다른 계층, 다른 포그 노드, 클라우드와 묶어 주는 역할을 한다. OpenFog는 프로토콜 추상화 계층을 통해 센서 장치를 식별하고, 이와 통신하는 추상화 모델을 지지한다. 인터페이스를 센서와 에지 장치에 추상화하면 서로 다른 센서의 조합을 하나의 포그 노드에 배포할 수 있는데, 일례로 디지털 센서와 디지털−아날로그 변환 회로를 모두 통과하는 아날로그 장치를 들 수 있다. 차량의 온도 장치에 연결된 Bluetooth, 다른 엔진 센서에 연결된 CAN 버스, 다양한 차량 전자 장치의 SPI 인터페이스 센서, 여러 도난 방지용 출입구 센서에 연결된 GPIO 센서 등 센서에 연결된 인터페이스도 맞춤화가 가능하다. 인터페이스를 추상화하면 소프트웨어 스택의 상위 계층은 표준화된 접근 방식을 통해 이와 같은 개별 장치에 액세스할 수 있다.

센서, 액추에이터 및 제어 시스템

IoT 스택의 맨 밑바닥에 해당하는 에지의 실제 센서와 장치에 해당한다. 이러한 장치들은 스마트하거나 스마트하지 않을 수 있고, 유선이거나 무선일 수 있고, 단거리거나 장거리일 수도 있다. 어쨌든 이들 장치는 포그 노드와 모종의 방식으로 통신하며, 이러한 포그 노드는 센서의 프로비저닝, 보안, 관리를 담당한다.

아마존 Greengrass 및 람다

이 절에서는 아마존 Greengrass라는 이름의 대안적 포그 서비스를 다룬다. 아마존은 AWS, S3, EC2, Glacier 등 세계적인 수준의 선도적인 클라우드 서비스와 인프라를 공급해 왔다. 2016년부터 아마존은 **Greengrass**라는 이름으로 새로운 스타일의 에지 컴퓨팅에 투자하기 시작했다. Greengrass는 AWS의 확장으로, 이를 통해 프로그래머는 포그, 게이트웨이 또는 스마트 센서 장치에 클라이언트를 다운로드할 수 있다.

다른 포그 프레임워크와 마찬가지로 목적은 레이턴시와 반응 시간을 단축하고 대역폭 비용을 회피하며, 에지의 보안을 확보하기 위한 솔루션을 제공하는 데 있다. Greengrass의 특징으로는 다음이 포함된다.

- 연결 유실 시를 대비한 데이터 캐싱
- 재연결 시 데이터 및 장치 상태를 AWS 클라우드에 동기화
- 로컬 보안(인증 및 권한 부여 서비스)
- 장치 및 장치 외부의 메시지 중개자
- 데이터 필터링
- 장치 및 데이터의 명령과 제어
- 데이터 집계
- 오프라인 시 작동
- 반복 학습
- 에지의 Greengrass에서 모든 AWS 서비스를 직접 호출

Greengrass를 사용하기 위해서는 프로그램을 통해 AWS IoT에서 클라우드 플랫폼을 설계하고 해당 클라우드에서 특정 람다Lambda 기능을 정의하게 된다. 이렇게 정의된 람다 기능은 에지 장치에 할당되며 클라이언트를 실행하는 장치에 배포된 후, Greengrass 람다를 실행할 수 있도록 인증을 거친다. 현재 람다 기능은 Python 2.7로 작성돼 있다. 섀도우Shadow는 장치와 람다의 상태를 나타내는 Greengrass의 JSON 문서다. 섀도우는 필요할 때 다시 AWS와 동기화된다.

한편, 에지의 Greengrass와 클라우드의 AWS 간 통신은 MQTT를 통해 이뤄진다.

람다 함수를 앞서 언급한 람다 아키텍처와 혼동해서는 안 된다. Greengrass 맥락에서 람다 함수는 이벤트 기반 컴퓨팅 함수를 의미한다.

Greengrass에 사용된 람다 함수는 예컨대 다음과 같은 형태를 갖는다. 명령줄이 실행되는 AWS의 콘솔에서 다음의 도구를 실행하고 이름으로 람다 함수를 정의한다.

```
aws greengrass create-function-definition --name "sensorDefinition"
```

이를 통해 다음과 같은 결과가 도출된다.

```
{
 "LastUpdatedTimestamp": "2017-07-08T20:16:31.101Z",
 "CreationTimestamp": "2017-07-08T20:16:31.101Z",
 "Id": "26309147-58a1-490e-a1a6-0d4894d6ca1e",
 "Arn":"arn:aws:greengrass:us-west-
2:123451234510:/greengrass/definition/functions/26309147-58a1-490ea1a6-
0d4894d6ca1e",
 "Name": "sensorDefinition"
}
```

이제 람다 함수의 정의가 포함된 JSON 객체가 만들어졌으며, 위에 제공된 ID를 사용해 명령줄에서 create-functiondefinition-version을 호출하게 된다.

- Executable: 이름별 람다 함수
- MemorySize: 핸들러에 할당되는 메모리의 양
- Timeout: 제한 시간 만료까지의 소요 시간(초)

람다 함수에서 사용하는 JSON 객체의 예는 다음과 같다.

```
aws greengrass create-function-definition-version --function-definition-id
"26309147-58a1-490e-a1a6-0d4894d6ca1e". --functions
'[
{
    "Id": "26309147-58a1-490e-a1a6-0d4894d6ca1e",
    "FunctionArn": "arn:aws:greengrass:uswest-
2:123451234510:/greengrass/definition/functions/26309147-58a1-490ea1a6-
0d4894d6ca1e",
    "FunctionConfiguration": {
        "Executable": "sensorLambda.sensor_handler",
        "MemorySize": 32000,
        "Timeout": 3
    }
}]'
```

프로비저닝과 에지 노드와 클라우드 사이의 구독 생성에는 다른 여러 가지 단계가 필요하지만, 람다 핸들러는 구축된다. 이는 아마존과 같이 포그 컴퓨팅을 보는 또 다른 시각을 제공한다. 이 모델은 클라우드 서비스를 에지 노드로 확장하고, 에지가 클라우드에서 제공하는 모든 리소스를 요청할 수 있도록 지원하는 방식 중 하나로도 볼 수 있으며, 이것이 바로 진정한 포그 컴퓨팅 플랫폼의 정의와 부합한다.

포그 토폴로지

포그 토폴로지는 다양한 형태로 존재하므로, 아키텍트는 엔드-투-엔드end-to-end 포그 시스템 설계 시 다양한 양상을 고려할 필요가 있다. 특히, 비용, 처리 부하, 제조업체 인터페이스 및 데이터 센터 서버 간 통신 트래픽east-west trafficking 등의 모든 제약이 토폴로지 설계 시 작용하게 된다. 포그 네트워크는 센서를 클라우드 서비스에 연결하는 포그 지원 에지 라우터만큼이나 단순해질 수 있다. 층마다 다양한 프로세싱 능력과 역할이 지원되면서, 동시에 필요에 따라 처리 부하를 분산하는(데이터 센서 서버 간, 데이터 센서-클라이언트 간) 다층 포그 계층 구조로 한층 더 복잡해질 수도 있다. 이 모델의 구성 요소는 다음을 기준으로 결정된다.

- **데이터 볼륨 감소**: 예컨대 수천 대의 센서 또는 카메라로부터 비구조화 비디오 데이터를 수집하고, 그 데이터를 집계하며, 실시간으로 특정 이벤트를 검색하는 시스템이 있다고 했을 때, 수천 대의 카메라에서 수백 GB의 데이터가 매일 생성되고, 포그 노드는 이 대규모의 데이터를 간단한 예, 아니오, 위험, 안전 등의 이벤트 토큰으로 정제해야 하므로 데이터셋의 감소는 상당한 효과를 가져오게 된다.
- **에지 장치의 수**: IoT 시스템이 하나의 센서로만 이뤄진 경우라면, 데이터셋의 규모가 작아 포그 에지 노드를 사용할 이유가 전혀 없을 수 있다. 하지만 센서의 수가 늘어나거나, 최악의 경우 센서의 수가 예측 불가하고 계속 변하는 경우라면, 유동적으로 확장 또는 축소가 가능한 포그 토폴로지가 필요할 수 있다. 이러한 용도의 사용 사례로는 Bluetooth 비코닝을 활용하는 스타디움 같은 장소를 들 수 있다. 특정 장소의 관객이 증가하면 시스템 또한 비선형적으로 확장될 수 있어야 한다. 평소에는 이 스타디움이 점유하는 공간이 매우 작으므로 필요로 하는 처리 및 연결 리소스도 매우 미미할 수 있다.
- **포그 노드의 기능**: 토폴로지 구조와 비용에 따라, WPAN 시스템 연결에 더 적합한 노드가 있는가 하면, 같은 계층에 있는 다른 노드에는 머신 러닝, 패턴 인식 또는 이미지 처리가 가능한 추가 처리 기능이 있을 수 있다. 일례로, 보안된 Zigbee 메시^{mesh} 네트워크를 관리하며 페일오버 상황 또는 WPAN 보안을 위해 특수한 하드웨어가 마련돼 있는 에지 포그 노드를 생각해 볼 수 있다. 이 포그 수준 위에는 추가 RAM과 GPGPU 하드웨어로 WPAN 게이트웨이의 원본 데이터 스트리밍의 처리를 지원하는 포그 처리 노드가 존재한다.
- **시스템 안정성**: 아키텍트는 IoT 모델에서 발생할 수 있는 오류의 형태를 고려해야 한다. 하나의 에지 포그 노드에서 오류가 발생하면 다른 노드에서 이를 대신해 특정 동작이나 서비스를 수행할 수 있다. 이 사용 사례는 치명적이거나 실시간인 환경에서 중요하다. 같은 방식으로 추가 포그 노드는 온디맨드 프로비저닝이 가능하며, 장애 허용 환경에서는 중복 노드가 필요한 경우도 있을 수 있다. 추가 중복 노드가 없는 경우에는 시스템 리소스를 사용하고 레이턴시를 감내하는

대신, 시스템이 계속 기능할 수 있도록 일부 프로세싱을 이웃 노드와 공유할 수도 있다. 마지막 사용 사례로는 이웃 노드끼리 감시자 역할을 수행하는 경우가 있다. 포그 노드에 오류가 발생하거나 해당 노드의 통신이 실패할 경우, 감시자는 오류 이벤트 신호를 클라우드로 전송하고, 가동을 지속하는 데 반드시 필요한 몇 가지 작업을 로컬에서 수행할 수 있다. 포그 노드에서 고속도로 트래픽을 모니터링하던 중 오류가 발생하는 이벤트가 좋은 예다. 이 경우, 이웃 노드가 오류 지점을 파악하고 클라우드에 이벤트에 관해 알린 다음, 고속도로 전광판에 감속 신호를 띄우게 된다.

가장 단순한 포그 솔루션으로는 센서 어레이에 근접해서 설치된 에지 프로세싱 장치(게이트웨이, 신 클라이언트, 라우터)가 있다. 여기에서 포그 노드는 WPAN 네트워크 또는 메시에 대한 게이트웨이로 사용되며 호스트와의 통신이 가능하다.

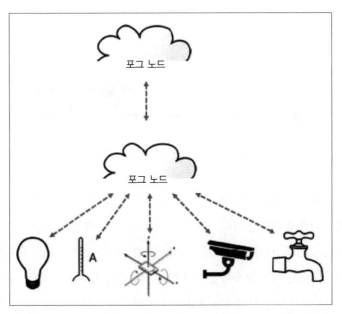

단순한 포그 토폴로지. 에지-포그 장치는 센서 어레이를 관리하고 다른 포그 노드와 M2M 방식으로 통신할 수 있다.

다음 기본 포그 토폴로지에는 포그 네트워크의 부모로 클라우드가 포함된다. 이 경우, 포그 노드는 데이터를 집계하고 에지의 보안을 유지하며, 클라우드와 통신하는 데 필요한 프로세싱을 수행한다. 이 모델과 에지 컴퓨팅을 구분 짓는 요소는 포그 노드의 서비스 및 소프트웨어 계층이 클라우드 프레임워크와 관계를 공유하는지 여부다.

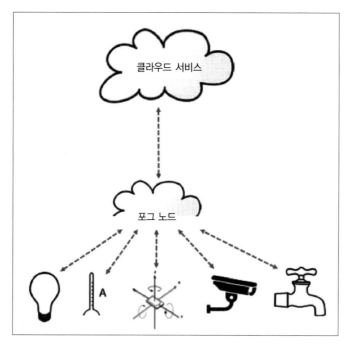

포그-클라우드 토폴로지. 여기에서 포그 노드는 클라우드 공급업체에 링크한다.

다음 모델은 서비스 및 에지 프로세싱을 담당하는 여러 개의 포그 노드를 사용하는데, 각 노드들은 센서 집합에 연결돼 있다. 부모 클라우드는 각 노드를 단일 노드로 프로비저닝한다. 노드마다 고유한 ID가 있기 때문에 위치를 기준으로 고유한 서비스 집합을 제공할 수 있게 된다. 일례로, 여러 장소에 흩어져 있는 유통 프랜차이즈의 포그 노드를 들 수 있다. 포그 노드는 에지 노드 사이에 종으로east-west 데이터 통신과 트래픽을 수행하기도 한다. 예시의 사용 사례는 식품의 변질을 방지하기 위해 수많은 냉장, 냉동기를 유지하고 관

458

리해야 하는 냉장 보관 환경에 해당한다. 유통업체가 여러 장소에서 여러 대의 냉장기를 운영하는 경우, 이 모든 장비는 하나의 클라우드 서비스를 통해 관리되지만, 에지에서는 포그 노드를 활용할 수 있다.

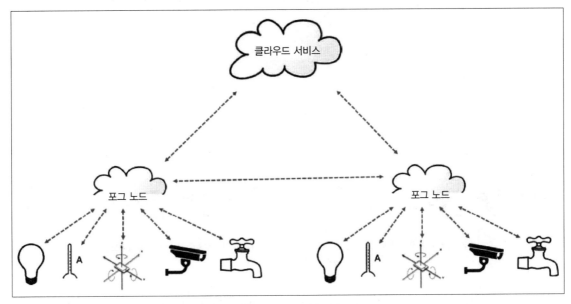

마스터-클라우드가 하나인 여러 개의 포그 노드.

그 다음 모델은 안전한 비공개 통신 기능을 갖춘 토폴로지를 여러 포그 노드에서 여러 클라우드 공급 업체로 확장한다. 이 모델에서는 다수의 부모 클라우드가 배포될 수 있다. 예를 들어, 스마트 시티에 복수의 지리적 영역이 존재하고 여러 지자체가 이 영역을 운영하고 있다고 하자. 지자체마다 선호하는 클라우드 공급업체가 있을 수는 있지만, 모든 지자체는 하나의 승인된 카메라 및 센서 제조업체를 사용해야 한다. 이 경우, 해당 카메라 및 센서 제조업체는 자사의 단일 클라우드 인스턴스가 동시에 여러 지자체에 존재하도록 만든다. 한편, 포그 노드는 다수의 클라우드 공급자로 데이터를 조정할 수 있어야 한다.

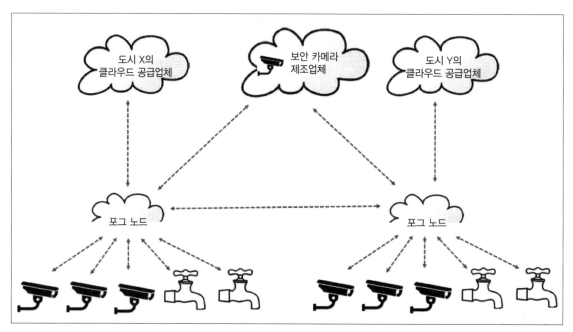

여러 클라우드 공급업체와 여러 포그 노드. 클라우드는 퍼블릭 클라우드와 프라이빗 클라우드를
조합해서 만들 수 있다.

또한, 포그 노드는 엄격한 1대 1 관계로 센서와 클라우드를 연결할 필요가 없다. 포그 노
드는 스택 또는 계층으로 구성하거나 필요할 때까지 정체 상태를 유지할 수도 있다. 레이
턴시를 줄이려 한다면, 위와 같이 포그 노드를 계층으로 구성하는 것이 직관적으로 이해
하기 어려울 수 있지만, 앞서도 언급한 바와 같이 노드는 특화가 가능하다. 예를 들어, 센
서에 더 가까이 위치한 노드가 경성 실시간 서비스를 제공하거나 스토리지 및 컴퓨팅의 최
소치를 요구하는 비용 제약의 적용을 받는 경우가 있다. 이때 이러한 노드 위에 있는 계층
은 추가적인 대용량 스토리지 장치나 GPGPU 프로세서를 사용해 집계 스토리지, 머신 러
닝 또는 이미지 인식에 필요한 컴퓨팅 리소스를 제공하는 것이 가능하다. 다음 예시에는
도시의 가로등과 관련된 사용 사례가 도식화돼 있다.

이 예에서 수많은 카메라는 움직이는 보행자나 트래픽을 감지한다. 카메라에 가장 가까이 위치한 포그 노드는 집계와 특징 추출을 수행하고 이를 다음 계층에 업스트리밍한다. 부모 포그 노드는 특징을 가져온 다음, 딥러닝 알고리즘을 통해 필요한 이미지 인식을 수행한다. 찾고자 했던 이벤트(예컨대, 밤중에 길을 따라 걷고 있는 보행자)가 발견되면, 이 이벤트를 클라우드로 보고한다. 클라우드 구성 요소는 해당 이벤트를 등록하고, 보행자 주변에 있는 일군의 가로등에 신호를 보내 조도를 높인다. 이와 같은 패턴은 포그 노드가 보행자의 움직임을 감지하는 한 계속해서 반복된다. 이 사례에서 최종 목표는 모든 가로등을 언제나 밝게 켜 두지 않음으로써 전반적인 에너지를 절감하는 데 있다.

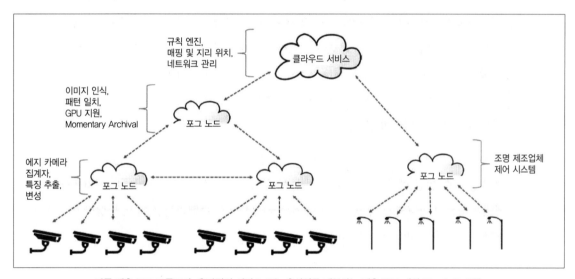

다중 계층 포그 토폴로지. 추가적인 서비스 또는 추상화를 제공하는 계층 구조 내의 포그 노드 스택.

▌요약

센서에서 데이터를 분석하고 의미 있는 결론을 이끌어 내는 것이 바로 IoT의 목표다. 끊임 없이 통신하고 데이터를 스트리밍하는 수천, 수백만, 혹은 수십억대의 사물로 규모가 확장되면 이러한 데이터의 물결을 집계, 보관, 정리하고 분석해서 이로부터 의미를 도출할 수 있는 첨단 도구가 도입돼야 한다. 클라우드 컴퓨팅은 이러한 서비스를 확장 가능한 하드웨어와 소프트웨어의 클러스터 형태로 구현하는 하나의 요소다. 포그 컴퓨팅은 프로세싱이 에지에 보다 가까운 위치에서 이뤄지도록 해 레이턴시, 보안, 통신 비용 관련 문제를 해결한다. 두 기술은 복잡한 이벤트 처리 에이전트의 규칙 엔진 형태로 분석 패키지를 실행하는 데 함께 사용된다. 클라우드 공급업체 모델, 프레임워크, 포그 노드, 분석 모듈의 선택은 중대한 작업이므로, 많은 문헌에서 이러한 서비스의 구축과 프로그래밍이 갖는 의미를 깊이 있게 들여다보고 있다. 현재의 요구 사항을 충족하고 미래의 요구 사항에 맞춰 규모를 조정할 수 있는 시스템을 구축하려면 아키텍트는 토폴로지와 시스템의 최종 목표를 반드시 파악하고 있어야 한다.

11장에서는 IoT의 데이터 분석 부분에 관해 논의한다. 클라우드가 분명 수많은 분석 기능을 호스팅할 수 있긴 하지만, 우리는 특정 분석이 데이터 소스(센서)에서 가까운 에지에서 수행돼야 하는지 아니면 (장기 데이터를 활용해) 클라우드에서 수행하는 것이 더 타당한지를 이해할 수 있도록 대비해 두어야 한다.

11

클라우드와 포그의
데이터 분석 및 머신 러닝

IoT 시스템의 가치는 하나의 센서 이벤트 혹은 축적된 수백만 건의 센서 이벤트에 있는 것이 아니다. IoT의 막대한 가치는 이러한 데이터의 해석과 이를 바탕으로 이뤄진 의사 결정에서 비롯된다. 수십억대의 사물이 연결돼 상호 간 또는 클라우드와 통신하는 세상도 좋지만, 실제 가치는 데이터 자체가 아닌 데이터 내에 존재하는 것과 데이터의 패턴이 말해주는 바에 있다. 이것이 바로 IoT에서 데이터 과학과 데이터 분석이 담당하는 부분이며, 아마도 고객에게 가장 중요한 영역이기도 할 것이다.

IoT 분야에서 분석이 다루는 대상은 다음과 같다.

- 구조화 데이터(SQL 스토리지), 예측 가능한 데이터 형식.
- 비구조화 데이터(로우 비디오 데이터 또는 신호), 높은 수준의 임의성 및 변동성.
- 반구조화 데이터(트위터 피드), 형태에 있어 어느 정도의 변동성과 임의성.

또한, 데이터는 스트리밍 데이터 플로우로서 실시간 해석과 분석을 거쳐야 할 수도 있고, 클라우드에서 딥 분석을 위한 아카이빙과 검색을 거칠 수도 있다. 이것이 바로 데이터 흡수 단계에 해당한다. 사용 사례에 따라, 데이터는 전송 중인 다른 소스와 상관 관계를 가져야 할 수도 있다. 또한, 데이터가 하둡^{Hadoop} 데이터베이스 같은 데이터 레이크^{data lake}에 로깅된 다음 처박히게 되는 경우도 있을 것이다.

다음으로 스테이징의 일부 유형이 등장하는데, 여기에서는 카프카^{Kafka} 같은 메시징 시스템이 데이터를 스트림 프로세서나 배치 프로세서 또는 양쪽 모두로 유도하게 된다. 스트림 처리의 경우, 끊임없이 흘러 들어오는 데이터를 감당해야 한다. 데이터가 메모리 내에서 처리되기 때문에 처리 과정은 제약하에서 매우 빠르게 이뤄지는 것이 일반적이다. 따라서 처리 속도는 최소한 데이터가 시스템으로 들어오는 속도만큼은 빨라야 한다. 산업 기기나 자율 주행 자동차를 생각해 보면, 스트림 처리를 통해 클라우드상에서 실시간에 가까운 처리가 이뤄지므로, 스트림 처리의 운영과 관련해서는 경성 실시간의 특징이 나타나지 않는다.

한편, 배치 처리는 대용량 데이터를 효율적으로 다루며, 이는 IoT 데이터가 기존 데이터에 상관 관계를 가져야 하는 경우에 특히 유용하다.

이 단계 다음에는 예측 및 반응 단계가 있을 수 있는데, 여기에서는 정보가 특정 대시보드의 형태로 제시되거나 로깅될 수 있으며, 시스템이 에지 장치에 다시 응답하거나 특정 문제의 해결을 위해 상관 조치가 적용되는 경우도 있다.

11장에서는 복합 이벤트 처리부터 머신 러닝에 이르기까지, 다양한 데이터 분석 모델을 논의한다. 여러 사용 사례를 통해 어떤 모델은 적합하고 다른 모델은 그렇지 않은 경우를 일반화해 볼 수도 있을 것이다.

IoT의 기본적인 데이터 분석

데이터 분석의 목적은 보통 일련의 데이터 스트리밍에서 이벤트를 찾아내는 데 있다. 실시간 스트리밍 분석 머신이 제공해야 하는 이벤트와 역할의 유형에는 여러 가지가 있다. 스리나스 페레라Srinath Perera와 스리칸다라자 수호사얀Sriskandarajah Suhothayan의 저서인 『실시간 스트리밍 분석의 솔루션 패턴Solution patterns for real-time streaming analytics』에 따른 분석 기능의 상위 집합은 다음과 같다(In Proceedings of the 9th ACM International Conference on Distributed Event-Based Systems (DEBS '15). ACM, New York, NY, USA, 247-255). 아래 목록에는 이러한 분석 기능이 열거돼 있다.

- **전처리**preprocessing: 낮은 관심도, 변성, 특징 추출, 세그멘테이션과 관련된 이벤트를 걸러 내고, 데이터를 보다 적절한 형태로 변환(데이터 레이크에서는 즉각적 변환이 선호되지는 않음)하며, 데이터에 태그와 같은 속성을 추가한다(데이터 레이크에 태그가 필요함).

- **경고**alerting: 데이터를 검사해 일정한 경계 조건을 초과하면 경고를 제기한다. 가장 단순한 예로, 온도가 센서에 설정된 한계치 이상으로 올라가는 경우를 들 수 있다.

- **윈도잉**windowing: 이벤트의 슬라이딩 윈도우를 활용하는 규칙만이 생성된다. 윈도우는 시간(예: 1시간) 또는 길이(예: 2,000개의 센서 샘플)를 기준으로 하며, 슬라이딩 윈도우(예: 최근 10개 센서 이벤트만을 검사하고 신규 이벤트가 발생할 때마다 결과를 생성함)이거나 배치 윈도우(예: 윈도우 끝에서만 이벤트를 생성함)일 수 있다. 윈도잉은 규칙이나 카운팅 이벤트에 적합하다. 이 기능을 통해 지난 1시간 동안 온도가 급상승한 횟수를 알아본 다음 일부 머신에서 발생할 수 있는 손상을 해결할 수 있다.

- **조인**join: 여러 데이터 스트림을 하나의 새로운 스트림에 결합하는 역할을 담당한다. 이 기능이 적용되는 시나리오로는 물류 부문을 들 수 있다. 배송사가 자산 추적 비콘이 포함돼 있는 화물을 추적하고 해당 기업의 트럭, 항공기, 시설 등에 지리 위치 정보 스트리밍이 있는 경우를 생각해 보자. 이때, 처음에는 2개의 데이터

스트림이 존재하는데, 하나는 화물, 다른 하나는 주어진 트럭에 대한 것이다. 트럭이 화물을 픽업하면 2개의 스트림은 조인하게 된다.

- **오류**error: 수백만 개의 센서에서 누락된 데이터, 의미 없는 데이터, 시퀀스를 벗어난 데이터 등이 생성된다. 이는 독립된 비동기 데이터 스트림이 여러 개 있는 IoT 사례에서 중요한 지점이다. 예컨대 차량이 지하 주차장으로 들어가면, 셀룰러 WAN상에서 데이터가 유실될 수 있다. 이때 분석 패턴과 자체 스트림 내의 데이터의 상관 관계를 통해 오류 조건을 찾아낼 수 있다.

- **데이터베이스**database: 분석 패키지가 특정 데이터 웨어하우스warehouse와 상호 작용을 해야 할 필요가 생긴다. 예를 들어, 데이터가 수많은 센서, 특히 도난 또는 분실된 기기의 Bluetooth 자산 태그에서 스트리밍으로 들어오는 경우, 태그 ID의 모든 게이트웨이 스트리밍부터 시스템까지 누락된 해당 태그 ID의 데이터베이스를 참조하면 된다.

- **시간 이벤트 및 패턴**temporal event and pattern: 앞서 언급된 윈도우 패턴과 함께 가장 흔히 사용된다. 여기에서 일련의 이벤트 또는 이벤트 시퀀스는 관심사의 패턴을 구성한다. 이를 상태 머신으로 생각해 볼 수 있다. 온도, 진동, 소음을 기준으로 머신의 상태를 모니터링할 경우, 시간 이벤트 시퀀스는 다음과 같이 이뤄진다.

  1. 온도가 100℃를 초과하는지 감지
  2. 그 다음, 진동이 1m/s를 초과하는지 감지
  3. 다음으로 머신에서 발생하는 소음이 110dB인지 감지
  4. 이들 이벤트가 이 순서로 발생할 경우에만 경고를 발생시킴

- **추적**tracking: 추적에는 뭔가가 존재하거나 이벤트가 발생하는 시기 또는 위치, 있어야 할 뭔가가 존재하는 경우 등이 포함된다. 아주 기본적인 예로 서비스 트럭의 지리적 위치를 들 수 있는데, 트럭의 위치와 마지막으로 있었던 시간 등을 정확하게 알 필요가 있는 경우가 이에 해당한다. 이 기능은 농업, 인체 움직임, 환자 추적, 고가의 자산 추적, 화물 시스템, 스마트 시티 폐기물, 적설 제거 등에 활용할 수 있다.

- **트렌드**trend: 이 패턴은 예지 보전에 특히 유용하다. 여기에서, 규칙은 일련의 시간 관계 데이터를 기준으로 이벤트를 감지하도록 설계된다. 이는 일시적 이벤트와 유사하지만 일시적 이벤트에는 시간 개념은 없고 순서만 있다는 점에서 다르다. 이 모델은 프로세스의 한 차원으로 시간을 사용한다. 시간 관계 데이터의 실행 내역은 농장의 가축 센서와 같은 패턴을 찾아내는 데 사용할 수 있다. 이 경우, 소의 머리에 움직임이나 체온을 감지하는 센서를 씌울 수 있다. 이벤트 시퀀스는 전날 개체가 움직였는지 여부를 확인할 수 있도록 구성되는데, 움직임이 없으면 해당 개체는 아프거나 죽은 것으로 볼 수 있다.

- **배치 쿼리**batch query: 일반적으로 배치 프로세싱은 실시간 스트림 프로세싱보다 포괄적이고 심층적이다. 잘 설계된 스트리밍 플랫폼은 분석을 나눈 다음, 배치 프로세싱 시스템으로 불러들일 수 있다. 이에 관해서는 람다 프로세싱의 형태로 추후 다룰 예정이다.

- **딥 분석 경로**deep analytic pathway: 실시간 처리의 경우, 어떤 이벤트가 일어나는 중에 의사 결정이 이뤄진다. 해당 이벤트가 실제로 어떤 신호인지 여부와 무관하게, 추가적인 프로세싱이 필요하다는 알림이 발생할 수 있으며, 이러한 프로세싱은 실시간으로 이뤄지지는 않는다. 이 방식은 이러한 이벤트가 드물게 일어나는 데다, 새로운 실시간 이벤트 스트리밍이 시스템 내에서 설계되는 동안 정보를 상세 분석 엔진으로 전달하기 때문에 유효할 수 있다. 사례로는 비디오 감시 시스템을 들 수 있다. 스마트 시티에서 미아가 발생해 황색 경보가 발령됐다고 하자. 이 스마트 시티에서는 간단한 기능 추출과 실시간 스트리밍 엔진의 분류 모델을 만들어 낼 수 있다. 이 모델은 아이가 탑승해 있을 수도 있는 차량의 번호판을 감지하거나 아이가 입은 옷의 로고를 감지하는 역할을 한다. 이때 첫 번째 단계는 차량의 번호판이나 행인이 입은 의복의 로고 이미지를 포착해 내고 이를 클라우드로 전송하는 것이다. 분석 패키지는 수백만 개의 이미지 샘플 중에 해당하는 번호판이나 로고를 식별해 첫 번째 수준에서 걸러 낸다. 이렇게 걸러진 프레임(및 주변 비디오 프레임)은 더 깊이 있는 수준의 분석 패키지로 전달된 다음, 더 깊은

수준의 객체 인식 알고리즘을 통한 이미지 처리(이미지 퓨전, 초해상도, 머신 러닝)를 통해 거짓 양성을 가려낸다.

- **모델 및 트레이닝**model and training: 사실 앞서 설명한 첫 번째 수준의 모델은 머신 러닝 시스템의 추론 엔진일 수 있다. 이러한 머신 러닝 도구는 전송 중인 실시간 분석에 사용할 수 있는 훈련된 모델을 기반으로 구축된다.

- **시그널링**signaling: 작업이 에지와 센서로 다시 전파해야 하는 경우는 흔히 있는 일로, 공장 자동화와 안전 관리가 흔히 찾아 볼 수 있는 사례다. 예를 들어, 기계의 온도가 특정 제한치 이상으로 상승하는 경우 해당 이벤트를 기록하고 에지 장치에 다시 신호를 보내 기계의 속도를 늦추는 것이다. 시스템이 통신은 반드시 양방향으로 이뤄질 수 있어야 한다.

- **제어**control: 마지막으로, 이러한 분석 도구를 제어할 수 있는 방법이 필요하다. 시작, 중지, 보고, 로그, 디버깅 등 시스템을 관리할 수 있는 기능이 마련돼 있어야 한다.

이제 예측과 중단이 불가한 데이터 스트림을 흡수하고 이 데이터의 해석을 가능한 한 실시간에 가깝게 제공해야 하는 클라우드 기반 분석 아키텍처의 구축 방법을 집중적으로 살펴볼 것이다.

최상위 클라우드 파이프라인

다음 다이어그램은 센서에서 대시보드로 이어지는 데이터의 일반적인 흐름을 나타낸다. 데이터는 다양한 매체(WPAN 연결, 광대역, 데이터 레이크 형태의 클라우드 스토리지 등)를 통해 이동한다. 다음 아키텍처들로 클라우드 분석 솔루션을 구축하려 할 때, 스케일링이 갖다 줄 효과를 반드시 고려해야 한다. 10개 IoT 노드와 단일 클라우드 클러스터에 적합하도록 설계 초반에 선택했던 요소들이 엔드 포인트 IoT 장치의 수가 수천 개로 늘어나고 여러 지역에 위치하게 됨에 따라, 효과적으로 스케일링되지 못하는 경우가 있을 수 있다.

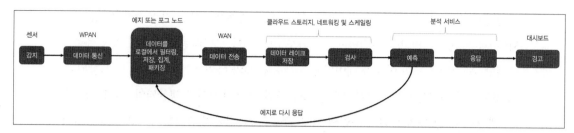

전형적인 IoT 파이프라인(센서에서 클라우드까지)

클라우드의 분석(예측–응답) 부분은 다음과 같은 몇 가지 형태를 띤다.

- **규칙 엔진**rule engine : 단순히 작업을 정의하고 결과를 생산해 낸다.
- **스트림 처리**stream processing : 센서 판독과 같은 이벤트가 스트림 프로세서에 주입되는 경우에 해당한다. 처리 경로는 그래프로 나타낼 수 있는데, 이 그래프상의 노드는 오퍼레이터를 의미하며, 이를 통해 이벤트가 다른 오퍼레이터로 전송된다. 이러한 노드에는 해당 처리 부분의 코드와 그래프상의 다음 노드로 연결되는 경로가 포함된다. 이 그래프는 복제와 클러스터에서 병렬 실행이 가능하므로 수백 개의 머신으로 확장되도록 수정될 수 있다.
- **복합 이벤트 처리**complex event processing : SQL 같은 쿼리나 보다 상위 수준의 언어로 쓰여진 쿼리를 기반으로 한다. 이벤트 처리를 바탕으로 하며 낮은 레이턴시에 맞게 튜닝돼 있다.
- **람다 아키텍처**Lambda architecture : 대규모 데이터 집합을 병렬로 배치 처리하고 스트림 처리를 해서 처리량과 레이턴시 사이에 균형을 잡으려는 모델이다.

여기에서 실시간 분석을 논하는 이유는 데이터가 수백만 개의 노드로부터 동시에 쉼 없이, 여러 가지 오류와 형식 문제를 안고 다양한 타이밍에 비동기식으로 흘러 들어오기 때문이다. 뉴욕시에는 25만 개의 가로등이 있다(http://www.nyc.gov/html/dot/html/infrastructure/streetlights.shtml). 각각의 가로등이 스마트해서 인근에 움직임이 있는지 모니터링하고, 움직임이 감지되는지 여부에 따라 빛을 밝히거나 꺼진 상태를 유지해 전력을 절감할 수 있다고(2바이트) 하자. 이들 가로등은 문제가 발생해 유지 보수가 필요한지를 확인(1바이트)할 수 있고, 온도(1바이트)와 습도(1바이트)를 모니터링해 미시적 기상 예측을 생성할 수도 있다. 뿐만 아니라 데이터에는 가로등 ID와 타임스탬프(8바이트)도 포함된다. 이 경우 모든 가로등에서는 명목적으로 초당 25만 건의 메시지가 생산되며, 러시아워, 군중, 관광지, 휴일 등의 요인으로 인해 최대 32만 5,000건까지 증가할 수 있다. 이는 클라우드 서비스가 초당 25만 건의 메시지를 처리할 수 있다고 했을 때, 초당 최대 7만 5,000건의 이벤트가 밀린다는 뜻이 된다. 러시아워가 1시간만 돼도, 밀리는 이벤트는 시간당 2억 7,000만 건에 이른다. 클러스터에서 더 많은 처리가 이뤄지거나 들어오는 스트림을 줄여야만 시스템이 따라잡을 수 있다. 한적한 시간대에 들어오는 스트림이 초당 20만 건으로 떨어지면 클라우드 클러스터에서 585MB의 메모리를 처리하고 소비하는 데 1.1시간이 걸린다(밀려 있는 메시지가 2억 7,000만 건이며, 메시지당 13바이트인 경우).

다음 방정식은 클라우드 시스템의 용량을 공식화한 것이다.

$$C = \text{클러스터 용량} \left(\frac{\text{이벤트}}{s} \right)$$

R_{event} = 이벤트 속도
T_{burst} = 이벤트 버스트의 시간
T_c = 백로그 완료에 소요되는 시간
$M_{backlog}$ = 메시지 백로그(크기)

$$Backlog = \begin{cases} 0 \ where \ R_{event} \leq C \\ R_{event} - C \ where \ R_{event} > C \end{cases}$$

$$M_{backlog} = Backlog \times M_{size}$$

$$T_c = \frac{(R_{event} \times T_{burst}) + M_{backlog}}{C}$$

규칙 엔진

규칙 엔진이란 이벤트 작업을 실행하는 소프트웨어 구조다. 예컨대 방안의 습도가 50%를 넘으면, 소유자에게 SMS 메시지를 전송하는 식이다. 이를 일컬어 **비즈니스 규칙 관리 시스템**BRMS, Business Rule Management System이라 한다.

규칙 엔진은 상태가 있는지 여부에 따라 **상태 기반**stateful이라 할 수 있다. 즉, 이벤트의 이력이 있어서 이벤트가 발생한 순서나 양 또는 이벤트의 패턴에 따라 다른 조치를 취할 수 있는 것이다. 아니면 상태를 유지 관리하지 않고 최근 이벤트만 검사하는 것(비상태 기반 stateless)도 가능하다.

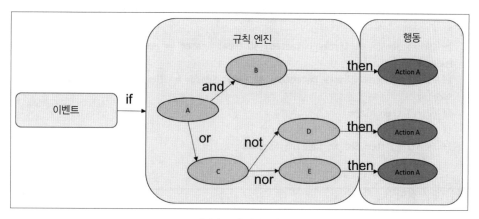

간단한 규칙 엔진의 예.

우리가 살펴볼 규칙 엔진의 예에서는 Drools를 이용할 것이다. Drools는 레드햇Red Hat이 개발한 BRMS로, Apache 2.0 라이선스에 따라 사용된다. JBoss Enterprise는 소프트웨어의 프로덕션 버전이다. 관심 대상인 모든 객체는 작업 메모리에 상주한다. 작업 메모리를 주어진 규칙을 만족하기 위해 비교할 관심 대상인 IoT 센서 이벤트의 집합으로 간주했을 때, Drools는 정방향과 역방향의 두 가지 연쇄 형식을 지원할 수 있다. 연쇄는 게임 이론에서 따온 추론 방식 중 하나다.

정방향 연쇄는 규칙 연쇄가 충족될 때까지 가용 데이터를 받아들인다. 일례로, 앞선 다이어그램에서 나타난 바와 같이 규칙 연쇄가 일련의 if/then 구문인 경우를 들 수 있다. 정방향 연쇄는 if/then 경로 중 하나를 충족할 때까지 계속 탐색해 행동으로부터 추론을 이끌어 내는 방식이다. 반면, 역방향 연쇄는 이와 반대로 이뤄진다. 추론 대상인 데이터에서 시작하는 것이 아니라, 행동에서 시작해 반대 방향으로 거슬러 올라가는 것이다. 다음의 유사 코드는 간단한 규칙 엔진의 예를 나타낸다.

```
Smoke Sensor = Smoke Detected
Heat Sensor = Heat Detected

if (Smoke_Sensor == Smoke_Detected) && (Heat_Sensor == Heat_Detected) then
Fire
if (Smoke_Sensor == !Smoke_Detected) && (Heat_Sensor == Heat_Detected) then
Furnace_On
if (Smoke_Sensor == Smoke_Detected) && (Heat_Sensor == !Heat_Detected) then
Smoking
if (Fire) then Alarm
if (Furnace_On) then Log_Temperature
if (Smoking) then SMS_No_Smoking_Allowed
```

다음을 가정한다.

- Smoke_Sensor: 꺼짐
- Heat_Sensor: 켜짐

정방향 연쇄를 사용하면 두 번째 구문의 선행 사건을 통해 온도가 로그되고 있음을 추론할 수 있다.

역방향 연쇄는 난로가 켜져 있는지를 증명하려고 시도하고, 다음과 같은 일련의 단계에 따라 역방향으로 추론한다.

1. 온도가 로그되고 있다는 사실을 증명할 수 있는가? 다음 코드를 살펴본다.

```
if (Furnace_On) then Log_Temperature
```

2. 온도가 로그되고 나면 선행 사건(Furnace_On)이 새로운 목표가 된다.

```
if (Smoke_Sensor == !Smoke_Detected) && (Heat_Sensor ==
Heat_Detected) then Furnace_On
```

3. 난로가 켜져 있는 것이 증명되고 나면 새로운 선행 사건이 Smoke_Sensor와 Heat_Sensor의 두 가지 부분으로 나타난다. 규칙 엔진은 이제 두 가지 목표로 나뉜다.

```
Smoke_Sensor off
Heat_Sensor on
```

4. 규칙 엔진은 이제 두 하위 목표를 모두 충족하려고 시도하게 되며, 충족과 동시에 추론은 완료된다.

정방향 연쇄에는 새로운 데이터가 도달하면 대응할 수 있다는 장점이 있으며, 이 경우 새로운 추론이 시작될 수 있다.

Drools의 시맨틱 언어는 의도적으로 단순하게 만들어졌다. Drools는 다음과 같은 기본 구성 요소로 이뤄진다.

- 세션, 기본 규칙을 정의
- 엔트리 포인트, 사용할 규칙을 정의
- When 명령문, 조건절
- Then 명령문, 취할 행동

기본적인 Drools 규칙은 다음과 같은 유사 코드의 형태로 나타난다. 여기에서 insert 동작은 작업 메모리를 수정한다. 규칙이 참으로 평가하면 작업 메모리가 정상적으로 변경된다.

```
rule "Furnace_On"
when
Smoke_Sensor(value &gt; 0) && Heat_Sensor(value &gt; 0)
then
insert(Furnace_On())
end
```

Drool의 모든 규칙이 실행되고 나면 프로그램은 작업 메모리를 쿼리해 다음과 같은 문법을 사용해 참으로 평가된 규칙을 확인할 수 있다.

```
query "Check_Furnace_On"
$result: Furnace_On()
end
```

규칙에는 두 가지 패턴이 있다.

- **신택틱**syntactic: 데이터의 형식, 병렬, 해시, 값의 범위에 해당한다.
- **시맨틱**semantic: 값은 목록에 포함된 세트에 속해야 하며, 높은 온도 값의 수는 한 시간에 20개를 넘을 수 없다. 기본적으로 여기에 속하는 값은 의미 있는 이벤트에 해당한다.

Drool은 규칙을 저장하는 데 데이터베이스가 필요해질 정도로 아주 복잡하고 정교한 규칙을 만들 수 있다. 언어의 시맨틱은 패턴, 범위 평가, 중요도, 규칙의 발효 시점, 유형 일치 등을 지원하고 개체 모음을 활용한다.

흡수 – 스트리밍, 처리 및 데이터 레이크

IoT 장치는 현실 세계를 측정하거나 모니터링하는 목적을 가진 센서와 연결돼 있는 경우가 많으며, 이는 IoT 기술 스택의 나머지 부분에 비동기적으로 이뤄진다. 즉, 클라우드 또는 포그 노드가 수신 중인지 여부와 관계 없이 센서는 항상 데이터를 브로드캐스팅하려고 시도한다는 것이다. 이것이 중요한 이유는 기업의 가치가 데이터에 있기 때문이다. 생성되는 데이터의 대부분이 중복일지라도 중대한 이벤트가 일어날 수 있는 가능성은 상존한다. 이를 일컬어 데이터 스트림^{data stream}이라고 한다.

센서에서 클라우드로의 IoT 스트림은 다음과 같이 가정한다.

- 일관되며 끊임 없을 것
- 비동기적일 것
- 비구조화 또는 구조화돼 있을 것
- 가능한 한 실시간에 가까울 것

우리는 앞서 10장, '클라우드 및 포그 토폴로지'에서 클라우드 레이턴시 문제에 관해 논의했다. 레이턴시 문제를 해결하기 위한 포그 컴퓨팅의 필요성도 알아보았으나, 포그 컴퓨팅 노드가 없어도 IoT 실시간 요구 사항을 지원하기 위해서는 클라우드 아키텍처를 최적화하려는 노력이 필요하기 마련이다. 이를 위해 클라우드는 데이터의 흐름을 유지 관리하고 움직임을 지속할 필요가 있다. 기본적으로 클라우드 내의 한 서비스에서 다른 서비스로 데이터가 이동할 경우, 반드시 파이프라인을 통해야 하며, 이때는 데이터에 대한 폴링이 따로 필요 없다. 데이터를 처리하는 또 다른 형태로는 **배치 처리**^{batch processing}가 있다. 대부분의 하드웨어 아키텍처는 하나의 블록에서 다른 블록으로 데이터를 옮긴 다음, 데이터가 도착하면 다음 기능이 개시되는 식으로, 데이터 흐름을 동일하게 처리한다. 또한, 스토리지와 파일 시스템 액세스를 주의해서 활용하는 것이 전반적인 레이턴시의 감소에 주요하게 작용한다.

이러한 이유로 대부분의 스트리밍 프레임워크는 인메모리 작업을 지원해 대용량 파일 시스템의 일시적 저장이라는 비용을 회피한다. 마이클 스톤브레이커Michael Stonebraker는 이러한 방식의 데이터 스트리밍이 갖는 중요성을 강조했는데, 자세한 내용은 『실시간 스트림 처리를 위한 8가지 요구 사항The 8 Requirements of Real-time Stream Processing』(Michael Stonebraker, Uğur Çetintemel, and Stan Zdonik, 2005, SIGMOD Rec. 34, 4 (December 2005)) 42~47페이지를 참고하길 바란다. 잘 설계된 메시지 큐는 이와 같은 패턴을 지원한다. 수백 개의 노드에서 수백만 개로 확장되는 클라우드 아키텍처를 성공적으로 구축하기 위해서는 이를 고려해야 한다.

데이터 스트림 또한 완벽하지는 않다. 수백, 수천 개의 센서에서 비동기 데이터를 이따금씩 스트리밍하는 경우, 데이터가 유실되거나(센서의 통신 유실), 제대로 형성되지 않거나(전송 중 오류 발생), 또는 시퀀스를 벗어나게 된다(여러 경로에서 클라우드로 흘러 들어갈 수 있는 데이터). 스트리밍 시스템은 최소한 다음을 갖춰야 한다.

- 이벤트의 확대나 급증에 따른 규모 확장
- 인터페이스에 대한 발행/구독 API 제공
- 실시간에 가까운 레이턴시
- 규칙 처리의 스케일링 제공
- 데이터 레이크 및 데이터 웨어하우징 지원

아파치Apache는 스트림 처리 아키텍처의 구현을 지원하는 다양한 오픈 소스 소프트웨어 프로젝트(Apache 2 라이선스 적용)를 제공하고 있다. 아파치 스파크Apache Spark는 소규모 단위로 데이터를 처리하는 스트림 처리 프레임워크로, 클라우드 클러스터상에서 메모리 크기에 제약이 있는 경우에 특히 유용하다(예: < 1TB). 스파크Spark는 인메모리 처리를 바탕으로 구축되는데, 이 경우 앞에서 언급한 바와 같이 파일 시스템 의존성과 레이턴시를 줄일 수 있다는 장점이 있다. 배치 데이터를 이용할 경우의 또 다른 장점으로는 11장의 뒷부분에서 살펴볼 머신 러닝을 다룰 때 특히 유용하다는 점을 들 수 있다. 합성곱 신경망

Convolutional Neural Network 등 다양한 모델에 배치 데이터를 활용할 수 있다. 아파치의 다른 형태로는 스톰Storm이 있다. 스톰은 클라우드 아키텍처에서 데이터를 가능한 한 실시간에 가깝게 처리하려고 시도한다. 스파크에 비해 API의 수준이 낮으며, 데이터를 배치 단위로 나누지 않고 대규모 이벤트로 처리한다. 이렇게 하면 레이턴시를 낮게 유지하는 효과가 있다(초 단위 미만의 성능).

스트림 처리 프레임워크에 데이터를 공급하기 위해서는 아파치 카프카Apache Kafka나 플룸Flume을 사용할 수 있다. 아파치 카프카는 다양한 IoT 센서와 클라이언트의 흡수에 대한 MQTT로, 아웃바운드 측에서는 스파크나 스톰과 연결된다. MQTT는 데이터에 버퍼를 제공하지는 않는다. 수천 개의 클라이언트가 MQTT를 통해 클라우드와 통신하고 있는 경우, 일부 시스템은 수신 스트림에 대응하고 필요한 버퍼링을 제공해야 한다. 이때 카프카가 나서서 온디맨드로 스케일링(또 하나의 중요 클라우드 속성)을 수행하면 이벤트의 급증에도 잘 대응할 수 있게 된다. 카프카에서는 초당 100만 건의 이벤트 스트리밍이 지원된다. 한편, 플룸은 데이터를 수집 및 집계하고 하나의 소스에서 다른 소스로 옮기는 분산 시스템으로, 기성 시스템이기 때문에 사용하기가 약간 더 간편하며, 하둡에 긴밀하게 통합돼 있기도 하다. 플룸은 카프카에 비해 확장성이 다소 떨어지는데, 이는 더 많은 소비자가 추가되면서 플룸 아키텍처가 변경되기 때문이다. 둘 다 스트림을 저장하지 않고 인메모리로 처리할 수 있지만, 이렇게 하기보다는 원본 센서 데이터를 가능한 한 원본 형태 그대로 다른 모든 센서 스트리밍과 동시에 저장해 두고자 하는 것이 일반적이다.

수천, 수백만 개의 센서와 엔드 노드의 IoT 구축을 고려하는 경우, 클라우드 환경에는 데이터 레이크를 활용할 수 있다. 데이터 레이크는 기본적으로 다양한 소스에서 들어오는 필터링되지 않은 원본 데이터를 저장하는 대규모 저장 시설이며 플랫 파일 시스템이다. 일반적인 파일 시스템이 보통 볼륨, 디렉토리, 파일, 폴더에 따라 계층적으로 조직되는 데 비해, 데이터 레이크는 각 항목마다 메타데이터 구성 요소(태그)를 부착해 스토리지의 구성 요소를 조직한다. 전형적인 데이터 레이크 모델로는 아파치 하둡Apache Hadoop이 있으며, 거의 모든 클라우드 공급업체가 자체 서비스에서 데이터 레이크 형식을 일부 이용하고 있다.

데이터 레이크는 데이터의 구조화 여부와 관계 없이 모든 형태의 데이터를 저장하기 때문에 IoT에 특히 유용하다. 또한, 데이터 레이크는 모든 데이터를 가치 있는 것으로 가정해 영구적으로 저장한다. 이와 같이 영구적인 대용량 데이터는 데이터 분석 엔진에 매우 적합하다. 이들 알고리즘 중 많은 수가 공급되는 데이터의 양 또는 모델 훈련에 사용되는 데이터의 양에 따라 기능이 개선되기 때문이다.

아래 다이어그램에는 기존의 배치 프로세싱과 스트림 프로세싱을 사용하는 개념 아키텍처가 나타나 있다. 이 아키텍처에서는 데이터 레이크가 카프카 인스턴스를 통해 공급받는다. 카프카는 스파크에 대한 인터페이스를 배치로 공급하며, 데이터를 데이터 웨어하우스로 전송할 수 있다.

구성 요소 간 커넥터가 표준화돼 있으므로 다음 다이어그램의 토폴로지는 다양한 방식으로 재구성할 수 있다.

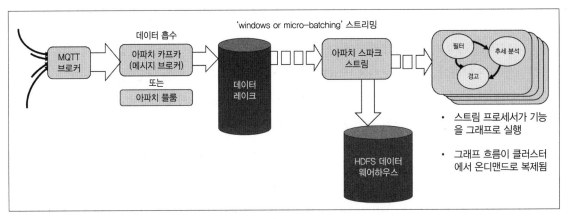

데이터 웨어하우스에 대한 클라우드 흡수 엔진의 기본적인 다이어그램. 스파크는 스트림 채널 서비스의 역할을 한다.

478

복합 이벤트 처리

복합 이벤트 처리^{CEP, Complex event processing}는 패턴 감지에 자주 사용되는 또 하나의 분석 엔진이다. 이산 이벤트 시뮬레이션과 1990년대 증권 시장의 변동성 매매에 뿌리를 두고 있는 CEP는 태생적으로 실시간에 가깝게 스트리밍 데이터 라이브 피드를 분석할 수 있는 방법의 하나로 탄생했다. 시스템에 들어온 수백, 수천 건의 이벤트는 더 높은 차원의 이벤트로 정제되는 과정을 거치며, 이를 통해 원본 센서 데이터보다 더 추상적인 결과가 도출된다. CEP 엔진은 스트림 프로세서에 비해 실시간 분석 처리 시간이 빠르다는 장점이 있다. 스트림 프로세서는 이벤트를 밀리초의 시간 단위로 해석할 수 있다. 단점으로는 CEP의 경우, 리던던시^{redundancy}나 동적 스케일링이 아파치 스파크와 동일한 수준이 아니라는 점이 꼽힌다.

CEP 시스템은 SQL과 같은 쿼리를 사용하지만, 데이터베이스 백엔드를 사용하지 않고 수신 스트림에서 패턴이나 사용자가 제안한 규칙을 검색한다. CEP는 이산 데이터 요소와 타임스탬프 한 쌍으로 구성된다. CEP는 11장의 초반에 설명한 여러 분석 패턴을 활용하는데, 그중에서도 이벤트의 슬라이딩 윈도우가 효과적이다. 시맨틱이 SQL과 유사하고, 일반 데이터베이스 쿼리에 비해 상당히 빠르도록 설계됐기 때문에 모든 규칙과 데이터가 메모리 내에(보통 수 GB의 데이터 베이스) 상주하게 된다. 또한, 이러한 규칙과 데이터는 카프카와 같은 최신 스트림 메시징 시스템에 공급돼야 한다.

CEP에는 슬라이딩 윈도우, 조인, 시퀀스 감지와 같은 작업이 있다. 또한, CEP 엔진은 규칙 엔진과 마찬가지로 정방향 또는 역방향 연쇄에 기반할 수 있다. 현재 산업 표준 CEP 시스템은 아파치 WSO2 CEP이다. 아파치 스톰과 WSO2를 함께 사용할 경우, 초당 100만 건의 이벤트를 처리할 수 있으며 스토리지 이벤트가 따로 필요 없다. WSO2는 SQL 언어를 사용하는 CEP이지만, 자바스크립트^{JavaScript}와 스칼라^{Scala}로도 작성될 수 있다. 또 다른 장점으로는 Siddhi라는 패키지로도 확장이 가능하다는 점을 들 수 있으며, 이 패키지는 다음과 같은 서비스를 지원한다.

- 지리적 위치

- 자연 언어 처리

- 머신 러닝

- 시계열 상관 관계 및 회귀

- 수리적 연산

- 문자열 및 정규식

데이터 스트림은 다음 Siddhi QL 코드와 같이 쿼리할 수 있다.

```
define stream SensorStream (time int, temperature single);
@name('Filter Query')
from SensorStream[temperature &gt; 98.6'
select *
insert into FeverStream;
```

이 모든 것은 정교한 규칙이 발생하는 수백만 건의 이벤트에 동시에 적용될 수 있도록 하는 이산 이벤트로 처리된다.

CEP를 설명할 때는 아키텍트가 CEP와 규칙 엔진이 사용돼야 하는 경우를 이해해 두는 것이 가장 좋다. 평가 결과가 2개의 온도 범위와 같이 단순 상태인 경우, 시스템은 상태 없음이 되고 이때는 단순 규칙 엔진을 사용해야 한다. 시스템이 시간적 개념이거나 일련의 상태를 유지 관리하는 경우라면 CEP를 사용해야 한다.

람다 아키텍처

람다Lambda 아키텍처는 레이턴시와 처리량 간의 균형을 잡으려는 시도를 한다. 이는 기본적으로 배치 처리와 스트림 처리의 조합이다. 일반 오픈스택 클라우드 토폴로지나 다른 클라우드 프레임워크와 마찬가지로 람다는 흡수 후 불변 데이터 리포지토리에 저장하는 작업을 수행한다. 이 토폴로지에는 3개의 계층이 존재한다.

- **배치 계층**batch layer: 배치 계층은 보통 하둡 클러스터에 기반한다. 배치 계층은 스트림 계층보다 처리 속도가 훨씬 느리다. 그러나 레이턴시를 포기한 만큼 처리량과 정확성은 극대화된다.

- **속도 계층**speed layer: 실시간 인메모리 데이터 스트림에 해당한다. 데이터는 오류가 있거나 누락되거나 순서가 잘못될 수 있다. 앞서 살펴본 바와 같이 아파치 스파크는 스트림 처리 엔진을 제공하는 데 매우 적합하다.

- **서비스 계층**service layer: 서비스 계층은 재결합을 거친 배치와 스트림 결과가 저장, 분석 및 시각화되는 위치다. 서비스 계층의 일반적인 구성 요소인 Druid는 배치 계층과 속도 계층을 결합하는 역할을 하고, 아파치 카산드라Apache Cassandra는 확장형 데이터 베이스 관리를, 아파치 하이브Apache Hive는 데이터 웨어하우징을 지원한다.

- 람다 아키텍처의 복잡성. 여기에서 배치 계층은 데이터를 HDFS 스토리지로 마이그레이션하며 속도 계층은 스파크를 통해 실시간 분석 패키지로 바로 전달된다.

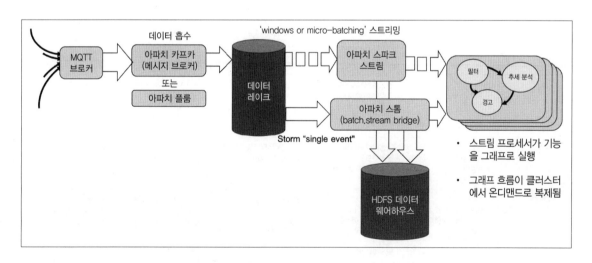

생래적으로 람다 아키텍처는 다른 분석 엔진보다 더 복잡할 수밖에 없다. 하이브리드이므로 성공적인 실행을 위해서는 추가적인 복잡성과 리소스가 더해진다.

분야별 사용 사례

IoT와 클라우드 분석을 채용한 여러 산업의 일반적인 사용 사례를 살펴보도록 하자. 솔루션 구축 시에는 규모와 대역폭, 실시간 요구 사항, 알맞은 클라우드 아키텍처를 도출할 데이터의 유형, 알맞은 분석 아키텍처 등을 고려해야 한다.

다음은 일반화된 예로, 이와 같은 표를 그릴 때는 전체 흐름과 향후 확장/용량을 파악해 두는 것이 중요하다.

산업 분야	사용 사례	클라우드 서비스	일반 대역폭	실시간 여부	분석
제조	• 운영 기술 • Brownfield • 자산 추적 • 공장 자동화	• 대시보드 • 대용량 스토리지 • 데이터 레이크 • SDN(하이브리드 클라우드 토폴로지) • 낮은 레이턴시	• 공장의 생산 파트당 1일 500GB • 채굴 작업 분당 2TB	1초 미만	• 순환 신경망 • 베이즈 네트워크
물류 및 운송	• 지리적 위치 추적 • 자산 추적 • 장치 감지	• 대시보드 • 로깅 • 스토리지	• 차량: 한 대당 1일 4TB (50개 센서) • 항공기: 1일 2.5~10TB (6000개 센서) • 자산 추적: 비콘당 1일 1MB	• 1초 미만(실시간) • 하루(배치)	규칙 엔진
의료	• 자산 추적 • 환자 추적 • 가정용 건강 모니터링 • 무선 의료 기기	• 안정성 및 HIPPA • 프라이빗 클라우드 옵션 • 저장 및 기록 • 로드 밸런싱	• 센서당 1일 1MB	• 1초 미만, 치명적인 경우 • 치명적이지 않은 경우: 상황에 따라	• 순환 신경망 (RNN) • 결정 트리 • 규칙 엔진
농업	• 가축 상태 및 위치 추적 • 토양의 화학 물질 분석	• 대용량 저장-보관 • 클라우드-클라우드 프로비저닝	• 가축 한 두당 1일 512KB • 축사당 1,000~1만 두	• 1초(실시간) • 10분(배치)	규칙 엔진
에너지	• 스마트 계량기 • 원격 에너지 모니터링(태양열, 천연 가스, 석유) • 오류 예측	• 대시보드 • 데이터 레이크 • 역대 비율 예측용 대용량 저장 • SDN • 낮은 레이턴시	• 풍력 발전계당 1일 100~200GB • 오일 링당 1일 1~2TB • 스마트 계측당 1일 100MB	• 1초 미만: 에너지 생산 • 1분: 스마트 계측	• RNN • 베이즈 네트워크 • 규칙 엔진

산업 분야	사용 사례	클라우드 서비스	일반 대역폭	실시간 여부	분석
소비자	• 실시간 상태 로깅 • 유무 감지 • 조명 및 난방/AC • 보안 • 커넥티드 홈	• 대시보드 • PaaS • 로드 밸런싱 • 벌크 스토리지	• 보안 카메라: 카메라당 1일 500GB • 스마트 장치: 센서-장치당 1일 1~1000KB • 스마트 홈: 홈당 1일 100MB	• 비디오: 1초 미만 • 스마트홈: 1초	• 합성곱 신경망 (이미지 감지) • 규칙 엔진
유통	• 콜드 체인 감지 • POS 머신 • 보안 시스템 • 비코닝	• SDN/SDP • Micro-segmentation • 대시보드	• 보안: 카메라 1일 500GB • 일반: 장치당 1일 1~1000MB	• POS 및 신용 거래: 100ms • 비코닝: 1s	• 규칙 엔진 • 보안용 합성곱 신경망
스마트 시티	• 스마트 주차 • 스마트 쓰레기 수거 • 환경 센서	• 대시보드 • 데이터 레이크 • 클라우드-클라우드 서비스	• 에너지 모니터링: 도시당 1일 2.5GB(7만 개의 센서) • 주차장: 1일 300MB(8만 개의 센서) • 쓰레기 모니터링: 1일 350MB(20만 개의 센서) • 소음 모니터링: 1일 650MB(3만 개의 센서)	• 전력계: 1분 • 온도: 15분 • 소음: 1분 • 쓰레기: 10분 • 주차장: 변화에 따라	• 규칙 엔진 • 결정 트리

▎ IoT 분야의 머신 러닝

머신 러닝은 컴퓨터 공학의 새로운 발전이 아니다. 오히려 데이터 적합성이나 수익성을 위한 수리적 모델의 역사는 1800년대 초로 거슬러 올라가며, 일찍이 베이즈 정리와 데이터의 최소제곱법이 있었다. 둘 다 오늘날의 머신 러닝 모델에서도 여전히 널리 사용되고 있으므로 11장에서는 이들에 관해 간략하게 살펴보도록 한다.

MIT의 마빈 민스키Marvin Minsky가 1950년대 초 퍼셉트론perceptron라는 이름으로 최초의 신경망 장치를 개발한 것이 컴퓨팅 머신과 학습이 결합된 최초의 사건이다. 뒤이어 민스키는 1969년, 신경망의 한계를 비판하는 것으로 해석되는 논문을 발표했다. 이 시기에는 연산 능력이라는 것이 확실히 희소한 것이었다. 이때의 수학은 IBM S/360과 CDC 컴퓨터에서 제공되는 리소스의 수준 이상을 필요로 했다. 앞으로 살펴보겠지만, 신경 회로망, 서포트 벡터 머신, 퍼지 논리 등 인공 지능과 관련된 수학과 기반의 많은 부분은 1960년대에 도입됐다.

잉고 레헨베르크Ingo Rechenberg의 진화 알고리즘Evolutionsstrategie 연구(1973)로 인해 유전 알고리즘이나 떼 지능과 같은 혁신적인 컴퓨팅이 1960년대 말과 1970년대, 연구의 중심에 서게 됐으며, 이로 인해 복잡한 엔지니어링 문제를 해결하는 데 추진력이 붙었다. 유전 알고리즘은 오늘날에도 여전히 기계 공학과 심지어는 자동차 소프트웨어 설계 등에서 사용되고 있다.

1960년대 중반에는 베이지언Bayesian 모델과 같은 확률적 AI의 형태로 은닉 마르코프Markov 모델이라는 개념도 도입됐다. 이 모델은 동작 인식이나 생체 정보 연구에 적용됐다.

인공 지능 연구는 정부의 자금 지원이 축소되고 논리 시스템이 출현하면서 1980년대까지는 소강 상태를 보였다. 이 시기에 논리 기반 AIArtificial Intelligence라 알려진 AI 분야와 Prolog, LISP와 같은 프로그래밍 언어의 지원을 시작했으며 덕분에 프로그래머들은 상징성 표현symbolic expression을 간단하게 설명할 수 있게 됐다. 연구자들은 이와 같은 AI 접근 방법이 가진 한계를 발견했는데, 기본적으로 논리 기반 시맨틱은 인간처럼 사고think하지 않는다는 점이었다. **안티 로직**anti-logic 또는 **스크러피**scruffy 모델을 사용해 객체를 설명하고자 하는 시도 또한 그다지 효과적이지 않았다. 기본적으로 느슨하게 이어진 개념으로는 객체를 정확하게 설명할 수 없기 때문이다. 1980년대 후반에 들어 전문가 시스템이 뿌리를 내렸다. 전문가 시스템은 논리 기반 시스템의 또 다른 형태로, 특정 분야의 전문가가 교육하고 잘 정의한 문제와 관련돼 있다. 제어 시스템을 위한 규칙 기반 엔진으로 볼 수도 있을 것이다. 전문가 시스템은 기업 및 비즈니스 환경에서 효과적임이 입증돼, 최초로 상용 판매된 AI 시스템이 됐다. 이 전문가 시스템을 중심으로 새로운 산업이 형성되기 시작했다. 이러한 유형의 AI는 성장을 거듭했으며, IBM가 이 개념을 갖고 만든 **딥 소트**deep thought 는 1997년 체스 그랜드마스터인 개리 카스파로프Garry Kasparov를 상대로 승리를 거두었다.

퍼지fuzzy 논리는 1965년 UC 버클리UC Berkeley의 로트피 자데Lotfi A. Zadeh가 수행한 연구에서 최초로 등장했으나, 퍼지 논리가 제어 시스템에 성공적으로 적용될 수 있는 방법을 히타치Hitachi의 연구원들이 증명해 낸 것은 1985년이었다. 이 연구는 퍼지 시스템을 실제 제품에 적용하고자 하는 일본의 자동차 및 전자 기업으로부터 상당한 관심을 불러 일으켰다.

퍼지 논리는 제어 시스템에 성공적으로 사용되고 있으며, 이는 11장의 뒷부분에서 자세하게 다룰 예정이다.

전문가 시스템과 퍼지 논리가 AI의 주된 축으로 자리 잡는 듯했으나, 가능한 것과 절대 불가한 것 사이의 격차가 눈에 띄게 점점 커지고 있었다. 1990년대 초 연구자들은 일반적인 전문가 시스템 또는 논리 기반 시스템이 절대 정신을 능가할 수 없을 것이라 보았다. 1990년대에는 은닉 마르코프 모델이나 베이즈 네트워크의 형태로 통계적 AI가 등장했다. 또한, 컴퓨터 공학에는 경제학, 무역학, 경영 관리 연구 등에서 의사 결정을 위해 흔히 사용하는 모델들이 도입됐다.

서포트 벡터 머신은 1963년 블라디미르 바프니크Vladimir N. Vapnik와 알렉세이 체르보넨키스Alexey Chervonenkis가 최초로 제안했으나, 1970년대와 1980년대 초 AI의 암흑기가 지난 후에야 인기를 얻었다. SVM은 새로운 기법을 사용해 데이터 집합을 범주화하는 최적의 초평면을 찾아냄으로써 선형 및 비선형 분류의 토대가 됐다. 이 기법은 필적 감정handwriting analysis으로 인해 유명해졌으며, 이후에는 신경망에까지 사용됐다.

1990년대에는 RNN도 관심을 끄는 주제였는데, 이 유형의 네트워크는 독특하고 합성곱 신경망과 같은 딥러닝 신경망과도 달랐다. 이는 RNN이 상태를 유지 관리하고, 오디오나 음성 인식과 같이 시간 개념이 포함된 문제에 적용될 수 있었기 때문이다. RNN은 IoT 예측 모델에도 직접적인 영향을 미치고 있으며, 이에 관해서도 11장의 후반부에서 살펴볼 것이다.

2012년, 이미지 인식 분야에 한 획을 긋는 사건이 발생했다. 전 세계 팀들이 30픽셀의 섬네일로 50픽셀 객체를 인식하는 컴퓨터 공학 작업을 두고 겨루는 대회가 열렸다. 객체가 일단 라벨링되고 나면 해당 객체 주위에 사각형을 그리고, 이러한 작업을 100만 개 이미지에 수행한다. 여기에서 토론토 대학에서 참가한 한 팀이 이미지를 처리하는 최초의 딥 합성곱 신경망을 구축해 이 대회에서 우승을 차지한 것이다. 다른 신경망도 이와 같은 머신 비전을 과거에 시도한 적이 있지만, 이 팀은 16.4%에 불과한 오류율로 기존의 그 어떤 접근 방식보다 정확하게 이미지를 인식할 수 있는 방법을 개발해 냈다. 구글은 또 다른 신경망을 개발했는데, 이번에는 오류율이 6.4%까지 낮아졌다. 또한, 이 시기에 알렉스 크리제프스키Alex Krizhevsky는 AlexNet을 개발했는데, 방정식에 GPU를 추가해 학습 속도를 크게 높였다. 이 모든 모델은 합성곱 신경망을 중심으로 만들어졌으며, GPU가 충분히 발전되기 전까지는 처리 요구 사항에 제약이 있었다.

오늘날에는 자율 차량부터 시리Siri의 음성 인식, 온라인 고객 서비스에서 인간을 능가하는 도구나 의료 이미징, 매장 안을 돌아다니는 고객의 쇼핑 및 패션 관련 관심사를 파악하고자 머신 러닝을 이용하는 유통업체에 이르기까지, 어디서나 AI를 찾아볼 수 있다.

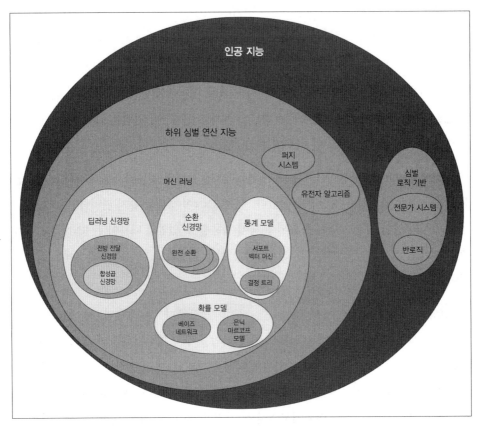

인공 지능 알고리즘의 스펙트럼

그렇다면 머신 러닝과 IoT는 도대체 무슨 관계가 있을까? IoT는 엄청난 양의 데이터가 끊임없이 흐를 수 있도록 마개를 열어젖혔다. 센서 시스템의 가치는 하나의 센서가 측정하는 바가 아니라 센서 집합이 측정하는 것과 이를 통해 더 큰 시스템을 말하고자 하는 바에 있다. 앞서 언급했듯이 IoT는 수집된 데이터만큼의 계단 함수를 생성해 내는 촉매로 작용한다. 이러한 데이터 중에는 시계열 상관time-correlated series 데이터와 같이 구조화된 것이 있는가 하면, 카메라, 합성 센서, 오디오, 아날로그 신호 등 구조화되지 않은 데이터도 있다. 고객들은 이러한 데이터를 바탕으로 비즈니스를 위해 유용한 의사 결정을 도출하고자 한다. 일례로, IoT와 머신 러닝을 도입해 운영 지출과 자본 지출의 최적화(이 점이 인기의 비결이기도 하다)를 계획 중인 생산 공장을 들 수 있다. 공장 IoT 사례를 고려할 경우, 보통 생산자는 상호 의존적인 다수의 시스템을 운영하고 있을 것이다. 여기에는 위젯widget을 생산하는 조립 도구, 금속이나 플라스틱에서 부품을 잘라 내는 로봇, 특정 유형의 사출 성형을 수행하는 기계, 컨베이어 벨트, 조명 및 난방 시스템, 포장 기계, 공급 및 재고 관리 시스템, 자재 운반 로봇, 다양한 수준의 제어 시스템 등이 포함될 수 있다. 실제로 이 기업은 넓은 캠퍼스 또는 지역 전역에 걸쳐 이러한 공간을 여러 개 갖고 있을 수 있다. 이와 같은 공장들은 에드워즈 데밍W. Edwards Deming의 저술을 참고해 기존의 모든 효율성 모델을 채용하곤 했다. 하지만 앞으로의 산업 혁명은 IoT과 기계 지능의 형태로 도래할 것이다.

특이한 사건이 일어났을 때, 전문성을 갖춘 사람이라면 무엇을 해야 할지 알기 마련이다. 예컨대 수년간 조립 기계를 다뤄 온 기술자는 그 기계의 작동 양상을 보고 서비스를 받아야 할 시기를 파악할 수 있다. 특정한 방식으로 삐걱거리기 시작할 수도 있고, 부품을 들었다 놓는 기능에 문제가 생겨서 지난 며칠간 몇 개를 떨어뜨렸을 수도 있다. 이처럼 간단한 행동의 효과들을 머신 러닝은 인간보다 훨씬 앞서 파악하고 예측할 수 있다. 센서는 이러한 장치들을 에워싸고 인식되고 도출된 행동을 모니터링할 수 있다. 이러한 경우, 공장 전체를 인식perceived해, 시스템 내의 모든 기계와 모든 인력으로부터 수집한 수백만, 수십억 건의 이벤트를 바탕으로 특정 순간에 공장이 가동되는 방식을 파악하는 것이 가능하다.

데이터의 양이 이 정도에 이르면, 머신 러닝만이 잡음 속에서 관련성을 추려 낼 수 있다. 이것은 인간은 해낼 수 없지만 빅데이터와 머신 러닝은 해결할 수 있는 문제다.

머신 러닝 모델

이제 IoT에 적용할 수 있는 특정 머신 러닝 모델에 집중해 보도록 하자. 데이터 모음을 솎아 내는 데 사용할 수 있는 단 하나의 모델 같은 것은 없다. 각각의 모델에는 저마다의 장점과 사용 사례가 있다. 모든 머신 러닝 도구의 목표는 데이터 집합이 말하고자 하는 바인 예측이나 추론에 도달하는 데 있고, 사람들은 동전 던지기의 50%보다는 나은 결과를 원할 것이다.

고려 대상인 러닝 시스템으로는 다음과 같은 두 가지 유형이 있다.

- **지도 학습**supervised learning: 간단히 말해 모델에 제공된 학습 데이터의 각 항목에 관련 라벨이 있다는 뜻이다. 예를 들어, 집합이 고양이, 개, 바나나, 자동차와 같이 해당 이미지의 내용에 관한 라벨이 붙은 이미지의 모음인 경우를 들 수 있다. 오늘날 많은 머신 러닝 모델이 지도 학습에 해당한다. 지도 학습 모델의 경우, 분류와 회귀 분석 문제가 해결된다. 분류와 회귀 분석에 관해서는 11장의 뒷부분에서 자세히 알아보자.
- **비지도 학습**unsupervised learning: 학습 데이터에 붙는 라벨이 따로 없다. 분명히 이 유형의 학습은 개의 이미지를 개dog라는 라벨로 해석할 수는 없다. 이 유형은 수리적 규칙을 이용해 리던던시를 감소시키는 역할을 한다. 일반적인 사용 사례로는 유사한 사물의 클러스터를 찾아내는 경우를 들 수 있다.

두 모델의 하이브리드인 **준지도 학습**semi-supervised learning이라는 모델도 존재하는데, 이 모델에는 라벨링된 데이터와 라벨링되지 않은 데이터가 섞여 있다. 이 모델의 목표는 머신 러닝 모델이 추론을 이끌어 낼 뿐만 아니라 데이터 조직도 수행하도록 강제하는 것이다.

488

머신 러닝의 기초적인 용도로는 다음과 같은 세 가지가 있다.

- 분류
- 회귀 분석
- 이상 감지

IoT의 적용과 함께 논의할 수 있는 머신 러닝과 AI 구조는 수십 가지가 있지만, 이 부분은 이 책의 범위를 한참 넘어선다. 여기에서는 소수의 몇 가지 모델에만 집중해 이 모델들이 서로 적합한 경우, 목표로 하는 대상, 각자의 장점 등을 파악할 것이다. 통계적 모델, 확률적 모델, 딥 러닝, RNN 등이 IoT 인공 지능에 흔히 적용할 수 있는 영역이므로 이들의 용도와 한계에 관해서도 살펴보도록 하자.

이와 같은 각각의 큰 부문들을 다음과 같이 쪼개어 일반화할 것이다.

- **랜덤 포레스트**random forest: 통계적 모델(빠른 모델, 이상 감지에 필요한 다양한 속성이 포함된 시스템에 적합)
- **베이즈 네트워크**Bayesian network: 확률적 모델
- **합성곱 신경망**CNN, Convolutional Neural Network: 딥 러닝(비구조화 이미지 데이터용 딥 러닝 모델)
- **순환 신경망**RNN, Recurrent Neural Network: 시계열 분석용 딥 러닝 모델

일부 모델은 인공 지능 분야, 적어도 여기에서 고려하는 IoT 사용 사례에는 더 이상 적합하지 않다. 따라서 여기에서는 논리 기반 모델, 유전 알고리즘 또는 퍼지 논리에는 초점을 맞추지 않을 것이다.

분류와 회귀 분석에 관한 몇 가지 기초 용어를 먼저 살펴보도록 하자.

분류

대부분의 머신 러닝 모델에서 분류부터 시작하는 법이 거론된다. 분류란, 이름, 값 또는 범주를 선택하는 데 데이터를 사용하는 지도 학습의 한 형태다. 일례로, 신발 그림을 찾기 위해 이미지를 스캔하는 데 신경망을 사용하는 경우를 들 수 있다. 이 분야에는 두 가지 형태의 분류가 있다.

- **이항**binomial: 2개의 범주(커피와 차) 중 하나를 고르는 경우
- **다중**multi-class: 2개 이상의 선택지가 있는 경우

여기에서는 초평면 개념의 이해를 돕기 위해 스탠포드Stanford 선형 분류 도구를 사용한다 (http://vision.stanford.edu/teaching/cs231n-demos/linear-classify/). 다음 다이어그램은 색깔 있는 공을 나누기에 최적인 초평면을 찾으려는 훈련된 학습 시스템의 시도를 나타낸다. 이러한 다이어그램은 수천 번 반복한 결과로 얻을 수 있는데, 현재의 구획도 어느 정도 최적에 가깝긴 하지만, 여전히 오른쪽 상단 영역의 초평면에는 상단 초평면에 속하는 공이 포함된다는 문제가 있다. 아래에는 최적 분류에 도달하지 못한 상태의 예가 나타나 있다.

이때 초평면은 인위적인 구획을 만드는 데 사용된다. 오른쪽 상단에는 상단에 있는 다른 2개의 공과 함께 분류돼야 하지만, 실제로는 오른쪽 하단의 집합에 속하도록 분류된 하나의 공이 표시돼 있다.

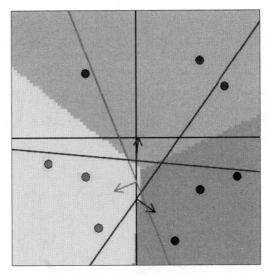

최적 분류에 미치지 못하는 사례

스탠포드의 앞선 예에서 초평면은 직선이라는 사실을 알 수 있다. 이를 **선형 분류자**linear classifier라고 하며, 여기에는 (선형의 극대화를 시도하는) 서포트 벡터 머신이나 (이항 클래스 및 다중 적합에 사용 가능한) 로지스틱 회귀와 같은 구조도 포함된다. 다음 그래프에는 원과 마름모로 구성된 2개의 데이터 집합에 대한 이항 선형 분류가 나타나 있다.

여기에서 이 라인은 변수 고유의 영역을 둘로 나누는 초평면이 형성하고자 한다. 최적의 선형 관계에도 오류가 포함돼 있다는 사실을 알 수 있다.

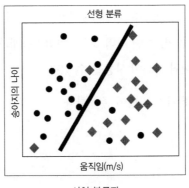

선형 분류자

머신 러닝에서는 비선형 관계도 흔하며 선형 모델을 사용할 경우 오히려 심각한 오류율이 발생하기도 한다. 다음 그래프에는 선형 곡선 적합과 비선형의 비교가 나타나 있다. 비선형 모델의 한 가지 문제는 판정 급수(test series)가 과대 적합한 경향이 있다는 점이다. 또한, 뒤에서 살펴보듯이 훈련 테스트 데이터로 실행할 때는 머신 러닝 도구가 정확하지만, 실전에서는 그다지 유용하지 않은 경향도 있다. 다음 그림은 선형 분류와 비선형 분류의 비교다.

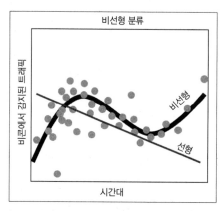

여기에서 n번째 다항 곡선은 데이터 포인트의 집합으로 훨씬 정확한 모델의 구축을 시도한다. 고도로 정확한 모델은 알려진 훈련 집합과는 제대로 일치하지만, 실제 데이터와는 그렇지 못한 경향이 있다.

회귀

분류가 이산 값(원 또는 마름모꼴)을 예측하는 데 사용되는 반면, 회귀 모델은 연속 값을 예측하는 데 사용된다. 예를 들면, 주변 지역 모든 주택의 판매가에 기반해 특정 주택의 평균 판매가를 예측하는 데 회귀 분석이 사용될 수 있다.

회귀 분석을 이루는 데는 몇 가지 기법이 존재한다.

- 최소제곱법
- 선형 회귀
- 로지스틱 회귀

랜덤 포레스트

랜덤 포레스트random forest는 결정 트리decision tree라는 머신 러닝 모델의 하위 집합이다. 이 절의 초반부에 있는 다이어그램에서 보듯이 결정 트리는 통계적 집합의 일부인 학습 알고리즘의 그룹이다. 결정 트리는 다양한 변수를 고려해 집합을 분류하는 하나의 결과를 도출한다. 평가 대상인 각 구성 요소를 **집합**set이라 한다. 결정 트리는 입력에 따라 경로가 선택할 가능성의 집합을 생성한다. 결정 트리의 형태 중 하나로는 1983년 브라이만Breiman이 개발한 **분류 및 회귀 테스트**CART, Classification and Regression Test가 있다.

이제 부트스트랩 집계bootstrap aggregating, 줄여서 **배깅**bagging이라고 하는 개념에 관해서 알아보자. 훈련 중인 결정 트리가 하나인 경우에는 주입된 잡음을 찾아낼 수 있으며, 그 결과로 바이어스(bias, 편견)가 형성될 수 있다. 반면 훈련 중인 결정 트리가 여러 개이면 바이어스가 형성될 가능성을 낮출 수 있다. 각각의 트리는 훈련 데이터 또는 샘플의 집합을 임의로 선택한다.

랜덤 포레스트 훈련의 결과는 임의로 선택한 훈련 데이터와 변수에 기초해 결정 트리를 처리한다.

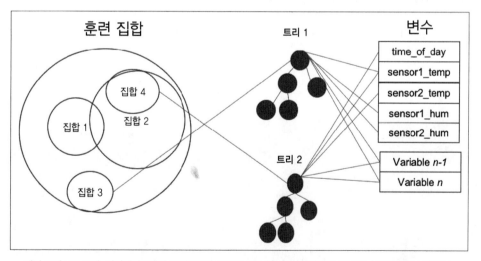

랜덤 포레스트 모델. 여기에서 2개의 포레스트가 임의의 변수(변수 전체 집합은 아님)를 선택하도록 구성된다.

랜덤 포레스트는 랜덤 샘플 집합뿐만 아니라 검증된 기능의 하위 집합을 선택해 배깅을 확장하는데, 이는 앞의 이미지에서 확인할 수 있다. 가능한 한 많은 데이터로 훈련하길 원하기 마련이므로 이러한 결과는 직관적이지 않은데, 그 근거는 다음과 같다.

- 대부분의 트리가 정확하고 대부분의 데이터를 정확히 예측함
- 결정 트리의 오류는 다른 트리의 다른 위치에서 발생할 수 있음

이것이 **집단 사고와 다수결**group think and majority decision의 규칙이다. 여러 트리의 결과가 서로 다른 경로를 통해 특정 결론에 도달했고 하나의 트리는 이로부터 벗어나 있더라도 서로 동의한다면, 다수의 결론을 따르는 것이 자연스럽다는 것이다. 이를 통해 바이어스가 심한 단일 결정 트리 모델에 비해 변동량이 적은 모델이 생성된다. 다음은 트리가 4개인 랜덤 포레스트 모델의 예다. 각 트리는 서로 다른 데이터 하위 집합으로 훈련됐으며 임의의 변수를 선택했다. 이 흐름의 결과, 4개의 트리 중 3개가 9라는 결과를 내놓았고, 네 번째 트리만이 다른 결과를 도출했다.

네 번째 트리가 도출한 결과가 무엇이든, 다수는 논리적 결과가 9로 이어져야 하는 다른 데이터 집합, 다른 변수, 다른 트리 구조에 동의한 것이다.

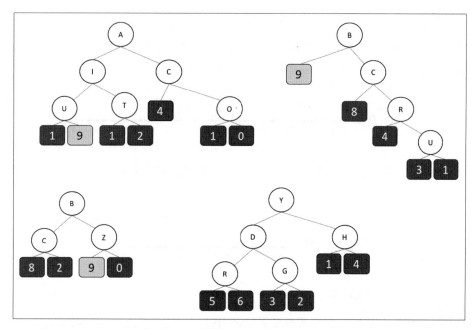

랜덤 포레스트의 다수결 모델. 여기에서, 임의의 변수 모음에 기반한 여러 트리가 9라는 결과에 도달한다. 서로 다른 입력을 이용해도 유사한 답에 도달함으로써 모델을 강화하게 된다.

베이지언 모델

베이지언 모델은 1812년의 베이즈 정리에 기반한다. 베이즈 정리는 시스템에 이미 알려져 있는 사실을 바탕으로 어떤 이벤트가 일어날 확률을 설명한다. 이 정리의 예로는 장치의 온도를 보고 머신이 고장날 확률을 구하는 경우를 들 수 있다.

베이즈 정리는 다음과 같은 수식으로 표현된다.

$$P(A|B) = \frac{P(A \cap B)}{P(B)}$$

여기에서 A와 B는 대상 사건이다. $P(A|B)$는 사건 B가 발생한 것으로 쥐졌을 때, 사건 A가 발생할 확률을 나타낸다. 두 사건은 서로 관계가 없고 상호 배타적이다.

이 수식은 $P(B)$를 대체하는 전체 확률의 정리로 다시 쓸 수 있다. 이렇게 하면 수식은 i개의 사건으로 확장 가능해진다. $P(B|A)$는 사건 A가 발생한 것으로 줘졌을 때 사건 B가 발생할 확률이다. 베이즈 정리를 수식으로 정의하면 다음과 같다.

$$P(A_i|B) = \frac{P(B|A_i) \times P(A_i)}{P(B|A_1) \times P(A_1) + P(B|A_1) \times P(A_1) + \cdots + P(B|A_i) \times P(A_i)}$$

여기에서는 단일 확률과 여사건(예: 통과/실패)을 다루고 있다. 이 수식은 다음과 같이 다시 쓸 수 있다.

$$P(A|B) = \frac{P(B|A) \times P(A)}{P(B|A) \times P(A) + P(B|A') \times P(A')}$$

다음과 같은 예를 살펴보자. 어떤 장치에 들어갈 동일한 부품을 생산하는 2개의 기계가 있다고 가정한다. 머신의 온도가 특정 값을 초과하면 이 머신은 작동을 중단하게 된다. 머신 A의 온도가 특정 온도를 초과하면 이 머신은 2%의 확률로 불량품을 만들고, 머신 B의 온도가 특정 온도를 초과하면 이 머신은 4%의 확률로 불량품을 만든다. 머신 A는 부품의 70%를 생산하고, 머신 B는 나머지 30%를 생산한다. 이런 상황에서 임의의 부품을 하나 집었을 때 그것이 불량품이라면, 이 부품이 머신 A 또는 머신 B에서 생산된 것일 확률은 얼마인가?

여기에서 A는 머신 A에서 생산된 제품, B는 머신 B에서 생산된 제품이고 F는 선택된 부품 중 불량품을 나타낸다고 했을 때, 다음과 같이 쓸 수 있다.

- $P(A) = 0.7$
- $P(B) = 0.3$
- $P(F|A) = 0.02$
- $P(F|B) = 0.04$

따라서 A 또는 B에서 생산된 불량품을 집을 확률은 다음과 같다.

$$P(A \mid F) = \frac{P(F|A) \times P(A)}{P(F|A) \times P(A) + P(F|B) \times P(B)}$$

여기에 값을 대입한다.

$$P(A \mid F) = \frac{0.02 \times o.7}{(0.02 \times o.7) + (0.04 \times 0.3)}$$

따라서 $P(A \mid F)$ = 53%이고 $P(B \mid F)$는 여사건의 확률이므로 (1 - 0.53) = 47%가 된다.

베이즈 네트워크는 도식화된 확률 모델, 특히 유향 비순환 그래프[directed acyclic graph]의 형태로 베이즈 정리를 확장한 것이다. 그래프의 흐름은 한 방향으로만 이뤄지며 이전 상태로 돌아가지 않는데, 이것이 베이즈 네트워크의 필수 요건이다.

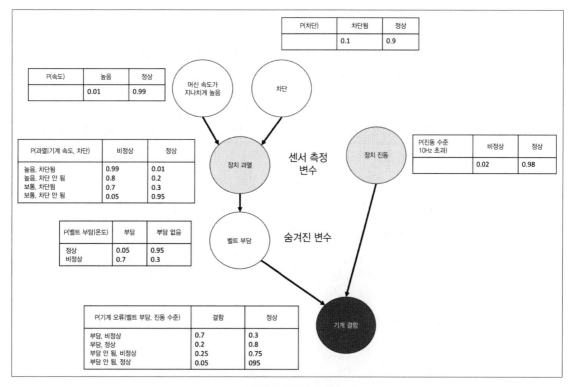

베이지언 네트워크 모델

여기에서는 전문 지식, 기록 데이터, 로그, 추세 또는 이들의 조합으로부터 각 상태에 대한 다양한 확률이 도출된다. 이것이 베이즈 네트워크의 훈련 과정이다. 이러한 규칙은 IoT 환경의 학습 모델에도 적용될 수 있다. 센서 데이터 스트림이 들어오면, 이 모델을 통해 머신의 오류를 예측할 수 있다. 뿐만 아니라 이 모델은 추론에도 사용될 수 있는데 예를 들어, 센서가 과열 상태를 감지한 경우, 이 상태가 머신의 속도 또는 장애물과 관련됐을 확률이 있음을 추론할 수 있다.

다음과 같이, 이 책의 범위를 벗어나지만 특정 유형의 데이터와 문제 집합에 유용한 베이즈 네트워크의 변형도 있다.

- 나이브 베이즈Naive Bayes
- 가우시안 나이브 베이즈Gaussian Naive Bayes
- 베이지언 빌리프 네트워크Bayesian belief network

베이즈 네트워크는 완전하게 관찰하기 어려운 IoT 환경에 적합하다. 또한, 데이터를 신뢰할 수 없는 상황에도 베이즈 네트워크는 장점을 갖는다. 열악한 샘플 데이터, 잡음이 많은 데이터, 누락된 데이터 등이 미치는 영향도 베이즈 네트워크의 경우 다른 형태의 예측 분석에 비해 적은 편이다. 단점이라면 샘플 수가 매우 커야 한다는 점을 들 수 있다. 베이지언 방식은 과다 적합 문제도 방지하는데, 이는 나중에 신경망에서 다룰 것이다. 또한, 베이지언 모델은 스트리밍 데이터에도 적합한데, 이것이 IoT 분야에서 일반적으로 사용되는 사례에 해당한다. 베이즈 네트워크는 신호의 이탈과 센서의 시간 관계 계열을 찾고 네트워킹에서 악의적인 패킷을 찾아서 걸러 내기 위해 배포된다.

합성곱 신경망

합성곱 신경망CNN, Convolutional Neural Network은 머신 러닝 인공 신경망의 한 형태다. 먼저, CNN을 살펴본 다음 RNN으로 넘어갈 것이다. CNN은 매우 안정적이고 이미지 분류에 정확한 것으로 검증됐으며, 비주얼 인식, 특히 보안 시스템을 위한 IoT 배포에 사용된다. 인공 신경망의 기저에 깔린 과정과 수리적 기초를 이해하는 것은 좋은 출발점이 될 수 있다. 모든 데이터는 고정된 비트맵(즉, 세 평면의 1024×768픽셀 이미지)으로 표현될 수 있다. CNN은 분해 가능한 특징을 더해 가는 집합을 바탕으로 이미지를 라벨(예: 고양이, 개, 물고기, 새 등)에 대해 분류하려는 시도를 한다. 이미지 콘텐츠를 구성하는 가장 기본적인 특징이 가로 선, 세로 선, 곡선, 그림자, 기울기 방향 등의 작은 집합에서부터 쌓아 올려진다.

첫 번째 레이어와 필터

CNN의 첫 번째 레이어에 있는 이 특징의 기본 집합은 짧은 곡선과 직선, 색깔 반점, 작고 특이한 부분(이미지 구별의 경우) 등의 특징을 식별하는 역할을 한다. 이 필터는 유사성을 찾기 위해 이미지 주변을 순회한다. 합성곱 알고리즘은 필터를 이동시킨 결과로 생성되는 행렬 값을 곱셈한 후 누산한다. 특정한 특징이 높은 활성 값으로 이어지면 필터가 활성화된다.

CNN의 첫 번째 레이어. 여기에서는 입력의 패턴 일치를 확인하는 데 대규모 프리미티브가 사용됐다.

최대 풀링과 하위 샘플링

그 다음 레이어는 보통 풀링pooling 또는 최대 풀링 계층일 것이다. 이 레이어는 앞선 레이어의 값을 입력해 이웃한 뉴런에 대한 최댓값을 반환하는데, 이 값은 또 다음 합성곱 레이어의 단일 뉴런에 대한 입력값으로 사용된다. 이것이 바로 기본적인 하위 샘플링의 형태다. 그 결과, 풀링 계층은 2×2 부분 행렬이 되는 것이 일반적이다.

최대 풀링. 이미지 전반에 걸친 슬라이딩 윈도우에서 최댓값을 찾아내려고 시도한다.

풀링 시에는 최대화(앞선 다이어그램에서 보듯이), 평균화를 비롯해 몇 가지 정교한 기법을 옵션으로 선택할 수 있다. 최대 풀링의 목적은 이미지의 한 영역 내에서 발견된 특정한 특징을 기술하는 데 있다. 정확한 위치를 알 필요는 없고, 대략적인 영역만 알면 된다. 이 레이어는 처리해야 하는 차원을 반복하기도 하는데, 이는 궁극적으로 신경망의 성능, 메모리, CPU 사용량에 영향을 미치게 된다. 최대 풀링은 과다 적합 문제를 제어하기도 한다. 연구자들은 신경망이 이러한 유형의 하위 샘플링을 수행하지 않은 채 정교하게 튜닝될 경우 프로그래밍된 데이터 훈련 집합에서는 잘 작동하지만 현실 이미지를 대입했을 때는 크게 실패할 것이라는 사실을 알아냈다.

히든 레이어와 포워딩 전파

두 번째 합성곱 레이어는 첫 번째 레이어의 결과를 입력으로 사용한다. 첫 번째 레이어의 입력은 원본 비트맵이며, 이 레이어의 출력은 특정 기본 특징이 확인되는 2D 비트맵상의 위치를 나타낸다. 두 번째 레이어의 특징은 첫 번째에 비해 더욱 포괄적이다. 두 번째 레이어는 보통 스플라인spline이나 곡선 같은 복합 구조다. 여기에서는 뉴런의 역할과 뉴런에서 출력을 뽑아내기 위해 필요한 연산에 관해 알아본다.

뉴런의 역할은 픽셀 값에 대한 모든 가중치의 합을 입력하는 것이다. 다음 그래프에서 가중치와 비트맵 값의 형태로 이전 레이어의 입력값을 수용하는 뉴런을 확인할 수 있다. 뉴런의 역할은 이 가중치와 값의 합을 구한 다음, 다음 레이어의 입력값으로 활성 함수에 대입한다.

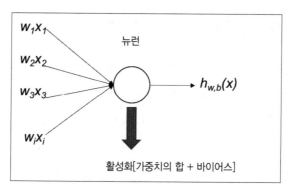

CNN 기본 구성 요소. 여기에서 뉴런은 가중치와 다른 비트맵 값을 입력으로 수용하는 컴퓨팅의 기본 단위다.
뉴런은 활성 방정식을 기준으로 실행 여부가 결정된다.

뉴런 함수 방정식은 다음과 같다.

$$\sigma \left(\sum_i w_i x_i + b \right)$$

이는 매우 큰 규모의 행렬 곱셈 연산 문제일 수 있다. 입력 이미지는 1차원 어레이로 평면화되며, 바이어스는 실제 데이터와의 접촉 없이도 결과에 영향을 미칠 수 있는 방법을 제공한다. 다음 다이어그램에서 평면화된 1차원 이미지와 가중치 매트릭스, 추가된 바이어스를 곱한 예시를 확인할 수 있다. 실제 CNN 장치에서는 바이어스를 가중치 매트릭스에 추가하고, 1.0 값 하나를 비트맵 벡터 아래에 최적화의 형태로 추가할 수 있다. 여기에서는 결과 매트릭스의 두 번째 값인 29.6가 선택된 값이다.

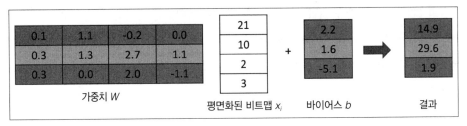

0.1	1.1	-0.2	0.0
0.3	1.3	2.7	1.1
0.3	0.0	2.0	-1.1

가중치 W

21
10
2
3

평면화된 비트맵 x_i

$+$

2.2
1.6
-5.1

바이어스 b

14.9
29.6
1.9

결과

CNN의 행렬 관계. 여기에서는 가중치와 비트맵이 행렬곱된 다음 바이어스가 더해졌다.

입력값에는 뉴런을 입력할 때마다 가중치가 곱해진다. 이는 행렬의 단순한 선형 변환에 해당한다. 뉴런이 발화돼야 하는지 여부를 판단하려면 이 값은 활성 함수를 거쳐야 한다. 트랜지스터 기반으로 구축된 디지털 시스템의 경우 전압을 입력값으로 사용할 수 있는데, 이때 전압이 임곗값을 충족하면 트랜지스터의 전원이 켜지게 된다. 생물학적 뉴런과의 유사성은 입력에 대한 비선형적 행동에 있다. 여기에서는 신경망을 모델링하고 있으므로, 비선형 활성 함수를 사용하도록 한다. 일반적인 활성 함수로는 다음과 같은 것들도 선택이 가능하다.

- 로지스틱sigmoid
- tanH
- **정류 선형 유닛**ReLU, Rectified Linear Unit
- **지수 선형 유닛**ELU, Exponential Linear Unit
- sinusoidal

시그모이드sigmoid 활성 함수는 다음과 같다.

$$\sigma\left(x\right) = \frac{1}{\left(1 + e^{-x}\right)}$$

시그모이드 (또는 다른 유형의 활성 함수) 레이어가 없는 경우, 해당 시스템은 선형 변환 함수이며, 이미지 또는 패턴 인식과 관련해 정확도가 크게 떨어지게 된다.

CNN의 예

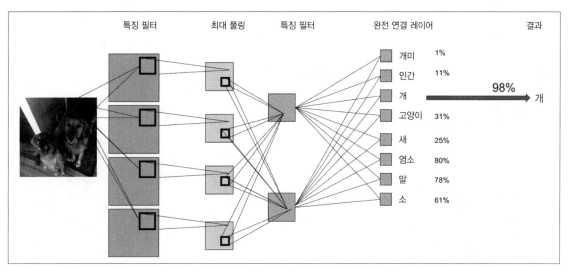

4개 레이어 CNN. 이미지를 나선으로 감아서 프리미티브에 기반한 큰 특징을 추출한 다음, 최대 풀링을 이용해 이미지의 스케일을 줄이고 나서 이를 특징 필터에 입력한다. 완전 연결 레이어에서 CNN 경로는 종료되며, 최적의 판단이 결과로 도출된다.

레이어를 구성하는 기본적인 특징의 예는 텐서플로TensorFlow(http://playground.tensorflow.org)가 제공한다. 특징이 7개인 입력 레이어 1, 그 다음에 뉴런이 4개인 3개의 히든 레이어, 다음으로 2개의 뉴런과 마지막으로 2개의 뉴런이 추가되는 텐서플로 시스템의 예시가 아래 다이어그램에 나와 있다. 이 모델에서는, 점의 색으로 그룹화된 특징을 분류하고자 한다.

여기에서는 두 가지 색상의 공으로 이뤄진 나선을 묘사하는 최적의 특징 집합을 찾아볼 것이다. 초기 특징은 주로 선과 줄무늬를 기본으로 이뤄진다. 이러한 특징들은 훈련된 가중치를 통한 결합과 강화를 거쳐 반점과 얼룩으로 이뤄진 다음 레이어를 설명하게 된다. 오른쪽으로 갈수록 더 상세하고 복합적인 표현이 형성된다. 가장 오른쪽의 나선형을 표현한 영역을 나타내기 위해 이 테스트는 수천 번 실행된다. 오른쪽 상단에서는 출력 커브를 확인할 수 있는데, 이는 훈련 과정 중 발생한 오류의 양을 뜻한다. 오류가 실제로 훈련 실행 중반에 급증하는 것은 혼돈과 임의의 효과가 역전파[backpropagation] 중에 나타났기 때문이다. 이러한 오류의 과정을 거치고 나면 시스템에서는 최적화된 최종 결과가 도출된다. 뉴런 사이의 직선은 나선형 패턴 표현과 관련해 가중치가 갖는 강도를 나타낸다.

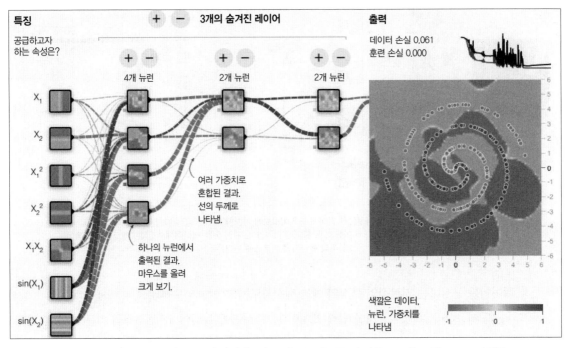

Tensorflow Playground의 CNN 예. 다니엘 스밀코프(Daniel Smilkov) 및 TensorFlow Playground 제공.

위의 이미지에서 CNN은 Tensorflow Playground라는 학습 도구로 모델링됐다. 이제, 다양한 색상의 공으로 이뤄진 나선형의 분류가 목표인 4 레이어 신경망의 훈련을 살펴보자. 왼쪽에 있는 특징들은 가로 색상 변화 또는 세로 색상 변화 등 초기 기본 사항에 해당하며, 히든 레이어는 역전파를 통해 훈련된다. 가중 요소는 다음 히든 레이어의 선 두께로 나타나 있다. 몇 분간의 훈련을 거친 후 결과는 오른쪽에 나타난다.

마지막 레이어를 완전 연결 레이어[fully connected layer]라고 하는데, 이는 마지막 레이어의 모든 노드가 이전 수준의 모든 노드와 연결돼 있어야 하기 때문이다. 완전 연결 레이어의 역할은 이미지를 라벨에 따라 해석하는 것이다. 마지막 레이어의 결과와 특징을 검토해 특징의 집합이 자동차와 같은 특정 라벨에 부합하는지를 판단하는데, 자동차에는 바퀴, 유리창 등이 있는 반면, 고양이에게는 눈, 귀, 털 등이 있어야 한다.

CNN 훈련 및 역전파

CNN 실행에 따른 피드포워딩feedforwarding 전파 과정을 살펴봤다. CNN의 훈련에는 오류와 기울기의 역전파 과정이 사용되며, 이를 통해 새로운 결과가 도출되고 오류가 수정되기를 반복한다. 다음과 같이 가중치를 최적화 또는 수정하려는 시도 속에서 풀링 레이어, 활성 함수, 매트릭스 등이 모두 포함된 동일한 네트워크가 네트워크를 통해 역전파 과정에 사용된다.

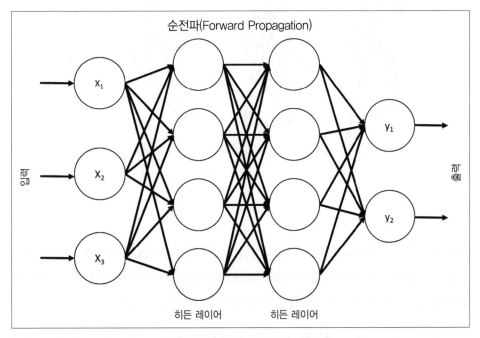

훈련 및 추론 중 이뤄지는 CNN 순전파

역전파는 '오류의 역방향 전파'를 줄인 것이다. 여기에서 오류 함수는 신경망 가중치에 따라 오류 함수의 기울기를 계산한다. 이때 계산된 기울기는 모든 히든 레이어를 통해 역방향으로 적용된다. 역전파 과정은 아래와 같이 나타낼 수 있다.

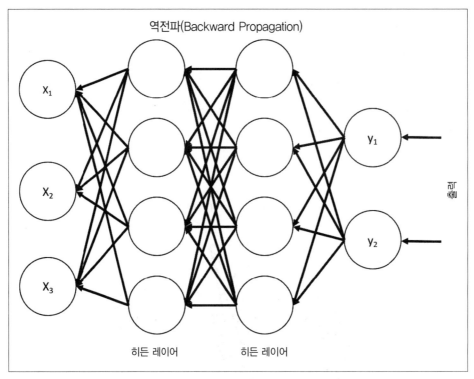

훈련 중에 이뤄지는 CNN 역전파

이제 훈련 과정을 알아보자. 먼저 네트워크가 정규화할 훈련 집합을 제공해야 한다. 훈련 집합은 11장의 후반부에서 다루겠지만, 실전에서 제대로 동작하는 시스템을 개발하는 데 매우 중요한 요소다. 훈련 데이터에는 이미지와 알려진 라벨이 포함된다.

두 번째로, 신경망은 훈련 대상인 각 뉴런에 동일한 초깃값 또는 임의의 값을 가중치로 갖게 된다. 첫 번째 포워드 패스 결과로 상당한 크기의 오차가 도출되며, 이 오차는 다음과 같은 손실 함수에 대입된다.

$$W(t) = W(t-1) - \lambda \times \left(\frac{-\partial E}{\partial W}(t) \right)$$

여기에서, 기존의 가중치인 $W(t - 1)$에서 가중치 W(손실 함수)로 오류 E를 편미분한 값을 뺀 결과가 새로운 가중치로 도출된다. 이를 가리켜 **기울기**gradient라고도 한다. 이 방정식에서 λ는 학습 속도를 뜻하며, 이 부분은 설계자가 조정할 수 있다. 속도가 높으면(1보다 큰 값), 알고리즘 시험 과정에서 보다 큰 폭의 변화가 이뤄진다. 그 결과, 네트워크가 최적의 결과로 수렴되는 속도가 빨라지거나 네트워크가 제대로 훈련되지 않아서 해에 결코 수렴하지 않게 된다. 반대로 λ를 작게(0.01 미만) 설정할 경우, 훈련이 매우 작은 폭으로 이뤄져서 수렴에 걸리는 시간은 훨씬 길어지지만 모델의 정확성은 개선될 수 있다. 다음의 예에서 최적의 수렴은 오류와 가중치를 나타내는 곡선의 가장 아래에서 이뤄진다. 학습 속도가 지나치게 높으면 아래에 결코 도달할 수 없으며, 측면 중 한쪽을 향해 **바닥에 가까운**near bottom 상태에 그치게 된다.

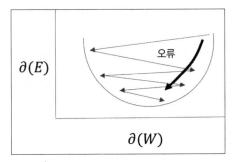

최솟값. 이 그림에는 기본적인 학습 곡선이 나타나 있다. 목표는 경사 하강법을 통해 최솟값을 찾는 것이다. 학습 모델의 정확도는 최소 수렴에 소요되는 단계의 수(시간)에 비례한다.

오류 함수의 최솟값이 언제나 도출되는 것은 아니다. 즉, 극솟값이 도출되더라도 최솟값은 아닐 수 있다는 것이다. 알고리즘은 극솟값이 일단 도출되고 나면 여기에서 벗어나는 데 어려움을 겪는 경우가 많다. 다음 그래프에서는 올바른 최솟값과 극솟값이 결정되는 방식을 확인할 수 있다.

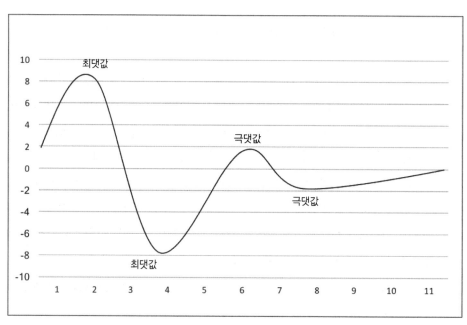

최댓값

극댓값

극댓값

최댓값

훈련 중 오류. 진정한 최댓값과 최솟값을 확인할 수 있다. 훈련 단계 크기나 하강의 최초 시작점 같은 요인에 따라 CNN은 잘못된 최솟값으로 훈련될 수도 있다.

손실은 네트워크의 최초 실행 시에 특히 크게 나타나는데, 이는 TensorFlow playground 로 시각화할 수 있다. 여기에서 다시 한 번, 나선을 식별하는 신경망을 훈련해 보자. 첫 번째 훈련 시 손실은 0.425로 상당히 크다. 그러나 1,531회 반복 후 이 네트워크의 가중치와 손실은 0.106에 도달한다.

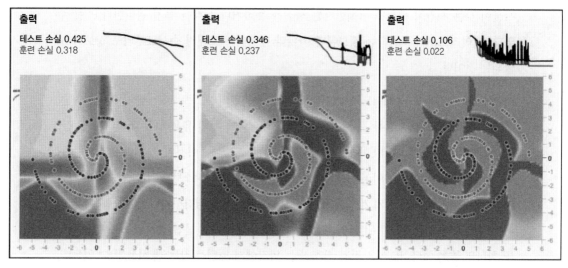

텐서플로 훈련의 예. 다니엘 스밀코프(Daniel Smilkov) 및 TensorFlow Playground 제공.

이때 왼쪽에서 오른쪽으로 갈수록 훈련 과정이 정확해진다는 사실을 확인할 수 있다. 왼쪽 그림은 가로, 세로의 초기 특성이 큰 영향을 미치고 있음이 나타나 있다. 수많은 반복이 이뤄진 후, 훈련은 진정한 결과로 수렴되기 시작한다. 1,531회의 반복을 거친 후에도 훈련이 정답에 수렴하지 않아서 일부 오류가 아직 존재한다.

RNN

RNN은 그 자체로 머신 러닝의 한 분야를 이루며, 특히 IoT 데이터와 관련해 매우 큰 중요성을 갖는다. RNN과 CNN의 가장 큰 차이는 CNN의 경우, 고정된 크기의 데이터 벡터로 입력을 처리한다는 점이다. 이를 2차원 이미지, 즉 크기가 알려진 입력값으로 생각해 보자. CNN은 고정된 크기의 데이터 단위로 레이어에서 레이어를 지나간다. RNN도 비슷하지만, 고정된 크기의 이미지 데이터를 사용하는 것이 아니라, 벡터를 입력해서 다른 벡터를 출력한다는 점이 근본적인 차이점이다. 결과 벡터는 공급한 입력 중 하나에 영향을 받는 것이 아니라, 공급한 입력의 내역에 영향을 받는다는 사실이 핵심이다. 이는 RNN이 사물이 갖는 시간적 속성을 이해한다는 사실을 뜻하거나 상태를 유지 관리한다고 할 수 있다. 데이터로부터 도출되는 정보뿐만 아니라 데이터가 보내진 순서로부터도 정보가 도출되는 것이다.

RNN은 IoT 분야, 그중에서도 이미지의 장면이나 일련의 텍스트 또는 값의 의견에 관한 설명, 비디오 스트림의 분류 등 시간 관계 계열 데이터에 특히 유용하다. 데이터는 (시간:값) 쌍이 포함된 센서 어레이에서 RNN으로 공급될 수 있다. 이것이 RNN에 전송되는 입력 데이터가 된다. 특히, 이러한 RNN 모델은 공장 자동화 시스템의 결함을 찾아내거나 이상 센서 데이터 또는 전기 계량기의 타임스탬프 데이터를 평가하거나 심지어 오디오 데이터에서 패턴을 감지하기 위해 예측 분석에 사용될 수 있다. 산업 장치의 신호 데이터가 또 하나의 좋은 예다. RNN은 전자 신호 또는 파장에서 패턴을 찾는 데 사용될 수 있는데, 이는 CNN이 잘 처리하지 못하는 분야다. RNN은 값이 예상된 범위에서 벗어나 오류 또는 중대한 사건을 나타내는 경우, 먼저 실행돼 시퀀스 내 다음 값이 무엇일지 예측한다.

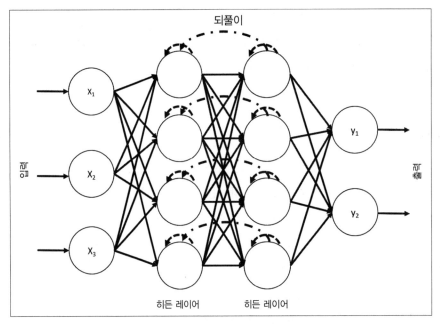

RNN과 CNN의 주된 차이점은 시간 또는 시퀀스 순서를 참조한다는 점이다.

RNN의 뉴런을 자세히 들여다보면 스스로 반복하는 것처럼 보인다. RNN은 기본적으로 시간을 거스르는 상태의 집합이다. 이는 각 뉴런의 RNN을 펼쳐 보면 명확해진다.

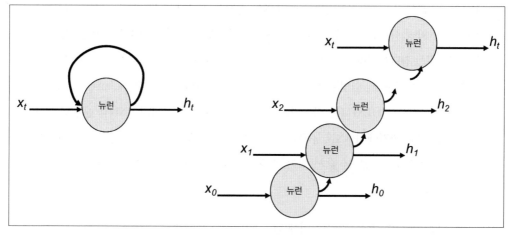

RNN 뉴런. 여기에는 RNN 알고리즘의 기초로,
이전 단계 xn-1의 입력을 다음 단계 xn에 입력하는 과정이 도식화돼 있다.

RNN 시스템의 문제점으로는 CNN이나 다른 모델에 비해 훈련하기가 다소 어렵다는 점을 들 수 있다. CNN 시스템은 훈련과 모델 강화에 역전파를 사용하는 반면, RNN 시스템에는 역전파라는 개념이 없다. RNN으로 입력을 전송할 때마다 고유한 타임스탬프가 전달된다. 이로 인해 앞서 언급한 바와 같이 기울기가 사라지는 문제vanishing gradient problem가 발생하는데, 이는 네트워크의 학습 속도를 늦춰 쓸모 없게 만든다. CNN 또한 기울기가 사라지는 문제에 노출되지만 CNN에는 히든 레이어가 몇 개에 불과한 반면, RNN의 깊이에서는 수많은 반복을 되돌릴 수 있다는 점이 CNN과 다르다. 예를 들어, A quick brown fox jumped over the lazy dog(날쌘 갈색 여우가 게으른 개를 뛰어넘는다)라는 문장 구조를 해석하는 경우, RNN은 아홉 단계 뒤로 확장된다. 기울기가 사라지는 문제는 직관적으로 이해할 수 있다. 네트워크의 가중치가 작으면 기울기가 기하급수적으로 줄고, 그 결과 기울기가 사라지게 되는 것이다. 반면, 가중치가 크다면 기울기가 기하급수적으로 커지므로 폭발(NaN)하게 된다. 폭발은 결국 충돌로 이어지지만, 기울기는 충돌이 발생하기 전에 잘리거나 제한되는 것이 일반적이다. 컴퓨터가 처리하기에는 사라지는 기울기가 더 까다로운 문제인 것이다.

이 문제를 극복하는 한 가지 방법이 바로 CNN 절에서 언급한 ReLU 활성 함수를 사용하는 것이다. 이 활성 함수는 0 또는 1의 결과를 도출하므로 기울기가 감소하지 않는다. 또 다른 옵션으로는 **장단기 기억**LSTM, Long Short-Term Memory이 있는데, 이는 연구자인 세프 호크라이터Sepp Hochreiter와 유르겐 쉬밋후버Juergen Schmidhuber가 제안한 개념이다(Neural Computation, 9(8):1735–1780, 1997). LSTM는 기울기가 사라지는 문제를 해결하고 RNN을 훈련할 수 있는 길을 열었다. 여기에서 RNN 뉴런은 3개 또는 4개의 게이트gate로 구성된다. 이 게이트를 통해 뉴런을 상태 정보를 갖게 되며, 게이트는 0과 1사이의 값을 갖는 로지스틱 함수로 제어된다.

- **유지 게이트 K**keep gate K: 기억에 남길 값의 양을 제어함
- **쓰기 게이트 W**write gate W: 기억에 영향을 미칠 새 값의 양을 제어함
- **읽기 게이트 R**read gate R: 출력 활성 함수를 생성하는 데 쓸 기억 속 값의 양을 제어함

이들 게이트에는 이산 값의 양을 제어한다는 점에서 본질적으로 동일한 부분이 있다는 사실을 알 수 있을 것이다. LSTM 셀은 오차를 셀의 메모리 속에 가둔다. **오차 회전기**error carousel라고도 불리는 이 방식을 통해 LSTM 셀은 오랜 기간에 걸쳐 오차를 역전파할 수 있게 된다. LSTM 셀은 뉴런이 기본적으로 외적인 모든 것이 CNN과 동일하지만, 내적으로는 상태와 기억을 유지하는 다음의 논리 구조와 유사하다. RNN의 LSTM 셀은 다음과 같이 도식화할 수 있다.

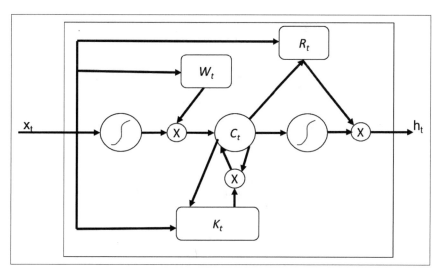

LSTM 셀. 여기에서 RNN 기본 알고리즘은 내부 메모리를 사용해 임의의 입력 시퀀스를 처리한다.

RNN은 훈련 과정을 거치며 기억을 축적한다. 이것은 상태 레이어가 히든 레이어 아래에
위치하는 다음 다이어그램에서 확인할 수 있다. RNN은 CNN처럼 하나의 이미지나 비트
맵에서 동일한 패턴을 찾는 것이 아니라, 여러 순서로 이뤄진 단계(예: 시간)에 걸쳐 패턴을
찾는다. 히든 레이어와 상태 레이어 쌍은 다음과 같이 나타낼 수 있다.

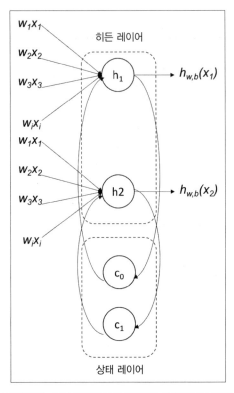

히든 레이어에는 다음 단계의 추가 입력으로 이전 단계가 입력된다.

이를 통해 LSTM 로지스틱으로 훈련할 경우 필요한 연산의 양과 더불어, 일반적인 역전파 사용 시 CNN보다 얼마나 더 무거워지는지를 확인할 수 있다. 훈련에는 타임 제로^{time zero}가 될 때까지 네트워크를 통해 기울기를 역전파하는 과정이 포함된다. 하지만 먼 과거의 기울기(즉, 타임 제로) 기여분이 0에 가까워지면 학습에는 아무런 영향을 미치지 못한다.

RNN을 설명하기에 적합한 사용 사례로 신호 분석 문제를 들 수 있다. 예를 들어, 한 산업 환경에서 신호 데이터를 수집해 왔고, 이로부터 기계에 결함이 있는지 또는 일부 부품에 열 폭주가 발생했는지 여부를 추론해 내려고 한다. 센서 장치는 샘플링 도구에 장착돼 있으며, 데이터에 푸리에^{Fourier} 분석이 수행됐다. 이때 주파수 부품을 분석하면 특정한 결함이 존재하는지를 확인하는 것이 가능하다. 다음 그래프에서, 단순한 사인파^{sine wave}는 예컨대 캐스트 롤러나 베어링을 사용하는 기계의 정상적인 행동을 나타낸다. 여기에서는 2개의 결함(이상)도 확인할 수 있다. **고속 푸리에 변환**^{FFT, Fast Fourier Transform}은 조화를 바탕으로 신호의 이상을 찾아내는 데 일반적으로 사용된다. 이 경우, 디랙 델타^{Dirac delta}, 즉 임펄스 함수와 유사한 형태의 고주파수 급상승이 결함에 해당한다.

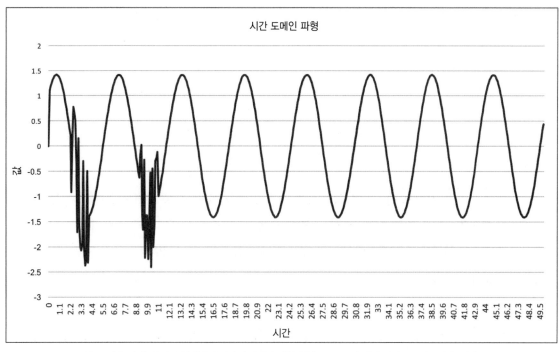

RNN 사용 사례. 오디오 분석에서 일탈이 나타난 파형 부분은 RNN에 대한 입력으로 사용될 수 있다.

다음 FFT에서는 반송파만 기록되고 이상은 찾아볼 수 없다.

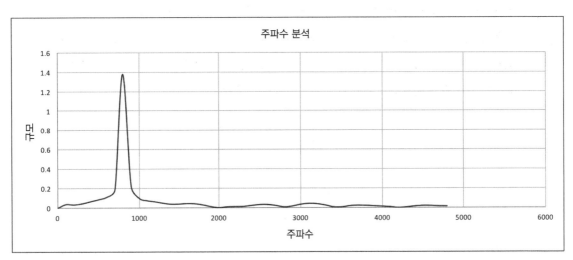

FFT를 통한 고주파수 급등

특정 톤 또는 오디오 시퀀스의 시간 계열 상관 관계를 식별하도록 특별히 훈련된 RNN이 대표적인 활용 사례에 해당한다. 이러한 사례, 특히 주파수 또는 상태의 여러 시퀀스가 시스템 분류에 사용돼 소리 또는 음성 인식에 적합해진 경우에 RNN은 FFT를 대체할 수 있다.

산업용 예지 보전 도구는 이러한 유형의 신호 분석을 사용해 열과 진동으로 인한 여러 기계의 장애를 찾아낸다. 확인했듯이 이러한 기존의 접근 방식에는 한계가 있다. 머신 러닝 모델(특히 RNN)은 특정한 특징(예: 주파수) 요소의 수신 데이터 스트림을 검사하는 데 사용할 수 있으며, 이를 통해 앞선 그래프에서 볼 수 있듯이 장애점을 찾는 것도 가능하다. 원본 데이터는 결코 이전 그래프에 나타난 것과 같은 깔끔한 사인파일 수 없다. 데이터에는 유실 기간도 있고 상당한 잡음도 섞여 있는 것이 일반적이다.

또 다른 사용 사례로는 의료 분야의 센서 융합을 들 수 있다. 글루코스glucose 모니터, 심박 모니터, 낙상 인식기, 호흡 측정기, 주입 펌프와 같은 의료 제품은 주기period 또는 데이터

스트림을 전송한다. 이 모든 센서는 서로 독립적이지만 합쳐지면 환자 건강의 큰 그림을 이룬다. 이 센서들은 또한 시간 관계를 갖고 있기도 하다. RNN이 이처럼 구조화되지 않고 집계된 데이터를 서로 이으면 환자가 하루 종일 수행하는 활동에 따른 환자 건강 상태를 예측할 수 있다. 센서 융합은 홈 헬스 모니터링, 스포츠 트레이닝, 재활, 노인 간호 등에 유용하게 활용될 수 있다.

RNN 사용 시에는 반드시 주의를 기울여야 한다. 시계열 데이터에서 추론을 이끌어 내는데 탁월하고 진동과 파동을 예측하는 것도 가능하지만, 불규칙적으로 행동할 수 있어서 훈련하기가 매우 까다롭다.

IoT의 훈련과 추론

신경망이 인지, 패턴 인식, 분류의 영역에서 기계가 인간과 유사하게 행동하도록 함으로써 막대한 이점이 생기긴 했지만, 손실은 낮고, 과다 적합이 없으며, 적절한 퍼포먼스를 내며 제대로 작동하는 모델을 개발할 수 있는지 여부는 기본적으로 훈련에 달려 있다. IoT 분야에서 레이턴시는 특히 안전이 중요한 인프라에서는 큰 문제다. 또 다른 요인으로는 리소스 제약이 있다. 오늘날 존재하는 에지 컴퓨팅 장치에는 무거운 행렬 연산이나 신경망을 둘러싼 부동점 등을 지원하는 데 마음껏 활용할 수 있는 GPGPU General-Purpose Computation on Graphics Hardware나 FPGA Field-Programmable Gate Array 같은 하드웨어 가속기가 없는 경우가 대부분이다. 데이터를 클라우드로 전송하는 것도 가능하지만, 이 경우에는 상당한 레이턴시 효과와 대역폭 비용이 발생할 수 있다. OpenFog 그룹은 알고리즘의 부담을 덜기 위해 에지 포그 노드를 추가 컴퓨팅 리소스로 프로비저닝하고 온디맨드로 풀링할 수 있는 프레임워크를 프로비저닝하고 있다.

이제, 훈련은 컴퓨팅 리소스를 사용할 수 있고 테스트 집합이 생성될 수 있는 클라우드의 영역이어야 한다. 에지 장치는 훈련 모델이 실패하거나 재훈련이 필요한 새로운 데이터가 나타나는 경우 클라우드에 보고해야 한다. 클라우드는 **한 번 훈련하고 여러 번 배포**train once-deploy many하는 개념을 지원하며, 이것이 강점이다. 아니면 바이어스로 지역 기반 훈련을 고려해 보는 것도 현명한 선택이다. 여기서는 특정 지역의 포그 노드가 환경적으로 다른 특정 패턴에 더 민감할 수 있다는 개념이 이용된다. 예를 들면, 북극 현장에 있는 장비의 온습도 모니터링은 열대 지역의 경우와 크게 다를 수밖에 없다.

에지는 추론 모드에서 훈련된 모델을 실행하는 데 더욱 숙달돼 있다. 물론 추론 엔진의 배포도 제대로 구축돼 있어야 한다. AlexNet과 같은 일부 CNN 네트워크는 6,100만 개의 매개 변수를 갖고 249MB의 메모리를 소비하며 15억 개의 부동점 연산을 수행해 하나의 이미지를 분류해 낸다.

정확성의 감소, 프루닝, 이미지 데이터의 최초 실행 휴리스틱을 수행하는 기타 기법은 에지 장치에 보다 적합하게 돼 있다. 또한, 업스트림 분석을 위해 데이터를 준비하는 것도 도움이 될 수 있는데, 예로는 다음이 포함된다.

- **업스트림 전송**sending upstream: 특정 조건(시간, 관심 사건)을 충족하는 데이터에만 해당
- **데이터 스크러빙**data scrubbing: 관련 콘텐츠의 데이터만 축소, 잘라내기, 클리핑
- **세그먼트**segment: 트래픽을 줄이고 CNN에 적합하게 데이터에 그레이스케일을 강제 적용

IoT 데이터 분석과 머신 러닝의 비교 분석

머신 러닝 알고리즘은 IoT에서도 제 몫을 한다. 일반적인 사례로는 엄청난 양의 스트리밍 데이터에서 몇 가지 의미 있는 결론을 도출해야 하는 경우를 들 수 있다. 센서의 작은 집합의 경우, 레이턴시에 민감한 용도로 사용할 수 있도록 에지에 단순한 규칙 엔진만 있으면 되지만, 그렇지 않은 경우에는 클라우드 서비스로 데이터를 스트리밍하고 레이턴시 요구 사항이 다소 덜 까다로운 시스템을 위한 규칙을 적용할 수 있다. 대용량 데이터, 구조화되

지 않은 데이터, 실시간 분석 등을 활용한다면 가장 까다로운 문제를 해결하기 위한 목적으로 머신 러닝의 활용 또한 고려해야 한다.

이 절에서는 머신 러닝 분석의 배포에 관한 몇 가지 팁과 알아 둬야 할 사항, 이러한 도구가 유용한 사용 사례 등을 자세히 살펴보자.

훈련 단계:

- 랜덤 포레스트의 경우, 배깅 기법을 사용해 앙상블을 만든다.
- 랜덤 포레스트 사용 시에는 결정 트리의 수를 최대화해야 한다.
- 과다 적합에 주의한다. 과다 적합의 결과, 필드 모델이 부정확해질 수 있다. 정규화나 심지어 시스템에 대한 잡음 주입 같은 기법은 과다 적합을 강화한다.
- 에지에서 훈련을 수행해서는 안 된다.
- 기울기 감소로 인해 오차가 발생할 수 있다. RNN은 생래적으로 영향을 받기 쉽다.

모델의 실제:

- 새로운 데이터 집합이 제공되면 이 집합으로 모델을 업데이트한다. 훈련 집합은 언제나 최신 상태로 유지한다.
- 에지에서 실행되는 모델은 더 크고 포괄적인 클라우드의 모델로 강화될 수 있다.
- 신경망 실행은 노드 프루닝pruning이나 정확성 감소 같은 기법을 통해 클라우드와 에지에서 손실을 최소화하며 최적화될 수 있다.

모델	최적의 용도	부적합 사례 및 부작용	리소스 요구 사항	훈련
랜덤 포레스트 (통계적 모델)	• 이상 감지 • 1,000개의 선택점과 수백 개의 입력이 있는 시스템 • 회귀 및 분류 • 혼합된 데이터 유형의 처리 • 누락된 값 무시 • 입력에 따라 선형으로 스케일링	• 특징 추출 • 시간 및 순서 분석	낮음	• 효율성 극대화를 위해 배깅 기법을 바탕으로 훈련. • 상당히 가벼운 리소스로도 훈련 가능 • 주로 지도됨
RNN(시간 및 순서 기반 신경망)	• 순서를 기반으로 한 이벤트 예측 • 스트리밍 데이터 패턴 • 시계열 상관 데이터 • 새로운 상태의 예측을 위해 과거 상태의 지식 유지(전기적 신호, 오디오, 음성 인식) • 구조화되지 않은 데이터 • 의존 여부와 무관한 입력 변수	• 이미지 및 비디오 분석 • 수천 가지 특징이 필요한 시스템	• 훈련 시에는 매우 높음 • 추론 실행 시에는 높음	• CNN 역전파에 비해 번거로운 훈련 • 훈련이 매우 어려움 • 지도됨
CNN(딥 러닝)	• 주변 값을 기준으로 한 개체 예측 • 패턴 및 특징 식별 • 2D 이미지 인식 • 구조화되지 않은 데이터 • 의존 여부와 무관한 입력 변수	• 시간 및 순서에 따른 예측 • 수천 가지 특징이 필요한 시스템	• 훈련 시에는 매우 높음 (부동점 정확성, 대규모 훈련 집합, 대용량 메모리 요구 사항) • 추론 실행 시에는 높음	지도 및 비지도
베이즈 네트워크 (확률적 모델)	• 잡음이 많고 불완전한 데이터 집합 • 스트리밍 데이터 패턴 • 시계열 상관 데이터 • 구조화된 데이터 • 신호 분석 • 빠르게 개발된 모델	• 모든 입력 변수가 독립적이라고 가정한 경우 • 높은 급의 데이터 차원의 경우 성능이 떨어짐	낮음	• 다른 인공 지능망에 비해 적은 훈련 데이터 요구량

▍요약

11장에서는 클라우드와 포그에서 이뤄지는 IoT의 데이터 분석에 관해 간략하게 살펴봤다. 데이터 분석은 수백만, 수억 개의 센서에서 생성되는 데이터의 바다에서 가치를 추출해 내는 작업이다. 분석은 엄청난 양의 데이터에서 숨겨진 패턴을 찾고 예측을 발전시키려는 데이터 과학자의 영역이기도 하다. 모든 분석이 나름의 가치를 갖기 위해서는 실시간 또는 실시간에 가까운 속도로 이뤄져서 중대한 의사결정으로 이어질 수 있어야 한다. 또한, 해결할 문제와 솔루션을 제시하는 데 필요한 데이터를 정확하게 이해하고 있어야 데이터 분석 파이프라인이 제대로 구축될 수 있다. 11장에서는 다양한 데이터 분석 모델을 살펴보고 네 가지 주요 머신 러닝 부문도 소개했다. 방대한 양의 데이터에서 실시간으로 의미를 이끌어 내는 이러한 분석 도구는 IoT가 갖는 가치의 핵심이다. 머신 러닝 모델은 현재와 과거의 패턴을 통해 미래의 사건을 예측할 수 있다. 여기에서도 RNN과 CNN이 적절한 훈련을 통해 이러한 맥락을 어떻게 충족시킬 수 있는지 살펴봤다. 아키텍트는 파이프라인, 스토리지, 모델, 훈련, 이 모든 것을 반드시 고려해야 한다.

12장에서는 IoT의 보안에 관해 센서부터 클라우드까지 총체적인 관점에서 살펴본다. 최근 IoT에 있었던 특정한 실제 공격 사례와 더불어 향후 이러한 공격에 대처하는 방법에 관해서도 알아볼 것이다.

12

IoT 보안

이 책의 첫 장에서는 **사물인터넷**IoT, Internet of Things의 규모, 성장, 잠재력에 관해 알아보았다. 수십억 대의 장치가 현존하고 아날로그 세상이 매우 빠르게 인터넷에 연결되자, 지구상 최대 규모의 공격 표면이 형성됐다. 공격, 손상, 악의적 에이전트 등은 이미 개발과 배포를 거쳐 전 세계적으로 퍼져 있으며, 무수히 많은 비즈니스와 네트워크, 일상에까지 영향을 미치고 있다. 아키텍트는 IoT의 기술 계층과 보안에 관해 파악하고 있어야 한다. 기존에 인터넷에 연결된 적이 없던 장치를 다루는 만큼 이들 장치를 설계하는 것 또한 아키텍트의 몫이다.

보안은 특히 까다로운 문제인데도 많은 IoT 배포에서 이의 고려는 가장 뒷전으로 밀린다. 시스템이 상당한 제약을 받으므로 최신 웹 및 PC 시스템에서 사용되는 엔터프라이즈 수준의 보안을 단순한 IoT 센서에 구축하는 일은 불가능에 가까울 만큼 어려운 경우가 많다.

이 책은 다른 모든 기술에 관해 살펴본 후 보안을 다루고 있다. 물론, 모든 장에서 수준별 보안의 프로비저닝을 살펴보기도 했다.

12장에서는 특히 치명적이었던 몇 가지 IoT 공격 사례를 살펴보고 IoT의 보안이 얼마나 약한지, 어느 정도의 손상을 입을 수 있는지에 관해서도 생각해 볼 것이다. 이후 물리적 장치, 통신 시스템, 네트워크 등 각 스택 수준에서 이뤄지는 보안의 프로비저닝을 다룬다. 그런 다음, IoT 데이터의 가치를 안전하게 지키는 데 사용되는 소프트웨어 정의 페리미터perimeter와 블록체인blockchain에 관해 알아본다. 끝으로, 2017년 미국 사이버 보안 강화법 United States Cybersecurity Improvement Act과 이 법이 IoT 장치와 관련해 갖는 의미를 살펴보면서 12장을 마무리할 것이다.

보안에서 가장 중요한 점은 센서부터 통신 시스템, 라우터, 클라우드에 이르기까지 모든 수준에서 사용된다는 사실이다.

▮ 사이버 보안 관련 용어

사이버 보안에는 다양한 유형의 공격과 프로비저닝을 설명하는 관련 용어집이 있다. 이 절에서는 12장의 뒷부분에서 나올 업계 용어들을 간략하게 다루고 넘어가기로 한다.

공격 및 위협 관련 용어

다음은 다양한 공격 또는 악의적 사이버 위협에 관한 용어와 정의다.

- **증폭 공격**: 피해자에게 전송되는 대역폭을 증폭한다. 공격자는 NTP, Steam 또는 DNS와 같이 합법적인 서비스를 사용해 피해자에게 공격이 미치도록 하기도 한다. NTP는 556배 증폭이 가능하고 DNS 증폭으로는 대역폭이 179배까지 상승할 수 있다.

- **ARP 스푸핑**spoofing: 변조된 ARP 메시지를 전송해 공격자의 MAC 주소를 합법적 시스템의 IP와 연결시키는 공격 유형이다.

- **배너 스캔**banner scan: HTTP 요청을 수행하고 OS와 컴퓨터의 반환된 정보를 검사해 잠재적인 공격 대상의 정보를 획득하기 위해 공격자가 사용할 수 있는 네트워크의 시스템 인벤토리inventory를 탈취하는 데 일반적으로 사용되는 기법이다(예: nc www.target.com 80).

- **봇넷**botnet: 공통 제어를 통해 집단적으로 작동하는 맬웨어malware에 감염된 인터넷 연결 장치로, 여러 클라이언트에서 대규모 DDoS 공격을 일제히 생성하는 데 주로 사용된다. 다른 공격으로는 이메일 스팸과 스파이웨어 등이 있다.

- **무차별 대입**brute force: 시스템 접근 권한을 획득하거나 암호화를 우회하기 위한 시행착오법이다.

- **버퍼 오버플로**buffer overflow: 할당된 것보다 많은 데이터로 버퍼나 메모리 블록을 초과 실행하는 소프트웨어의 버그 또는 결함을 공격한다. 이러한 초과 실행으로 인근 메모리 주소의 다른 데이터를 다시 쓸 수 있으며, 공격자는 해당 영역에 악성 코드를 심은 다음, 명령어 포인터를 강제 실행할 수 있다. C나 C++같이 컴파일된 언어는 내부 보호 기능이 없기 때문에 이러한 버퍼 오버플로 공격에 특히 취약하다. 대부분의 오버플로 버그는 설계가 잘못돼서 입력값의 하한을 제대로 확인하지 못하는 소프트웨어로 인해 발생한다.

- **C2**: 봇넷에게 하는 명령을 정렬하는 명령 및 제어 서버다.

- **상관 관계 전력 분석 공격**: 네 단계로 장치에 저장된 암호화 키를 찾아낼 수 있는 방법이다. 먼저, 시간에 따른 대상의 전력 소비량을 측정한 후 일반적인 암호화 단계별로 이를 기록해 둔다. 그런 다음, 대상이 몇 개의 평문 객체를 암호화하도록 강제해 이들의 전력 소비량을 기록한다. 다음으로, 가능한 모든 조합을 고려하고 모델링된 전력과 실제 전력 사이의 Pearson 상관 계수를 계산해 키의 작은 부분(하위 키)를 공격한다. 끝으로, 최적의 하위 키를 모두 조합한 결과로 전체 키를 도출한다.

- **사전 공격**dictionary attack: 사용자 이름과 암호 쌍이 포함된 사전 파일의 단어를 체계적으로 입력함으로써 네트워크 시스템에 진입하는 방식이다.

- **분산 서비스 거부**DDoS, Distributed Denial of Service: 여러(분산된) 소스에서 온라인 서비스의 자원을 과도하게 사용해 해당 서비스의 이용을 방해하거나 불가능하게 만들고자 하는 공격이다.

- **퍼징**fuzzing: 퍼징 공격은 구성에 문제가 있거나 표준적이지 않은 데이터를 장치로 전송하고, 장치의 반응을 관찰하는 방식으로 이뤄진다. 예를 들어, 장치가 제대로 작동하지 못하거나 부정적인 효과를 보일 경우, 퍼징 공격이 취약점을 노출한 것일 수 있다.

- **중간자 공격**MITM, Man-in-the-Middle Attack: 공격과 무관한 두 당사자와 통신 스트림 사이에 장치가 끼어드는 공격 방식으로, 일반적인 공격 형태다. 장치는 송출자로부터 정보를 청취, 필터링, 전용한 다음, 일부 특정 정보를 수신자에게 재전송한다. MITM은 반복적으로 중계기의 역할을 하거나 데이터의 탈취 없이 송신 내용을 청취하는 측파대sideband가 될 수도 있다.

- **NOP 슬라이드**: CPU의 명령어 포인터를 악성 코드에 영향을 받는 쪽으로 '슬라이드'하는 데 사용하기 위해 주입된 NOP 어셈블리 명령어 시퀀스다. 주로 버퍼 오버플로 공격의 일부인 경우가 많다.

- **리플레이 공격**(플레이백 공격이라고도 함): 데이터가 해당 데이터의 발신자나 해당 데이터를 탈취하고 저장해 마음대로 전송하려는 공격자에 의해 악의적으로 반복되거나 리플레이되는 네트워크 공격이다.

- **RCE 공격**: 공격자가 임의의 코드를 실행할 수 있도록 하는 원격 코드 실행이다. 이는 주로 HTTP를 통한 버퍼 오버플로 공격의 형태 또는 맬웨어 코드를 주입하는 네트워크 프로토콜의 형태로 행해지는 경우가 많다.

- **반환 지향형 프로그래밍(ROP 공격, Return-Oriented Programming 공격)**: 읽기 전용 메모리의 비실행 메모리 또는 실행 코드를 통해 보호 장치를 공격하는 데 사용할 수 있는 까다로운 보안 공격이다. 공격자가 버퍼 오버플로 또는 다른 수단을 통

해 프로세스 스택의 제어권을 획득한 경우, 이미 존재하는 명령어에서 정당하고 변경되지 않은 시퀀스를 이용하려고 할 것이다 이 공격자는 악의적 공격을 형성하는 데 사용할 수 있는 여러 가젯(gadget)을 호출하기 위한 목적으로 명령어 시퀀스를 찾는다.

- Return-to-libc: 시스템 루틴을 바로 호출하려는 목적으로, 공격자가 주입하는 버퍼 오버플로에서 시작해 libc나 프로세서 메모리 공간에서 자주 사용되는 다른 라이브러리로 넘어가는 공격의 유형 중 하나다. 비실행 가능 메모리와 보호 대역에서 제공하는 보호 조치를 우회할 수 있다. ROP 공격의 특정 유형에 해당한다.

- 루트킷rootkit: 다른 소프트웨어 페이로드를 감지하지 못하게 만드는 일반적인 악성 소프트웨어(스마트폰 잠금 해제에 종종 사용되긴 하지만)다. 루트킷은 버퍼 오버플로와 같은 여러 가지 타깃 기법을 사용해 커널 서비스, 하이퍼바이저, 유저 모드 프로그램 등을 공격한다.

- 부채널 공격side channel attack: 런타임 공격이나 제로 데이zero-day 공격을 찾기보다는 물리적 시스템의 부차적 효과를 관찰해 피해자의 시스템에서 정보를 취득하는 데 사용하는 공격 기법이다. 부채널 공격의 예로는 상관 관계 전력 분석, 음향 분석, 데이터를 메모리에서 삭제한 후 잔여 데이터 읽기 등이 있다.

- 스푸핑spoofing: 악의적인 사람이나 장치가 네트워크상의 다른 장치나 사용자를 사칭하는 방식이다.

- SYN 플러딩flooding: 악의적 에이전트가 스푸핑해 위조할 TCP:SYN 패킷을 호스트가 전송하는 경우에 발생한다. 그 결과, 호스트는 존재하지 않는 여러 주소에 대해 반개방된 연결을 생성하게 되므로 모든 리소스가 소진된다.

- 제로 데이 공격: 상업용 또는 프로덕션 소프트웨어의 보안상 결함 또는 버그로, 설계자나 제조업체에 아직 알려지지 않은 대상을 목표로 한다.

방어 관련 용어

다음은 다양한 사이버 방어 메커니즘과 기술 관련 용어 및 정의다.

- **주소 공간 레이아웃 임의 지정**ASLR, Address Space Layout Randomization: 이 방어 메커니즘은 실행 파일이 메모리에 로드되는 시점을 임의화해 메모리를 보호하고 버퍼 오버 플로 공격을 무력화하는 기법이다. 맬웨어를 주입하는 버퍼 오버플로는 메모리 에 로드되는 시점을 예측할 수 없게 되므로 명령어 포인터의 조작이 매우 어려워 진다. return-to-libc 공격으로부터 보호가 가능하다.

- **블랙홀(싱크홀)**: DDoS 공격 감지 후, 영향을 받는 DNS 서버 또는 IP 주소를 통해 경로를 수립해 악성 데이터를 블랙홀 또는 존재하지 않는 엔드포인트에 강제로 밀어넣는 방식이다. 싱크홀은 추가적인 분석을 수행해 정상 데이터를 걸러낸다.

- **데이터 실행 방지**DEP, Data Execution Prevention: 영역을 실행 가능 또는 실행 불가로 표시 한다. 이로 인해 공격자는 버퍼 오버플로 공격을 통해 해당 영역에 악의적으로 주입한 코드를 실행할 수 없게 되며, 그 결과 시스템 오류 또는 예외가 발생한다.

- **심층 패킷 검사**DPI, Deep Packet Inspection: 데이터 스트림의 각 패킷(데이터 및 가능한 경 우 헤더 정보)을 검사해 침입, 바이러스, 스팸 등 필터링할 기준을 격리시키는 방 식이다.

- **방화벽**: 신뢰할 수 없는 영역과 신뢰할 수 있는 영역 사이의 패킷 스트림에 대한 네트워크 접근 권한을 부여하거나 거부하는 네트워크 보안 구조다. 트래픽은 라 우터상의 **접근 제어 목록**ACL, Access Control List을 통해 제어하고 관리할 수 있다. 방화 벽은 stateful 필터링을 수행하고 대상 포트와 트래픽 상태에 따른 규칙을 제공 할 수 있다.

- **보호 대역 및 실행 불가 메모리**: 쓰기는 가능하지만 실행은 불가한 메모리 영역을 보호한다. NOP 슬라이드, 인텔: NX 비트, ARM XN 비트를 보호할 수 있다.

- **허니팟**honeypot: 악의적인 공격을 감지해 굴절시키거나 리버스 엔지니어링하는 보 안 도구다. 허니팟은 네트워크상에서 정상적인 웹사이트나 접속 가능한 노드처

럼 보이지만, 사실은 격리된 상태로 모니터링되므로 데이터와 장치와의 인터랙션이 기록된다.

- **명령어 기반 메모리 접근 제어**: 반환 주소 부분에서 스택의 데이터 부분을 분리하는 기법이다. 이 기법을 이용해 ROP 공격을 방어할 수 있으며, 특히 제약이 있는 IoT 시스템에서 유용하다.

- **침입 탐지 시스템**IDS, Intrusion Detection System: 패킷 스트림의 대역 외 분석을 통해 소스와 대상이 연계되지 않도록 해 네트워크상의 위협을 감지하는 네트워크 구조다. 패킷 스트림 분석이 소스 및 대상과 일치하지 않으므로 실시간 반응에 영향을 미칠 수 있다.

- **침입 차단 시스템**Intrusion Prevention System: 진정한 인라인 분석과 위협의 통계적 또는 서명 감지를 통해 네트워크를 향한 위협을 차단한다.

- **밀커스**Milkers: 감염된 봇넷 장치를 모방한 다음, 이를 악의적인 호스트에 연결해 제어된 봇넷으로 전송되는 맬웨어 명령을 파악하고 '추출'하는 방어 도구다.

- **포트 스캔**port scan: 로컬 네트워크상에서 열려 있는 접속 가능 포트를 찾는 방법이다.

- **공개 키 기반 구조**PKI, Public Key Infrastructure: 검증자의 위계를 정의해 공개 키의 출처를 보장한다. 인증서는 인증 기관의 서명을 받는다.

- **공개 키**public key: 공개 키는 비밀 키로 생성되며, 외부 개체에 접속이 가능하다. 공개 키는 해시hash의 복호화에 사용할 수 있다.

- **비밀 키**private key: 비밀 키는 공개 키로 생성되지만 외부로 공개되지 않고 안전하게 저장된다. 비밀 키는 해시를 암호화하는 데 사용된다.

- **신뢰 기반**RoT, Root of Trust: 변경 불가하고 신뢰할 수 있는 메모리의 소스(예: ROM)로부터 콜드 부팅 장치의 실행을 시작한다. 초기 부팅 소프트웨어/BIOS가 제어권 없이 변경될 수 있다면 신뢰 기반이 존재하지 않는 것이다. 신뢰 기반은 보통 다단계 보안 부팅의 첫 번째 단계이기 때문이다.

- **보안 부팅**secure boot: RoT에서 시작해 OS로 이어지는 일련의 부팅 단계로, 각 구성 요소의 서명이 인증되면 애플리케이션 로딩이 이뤄진다. 인증은 이전의 신뢰 부팅 단계에서 로드된 공개 키를 통해 수행된다.
- **스택 카나리**stack canary: 스택 오버런으로부터 프로세스 스택 공간을 보호하고 스택에서 코드가 실행되는 일이 없도록 방지한다.
- **신뢰 실행 환경**trusted execution environment: 프로세서의 보안 영역으로, 이 영역 안에 상주하는 코드와 데이터는 안전하게 보호된다. 이는 보안 부팅, 금전 이체 또는 비밀 키 취급용 코드가 대부분의 코드보다 더 높은 보안 수준에서 실행되는 메인 프로세서 코어의 실행 환경인 경우가 많다.

▎ IoT 사이버 공격의 구조

사이버 보안 분야는 12장의 범위를 넘어서는 넓고 방대한 영역이다. 그렇다 하더라도 IoT 기반 공격과 익스플로잇exploit의 세 가지 유형을 이해하고 있으면 유용할 것이다. IoT 토폴로지는 하드웨어, 네트워킹, 프로토콜, 신호, 클라우드 구성 요소, 프레임워크, 운영 체제와 그 사이의 모든 것으로 구성되므로, 여기에서는 흔히 발생하는 세 가지 형태의 공격에 관해 자세히 알아보도록 하자.

- **미라이**Mirai: 역사상 가장 치명적인 서비스 거부 공격으로, 보안이 취약한 원격지의 IoT 장치에서 발생했다.
- **스턱스넷**Stuxnet: 산업용 SCADA IoT 장치를 대상으로 한 국가 단위의 사이버 공격으로, 이란의 핵 프로그램을 막대한 규모와 돌이킬 수 없는 방식으로 타격했다.
- **체인 리액션**Chain Reaction: 전구만을 사용해 PAN을 공격하는 리서치 방식으로, 인터넷이 따로 필요 없다.

아키텍트가 이러한 위협의 행태를 이해하면 예방적 기술을 도출하고, 유사한 사건이 미치는 영향을 줄일 수 있게 된다.

미라이

미라이는 2016년 8월, 리눅스^{Linux} IoT 장치를 감염시킨 맬웨어의 명칭이다. 이 공격은 대규모 DDOS 폭격을 생성하는 봇넷^{botnet}의 형태로 이뤄졌다. 이 공격은 유명 인터넷 보안 블로그인 크렙스 온 시큐리티^{Krebs on Security}, 널리 사용되는 인기 인터넷 DNS 공급업체인 다인^{Dyn}, 라이베리아의 대형 통신 사업자인 론스타 셀^{Lonestar cell} 등과 같이 잘 알려진 목표물을 대상으로 했다. 이탈리아의 정치 사이트, 브라질의 마인크래프트^{Minecraft} 서버, 러시아의 경매 사이트 등 보다 작은 규모의 대상도 포함됐다. 다인^{Dyn}에 대한 DDOS 공격은 이 업체의 서비스를 사용하는 소니 플레이스테이션^{Sony Playstation} 서버, 아마존, 깃허브^{GitHub}, 넷플릭스^{Netflix}, 페이팔^{PayPal}, 레딧^{Reddit}, 트위터^{Twitter} 등 다른 초대형 공급업체에도 이차적인 영향을 미쳤다. 총 60만 대의 IoT 장치가 봇넷 집단의 일부로 감염됐다.

미라이 소스 코드는 hackforums.net(해커 블로그 사이트)을 통해 공개됐다. 소스와 남은 흔적, 로그 등을 통해 연구자들은 다음과 같이 미라이 공격이 작동하고 전개된 방식을 밝혀 냈다.

1. **피해자 스캔**: TCP SYN 패킷을 사용해 임의의 IPV4 주소를 검사하는 방식으로 비동기 스캔을 신속하게 수행한다. 특히 SSH/Telnet TCP 포트 23과 포트 2323을 찾는다. 스캔과 포트가 성공적으로 연결되면 2단계로 접어든다. 미라이에는 피해야 하는 주소가 블랙리스트로 하드코드돼 있다. 340만 개의 IP 주소로 구성된 이 블랙리스트에는 미국 우정청, 휴렛패커드^{Hewlett Packard}, GE, 국방부 등에 속한 IP 주소가 포함돼 있었다. 미라이는 초당 약 250바이트의 속도로 스캐닝을 수행할 수 있었는데, 봇넷치고는 상대적으로 느린 편이다. SQL Slammer 같은 공격의 경우, 스캔이 1.5Mbps의 속도로 이뤄진다. 상대적 저속의 주된 원인은 IoT 장치의 처리 성능이 데스크톱이나 모바일 장치에 비해 훨씬 제약되는 경우가 많기 때문이다.

2. **텔넷 무작위 대입**: 이 시점에 미라이는 사용자 이름과 암호 쌍 62개 중 사전 공격을 통해 10개의 쌍을 무작위로 전송해 피해자와 기능적 텔넷 세션을 수립하려고 시

도했다. 로그인에 성공하면, 미라이는 중앙 C2 서버에 대한 호스트를 기록했다. 이후에 나온 미라이의 변종은 RCE 공격을 수행하는 봇으로 진화했다.

3. **감염**: 이제 로더 프로그램이 서버에서 잠재적 피해자에게 전송되는데, 여기에서는 운영 체제를 식별하고 장치별로 맬웨어를 설치하는 역할을 담당했다. 그런 다음, 포트 22 또는 23을 사용하는 다른 경쟁 프로세스를 탐색해 (장치에 이미 존재하는 다른 맬웨어와 함께) 없앴다. 그러면 로더 바이너리가 삭제되고 프로세스 이름이 교란돼 그 존재를 숨길 수 있게 됐다. 맬웨어는 퍼시스턴트 스토리지persistent storage에 상주하지 않았으며 리부팅을 견디지 못했다. 이때부터 봇은 공격 명령을 받을 때까지 잠복 상태를 유지했다.

표적이 된 장치는 IP 카메라, DVR, 소비자용 라우터, VOIP 전화, 프린터, 셋톱 박스 등을 구성하는 IoT 장치였으며, 이들은 32비트 ARM, 32비트 MIPS, 해킹되는 IoT 장치에 특정한 32비트 X86 맬웨어 바이너리로 구성됐다.

최초의 스캔은 2016년 8월 1일, 미국의 어느 웹 호스팅 사이트에서 발생했다. 스캔을 통해 포트가 개방된 호스트와 사전 속 암호를 찾기까지 120분이 소요됐으며, 여기서 1분이 더 지나자, 834대의 장치가 추가로 감염됐다. 이후 20시간 내에, 6만 4,500대의 장치가 감염됐는데, 미라이는 75분 내에 피해 규모를 2배로 키우는 데 성공했다. DDOS 공격의 대상은 다른 지역에 있더라도 감염돼 봇넷이 된 장치의 대부분은 브라질(15.0%), 콜롬비아(14.0%), 베트남(12.5%)에 위치했다.

피해는 DDOS 공격으로 한정됐다. DDOS 공격은 SYN 플러드, GRE IP 네트워크 플러드, STOMP 플러드, DNS 플러드의 형태로 나타났다. 5개월 동안, 15,194회의 공격 명령이 C2 서버에서 내려졌으며 이를 통해 5,042개의 인터넷 사이트가 공격당했다. 2016년 9월 21일, 미라이 봇넷은 크렙스 온 시큐리티 블로그에 대규모 DDOS 공격을 감행했으며, 그 결과, 623Gbps의 트래픽이 생성됐다. 이는 역사상 최악의 단일 DDOS 공격으로 꼽힌다. 다음은 넷스카우 아보NETSCOUT Arbor와 구글 직소Google Jigsaw의 협업인 www.digitalattackmap.com을 이용한 미라이 공격 중 캡처된 실시간 스크린샷이다.

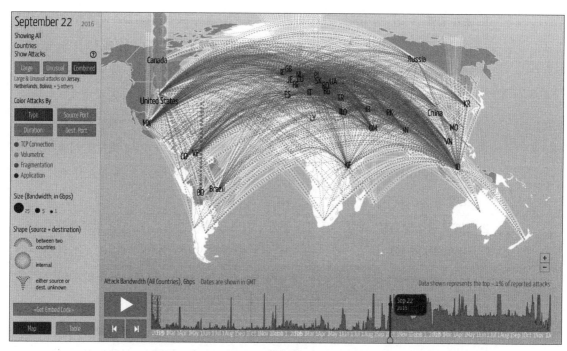

크렙스 온 시큐리티 웹사이트에 대한 미라이 DDOS 공격. www.digitalattackmap.com 제공.

스턱스넷

스턱스넷은 타국의 자산을 영구적으로 손상시키기 위해 공개된 사이버 무기가 최초로 문서화된 것으로 알려진 사례다. 이 사례에서는 웜이 릴리스돼 SCADA 기반 지멘스^{Siemens} PLC^{Programmable Logic Controllers}를 손상시켰으며, 루트킷을 통해 PLC가 직접 제어하는 모터의 회전 속도를 조정했다. 설계자는 Siemens S7-300 PLC에 장착된 가변 주파수 드라이브의 회전 속도가 807Hz 또는 1210Hz인 장치만을 대상으로 만들기 위해 심혈을 기울였는데, 이 대상 장치는 우라늄 농축을 위한 펌프 및 가스 원심 분리기에 흔히 사용된다.

이 공격은 2010년 4월 또는 3월경에 시작된 것으로 추정되며, 감염은 다음과 같은 단계를 통해 진행됐다.

1. **초기 감염**: 이전 바이러스 공격에서 발견된 취약점을 공격하는 호스트 윈도우 (Windows) 머신이 감염되면서 웜이 시작된다. 웜은 처음 감염된 머신에 USB 드라이브를 꽂아서 확산되는 것으로 보인다. 4개의 제로 데이 공격을 동시에 사용하며, 전에 없던 수준으로 정교한 공격이 이뤄졌다. 이 공격에는 사용자 모드와 커널 모드 코드를 사용하는 루트킷 공격이 사용됐으며, 리얼텍^{Realtek}에서 유출됐으나 적절한 서명과 인증이 완료된 장치 드라이버가 설치됐다. 커널 모드로 서명된 이 드라이브는 안티바이러스 패키지로부터 스턱스넷을 숨기는 데 필요한 요소였다.

2. **윈도우 공격 및 확산**: 웜이 루트킷을 통해 설치되고 나면 지멘스 SCADA 컨트롤러에 흔히 사용되는 파일이자, Step-7으로도 알려진 WinCC/PCS 7 SCADA를 윈도우 시스템에서 찾기 시작했다. 웜이 지멘스 SCADA 제어 소프트웨어를 찾게 되면, 최신 버전이 페이로드를 다운로드하기 위해 기형 URL(www.mypremierfutbol. com 및 www.todaysfutbol.com)을 사용한 다음, 파일 시스템에 더욱 깊숙이 파고 들어 s7otbdx.dll이라는 파일을 검색했는데, 이 파일은 윈도우 머신과 PLC 사이의 중요 통신 라이브러리의 역할을 수행했다. Step-7에는 다른 제로 데이 공격을 받아 하드코드된 암호 데이터베이스가 포함됐으며, 스턱스넷은 WinCC 시스템과 s7otbdx.dll 사이에 들어가 중간자 공격자의 역할을 수행했다. 바이러스는 원심분리기의 정상 작동을 기록하며 작용을 시작한다.

3. **파괴**^{destruction}: 공격을 감행하기로 하자, 뭔가 손상됐거나 이상 행태를 보인다고 믿을 만한 근거가 없는 사전 기록 데이터가 SCADA 시스템에 실행됐다. 스턱스넷은 2개의 서로 다르게 조정된 공격을 통해 PLC를 조작해 이란의 시설 전체를 손상시키는 방식으로 작용했다. 원심분리기의 회전자는 오랜 시간에 걸쳐 천천히 손상됐는데, 27일 간 정상 작동하는 시간 간격을 두고 15분, 50분 간 증가된 속도로 작동시켰다. 이는 원심분리기의 회전자 튜브가 갈라지고 파괴됐을 뿐만 아니라, 우라늄 농축이 제대로 이뤄지지 않는 결과로 이어졌다.

이 공격으로 인해, 이란 나탄즈에 소재한 이란의 주요 농축 시설의 우라늄 농축 원심분리기 1,000대 이상이 망가지고 손상된 것으로 보인다. 현재, 스턱스넷 코드는 온라인에 공개돼 있으며, 파생 공격을 만들기 위한 오픈소스의 장으로 이용되고 있다(https://github.com/micrictor/stuxnet).

체인 리액션

체인 리액션은 인터넷 연결 없이도 실행 가능한 PAN 메시 네트워크 중심의 새로운 사이버 공격이 있음을 보여 주는 학문적 연구다. 이 연구는 원격 IoT 센서와 제어 시스템이 얼마나 취약할 수 있는지도 보여 준다. 여기에서는 인터넷과 스마트폰 앱으로 제어할 수 있는 일반 가정용 필립스 휴^{Philips Hue} 전구를 공격 벡터로 사용했다. 이 공격은 스마트 시티 공격 수준으로 확장될 수 있으며, 감염된 스마트 조명 하나를 더하는 것만으로도 개시될 수 있다.

필립스 휴 조명은 Zigbee 프로토콜을 사용해 메시를 생성한다. Zigbee 조명 시스템은 ZLL^{Zigbee Light Link}이라는 프로그램하에서 조명간 상호 운용성에 관한 표준 방식을 강제 적용한다. ZLL 메시지는 암호화나 서명을 거치지 않지만, 조명이 메시에 추가될 경우 교환된 키의 보안에 암호화가 사용된다. 이 마스터 키는 ZLL 얼라이언스에 속한 모두에게 알려지며, 이후에 유출된다. ZLL은 메시에 참여한 전구가 개시자^{initiator}에서 매우 가까운 곳에 있도록 강제하기도 하는데, 이렇게 하면 이웃의 전구를 조정하게 되는 일을 방지할 수 있다. Zigbee는 OTA^{Over-the-Air} 재프로그래밍 방식도 제공하지만, 펌웨어 번들에는 암호화와 서명이 돼 있다.

연구자들은 다음과 같이 네 단계에 걸친 공격 계획을 이용했다.

1. OTA 펌웨어 번들의 암호화와 서명을 깬다.
2. 깨진 암호화 및 서명 키를 사용해 단일 전구의 악성 펌웨어 업그레이드를 작성하고 배포한다.

3. 손상된 전구는 도난된 마스터 키를 기반으로 네트워크에 참가하게 되며, 널리 사용되는 Atmel AtMega 부품에서 발견된 제로 데이 감염을 통해 근접 보안을 공격한다

4. Zigbee 메시에 성공적으로 참가한 후 이웃 전구로 페이로드를 전송해 신속하게 감염시킨다. 이는 **침투 이론**Percolation Theory에 따라 확산되며, 결과적으로 전체 도시의 조명 시스템을 감염시킨다.

Zigbee는 AES-CCM(IEEE 802.15.4 표준의 일부로, 12장에서 나중에 다룰 예정) 암호화를 사용해 OTA 펌웨어 업데이트를 암호화한다. 펌웨어 암호화를 깨기 위해 공격자는 **상관 전력 분석**CPA, Correlation Power Analysis 및 **차분 전력 분석**DPA, Differential Power Analysis을 사용한다. 이는 전구 제어 하드웨어와 같은 장치가 벤치에 놓여 있고 이 하드웨어의 소비 전력이 측정되는, 매우 정교한 형태의 공격이다. 정교한 제어가 가능해지면 명령을 실행하거나 데이터를 옮기는 CPU에서 사용되는 동력을 측정할 수 있게 되는데(예: 암호화 알고리즘이 실행되는 경우), 이를 단순 전력 분석이라 하며 이 경우에는 여전히 키를 깨기가 매우 어렵다. CPA와 DPA는 통계적 상관 관계를 활용해 단순 전력 분석 이상으로 능력을 확장한다. CPA는 한 번에 암호를 한 비트씩 깨려고 하지 않고, 바이트 단위로 해석할 수 있다. 전력은 오실로스코프를 통해 추적되며, 추적치는 2개의 집합으로 나뉜다. 첫 번째 집합은 깨진 중간 값이 1로 설정됐다고 가정하며, 두 번째 집합은 이 값이 0으로 설정됐다고 가정한다. 이 두 집합의 평균을 도출하면 중간 값의 실제 값을 얻을 수 있다.

연구진은 DPA와 CPA를 모두 사용해 다음과 같이 필립스 휴 조명 시스템을 깨는 데 성공했다.

- AES-CBC를 깨는 데는 CPA가 사용됐으며, 공격자는 키, nonce, 초기화 벡터를 갖지 않았다. 이를 통해 키를 해석했으며, 이 키는 nonce 공격과 동일한 방식으로 사용되었다.

- DPA는 AES-CTR 카운터 모드에 침범해 펌웨어 번들 암호화를 깨는 데 사용되었다. 연구자들은 AES-CTR의 실행을 통해 가능성을 10배 향상시키는 것으로 보이는 10곳의 위치를 찾아냈다.
- 그 다음으로 연구자들은 네트워크에 참가하기 위해 Zigbee 근접성 보호를 깨는 데 집중했다. 제로 데이 공격은 SOC의 부트로더를 위한 Atmel의 소스 코드를 검사한 결과, 발견됐다. 코드를 검토하니 Zigbee에서 스캔 요청을 시작할 경우 근접성 확인이 유효하다는 사실을 알 수 있었다. 다른 메시지로 시작하면 근접성 확인을 우회할 수 있으므로, 어떤 네트워크에도 참가가 가능해진다.

공격이 제대로 이뤄지면, 감염된 전구가 각 전구의 펌웨어 업데이트 기능을 제거해 회복 불가 상태로 만드는 페이로드를 통해 수백 미터 내의 다른 전구를 감염시키도록 강제할 수 있게 된다. 감염된 전구는 악의적인 제어를 받게 되므로 폐기할 수밖에 없다. 연구자들은 완전히 자동화된 공격 시스템을 구축한 다음, 캠퍼스 환경에서 필립스 휴 조명이 있는 범위 내를 체계적으로 비행하는 드론을 공중 납치해 이 시스템을 연결할 수 있게 되었다.

 Zigbee에서의 CPA 공격에 관련한 자세한 정보는 E. Ronen, A. Shamir, A. O. Weingarten and C. O'Flynn, "IoT Goes Nuclear: Creating a ZigBee Chain Reaction," 2017 IEEE Symposium on Security and Privacy (SP), San Jose, CA, 2017, pp. 195-212에서 확인할 수 있다. CPA 공격을 생성하는 데 유용한 튜토리얼과 소스 코드는 ChipWhisperer Wiki(https://wiki.newae.com/AES-CCM_Attack)에서 제공된다.

▌ 물리적 보안 및 하드웨어 보안

IoT 배포는 멀고 격리된 지역에 위치하게 되는 경우가 많아, 센서와 에지 라우터가 물리적 공격에 취약해지기 쉽다. 또한, 하드웨어 자체에도 프로세서에 흔히 사용되는 최신 보호 메커니즘과 모바일 장치 및 개인용 전자 제품의 회로가 필요하다.

신뢰 기반

하드웨어 보안의 첫 번째 계층은 신뢰 기반의 구축이다. **신뢰 기반**RoT, Root of Trust이란 하드웨어로 검증된 부팅 프로세스로, 이를 통해 변경 불가 소스에서 첫 번째 실행 가능 오프코드opcode가 시작된다. RoT는 BIOS부터 운영 체제, 애플리케이션에 이르기까지, 나머지 시스템을 부트스트래핑하는 데 중요한 역할을 수행하는 부팅 프로세스의 축이며, 루트킷rootkit에 대한 방어의 기본을 이룬다.

각 단계마다 부팅 프로세스 중 다음 단계를 검증해 신뢰의 연쇄를 구축한다. RoT에는 다음과 같이 다양한 시작 방식이 있을 수 있다.

- ROM 또는 이미지와 루트 키를 저장하는 쓰기 불가 메모리에서 부팅
- 루트 키 저장에 퓨즈 비트fuse bit를 사용하는 일회용 프로그램식 메모리
- 코드를 보호된 메모리 저장소로 로딩하는 보호된 메모리 지역에서 부팅

또한, RoT는 새로운 부팅 단계마다 검증을 해야 한다. 각 부팅 단계는 암호화 방식으로 서명된 키를 유지 관리하는데, 이 키는 다음 부팅 단계를 인증하는 데 사용된다.

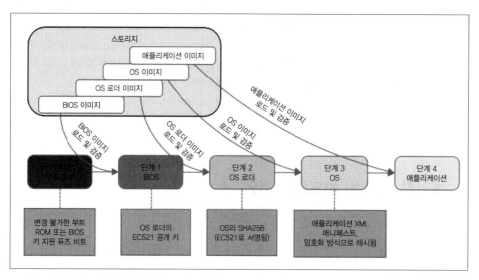

신뢰 기반의 수립. 다섯 단계의 부팅으로 신뢰 체인을 구축하고 변경 불가한 읽기 전용 메모리에서 부트 로더를 시작한다. 각 단계마다 로드된 다음 구성 요소의 진위 여부를 검증하는 데 사용되는 공개 키가 있다.

538

RoT를 지원하는 프로세서에는 특유의 아키텍처가 있다. 인텔(Intel)과 ARM이 다음 사항을 지원한다.

- **ARM TrustZone**: ARM은 하드웨어 신뢰 기반과 다른 보안 서비스를 제공하는 SOC 제조업체를 대상으로 보안 실리콘 IP 블록을 판매하고 있다. TrustZone은 하드웨어를 보안이 적용되는 '세상world'과 적용되지 않는 세상으로 나눈다. TrustZone은 보안이 적용되지 않는 코어에서 분리된 마이크로프로세서다. IT는 보안을 위해 특수하게 설계됐으며, 보안이 적용되지 않는 세계에 알맞게 정의된 인터페이스를 갖추고 있어서 신뢰할 수 있는 OS를 실행한다. 보호되는 자산과 기능은 신뢰할 수 있는 코어에 상주하므로 가볍게 설계돼야 한다. 두 세상 간의 전환은 하드웨어 콘텍스트 전환을 통해 이뤄지므로, 보안 모니터 소프트웨어가 필요 없다. TrustZone의 다른 용도로는 시스템 키, 신용카드 거래, DRMDigital Rights Management의 관리가 있다. TrustZone는 '애플리케이션(A)' 및 '마이크로컨트롤러(M)' CPU에서 지원되는데, 이러한 형태의 보안 CPU, 신뢰할 수 있는 OS 및 RoT를 일컬어 **신뢰 실행 환경**TEE, Trusted Execution Environment이라 한다.
- **Intel Boot Guard**: 하드웨어 기반 메커니즘으로, 초기 부팅 블록을 암호화 방식으로 검증하거나 측정 과정을 사용해 검사하는 검증된 부팅을 제공한다. Boot Guard를 사용하는 제품은 2048비트 키를 생성해 초기 블록을 검증해야 한다. 이 키는 비밀 부분과 공개 부분으로 나뉘는데, 공개 키는 생산 중에 퓨즈 비트를 프로그램 방식으로 '블로우blow'한다. 이들은 일회용 퓨즈이며 변경이 불가능하다. 비밀 키 부분은 부팅 단계에 이어서 인증된 부분의 서명을 생성한다.

키 관리 및 신뢰 플랫폼 모듈

공개 키와 비밀 키는 시스템의 보안을 확보하는 데 매우 중요한 요소이며, 키 자체의 보안을 확보하기 위한 적절한 관리 또한 필요하다. 키 보안을 위한 하드웨어 표준은 여러 가지가 있는데, 그중 특히 유명한 메커니즘이 바로 **신뢰 플랫폼 모듈**TPM, Trusted Platform Module이다. TPM의 사양은 신뢰 컴퓨팅 그룹Trusted Computing Group이 작성하였으며, 현재 ISO 및 IEC 표준으로 사용되고 있다. 현행 사양은 2016년 9월 릴리스된 TPM 2.0이며, 미 국방부에 판매된 컴퓨터 자산에는 TPM 1.2가 필요하다.

TPM는 비밀 RSA 키가 생산 시 장치에 구워져서 나오는 이산 하드웨어 구성 요소다.

일반적으로 TPM은 디스크 암호화, 신뢰 기반 부팅, 하드웨어와 소프트웨어의 정품 여부 확인, 암호 관리 등과 같은 서비스를 위한 키의 보관, 보안, 관리에 사용된다. TPM은 런타임 시 발생하는 부당 변경을 확인하는 데 사용 가능한 것으로 '잘 알려진' 구성을 통해 장황한 소프트웨어와 하드웨어의 해시를 만들어 낼 수 있다. SHA-1 및 SHA-256 해싱, AES 암호화 블록, 비대칭 암호화, 난수 생성이 추가로 지원된다. 브로드컴Broadcom, 네이션 세미컨덕터Nation Semiconductor, 텍사스 인스트루먼츠Texas Instruments와 같은 여러 공급 업체에서 TPM 장치를 생산하고 있다.

프로세서 및 메모리 공간

다양한 공격과 이의 대책으로 사용되는 프로세서 기술에 관해 이미 논의한 바 있다. CPU와 OS 기능을 검색하는 두 가지 주요 기술로는 비실행 메모리와 주소 공간 레이아웃 임의화가 있다. 두 기술 모두 버퍼 오버플로와 스택 오버런 유형의 맬웨어 주입을 감당하거나 방지하기 위해 만들어졌다.

- **비실행 또는 실행 가능 공간 보호**: 운영 체제에서 메모리 영역을 실행 불가 영역으로 표시하는 데 사용되는 하드웨어의 기능이다. 검증을 거친 정식 코드가 상주하는 영역만을 매핑해 작업을 실행할 수 있는 유일한 주소 지정 가능 메모리 영역이 되도록 하는 것이 목적이다. 스택 오버플로 유형의 공격을 통해 맬웨어를 심으려는 시도가 있을 경우, 스택은 비실행으로 표시되며 명령어 포인터의 실행을 강제하려는 시도의 결과, 머신 예외가 발생한다. 실행 불가 메모리는 지역을 (변환 색인 버퍼를 통해) 실행 불가로 매핑하는 수단으로 NX 비트를 사용한다. 인텔은 XD 비트(Disable 실행)를, ARM은 XN 비트(Never 실행)를 각각 사용한다. 리눅스, 윈도우 및 각종 RTOS와 같은 대부분의 운영 체제에서는 이러한 기능이 지원된다.

- **주소 공간 레이아웃 임의화**ASLR, Address Space Layout Randomization: 운영 체제에서 하드웨어 기능보다 가상 메모리 공간을 더 많이 처리하는 경우에는 ASLR을 고려하는 것이 중요하다. 이러한 유형의 대처 방식은 공격과 버퍼-오버플로를 대상으로 하는데, 이들 공격은 메모리의 레이아웃을 파악해 특정한 정상 코드와 라이브러리에 대한 호출을 강제하는 공격자를 통해 이뤄진다. 메모리 공간이 부팅 시마다 임의로 지정되면 라이브러리 호출은 매우 번거로워진다. 리눅스는 PAX와 Exec Shield 패치를 통해 ASLR 기능을 제공하며, 마이크로소프트는 힙heap, 스택, 프로세스 블록의 보호도 제공한다.

스토리지 보안

IoT 장치는 에지 노드나 라우터/게이트웨이에 영구 스토리지를 두는 경우가 많다. 지능형 포그 노드에도 일종의 영구 스토리지가 필요하다. 이러한 장치의 데이터 보안은 악성 맬웨어가 배포되는 것을 막고, IoT 장치가 도난 당할 경우 데이터를 보호하기 위해 필수적이다. 플래시 모듈이나 회전 디스크와 같은 대용량 스토리지 장치에는 암호화 및 보안 기술이 포함된 모델이 적용돼 있는 경우가 대부분이다.

 FIPS 140-2(연방 정보 처리 표준)은 민감한 정보를 관리하거나 저장하는 IT 장치의 암호화 및 보안 요구 사항을 상세하게 정해 놓은 미국 정부 규정이다. 기술적 요구 사항뿐만 아니라, 정책과 절차 또한 정의하고 있다. FIPS 140-2는 컴플라이언스의 수준을 다음과 같이 여러 단계로 규정하고 있다.

레벨 1: 소프트웨어 전용 암호화로, 보안에 제한이 있다.

레벨 2: 규칙 기반 인증이 필요하다. 파손 확인 실(seal)을 사용해 물리적 변경 여부를 감지할 수 있는 능력이 요구된다.

레벨 3: 물리적 파손 방지 장치가 포함돼 있어, 장치가 파손되면 중요한 보안 매개 변수가 삭제된다. 암호화 보호, 키 관리 및 신원 기반 인증도 포함된다.

레벨 4: 물리적으로 보호되지 않는 환경에서 작업하도록 설계된 제품에 고급 파손 보호 기능을 제공한다.

암호화뿐만 아니라 미디어를 폐기하거나 처분할 경우에는 해당 미디어의 보안도 생각해야 한다. 오래된 스토리지 시스템에 보관된 콘텐츠를 복구하는 것은 상당히 간단한 일이다. 따라서 미디어의 콘텐츠를 안전하게 완전히 삭제하는 방법의 추가적인 표준이 마련돼 있다(자력에 기반한 디스크와 위상 변화 플래시 컴포넌트 모두에 적용). NIST는 안전한 삭제에 관한 NIST 특별 간행물Special Publication 800-88과 같이 콘텐츠의 안전하고 완전한 삭제에 관한 문서를 발행하기도 한다.

물리적 보안

파손 방지 및 물리적 보안은 IoT 장치에서 특히 중요한 부분이다. 많은 경우, IoT 장치는 온프레미스 장치와 같은 안전 장치를 갖추고 있지 못한 채 먼 곳에 위치한다. 이는 2차 대전 당시의 에니그마Enigma라는 암호해독기가 처한 상황과도 유사하다. 독일 잠수함인 U-110에서 사용 중이던 머신을 찾아내서 암호문을 해독할 수 있었다. IoT 장치에 접근하는 권한을 가진 공격자는 체인 리액션 공격에서 살펴보았듯이 시스템을 뚫고 들어가기 위해 원하는 어떤 툴이든 사용할 수 있다.

부채널 공격은 전력 분석을 다루며, 다른 형태로는 타이밍 공격, 캐시 공격, 자기장 방출, 스캔 체인 공격 등이 있다. 부채널 공격에서 흔한 주제 중 하나로 손상된 장치가 **피시험 장치**DUT, Device Under Test인 경우가 있는데, 이는 해당 장치가 제어된 환경에서 관찰과 측정의 대상이 된다는 의미다.

또한, DPA 같은 기법은 통계적 분석 접근법을 사용해 임의의 입력과 출력 사이의 상관 관계를 찾는다. 통계적 분석은 시스템이 동일한 입력으로 실행될 때마다 동일하게 작동하는 경우에만 유효하다.

	방법
타이밍 공격	알고리즘 타이밍의 작은 차이에 공격을 시도한다. 일례로, 암호 디코딩 알고리즘의 타이밍 측정 시 루틴보다 이른 early exits가 관찰되는 경우가 있다. 공격자는 캐시 활용도를 관찰해 알고리즘의 특징을 알아낼 수도 있다.
단순 전력 분석(SPA)	타이밍 공격과 유사하지만 알고리즘과 오프코드의 행동으로 인한 역동적인 전력 또는 전류의 큰 변화를 측정한다. 공개 키가 특히 여기에 민감하다. 분석할 때는 어느 정도 작업을 추적해야 하는데, 추적은 정확도가 높아야 한다. 대부분의 암호화 알고리즘에는 수학이 많이 사용되기 때문에, 추적 시 전력 서명이 서로 다르면 다양한 오프코드가 나타나게 된다.
차분 전력 분석(DPA)	DPA는 동적 전력을 측정하지만, 규모가 너무 작아서 SPA로는 직접 관찰하기 어려운 변화도 관찰할 수 있다. 임의의 입력(예: 서로 다른 임의의 키)을 시스템에 주입하면 공격자는 수천 건의 탐지를 수행해 데이터 의존적인 집합을 구축해 낼 수 있다. 예를 들어, AES 알고리즘을 공격한다는 것은 곧 크랙된 비트 값(0 또는 1)에 따라 달라지는 2개의 탐지 결과를 구축한다는 의미다. 집합의 평균을 내고 0과 1 간의 차이를 나누면 임의의 입력이 출력에 갖는 효과를 보여 줄 수 있다.

여러 예방법이 알려져 있으며, 몇 가지는 다양한 종류의 하드웨어에서 라이선스를 받아 사용할 수 있다. 이러한 유형의 공격에 따른 대책으로는 다음과 같은 것이 있다.

- 암호화 기능을 수정해 키의 사용을 최소화한다. 실제 키의 해시를 기준으로 한 단기 세션 키를 사용한다.
- 타이밍 공격의 경우, 원래의 알고리즘을 교란시키지 않을 함수를 임의로 삽입한다. 임의의 오프코드를 다양하게 사용해 공격이 가능할 만큼 충분히 큰 작업 함수를 만든다.
- 키에 따라 달라지는 조건부 분기branch를 제거한다.
- 전력 공격의 경우, 기회가 있을 때마다 누출을 줄이고 키당 작업 수를 제한한다. 이렇게 하면 공격자의 작업 세트가 줄어든다.
- 전선에 잡음을 유발해 본다. 여러 타이밍 작업이나 클럭 스큐clock skew를 사용한다.
- 독립적인 작업의 순서를 변경한다. 이렇게 하면 S-Box 연산과 관련된 상관 관계 요소가 감소하게 된다.

> ⓘ 다른 하드웨어 관련 고려 사항으로는 다음과 같은 것이 있다.
>
> 디버그 포트와 채널에 대한 액세스 방지. 이러한 포트와 채널은 PCA에서 시리얼 포트나 JTAG 포트로 노출되는 경우가 많다. 헤더는 제거되고 퓨즈 비트는 블로우돼야 가장 까다로운 케이스에서도 디버그 액세스를 방지할 수 있다.
>
> ASIC는 보통 볼 그리드 배열(BGA, Ball Grid Array) 패드로 PCA를 장착한다. 고성능 내열 접착제로 패키지를 에워싸야 하는데, 이렇게 해야 개봉될 경우 돌이킬 수 없는 손상을 입힐 수 있다.

암호 기술

암호화와 기밀 유지는 IoT 배포에서 절대적인 필수 요소다. 통신 보안, 펌웨어 보호 및 인증에 사용되기 때문이다. 암호화와 관련해 고려해야 하는 형태는 일반적으로 다음과 같은 세 가지가 있다.

- **대칭 키 암호화**symmetric key encryption : 암호화 키와 복호화 키가 동일한 경우다. RC5, DES, 3DES, AES는 모두 대칭 키 암호화 형식에 해당한다.

- **공개 키 암호화**public key encryption : 누구나 데이터를 이용하고 암호화할 수 있도록 암호화 키가 공개적으로 게시되며, 수신자만이 메시지의 복호화에 필요한 비밀 키를 가진다. 이 방식을 비대칭 키 암호화라고도 한다. 비대칭 암호화 방식은 데이터의 기밀성을 관리하고 참가자를 인증하며, 부인 방지를 강제한다. 타원 곡선, PGP, RSA, TLS, S/MIME 등 잘 알려진 인터넷 암호화 및 메시지 프로토콜은 공개 키로 간주된다.

- **암호화 해시**cryptographic hash : 임의의 크기를 가진 데이터를 비트 문자열(다이제스트라고 함)에 매핑한다. 이 해시 함수는 '일방향'으로 설계돼 있다. 기본적으로, 출력 해시를 다시 생성하는 유일한 방법은 가능한 모든 입력 조합을 강제로 적용해보는 것이다(반대로 실행할 수 없으므로). MD5, SHA1, SHA2, SHA3은 모두 일방향 해시에 해당한다. 이 방식은 서명된 펌웨어 이미지, **메시지 인증 코드**MAC, Message Authentication Coade 또는 인증과 같은 디지털 서명을 인코딩하는 데 사용된다. 암호 같이 짧은 메시지를 암호화할 때는 입력값이 너무 작아서 유효한 해시를 만들기 어려울 수 있다. 이 경우, 솔트salt나 공개 문자열을 암호에 추가해 엔트로피를 증가시키면 된다. 솔트는 다음과 같은 **키 유도 함수**KDF, Key Derivation Function의 형식을 따른다.

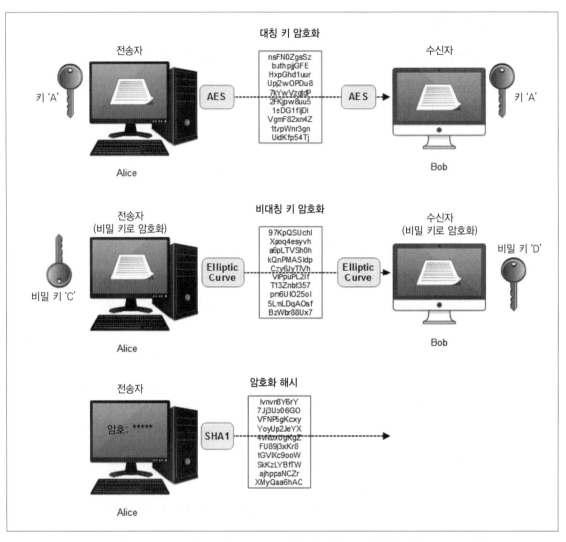

암호화 구성 요소. 대칭, 비대칭, 해싱 기능이 나타나 있다. 키는 대칭 암호화와 비대칭 암호화에 사용됐다.
대칭 암호화의 경우, 데이터를 암호화하고 복호화하는 데 동일한 키가 사용돼야 한다.
비대칭 암호화보다 빠르지만, 키를 안전하게 보호할 조치가 필요하다.

대칭 암호 기술

암호화에서 평문은 암호화되지 않은 입력을 의미하며, 출력은 암호화를 거치기 때문에 암호문이라고 한다. 암호화의 표준은 1970년대 개발된 기존의 DES를 대체하는 **고급 암호화 표준**AES, Advanced Encryption Standard이다. AES는 전 세계적으로 사용되는 FIPS 사양과 ISO/IEC 18033-3 표준의 일부다. AES 알고리즘은 128, 192 또는 256비트로 고정된 블록을 사용한다. 이보다 비트가 더 긴 메시지는 여러 개의 블록으로 나눠진다. AES를 통한 암호화는 기본적인 네 단계의 작업으로 이뤄져 있다. 실제AES 암호화용 유사 코드는 다음과 같은 형태로 나타난다.

```
// Psuedo code for an AES-128 Cipher
// in: 128 bits (plaintext)
// out: 128 bits (ciphertext)
// w: 44 words, 32 bits each (expanded key)
state = in

w=KeyExpansion(key) //Key Expansion phase (effectively encrypts key itself)
AddRoundKey(state, w[0, Nb-1]) //Initial Round

for round = 1 step 1 to Nr?1 //128 bit= 10 rounds, 192 bit = 12 rounds, 256 bit =
14 rounds
 SubBytes(state)    //Provide non-linearity in the cipher
 ShiftRows(state)   //Avoids columns being encrypted independently which can
weaken the algorithm
 MixColumns(state) //Transforms each column and adds diffusion to the
cipher
 AddRoundKey(state, w[round*Nb, (round+1)*Nb-1]) //Generates a subkey an
combines it with state.
 end for

SubBytes(state)    //Final round and cleanup.
ShiftRows(state)
AddRoundKey(state, w[Nr*Nb, (Nr+1)*Nb-1])

out = state
```

> **ⓘ** AES 키는 128, 192, 256비트의 길이를 가질 수 있다. 일반적으로 키 길이가 길수록 보호가 강력해진다. 키의 크기는 128비트에는 10사이클, 192비트에는 12사이클, 256비트에는 14사이클과 같이, 블록을 암호화 또는 복호화하는 데 필요한 CPU 사이클 수와 비례한다.

블록 암호는 대칭 키를 사용하며 데이터의 단일 블록에서 작동하는 암호화 알고리즘을 나타낸다. 현대의 암호는 1949년에 이뤄진 클라우드 새넌Claude Shannon의 제품 암호화 관련 작업에 기반을 두고 있다. 작업의 암호 모드란 블록 암호를 사용하며, 암호의 반복적인 적용을 통해 수많은 블록으로 이뤄진 대량의 데이터를 변환하는 방법을 설명하는 알고리즘이다. 동일한 평문이 반복적으로 입력되더라도 고유한 암호문이 출력되도록 만들기 위해 현대의 암호는 대부분 **초기화 벡터**IV, Initialization Vector도 필요하다. 작업에는 다음과 같이 여러 가지 모드가 있다.

- **전자 코드북**ECB, Electrionic Codebook: AES 암호화의 가장 기본적인 형태이지만, 다른 모드와 함께 사용하면 더욱 발전된 고급 보안을 구축할 수 있다. 데이터는 블록으로 나뉘며 각각 개별적으로 암호화된다. 동일한 블록에서 동일한 암호가 생성되기 때문에 이 모드는 상대적으로 취약하다.
- **암호 블록 체인**CBC, Cipher Block Chaining: 평문 메시지가 암호화되기 전에 이전 블록의 암호문과 XOR된다.
- **암호 피드백 체인**CFB, Cipher Feedback Chaining: CBC와 유사하지만 암호 스트림(다음 블록에 이전 블록의 암호 출력 결과가 공급됨)을 형성한다는 점이 다르다. CFB는 생성 중인 현재 암호에 입력을 제공하는 데 이전 블록 암호의 영향을 받는다. 이전 암호를 의존함에 따라, CFB는 병렬 처리가 불가능하다. 암호를 스트리밍하면 블록이 전송 중 유실될 수 있지만, 뒤이은 블록들은 손상에서 회복할 수 있다.
- **출력 피드백 체인**OFB, Output Feedback Chaining: CFB와 마찬가지로, 암호를 스트리밍하지만 암호화 전에 오류 수정 코드를 적용할 수 있다.

- **카운터**^{CTR, Counter} : 블록 암호를 스트림 암호로 변환하되 카운터를 사용한다. 점증하는 카운터는 각 블록 암호를 병렬로 공급하므로 빠른 실행이 가능하다. nonce와 카운터는 한데 얽히면서 블록 암호를 공급한다.
- **메시지 인증 코드 지원 CBC**^{CBC-MAC, CBC with Message Authentication Code} : MAC(태그 또는 MIC라고도 함)는 메시지를 인증하고 일정한 수신자로부터 오는 메시지를 확인하는 데 사용된다. 그런 다음, 수신자가 확인할 수 있도록 MAC 또는 MIC가 메시지에 추가된다.

이러한 여러 모드는 1970년대 말, 1980년대 초에 최초로 구성됐으며, 미국 국립 표준 기술 연구소는 이들을 FIPS 81에 따른 DES 모드로 지원하였다. 한편, 이들 모드에서는 정보의 기밀성을 위한 암호화는 제공되지만, 수정이나 부당 변경^{tampering}으로부터 보호해 주지는 않는다. 이를 위해서는 디지털 서명이 필요하며, 보안 커뮤니티는 CBC-MAC를 인증용으로 개발했다. 인증과 기밀성을 모두 지원하는 AES-CCM 같은 알고리즘이 구축되기 전까지는 CBC-MAC를 기존 모드 중 하나와 결합하기가 어려웠다. CCM은 CBC-MAC 모드 지원 카운터^{Counter with CBC-MAC Mode}를 의미한다.

 CCM은 데이터의 서명과 암호화에 사용되는 중요한 암호화 모드이며, Zigbee, Bluetooth Low Energy, TLS 1.2(키 교환 이후), IPSEC 및 802.11 Wi-Fi WPA2 등 이 책에서 다룬 다양한 프로토콜에서도 지원된다.

AES-CCM은 CBC와 CTR의 두 가지 암호를 사용한다. AES-CTR, 즉 카운터 모드는 들어오는 암호문 스트림을 복호화하는 데 사용된다. 수신 스트림에는 암호화된 인증 태그가 포함되며 AES-CTR은 페이로드 데이터뿐만 아니라 이 태그 또한 복호화한다. 알고리즘 중 이 단계에서 '기대 태그'가 형성된다. 알고리즘의 AES-CBC 단계는 입력을 AES-CTR 출력으로부터 복호화된 블록과 프레임의 원래 헤더로 태그한다. 그러나 데이터가 암호화되면 인증과 관련된 데이터만 연산 태그된다. AES-CBC 연산 태그가 AES-CTR의 기대 태그와 다를 경우, 데이터가 이동 중에 부당 변경됐을 가능성이 있다.

아래의 그림은 암호화된 수신 데이터 스트림으로, 여기에서 데이터 스트림은 AES-CBC 로 인증되고 AES-CTR로 복호화된다. 이렇게 하면 메시지 출처의 기밀성과 진본 여부를 둘 다 확보할 수 있다.

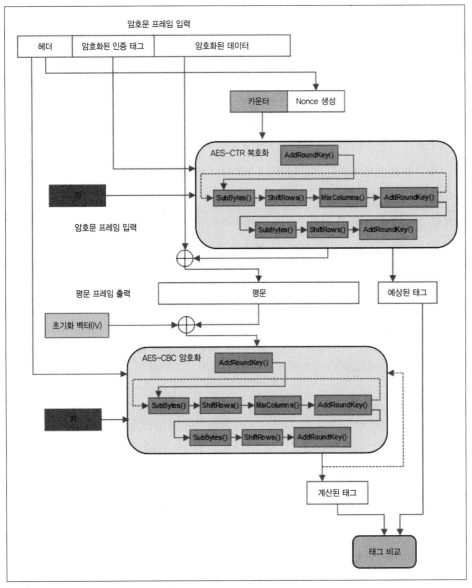

AES-CCM 모드

550

완전히 연결된 메시에서의 IoT 배포와 관련된 한 가지 고려 사항은 필요한 키의 수다. 쌍방향 통신을 원하는 메시에 n개의 노드가 있는 경우, 필요한 키의 수는 $n(n-1)/2$ 또는 $O(n^2)$이 된다.

비대칭 암호 기술

비대칭 암호 기술을 일컬어, 공개 키 암호 기술이라고도 한다. 비대칭 키는 (암호화와 복호화의) 쌍으로 생성된다. 키는 상호 교환이 가능할 수 있는데, 이는 하나의 키로 암호화와 복호화를 모두 수행할 수는 있지만 이것이 필수 요건은 아니라는 뜻이다. 실제로는 키 쌍을 생성하고 하나는 비밀로, 다른 하나는 공개로 유지하는 것이 일반적이다. 이 절에서는 RSA, 디피 헬만Diffie-Hellman, 타원 곡선의 세 가지 기본 공개 키 암호 기법에 관해 알아보자.

 모든 노드가 다른 노드와 통신할 수 있는 메시의 대칭 키 수와 달리, 비대칭 암호 기술에는 $2n$개의 키 또는 $O(n)$만이 필요하다.

첫 번째로 살펴볼 비대칭 공개 키 암호화 기법은 리베스트–샤미르–에이들먼Rivest-Shamir-Adleman 알고리즘, 줄여서 RSA라 불리는 방식으로, 1978년 개발됐다. 이 방식은 큰 소수 2개의 곱과 보조 값(공개 키)을 찾아서 게시하는 사용자를 기준으로 이뤄진다. 이 공개 키는 누구나 메시지를 암호화하는 데 사용할 수 있지만, 소인수는 비공개로 유지된다. 이 알고리즘은 다음과 같은 방식으로 작동한다.

1. 큰 소수 2개, p와 q를 찾는다.
2. $n = pq$
3. $\varphi(n) = (p1)(q-1)$

4. **공개 키**: *1<e<φ(n)*이 되도록 정수 *e*를 선택한다. *e*는 *φ(n)*에 대한 서로소이 며 $2^{16} + 1 = 65537$이 일반적인 값이다.

5. **개인 키**: *d*를 계산해 합동 관계인 *de≡1 (mod φ(n))*를 구한다.

따라서 공개 키*(n,e)*로는 메시지를 암호화할 수 있고 개인 키*(n,d)*로는 메시지를 복호화할 수 있다.

- **암호화**: 암호문 = (평문)^e mod n
- **복호화**: 평문 = (암호문)^d mod n

짧은 메시지에서 양호한 수준의 암호문이 생성되는 데 실패하는 것을 막기 위해 암호화 전에 인공 패딩이 주입되는 경우가 있다.

아마도 가장 잘 알려진 비대칭 키 교환의 형태는 (윗필드 디피Whitfield Diffie와 마틴 헬만Martin Hellman의 이름을 딴) 디피–헬만Diffie-Hellman 키 교환 프로세스일 것이다. 전형적인 비대칭 암호 기술은 주어진 값 A로 B를 출력해 내는 **트랩도어 함수**Trapdoor Function 개념이다. 그러나 트랩도어 함수 B에서는 A가 도출되지 않는다.

디피–헬만 방식의 키 교환을 사용하면 두 당사자(앨리스Alice의 *A*와 보브Bob의 *B*)는 공유된 비밀 키 *s*에 대한 사전 지식 없이도 키를 교환할 수 있다. 이러한 알고리즘은 시작 소수인 *p*와 소수 생성자의 평문 교환을 기반으로 한다. 생성자 *g*는 합동식 *p*에 대한 원시근이다. 앨리스의 비밀 키는 *a*고 보브의 비밀 키는 *b*라고 하자. 그렇다면, *A=g^a mod p*이고 *B=g^b mod p*가 된다. 앨리스는 비밀 키를 *s=B^a mod p*로 계산해내고 보브는 비밀 키를 *s=B^a mod p*로 계산해 낸다.

이를 일반화하면 *(g^a mod p)^b mod p = (g^b mod p)^a mod p*이다.

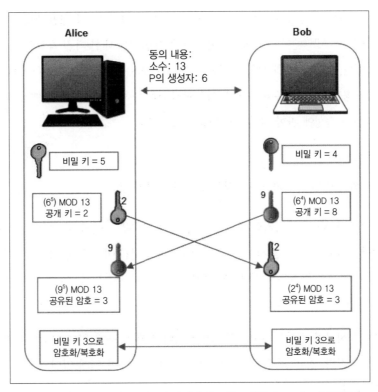

디피-헬만 키 교환. 동의된 소수와 소수의 생성자를 평문 교환하며 프로세스가 시작된다.
앨리스와 보브가 생성한 각각의 비밀 키를 이용해 공개 키가 생성되고 네트워크를 통해 평문으로 전송된다.
그런 다음, 암호화 및 복호화에 사용할 비밀 키를 생성하는 데 사용된다.

이 정도로 강력한 형태의 보안 키 교환이 이뤄진 결과, 진정한 난수가 각 비밀 키에 생성된다. **유사 난수 생성기**PRNG, Pseudo-Random Number Generator로 약간이라도 예측할 수 있다면 암호화는 깨질 수 있다. 그러나 무엇보다도 중요한 문제는 MITM 공격으로 이어질 수 있는 인증의 부재다.

키 교환의 또 다른 형태로는 1985년에 코블리츠Koblitz와 밀러Miller가 제안한 **타원 곡선 디피-헬만**ECDH, Elliptic-Curve Diffie-Hellman이 있다. 이 방식은 유한체에 대한 타원 곡선의 대수학에 바탕을 두고 있다. NIST는 ECDH를 승인한 바 있으며, NS는 384비트 키로 ECDH를 1급 기밀 자료에 사용할 수 있도록 허용했다. **타원 곡선 암호**ECC, Elliptic Curve Cryptography는 다음과 같이 타원 곡선의 속성에 관한 기본적인 사항을 공유한다.

- x축 대칭
- 직선은 타원 곡선과 3개 이상의 교차점을 갖지 않음

ECC의 처리는 MAX쪽 모서리의 주어진 한 점에서 직선을 그어서 시작한다. 선 하나를 A점에서 B까지 긋는다. 두 점 사이에 선을 긋고, 새로 생긴 이름 없는 교차점에서 뻗어 나와 y축의 위, 아래로 향하는 직선을 긋는 데는 점 함수가 사용된다. 이 과정은 n회 반복되며, 여기에서 n은 키 크기다.

이 과정은 공 하나가 쿠션을 여러 번 때리고 지나간 후 당구대 위에 나타나는 최종 결과를 보는 것과 같다. 공의 최종 위치만을 보는 관찰자는 공이 원래 있던 자리를 알아내기가 어려울 것이다.

MAX는 x축의 최댓값과 일치하며, 교점의 한계를 설정한다. 교점이 MAX보다 커질 경우, 알고리즘은 MAX 한계를 넘어간 값을 무시하고 원점 A에서 떨어진 위치에 새로운 x−MAX 점을 설정한다. MAX는 사용되고 있는 키 크기와 동일하며, 키 크기가 크면 더 많은 교점이 구성되고 그 결과 보안의 강도가 증가한다. 기본적으로 이 함수는 다음과 같이 끝부분이 휘어진 함수다.

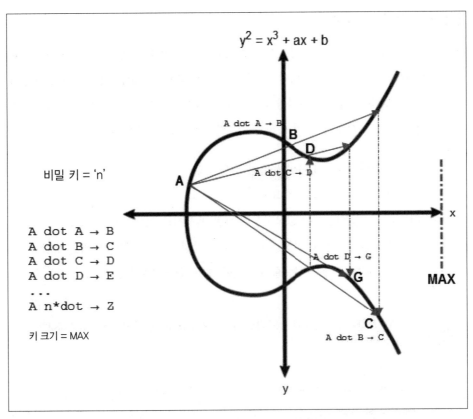

$$y^2 = x^3 + ax + b$$

비밀 키 = 'n'

A dot A → B
A dot B → C
A dot C → D
A dot D → E
· · ·
A n*dot → Z

키 크기 = MAX

A dot A → B

B

D

A dot C → D

A

A dot D → G

G

C

A dot B → C

MAX

x

y

타원 곡선 암호화(ECC). x, y축의 표준 타원 곡선이 제시돼 있다. 주어진 A점에서 두 번째 지점까지 직선 경로를 따라 새로운 제3의 이름 없는 교차점이 생기면서 프로세스가 시작된다. 선이 반대편에 동일한 Y 평면 좌표에 그려지면서 이제 이름이 붙은 개체가 된다. 이 과정은 키 길이에 해당하는 n점까지 계속된다.

타원 곡선은 RSA에서 각광을 받고 있다. 최신 브라우저는 ECDH 지원이 가능한데, 이는 SLL/TLS에 선호되는 인증 방식이기 때문이다. ECDH는 나중에 살펴볼 비트코인(Bitcoin) 등의 다양한 프로토콜에도 이용된다. SSL 인증서에 일치하는 RSA 키가 있는 경우, 이제는 RSA만 사용된다.

다른 장점으로는 기존 방식과 동일한 수준의 키 강도로 키 길이를 짧게 유지할 수 있다는 점이다. 예를 들어, ECC에서 256비트 키는 RSA에서 3072비트 키와 같다. 이 점은 제약을 받는 IoT 장치와 관련해 중요하게 고려돼야 하는 부분이다.

암호 해시(인증 및 서명)

해시 함수는 암호화 기술의 대표 주자로 고려해야 하는 세 번째 유형이다. 이 유형은 보통 디지털 서명을 생성하는 데 사용되며, '일방향'이거나 뒤집을 수 없는 것으로 여겨진다. 해시 함수를 통과한 뒤 원래의 데이터를 재생성하기 위해서는 가능한 모든 입력 조합을 무차별 대입해야 한다. 해시 함수의 키 속성으로는 다음과 같은 것이 있다.

- 동일한 입력으로부터 항상 동일한 해시가 생성됨
- 연산이 빠르지만 비용이 소요됨(작업 증명 참고)
- 되돌릴 수 없으며, 해시 값으로부터 원본 메시지를 재생성할 수 없음
- 입력을 조금만 바꿔도 엄청난 엔트로피가 발생하거나 출력에 변화가 생김
- 2개의 서로 다른 메시지는 절대 동일한 해시 값을 갖지 않음

ℹ️ SHA1(보안 해시 알고리즘)과 같은 암호 해시 함수의 효과는 긴 문자열에서 문자 하나만 바꿔 봐도 알 수 있다.

Input: Boise Idaho

SHA1 Hash Output: 375941d3fb91836fb7c76e811d527d6c0a251ed4

Input: Boise Idaho

SHA1 Hash Output: 82b6109838f8f40dc1d1530e5535908853e3fd5f

SHA 알고리즘은 다음과 같은 용도로 폭넓게 사용되고 있다.

- Git 리포지토리
- 웹 브라우징 시 TLS 인증 서명(HTTPS)
- 파일 또는 디스크 이미지 콘텐츠의 진본성 검증

대부분의 해시 함수는 Merkle–Damgård 구조를 바탕으로 구축된다. 여기에서, 입력값은 동일한 크기의 블록으로 쪼개져, 이전 압축의 결과와 결합된 압축 함수를 통해 연쇄적으로 처리된다. **초기화 벡터**[IV]는 프로세스를 시작하는 데 사용된다. 압축 함수를 사용하면 해시는 충돌에도 견딜 수 있게 된다. SHA-1는 다음과 같은 Merkle–Damgård 구조를 바탕으로 구축된다.

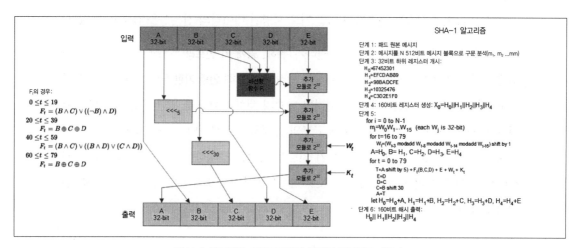

SHA-1 알고리즘. 입력이 5개의 32비트 덩어리로 나뉜다.

일반적으로, SHA 알고리즘의 입력 메시지는 264비트보다 짧아야 하며, 이러한 메시지는 512비트 블록에서 순차적으로 처리된다. SHA-1은 이제 SHA-256이나 SHA-3과 같이 강력한 커널로 대체됐다. SHA-1은 해시 내 '충돌'이 있는 것으로 밝혀졌는데, 충돌이 발견되기까지 약 251 ~ 257회의 연산이 필요하기 때문에 해시를 푸는 데 수천 달러에 달하는 임대 GPU 시간 비용이 발생하게 된다. 따라서 강력한 SHA 모델로 업그레이드가 권장되고 있다.

공개 키 인프라

비대칭 암호화(공개 키)는 인터넷 상거래와 통신에 널리 사용되며, 웹상에서 이뤄지는 SSL 및 TLS 연결에 항상 사용된다. 전형적인 용도는 공개 키 암호화로, 이를 통해 공개 키를 가진 모든 사람이 전송 중인 데이터를 암호화할 수 있지만, 복호화는 비밀 키를 가진 사람만이 할 수 있다. 또 다른 용도로는 디지털 서명이 있는데, 이 경우에는 수신자에게 공개 키가 있다면 수신자는 전송자의 비밀 키로 서명된 데이터의 진본성을 검증할 수 있다.

신뢰할 수 있는 공개 키의 제공을 지원하기 위해, **공개 키 인프라**PKI, Public Key Infrastructure라고 알려진 프로세스가 사용된다. 진본성을 보장하기 위해 **인증 기관**CA, Certificate Authority이라고도 하는 신뢰할 수 있는 제3자가 디지털 인증의 생성과 배포를 위한 역할과 정책을 관리한다. TLS 인증서를 발행하는 최대 규모의 발행처로는 시맨텍Symantec, 코모도Comodo 및 고대디GoDaddy가 있다. X.509는 공개 키 인증서 형식을 정의하는 표준으로, TLS/SSL 및 HTTPS 보안 통신의 기초를 이룬다. X.509는 사용되는 암호화 알고리즘, 만료 일자, 인증서 발급 등을 정의한다.

> **ℹ** PKI는 전송자를 검증하고 특정 역할과 정책을 관리하며 인증서를 파기할 수 있는 등록 기관(RA, Registration Authority)으로 이뤄진다. RA는 또한 검증 기관(VA, Validation Authority)과의 통신을 통해 파기 목록을 전송하기도 한다. 전송자에게 인증서를 발급하는 것은 CA의 역할이다. 메시지가 수신되면 VA가 키를 검증해 해당 키가 파기되지 않았는지를 확인할 수 있다.

다음 그림에는 PKI 인프라의 예가 나와 있다. 사용되는 CA, RA 및 VA 시스템을 비롯해, 메시지 암호화를 위한 키의 부여 및 검증 단계도 확인할 수 있다.

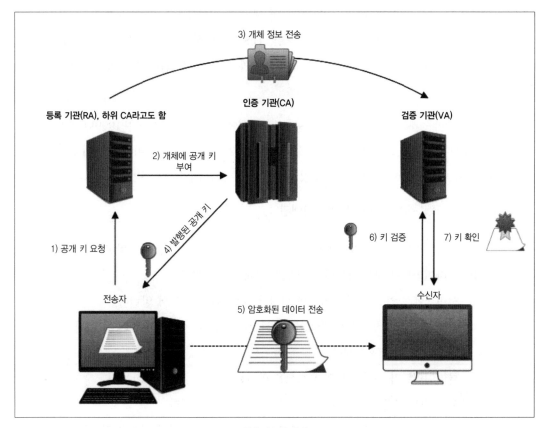

PKI 인프라의 예

네트워크 스택 – 전송 계층 보안

전송 계층 보안^{TLS, Tranport Layer Security}은 MQTT와 CoAP의 TLS 및 DTLS부터 WAN과 PAN 보안을 통한 네트워크 보안에 이르기까지, 이 책의 여러 부분에서 다룬 바 있다. 각각의 방식은 어떤 형태로든 TLS를 활용한다. 또한, TLS는 언급한 모든 암호화 프로토콜과 기술을 통합하기도 한다. 이 절에서는 TLS1.2 기술과 프로세스에 관해 간략하게 살펴보도록 한다.

원래 SSL(보안 소켓 계층)이라는 명칭으로 1990년대에 도입된 이 기술은 1999년에 TLS로 대체됐다. TLS 1.2는 2008년부터 시행된 RFC5246의 최신 사양이다. TLS 1.2에는 SHA-1을 대체하고 보안 프로파일을 강화하는 SHA-256 해시 생성자가 포함된다.

TLS 암호화 프로세스는 다음과 같이 진행된다.

1. 클라이언트가 TLS 지원 서버(HTTPS의 경우 포트 443)의 연결을 개방한다.
2. 클라이언트가 사용 가능한 지원 암호 목록을 제시한다.
3. 서비스에서 암호와 해시 함수를 선택한 다음 클라이언트에 알린다.
4. 서버는 디지털 인증서를 클라이언트로 전송하는데, 여기에는 인증서 기관과 서버의 공개 키가 포함된다.
5. 클라이언트가 해당 정보의 유효성을 확인한다.
6. 세션 키는 다음과 같은 두 가지 방식 중 하나로 생성된다.
    1. 임의의 숫자를 서버의 공개 키로 암호화해 그 결과를 서버로 전송한다. 서버와 클라이언트는 그 임의의 숫자를 사용해 통신 기간 동안 사용할 세션 키를 생성한다.
    2. 딕시-헬만^{Dixie-Hellman} 키 교환을 사용해 암호화 및 복호화에 사용할 세션 키를 생성한다. 이 세션 키는 연결이 닫힐 때까지 사용된다.
7. 암호화된 채널을 통해 통신이 시작된다.

아래 그림은 두 장치 간의 TLS1.2 통신에서 이뤄지는 핸드셰이킹^{handshaking} 프로세스에 해당한다.

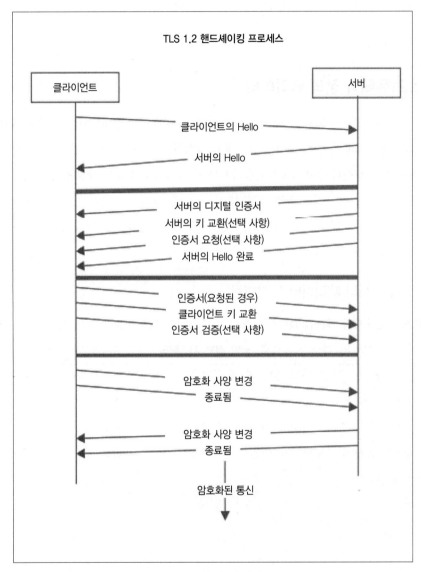

TLS 1.2 핸드셰이킹 시퀀스

데이터그램 전송 계층 보안DTLS, Datagram Transport Layer Security은 TLS(DTLS 1.2는 TLS 1.2에 기반함)에 기반한 데이터그램 계층의 통신 프로토콜로, 유사한 수준의 보안을 보장하도록 만들어졌다. CoAP 경량 프로토콜은 보안에 DTLS를 사용한다.

소프트웨어 정의 페리미터

앞서 이 책의 8장, '라우터와 게이트웨이'에서 소프트웨어 정의 네트워크 및 오버레이 네트워크의 개념에 관해 논의하였다. 오버레이 네트워크와 마이크로세그먼트micro-segment를 생성하는 기능은 특히 대규모 IoT 확장과 DDOS 공격을 완화하는 상황에 매우 강력한 효과를 발휘한다. 소프트웨어 정의 네트워킹의 또 다른 구성 요소로는 **소프트웨어 정의 페리미터**SDP, Software-Defined Perimeter가 있는데, 전반적 보안의 측면에서 논의해 볼 만한 주제다.

소프트웨어 정의 페리미터 아키텍처

소프트웨어 정의 페리미터(SDP)는 신뢰 모델이 존재하지 않는 경우에 사용할 수 있는 네트워크와 통신 보안의 접근 방식으로, **국방 정보 시스템국**DISA, Defense Information Systems Agency의 블랙 클라우드에 기반을 두고 있다. 블랙 클라우드란 정보가 need-to-know(알아야 하는) 기준으로 공유된다는 뜻이다. SDP는 DDOS, MITM, 제로 데이 공격, 서버 스캐닝 등의 공격을 완화할 수 있다. 페리미터는 연결된 각 장치에 오버레이와 마이크로세그먼트를 제공하는 동시에 사용자, 클라이언트, IoT 장치 등의 초대 전용(신원 기반) 보안 페리미터를 생성한다.

다른 네트워크의 상단에 구축된 네트워크인 오버레이 네트워크를 만드는 데 SDP를 사용할 수 있다. 실제 참고 자료로는 이미 존재하는 전화 네트워크상에 구축된 인터넷 서비스가 있다. 이러한 하이브리드 네트워킹 접근 방식에서는 분산 제어 평면이 동일하게 유지된다. 에지 라우터와 가상 스위치는 제어 평면의 규칙에 따라 데이터를 조정한다. 동일한 인프라에도 여러 개의 오버레이 네트워크가 구축될 수 있다. SDN는 많은 부분에서 유선 네트워크와 동일한 방식으로 퍼시스턴트/영구적인 상태를 유지하기 때문에, 실시간 애플리케이션, 원격 모니터링, 복합 이벤트 처리 등에 적합하다. 동일한 에지 구성 요소를 사용해 여러 개의 오버레이 네트워크를 만드는 기능을 통해 서로 다른 리소스가 데이터의 여러 소비자와 직접적으로 관계를 맺는 **마이크로세그멘테이션**micro-segmentation이 가능해진다. 각각의 리소스-소비자 쌍은 변경 불가한 별도의 네트워크로, 관리자의 선택에 따라 가상 오버레이의 외부만을 확인할 수 있다.

 동일한 에지 구성 요소로 여러 개의 오버레이 네트워크를 만들 수 있게 되면, 전 세계적으로 분산된 IoT 네트워크의 개별 엔드포인트에서 기존의 네트워크 인프라를 통해 격리된 개별 네트워크 세그먼트를 구축하는 마이크로세그멘테이션이 가능해진다. 이론상 모든 센서는 서로 격리될 수 있다. 이는 IoT 배포에 대한 엔터프라이즈 연결을 서비스로 지원하는 강력한 도구이며, 이를 통해 장치는 서로 격리돼 보호받을 수 있게 된다.

다음 그림에는 SDN 오버레이의 예가 도식화돼 있다. 여기에서 한 기업은 거리가 있는 위치 세 곳에 수많은 IoT 및 에지 장치를 보유한 매장을 두고 있다. 네트워크는 POS 및 VOIP 시스템을 격리하는 마이크로세그먼트 포함 SDN 오버레이 네트워크에 상주하며, 이러한 시스템들은 보안, 보험, 냉장 보관 모니터링 등을 위한 여러 가지 센서를 통해 기업 차원에서 관리된다. 타사 서비스 공급업체는 해당 업체가 관리하는 장치만을 위해 격리된 보안 가상 오버레이 네트워크를 사용해 여러 가지 원격 센서를 관리할 수도 있다.

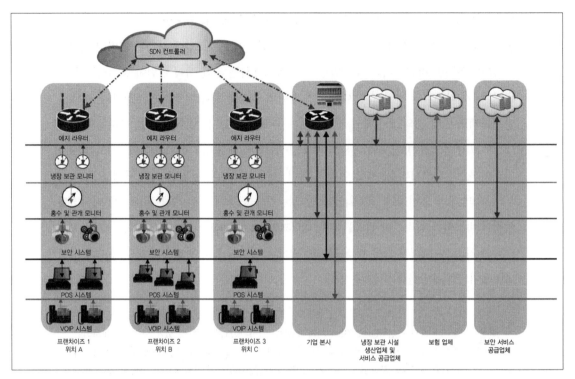

SDN 오버레이 네트워크의 예

SDP는 초대 시스템의 개발을 통해 보안을 한층 더 확장할 수 있는데, 이 방식은 한 쌍의 장치가 먼저 인증을 거친 다음 연결하도록 강제한다. 그 결과, 사전 인증된 사용자나 클라이언트만이 네트워크에 추가될 수 있다. 이러한 인증은 이메일 또는 일정한 등록 기능을 통한 제어 평면의 초대장으로 확장된다. 사용자가 초대장을 수락하면 클라이언트 인증서와 자격 증명이 해당 시스템으로만 확장된다. 초대장을 확장한 리소스는 확장된 인증서의 기록을 유지 관리하고 있다가 양 당사자가 역할을 수락할 때만 오버레이 연결을 제공한다.

▌ IoT 분야의 블록체인 및 암호화폐

블록체인은 탈중앙화된 공개적 디지털 장부 또는 암호화폐 거래다. 암호화폐 블록체인의 원조는 비트코인이지만, 현재는 이더리움Ethereum, 리플Ripple, 대시Dash 등 700개 이상의 새로운 화폐가 시장에서 유통되고 있다. 블록체인의 강점은 거래의 상태를 제어하는 단일한 주체가 없다는 데 있다. 블록체인을 사용하는 모든 사람이 장부 사본을 유지 관리하도록 해 시스템의 리던던시를 강제하기도 한다. 블록체인 참가자 간에는 생래적으로 신뢰가 존재하지 않고, 시스템은 합의제로 유지돼야 한다고 가정한다.

대칭 암호와 키 교환으로 신원 관리 및 보안 문제가 해결된다면 데이터나 화폐의 교환에 블록체인이 필요한 이유는 무엇인지, 한번 생각해 볼 만하다. 간단히 말하자면, 이러한 방식들은 돈이나 가치 있는 데이터의 교환에는 충분하지 않았기 때문이다. 정보 이론이 생겨난 이래로 2개의 장치가 통신한다는 것은 보브Bob와 앨리스Alice가 메시지나 데이터 비트를 전송한다는 것을 의미했다. 이렇게 교환된 정보는 앨리스가 사본을 수신하더라도 보브가 계속 보유한다. 반면 돈이나 계약을 교환하는 경우, 해당 데이터가 한쪽에서는 제거되고 다른 한쪽에는 도달해야 한다. 하나의 인스턴스만 존재하는 것이다. 진본성과 암호화는 통신을 위해 필요한 도구이므로 소유권의 전송을 위한 새로운 방식이 개발돼야 했다.

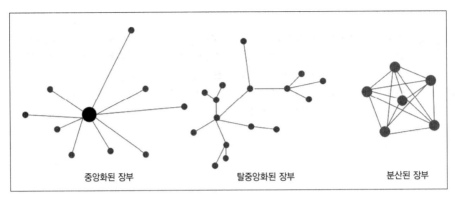

중앙화된 장부　　　　　탈중앙화된 장부　　　　　분산된 장부

장부 토폴로지. 중앙화된 장부는 단일한 제어 에이전트가 '장부'를 유지 관리하는 일반적인 프로세스에 해당한다. 암호화폐에는 탈중앙화 또는 분산된 장부가 사용된다.

블록체인 보안 암호화폐는 IoT와도 특히 연관이 깊다. 몇 가지 사용 사례로는 다음과 같은 것이 포함된다.

- **머신 간 결제**: IoT는 머신이 서비스와 화폐를 교환하는 경우에 대비해 둬야 한다.
- **공급 체인 관리**: 이 사용 사례에서는 재고 관리, 재화 이동, 물류 등과 관련된 이동과 운송에 사용되는 문서 기반 추적이 블록체인의 변경 불가성과 보안으로 대체될 수 있다. 모든 컨테이너, 이동, 위치, 상태는 추적, 확인, 인증을 거치게 되므로, 추적 정보의 날조, 삭제, 변경 시도는 불가능해진다.
- **태양 에너지**: 서비스로서의 주거용 태양열을 생각해 보자. 이 경우, 소비자의 집에 설치된 태양열 패널은 그 집에서 사용할 에너지를 생성한다. 아니면 이 에너지를 다른 사람이 사용할 수 있도록 그리드로 돌려보낼 수도 있다(아마 그 대가로 탄소 크레딧을 받을 것이다).

(블록체인 기반) 비트코인

비트코인의 암호화폐 부분은 블록체인 그 자체와는 다르다. 비트코인은 인공 화폐로, 금과 같은 재화나 가치로 뒷받침되지 않는다. 물리적 실체 없이 네트워크 구조상에서만 존재한다. 무엇보다도 비트코인의 공급, 즉 수량은 중앙 은행이나 정부 기관에서 결정하는 것이 아니다. 완전히 탈중앙화돼 있는 것이다. 다른 블록체인과 마찬가지로, 공개 키 암호 기술과 대규모 분산 P2P 네트워크, 비트코인 구조를 정의하는 프로토콜을 통해 구축된다. 사토시 나카모토Satoshi Nakamoto(별칭임)가 디지털 화폐의 개념을 생각해 낸 최초의 사례는 아니었으나, 그는 2008년 비트코인: P2P 전자 화폐 시스템Bitcoin: A Peer-to-Peer Electronic Cash System이라는 논문을 암호기술 목록에 게시하였고, 2009년에는 최초의 비트코인 네트워크가 공개됐으며 사토시는 최초의 블록(제네시스 블록)을 채굴하는 데 성공하였다.

블록체인의 개념은 블록체인의 현재 부분을 나타내는 **블록**이 존재한다는 것을 뜻한다. 블록체인에 연결된 컴퓨터는 **노드**라고 하는데, 각각의 노드는 블록체인의 사본을 획득해 거래의 검증과 중개에 참여하며, 이들은 각자가 기본적으로 관리자의 역할을 수행한다.

P2P 토폴로지에 기반한 분산 네트워크는 비트코인을 위해 존재한다. 여기에는 멧칼프Metcalfe의 법칙이 적용되는데, 이는 비트코인과 같은 암호화폐의 가치가 네트워크의 크기에 따라 결정되기 때문이다. 이 네트워크는 기록 시스템(즉, 장부)을 유지 관리한다. 문제는 자신의 컴퓨팅 시간을 장부 모니터링에 기꺼이 나눠 줄 컴퓨팅 소스를 어디서 찾느냐에 있다. 이의 해답은 **비트코인 채굴**이라는 보상 시스템의 구축이다.

거래 프로세스는 다음 그림과 같이 도식화할 수 있다. 이 프로세스는 거래 요청을 통해 시작되며, 거래 요청은 **노드**라 불리는 컴퓨터의 P2P 네트워크로 브로드캐스팅된다. 피어 네트워크는 사용자의 진본성을 검증하는 역할을 담당하는데, 검증이 완료되면 거래가 확인되고 다른 거래와 결합돼 분산 장부의 새로운 데이터 블록이 생성된다. 블록이 가득 차면 기존 블록체인에 추가되므로 변경이 불가능하다. 비트코인 인증, 채굴, 검증 프로세스는 다음과 같다.

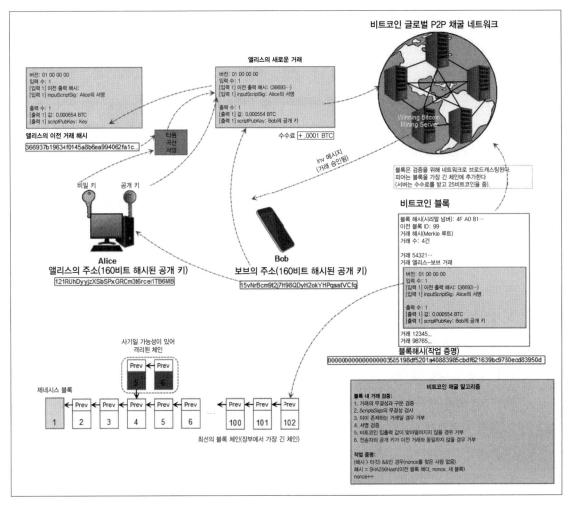

비트코인 블록 체인 거래 프로세스

그림에는 0.0001비트코인BTC의 서비스 요금으로 앨리스와 보브 사이에 이뤄진 0.000554 비트코인의 교환이 나타나 있다. 앨리스가 자신의 비밀 키에 대한 기존 거래 해시로 거래 내용에 서명하면 거래가 시작된다. 앨리스는 inputScriptSig 스크립트에 자신의 공개 키도 포함시킨다. 그런 다음, 거래는 비트코인 P2P 네트워크로 브로드캐스팅돼 블록에 포함되고 검증을 거친다. 네트워크는 현재 복잡성의 강도에 따라 유효한 nonce를 검증하고

568

찾아내기 위해 경쟁한다. 블록이 발견되면 서버는 해당 블록을 피어에게 브로드캐스팅해 검증한 다음 체인에 포함시킨다.

다음으로, 블록체인의 정성적 분석이, 특히 비트코인 처리 과정에서 이어진다. 12장의 초반에 살펴본 보안의 기반 위에 구축된, 이러한 기초적인 내용을 잘 숙지해 두는 것이 중요하다.

1. **디지털로 서명된 거래**: 앨리스가 보브에게 1비트코인을 주려고 한다. 첫 번째 단계는 앨리스가 보브에게 1비트코인을 주려고 한다는 사실을 공표하는 것이다. 앨리스는 "나, 앨리스는 보브에게 1비트코인을 줄 것이다"라는 메시지를 작성한 다음, 인증을 위해 여기에 자신의 비밀 키로 디지털 서명을 함으로써 이 사실을 공표하게 된다. 주어진 공개 키를 사용하면 누구나 이 메시지가 진본인지 여부를 확인할 수 있다. 그러나 앨리스가 메시지를 반복하고 화폐를 일부러 위조할 가능성도 있다.

2. **고유한 식별**: 위조 문제를 해결하기 위해, 비트코인은 일련 번호를 사용하는 고유의 방식을 만들어 냈다. 미국에서 발행한 화폐에 일련 번호가 있듯이 비트코인도 넓은 의미에서 동일한 방식을 채용한 것이다. 비트코인은 중앙에서 관리하는 일련 번호 대신 해시를 사용한다. 거래를 식별하는 이 해시는 거래의 일부로 자체 생성된다.

   여기에서, 이중 지불로 인한 심각한 문제가 발생한다. 거래에 서명과 고유한 해시가 적용되더라도 앨리스가 다른 당사자에게 동일한 비트코인을 재사용할 가능성이 남아 있는 것이다. 보브는 앨리스의 거래를 확인하고 모든 것이 검증을 거친다. 그러나 앨리스가 동일한 거래를 사용해 찰리^{Charlie}로부터 뭔가를 구입했다면 사실상 시스템을 속인 것이 된다. 비트코인 네트워크는 매우 대규모이기 때문에, 도난이 발생할 작은 가능성도 남아 있는 상태다. 비트코인 사용자들은 블록체인으로 결제를 수신했을 때 확인을 기다리는 방식으로 이중 지불의 보호책을 마련하고 있다. 거래 시간이 지날수록 더 많은 확인이 제기되므로 비가역성이 강화됨을 확인할 수 있게 된다.

3. **피어 검증을 통한 보안**: 이중 지불 문제를 해결하기 위해, 블록체인에서는 거래의 수신자(보브와 찰리)가 잠재적 결제를 네트워크로 브로드캐스팅해 피어 네트워크에 정당성을 확인해 줄 것을 요청하게 된다. 물론 이 거래 검증 요청 지원 서비스는 무료로 제공되지 않는다.

4. **작업 증명 부담**: 여전히 이중 지불 문제는 해결되지 않은 상태다. 앨리스가 자신의 서버로 네트워크를 납치하기만 하면 자신의 모든 거래가 유효하다고 주장할 수도 있기 때문이다. 이 문제를 최종적으로 해결하기 위해 비트코인은 작업 증명이라는 개념을 도입했다. 작업 증명 개념에는 두 가지 양상이 존재하는데, 첫 번째 양상은 거래의 진본성을 검증하는 데는 컴퓨팅 장치의 연산 측면에서 상당한 비용이 부과돼야 한다는 점이다. 다시 말해, 단순히 키나 로그인 이름, 거래 ID, 인증 과정의 기타 사소한 단계를 검증하는 것보다는 연산 능력에 더 많은 부담을 지울 수 있어야 한다는 것이다. 두 번째로는 사용자가 다른 사람의 금전 교환 문제를 해결하는 데 도움을 줌으로써 보상을 받을 수 있어야 한다는 점인데, 이에 대해서는 5단계에서 다룰 예정이다.

5. 거래를 검증하는 개인에게 작업 함수를 강제하기 위해 비트코인이 사용하는 방법은 진행 중인 거래의 헤더에 nonce를 첨부하는 것이다. 그런 다음, 비트코인은 암호화 방식으로 보안된 SHA-256 알고리즘을 사용해 nonce와 헤더 메시지를 해싱한다. nonce의 변화를 유지하고 해시 결과로 도출되는 256비트 미만의 값(타깃이라고도 함)을 제공하는 것이 목표다. 타깃이 낮을 경우, 훨씬 많은 연산 능력이 필요해진다. 각각의 해시는 기본적으로 완전 난수를 생성하기 때문에 여러 번의 SHA-256 해시가 반드시 수행돼야 한다. 이 과정이 완료되기까지는 평균 10분 정도가 소요된다.

> ⓘ 작업 증명에 10분이 소요된다는 사실은 거래가 검증되는 데에도 평균 10분이 소요된다는 것을 의미한다. 채굴자는 여러 거래의 집합인 블록으로 작업한다. 블록의 거래는 (현재) 1MB로 제한되는데, 이는 현재 블록이 완료되기 전까지는 다른 거래가 처리되지 않는다는 뜻이다. 이 점은 실시간 수요가 있는 IoT 장치에도 시사하는 바가 있을 수 있다.

6. **비트코인 채굴 인센티브**: 다른 사람의 거래를 검증하는 P2P 네트워크를 구축하도록 개인들을 독려하기 위해 각 개인의 서비스를 보상하는 인센티브가 사용된다. 보상으로는 두 가지 형태가 있는데, 첫 번째가 바로 비트코인 채굴로, 이는 거래 블록을 검증한 개인에게 주어진다. 다른 형태의 보상은 거래 요금으로, 블록의 검증에 도움을 준 채굴자에게 보상으로 제공되며, 이는 거래에서 일정 부분을 떼어가는 방식으로 이뤄진다. 처음에는 요금이 없었으나, 비트코인이 인기를 얻으면서 요금이 올라가기 시작했다. 성공적인 거래의 요금은 평균 약 35달러(비트코인 화폐 단위) 정도다. 인센티브를 강화할 수 있도록 요금은 가변적이며, 개인이 요금을 올려서 인위적으로 거래가 특정 사용자에게 더 빠르게 처리되도록 강제할 수 있다. 새로운 비트코인 생성이 소진되더라도 여전히 거래를 관리할 인센티브는 남아 있게 된다.

> ⓘ 처음에는 보상이 50비트코인에 달할 정도로 매우 높았으나, 21만 개의 블록이 발견된 후 4년마다 반감하는 속도로 감소하고 있다. 이러한 감소는 반감 속도가 소진점에 도달해 보상이 비트코인의 최저 단위(1사토시 또는 10^{-8}비트코인이라고 함) 미만으로 떨어지는 2140년까지 계속될 것으로 보인다.
>
> 블록이 10분마다 하나씩 채굴되고 보상이 4년마다 반감된다고 했을 때, 존재할 수 있는 비트코인의 최대 개수를 도출할 수 있다. 채굴된 코인의 초기 보상이 50비트코인이었다는 사실을 알고 있으므로, 다음과 같이 사토시 한계로 수렴하는 급수가 도출된다. 즉, 50BTC + 25BTC + 12.5BTC... = 100BTC. 210,000 * 100 = 총 2,100만 개의 비트코인이 존재할 수 있다.

7. **순서의 변경을 통한 보안**: 거래가 일어나는 순서는 통화의 무결성에 필수적인 요소다. 비트코인이 앨리스에게서 보브에게, 그 다음 찰리에게 전송된다면, 이 이벤트는 보브가 찰리에게, 그 다음 앨리스가 보브에게 전송했다고 장부에 기록돼선 안 된다. 블록체인은 거래의 연쇄를 통해 순서를 관리하는데, 네트워크에 추가되는 새로운 블록은 모두 체인에서 검증된 마지막 블록의 포인터를 포함한다. 비트코인은 가장 긴 포크에 연쇄되기 전까지 거래는 유효하지 않으며, 이 최장 포크에서 최소 5개 이상의 블록이 뒤를 이어야 한다고 규정하고 있다. 이를 통해 앨리스가 보브와 찰리에게 비트코인을 이중 지불하려고 시도할 경우 발생하는 비동기 문제가 해결된다. 앨리스는 보브와의 거래를 첫 번째 채굴자 집단에 브로드캐스팅하고, 찰리와의 거래를 두 번째 집단에 브로드캐스팅하려고 시도할 것이다. 그러나 네트워크가 수렴하게 되면 이러한 사기는 프로세스를 통해 발각된다. 결과적으로, 보브의 거래는 성사되지만 네트워크에서 찰리의 거래는 무효화된다. 앨리스가 본인과 보브에게 지불을 시도하더라도 보브에게 비트코인을 보낸 다음, 거래가 검증될 때까지(뒤따르는 5개 블록만큼) 기다려야 한다. 이때 스스로에게 동일한 비트코인을 지불해 체인에서 포크fork를 발생시킨다면 앨리스는 이제 5개의 블록을 추가로 검증해야 하므로, 4단계에서 살펴본 바와 같이 약 50분이 소요된다. 이때 다른 모든 채굴자를 합친 것보다 빠르게 처리를 해야 하기 때문에 엄청난 양의 컴퓨팅 파워가 요구된다.

> ⓘ 블록체인과 관련해 살펴볼 만한 또 다른 개념 중 하나는 서비스 거부 공격의 관리 용도다. 작업 증명 시스템(또는 프로토콜/함수)은 서비스 거부 공격을 억지하는 경제적인 수단이다. 공격을 수행하는 사람이 시스템을 압도할 만큼 많은 양의 데이터를 네트워크에 퍼부으려고 한다. 이때 작업 함수를 포함하는 블록체인은 이러한 공격의 효과를 감소시키는 역할을 한다. 이 기법의 핵심은 바로 비대칭성에 있는데, 다시 말해 작업이 요청자 측에서는 다소 어렵지만(받아들일 수 있는 수준) 서비스 공급자가 확인하기에는 간단해야 한다는 것이다.

IOTA(비순환 방향 그래프 기반)

IoT만을 위한 암호화폐가 IOTA라는 이름으로 새롭게 개발됐다. 여기에서는 IoT 장치 자체가 신뢰 네트워크의 백본이며, 아키텍처는 **비순환 방향 그래프**DAG, Directed Acyclic Graph를 기반으로 한다. 비트코인은 거래마다 해당하는 수수료가 부과된 반면, IOTA에는 수수료가 따로 부과되지 않는다. IoT의 세계에서 이 점은 매우 중요한데, 극소 규모의 거래가 이뤄질 수 있기 때문이다. 예를 들어, 센서에서 MQTT의 여러 구독자에게 보고하는 서비스를 제공하는 경우를 생각해 볼 수 있는데, 해당 서비스는 집계할 경우에는 가치가 있지만 단일 거래를 측정하기에는 너무 작아서, 해당 정보 제공의 비트코인 수수료가 데이터의 가치보다 클 수도 있다.

IOTA 아키텍처의 특징은 다음과 같다.

- 중앙화된 화폐 통제력이 없다. 블록체인의 경우에는 채굴자가 채굴할 수 있는 블록의 수와 자신들이 얻는 보상을 늘리기 위해 대규모의 그룹을 형성하는 것이 가능한데, 그 결과로 힘의 집중이 발생해 네트워크에 피해가 생길 가능성이 있다.
- 값비싼 하드웨어 장치가 필요 없다. 비트코인, 암호화폐를 채굴하기 위해서는 복잡한 로직을 처리해야 하기 때문에 강력한 프로세서가 필요하다.
- IoT 데이터 수준에서 마이크로 및 나노 규모의 거래가 이뤄진다.
- 퀀텀 컴퓨팅 무작위 대입 공격의 보안이 검증됐다.
- 통화와 마찬가지로 데이터 또한 IOTA로 전송될 수 있다. 데이터는 완전한 인증을 거치며 무단 변경이 불가하다.
- IOTA는 거래의 페이로드에 맞춰지므로 무단 변경이 불가한 국가적 투표 시스템의 설계가 가능하다.
- 소형 SOC를 지원하는 모든 것은 서비스가 될 수 있다. 드릴, 개인 와이파이, 전자레인지, 자전거 같은 장비를 소유하고 있다면, SOC 또는 마이크로컨트롤러를 지원하는 장치를 통해 IOTA에 가입하고 임대 수익원이 될 수 있다.

IOTA DAG를 **탱글**tangle이라 하는데, 이 탱글은 거래를 분산 장부로 저장하는 데 사용된다. 거래는 노드(IoT 장치)에서 이뤄지며 이 노드들이 탱글 DAG에서 집합을 구성한다. 거래 A와 거래 B 사이에 방향 에지는 없지만 A에서 B까지 길이가 2 이상인 경로가 있는 경우에는 A가 간접적으로 B를 승인했다고 할 수 있다.

또한, **제네시스**genesis 거래라는 개념도 존재한다. 탱글을 시작하기 위한 그래프 에지의 채굴이 따로 없기 때문에(따라서 인센티브나 수수료도 없음), 하나의 노드에는 모든 토큰이 포함된다. 제네시스 이벤트는 토큰을 다른 '파운더' 주소로 전송한다. 이것이 모든 토큰의 정적 집합이 되며, 새로운 토큰은 생성되지 않는다.

새로운 거래가 도달할 경우, 해당 거래는 두 건의 기존 거래를 반드시 승인(또는 거부)해야 한다. 그 결과, 그래프상에 방향 에지가 형성된다. 거래를 수행하는 모든 것은 탱글을 대신해 '작업' 생산물을 생산해야 한다. 이 작업에는 승인된 거래의 일부분에 대한 해시로 nonce를 찾는 과정이 포함된다. 따라서 IOTA를 사용하면 네트워크는 더욱 분산되고 안전해진다. 거래는 여러 명에 의해 승인될 수 있다. 거래가 많이 일어날수록 해당 거래가 정당하다는 확신 또한 높아진다. 노드가 사실상 정당하지 않은 거래를 승인하려 하면 해당 노드의 거래가 지속적으로 비승인된 결과, 잊혀지게 될 위험에 처한다.

IOTA는 아직 초기 단계의 기술이므로 지켜볼 필요가 있다. 자세한 내용은 http://iota.org에서 확인할 수 있다.

▌ 정부 규제 및 개입

공급업체가 반드시 충족해야 하며 안전하다고 여겨지는 보안의 수준을 제시하고 의무화하기 위해 정부 기관과 규제 당국이 개입한다. IoT 시스템의 공격이 특히 증가하고 있는 가운데, 연결된 장치의 특정 보안 표준 준수와 관련해 미국 정부의 관심이 최근 더욱 높아지고 있다. 이러한 규칙과 법규를 인지하고 있는 것은 중요한데, 다른 국가에서도 유사한 규칙과 법규를 채택할 수 있고, 어떤 경우에는 완전히 다른 규정으로 인해 IoT 아키텍트가 전 세계 규모의 확장을 수행하는 데 어려움을 겪을 수도 있기 때문이다. 이러한 법규는 국가뿐만 아니라 개인의 정보와 안전에도 영향을 미친다.

미국 의회 법안 – 2017년 사물인터넷(IoT) 사이버보안 개선법

IoT 보안에는 여러 정부의 관심이 집중되고 있다. 2017년 8월 1일, 초당적인 법안(S.1691 – 2017년 사물인터넷 사이버보안 개선법(https://www.congress.gov/bill/115th-congress/senate-bill/1691/text)이 상원에 제출되었다. 미국 연방 기관에 판매되는 인터넷 연결 장치가 반드시 충족해야 하는 최소한의 보안 표준을 공식화해 규정하는 것이 이 법안의 의도였다. 이 법안이 아직 법제화되지는 않았지만 고려 중인 IoT 보안 규정의 정도를 명확하게 보여 주었다.

이 법안은 특히 연방 IoT 솔루션 제공 업체에게 다음과 같은 요구 사항을 제시하고 있다.

- 솔루션 하드웨어, 소프트웨어 및 펌웨어는 NIST 국가 취약점 데이터베이스에 규정된 바에 따라 취약점이 없어야 한다.
- 소프트웨어와 펌웨어는 인증된 업데이트와 패치를 받아들일 수 있어야 한다. 또한, 공급 업체는 시의적절하게 취약점의 패치를 제공해야 한다. 그리고 공급 업체는 배포를 지원하고 지원 종료 시점과 IoT 장치의 지원 관리 방식을 소명할 책임이 있다.
- 통신, 암호화 및 상호 연결에 반하지 않는 기술만이 사용돼야 한다.
- 원격 관리를 위해 하드코드된 자격 증명이 설치되지 않는다.
- 취약점을 바로잡을 수 있도록 인터넷 연결 장치 소프트웨어 또는 펌웨어의 업데이트 또는 패치 방법이 반드시 제공돼야 한다.
- IoT 장치가 타사 기술을 제공한다는 서면 인증 또한 반드시 이 표준을 준수해야 한다.

- 관리 및 예산 담당자는 안전하지 못한 것으로 간주되는 기존 IoT 장치의 제거 및 교체 시한을 설정할 수 있다.
- 법제화 60일 후에 국가 보안 프로그램 국장이 민간 및 학계 기술 전문가들의 지원을 받아 연방 정부에서 사용하는 모든 IoT 장치의 공식적인 사이버 보안 가이드라인을 발행한다.

정부 기관에서 (관리 및 예산 담당자의 승인에 따라) 법안에 명시된 것보다 나은 수준의 보안 기술을 채택하거나 계속 사용하는 것을 허용하는 조항 또한 법안에 포함돼 있다. 또한, 이 법안은 일부 IoT 장치의 경우 프로세싱 파워와 메모리가 극도로 제한돼 있으며, 법안의 조항과 동일한 수준을 맞출 수 없다는 사실을 인정하고 있다. 이 경우에도 면제 청원은 업그레이드 및 교체와 관련된 계획과 더불어 국장이 관리하게 된다. 이와 같은 비준수 장치에 관해 법안에서는 다음 기술이 위협 완화의 목적으로 NIST와 담당자 사이의 협의를 통해 승인될 수 있음을 명시하고 있다.

- 소프트웨어 정의 네트워크 세그멘테이션 및 마이크로세그멘테이션
- 런타임 격리를 위해 운영 체제 수준에서 제어되는 컨테이너 및 마이크로서비스
- 다중 요소 인증
- 위협의 격리와 완화가 가능한 게이트웨이와 같은 지능형 네트워크 에지 솔루션

법안이 여전히 위원회에서 작성되는 중이긴 하지만, 연방 정부 수준에서 나타날 수 있는 IoT 보안 및 취약성에 관한 우려 사항을 보여 주는 것만은 확실하다. 이 법안 자체가 변형되거나 통과되지 않을 수는 있지만, IoT 보안의 중요성은 미국 정부와 입법 담당자들의 지속적인 관심의 대상이 되고 있다.

기타 정부 기관

미국 연방 정부의 다른 기관들은 이미 IoT와 관련된 여러 기술의 가이드라인과 추천 사항을 제공하고 있다. 가장 눈에 띄는 것은 **미국 국립 표준 기술 연구소**NIST, National Institute for Standards and Technology로, 연결된 장치의 보안에 관해 여러 건의 문서와 가이드를 발행한 바 있다. 또한, 보안과 관련해 국내외에서 인정받는 표준을 유지 관리하고 있기도 하다. 지원 자료는 http://csrc.nist.gov에서 찾을 수 있으며, 암호화 및 FIPS 표준에 관한 몇 가지 중요 문서는 아래에 나열돼 있다.

- NIST 특별 간행물 800-121 Revision 2, Guide to Bluetooth Security. 여기에서는 Bluetooth Classic과 Bluetooth BLE의 권장 보안 조항을 상세히 기술하고 있다. http://nvlpubs.nist.gov/nistpubs/SpecialPublications/NIST.SP.800-121r2.pdf
- NIST 특별 간행물 800-175A, Guidelines for Using Cryptographic Standards in the Federal Government: http://nvlpubs.nist.gov/nistpubs/SpecialPublications/NIST.SP.800-175A.pdf
- NIST FIPS 표준: https://csrc.nist.gov/publications/search?requestSeriesList=3requestStatusList=1,3requestDisplayOption=briefrequestSortOrder=5itemsPerPage=All

국토보안부는 정보 기술 분야 등 국가 보안의 차원에서 모든 연방 기관이 지켜야 하는 운영 지침을 제공한다. 최근 지침에는 18-01이 포함되는데, 여기에서는 이메일 정책, 키 관리, **도메인 기반 메시지 인증, 보고, 준수**DMARC, Domain-based Message Authentication, Reporting, and Conformance, HTTPS만을 사용한 웹 보안, 및 기타 유사 작업 등을 통한 '사이버 건강 관리'를 의무화하고 있다. DHS는 의회를 비롯한 국가 기관과 사이버 보안 표준에 관련된 민간 부문을 위한 규범 지침에도 관여하고 있다(https://www.dhs.gov/topic/cybersecurity).

보안에 신경 쓰는 사람이라면 미국 컴퓨터 비상 대응팀(US-CERT)도 눈여겨봐야 한다. US-CERT는 2000년부터 국가 단위의 사이버 보안 위협을 찾아서 중단시키거나 격리하고, 관련 정보를 제공하는 임무를 도맡아서 하고 있으며, 디지털 포렌식, 교육, 실시간 모니터링, 보고서, 알려진 제로 데이 공격과 유효한 보안 위협에 활용할 수 있는 방어 기법 등을 제공한다. 최신 유효 경보와 완화 방안은 https://www.us-cert.gov/ncas/alerts 에서 확인할 수 있다.

▌ IoT 보안 관련 모범 사례

IoT 보안은 설계 막바지나 현장에서 돌이켜보아야 하는 것이 아니라 설계 초반부터 고려돼야 하는 사항이다. 이때를 넘기면 너무 늦어진다. 보안은 하드웨어부터 클라우드까지 총체적인 관점에서 봐야 한다. 이 절에서는 센서에서 클라우드에 이르는 간단한 IoT 프로젝트를 통해 총체적인 보안이란 무엇인지 알아본다. 의도는 다양한 수준의 안전 조치를 갖춘 시스템을 배포해 이를 통해 공격자의 작업 함수를 증가시키는 데 있다.

총체적인 보안

IoT의 한 부문으로만 시야를 좁히면 보안을 제공할 수 없으며 보안 체인의 약한 고리를 만들게 된다. 센서에서 클라우드, 다시 클라우드에서 센서에 이르는 총체적인 접근 방식을 통해 보안을 구축할 필요가 있다. 제어 체인의 각 구성 요소에는 보안 관련 매개 변수와 이를 지원하는 요소의 체크리스트가 있어야 한다. 다음 다이어그램에는 센서부터 클라우드까지, 구축 시 고려해야 하는 보안 계층의 사례가 나와 있다.

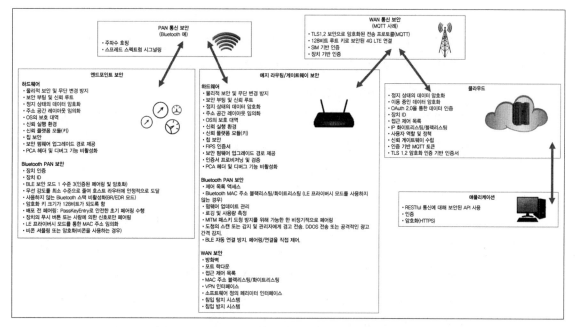

PAN 통신 보안
(Bluetooth 예)
• 주파수 호핑
• 스프레드 스펙트럼 시그널링

WAN 통신 보안
(MQTT 사례)
• TLS1.2 보안으로 암호화된 전송 프로토콜(MQTT)
• 128비트 루트 키로 보안된 4G LTE 연결
• SIM 기반 인증
• 장치 기반 인증

엔드포인트 보안

하드웨어
• 물리적 보안 및 무단 변경 방지
• 보안 부팅 및 신뢰 루트
• 정지 상태의 데이터 암호화
• 주소 공간 레이아웃 임의화
• OS의 보호 대역
• 신뢰 실행 환경
• 신뢰 플랫폼 모듈(키)
• 칩 보안
• 보안 펌웨어 업그레이드 경로 제공
• PCA 헤더 및 디버그 기능 비활성화

Bluetooth PAN 보안
• 장치 인증
• 장치 ID
• BLE 보안 모드 1 수준 3(인증된 페어링 및 암호화)
• 무선 강도를 최소 수준으로 줄여 호스트 라우터에 안정적으로 도달
• 사용하지 않는 Bluetooth 스택 비활성화(BR/EDR 모드)
• 암호화 키 크기가 128비트가 되도록 함
• 배포 전 페어링: PassKeyEntry로 안전한 초기 페어링 수행
• 장치의 푸시 버튼 또는 사람에 의한 신호로만 페어링
• LE 프라이버시 모드를 통한 MAC 주소 임의화
• 비콘 셔플링 또는 암호화(비콘을 사용하는 경우)

에지 라우팅/게이트웨이 보안

하드웨어
• 물리적 보안 및 무단 변경 방지
• 보안 부팅 및 신뢰 루트
• 정지 상태의 데이터 암호화
• 주소 공간 레이아웃 임의화
• OS의 보호 대역
• 신뢰 실행 환경
• 신뢰 플랫폼 모듈(키)
• 칩 보안
• FIPS 인증서
• 보안 펌웨어 업그레이드 경로 제공
• 인증서 프로비저닝 및 검증
• PCA 헤더 및 디버그 기능 비활성화

Bluetooth PAN 보안
• 제어 목록 액세스
• Bluetooth MAC 주소 블랙리스팅/화이트리스팅 (LE 프라이버시 모드를 사용하지 않는 경우)
• 펌웨어 업데이트 관리
• 로깅 및 사용량 측정
• MITM 패스키 도청 방지를 위해 가능한 한 비정기적으로 페어링
• 도청의 스캔 또는 감지 및 관리자에게 경고 전송. DDOS 전송 또는 공격적인 광고 간격 감지
• BLE 자동 연결 방지, 페어링/연결을 직접 제어.

WAN 보안
• 방화벽
• 포트 락다운
• 접근 제어 목록
• MAC 주소 블랙리스팅/화이트리스팅
• VPN 인터페이스
• 소프트웨어 정의 페리미터 인터페이스
• 침입 탐지 시스템
• 침입 방지 시스템

클라우드
• 정지 상태의 데이터 암호화
• 이동 중인 데이터 암호화
• OAuth 2.0을 통한 데이터 인증
• 장치 ID
• 접근 제어 목록
• IP 화이트리스팅/블랙리스팅
• 사용자 역할 및 정책
• 신뢰 게이트웨이 수립
• 인증 기반 MQTT 토큰
• TLS 1.2 암호화 인증 기반 인증서

애플리케이션
• RESTful 통신에 대해 보안된 API 사용
• 인증
• 암호화(HTTPS)

센서 – 클라우드의 총체적 보안. 에지 게이트웨이를 거쳐, 궁극적으로는 클라우드 서비스까지 통신하는 Bluetooth 지원 센서의 예에 해당한다. 각 계층은 저마다 무결성과 보호를 제공해야 한다. 보안은 하드웨어, 소프트웨어 구성 요소 모두와 관련이 있다. 여기에는 물리적 장치 보안을 통한 무단 변경 방지, 라디오 신호 재밍 방지, 악성 코드 주입 방지를 위한 DOS, 신뢰 루트 하드웨어, ASLR, 데이터 암호화, 인증을 통한 페어링 및 연결, VPN 및 방화벽을 통한 네트워킹 등이 포함된다.

보안 관련 체크리스트

다음은 오랫동안 사용돼 온 보안 관련 추천 사항 및 아이디어의 목록이다. 다시 한번 강조하건대 포괄적인 보안을 구축하는 것이 중요하다.

• 필요한 패치가 지원되는 최신 운영 체제와 라이브러리를 사용할 것.
• 신뢰 실행 환경, 신뢰 플랫폼 모듈, 비실행 공간 등의 보안 기능을 갖춘 하드웨어를 사용할 것.

- 해커가 리버스 엔지니어링하지 않을 것이란 생각으로 코드를 교란^{Obfuscating}시키는 것은 상대적으로 무용하므로 펌웨어와 소프트웨어 이미지, 특히 기업 웹 사이트에서 무료로 제공되는 것은 서명과 암호화, 보호를 철저히 할 것.

- 기본 암호를 무작위로 설정할 것.

- 고객 장치에서 실행되는 소프트웨어의 '골든' 이미지를 가질 수 있도록 신뢰 기반과 보안 부팅을 사용할 것.

- ROM 이미지에서 하드코드된 암호를 폐기할 것.

- 모든 IP 포트는 기본적으로 닫혀 있어야 함.

- 최신 운영 체제를 통해 주소 공간 레이아웃 임의화, 스택 카나리, 메모리 보호 대역을 사용할 것.

- 자동 업데이트를 사용할 것. 제조업체에 현장에서 발생할 수 있는 버그와 취약점을 수정하고 패치할 수 있는 메커니즘을 제공할 것. 이 사항은 모듈식 소프트웨어 아키텍처에 필요하다.

- 지원 중단 계획을 수립할 것. IoT 장치의 사용 가능 수명이 길 수는 있지만 결국 폐기되는 순간이 오므로 장치에서 모든 퍼시스턴트 메모리(플래시)를 안전하게 삭제하고 파기하는 방법이 포함돼야 함.

- 버그 장려금^{bug bounty} 프로그램을 사용할 것. 버그, 특히 제로 데이 공격에 노출될 가능성이 있는 결함을 발견해 보고한 고객과 사용자에게 보상할 것.

- 활동 중인 공격이나 사이버 위협을 즉시 파악할 수 있도록 미국 인증(US-CERT) 액티브 위협 관리에 가입해 참여할 것.

- MQTT, HTTP 또는 기타 보안이 취약한 프로토콜로 프로젝트를 구축하는 것이 괜찮아 보이더라도 TLS 또는 DTLS를 통한 보안과 인증이 지원되는 상태로만 제공할 것. 센서에서 클라우드까지의 데이터를 암호화할 것.

- 패키지에 안티 디버그 퓨즈를 채용할 것. 제품 출시에 앞서 제조 시 보안 디버그 채널에 퓨즈를 각인할 것.

▎요약

12장에서는 IoT와 관련된 보안 위험에 관해 자세히 알아보았다. 미라이나 스틱스넷과 같이 잘 알려진 공격은 IoT 장치를 대상 호스트로 삼을 수 있기 때문에 아키텍트는 처음부터 보안을 IoT 배포 관련 고려 사항에 포함시켜야 한다. IoT는 공격을 시작하기에 최적의 공간이다. 이 시스템의 보안은 서버나 PC 시스템에 비해 덜 성숙한 경우가 많기 때문이다. IoT 장치는 지구상에서 가장 큰 공격 표면을 형성한다. 게다가 일부 IoT 시스템의 경우 원격지에 위치하기 때문에 공격자가 물리적으로 하드웨어를 조작할 수 있는데, 이러한 공격은 안전한 사무실 환경에서는 일어나지 않을 일이다. 파생 효과가 장치나 도시, 국가에 엄청난 영향을 미칠 수 있으므로 이러한 위협을 심각하게 받아들여야 한다.

보다 자세한 보안 관련 링크는 다음과 같다.

- **블랙 햇**: https://www.blackhat.com
- **데프콘**: https://www.defcon.org
- **디지털 공격 지도**: http://www.digitalattackmap.com
- **Gattack**: http://gattack.io
- **IDA Pro Interactive Disassembler**: https://www.hex-rays.com
- **RSA 컨퍼런스**: https://www.rsaconference.com lt;/ a gt;
- **Shodan**: https://www.shodan.io

13장에서는 IoT 개발, 기술, 규제, 표준 등을 지원하는 컨소시엄과 조직에 관해 알아보며 마무리를 짓도록 한다.

13

컨소시엄과 커뮤니티

산업 컨소시엄은 다양한 이유로 존재하는데, 특히 표준의 홍보, 관리, 구성 등에 필수적이다. IoT 산업 또한 다른 기술과 유사하며 독점 기술과 개방형 표준이 각자의 몫을 점유하고 있다. 이 절에서는 **개인 통신망**PAN, Personal Area Network, 프로토콜, WAN, 포그 및 에지 컴퓨팅, 다양한 산하 컨소시엄을 아울러 다룬다. 각 얼라이언스의 분야별 상세 설명은 어떤 조직에 시간과 투자를 들일 가치가 있는지를 IoT 아키텍트가 판단하는 데 도움이 될 것이다. 여기에서 한 가지 분명히 해 둬야 하는 사실은 조직이 반드시 산업 얼라이언스에 속할 필요는 없다는 점이다. 컨소시엄에 의존하지 않고도 훌륭하게 구축된 제품이나 비즈니스는 많이 있다. 그러나 일부 조직의 경우에는 로고 사용이나 특정 표준의 제품화 등을 위해 기업 멤버십을 요구하기도 한다.

IoT와 같이 성장하는 시장 부문의 경우, 수많은 플레이어가 표준의 설정을 두고 경쟁하는 초기 단계에 얼라이언스가 앞다투어 등장한다. 이는 모든 비즈니스가 빠르게 성장하는 동안 나타나는 자연스러운 현상이다. 얼라이언스는 유사한 표준끼리 겨루고 있고 조직들이 이들 표준을 경쟁선상에 둘 때, 형성되는 경우가 많다. 아니면 비영리 학술 기관을 통해 산업 표준이 정의되는 경우도 있다. 특별한 경우가 아니라면 13장의 컨소시엄 목록은 아키텍트가 설계할 때 필요한 리소스와 기술 자료들을 찾는 데 도움이 될 것이다.

13장에서는 통신, 클라우드, 포그 표준 단체 등 IoT 분야에 존재하는 다양한 조직과 컨소시엄의 맥락, 역사, 회원 정보 등에 관해 알아본다.

▌ PAN 컨소시엄

개인 통신망(IP 기반 및 비IP 기반)과 관련해서는 다양한 컨소시엄과 관리 위원회가 존재한다. 창립 파트너들이 조직한 경우가 많으며 사용권을 얻으려면 가입이나 제휴가 필요하다.

Bluetooth SIG

상세 정보는 다음과 같다.

- **웹 사이트 링크**: www.bluetooth.org
- **설립 연도**: 1998년
- **기업 회원사 수**: 2만 개 사

Bluetooth SIG는 1998년에 에릭슨Ericsson, 노키아Nokia, 도시바Toshiba, IBM 등 5개 사가 조직했으며, 1998년 말, 400개 사에 이르는 회원 수를 확보했다. 이 조직은 Bluetooth 기술에 관한 표준, 포럼, 시장, 이해를 촉진하는 것을 목적으로 하며, Bluetooth의 사용권과 상표권뿐만 아니라 관련 개발을 관리 감독하는 역할을 담당한다. 조직적 차원에서 SIG는 연구 그룹과 다양한 Bluetooth 영역을 아우르는 전문가 그룹, 새로운 표준의 개발에 특화된 워킹 그룹, 상표권과 마케팅에 초점을 둔 위원회 등 몇 가지 집중 분과로 나뉜다. 전체적인 지침에 영향을 미치고 SIG의 위원회 자리를 차지하고 있는 프로모터와 워킹 그룹에 참가하고 고급 사양을 조기에 획득할 수 있으며, 마케팅 자료의 확보, PlugFest에 참가, 자격 목록 수령 등이 가능한 준회원, 무료 멤버십 수준으로 워킹 그룹에는 참가할 수 없는 어댑터 등으로 세분화된다.

스레드 그룹

상세 정보는 다음과 같다.

- **웹 사이트 링크**: www.threadgroup.org
- **설립 연도**: 2014년
- **기업 회원사 수**: 182개 사

당초 스레드 그룹은 알파벳Alphabet(구글 지주사), 삼성, ARM, 퀄컴Qualcomm, NXP와 6개 사에 의해 조직되었다. 스레드는 6LoWPAN에 기반한 PAN 프로토콜로, 802.15.4를 활용한다. 이 워킹 그룹은 퍼블릭 도메인 BSD 라이선스 모델을 활용해 스레드의 사용권을 부여한다. 이 그룹의 목적은 Zigbee 프로토콜, 특히 PAN 메시 네트워크의 사용에 직접적으로 대항하는 것이었다. 기업 회원사 자격에는 세 가지 수준이 있다. 최하위 등급인 제휴 레벨은 로고 사용, 언론 인터뷰, 제품 접근 권한 등을 제공한다. 중간 등급인 기여자 레벨의 경우에는 워킹 그룹과 위원회, 테스트 베드에 접근할 수 있다. 최상위 등급인 스폰서 레벨은 이사회 의석을 확보하고 조직의 예산을 감독하는 역할을 담당한다.

Zigbee 얼라이언스

상세 정보는 다음과 같다.

- **웹 사이트 링크**: www.zigbee.org
- **설립 연도**: 2002년
- **기업 회원사 수**: 446개 사

Zigbee 얼라이언스는 1998년에 최초로 개념이 탄생한 Zigbee 프로토콜을 둘러싸고 자체 조직 보안 네트워크 간의 격차를 해소하기 위한 목적으로 탄생하였다. Zigbee는 스레드와 마찬가지로 802.15.4 기본 계층에 상주하지만, IP 기반은 아니다. 사용권의 보다 유연한 부여를 두고 몇 차례 요청이 있은 후, 이 소프트웨어 스택은 GPL 기반으로 남아 있게 되었다. 회원 자격은 세 가지 수준으로 나눌 수 있는데, 먼저 어댑터의 경우에는 사양을 조기에 확보할 수 있고, 컨퍼런스 참가와 Zigbee 로고의 사용이 가능하다. 참여사는 다양한 기술 위원회에서 제안과 작업을 수행할 뿐만 아니라 사양 관련 투표도 가능하다. 마지막으로, 프로모터는 이사회 의석을 부여받으며 사양을 승인할 수 있는 유일한 자격을 갖는다.

기타

다음과 같이 살펴볼 만한 다양한 연결 조직이 존재한다.

- **DASH7 얼라이언스**: DASH 7 프로토콜의 운영 주체(www.dash7-alliance.org)
- **ModBus**: 산업용 Modbus 프로토콜을 관장하는 산업 컨소시엄(www.modbus.org)
- **Z-Wave 얼라이언스**: Z-Wave 전용 기술을 관리하는 산업 기관(z-wavealliance.org)

프로토콜 컨소시엄

여기에 속한 조직들은 MQTT와 같이 보다 높은 수준의 계층 프로토콜과 추상화를 유지 관리한다. MQTT처럼 많은 프로토콜이 오픈소스이지만, 투표권이나 새로운 표준에 참여하려면 회원 자격이 필요하다.

오픈 커넥티비티 파운데이션 및 Allseen 얼라이언스

상세 정보는 다음과 같다.

- **웹 사이트 링크**: www.openconnectivity.org
- **기업 회원사 수**: 300개 사
- **설립 연도**: 2015년

오픈 커넥티비티 파운데이션Open Connectivity Foundation은 원래 오픈 인터커넥트 파운데이션 Open Interconnect Foundation이라는 이름이었으나, 삼성이 워킹 그룹에서 탈퇴하고 새로운 회원사가 추가되면서 2016년 이름을 OCF로 변경했다. 이 조직은 수년간 Allseen 얼라이언스와 별도의 주체로 존재했으나, 2016년에 두 조직의 합병이 이뤄졌다. 합병 이후에는 표준, 프레임워크, 오픈 커넥티비티 파운데이션의 이름으로 진행하는 인증 프로그램 등을 통해 소비자, 비즈니스, 산업을 위한 상호 운용성 플랫폼을 구축하는 것을 목표로 하고 있다. 이 조직에서 다루는 분야는 자동차, 소비자 가전, 의료, 홈 오토메이션(주거 자동화), 제조업, 웨어러블 등을 아우른다. 이 조직의 프레임워크는 **범용 플러그 앤 플레이**UPnP, Universal Plug and Play 사양과 IoTivity 및 AllJoyn 연결 프레임워크 등으로 가장 유명하다. 이 조직은 **인터넷 시스템 컨소시엄**ISC, Internet Systems Consortium 라이선싱 모델을 사용하는데, 이는 즉 BSD 와 기능상으로 동일하다는 사실을 의미한다. 멤버십은 연회비의 수준에 따라 다섯 가지로 나누어진다. 기본 멤버십은 모두에게 무료로 제공되며, 테스트 도구의 접근 권한과 사양의 읽기 전용 권한을 제공한다. 또 다른 레벨로는 비영리 교육 수준이 있으며, 워킹 그룹과 인증의 접근 권한을 조직에 부여한다. 그 위로 골드, 플래티넘, 다이아몬드 레벨이 이어지며, 워킹 그룹 참가부터 이사회 회원 자격에 이르기까지 다양한 부문에서 서로 다른 접근 권한을 부여받는다.

OASIS

상세 정보는 다음과 같다.

- **웹 사이트 링크**: www.oasis-open.org
- **기업 회원사 수**: 300개 사
- **설립 연도**: 1993년

OASIS는 **구조화된 정보 관련 표준의 발전을 위한 조직**Organization for the Advancement of Structured Information Standards의 약자다. OASIS는 1993년에 조직된 대규모 비영리 단체로, 수십 가지의 산업 표준 언어와 프로토콜에 크게 기여해 왔으며, IoT 커뮤니티에서 널리 사용되는 MQTT 및 AMQP 프로토콜을 정의하기도 했다. 이들의 기술은 IoT, 클라우드 컴퓨팅, 에너지 부문, 응급 관리를 비롯해 다양한 영역에 적용된다. OASIS는 세 가지 유형의 멤버십을 지원하는데, 기부자contributor 레벨의 경우, 위원회에 무제한으로 참가할 수 있다. 스폰서sponsor 레벨에는 Interop 시연이나 로고 사용과 같은 노출 및 마케팅 혜택이 추가된다. 마지막으로, 창립 스폰서foundation sponsor 레벨은 노출도가 가장 높으며, 기업 내의 OASIS 프레젠테이션이나 장학금 등의 혜택을 누릴 수 있다. 개방형 표준을 대표하는 주요 산업 조직들은 보통 설립 스폰서foundational sponsor 레벨로 참여하고 있다. 기업 연회비는 멤버십의 유형과 직원 수에 따라 정해진다.

객체 관리 그룹

상세 정보는 다음과 같다.

- **웹 사이트 링크**: www.omg.org
- **기업 회원사 수**: 250개 사
- **설립 연도**: 1989년

객체 관리 그룹OMG, Object Management Group은 원래 컴퓨팅과 관련된 이종 객체 표준을 집중적으로 다루기 위한 휴렛패커드, IBM, 선Sun, 애플, 어메리칸 에어라인스American Airlines, 및 데이터 제너럴Data General 등의 파트너십을 통해 형성된 비영리 단체였다. UML 표준과 CORBA를 수립한 것으로 가장 잘 알려져 있으며, 최근 IoT 분야에서 OMG 컨소시엄은 산업용 인터넷 컨소시엄의 관리를 인계하기도 했다. 이 그룹은 **소프트웨어 정의 네트워킹**SDN, Software-Defined Networking뿐만 아니라 산업용 IoT의 수많은 양상에도 관여하고 있다. IoT 분야에서는 특히 IoT 관련 위협 관리를 비롯해 네트워크 상호 운용성을 확보하기 위한 분산 데이터 서비스가 포함된다. 이 그룹은 아키텍처 이사회, 플랫폼 기술 위원회, 도메인 기술 위원회의 세 가지 분야와 관련해 거버넌스 모델을 유지 관리하고 있다. 멤버십은 다섯 가지 수준으로 나뉘는데, 애널리스트 멤버십은 산업 연구 기업만을 대상으로 하며, 소수의 도메인 및 플랫폼 기술 관련 회의의 참가 자격을 부여한다. 시범 회원trial membership은 기업에 제공되는 가장 저렴한 옵션이며, 몇 가지 위원회 회의에 초대받을 수 있다. 다음 두 가지 레벨은 플랫폼과 도메인으로, 기업에 관련 위원회의 투표권을 부여한다. 마지막은 기여 회원contributing member으로, 모든 위원회, 이사회 등에 접근이 가능하다.

IPSO 얼라이언스

상세 정보는 다음과 같다.

- **웹 사이트 링크**: www.ipso-alliance.org
- **기업 회원사 수**: 250개 사
- **설립 연도**: 1989년

이 그룹은 표준 기구라기보다는 스마트한 사물smart object의 IP 지원을 촉진시키고 IP 사용 관련 산업을 주도해 상호 운용성 문제를 해결하기 위한 조직으로, 시맨틱(여러 사물의 메타 정보 표준), IoT 프로토콜 및 다양한 표준의 분석, 보안 및 개인 정보 보호 등을 대상으로 하는 여러 워킹 그룹을 통해 IETF를 보완하고자 존재한다.

멤버십에는 세 가지 수준이 있는데, 먼저 이노베이터innovator는 직원이 10인 미만인 조직을 위해 마련됐다. 컨트리뷰터contributor 레벨인 기업은 기술 초안과 위원회에 접근할 수 있는 권한을 부여받으며, 프로모터promoter의 경우에는 이사회 의석 등의 다양한 혜택이 줘진다.

기타

IoT 프로토콜과 보안에 중점을 둔 기타 조직이 다양하게 존재한다.

- **온라인 트러스트 얼라이언스**OTA, Online Trust Alliance: IoT 보안에 관한 모범 사례를 개발하는 전 세계적인 비영리 단체(https://otalliance.org)
- **oneM2M**: 연결된 사물을 위한 공통 서비스 계층, 프로토콜 및 아키텍처(http://www.onem2m.org)

▎WAN 컨소시엄

여기에 속한 조직은 다양한 장거리(LPWAN) 통신 및 프로토콜을 다룬다. 오픈 프로토콜인 경우도 있는 반면, 멤버십이 있어야 사용권을 획득할 수 있는 경우도 있다.

Weightless

상세 정보는 다음과 같다.

- **웹 사이트 링크**: www.weightless.org
- **기업 회원사 수**: 알려진 바 없음
- **설립 연도**: 2012년

비영리 Weightless SIG는 다양한 Weightless LPWAN 프로토콜을 후원하고 지원하기 위해 조직됐다. SIG가 지원하는 표준으로는 배터리 효율은 높고 비용은 저렴한 Weightless-N, 모든 기능을 갖춘 쌍방향 통신을 위한 Weightless-P, 확장된 기능을 갖춘 Weightless-W의 세 가지가 존재한다. 스마트 계량기, 차량 추적, 교외 광대역 등의 용도를 위한 표준을 정립하는 것이 목적이다. Weightless는 무엇보다도 의료 및 산업 환경에서의 사용에 초점을 두고 있다. 이 표준은 개방돼 있긴 하지만, 자격 요건 검증 절차가 필수로 요구된다. 회원사는 로열티 없이 Weightless IP를 사용하고 인증 프로그램에 접근할 수 있는 자격을 부여받는다. 멤버십은 개발자developer 하나로 단순하게 구성돼 있다.

LoRa 얼라이언스

상세 정보는 다음과 같다.

- **웹 사이트 링크**: www.lora-alliance.org
- **기업 회원사 수**: 419개 사(44개의 추가 조직 회원사)
- **설립 연도**: 2014년

LoRa 얼라이언스는 LPWAN 기술인 LoRaWAN을 후원하는 비영리 컨소시엄이다. LoRaWAN은 기가헤르츠 미만의 스펙트럼에서 이뤄지는 장거리 통신을 위한 프로토콜 계층 아키텍처다. LoRaWAN은 보통 M2M 및 스마트 시티 구축에 적용된다. 기업 멤버십에는 네 가지 유료 레벨이 존재하는데, 먼저 어답터(Adopter) 레벨의 경우에는 인증 제품의 권한, 최종 산출물의 접근 권한, 특정 회의 초대장 등을 제공한다. 다음 레벨인 기관 회원institutions membership은 워킹 그룹에 참여하고 초안에 먼저 접근할 수 있는 권한을 부여받는다. 컨트리뷰터contributor 레벨에는 워킹 그룹 내 투표권이 추가되며, 마지막으로, 스폰서sponsor 레벨에 해당하는 기업은 이사회 의석을 요청하고 운영 데이터를 감독할 자격과 워킹 그룹의 의장을 맡을 권한을 갖는다.

국제 인터넷 표준화 기구

상세 정보는 다음과 같다.

- **웹 사이트 링크**: www.ietf.org
- **기업 회원사 수**: 1,200개 사(IEFT 회의의 일반적인 참가사 수)
- **설립 연도**: 1986년

당초 21명의 미국 연구자에 의해 설립된 IETF는 수년에 걸쳐 큰 폭으로 성장했으며, TCP/IP 등의 산업 표준과 다양한 RFC 문건을 관리하는 주체로 가장 잘 알려져 있다. 현재는

LPWAN 프로토콜, 6lo, IPVS over 802.15.4 등 IoT 부문을 아우르는 폭넓은 분야를 다룬다. IETF 내에는 표준화 프로세스를 관리하는 인터넷 기술 조정 그룹Internet Engineering Steering Group이 존재한다. 이 TF는 구조상 라우팅 영역, 전송 영역 등 7개 영역으로 나눠진다. 영역마다 십수 개의 다양한 워킹 그룹(워킹 그룹의 수는 140개 이상임)을 호스팅하기도 한다. IETF에 참가하는 방법은 간단한데, 워킹 그룹 이메일 목록을 구독해 참여하고 헌장과 표준을 이해하며, 보다 다양한 그룹에서 적극적으로 활동하기만 하면 된다. 이 그룹이 인터넷 통신의 기반을 닦은 만큼 표준 절차는 매우 엄격하게 이뤄진다.

와이파이 얼라이언스

상세 정보는 다음과 같다.

- **웹 사이트 링크**: www.wi-fi.org
- **기업 회원사 수**: 700개 사
- **설립 연도**: 1999년

와이파이 얼라이언스는 무선 상호 운용성의 간극을 해소하고자 90년대 중반에 조직된 비영리 표준 기구다. 802.11b의 출현에 따라, 효과적인 거버넌스를 위해 산업 전반을 아우르는 컨소시엄이 구축됐다. 이 얼라이언스는 와이파이 인증 절차와 기기의 관련 로고 및 상표가 자체 표준을 충족하도록 관리한다. 내부에는 802.11ax, 보안 및 IoT 등 19개 작업 영역과 집중 그룹이 존재한다.

멤버십에는 세 가지 레벨이 존재하는데, 임플리멘터Implementer 회원 자격을 보유한 경우에는 기존에 인증된 와이파이 제품을 최종 솔루션에 사용할 수 있다. 제휴 회원은 스폰서sponsor나 컨트리뷰터contributor 회원사가 통제하는 조직에 와이파이 회원 혜택을 제공하는 특이한 유형에 해당한다. 마지막으로, 컨트리뷰터 회원 자격이 있는 경우, 조직은 인증 프로그램이나 새로운 기술 수립에 참여할 수 있게 된다.

포그 및 에지 컨소시엄

포그 및 에지 컴퓨팅에 관한 요구 사항은 점점 증가하는 추세에 있으며, 파생된 일련의 산업 표준이 채택되는 중에 있다. 포그 컴퓨팅과 관련해 증가하는 상호 운용성 문제를 해결하기 위해서는 산업 조직과 산업 표준이 필요하다. 이 절에서는 산업의 상호 운용성과 관련해 표준과 프레임워크를 구축하고 있는 몇 개의 조직을 집중 조명할 것이다.

OpenFog

상세 정보는 다음과 같다.

- **웹 사이트 링크**: www.openfogconsortium.org
- **기업 회원사 수**: 55개 사
- **설립 연도**: 2015년

OpenFog는 포그 컴퓨팅 관련 표준을 수립하고 이를 채택하기 위한 비영리 공공/민간 파트너십이다. 이 그룹은 클라우드 상호 운용성, 보안, 표준 관련 협업 등의 영역에서 다른 표준 기구에 영향을 미치기 위해 설립됐다. OpenFog는 IEEE 및 OPC와의 파트너십을 형성하고 있으며, 15인으로 이뤄진 이사회 멤버십을 통해 관리된다. 이 그룹에는 6개의 워킹 그룹으로 이뤄진 기술 위원회가 존재하는데, 이 위원회는 아키텍처, 테스트 베드 및 기타 설계 구성 요소에 특화돼 있다. 외부와 소통하고 관심을 유발하는 역할을 담당하는 마케팅 위원회도 존재한다. 이 조직에는 비영리 학술 멤버십 레벨과 정부/특수 이해 그룹 멤버십이 존재한다. 표준에 영향을 미치거나 참여할 수 있는 일반 기업 멤버십에는 수입이 미화 5,000만 달러 미만인 기업을 위한 소기업 레벨이 마련돼 있다.

EdgeX Foundry

상세 정보는 다음과 같다.

- **웹 사이트 링크**: www.edgexfoundry.org
- **기업 회원사 수**: 50개 사
- **설립 연도**: 2017년

EdgeX Foundry는 오픈소스 소프트웨어를 통해 IoT 생태계의 하드웨어 및 운영 체제 상호 운용성 문제를 해결할 수 있도록 설계된 에지 플랫폼을 제공하는 것을 목적으로 설립되었다. 마이크로서비스에는 규칙 엔진, 경고, 로깅, 등록, 장치 연결 등을 위한 주요 미들웨어가 포함된다. 이 프로젝트는 리눅스 재단Linux Foundation이 주도하며, 아파치Apache 모델 하에서 사용권이 부여된다. 델Dell이 초기 코드 설계의 초석을 다졌는데, 하드웨어에 구애받지 않도록 설계된 일련의 마이크로서비스가 여기에 해당한다. 멤버십에는 준회원, 실버 및 플래티넘 회원의 세 가지 레벨이 있다. 준회원은 비영리 단체로만 제한된다. 실버 회원은 관리 이사회에 참여할 한 명의 대표를 선출할 수 있는 반면, 플래티넘 회원은 관리 이사회와 여러 이사회에 복수의 대표를 두는 것이 가능하다. 모든 회원사는 총회를 비롯한 이벤트에 참여할 수 있다.

▌ 통솔 기구

다음 조직은 IoT(및 기타 분야)의 다양한 기술 및 기능적 양상을 관할 또는 조정하는 역할을 담당한다. 이들은 프로토콜, 테스팅, 운용성, 기술, 통신 및 이론의 영역을 대표한다.

산업용 인터넷 컨소시엄

상세 정보는 다음과 같다.

- **웹 사이트 링크**: www.iiconsortium.org
- **기업 회원사 수**: 258개 사
- **설립 연도**: 2014년

AT&T, 시스코^{Cisco}, GE, IBM, 인텔이 모여 2014년에 시작한 이 비영리 컨소시엄은 산업 파트너들이 모여 산업용 IoT의 채택과 개발을 지원하기 위해 만들어졌다. 이 그룹은 표준 기구는 아니지만 제조업, 의료, 교통, 스마트 시티, 에너지 부문 등을 위한 레퍼런스 아키텍처와 테스트 베드를 구축하는 데 앞장서고 있다. 현재는 연결성, 안전, 에너지, 스마트 팩토리, 의료 등 다양한 부문을 아우르는 19개 워킹 그룹이 활동 중이다. 이 그룹의 멤버십은 정부와 비영리 기구 등을 포함한 6개의 레벨로 이뤄지는데, 기업 멤버십은 회사의 연간 매출을 기준으로 영향력과 비용의 규모를 조정한다. 테스트 베드의 정의는 넓지만 잘 정의돼 있으며, 항공사 수하물 취급 테스트와 같은 특정 산업 용도 등이 여기에 포함된다. 앞서 언급된 바와 같이 OMG 그룹이 이 그룹의 운영을 관리하긴 하지만, IIC는 그 자체로 하나의 조직으로 운영되고 있다.

IEEE IoT

상세 정보는 다음과 같다.

- **웹 사이트 링크**: iot.ieee.org
- **기업 회원사 수**: 해당 없음
- **설립 연도**: 2014년

컨소시엄은 아니지만 IEEE 산하의 특수 이해 그룹에 해당하는 IEEE IoT는 학술 기구, 정부 기관, 산업 및 엔지니어링 전문가 등으로 구성된 다학제 간 기관이며, IoT 개발을 촉진하기 위해 만들어졌다. IEEE IoT는 802.15 프로토콜이나 802.11 와이파이 표준과 같이 IoT 분야의 특정 표준에 영향을 미치거나 이를 호스팅하는 역할을 담당한다. 이 그룹은 산업의 지식 기반을 넓히는 데 도움이 되는 무료 웨비나webinar, 클래스, 온라인 자료 등을 제공한다. 또한, IEEE IoT 그룹은 현재 가장 활발하게 운영되고 있는 연구 저널 중 하나인 IEEE 사물인터넷 저널IEEE Internet of Things Journal뿐만 아니라, 세계적 수준의 컨퍼런스, 워크숍과 영향력 있는 서밋summit 등도 관리하고 있다.

기타

기타 관련 통솔 기구로는 다음과 같은 것이 있다.

- **Genivi**: 차량 내 인포테인먼트 및 커넥티드 카 관련 오픈 소프트웨어 그룹(www.genivi.org)
- **HomeKit**: 애플의 소비자 및 모바일 홈 오토메이션 표준(https://developer.apple.com/homekit/)
- **HomePlug**: 커넥티드 홈 및 소비자 가전용 기술 표준 기구(http://www.homeplug.org/)
- **Open Automotive Alliance**: 차량 내에서 안드로이드Android를 사용하는 것을 목표로 하는 자동 및 기술 그룹(https://www.openautoalliance.net/#about)
- **무선 생명 과학 얼라이언스**Wireless Life Sciences Alliance: 커넥티드 및 무선 의료 이니셔티브와 산업 관련 조직(http://wirelesslifesciences.org/)

▮ 미국 정부 IoT 및 보안 관련 기구

IoT 보안과 관련해 잘 알아 둬야 하는 정부 및 연방 조직으로는 다음과 같은 것이 있다.

- **미국 국립 표준 기술 연구소**National Institute of Standards and Technology : 보안, 암호화, 네트워킹 등에 관한 국가 표준을 정의한다(https://www.nist.gov).
- **국토 안보부**Department of Homeland Security : (국가안보정보통신자문위원회는) 사이버 보안과 국제 통신 인프라를 강화하기 위한 목적으로 설립됐다(https://www.dhs.gov/national-security-telecommunications-advisory-committee).
- **미국 전기통신 및 정보청**National Telecommunications & Information Administration : 미국 통상부 소속으로, 미국 내 주파수 대역 할당, 도메인 네이밍, 보안 등을 관리한다(https://www.ntia.doc.gov/home).
- **미국 컴퓨터 긴급 대응팀**US-CERT : 국가적으로 영향력이 큰 컴퓨터 보안 관련 긴급 상황을 파악하고 이에 대응하는 컴퓨터 긴급 대응팀이다(https://www.us-cert.gov/ncas/current-activity).

▮ 요약

컨소시엄과 산업 기구는 표준화, 기술 로드맵, 상호 운용성 등의 형태로 커뮤니티에 막대한 혜택을 제공한다. 회원이 되면 조직은 사양과 문서에 자유롭게 접근할 수 있는데, 사용권을 얻기 위해서는 멤버십과 제휴가 필요한 경우가 많다. 다양한 프로토콜과 표준이 IoT 공간에서 서로 경합하고 있는 상황이므로 회원사가 경쟁력을 제공하는 것도 전략적으로 중요하다.

| 찾아보기 |

아키텍트와 엔지니어를 위한 IoT 가이드

센서부터 에지 컴퓨팅, 클라우드까지 IoT 구축의 모든 것

발 행 | 2020년 1월 2일

지은이 | 페리 레아
옮긴이 | 구 동 언 · 박 지 연

펴낸이 | 권 성 준
편집장 | 황 영 주
편 집 | 조 유 나
디자인 | 박 주 란

에이콘출판주식회사
서울특별시 양천구 국회대로 287 (목동)
전화 02-2653-7600, 팩스 02-2653-0433
www.acornpub.co.kr / editor@acornpub.co.kr

한국어판 ⓒ 에이콘출판주식회사, 2020, Printed in Korea.
ISBN 979-11-6175-369-0
http://www.acornpub.co.kr/book/iot-architects

이 도서의 국립중앙도서관 출판시도서목록(CIP)은 서지정보유통지원시스템 홈페이지(http://seoji.nl.go.kr)와
국가자료공동목록시스템(http://www.nl.go.kr/kolisnet)에서 이용하실 수 있습니다.(CIP제어번호: CIP2019046402)

책값은 뒤표지에 있습니다.